检察智库成果

第6辑

主　编／童建明
副主编／谢鹏程　邓思清　蔡　巍

中国检察出版社

图书在版编目（CIP）数据

检察智库成果. 第6辑／童建明主编. —北京：中国检察出版社，2022.6
　ISBN 978-7-5102-2748-6

　Ⅰ.①检… Ⅱ.①童… Ⅲ.①检察机关-工作-研究成果-中国 Ⅳ.①D926.3

中国版本图书馆CIP数据核字(2021)第078018号

检察智库成果（第六辑）

童建明　主编　　谢鹏程　邓思清　蔡　巍　副主编

责任编辑：常嘉文
技术编辑：王英英
美术编辑：曹　晓

出版发行：中国检察出版社
社　　址：北京市石景山区香山南路109号（100144）
网　　址：中国检察出版社（www.zgjccbs.com）
编辑电话：（010）86423709
发行电话：（010）86423726　86423727　86423728
　　　　　（010）86423730　86423732
经　　销：新华书店
印　　刷：河北宝昌佳彩印刷有限公司
开　　本：710 mm×960 mm　16开
印　　张：40
字　　数：740千字
版　　次：2022年6月第一版　2022年6月第一次印刷
书　　号：ISBN 978-7-5102-2748-6
定　　价：138.00元

检察版图书，版权所有，侵权必究
如遇图书印装质量问题本社负责调换

《检察智库成果》
编委会

编委会主任：童建明

编委会成员：万　春　马　骐　苗生明　冯小光
　　　　　　张相军　胡卫列　高景峰　于洪滨
　　　　　　邓　云　刘志远　朱建华　谢鹏程

主　　　编：童建明
副 主 编：谢鹏程　邓思清　蔡　巍

学 术 秘 书：许慧君　倪　娜　李　淮

卷首语

  2021年是中国共产党成立100周年,也是党绝对领导下的人民检察制度创立90周年。同年6月,党中央在历史上首次专门印发《中共中央关于加强新时代检察机关法律监督工作的意见》(以下简称《意见》),赋予检察机关更重政治责任。在习近平法治思想指引下,全国检察机关坚持全员参与的"大研究"工作格局,充分落实"关键少数"带头研究机制,遵循"在办案中研究、在研究中办案"理念,以高度的政治自觉、法治自觉、检察理论研究自觉,积极构建检察理论研究共同体,健全"检学研"一体化机制,为检察工作高质量发展提供扎实理论支撑。

  回眸过去一年,检察理论研究坚持基础理论研究与实务应用研究有机结合,紧扣经济社会发展要求,与司法检察实践同频共振、良性互动、相融互促,能动引领制度变革,积极回应重点、难点和热点问题,形成了一系列高质量的理论研究成果,助推法律监督体系和法律监督能力现代化。本辑《检察智库成果》在遵循以往逻辑结构的基础上,兼顾引领式研究与回顾式研究,专门收录各个检察业务领域的理论研究年度综述,并从六个方面对选编的代表性理论成果进行展示,希冀概览检察理论研究发展状况,推进认知和研讨。

  第一个专题是"习近平法治思想与检察工作发展"。习近平法治思想是习近平新时代中国特色社会主义思想的"法治篇",是马克思主义法治原理与中国法治实践相结合的理论飞跃,是新时代法治中国建设的根本思想旗帜,为发挥法治在治国理政中固根本、稳预期、利长远的保障作用提供了根本遵循。《意见》是习近平法治思想在检察机关法律监督工作中的具体化,充分彰显了以习近平同志为核心的党中央深入推进全面依法治国的坚定决心、对完善党和国家监督体系特别是加强检察机关法律监督工作的高度重视。要坚持中国特色社会主义法治道路,贯彻全过程人民民主的基本旨趣,深刻理解《意见》背后的政治考量、战略把握,以高度的政治责任、法治责任、检察责任,依法能动履职,把《意见》的精神要义、各项要求融入具体检察工作,全面协调充分履行刑事、民事、行政、公益诉讼检察职能，推动新时代检察机关法律监督工作高质量发展，服务保障经济社会高质量发展，努力让人民群众在每一个司法案件中感受到公平正义。

第二个专题是"刑事检察创新优化发展"。刑事检察工作创新和发展是一项系统工程，涉及理念更新、职权配置、制度设计、机制完善等。随着认罪认罚从宽制度的更加完善，控审之间将迈向常态化的"合作"关系，检察机关应当深入贯彻能动司法检察理念，承担主导职责，与审判机关共同推动认罪认罚从宽制度价值与目标的实现；检律之间要互相尊重、平等相待，检察机关应当保障辩护律师或者值班律师依法行使辩护权。涉案企业合规改革试点工作成效显著，顶层设计应该积极跟上，构建适合中国国情的企业合规制度，如修改刑法，扩大单位刑事责任范围，将有效合规治理规定为单位刑事责任的基础、增设单位缓刑制度等；修改刑事诉讼法，对企业附条件不起诉的适用条件和考察程序等作出规定。此外，检察机关参与社会治理、介入侦查、自诉转公诉、刑罚执行监督以及监检衔接、司法工作人员相关职务犯罪侦查等重要议题也获得深入阐释。

第三个专题是"民事检察精细化发展"。民事检察工作朝着"做强"之路持续奋进，有力保障民法典顺利实施。面向民事诉讼开展的精准监督、类案监督、虚假诉讼监督、执行监督以及民事审判深层次违法行为监督等不断完善，民事检察履职中的支持起诉、和解、听证等制度日益健全。民事抗诉标准是民事检察的基础性问题，在决定是否抗诉之时，应根据其价值追求和实践需要，重点遵循"监督为主、统筹救济""程序从严、兼顾实体""法律适用、克制否认事实"三项原则。上级检察机关有权对下级检察机关作出的民事诉讼监督决定进行监督，在开展案件复查之时，要注重谦抑行使，为当事人提供有效救济；要注重精准监督，坚持法定性和必要性标准；要注重程序公正，遵守程序规则。

第四个专题是"行政检察全面深化发展"。行政检察工作在"全面"和"深化"上不断做实，贯彻"穿透式监督"理念，与行政审判、行政执法等衔接顺畅，行政非诉执行监督获得重点突破，有力推动法治政府建设。实质性化解行政争议是检察机关办理行政诉讼监督案件的基本职责，体现实质法治的发展趋向，救济相对人权利，化解矛盾纠纷，维护法的客观秩序；在开展之时，要坚持监督性与补充性的定位，灵活运用多种方式对实体法律关系进行实质处理，防止就案办案与程序空转，推进系统治理和源头治理。检察机关对行政违法行为进行监督，是公权力对公权力的监督；在开展之时，要坚持有限监督、协同监督原则,坚持"在履行法律监督职责中发现""双赢多赢共赢"理念,以及系统观念、法治思维、强基导向,做到规范监督。行政检察调查核实是个案监督工作的基础,是行政相对人表达诉求和补充法院卷宗外相关案件事实的重要途径,要树立能动式调查核实理念、明确调查核实原则、明确调查范围、科学设置调查程序、强化调查核实保障措施,促进行政检察监督制度完善和提升监督质效。

第五个专题是"公益诉讼检察积极稳妥发展"。公益诉讼检察是一项全新的司法制度,也是一项成长性很强的检察职能。公益诉讼检察制度规范建设更富成效,办案数量持续上升,办案领域和范围不断拓展,案件结构稳中有变,办案质效和规范化进一步提升。公益代表是检察机关作为国家机关的基本属性和底色,法律监督是其本质属性和特色,两者的结合决定了中国特色社会主义检察公益诉讼制度的基本走向,也凸显了检察公益诉讼的客观诉讼性质。检察公益诉讼包括民事公诉和行政公诉,是公益诉讼的特殊形态。行政公益诉讼是检察公益诉讼的核心,要注重类型化发展路径,准确适用起诉期限。检察建议要善于援用程序法与实体法、上位法与下位法、公法与私法、一般法与部门管理法,增强监督办案效果。对行政机关不履行法定职责认定贯穿于诉前程序和诉讼程序,需要重点考虑"公益保护"目的,妥善运用"行为标准"。刑事附带民事公益诉讼兼具刑事诉讼和民事公益诉讼之特性,应当承认其独立价值,坚持"刑主民辅"总原则。公益诉讼惩罚性赔偿的功能应该定位于惩罚与威慑,通过设立公益诉讼惩罚性赔偿请求权,摆脱个人惩罚性赔偿的束缚。办案领域和范围的拓展是重要的发展引擎。提起个人信息保护公益诉讼,需要同时满足违法处理个人信息与侵害众多个人的信息权益,不影响受害人提起私益诉讼维护其自身利益,其启动也无须个人信息私益诉讼前置。

第六个专题是"检察改革扎实稳步发展"。检察机关法律监督是中国特色社会主义政治制度和法律制度的重要特征,法律监督职能的履行坚持在深化中落实、在落实中深化。社会治理类检察建议的确立是新时代检察制度发展的一个重要缩影,是多种变革共同作用下涌现出来的制度现象。检察建议的刚性可以通过赋予强制力与提高体系性、规范性和专业化水平来实现,要提升制发的专业性、针对性和有效性以增强主导性,注重部门协同、程序协同、业务协同以加强协同性,推进刑事检察与行政检察有效衔接以落实全面性。异地异级调用检察官具有人民检察院组织法的规范依据,符合检察机关领导体制和检察一体的法理原则,无损于程序公正和武器平等原则。未成年人检察工作统一集中办理,坚持最有利于未成年人原则,加强综合司法保护,主动融入"五大保护"。案件管理具备监督管理和服务保障两项职责,要树立科学管理、能动管理、智能管理的工作理念,不断完善以"案－件比"为核心的案件质量主要评价指标,做实业务数据分析研判会商机制,优化业务数据管理、案件质量评查、案件流程监控以及人民监督员工作制度,以案件管理体系和管理能力现代化助力法律监督体系和法律监督能力现代化。

实践是理论的源泉。检察理论研究既要扎根检察工作实践,充分应用案事例和大数据,准确把脉中国国情和司法规律,与改革探索高度融合,用心关注、重点研究新问题、新现象以及相关制度完善问题,不断提升研究层次和水平;也要积极反哺检察工作发展,为深化检察改革、办好检察案件、用好检察职能、建好检察队伍供给智慧支持,促进党中央《意见》全面落实,推动新时代法律监督整体提质增效,为全面建设社会主义现代化国家、实现中华民族伟大复兴的中国梦贡献检察力量。

目 录

一、习近平法治思想与检察工作发展

加强新时代检察机关法律监督工作　更实担起党和人民赋予的更重责任
……………………………………………………… 中共最高人民检察院党组 / 3
以习近平法治思想为指引　加强新时代检察机关法律监督 ……… 张　军 / 8
努力让人民群众在每一个司法案件中感受到公平正义
　　——学习习近平总书记关于公正司法重要论述 ………… 童建明 / 20
习近平法治思想对马克思主义法治原理的传承与发展 ………… 孙　谦 / 28

二、刑事检察创新优化发展

新时代刑事检察工作的创新与发展 …………………………… 陈国庆 / 55
刑事诉讼法与监察法衔接中的若干争议问题 ………………… 朱孝清 / 74
检察机关参与网络空间治理现代化的实践面向 ……………… 贾　宇 / 90
国家治理现代化背景下刑事检察职能的拓展路径 …………… 刘　华 / 108
以理论研究推动刑事检察理念政策制度创新发展 …………… 苗生明 / 122
检察机关对重大毒品犯罪案件介入侦查的有关问题 …… 元　明　肖先华 / 129
聚焦实务关注热点　推动刑事执行检察新发展 ……… 侯亚辉　魏祎远 / 136
司法工作人员相关职务犯罪侦查模式建构与完善 …………… 高景峰 / 143

论公诉与自诉的关系 …………………………………… 熊秋红 / 159
职务犯罪监检管辖之分工与衔接 ……………………… 卞建林 / 185
认罪认罚从宽制度下相对不起诉的司法适用 ………… 王新建 / 199
认罪认罚从宽制度中的诉辩关系 ……………………… 魏晓娜 / 213
认罪认罚从宽制度中的控审构造 ……………………… 王迎龙 / 231
企业合规不起诉制度研究 ……………………………… 陈瑞华 / 253
从实体到程序：刑事合规与企业"非罪化"治理 ……… 陈卫东 / 275
企业附条件不起诉的立法建议 ………………………… 李　勇 / 290
企业合规的刑法立法问题研究 ………………………… 周振杰 / 310

■三、民事检察精细化发展

以民事检察理论研究服务民事检察高质量发展 ……… 冯小光　衣小慧 / 327
民事抗诉标准的再探讨 ………………………………… 兰　楠 / 335
民事检察案件复查制度论要 …………………………… 王　晓　任文松 / 352

■四、行政检察全面深化发展

深入贯彻党中央全面深化行政检察监督新要求　探索推进行政违法
　行为监督 ……………………………………………… 杨春雷 / 359
夯实理论根基推进行政检察高质量发展 ……………… 张相军 / 368
行政检察调查核实权的规范化运行 …………………… 韩成军 / 375

■五、公益诉讼检察积极稳妥发展

论法律监督与公益代表
　——兼论检察机关在公益诉讼中的主体地位 ……… 谢鹏程 / 393

公益诉讼检察在实务与理论深度融合中的新发展 …… 胡卫列 孙森森 / 407
行政公益诉讼类型化发展研究
  ——以主观诉讼和客观诉讼划分为视角 …………… 薛刚凌 / 420
行政公益诉讼中检察建议援用法律研究 ……………… 关保英 / 442
行政公益诉讼起诉期限问题研究 ……………………… 张昊天 / 460
行政公益诉讼中行政机关"依法履职"的认定 ……… 李瑰华 / 477
公益诉讼惩罚性赔偿问题研究 ………………………… 杨会新 / 487
个人信息保护公益诉讼制度的理解与适用 …… 张新宝 赖成宇 / 506
刑事附带民事公益诉讼研究 …………………………… 周　新 / 530

六、检察改革扎实稳步发展

新时代未成年人检察理论研究新进展 ………………… 那艳芳 / 553
以理论研究服务引领案件管理实践 …………………… 申国军 / 561
异地异级调用检察官制度的法理分析 ………………… 张建伟 / 568
社会治理类检察建议的特征分析与体系完善 ………… 刘　艺 / 587
论检察机关的"案－件比"改革 ……………… 林喜芬 周　晨 / 610

一、习近平法治思想与检察工作发展

加强新时代检察机关法律监督工作
更实担起党和人民赋予的更重责任

中共最高人民检察院党组

今年是中国共产党成立100周年，也是党绝对领导下的人民检察制度创立90周年。在这样一个具有特殊历史意义的年份，党中央专门印发《中共中央关于加强新时代检察机关法律监督工作的意见》（以下简称《意见》），充分彰显了以习近平同志为核心的党中央深入推进全面依法治国的坚定决心、对完善党和国家监督体系特别是加强检察机关法律监督工作的高度重视。《意见》是当前和今后一个时期加强检察工作的纲领性文件。各级检察机关要在以习近平同志为核心的党中央坚强领导下，坚持以习近平新时代中国特色社会主义思想为指导，深入学习贯彻习近平法治思想和习近平总书记"七一"重要讲话精神，把贯彻落实《意见》作为重大政治任务抓好抓实，走好党的检察事业新的长征路。

一、领悟贯彻落实《意见》的政治责任、法治责任、检察责任

检察机关法律监督是中国特色社会主义政治制度和法律制度的重要特征。党的十八大以来，习近平总书记作出一系列重要指示，深刻阐明检察机关法律监督的宪法定位、主要职责、基本任务，构成了习近平法治思想的重要组成部分。《意见》是习近平法治思想在检察机关法律监督工作中的进一步深化。贯彻落实好《意见》，是党和人民赋予检察机关的政治责任、法治责任、检察责任。

贯彻落实《意见》，首先要从政治上看，坚决落实保证党全面领导的政治责任。坚持党对一切工作的领导，既要靠党章党规的贯彻执行，也要靠宪法法律的有效实施。宪法法律是党领导人民制定的，是党和人民意志的集中体现。宪法第一条明确规定，中国共产党领导是中国特色社会主义最本质的特征。检察机关法律监督的基本任务就是保障宪法法律正确实施，维护国家法制统一、

尊严和权威。《意见》明确指出:"人民检察院是国家的法律监督机关,是保障国家法律统一正确实施的司法机关,是保护国家利益和社会公共利益的重要力量,是国家监督体系的重要组成部分。"贯彻落实好《意见》,加强新时代检察机关法律监督,事关党的全面领导的落实,事关党的执政根基稳固,必须以高度的政治自觉,落实这一重大而光荣的政治责任。

贯彻落实《意见》,要从法治上看,坚决落实满足新时代人民群众更高需求、更好维护社会公平正义的法治责任。检察机关通过履行法律监督职责,落实以人民为中心的发展思想,促进加强执法司法制约监督,解决法治领域人民群众反映强烈的突出问题,在推进全面依法治国进程中发挥着重要作用。《意见》明确指出:"进入新发展阶段,与人民群众在民主、法治、公平、正义、安全、环境等方面的新需求相比,法律执行和实施仍是亟须补齐的短板,检察机关法律监督职能作用发挥还不够充分。"贯彻落实好《意见》,必须以高度的法治自觉,解决好长期存在的法律监督难、软等问题,促进完善执法司法制约监督体系,更好捍卫公平正义、保障人民权益。

贯彻落实《意见》,要从检察职责上看,坚决落实宪法法律赋予的检察责任。在党的领导下,对执法司法机关办案活动进行监督,检察机关是在诉讼程序中履职的专门职能部门。作为执法司法活动的参与者,检察机关直接在具体办案过程和环节中履行监督职责,是参与、跟进、融入式监督,是在办案中监督、在监督中办案,发现问题更及时、监督纠错更直接。贯彻落实好《意见》,必须以高度的检察自觉,充分发挥中国特色社会主义检察制度的显著优越性,推动刑事、民事、行政、公益诉讼"四大检察"全面协调充分发展,全面提升法律监督质效,更好维护执法司法公正。

二、全面落实《意见》部署要求,提高法律监督能力水平

《意见》为加强新时代检察机关法律监督工作指出方向、明确政策、提供保障。要深刻理解《意见》背后的政治考量、战略把握,把《意见》精神要义、各项要求融入具体检察工作,与时俱进落得更实、更好。

(一)为大局服务、为人民司法

《意见》明确要求:"充分发挥法律监督职能作用,为大局服务、为人民司法。"这是检察机关必须始终担起的职责使命。

坚决维护国家安全和社会大局稳定,积极投入更高水平的平安中国建设。《意见》特别强调:"根据犯罪情况和治安形势变化,准确把握宽严相济刑事政策,落实认罪认罚从宽制度,严格依法适用逮捕羁押措施,促进社会和谐稳

定。"这些都是有利于矛盾化解、社会治理、厚植党执政的政治基础的重要举措。新中国成立以来，我国社会长期稳定。过去20年间，刑事犯罪结构发生了重大变化，严重暴力犯罪持续下降，新型危害经济社会管理秩序犯罪大幅上升。司法检察理念必须主动适应这一变化，统筹落实好"少捕慎诉慎押"刑事司法政策、认罪认罚从宽制度以及公开听证等工作，助推提升国家治理效能。

坚持以更高标准、更实举措服务保障经济社会高质量发展。检察机关办理新领域新类型案件，要与新时代新发展阶段经济、社会治理更高要求紧密结合起来。深化知识产权检察集中统一履职试点、惩防网络犯罪、司法救助助力乡村振兴、加强生态文明司法保护等工作，都是事关国家治理的长期性任务，必须以更高标准抓实。《意见》要求"依法维护企业合法权益"。企业合规试点就是一项集末端处理与前端治理于一体的履职创新：对办理的涉企刑事案件，在依法作出不批捕、不起诉决定或者根据认罪认罚从宽制度提出轻缓量刑建议的同时，督促涉案企业作出合规承诺并积极整改，促进企业合规守法经营，预防和减少企业违法犯罪。要推动规范试点，同步落实涉案企业合规第三方监督评估机制，做实对各类企业的平等保护，落实对涉案企业的严管与厚爱。

切实加强民生司法保障，让人民群众真正、切实感受到公平正义。《意见》专门部署加强民生司法保障。要结合"检察为民办实事"实践活动，持续抓实群众信访件件有回复、行政争议实质性化解、未成年人检察业务统一集中办理等工作，努力解决人民群众急难愁盼问题。要深刻认识到，感受到公平正义的主体是人民群众，不是司法办案人自己。检察办案不仅要符合法律条文这个"文本法"，更要符合人民群众感受这个"内心法"，办好事关人民群众切身利益的每一起"小案"，努力做到法、理、情有机统一。

积极引领社会法治意识，通过法律监督促进诉源治理。《意见》强调："通过促进严格执法、公正司法，规范社会行为、引领社会风尚。"检察机关必须立足司法办案，更加自觉做好预警预判、防患未然、标本兼治的工作，把诉源治理做深做实做细。要持续落实《意见》明确的"定期分析公布法律监督工作有关情况""及时发布指导性案例和典型案例"等任务，延伸法律监督职能，推动监督效果由一案一事拓展到一类问题的治理，实现更高层面、更高水平的源头治理。

(二) 全面提升法律监督质量和效果

法律监督工作高质量发展必须从高质效抓起。《意见》重点部署"全面提升法律监督质量和效果，维护司法公正"系列举措。各级检察机关要狠抓落实，进一步把监督重心放到提质量、增效率、强效果上来。《意见》部署的已常态化开展的工作,是对法律监督新的更高要求,要持续巩固深化。依法履行刑事、民事、行政和公益诉讼等检察职能,推动检察机关法律监督与其他各类监督有机贯通、相互协调。健全行政执法和刑事司法衔接机制,注重落实"双向衔接"。在加强对立案、侦查、审判、执行活动精准监督的同时,要深化类案监督,以检察建议、诉讼监督情况通报等形式,促进同类普遍性问题得到根治。深化监狱巡回检察,常态化推进跨省和省内交叉巡回检察,不仅查监狱执法活动有没有违法违规,更查驻监检察有没有失职渎职。继续加大查办司法工作人员相关职务犯罪力度,助力纯洁司法队伍。《意见》强调的一些需要加强的工作,是法律监督的短板、弱项,必须克服一切困难推动解决。比如,"加强对审判工作中自由裁量权行使的监督""完善对人民法院巡回法庭和跨行政区划审判机构等审判活动的监督机制,确保法律监督不留死角"等,各级检察机关要下大力气推进落实。

《意见》明确了"进一步提升法律监督效能"的措施。各级检察机关要紧紧依靠党委、政法委领导开展监督,在敢于监督的基础上,更加自觉把政策的刚性要求、法律的刚性规定与实践的灵活方式结合起来,善用政治智慧、法治智慧、检察智慧,增强法律监督"刚性"。监督者既要解决自身不会、不愿、不敢监督问题,更要自觉接受监督、勇于开展自我监督。要按照《意见》要求,主动争取、自觉接受人大、政协、纪检监察机关等各方面监督,更加自觉接受审判机关、公安机关的履职制约。要抓实自我监督机制,确保检察权依法规范行使。

(三) 一体强化政治素养和专业能力

贯彻落实《意见》,必须加强过硬检察队伍建设,把政治建设与业务建设融为一体,切实做到讲政治与抓业务有机统一。

政治素养是最根本、第一位的专业素养。《意见》明确提出:"确保检察人员绝对忠诚、绝对纯洁、绝对可靠。"这是对检察人员政治素养的根本要求。提升法律监督能力,必须把"从政治上看"融入履职全过程,不断提升政治判断力、政治领悟力、政治执行力。要紧密结合党史学习教育和政法队伍教育整顿,旗帜鲜明把加强党的政治建设放在首位,弘扬伟大建党精神,坚持全面从严治检,赓续人民检察制度的"红色基因",以更强党建统领更高质量检察。

专业能力是落实监督办案"从政治上看"的基本能力。《意见》明确要求:"围绕检察机关专业化建设目标,全面提升检察人员专业知识、专业能力、专业作风、专业精神。"要下大气力加强能力建设,落实检察官与法官、人民警察、律师等同堂培训等有效举措,促进把习近平法治思想落得更实。

大数据是提升监督能力的"科技翅膀"。《意见》要求:"运用大数据、区块链等技术推进公安机关、检察机关、审判机关、司法行政机关等跨部门大数据协同办案。"检察机关必须深化研究运用大数据促进执法司法公正、助力国家治理,提高运用大数据的意识和能力,以"数字革命"赋能新时代法律监督。

三、坚持抓纲带目,统筹抓好落实

习近平总书记反复强调"一分部署,九分落实"。《意见》的生命力就在于抓落实。要抓实"关键少数"。各级检察院党组要首先担起贯彻落实《意见》的责任,"关键少数"特别是"一把手"要在担当中发挥领头雁作用,抓班子、带队伍、懂监督办案。要抓住主要矛盾。贯彻落实《意见》是系统性工程,是长期艰巨任务。各级检察机关都有自己的具体情况,突出问题、主要矛盾会有不同。检察长要心里有数,切防找不到着力点、眉毛胡子一把抓。特别是基层检察院要持续聚焦检察队伍思想观念、素质能力跟不上的问题,认真落实已经部署的招录使用、培训练兵、交流共建、互派挂职等举措,坚持以脱贫攻坚的韧劲推进129个相对薄弱基层检察院尽早"脱薄摘帽"。要抓好科学管理,持续用足用好检察人员业绩考评、"案-件比"质效评价标准、业务数据分析研判等有效管理手段,让贯彻落实《意见》有导向、能评价,促进检察人员履职尽责,不断提升法律监督整体效能。要凝聚各方合力。贯彻落实《意见》离不开各级党委坚强领导,各级人大、政协、纪检监察机关有力监督,政府及其工作部门有力保障,各执法司法机关有力支持。各级检察机关要坚决贯彻党中央部署,在党委、政法委领导、统筹下,主动加强与相关部门沟通协调,形成共抓落实的强大合力。

贯彻落实《意见》,事关党的检察事业稳健前行、长远发展。各级检察机关要更加紧密团结在以习近平同志为核心的党中央周围,坚持以习近平法治思想为指引,深入贯彻习近平总书记"七一"重要讲话精神,牢记初心使命,更加忠实履职,努力为实现第二个百年奋斗目标作出新贡献!

(原载于《人民日报》2021年9月2日,第6版)

以习近平法治思想为指引
加强新时代检察机关法律监督

张军[*]

  在中国共产党成立一百周年的重要历史时刻,在实现中华民族伟大复兴的关键时期召开的党的十九届六中全会,肩负着承前启后、继往开来的伟大使命,在党和国家事业发展进程中具有里程碑式的重大意义。全会审议通过的《中共中央关于党的百年奋斗重大成就和历史经验的决议》(以下简称《决议》),站在党和国家事业永续发展的战略高度,深刻总结党百年奋斗的伟大成就、历史经验,是建党兴党强党的历史启示录,是奋发奋斗奋进的赶考动员令,为开启全面建设社会主义现代化国家新征程举旗定向。《决议》系统总结党的十八大以来全面依法治国新的历史性成就。这些成就的取得,根本在于以习近平同志为核心的党中央坚强领导,根本在于习近平法治思想正确指引,根本在于习近平总书记掌舵领航。习近平法治思想是习近平新时代中国特色社会主义思想的"法治篇",是新时代法治中国建设的根本思想旗帜,为发挥法治在治国理政中固根本、稳预期、利长远的保障作用提供了根本遵循。

  今年是建党百年,也是党一手缔造的人民检察制度创立90周年。90年来,在党的绝对领导下,人民检察制度从无到有、薪火相传,不断发展壮大,迈出的每一个发展步伐,无不倾注着党中央的关心、支持和爱护。特别是党的十八大以来,以习近平同志为核心的党中央高度重视检察工作。习近平总书记对检察工作作出一系列重要指示,深刻阐明检察机关法律监督的宪法定位、主要职责、基本任务,构成了习近平法治思想的重要组成部分,为新时代党的检察事业创新发展把脉定向、指路领航。今年6月,党中央在历史上首次专门印发《中共中央关于加强新时代检察机关法律监督工作的意见》(以下简称党中央《意见》),这是习近平法治思想在检察机关法律监督工作中的具体化,是当前和今后一个时期做好检察工作的纲领性文件,充分彰显了以习近平同志为

---

[*] 最高人民检察院党组书记、检察长。

核心的党中央深入推进全面依法治国的坚定决心、对完善党和国家监督体系特别是加强检察机关法律监督工作的高度重视。检察机关要把学习贯彻党的十九届六中全会精神作为当前和今后一个时期的重大政治任务，与学习贯彻习近平法治思想和习近平总书记"七一"重要讲话精神紧密结合起来，进一步从百年党史、党绝对领导下的90年人民检察史中深刻感受习近平法治思想的真理力量和实践伟力，更加准确把握其发展脉络、重大意义、核心要义，从中领悟、探寻、践行加强新时代检察机关法律监督的根本思路、重要方法和具体路径，把习近平总书记关于检察工作的重要论述、党中央《意见》的部署要求落实到每一项工作、每一起案件办理中，以高质量检察履职服务保障经济社会高质量发展，走好党的检察事业新的长征路。

一、牢牢把握党的绝对领导这一最高原则，始终坚持检察工作正确政治方向

坚持党的领导，是党百年奋斗的首要历史经验，也是社会主义法治最根本的保证。习近平法治思想的主要内涵和理论精髓，集中体现为习近平总书记在中央全面依法治国工作会议上提出的"十一个坚持"，最突出、最重要的就是"坚持党对全面依法治国的领导"。2014年1月，习近平总书记对检察工作作出重要指示，突出强调"始终坚持党的领导不动摇"。党中央《意见》也专门部署"坚持和完善党对检察机关法律监督工作的领导"。坚持党的绝对领导，是检察工作的最高原则、最大优势，是人民检察制度与生俱来、一直赓续的"红色基因"。全体检察人在这个根本问题上脑子要特别清醒、眼睛要特别明亮、立场要特别坚定，绝不能有任何含糊和动摇。

（一）自觉落实党对检察工作的绝对领导

更加准确把握党对检察工作绝对领导的本质要求，更加深刻认识"绝对领导"标准更高、要求更严，更加深刻认识党的十九届六中全会《决议》强调"两个确立"的"决定性意义"。要强化思想自觉，深入学习贯彻习近平新时代中国特色社会主义思想，以党史学习教育和政法队伍教育整顿为契机，真正做到学深悟透、融会贯通、真信笃行。强化行动自觉，严格执行《中国共产党政法工作条例》，把党的领导全面落实到检察机关政治、思想、组织、作风、纪律、业务、制度等建设的各方面和全过程，做到党中央提倡的坚决响应、党中央决定的坚决执行、党中央禁止的坚决不做，始终同以习近平同志为核心的党中央保持高度一致，以听党指挥的实际行动践行"两个维护"。严格执行请示报告制度，检察工作中的重大问题、重大案件、重大事项等，必须主

动及时向党中央、向习近平总书记请示报告。

（二）以检察机关法律监督保障党的全面领导

习近平总书记强调，"通过法治保障党的路线方针政策有效实施"①。坚持党对一切工作的领导，既要靠党章党规的贯彻执行，也要靠宪法法律的有效实施。宪法法律是党领导人民制定的，是党和人民意志的集中体现。党中央《意见》明确指出，"人民检察院是国家的法律监督机关，是保障国家法律统一正确实施的司法机关，是保护国家利益和社会公共利益的重要力量，是国家监督体系的重要组成部分"。这是依照宪法法律对检察机关的定位，更是政治定位；检察机关是法律监督机关，更是政治机关；检察工作是政治性极强的业务工作，也是业务性极强的政治工作。认识检察机关的职能定位和职责使命，必须首先"从政治上看"。加强新时代检察机关法律监督，事关党的全面领导的落实，事关党的执政根基稳固，必须以高度的政治自觉，落实这一重大而光荣的政治责任。要坚持讲政治与抓业务有机统一，不断提高政治判断力、政治领悟力、政治执行力，通过充分发挥法律监督职能作用，保障宪法法律正确实施，更好维护国家安全和社会稳定，服务经济社会高质量发展，促进社会公平正义，保障人民合法权益，从而保证党的主张和决策部署一体遵循、有效落实，在检察监督办案中落实和维护党的全面领导。

（三）坚定不移走中国特色社会主义法治道路

坚持中国道路，是党百年奋斗的宝贵历史经验之一。习近平总书记深刻指出："中国特色社会主义法治道路本质上是中国特色社会主义道路在法治领域的具体体现。"② 中国特色社会主义检察制度则是中国特色社会主义政治制度、法治制度在检察领域的表现形式，是我们党从中国革命和建设实际出发，探索符合我国国情的社会主义民主政治和权力监督制度的伟大创举。在党的领导下，对执法司法机关办案活动进行监督，检察机关是在诉讼程序中履职的专门职能部门。作为执法司法活动的参与者，检察机关直接在具体办案过程和环节中履行监督职责，是参与、跟进、融入式监督，是在办案中监督、在监督中办案，发现问题更及时、监督纠错更直接。这恰是我国司法检察制度显著优越性之一。全体检察人对此都应有清晰认识，坚定制度自信。进入新时代新发展阶段，要聚焦高质量发展主题，以深化改革破解制约检察工作发展的深层次问

---

① 习近平：《以科学理论指导全面依法治国各项工作》（2020年11月16日），载习近平：《论坚持全面依法治国》，中央文献出版社2020年版，第2页。

② 习近平：《以科学理论指导全面依法治国各项工作》（2020年11月16日），载习近平：《论坚持全面依法治国》，中央文献出版社2020年版，第2页。

题，持续巩固党领导下的检察工作体制优势，推动中国特色社会主义检察制度更加成熟更加定型。

二、牢牢把握服务保障经济社会高质量发展的基本要求，努力提供更高标准更加有力的法治保障

无论形势如何变化，政法机关捍卫党的领导和人民民主专政的国家政权、维护党和国家工作大局的使命任务不能变。党的十九届六中全会《决议》发出了向实现第二个百年奋斗目标进军的政治动员令。党中央《意见》明确部署"服务保障经济社会高质量发展"，要求"准确把握新发展阶段，深入贯彻新发展理念，服务构建新发展格局，充分发挥检察职能作用，为经济社会高质量发展提供有力司法保障"。落实这些重要部署，就要始终心怀"国之大者"，完整、准确、全面贯彻新发展理念，在构建新发展格局、推动高质量发展的进程中主动担当、能动履职，着力为协同推进人民富裕、国家强盛、中国美丽保驾护航、添光增彩。

（一）坚决维护国家政治安全和社会大局稳定

习近平总书记强调，"要把维护国家政治安全特别是政权安全、制度安全放在第一位"①。检察机关要聚焦影响国家安全、社会安定、人民安宁的突出问题，坚持总体国家安全观，全面履行检察监督办案职能，推动更高水平的平安中国建设。要时刻紧绷政治安全这根弦，坚持"严"的这一手不放松，坚决防范和依法惩治分裂国家、颠覆国家政权、组织实施恐怖活动等犯罪，提高维护国家安全和公共安全能力。推进扫黑除恶斗争常态化，持续落实省级检察院对涉黑和重大涉恶案件统一把关制度，坚决守住"一个不放过、一个不凑数"法治底线，坚决打击黑恶势力及其"保护伞"，决不允许任何黑恶势力死灰复燃、坐大成势。近年来网络犯罪逐年大幅上升，要加大依法惩治和有效预防力度，加强司法政策、法律适用研究，推动健全网络综合治理体系。

（二）服务构建新发展格局

法治是最好的营商环境。认真落实习近平总书记关于"完善各类市场主体公平竞争的法治环境"②的重要指示精神，坚持平等保护各类企业合法权

---

① 《习近平对政法工作作出重要指示强调 全面提升防范应对各类风险挑战的水平 确保国家长治久安人民安居乐业》，载《人民日报》2017年1月13日，第1版。

② 习近平：《社会主义市场经济是信用经济、法治经济》（2013年4月—2020年7月），载习近平：《论坚持全面依法治国》，中央文献出版社2020年版，第29页。

益，依法惩治影响企业生产经营的违法犯罪，扎实开展涉民营企业刑事"挂案"清理，维护企业合法权益。深化涉案企业合规改革试点，对办理的涉企刑事案件，在依法作出不批捕、不起诉决定或者提出轻缓量刑建议的同时，督促涉案企业作出合规承诺并积极整改，促进合规守法经营，预防和减少违法犯罪，这是一项集末端处理与前端治理于一体的履职创新，实质也是平等保护的重要内容。在推动规范试点中，要落实涉案企业合规第三方监督评估机制，确保"真"合规。跟进服务保障创新驱动发展战略，深化知识产权检察集中统一履职试点，着力办理一批具有引领示范意义的典型案件，增强刑事、民事、行政检察综合保护质效。资本市场稳定健康发展事关经济金融安全，要充分发挥最高检驻中国证监会检察室作用，加强与证监部门、公安机关、审判机关的协作配合和制约监督，依法惩治和预防证券违法犯罪，以更优检察履职推动依法监管。反洗钱是一项事关国家重大利益、经济金融安全的极为重要工作。要用足用好立案监督、退回补充侦查、自行补充侦查、追加起诉等手段，在办理上游犯罪案件时，同步审查、有效惩治洗钱犯罪。依法打击破坏生态环境资源犯罪，扎实办理生态环境公益诉讼案件，密切与相关执法司法机关协作联动，共同加强生态文明司法保护，护航绿色发展。围绕海南自贸港建设、粤港澳大湾区发展、京津冀协同发展、长三角一体化发展、黄河流域生态保护和高质量发展等，强化检察联动，优化检察服务供给，助力国家重大战略实施。

（三）促进提升国家治理效能

习近平总书记指出："坚持在法治轨道上推进国家治理体系和治理能力现代化。"① 检察机关职在司法办案，责在以法律监督促诉源治理，做好标本兼治工作，更好发挥法治对改革发展稳定的引领、规范、保障作用。过去 20 年间，刑事犯罪结构发生重大变化，严重暴力犯罪持续下降，新型危害经济社会管理秩序犯罪大幅上升。要主动适应这一变化，统筹落实好宽严相济、"少捕慎诉慎押"刑事司法政策，最大限度减少社会对抗。深刻认识认罪认罚从宽制度化解社会矛盾、促进社会和谐的重要作用，立足检察机关在刑事诉讼中承前启后的职能作用，扎实履行主导责任，做到该用尽用、规范适用。要立足司法办案，更加自觉做好预警预判、防患未然的工作，把诉源治理做深做实做细。检察建议直接促进社会治理。要坚持问题找准、建议可行，并通过圆桌会议、争取党委领导和人大支持等举措，努力让每一个检察建议做到刚性。党中央《意见》确定的"定期分析公布法律监督工作有关情况""及时发布指导性

---

① 习近平：《坚定不移走中国特色社会主义法治道路 为全面建设社会主义现代化国家提供有力法治保障》，载《求是》2021年第5期。

案例和典型案例""加强法律文书说理和以案释法""深化法治进校园、进社区"等任务，要持之以恒抓好落实，引领、昭示法治，推动监督效果由一案一事拓展到同类问题治理，树立、养成人民群众的法治意识，推动社会各方面包括执法司法机关、社会组织自觉履行自身责任，实现更高层面、更高水平的源头治理。

三、牢牢把握以人民为中心的本质要求，努力让人民群众在每一个司法案件中感受到公平正义

坚持人民至上，是党百年奋斗的宝贵历史经验之一。党的十九届六中全会《决议》深刻指出："民心是最大的政治，正义是最强的力量。"人民立场是习近平法治思想的根本政治立场，人民性是习近平法治思想的鲜亮底色。习近平总书记深刻指出，"全面依法治国最广泛、最深厚的基础是人民，必须坚持为了人民、依靠人民"[①]，强调"推进全面依法治国，根本目的是依法保障人民权益"[②]"努力让人民群众在每一个司法案件中感受到公平正义"[③]。这些重要论述，是以人民为中心的发展思想在法治领域的具体体现，深刻回答了全面依法治国为了谁、依靠谁的重大问题。党中央《意见》明确指出："进入新发展阶段，与人民群众在民主、法治、公平、正义、安全、环境等方面的新需求相比，法律执行和实施仍是亟须补齐的短板，检察机关法律监督职能作用发挥还不够充分"，并专门部署"切实加强民生司法保障"。检察机关要牢记民心是最大的政治，积极回应人民群众新要求新期待，坚持目标导向、问题导向，用高质量法律监督保障人民安居乐业。

（一）切实办好群众身边的"小案"

检察机关办理的案件绝大多数发生在群众身边，常见多发，正是这些案件最能让人民群众感受公平正义。案件办得好，人民群众就会对司法、对党和政府充满信赖；案件办得不公正、释法说理不到位，就容易引发不满、激化矛盾。一些引发负面舆情的案件，简单从法条规定看，满足了数额标准、达到了伤情要求，在形式上似乎办得都"不违法"，却往往忽略了社会和人民群众的

---

① 习近平：《以科学理论指导全面依法治国各项工作》（2020年11月16日），载习近平：《论坚持全面依法治国》，中央文献出版社2020年版，第2页。
② 习近平：《以科学理论指导全面依法治国各项工作》（2020年11月16日），载习近平：《论坚持全面依法治国》，中央文献出版社2020年版，第2页。
③ 习近平：《以科学理论指导全面依法治国各项工作》（2020年11月16日），载习近平：《论坚持全面依法治国》，中央文献出版社2020年版，第5页。

认同感受,"三个效果"的统一没有落到实处,都存在典型的就案办案、机械司法。实际上,"小案"内含"大政治"。每一起案件都关乎法律、政治,关乎厚积或侵蚀公平正义,对涉案人及其家庭来说都是"天大的案件"。体现人民意愿的法律绝不是冷冰冰的条文,检察监督办案决不能冷漠地只守住形式上"不违法"的底线,必须将天理、国法、人情融为一体,既符合法律条文这个"文本法",更重要的是努力做到符合人民群众的"内心法",做到"如我在诉"、情同此心,努力让人民群众感受到司法的温暖,努力实现政治效果、社会效果、法律效果相统一,厚植党执政的政治根基。

(二)持续办好检察为民实事

习近平总书记反复强调,切实解决好群众的操心事、烦心事、揪心事。党的十九届六中全会《决议》明确要求:"着力解决发展不平衡不充分问题和人民群众急难愁盼问题。"从法治文化影响看,深受传统无讼思想影响的中国老百姓,需要通过打官司解决的事情,无一不是群众急难愁盼的烦心事。检察机关坚持司法为民,就要有甘做"孺子牛"的爱民情怀,扎实办好食品药品安全、环境保护、安全生产等领域与群众利益密切相关的案件。深化推进行政争议实质性化解,促进解决行政诉讼"程序空转"问题,特别是解决好那些申诉多年、旷日持久的人民群众揪心案。用好司法救助政策和资金,让那些遭受犯罪侵害、面临生活困境的被害人及其家属,感受到人民司法的温度,同时精准地助力乡村振兴,防止因案致贫、因案返贫。未成年人安全、健康成长,与千千万万个家庭幸福紧密相连。要全面加强未成年人综合司法保护,督促落实侵害未成年人案件强制报告、教职员工准入查询性侵违法犯罪信息等制度,推动"司法保护"融通,助力"家庭、学校、社会、网络、政府"保护,落实"1+5>6""1+5='实'"。对于经过一系列司法程序还没有得到实质性解决的涉法涉诉信访问题,更要以加倍的感情和责任做好化解工作。严格落实群众信访7日内程序性回复、3个月内办理过程或结果答复制度,各级检察院检察长要带头接访,带头化解矛盾,申诉多年的疑难案件要坚持公开听证,邀请人大代表、政协委员、人民监督员等多方参与,摆事实、举证据、释法理,让公平正义"看得见",用心用情打开群众心结,实现案结事了人和。

(三)抓实以"案-件比"为核心的监督办案质效评价体系

当事人一案,经过办案机关若干程序环节,就被统计为若干"案件",而对当事人来说还是他的一个"案子"。"案子"经历司法程序越多、统计的"案件"越多,司法资源耗费越多,当事人讼累也越重。最佳"案-件比"是1∶1,当事人一个"案子",进入检察程序后一次性优质办结,司法资源投入最少，当事人感受最好。"案－件比"评价方法，不仅是促推提升办案质效的一种手段，更是从人民群众的诉讼体验出发，努力把以人民为中心落实到检察管理中的创新举措。2020年，在受新冠肺炎疫情影响下，全国检察机关仍压减了41.2万个非必要办案环节、统计中的"案件"。这一评价体系的深入实施，有效防止了一些无意义的退回补充侦查、延长办案期限和久拖不决等问题，办案质效明显提高，节省了司法资源，同时切实惠及涉案当事人。下一步，要针对不同案件类型实事求是、区别对待、精准设置"案－件比"，并且扩大到民事、行政、公益诉讼和控告申诉等检察业务。科学的评价必须坚持质量第一、效率效果并重。要进一步优化以"案－件比"为核心的质效评价体系，及时梳理、完善评价细则，倒逼强化责任意识、提升司法能力，让司法公正以更高效率、更优质量落到实处。

四、牢牢把握检察机关在法治建设中的职责定位，切实维护执法司法公正与公信

"加快形成严密的法治监督体系""加快构建规范高效的制约监督体系"，是习近平法治思想的重要内容。习近平总书记强调："要聚焦人民群众反映强烈的突出问题，抓紧完善权力运行监督和制约机制"[①]，"要保证各部门依法履责，更要推动形成侦查权、检察权、审判权、执行权相互制约、相互配合的体制机制，确保司法公正高效权威"[②]。这些重要论述，深刻表明加强执法司法制约监督极为重要、尤为紧迫。对于加强检察机关法律监督，习近平总书记多次作出重要指示，强调"要健全申诉控告检举机制，加强检察监督，切实做到有权必有责、用权受监督、侵权要赔偿、违法必追究""要使检察机关对在执法办案中发现的行政机关及其工作人员的违法行为及时提出建议并督促其纠正""由检察机关提起公益诉讼，有利于优化司法职权配置、完善行政诉讼制度，也有利于推进法治政府建设""中国检察机关是国家的法律监督机关，承担惩治和预防犯罪、对诉讼活动进行监督等职责，是保护国家利益和社会公共利益的一支重要力量""要加强民事检察工作，加强对司法活动的监督，畅通司法救济渠道，保护公民、法人和其他组织合法权益"。这些重要指示充分体现了习近平总书记对检察工作的高度重视，为健全检察机关法律监督工作格

---

① 习近平：《维护政治安全、社会安定、人民安宁》（2019年1月15日），载习近平：《论坚持全面依法治国》，中央文献出版社2020年版，第248页。

② 习近平：《在中央全面依法治国委员会第一次会议上的讲话》（2018年8月24日），载习近平：《论坚持全面依法治国》，中央文献出版社2020年版，第234页。

局、加强检察监督指明了方向。党中央《意见》要求"全面提升法律监督质量和效果,维护司法公正",强调"审判机关、检察机关、公安机关按照有关规定分工负责、互相配合、互相制约,保证准确有效执行法律。"检察机关要牢牢把握自身定位,以更高水平检察履职,促推执法司法制约监督更有力有效,更好维护司法公正。

(一)坚持以监督办案为中心,推动刑事、民事、行政、公益诉讼"四大检察"全面协调充分发展

加强法律监督,重在精准;质量是根本,效率是保障,效果良好是目标。检察工作高质量发展必须从法律监督的高质效做起、抓起。坚持在办案中监督、在监督中办案,进一步把监督重心放到提质量、增效率、强效果上来,把"四大检察"做优、做强、做实、做好。积极推动行政执法与刑事司法无缝对接、双向衔接,完善执法司法信息共享、案情通报、案件移送等制度。进一步加强刑事立案、侦查、审判和执行活动监督,积极开展减刑、假释、暂予监外执行监督,深化交叉巡回检察,坚决维护司法公正。以贯彻实施民法典为契机,用好抗诉、检察建议等不同监督方式,全面加强民事诉讼监督,精准办理引领性、促进解决同类问题的案件。推动落实防治虚假诉讼的最高人民检察院"五号检察建议",深入开展民事虚假诉讼监督,探索建立联合防范、发现和制裁机制。行政检察要践行穿透式监督理念,从监督法院行政诉讼活动入手,进而审视行政机关行政行为是否合法,积极提出检察建议,促进解决依法行政和社会治理层面的共性问题。持续加强公益诉讼检察,坚持把诉前实现维护公益目的作为最佳司法状态,规范拓展公益诉讼案件范围。加强检察机关与监察机关办案衔接和配合制约,健全衔接顺畅、权威高效的工作机制,不断增强依法反腐合力。

(二)强化责任担当,敢于监督、善于监督、勇于开展自我监督

党中央《意见》明确了"进一步提升法律监督效能"的措施。检察机关要更加自觉把法律的刚性规定与实践的灵活方式结合起来,坚持法治原则,展现最大诚意,穷尽有效努力,争取最好效果。加强对监督事项的调查核实工作,敢用、会用、善用法定调查手段,用更加充分、客观的事实和证据增强法律监督刚性。对检察机关纠正意见或检察建议既不回复、又不整改的,要刨根问底;同级检察院解决不了的,上级检察院接续监督。紧紧依靠党委及其政法委的领导开展监督,落实法律监督年度报告制度。监督者既要解决自身不会、不愿、不敢监督问题,更要始终秉持自我革命精神,自觉接受监督、勇于开展自我监督。主动争取、自觉接受人大、政协、纪检监察机关等各方面监督,更

加自觉接受侦查、审判机关履职制约。深入落实上下级监督管理和检察人员考核、检务督察等自我监督机制，把检察权关进制度的笼子。

（三）坚持双赢多赢共赢，实现政治智慧和法治方式有机结合

法律监督不是你错我对的"零和博弈"，法律监督机关与被监督机关虽分工不同，但都是党领导下全面依法治国的重要职能部门，执行统一的党的政策和国家法律，有共同的使命和目标，赢则共赢，败则同损。检察机关既要落实法律和政策要求，坚持法治原则，又要做到换位思考、注意方式方法，在改进法律监督工作的同时，促进和帮助各执法司法部门更好履职。比如，探索向公安机关执法办案管理中心派驻检察，有利于检警共同发现问题、共同提升执法司法办案质量，得到公安机关大力支持和推动。党中央《意见》强调"完善案卷调阅制度"，在民事诉讼监督中，要协同人民法院，规范落实好正卷副卷调阅工作制度，促进提升审判质量，共同维护司法权威和公信。

（四）创新监督履职，运用大数据为法律监督插上"科技翅膀"

习近平总书记强调，"推动大数据、人工智能等科技创新成果同司法工作深度融合"。党中央《意见》明确要求，"运用大数据、区块链等技术推进公安机关、检察机关、审判机关、司法行政机关等跨部门大数据协同办案"。执法司法活动产生海量数据，违法犯罪的线索、规律，相关领域的治理漏洞和薄弱环节，就隐藏在数据背后，执法司法不公不严不廉等问题也隐藏在异常数据背后。充分掌握大数据，专业、科学运用大数据，就掌握了发现问题线索的"放大镜""显微镜"，使监督更加精准、有效。检察机关要在各级党委领导、政府支持下，与各执法司法机关携手努力，打破"数据孤岛"，完善跨部门数据汇集共享机制，形成"集约"效应，通过数据对比碰撞、智能筛查，让虚假诉讼、违法办案无处遁形，以"数字革命"赋能新时代法律监督。

五、牢牢把握新时代法律监督能力的更高要求，坚持不懈加强过硬检察队伍建设

习近平总书记高度重视政法队伍建设并多次作出重要指示。2019年5月，在全国公安工作会议上提出了"四个铁一般"要求，这也是对检察机关、检察队伍的要求。习近平总书记在对检察工作的重要指示中强调："建设过硬队伍，强化法律监督能力"。党中央《意见》专门部署"加强过硬检察队伍建设"，特别强调要"确保检察人员绝对忠诚、绝对纯洁、绝对可靠""全面提升检察人员专业知识、专业能力、专业作风、专业精神"。这些重要论述和要求，是新时代检察队伍建设的根本遵循。各级检察机关要适应新时代法治建设

需要，努力打造让党中央放心、人民群众满意的高素质过硬检察队伍。

(一) 始终抓实政治自觉、法治自觉、检察自觉

政治建设是检察机关、检察工作、检察队伍的根本性建设。要在新时代新发展阶段检察工作中自觉坚守、坚决捍卫、能动践行"两个确立"，牢记中国共产党是什么、要干什么这个根本问题，旗帜鲜明讲政治，始终把加强党的政治建设摆在首位，坚持党的绝对领导，落实新时代党的建设总要求，增强"四个意识"、坚定"四个自信"、做到"两个维护"，把准检察工作的政治方向，把党领导下的检察队伍建设得更加坚强有力。准确把握全面依法治国的政治方向、重要地位、工作布局、重点任务、重大关系等根本性问题，带头厉行法治，自觉履行好法治建设职责。无论是政治自觉、法治自觉，都离不开检察自觉，即有力的检察履职、科学的检察管理、过硬的检察队伍来落实。检察人要更加自觉主动，有情怀、有担当、有作为地去谋发展、重自强，以"九分落实"的定力和韧劲，把习近平法治思想落得更实。

(二) 一体强化政治素质和专业能力

政治素质就是专业素质，是最根本、第一位的专业素质。检察官只有真懂政治，才能理解法的本质，才可能切实做到专业精通。提升法律监督能力，必须把"从政治上看"融入履职全过程，深入学习贯彻习近平新时代中国特色社会主义思想，深入开展党史学习教育，用好《检察机关学习贯彻习近平法治思想辅导读本》，自觉在党和国家工作大局中想问题、做工作。专业能力是落实监督办案"从政治上看"的基本能力。要更加重视多种方式、不同途径的学习、培训，抓紧编写、学用"十大业务"教材，把专业做深、做精、做到极致。按照党中央《意见》要求，建立检察官与法官、人民警察、律师等同堂培训制度，统一执法司法理念和办案标准尺度。坚持抓住领导干部这个"关键少数"，选优配强各级检察院领导班子特别是"一把手"，强化领导干部带头办案，更多办信访申诉积案，落实阅卷等办案基本要求，强化、落实司法管理责任，发挥好领头雁、主心骨作用。

(三) 加强基层组织、基础工作和基本能力建设

习近平总书记强调，要更加注重强基导向，"加强基层组织、基础工作、基本能力建设"。检察机关要进一步强化打基础、利长远的战略思维，坚持不懈地把强基固本工作抓实。下大气力激发基层工作活力，做实检察人员考核，考出差距、评出优劣，将考核结果作为奖惩、晋升、调整职务职级的重要依据，强化正向激励。下大气力补强基层政治建设融入业务提升的短板，坚持定期开展业务数据分析研判，科学、务实地加强检察管理。下大气力提升基层检

察院建设水平，以解决"人"的问题为关键点，持续抓实基层检察队伍的检察理念、素质能力建设。以脱贫攻坚的韧劲推动全国129个相对薄弱基层检察院逐个"脱薄"，落实上级检察院班子成员对口联系帮扶机制，切实解决好薄弱问题和症结。

（四）以严的标准、严的措施落实严的主基调

习近平总书记"七一"重要讲话强调，"坚定不移推进党风廉政建设和反腐败斗争"。建设德才兼备的检察队伍，必须深入推进全面从严治党治检，落实严管就是厚爱。要以政法队伍教育整顿为抓手，从严检视队伍、正视问题、深挖病灶、治病救人，切实整治顽瘴痼疾，完善检察机关内部监督制约机制，一体推进不敢腐、不能腐、不想腐。更加自觉落实过问干预案件记录报告制度，有效防止关系案、人情案、金钱案，保障严格执法、公正司法。持续深化系统内巡视，做好巡视整改"后半篇文章"，推动问题真整改，促进问题真解决。坚持"严"字当头，对不收敛不收手的害群之马坚决清除，纯洁检察队伍。

各级检察机关要更加紧密团结在以习近平同志为核心的党中央周围，深入学习贯彻党的十九届六中全会精神和习近平总书记"七一"重要讲话精神，切实把习近平法治思想学习好、领悟好、落实好，推动新时代检察机关法律监督工作高质量发展，为全面建设社会主义现代化国家、实现中华民族伟大复兴的中国梦贡献检察力量。

（原载于《习近平法治思想研究与实践》专刊2021年第2期暨《民主与法制》周刊2021年第44期）

努力让人民群众在每一个司法案件中感受到公平正义

——学习习近平总书记关于公正司法重要论述

童建明*

党的十八大以来，习近平总书记在领导推进全面依法治国进程中，从全局和战略的高度出发，围绕公正司法发表了一系列重要论述，深刻阐明了公正司法的重大意义、根本保证、根本目标、基本要求、基本路径和重要保障，科学回答了为什么要公正司法、实现什么样的公正司法以及怎样实现公正司法等一系列重大理论和实践问题，形成了习近平法治思想的"司法篇"，为做好新时代司法工作提供了根本遵循。中国特色社会主义进入新发展阶段，人民群众对美好生活的向往更多向民主、法治、公平、正义等方面延展，司法工作面临新的发展形势、肩负新的时代重任。全面学习贯彻习近平法治思想，特别是深入学习贯彻习近平总书记关于公正司法的重要论述，吃透基本精神、把握核心要义、明确工作要求，对于司法机关在错综复杂中抱元守正、在矛盾风险中胜利前进，不断提高公正司法水平，努力让人民群众在每一个司法案件中感受到公平正义，具有十分重要的认识论和方法论意义。

一、公正司法的重大意义：公正司法是维护社会公平正义的最后一道防线

习近平总书记强调："全面推进依法治国，必须坚持公正司法。"准确领悟这一重要论述精神，正确把握公正司法的重大意义，关键要深刻领会习近平总书记关于公正司法与公平正义辩证关系的一系列重要论述。

一是"公正司法是维护社会公平正义的最后一道防线"。这一重要论述精

---

* 最高人民检察院党组副书记、分管日常工作的副检察长。

辟而深刻地阐明了公正司法之于社会公平正义的底线作用。公平正义是社会文明进步的重要标志，也是我们党治国理政的不懈追求。法律是公平正义的准绳，但法律又只是写在纸上的公平正义，要把纸面上的法律变为现实生活中活的法律，司法起着关键作用。司法公正属于矫正正义，是对被破坏了的公平的恢复，是对被扭曲了的正义的伸张。只要司法是公正的，社会很多不公现象就可以通过司法程序得到矫正和补救，使社会公正得以恢复。

二是"司法公正对社会公正具有重要引领作用，司法不公对社会公正具有致命破坏作用"。这一重要论述从正反两个方面阐释了司法公正与社会公正的辩证关系。在法治社会，法律是最大的规矩。司法通过对法律的适用，对合法行为予以确认、合法权益予以维护，对违法行为进行追责、犯罪行为予以惩治，清晰告诉人们哪些行为是国家和社会允许并受到保护的，哪些行为是国家和社会禁止并将受到惩罚的。这就是司法对社会行为的规范指引和导向作用。如果司法是公正的，规范指引和导向就是正确的、正向的，就会对社会公正产生引领、推动作用。反之，如果司法行为是不公的，规范指引和导向就是错误的、负向的，就会对社会公正造成严重破坏。而且，由于"最后一道防线"的定位，司法不公还会纵容和放大社会不公，冲破整个社会公平正义的底线。

三是"公平正义是司法的灵魂和生命"。这一重要论述从价值理念和精神追求层面指明了公平正义之于司法工作本身的重大意义。古往今来，公正都是人们对司法应有伦理品质的最主要界定。确保司法的公正，进而通过公正的司法维护社会公平正义，是司法的天职。当前，随着经济社会快速发展，越来越多的社会矛盾和纠纷涌入司法领域，期冀通过司法得到公正解决。这一方面说明司法机关面临的任务越来越繁重，另一方面也说明人民群众对司法公正寄予厚望。司法机关必须做到明辨是非、公正司法，让人民群众真正、切实感受到公平正义就在身边。

二、公正司法的根本保证：毫不动摇坚持党对司法工作的领导

习近平总书记突出强调："在坚持党对政法工作的领导这样的大是大非面前，一定要保持政治清醒和政治自觉，任何时候任何情况下都不能有丝毫动摇。"这一重要论述深刻阐明了公正司法的根本政治要求。推进公正司法必须坚持党的绝对领导，这既是由司法机关的政治属性决定的，是对公正司法"质"的规定性，也是做好司法工作的根本保证，是实现公正司法的政治前提。

一方面，正确处理党的政策与国家法律的关系。我们党既领导人民制定宪法法律，也领导人民实施宪法法律，党自身也必须在宪法法律范围内活动。因

此,党和法、党的领导和依法治国是高度统一的。对司法工作来说,实施法律就是贯彻党的主张和意志,依法办案就是落实党的政策。推进公正司法,要结合司法办案实际不断提高政治判断力、政治领悟力、政治执行力,把党的政策与国家法律融为一体,落实到司法办案全过程和各环节。

另一方面,正确处理坚持党的领导与确保司法机关依法独立公正行使职权的关系。党鲜明支持和保证司法机关依法行使职权,这是我们党的一贯主张。司法机关必须在党的领导下依法行使职权,这是我国司法制度的根本特色和政治优势,也是与西方国家所谓"司法独立"的本质区别。推进公正司法,既要坚持党的绝对领导,坚定不移走中国特色社会主义法治道路,又要通过公正司法赢得民心,厚植党的执政基础,捍卫党的领导。如果否定党对司法工作的领导,搞所谓"司法独立",我们的司法机关就会变质,司法工作就会迷失方向。

三、公正司法的根本目标:努力让人民群众在每一个司法案件中感受到公平正义

党的十八大以来,习近平总书记反复强调"要努力让人民群众在每一个司法案件中感受到公平正义",并且明确要求"所有司法机关都要紧紧围绕这个目标来改进工作,重点解决影响司法公正和制约司法能力的深层次问题"。这些重要论述深刻揭示了公正司法为了谁、依靠谁的重大问题,充分体现了以人民为中心的执政理念,指明了司法工作的根本奋斗目标。应从如下三个方面落实这一重要指示。

首先,努力追求司法公正。在社会生活中,司法承担着惩罚犯罪、保障人权、定分止争、制约公权等功能,人民群众的人身权、财产权、人格权都与司法活动密切相关。司法公正,人民权益就有底线保障;司法不公,人民权益就容易受到侵蚀。司法办案只有始终把公平正义作为核心价值追求,切实把好事实关、证据关、程序关、法律适用关,做到实体正义和程序正义并重,才能使人民群众利益得到有效维护。

其次,做到每一个司法案件都确保公正。司法公正作为人民群众感受社会公正的一把"标尺",不是抽象的,而是具体的,主要寓于个案公正之中,并通过无数个案的公正体现出司法的整体公正。对于人民群众来说,往往通过某些具体个案,尤其是事关自身利益的个案来评判司法是否公正乃至社会是否公正。司法机关要牢记"100-1=0"的道理,把每一个案件都当作"天大的事",综合考虑天理、国法、人情,以求极致的精神用心用情办好,实现个案公正和普遍公正、法律公正与社会公正相统一。

最后，让人民群众"感受到"公平正义。司法是否公正，评判主体在于人民群众。人民群众只有认为司法是公正的，才会接受司法裁判、信任司法机关。这就要求公平正义不仅要实现，而且要让人民群众"感受到"，否则即便司法机关"自认为"是公正的，也很难让当事人心悦诚服。司法机关在办案过程中，既要以事实为根据、以法律为准绳，也要准确把握社会心态、群众情绪，把严格司法与柔性司法结合起来，还要将释法说理贯穿办案全过程，采取公开听证等看得见、听得懂的方式，讲清"法理"、讲明"事理"、讲透"情理"，努力让当事人既解开"法结"又解开"心结"，真正实现案结事了人和。

四、公正司法的基本要求：不断提高司法公信力

不断提高司法公信力，是习近平总书记反复强调的一个司法工作的基本要求。关于司法公信力的重要性，习近平总书记强调："如果司法这道防线缺乏公信力，社会公正就会受到普遍质疑，社会和谐稳定就难以保障。"关于提高司法公信力的必要性、紧迫性，习近平总书记指出："当前，司法领域存在的主要问题是，司法不公、司法公信力不高问题十分突出，一些司法人员作风不正、办案不廉，办金钱案、关系案、人情案，'吃了原告吃被告'，等等。"关于如何提高司法公信力，习近平总书记指出："执法司法是否具有公信力，主要看两点：一是公正不公正；二是廉洁不廉洁。"这一系列重要论述深刻警醒我们，司法公信力直接关系社会公正和社会稳定；深刻启示我们，提高司法公信力必须坚持问题导向，抓住关键，持续用力、久久为功。

一是坚持严格司法。这是提高司法公信力的前提和基础。从司法实践看，执法司法不严问题不仅存在，有的还比较突出。推进公正司法，要严格依照法定的权限、程序、时限履行职责，决不搞变通执法，决不搞选择性执法，决不搞下不为例。

二是把严格规范公正文明司法作为一个整体。严格是司法的基本要求，文明是司法的基本职业素养，规范是司法的基本准则。推进公正司法，必须与严格、规范、文明司法有机贯通起来。严格规范公正文明司法必须作为一个总体性的要求来强调，作为一项长期的任务来落实。司法机关要树立正确司法理念，把打击犯罪与保障人权、追求效率同实现公正、司法目的与司法形式有机统一起来，办理每一起案件都努力实现最佳的法律效果、政治效果、社会效果。

三是让司法权在制度的笼子里运行。司法权事关"生杀予夺"，如果缺乏有效约束，就会导致冤假错案。坚持用制度管住司法权力、约束司法人员，是确保司法权依法正确行使的治本之策。要抓住司法活动容易出问题的重点岗位

和关键环节,建立健全覆盖各个司法岗位、各个司法环节的司法标准、司法规则,明确司法过程中应该做什么、怎么做、做到什么程度等标准要求,形成严密的司法制度体系,努力使各项司法行为都有法可依、有规可循,坚决防止司法不作为、乱作为。

四是坚决破除各种潜规则,杜绝以情代法。我国是一个人情社会、熟人社会,逢事喜欢讲熟门熟道,但如果人情介入了法律和权力领域,就必定会影响司法公正,甚至带来严重问题。要完善和落实回避等制度,杜绝人情和关系对司法的影响,以实际行动让老百姓相信只要是合理合法的诉求,就能通过法律程序得到合理合法的结果。

五是以公开促公正、以透明保廉洁。阳光是最好的防腐剂,司法越公开就越有公信力。随着经济社会的发展,人民群众对司法公开有了更高的要求。司法机关要增强主动公开、主动接受监督的意识,完善机制、创新方式、畅通渠道,依法及时公开执法司法依据、程序、流程、结果和裁判文书,全方位提高司法透明度,让暗箱操作没有空间,让司法腐败无处藏身。

六是着力解决领导机关和领导干部违法违规干预问题。这是导致执法不公、司法腐败的一个顽瘴痼疾。解决这个问题,关键是领导干部要正确把握领导、指导与干预、插手司法工作的界限。党对政法工作的领导是管方向、管政策、管原则、管干部,不是包办具体事务,不要越俎代庖,领导干部更不能借党对政法工作的领导之名对司法机关工作进行不当干预。司法机关要持之以恒抓好《领导干部干预司法活动、插手具体案件处理的记录、通报和责任追究规定》《司法机关内部人员过问案件的记录和责任追究规定》等"三个规定"落实,真正做到逢问必录,建起违法违规干预司法的"隔离带"。

五、公正司法的基本路径:深化司法体制改革

深化司法体制改革,是解决司法领域存在问题,促进公正司法的必由之路。党的十八大以来,习近平总书记围绕深化司法体制改革发表一系列重要讲话、作出一系列重要指示。关于改革的必要性,习近平总书记深刻指出:"司法不公的深层次原因在于司法体制不完善、司法职权配置和权力运行机制不科学、人权司法保障制度不健全","解决这些问题,就要靠深化司法体制改革"。关于改革的方向,习近平总书记指出:"深化司法体制改革,完善司法管理体制和司法权力运行机制,必须在党的统一领导下进行,坚持和完善我国社会主义司法制度。"关于改革的目的,习近平总书记强调:"深化司法体制改革,是要更好坚持党的领导、更好发挥我国司法制度的特色、更好促进社会公平正义。"关于改革成效的评判标准,习近平总书记强调:"说一千道一万,

要由人民群众来评判,归根到底要看司法公信力是不是提高了。"关于改革的重点,习近平总书记强调:"要紧紧抓住影响司法公正、制约司法能力的重大问题和关键问题,增强改革的针对性和实效性。"关于改革的路径,习近平总书记强调:"司法体制改革事关全局,要加强顶层设计,自上而下有序推进。"这一系列重要论述全面深刻阐明了司法体制为什么改、改什么、怎样改等重大理论和实践问题,为深化司法体制改革提供了根本遵循和操作指南。当前,司法体制改革已经步入深水区、攻坚期,要突出抓好几项关键性的改革落实。

一是抓住司法责任制这个"牛鼻子"。要把深化司法责任制改革的重点放在跟踪问效上,加快构建权责一致的司法权运行新机制,真正落实"谁办案谁负责、谁决定谁负责"。司法责任制落实后,综合配套措施能否及时跟上,直接关系改革成效。司法机关要认真贯彻党中央关于深化司法责任制综合配套改革的决策部署,增强改革系统性、整体性、协同性。

二是完善司法权运行制约和监督机制。这是解决司法不严、不公、不廉问题的基本途径。随着司法责任制全面推开,司法权分散行权的特点越来越明显,司法人员容易受到干扰、诱惑。近年来,孙小果、郭文思、巴图孟和等"纸面服刑"案暴露出的执法不严、司法不公、贪赃枉法问题十分严重,其中一个重要原因,就是执法司法制约不到位、监督流于形式,导致权力成为脱缰的野马。司法机关应当认真落实党中央关于加快推进执法司法制约监督体系改革和建设的一系列部署,既要完善权责清晰、全程覆盖、有效管用的内部监督机制,也要推动形成侦查权、检察权、审判权相互制约、相互配合的体制机制,还要完善接受党内监督、人大监督、民主监督、舆论监督等监督机制,形成对司法权运行的全方位制约监督体系,保证司法人员"以至公无私之心,行正大光明之事"。

三是深化诉讼制度改革。这是解决当前诉讼环节案多人少、效率不高、程序空转等突出问题的根本之举。重点任务有两项:其一是以审判为中心的刑事诉讼制度改革。要完善以非法证据排除为主要内容的证据审查机制,确保侦查、审查起诉的案件事实和证据经得起法庭质证的检验,经得起法律的检验。其二是完善认罪认罚从宽制度。这是新时代治理犯罪的一项重大制度创新。在政法各机关的协作配合下,2020年全年适用率超过85%,量刑建议采纳率接近95%;一审服判率超过95%,高出其他刑事案件21.7个百分点。司法效率更高,办案效果更好,对维护社会稳定、化解社会矛盾起到了重要作用,但也存在适用不平衡、质效待提升等问题。司法机关应当继续共同努力,狠抓准确规范适用,不断提高办案质效。

六、公正司法的重要保障：建设德才兼备的高素质司法工作队伍

习近平总书记深刻指出，"全面推进依法治国，建设一支德才兼备的高素质法治队伍至关重要"，强调"要按照政治过硬、业务过硬、责任过硬、纪律过硬、作风过硬的要求，努力建设一支信念坚定、执法为民、敢于担当、清正廉洁的政法队伍"。这些重要论述为新时代司法队伍建设指明了方向。

一是把坚定的理想信念作为政治灵魂。司法人员长期面对各种风险和挑战，长期面对各种社会阴暗面，只有始终用坚定的理想信念铸魂补钙，才能炼就"金刚不坏之身"。司法机关应当结合党史学习教育，把我们党建立和发展人民司法制度的历史融入百年党史，深刻领悟党的领导下国家政治制度、法律制度、司法制度建设的"红色基因"，不断增强"四个意识"、坚定"四个自信"、做到"两个维护"。

二是全面提高司法人员职业素养和专业水平。司法主要是对案件事实和法律适用的判断、裁决，如果没有对法治精神的笃信，没有对法律职业的热爱，没有对法律知识的纯熟，就不可能作出正确的判断、裁决，司法公正就无以保证。提高职业素养关键要牢记"法不阿贵，绳不挠曲"的法治精神真谛，信仰法治、坚守法治，不偏不倚，不枉不纵。提高专业水平，重点要聚焦能力短板，突出实战、实用、实效导向，通过专业思维的培养、专业方法的掌握、专业技术的运用，全面提升法律政策运用能力、防控风险能力、群众工作能力、科技应用能力、舆论引导能力。

三是培育司法职业良知。对司法人员来说，职业良知就是基本的善恶观、是非观。司法过程中，只有将法律的专业判断与基本的道德评判、民众的朴素认知融合起来，以严谨的法理彰显司法的理性，以练达的情理展示司法的良知，才能让公平正义直抵人心。一方面，要牢记"政法机关的职业良知，最重要的就是执法为民"，心中时刻装着群众、想着人民，通过司法办案促进解决人民群众的操心事、烦心事、揪心事。另一方面，要牢记"职业良知来源于职业道德"，把司法职业良知作为社会主义核心价值观的具体体现，把强化公正廉洁的职业道德作为必修课，养成崇善向上、嫉恶如仇的职业品格，树立公平如度、清廉如水的浩然正气。

四是以铁的纪律带出一支铁一般的司法队伍。司法人员掌握权力大，面临诱惑多，廉政风险高，在纪律作风建设方面必须坚持更高标准、更严要求。三年扫黑除恶专项斗争揭露出来的政法队伍中的问题让人触目惊心，一些司法人员为黑恶势力充当保护伞，为虎作伥，为害一方，人民群众深恶痛绝。司法机关要以正在开展的政法队伍教育整顿为抓手，坚持严的主基调，在加强纪律作

风教育和整治顽瘴痼疾两个方面下功夫，以教育擦亮底色、增进自律，以整顿刮骨疗毒、纯洁队伍，树立和维护司法机关的良好形象。

五是抓住领导干部这个"关键少数"。司法工作处在法治建设的前沿和一线，司法机关领导干部是公正司法的组织者、领导者，毫无疑问要在落实习近平总书记反复强调的"做尊法学法守法用法的模范"方面走在前列。在思维习惯上，要更加牢固树立宪法法律至上、法律面前人人平等等基本法治观念，带头弘扬社会主义法治理念、法治精神；在行为方式上，要更加自觉做到在法治之下而不是法治之外，更不是法治之上想问题、作决策、办事情，牢记法律红线不可触、法律底线不可越，确保司法权行使不偏离法治轨道、不突破法律边界。

（原载于《中国党政干部论坛》2021年第5期）

习近平法治思想对马克思主义法治原理的传承与发展

孙 谦[*]

2020年11月,中国共产党首次召开中央全面依法治国工作会议。这次会议最重要的成果,就是明确了习近平法治思想在全面依法治国工作中的指导地位。这是中国特色社会主义法治建设进程中具有深远历史意义的一件大事。习近平法治思想,创造性地传承和发展了马克思主义法治原理,是马克思主义法治原理与中国法治实践相结合的理论飞跃,是当代中国的马克思主义法治理论,也是21世纪的马克思主义法治理论。

一、习近平法治思想的科学内涵

任何科学理论体系的形成都有一个复杂的过程。时代的迫切需要,理论的深厚积淀,实践的反复探索,再加上思想理论体系代表人物的智慧、胆略、担当和情怀,这些都是科学理论体系形成的必备条件。正是具备了这些条件,习近平法治思想更加彰显出强大的真理力量和实践力量。习近平从历史和现实相贯通、国际和国内相关联、理论和实际相结合的角度,深刻回答了新时代的中国为什么要实行全面依法治国、怎样实行全面依法治国等一系列重大问题,形成了内涵丰富、论述深刻、逻辑严密、系统完备的思想体系。这一重要思想是全面依法治国的战略性、统领性、根本性指导思想,集中体现为习近平在中央全面依法治国工作会议重要讲话中精辟概括的"十一个坚持",需要全面系统、融会贯通地深刻理解把握。

(一)坚持党的领导和走中国特色社会主义法治道路是根本政治方向

1. 坚持党对全面依法治国的领导

习近平强调,党的领导是推进全面依法治国的根本保证。他指出:"改革

---

[*] 最高人民检察院党组成员、副检察长。

开放和社会主义现代化建设任务越是繁重,越要运用法治思维和法治手段巩固执政地位、改善执政方式、提高执政能力,保证党和国家长治久安";"要健全党领导全面依法治国的制度和工作机制,推进党的领导制度化、法治化,通过法治保障党的路线方针政策有效实施"。① 我国宪法确认了中国共产党的执政地位,确认了党在国家政权结构中总揽全局、协调各方的核心地位。中国共产党领导是中国特色社会主义最本质的特征,是中国特色社会主义制度的最大优势。在坚持党的领导这个决定党和国家前途命运的重大原则问题上,我们必须保持高度的思想自觉、政治自觉、行动自觉,任何时候任何情况下都不能有丝毫动摇。

2. 坚持中国特色社会主义法治道路

习近平强调,中国特色社会主义法治道路,本质上是中国特色社会主义道路在法治领域的具体体现。坚持中国特色社会主义法治道路,是由坚持中国特色社会主义道路这一大前提所决定的,也是这一大前提的重要体现,是建设社会主义法治国家的唯一正确道路。举什么旗,走什么路,永远是摆在中国共产党人和中华民族面前的根本问题。全面建设社会主义现代化国家的新征程上,要加强党对全面依法治国的集中统一领导,坚持以全面依法治国新理念新思想新战略为指导,坚定不移走中国特色社会主义法治道路。这就是中国共产党和中国人民的选择。

(二) 始终坚持以人民为中心的根本政治立场

中国共产党人的初心和使命,就是为中国人民谋幸福、为中华民族谋复兴。法治是实现中华民族伟大复兴的内在要求和必由之路。特别是,新时代我国社会主要矛盾转化,人民美好生活需要日益广泛,不仅对物质文化生活提出更高要求,在民主、法治、公平、正义、安全、环境等方面的要求也日益增长。推动经济社会的进步,需要法治;满足人民对美好生活的向往,也需要法治。

推进全面依法治国,根本目的是依法保障人民权益。"我国社会主义制度保证了人民当家作主的主体地位,也保证了人民在全面推进依法治国中的主体地位。这是我们的制度优势,也是中国特色社会主义法治区别于资本主义法治的根本所在。"② 全心全意为人民服务是党的根本宗旨,全面依法治国最广泛、最深厚的基础就是人民。必须坚持以人民为中心,坚持为了人民、依靠人民,

---

① 习近平:《坚定不移走中国特色社会主义法治道路,为全面建设社会主义现代化国家提供有力法治保障》,载《求是》2021年第5期。
② 《习近平谈治国理政》(第2卷),外文出版社2017年版,第115页。

要把体现人民利益、反映人民愿望、维护人民权益、增进人民福祉，落实到全面依法治国各领域、全过程。推进全面依法治国，就是要保证我们的国家永远是人民的国家，是人民当家作主的国家；就是要让人民生活在安全的、秩序的、公平的环境当中，过上富足的、自由的、安宁的、高质量的生活。

（三）法治是治国理政的基本方式

"我们要实现经济发展、政治清明、文化昌盛、社会公正、生态良好，必须更好发挥法治引领和规范作用。"① 我们走向强国、走向现代化，就要更有力地推进全面依法治国，统筹国内国际两个大局，不断把社会主义法治优势转化为国家治理效能。这是全面建设社会主义现代化强国的基石。

1. 坚持在法治轨道上推进国家治理体系和治理能力现代化

法治是国家治理体系和治理能力的重要依托。只有全面依法治国，才能有效保障国家治理体系的系统性、规范性、协调性，才能最大限度凝聚社会共识。"我国社会主义法治凝聚着我们党治国理政的理论成果和实践经验，是制度之治最基本最稳定最可靠的保障。"② 国家治理的现代化必然是国家治理的法治化。在全面建设社会主义现代化国家新征程上，应对重大挑战、抵御重大风险、克服重大阻力、解决重大矛盾，必须坚持法治精神，依靠法治方式。要坚持顶层设计和法治实践相结合，更加重视法治、厉行法治，更好发挥法治固根本、稳预期、利长远的保障作用，把制度优势、法治之力持续转化为国家治理效能。

2. 坚持统筹推进国内法治和涉外法治

习近平强调，要加快涉外法治工作战略布局，协调推进国内治理和国际治理，更好维护国家主权、安全、发展利益。当代，国际竞争越来越体现为制度之争、规则博弈。我们必须加强涉外法治体系建设，加强国际法治合作，积极参与全球治理体系改革和建设，综合利用立法、执法、司法等手段，应对全球性风险和挑战。习近平法治思想统筹国内国际两个大局，立足人类命运共同体立场，为建立更为合理的国际关系和国际秩序提供了中国方案。

（四）中国特色社会主义法治体系是总抓手

1. 坚持建设中国特色社会主义法治体系

"全面推进依法治国涉及很多方面，在实际工作中必须有一个总揽全局、

---

① 《习近平关于全面依法治国论述摘编》，中央文献出版社2015年版，第4页。
② 习近平：《论坚持全面依法治国》，中央文献出版社2020年版，第272页。

牵引各方的总抓手,这个总抓手就是建设中国特色社会主义法治体系。"① 建设中国特色社会主义法治体系,是我们党在法治领域提出的具有原创性、时代性的法治概念和理论,对全面依法治国具有纲举目张的意义。我们要加快形成完备的法律规范体系、高效的法治实施体系、严密的法治监督体系、有力的法治保障体系和完善的党内法规体系,以更加完备权威的法治体系来有效应对各个领域出现的新风险新挑战。

2. 坚持依宪治国、依宪执政

建设中国特色社会主义法治体系,要求健全保证宪法全面实施的体制机制。依法治国首先要坚持依宪治国,依法执政首先要坚持依宪执政。习近平非常强调在整个国家治理中、在党和国家各种机构的运行中,必须以宪法为最高遵循,必须遵守宪法。"全面贯彻实施宪法,是建设社会主义法治国家的首要任务和基础性工作。宪法是国家的根本法,是治国安邦的总章程,具有最高的法律地位、法律权威、法律效力,具有根本性、全局性、稳定性、长期性。"② 宪法是党领导人民制定的,充分体现了党的意志和人民意志的高度统一。依法治国必须全面充分地体现对宪法的尊重和遵守。

3. 坚持依法治国依法执政依法行政共同推进,法治国家法治政府法治社会一体建设

建设中国特色社会主义法治体系,贯通法治国家、法治政府、法治社会各个领域。全面依法治国是一个系统工程,要整体谋划,更加注重系统性、整体性、协同性。"依法治国、依法执政、依法行政是一个有机整体。"③ 推进法治国家、法治社会、法治政府建设,必须在依法执政、依法行政方面做出实质性努力。现代法治可以理解为一种世界观、方法论,也可以理解为一种治国方略、治理状态,其核心要义是约束公权、保障私权。通过法治国家、法治政府、法治社会一体建设,实现对公权的约束和对私权的保障,能够使国家始终保持在安全、稳定、和谐、有序的状态。

4. 坚持全面推进科学立法、严格执法、公正司法、全民守法

建设中国特色社会主义法治体系,涵盖立法、执法、司法、守法各个环节。习近平强调,要继续推进法治领域改革,解决好立法、执法、司法、守法等领域的突出矛盾和问题。在全面依法治国整体格局中,立法、执法、司法、

---

① 《习近平新时代中国特色社会主义思想学习纲要》,学习出版社、人民出版社2019年版,第100页。

② 习近平:《在首都各界纪念现行宪法公布施行30周年大会上的讲话》,2012年12月4日。

③ 《习近平谈治国理政》(第3卷),外文出版社2020年版,第285页。

守法四个环节相互贯通、相互依存,需要坚持问题导向和目标导向,增强法治领域体制机制改革的系统性、整体性、协同性。"法律的生命力在于实施,法律的权威也在于实施。"① 在中国特色社会主义法律体系基本形成,"有法可依"的问题解决之后,最重要的是保证法律实施,做到有法必依、执法必严、违法必究。要加强法治实施和法治监督,抓住人民群众反映强烈的有法不依、执法不严、违法不究、司法不公等突出问题,捍卫法律权威,维护公平正义。

(五)法治工作队伍和领导干部是依法治国的重要保障

1. 坚持建设德才兼备的高素质法治工作队伍

习近平强调,全面推进依法治国,首先要把专门法治工作队伍建设好,要"着力建设一支忠于党、忠于国家、忠于人民、忠于法律的社会主义法治工作队伍,为加快建设社会主义法治国家提供有力人才保障"。②加强法治队伍建设至关重要,是确保法治建设成果惠及全体人民的重要保障。要坚持以政治建设为统领,注重培养专业能力、专业精神,大力推进法治专门队伍革命化、正规化、专业化、职业化,增强法治干部队伍适应新发展阶段全面依法治国要求的素质能力。

2. 坚持抓住领导干部这个"关键少数"

领导干部具体行使党的执政权和国家立法权、行政权、监察权、司法权,是全面依法治国的关键。"党领导立法、保证执法、支持司法、带头守法,主要是通过各级领导干部的具体行动和工作来体现、来实现。"③ 抓住"关键少数",就是要让各级领导干部在全面依法治国中发挥关键作用,不断提高运用法治思维和法治方式深化改革、推动发展、化解矛盾、维护稳定、应对风险的能力,以全面提升依法治国的水平。

习近平法治思想坚持马克思主义理论之本,深刻回答法治建设之问,是习近平新时代中国特色社会主义思想的"法治篇",标志着中国共产党对社会主义法治建设规律的认识达到了新高度。"全面推进依法治国,是着眼于实现中华民族伟大复兴中国梦、实现党和国家长治久安的长远考虑。对全面推进依法治国作出部署,既是立足于解决我国改革发展稳定中的矛盾和问题的现实考量,也是着眼于长远的战略谋划。"④ 在中国共产党的领导下,近代以来久经磨难的中华民族实现了从站起来、富起来到强起来的历史性跨越。我们比历史

---

① 习近平:《论坚持全面依法治国》,中央文献出版社2020年版,第74页。
② 习近平:《论坚持全面依法治国》,中央文献出版社2020年版,第274页。
③ 习近平:《论坚持全面依法治国》,中央文献出版社2020年版,第135页。
④ 《习近平关于全面依法治国论述摘编》,中央文献出版社2020年版,第11页。

上任何时期都更接近也更有信心和能力实现中华民族伟大复兴的目标。当今世界正面临百年未有之大变局，世界大变革、大发展、大调整、大转折的广泛性深刻性前所未有，我们面对的改革发展稳定任务之重、矛盾风险挑战之多前所未有，法治建设在党和国家工作全局中的地位更加突出、作用更加凸显。在这样一个重大历史节点上，习近平法治思想的提出和确立，顺应了实现中华民族伟大复兴的时代要求，为我们党在新时代实现初心使命、应对风险挑战、凝聚民族精神和民族力量，提供了科学的理论指引。

二、习近平法治思想对马克思主义法治原理的传承

马克思主义法治原理，是马克思、恩格斯在深刻把握人类社会发展规律的基础上，批判地吸收资产阶级启蒙思想家在法治方面的文化成果，从无产阶级革命的目的出发创造出来的。洛克在《政府论》《人类理解论》等著作中，系统阐释了资产阶级法治理念，提出了法治和分权的理论，论述了政治权力运行的法治原则。孟德斯鸠延续了洛克的观念，他在《论法的精神》中系统总结了现代法治的内涵，包括公权力受制约、私权利受保护、司法必须公正、法律必须平等。卢梭在其《社会契约论》中，主张一切权力属于人民，政府和官员只是受人民的委托，并提出了"天赋人权"理论。资产阶级法治理念主要是针对封建专制、封建特权提出来的，尽管其在一定程度上推动了世界文明和法治进步，但本质上是维护资产阶级统治和利益的，是维护极少数人利益的，所以必然地具有历史局限性。

与资产阶级启蒙思想家法治理念根本不同的是，马克思主义法治原理是真正符合人类绝大多数人根本利益、符合人类社会发展规律和方向的，是彻底的、科学的法治原理。马克思、恩格斯运用辩证唯物主义、历史唯物主义的方法论和科学社会主义原理，在正确揭示法的起源、本质及运行规律的基础上，结合共产主义过渡阶段国家和法的基本特点，在无产阶级革命斗争的实践中形成了关于国家和法的理论，并对人权、自由、平等、民主等法治基本构成要素进行了深刻阐述。马克思指出，无产阶级建立国家政权后将进入社会主义阶段，而"国家应该是政治理性和法的理性的实现"。[①] 马克思、恩格斯虽然未能参与社会主义法治建设实践，但其关于社会主义法治本质的阐发及对社会主义法治事业的预见，科学揭示了法的起源、本质、运行规律和基本要素，对于社会主义法治建设具有深远的指导意义。

---

① 《马克思恩格斯全集》（第1卷），人民出版社1995年版，第118页。

中国共产党在成立之初就把马克思主义作为指导思想。在百年革命、建设、改革进程中，中国共产党始终坚守马克思主义的基本原理，不断探索推进马克思主义中国化。习近平法治思想就是用发展着的马克思主义观察时代、解读时代、引领时代，用马克思主义的一般原理来思考和指引中国的法治、推进新时代全面依法治国的实践，创造性地传承了马克思主义法治原理。

（一）关于法的物质性

马克思主义法治原理的理论基础是唯物史观。马克思在《政治经济学批判》的序言中指出："法的关系正像国家的形式一样，既不能从它们本身来理解，也不能从所谓人类精神的一般发展来理解，相反，它们根源于物质的生活关系。"① 这一经典论述深刻揭示了法是由"物质的生活关系"即"经济基础"决定的，有力反驳了西方资产阶级关于法律具有抽象的普世价值的观点。马克思还指出："人们在自己生活的社会生产中发生一定的、必然的、不以他们的意志为转移的关系，即同他们的物质生产力的一定发展阶段相适合的生产关系。这些生产关系的总和构成社会的经济结构，即有法律的和政治的上层建筑竖立其上并有一定的社会意识形式与之相适应的现实基础。物质生活的生产方式制约着整个社会生活、政治生活和精神生活的过程。不是人们的意识决定人们的存在，相反，是人们的社会存在决定人们的意识。"② 这一论述进一步阐明了社会存在决定社会意识，法作为上层建筑建立在"现实基础"即"社会经济结构"之上。马克思在《资本论》中写道："这种法的关系或意志关系的内容是由这种经济关系本身决定的。"③ 这一论断指出了经济关系决定法的关系。

习近平法治思想坚持用历史唯物主义、辩证唯物主义把握法的物质本源及其运动规律，立足我国的物质条件、经济基础和社会存在来考察、推动法治建设。走什么样的法治道路、建设什么样的法治体系，是由一个国家的基本国情决定的。"全面推进依法治国，必须从我国实际出发，同推进国家治理体系和治理能力现代化相适应，既不能罔顾国情、超越阶段，也不能因循守旧、墨守成规"④；"全面推进依法治国必须走对路。要从中国国情和实际出发，走适合自己的法治道路，决不能照搬别国模式和做法，决不能走西方'宪政'、'三

---

① 《马克思恩格斯全集》（第31卷），人民出版社1998年版，第412页。
② 《马克思恩格斯全集》（第31卷），人民出版社1998年版，第412页。
③ 《马克思恩格斯选集》（第2卷），人民出版社2012年版，第128页。
④ 习近平：《论坚持全面依法治国》，中央文献出版社2020年版，第110页。

权鼎立'、'司法独立'的路子"①。习近平对全面依法治国的战略考量、谋划部署，既立足我国社会主义初级阶段的基本国情和发展要求，又充分适应新时代新发展阶段经济社会的新变化新特点。

（二）关于法的政治性

法律是政权的一种政治措施。马克思、恩格斯指出："一切共同的规章都是以国家为中介的，都获得了政治形式。"②法的政治性的实质，集中体现为其具有阶级性。马克思、恩格斯在《共产党宣言》中揭露资产阶级法的本质时说："你们的观念本身是资产阶级的生产关系和所有制关系的产物，正像你们的法不过是被奉为法律的你们这个阶级的意志一样。"③法的政治性必然合逻辑地延伸到法与政权、法与政党的关系中。为保证社会革命获得胜利和实现革命的最高目标，"无产阶级这样组织成为政党是必要的"。④无产阶级进行社会主义革命和实行无产阶级专政，推翻和摧毁旧政权、旧法制，建立完全新型的政权和法制，必须坚持无产阶级政党的领导，这也是马克思主义国家学说、政党学说的根本原则。

习近平法治思想融会贯通了马克思主义国家学说、政党学说，深刻阐明了党和法、党的领导和依法治国的高度统一性。社会主义法治必须坚持党的领导，党的领导必须依靠社会主义法治。"要把党的领导贯彻到依法治国全过程和各方面，坚持党的领导、人民当家作主、依法治国有机统一。只有在党的领导下依法治国、厉行法治，人民当家作主才能充分实现，国家和社会生活法治化才能有序推进。"⑤坚持依宪治国、依宪执政，就包括"坚持宪法确定的中国共产党领导地位不动摇，坚持宪法确定的人民民主专政的国体和人民代表大会制度的政体不动摇"。⑥在我国，法是党的主张和人民意愿的统一体现，"党领导人民制定宪法法律，党领导人民实施宪法法律，党自身必须在宪法法律范围内活动，这就是党的领导力量的体现"。⑦坚持党的领导，要更加注重改进党的领导方式和执政方式，"必须具体体现在党领导立法、保证执法、支持司

---

① 习近平：《论坚持全面依法治国》，中央文献出版社2020年版，第229页。
② 《马克思恩格斯选集》（第1卷），人民出版社2012年版，第212页。
③ 《共产党宣言》，人民出版社2014年版，第45页。
④ 《马克思恩格斯选集》（第3卷），人民出版社2012年版，第174页。
⑤ 习近平：《论坚持党对一切工作的领导》，中央文献出版社2019年版，第78页以下。
⑥ 《习近平关于全面依法治国论述摘编》，中央文献出版社2020年版，第36页。
⑦ 《习近平关于全面依法治国论述摘编》，中央文献出版社2020年版，第36页。

法、带头守法上"。① 习近平对党的政策和国家法律在本质上的一致性——都是人民根本意志的反映，对党应当善于通过法定程序使党的主张成为法律、通过法律保障党的政策有效实施，都进行了深刻的阐述。

（三）关于法的人民性

马克思主义法治原理最鲜明的品格就是人民性。对于人民的人权、民主、自由、平等、公平、正义等问题，马克思、恩格斯都给予了高度关注并作出了系统的论述。关于人权，马克思指出："工人阶级的解放斗争不是要争取阶级特权和垄断权，而是要争取平等的权利和义务"②，达到"没有无义务的权利，也没有无权利的义务"③。关于民主，马克思强调："工人革命的第一步就是无产阶级上升为统治阶级，争得民主。"④ 恩格斯指出："工人阶级一旦取得统治权，就不能继续运用旧的国家机器来进行管理"⑤，必须以新的真正民主的国家政权来代替，"民主已经成了无产阶级的原则，群众的原则"⑥。关于自由，马克思、恩格斯指出："代替那存在着阶级和阶级对立的资产阶级旧社会的，将是这样一个联合体，在那里，每个人的自由发展是一切人的自由发展的条件。"⑦ 关于平等，恩格斯指出："一切人，作为人来说，都有某些共同点，在这些共同点所及的范围内，他们是平等的"；"一切人，或至少是一个国家的一切公民，或一个社会的一切成员，都应当有平等的政治地位和社会地位"⑧。关于公平、正义，恩格斯指出："我们所需要的不是英国资产阶级那套权宜的办法，而是一个能伸张正义，满足人的一切需求的全新的社会经济制度。"⑨ 这些法治基本价值相辅相成、内涵相通，始终代表无产阶级和广大人民的利益。

习近平法治思想坚持人民主体地位，深深植根于人民之中，充分体现了人民的意志，坚定地维护着人民的利益。"推进全面依法治国，根本目的是依法

---

① 习近平：《坚定不移走中国特色社会主义法治道路，为全面建设社会主义现代化国家提供有力法治保障》，载《求是》2021 年第 5 期。
② 《马克思恩格斯全集》（第 21 卷），人民出版社 2003 年版，第 16 页。
③ 《马克思恩格斯全集》（第 21 卷），人民出版社 2003 年版，第 17 页。
④ 《共产党宣言》，人民出版社 2014 年版，第 49 页。
⑤ 《马克思恩格斯选集》（第 3 卷），人民出版社 2012 年版，第 54 页。
⑥ 《马克思恩格斯全集》（第 2 卷），人民出版社 1965 年版，第 664 页。
⑦ 《共产党宣言》，人民出版社 2014 年版，第 51 页。
⑧ 《马克思恩格斯全集》（第 26 卷），人民出版社 2014 年版，第 109 页。
⑨ 《马克思恩格斯全集》（第 4 卷），人民出版社 1958 年版，第 383 页。

保障人民权益"①;"人民幸福生活是最大的人权"②;"中国坚持把人权的普遍性原则同本国实际相结合,坚持生存权和发展权是首要的基本人权"③。这些重要认识和观点深刻阐明了适合中国国情的人权发展道路。"人民当家作主是社会主义民主政治的本质和核心。人民民主是社会主义的生命"④;"在坚持党的领导、人民当家作主、依法治国有机统一中推进社会主义民主政治建设"⑤;"发展人民民主必须坚持依法治国、维护宪法法律权威,使民主制度化、法律化"⑥。这些重要论断阐明了人民当家作主是社会主义法治的前提和基础,而社会主义法治是人民民主发展的必要条件和基本保障。"平等是社会主义法律的基本属性,是社会主义法治的基本要求"⑦;"全面依法治国,必须紧紧围绕保障和促进社会公平正义来进行。公平正义是我们党追求的一个非常崇高的价值,全心全意为人民服务的宗旨决定了我们必须追求公平正义,保护人民权益、伸张正义"⑧;"必须牢牢把握社会公平正义这一法治价值追求,努力让人民群众在每一项法律制度、每一个执法决定、每一宗司法案件中都感受到公平正义"⑨;"和平、发展、公平、正义、民主、自由,是全人类的共同价值"⑩。这些重要论述系统阐释了社会主义法治的价值追求,彰显了保障人民权益、增进人民福祉的执政理念。

(四)关于法的社会性

法律以社会为基础,这是马克思关于法的一个基本观点。"马克思发展了关于基础与上层建筑相互关系的学说,把基础与上层建筑引申为社会与法律"⑪,其中,"社会是由经济关系、生产和交换,以及那些历史前提所决定的"⑫。马克思论证说:"社会不是以法律为基础的。那是法学家们的幻想。相

---

① 习近平:《论坚持全面依法治国》,中央文献出版社2020年版,第8页。
② 《习近平致信纪念〈世界人权宣言〉发表70周年座谈会强调:坚持走符合国情的人权发展道路,促进人的全面发展》,载《人民日报》2018年12月11日,第1版。
③ 《习近平致"纪念〈发展权利宣言〉通过30周年国际研讨会"的贺信》,载《人民日报》2016年12月5日,第1版。
④ 习近平:《论坚持全面依法治国》,中央文献出版社2020年版,第71页。
⑤ 习近平:《在纪念马克思诞辰200周年大会上的讲话》,载《求是》2018年第10期。
⑥ 习近平:《论坚持全面依法治国》,中央文献出版社2020年版,第72页。
⑦ 习近平:《论坚持全面依法治国》,中央文献出版社2020年版,第108页。
⑧ 《习近平谈治国理政》(第2卷),外文出版社2017年版,第129页。
⑨ 习近平:《论坚持全面依法治国》,中央文献出版社2020年版,第229页。
⑩ 习近平:《携手构建合作共赢新伙伴,同心打造人类命运共同体——在第七十届联合国大会一般性辩论时的讲话》,载《人民日报》2015年9月29日,第2版。
⑪ 刘瑞复:《马克思主义法学原理读书笔记》(第1卷),中国政法大学出版社2018年版,第209页。
⑫ 《马克思恩格斯全集》(第26卷),人民出版社1995年版,第361页。

反地，法律应该以社会为基础。法律应该是社会共同的、由一定物质生产方式所产生的利益和需要的表现。"① 马克思以拿破仑法典为例，指出这部法典"并没有创立现代的资产阶级社会。相反地，产生于十八世纪并在十九世纪继续发展的资产阶级社会，只是在这本法典中找到了它的法律的表现。这一法典一旦不再适应社会关系，就会变成一叠不值钱的废纸"。② 由此，我们可以看到，法的性质取决于社会形态和社会体制的性质；法反映社会要求，并随着社会的发展而发展。

习近平法治思想扎根于社会主义社会这个基础，并旗帜鲜明地表明："我们要坚持的中国特色社会主义法治道路，本质上是中国特色社会主义道路在法治领域的具体体现；我们要发展的中国特色社会主义法治理论，本质上是中国特色社会主义理论体系在法治问题上的理论成果；我们要建设的中国特色社会主义法治体系，本质上是中国特色社会主义制度的法律表现形式。"③ 这也指明了社会主义法治的性质必须由中国特色社会主义社会形态和社会体制的性质来决定。习近平高度重视因应经济发展、社会需要和人民需求，加快完善中国特色社会主义法律体系，强调"要积极推进国家安全、科技创新、公共卫生、生物安全、生态文明、防范风险、涉外法治等重要领域立法，健全国家治理急需的法律制度、满足人民日益增长的美好生活需要必备的法律制度"④，这是"真正历史的观点"。

（五）关于法的实践性

实践观点是马克思主义哲学的核心观点。马克思在《关于费尔巴哈的提纲》中指出："全部社会生活在本质上是实践的"⑤；"哲学家们只是用不同的方式解释世界，问题在于改变世界"⑥。这些经典名言，深刻指明了实践决定认识，理论应该走向实践。马克思在批判黑格尔法哲学时，指出了实践的重要性："批判的武器当然不能代替武器的批判，物质力量只能用物质力量来摧毁；但是理论一经掌握群众，也会变成物质力量。理论只要说服人，就能掌握

---

① 《马克思恩格斯全集》（第6卷），人民出版社1965年版，第291页以下。
② 《马克思恩格斯全集》（第6卷），人民出版社1965年版，第292页。
③ 习近平：《坚定不移走中国特色社会主义法治道路，为全面建设社会主义现代化国家提供有力法治保障》，载《求是》2021年第5期。
④ 习近平：《坚定不移走中国特色社会主义法治道路，为全面建设社会主义现代化国家提供有力法治保障》，载《求是》2021年第5期。
⑤ 《马克思恩格斯选集》（第1卷），人民出版社2012年版，第135页。
⑥ 《马克思恩格斯选集》（第1卷），人民出版社2012年版，第136页。

群众;而理论只要彻底,就能说服人。所谓彻底,就是抓住事物的根本"①;"对思辨的法哲学的批判既然是对德国迄今为止政治意识形式的坚决反抗,它就不会专注于自身,而会专注于课题,这种课题只有一个解决办法:实践"②。这些重要论述,阐明了包括法在内的理论只有在实践中才能把握其本质和规律,也只有通过实践才能验证其科学性。

习近平法治思想贯穿认识和实践辩证关系原理,既坚持实践第一的观点,又不断推进实践基础上的理论创新。习近平强调:"形势在发展,时代在前进,法律体系必须随着时代和实践发展而不断发展。"③"现在,我们国家和社会生活各方面总体上实现了有法可依,这是我们取得的重大成就。同时,我们也要看到,实践是法律的基础,法律要随着实践发展而发展。"④ 习近平法治思想本身就是对党领导法治建设丰富实践和宝贵经验的科学总结,其总结和运用我们党领导人民实行法治的成功经验,立足于党的十八大以来波澜壮阔的全面依法治国实践,紧密结合新的时代条件和实践要求,以历史思维、世界视野、全新认识,赋予了社会主义法治建设新的时代内涵。习近平法治思想的实践性,还体现在其坚持问题意识、问题导向,针对法治工作中群众反映强烈的突出问题提出强有力的措施,对社会主义法治国家建设作出顶层设计。"徒法不足以自行",法的实践是主观见之于客观的活动,具体体现为立法、执法、司法、守法的有机统一。宪法法律的生命在于实施,宪法法律的权威也在于实施。习近平法治思想是实践的理论,既从实践中来,又回到实践中去指导实践。

(六) 关于法的继承性

法的继承性是法的发展观和法的相对独立性的重要表现形式,指新的法否定旧的法,同时继承旧的法中有价值的文化元素。恩格斯在晚年对法的继承性作了深刻阐发,在《路德维希·费尔巴哈和德国古典哲学的终结》中,他具体分析了资产阶级法与以往私有制社会的法之间历史继承的三种形式:第一种是"可以或者是简单地通过审判的实践贬低罗马法,使它适合于这个社会的状况(普通法)";第二种是"依靠所谓开明的进行道德说教的法学家的帮助把它加工成一种适应于这种社会状况的特殊法典,这种法典,在这种情况下即使从法学观点看来也是不好的(普鲁士邦法)";第三种是"以同一个罗马法

---

① 《马克思恩格斯选集》(第1卷),人民出版社2012年版,第9页以下。
② 《马克思恩格斯选集》(第1卷),人民出版社2012年版,第9页。
③ 习近平:《论坚持全面依法治国》,中央文献出版社2020年版,第73页。
④ 《习近平关于全面依法治国论述摘编》,中央文献出版社2020年版,第43页。

为基础,制定出像法兰西民法典这样典型的资产阶级社会的法典"。① 前两种形式为新法接受和吸收旧的法文化传统,第三种形式为法在不同国家横向的传播和借鉴。需要指出的是,社会主义社会与以往任何私有制社会在法的理念、社会制度和经济体制等各方面完全不同,绝不能沿用旧的法律制度,也绝不可能复制私有制的法律制度。

习近平法治思想在对待中国古代法制传统和人类法治文明成果的问题上,既旗帜鲜明,又包容并蓄,展现出民族性的文化自信和世界性的宽广视野。中华优秀传统法律文化源远流长、博大精深,是中华民族薪火相传、生生不息的文化基因和精神内核。"与大陆法系、英美法系、伊斯兰法系等不同,中华法系是在我国特定历史条件下形成的,显示了中华民族的伟大创造力和中华法制文明的深厚底蕴。中华法系凝聚了中华民族的精神和智慧,有很多优秀的思想和理念值得我们传承。"② 鸦片战争后,太平天国后期《资政新篇》、戊戌变法、清末修律、中华民国政府"六法全书"体系等,都试图在中国照搬、移植西方法治模式,但最终都归于失败。对此,习近平深刻指出:"历史和现实告诉我们,只有传承中华优秀传统法律文化,从我国革命、建设、改革的实践中探索适合自己的法治道路,同时借鉴国外法治有益成果,才能为全面建设社会主义现代化国家、实现中华民族伟大复兴夯实法治基础。"③ 他还强调:"坚持从我国实际出发,不等于关起门来搞法治。法治是人类文明的重要成果之一,法治的精髓和要旨对于各国国家治理和社会治理具有普遍意义,我们要学习借鉴世界上优秀的法治文明成果。但是,学习借鉴不等于是简单的拿来主义,必须坚持以我为主、为我所用,认真鉴别、合理吸收,不能搞'全盘西化',不能搞'全面移植',不能照搬照抄。"④

马克思主义对人类法治的思考是系统的、全面的、深刻的。我们通常说,马克思主义由哲学、政治经济学、科学社会主义三部分组成。经过研究发现,马克思主义法治原理体现在马克思主义整个理论体系之中,而且这也集中表达了马克思主义价值观:全人类的解放、真正的平等、每个人的自由。习近平法治思想创造性地传承了这些原理,体现出鲜明的中国特色、实践特色、时代特色,为中国特色社会主义法治体系和社会主义法治国家建设提供了强大思想

---

① 《马克思恩格斯选集》(第4卷),人民出版社2012年版,第259页。

② 习近平:《坚定不移走中国特色社会主义法治道路,为全面建设社会主义现代化国家提供有力法治保障》,载《求是》2021年第5期。

③ 习近平:《坚定不移走中国特色社会主义法治道路,为全面建设社会主义现代化国家提供有力法治保障》,载《求是》2021年第5期。

④ 习近平:《论坚持全面依法治国》,中央文献出版社2000年版,第111页。

武器。

三、习近平法治思想对马克思主义法治原理的发展

马克思主义并没有结束真理,而是开辟了通向真理的道路。恩格斯指出:"马克思的整个世界观不是教义,而是方法。它提供的不是现成的教条,而是进一步研究的出发点和供这种研究使用的方法。"① 毛泽东在读苏联《政治经济学教科书》时曾说过:"马克思这些老祖宗的书,必须读,他们的基本原理必须遵守,这是第一。但是,任何国家的共产党,任何国家的思想界,都要创造新的理论,写出新的著作,产生自己的理论家,来为当前的政治服务,单靠老祖宗是不行的。"② 中国共产党百年历史告诉我们,只有把马克思主义与中国实际相结合,马克思主义才能在中国焕发出强大的生命力。

中国共产党成立前夕,接受了共产主义思想的先驱饱含激情地介绍马克思主义及布尔什维克。③ 中国共产党成立后,历代中国共产党人前赴后继,对马克思主义法治原理有很多创造性的传承和贡献。毛泽东思想、邓小平理论、"三个代表"重要思想、科学发展观,都贯穿并发展了马克思主义法治原理。新民主主义革命时期,以毛泽东为主要代表的中国共产党人,在领导革命根据地建设中就进行了法制建设的实践探索,颁布《中华苏维埃共和国宪法大纲》以及大量法律法令,奠定了党领导人民厉行法治、追求民主平等自由人权的基石。社会主义革命和建设时期,中国共产党人提出了一系列重要的法制原则和法制思想,领导人民制定了"五四宪法"和国家机构组织法、选举法、婚姻法等一系列重要法律法规,建立起社会主义法制框架体系。进入改革开放时期,以邓小平为主要代表的中国共产党人提出"有法可依、有法必依、执法必严、违法必究"的方针,以江泽民为主要代表的中国共产党人把依法治国确立为党领导人民治理国家的基本方略,以胡锦涛为主要代表的中国共产党人把依法执政确立为党治国理政的基本方式,不断推进社会主义法治建设取得新进展。

中国特色社会主义进入新时代,习近平从统筹国内和国际两个大局、实现党和国家长治久安的战略高度,加强党对全面依法治国的集中统一领导,以前所未有的广度和深度重视法治、定位法治、布局法治、厉行法治。2012 年 12 月 4 日,习近平在首都各界纪念现行宪法公布施行 30 周年大会上,发出了全

---

① 《马克思恩格斯选集》(第 4 卷),人民出版社 2012 年版,第 664 页。
② 《毛泽东文集》(第 8 卷),人民出版社 1999 年版,第 109 页。
③ 张晋藩、顾元:《理论光辉照耀法治之路》,载《法制日报》2001 年 6 月 21 日,第 2 版。

面推进依法治国的时代动员令,强调"要更加注重发挥法治在国家治理和社会管理中的重要作用,全面推进依法治国,加快建设社会主义法治国家"。①以习近平为核心的党中央把全面依法治国纳入"四个全面"战略布局,标志着我们党对法治的理论探索和实践达到了新高度。党的十八届四中全会进行专题研究,作出关于全面推进依法治国若干重大问题的决定,明确了全面依法治国的总蓝图、路线图、施工图。党的十九大进一步把坚持全面依法治国上升为新时代坚持和发展中国特色社会主义的基本方略之一。党的十九大之后,党中央组建中央全面依法治国委员会,从党和国家事业发展全局高度对全面依法治国作出一系列重大决策部署。党的十九届四中全会把法治贯通于坚持和完善中国特色社会主义制度、推进国家治理体系和治理能力现代化的各个方面。党的十九届五中全会在制定"十四五"规划和2035年远景目标建议时,再次就全面依法治国作出部署。我国社会主义法治建设发生历史性变革,取得历史性成就,科学立法、严格执法、公正司法、全民守法一体推进,全面依法治国实践取得重大进展。这些变革和成就,根本在于习近平法治思想的科学指引,根本在于以习近平为核心的党中央的坚强领导。

习近平法治思想既与马克思主义法治原理、历代中央领导集体的法治理论一脉相承,又与时俱进、创新发展,是马克思主义法治原理同中国实际相结合的时代典范。习近平坚持马克思主义立场观点方法,创造性地丰富和发展了马克思主义法治原理,在理论上有许多重大突破、重大创新、重大发展,为马克思主义中国化作出了重大原创性贡献。

(一)明确宣示坚定不移走中国特色社会主义法治道路

马克思主义关于法的本质理论,集中体现为法的物质性、政治性、人民性。习近平法治思想将法的本质理论有机融入坚持中国特色社会主义法治道路的理论中,他指出:"中国特色社会主义法治道路,是社会主义法治建设成就和经验的集中体现,是建设社会主义法治国家的唯一正确道路。在走什么样的法治道路问题上,必须向全社会释放正确而明确的信号,指明全面推进依法治国的正确方向,统一全党全国各族人民认识和行动。"②

关于中国特色社会主义法治道路的重要地位,习近平指出:"全面推进依法治国,必须走对路。如果路走错了,南辕北辙了,那再提什么要求和举措也都没有意义了";"中国特色社会主义法治道路是一个管总的东西。具体讲我国法治建设的成就,大大小小可以列举出十几条、几十条,但归结起来就是开

---

① 《习近平谈治国理政》,外文出版社2014年版,第138页。
② 习近平:《论坚持全面依法治国》,中央文献出版社2020年版,第93页。

辟了中国特色社会主义法治道路这一条"。① 这也是党的十八大以来贯穿中国整个法治进程的一条红线。

关于中国特色社会主义法治道路的核心要义，习近平指出："全面推进依法治国这件大事能不能办好，最关键的是方向是不是正确、政治保证是不是坚强有力，具体讲就是要坚持党的领导，坚持中国特色社会主义制度，贯彻中国特色社会主义法治理论。"② 党的领导是中国特色社会主义最本质的特征，是社会主义法治最根本的保证。中国特色社会主义制度是中国特色社会主义法治体系的根本制度基础，是全面推进依法治国的根本制度保障。中国特色社会主义法治理论是中国特色社会主义法治体系的理论指导和学理支撑，是全面推进依法治国的行动指南。这三个方面，实质上就是中国特色社会主义法治道路的核心要义，规定和确保了中国特色社会主义法治的制度属性和前进方向。

关于中国特色社会主义法治道路的基本原则，习近平指出："走中国特色社会主义法治道路是一个重大课题，有许多东西需要深入探索，但基本的东西必须长期坚持。"③ 具体而言，就是必须坚持中国共产党的领导，必须坚持人民主体地位，必须坚持法律面前人人平等，必须坚持依法治国和以德治国相结合，必须坚持从中国实际出发。

关于中国特色社会主义法治道路的实现路径，习近平指出："要坚持党的领导、人民当家作主、依法治国有机统一。"④ "党的领导、人民当家作主、依法治国有机统一"是我国社会主义法治建设的基本经验，"党的领导是人民当家作主和依法治国的根本保证，人民当家作主是社会主义民主政治的本质特征，依法治国是党领导人民治理国家的基本方式，三者统一于我国社会主义民主政治伟大实践"。⑤ 习近平还指出："人民代表大会制度是坚持党的领导、人民当家作主、依法治国有机统一的根本制度安排。"⑥ 这一论断指明了人民代表大会制度是三者有机统一的重要制度平台和有效载体。

这些重要论述，深刻阐明了中国特色社会主义法治道路是立足我国国情、从实际出发的道路，是坚持党的领导、保证人民主体地位、体现人民意志、发展人民民主的道路，有机贯通了法的物质性、政治性、人民性。

---

① 习近平：《论坚持全面依法治国》，中央文献出版社 2020 年版，第 105 页。
② 习近平：《论坚持全面依法治国》，中央文献出版社 2020 年版，第 91 页。
③ 习近平：《论坚持全面依法治国》，中央文献出版社 2020 年版，第 106 页。
④ 习近平：《论坚持全面依法治国》，中央文献出版社 2020 年版，第 126 页。
⑤ 习近平：《决胜全面建成小康社会，夺取新时代中国特色社会主义伟大胜利——在中国共产党第十九次全国代表大会上的报告》，人民出版社 2017 年版，第 36 页。
⑥ 习近平：《论坚持全面依法治国》，中央文献出版社 2020 年版，第 71 页。

（二）深刻阐述了中国特色社会主义法治体系的科学内涵

法律本身应是一个内部和谐一致的"体系"。"在现代国家中，法不仅必须适应于总的经济状况，不仅必须是它的表现，而且还必须是不因内在矛盾而自相抵触的一种内部和谐一致的表现。"① 在社会主义国家，法治体系包括哪些内容、如何建立这样的体系，马克思、恩格斯并没有给我们答案。习近平法治思想关于中国特色社会主义法治体系的论述，正是立足当下中国全面依法治国的实践，构建了法治体系理论。"紧紧围绕全面推进依法治国总目标，加快建设中国特色社会主义法治体系。全面推进依法治国总目标是建设中国特色社会主义法治体系，建设社会主义法治国家"②，这既明确了全面推进依法治国的性质和方向，又突出了全面推进依法治国的工作重点和总抓手，对全面推进依法治国具有纲举目张的意义。

习近平指出了中国特色社会主义法治体系的科学内涵："中国特色社会主义法治体系是中国特色社会主义制度的法律表现形式"③，"中国特色社会主义法治体系是推进全面依法治国的总抓手"④，"在中国共产党领导下，坚持中国特色社会主义制度，贯彻中国特色社会主义法治理论，形成完备的法律规范体系、高效的法治实施体系、严密的法治监督体系、有力的法治保障体系，形成完善的党内法规体系"⑤。这一法治体系不仅具有科学系统性，还实现了重大突破——将党内法规体系纳入其中，这是党领导法治建设历史上的第一次，也是中国特色社会主义法治道路的一大特色。习近平强调："要完善党内法规制定体制机制，注重党内法规同国家法律的衔接和协调，构建以党章为根本、若干配套党内法规为支撑的党内法规制度体系，提高党内法规执行力。"⑥ 这一重要论述，充分体现了习近平对社会主义国家法治建设规律和共产党执政规律的精深理解和把握，是中国特色社会主义法治理论的重大创新。

围绕建设中国特色社会主义法治体系这个总体框架，习近平指出："完善以宪法为核心的中国特色社会主义法律体系、加强宪法实施。"⑦ 这要求准确把握全面推进依法治国工作布局："坚持依法治国、依法执政、依法行政共同

---

① 《马克思恩格斯选集》（第4卷），人民出版社2012年版，第610页。
② 习近平：《论坚持全面依法治国》，中央文献出版社2020年版，第111页。
③ 习近平：《论坚持全面依法治国》，中央文献出版社2020年版，第229页。
④ 习近平：《坚定不移走中国特色社会主义法治道路，为全面建设社会主义现代化国家提供有力法治保障》，载《求是》2021年第5期。
⑤ 习近平：《论坚持全面依法治国》，中央文献出版社2020年版，第93页。
⑥ 习近平：《论坚持全面依法治国》，中央文献出版社2020年版，第112页。
⑦ 习近平：《论坚持全面依法治国》，中央文献出版社2020年版，第90页。

推进,坚持法治国家、法治政府、法治社会一体建设。全面推进依法治国是一项庞大的系统工程,必须统筹兼顾、把握重点、整体谋划,在共同推进上着力,在一体建设上用劲。"① 同时,也要准确把握全面推进依法治国重点任务:"着力推进科学立法、严格执法、公正司法、全民守法。全面推进依法治国,必须从目前法治工作基本格局出发,突出重点任务,扎实有序推进。"②

习近平还特别强调,在中国特色社会主义法治体系建设中充分运用矛盾运动的基本原理,要求既要注重总体谋划,又要注重牵住"牛鼻子","既对全面推进依法治国作出系统部署,又强调以中国特色社会主义法治体系为总目标和总抓手"。③ 围绕全面推进依法治国工作布局,习近平强调:"推进全面依法治国,法治政府建设是重点任务和主体工程,对法治国家、法治社会建设具有示范带动作用,要率先突破。"④ 围绕全面推进依法治国重点任务,习近平强调:"推进科学立法,关键是完善立法体制,深入推进科学立法、民主立法,抓住提高立法质量这个关键";"推进严格执法,重点是解决执法不规范、不严格、不透明、不文明以及不作为、乱作为等突出问题";"推进公正司法,要以优化司法职权配置为重点,健全司法权力分工负责、相互配合、相互制约的制度安排";"推进全民守法,必须着力增强全民法治观念"。⑤ 这些重要论述,就是要求我们在全面推进依法治国中把握好主要矛盾和次要矛盾、矛盾的主要方面和次要方面的关系,促进依法治国的各项工作和谐一致。

(三)把厉行法治作为执政治国重要理念

法具有政治统治功能和社会管理职能。恩格斯指出:"被统治阶级首先争取一部分政治权力,然后争取全部政治权力,以便能按照他们自己的利益和需要去改变现行法律"⑥,"政治统治到处都是以执行某种社会职能为基础,而且政治统治只在它执行了它的这种社会职能时才能持续下去"⑦。法的功能观是法的政治性、社会性、实践性等原理的综合运用,涉及治国理政各个方面。

习近平法治思想丰富和发展了党的治国理政理论,强调要坚持依宪治国、依宪执政,坚持在法治轨道上推进国家治理体系和治理能力现代化。习近平指

---

① 习近平:《论坚持全面依法治国》,中央文献出版社2020年版,第112页以下。
② 习近平:《论坚持全面依法治国》,中央文献出版社2020年版,第113页以下。
③ 习近平:《辩证唯物主义是中国共产党人的世界观和方法论》,载《求是》2019年第1期。
④ 习近平:《坚定不移走中国特色社会主义法治道路,为全面建设社会主义现代化国家提供有力法治保障》,载《求是》2021年第5期。
⑤ 习近平:《论坚持全面依法治国》,中央文献出版社2020年版,第114页以下。
⑥ 《马克思恩格斯全集》(第25卷),人民出版社2001年版,第499页。
⑦ 《马克思恩格斯选集》(第3卷),人民出版社2001年版,第559页以下。

出:"党领导人民制定和完善宪法,就是要发挥宪法在治国理政中的重要作用。"① 为此,他特别强调:"提高党依法治国、依法执政能力。"②

习近平高度重视发挥法治对改革发展稳定的引领、规范、保障作用。他指出:"统筹推进'五位一体'总体布局、协调推进'四个全面'战略布局,要发挥法治的引领、规范、保障作用,以深化依法治国实践检验法治建设成效,着力固根基、扬优势、补短板、强弱项,推动各方面制度更加成熟、更加定型,逐步实现国家治理制度化、程序化、规范化、法治化。"③ 在"四个全面"战略布局中,"没有全面依法治国,我们就治不好国、理不好政,我们的战略布局就会落空。要把全面依法治国放在'四个全面'的战略布局中来把握,深刻认识全面依法治国同其他三个'全面'的关系,努力做到'四个全面'相辅相成、相互促进、相得益彰"④。

强化法治的治国理政功能,要不断完善顶层设计,不断创新和深化依法治国实践,提升法治促进国家治理体系和治理能力现代化的效能。"随着时代发展和改革推进,国家治理现代化对科学完备的法律规范体系的要求越来越迫切。"⑤ "执法司法公正高效权威才能真正发挥好法治在国家治理中的效能。"⑥ "法治建设需要全社会共同参与,只有全体人民信仰法治、厉行法治,国家和社会生活才能真正实现在法治轨道上运行。"⑦ 社会治理是国家治理的重要方面,习近平指出:"紧紧围绕坚持和完善中国特色社会主义制度、推进国家治理体系和治理能力现代化总目标,落实总体国家安全观,以共建共治共享为导向,以防范化解影响安全稳定的突出风险为重点,以市域社会治理现代化、基层社会治理创新、平安创建活动为抓手,建设更高水平的平安中国。"⑧

---

① 习近平:《论坚持全面依法治国》,中央文献出版社2020年版,第128页。
② 习近平:《推进全面依法治国,发挥法治在国家治理体系和治理能力现代化中的积极作用》,载《求是》2020年第22期。
③ 习近平:《推进全面依法治国,发挥法治在国家治理体系和治理能力现代化中的积极作用》,载《求是》2020年第22期。
④ 习近平:《论坚持全面依法治国》,中央文献出版社2020年版,第145页。
⑤ 习近平:《推进全面依法治国,发挥法治在国家治理体系和治理能力现代化中的积极作用》,载《求是》2020年第22期。
⑥ 习近平:《推进全面依法治国,发挥法治在国家治理体系和治理能力现代化中的积极作用》,载《求是》2020年第22期。
⑦ 习近平:《推进全面依法治国,发挥法治在国家治理体系和治理能力现代化中的积极作用》,载《求是》2020年第22期。
⑧ 《习近平对平安中国建设作出重要指示强调:全面提升平安中国建设水平,不断增强人民群众获得感幸福感安全感》,载《人民日报》2020年11月12日,第1版。

（四）科学设计社会主义法治建设发展目标任务和阶段步骤

1883 年，恩格斯在马克思墓前说："正像达尔文发现有机界的发展规律一样，马克思发现了人类历史的发展规律，即历来为繁芜丛杂的意识形态所掩盖着的一个简单事实：人们首先必须吃、喝、住、穿，然后才能从事政治、科学、艺术、宗教等等；所以，直接的物质的生活资料的生产，从而一个民族或一个时代的一定的经济发展阶段，便构成基础，人们的国家设施、法的观点、艺术以至宗教观念，就是从这个基础上发展起来的，因而，也必须由这个基础来解释，而不是像过去那样做得相反。"① 这实际上指出了法的发展要与经济社会发展相适应，法治建设不可能一蹴而就，而是递进式发展，社会主义法治建设在不同的阶段有着不同的目标和任务。

中华人民共和国成立七十多年来，中国共产党领导人民不断探索实践，逐步形成了中国特色社会主义国家制度和法律制度，为当代中国的发展进步提供了根本保障，也为新时代推进国家制度和法律制度建设提供了重要经验。早在 1949 年，毛泽东就说过："中共二十八年，再加二十九年、三十年两年，完成全国革命任务，这是铲地基，花了三十年。但是起房子，这个任务要几十年工夫。"② 1992 年，邓小平指出："恐怕再有三十年的时间，我们才会在各方面形成一整套更加成熟、更加定型的制度。"③ 在新时代，习近平指出："中国特色社会主义国家制度和法律制度是在长期实践探索中形成的，是人类制度文明史上的伟大创造"④；"中国特色社会主义国家制度和法律制度是被实践证明了的科学制度体系，具有显著优势"⑤；"中国特色社会主义国家制度和法律制度需要坚持好、实施好，也需要不断完善和发展"⑥。这些重要论述，都阐明了国家制度和法律制度的阶段性特点，体现了和发展了法的发展观。党的十八大以来，以习近平为核心的党中央统筹考虑国际国内形势、法治建设进程和人民群众法治需求，立足全局和长远来统筹谋划全面依法治国。党的十九届五中全会通过的《中共中央关于制定国民经济和社会发展第十四个五年规划和二〇三五年远景目标的建议》明确"十四五"时期"社会主义民主法治更加健全，

---

① 《马克思恩格斯选集》（第 3 卷），人民出版社 2012 年版，第 1002 页。
② 《毛泽东文集》（第 5 卷），人民出版社 1996 年版，第 236 页。
③ 《邓小平文选》（第 3 卷），人民出版社 1993 年版，第 372 页。
④ 习近平：《论坚持全面依法治国》，中央文献出版社 2020 年版，第 262 页。
⑤ 习近平：《论坚持全面依法治国》，中央文献出版社 2020 年版，第 263 页。
⑥ 习近平：《论坚持全面依法治国》，中央文献出版社 2020 年版，第 265 页。

社会公平正义进一步彰显"①,到 2035 年"基本实现国家治理体系和治理能力现代化,人民平等参与、平等发展权利得到充分保障,基本建成法治国家、法治政府、法治社会"②。到 21 世纪中叶,在中华人民共和国百年华诞的时候,在中华民族伟大复兴的"中国梦"梦想成真的时候,也必将是中国作为现代化的法治国家屹立在世界东方的时候。

关于推进社会主义法治建设要明确不同阶段的不同目标、循序渐进的观点,是马克思主义按客观规律办事、实事求是精神的体现。实现法治既要锚定目标、义无反顾,又要尊重科学、尊重规律,一步一个脚印地推进法治。

(五) 清晰厘定了全面依法治国的一系列重大关系

习近平法治思想立足社会主义法治建设实践,直面中国推进法治建设过程中遇到的问题,深刻阐明了若干重大关系,为人们理解和处理实践中的这些问题提供了科学的指南,引领全面依法治国在错综复杂的环境中抱元守正、坚定前行。"全面依法治国必须正确处理政治和法治、改革和法治、依法治国和以德治国、依法治国和依规治党的关系。"③ 其中,政治、法治、道德、党规都是上层建筑,改革涉及上层建筑。关于正确处理政治和法治的关系,习近平指出:"每一种法治形态背后都有一套政治理论,每一种法治模式当中都有一种政治逻辑,每一条法治道路底下都有一种政治立场"④;"全面推进依法治国,方向要正确,政治保证要坚强"⑤;"党的领导是中国特色社会主义法治之魂"⑥。这些重要论述,深刻指出了政治是法治的根基,法治当中有政治,没有脱离政治的法治。关于正确处理改革与法治的关系,习近平强调:"'改革与法治如鸟之两翼、车之两轮',要坚持在法治下推进改革,在改革中完善法治"⑦;"我们要坚持改革决策和立法决策相统一、相衔接,立法主动适应改革需要,积极发挥引导、推动、规范、保障改革的作用,做到重大改革于法有据,改革和法治同步推进,增强改革的穿透力"⑧。关于正确处理依法治国和以德治国的关系,习近平以"法安天下、德润人心"精辟指明了二者的辩证

---

① 《〈中共中央关于制定国民经济和社会发展第十四个五年规划和二〇三五年远景目标的建议〉辅导读本》,人民出版社 2020 年版,第 24 页。

② 《〈中共中央关于制定国民经济和社会发展第十四个五年规划和二〇三五年远景目标的建议〉辅导读本》,人民出版社 2020 年版,第 19 页。

③ 习近平:《论坚持全面依法治国》,中央文献出版社 2020 年版,第 230 页以下。

④ 《习近平关于全面依法治国论述摘编》,中央文献出版社 2020 年版,第 34 页。

⑤ 《习近平关于全面依法治国论述摘编》,中央文献出版社 2020 年版,第 34 页。

⑥ 《习近平关于全面依法治国论述摘编》,中央文献出版社 2020 年版,第 35 页。

⑦ 习近平:《论坚持全面依法治国》,中央文献出版社 2020 年版,第 231 页。

⑧ 习近平:《论坚持全面依法治国》,中央文献出版社 2020 年版,第 38 页。

关系,指出:"法律是准绳,任何时候都必须遵循;道德是基石,任何时候都不可忽视"①;"法律是成文的道德,道德是内心的法律,法律和道德都具有规范社会行为、维护社会秩序的作用。治理国家、治理社会必须一手抓法治、一手抓德治,既重视发挥法律的规范作用,又重视发挥道德的教化作用,实现法律和道德相辅相成、法治和德治相得益彰"②。治国必先治党,这是全面推进依法治国、全面从严治党的必然要求。关于正确处理依法治国与从严治党的关系,习近平强调:"依规治党深入党心,依法治国才能深入民心"③;"要发挥依法治国和依规治党的互补性作用,确保党既依据宪法法律治国理政,又依据党内法规管党治党、从严治党"④。党的十八大以来,以习近平为核心的党中央注重推进党内法规同国家法律的衔接和协调,确保了依法治国和依规治党在实施、监督上相互协同。

习近平关于依法治国与相关问题之间关系的论述,对于正确、全面、系统地理解领会习近平法治思想,处理实践中遇到的矛盾和问题,具有重要的指导意义。

(六)创造构建国际关系法治化理论

马克思曾指出:"同那个经济贫困和政治昏聩的旧社会相对立,正在诞生一个新社会,而这个新社会的国际原则将是和平,因为每一个民族都将有同一个统治者——劳动!"⑤但是,因历史条件的限制,马克思、恩格斯不可能预想出一个与资本主义国家长期并存、竞争的社会主义国家之生存、发展和参加全球治理的方案。

习近平充分运用我们党治国理政的政治智慧,强调要坚持统筹国际法治、国内法治两个大局,更好地运用国际规则和国内规则两个规则体系维护我国的合法利益,为我国发展和世界和平创造更为有利的条件,提出了国际关系法治化的重要观点。"世界命运应该由各国共同掌握,国际规则应该由各国共同书写,全球事务应该由各国共同治理,发展成果应该由各国共同分享";"法律的生命在于付诸实施,各国有责任维护国际法治权威,依法行使权利,善意履行义务。法律的生命也在于公平正义,各国和国际司法机构应该确保国际法平等统一适用,不能搞双重标准,不能'合则用,不合则弃',真正做到'无偏

---

① 《习近平谈治国理政》(第2卷),外文出版社2017年版,第133页。
② 习近平:《论坚持全面依法治国》,中央文献出版社2020年版,第109页。
③ 习近平:《论坚持全面依法治国》,中央文献出版社2020年版,第223页。
④ 习近平:《论坚持全面依法治国》,中央文献出版社2020年版,第231页。
⑤ 《马克思恩格斯选集》(第3卷),人民出版社2012年版,第61页。

无党,王道荡荡'"。① 这一观点是根据国际社会、全球治理的新阶段,根据我国与国际社会互动的新状态而提出的具有高度原创性的处理国际关系的理念和主张,其核心是"人类命运共同体"概念。习近平注重在国际法律制度中构建人类命运共同体,通过亚投行、"一带一路"建设等系列机制予以推行。他强调:"推动共建'一带一路',需要法治进行保障。中国愿同各国一道,营造良好法治环境,构建公正、合理、透明的国际经贸规则体系,推动共建'一带一路'高质量发展,更好造福各国人民。"②

习近平要求加快涉外法治工作布局,强调"要把法治应对摆在更加突出位置,用规则说话,靠规则行事,维护我国政治安全、经济安全,维护我国企业和公民合法权益"③,"中国走向世界,以负责任大国参与国际事务,必须善于运用法治。在对外斗争中,我们要拿起法律武器,占领法治制高点,敢于向破坏者、搅局者说不。全球治理体系正处于调整变革的关键时期,我们要积极参与国际规则制定,做全球治理变革进程的参与者、推动者、引领者"。④ 这表明,中国共产党坚持立足人类法治发展进程,不仅仅要求建设一个有法律的世界,而且要求建设一个有良法的世界;不仅仅要求建设一个法律在运行的世界,而且要求建设一个法律良好运行的世界。

结语

当前,我国正日益走近世界舞台中心,越走近舞台中心越感受到压力,但时与势都在我们一边。站在新的历史起点上,实现党和国家事业确立的既定目标、宏伟蓝图,必然要以"法治梦"助推实现复兴梦。新时代的中国的发展,需要科学的思想引领和治理理念。习近平法治思想,是党基于对建党百年奋斗史、七十多年执政史、四十多年改革开放史的科学总结,因应在新时代进行伟大斗争、伟大工程、伟大事业和伟大梦想的需要,在我们党领导人民走向"强起来"历史性跨越的关键时刻应运而生,其形成和发展具有深刻的时代背景和历史必然性。习近平以马克思主义政治家、理论家、战略家的深刻洞察力和理论创造力,运用辩证唯物主义和历史唯物主义的世界观、方法论去认识问题、分析问题、解决问题,深刻回答了我国社会主义法治建设的一系列重大理论和实践问题,深化了对共产党执政规律、社会主义建设规律和人类社会发展

---

① 《习近平谈治国理政》(第2卷),外文出版社2017年版,第540页。
② 习近平:《论坚持全面依法治国》,中央文献出版社2020年版,第268页。
③ 习近平:《论坚持全面依法治国》,中央文献出版社2020年版,第256页以下。
④ 习近平:《论坚持全面依法治国》,中央文献出版社2020年版,第225页。

规律的认识，开辟了中国特色社会主义法治理论和实践新境界，是全面依法治国的根本遵循和行动指南。

我们"既不走封闭僵化的老路也不走改旗易帜的邪路，而是要坚定不移走中国特色社会主义道路"。① 习近平法治思想深刻回答了法治中国建设向哪里走、走什么路这个重大问题，阐明了中国特色社会主义法治道路是唯一正确道路。一个国家的发展道路合不合适，只有这个国家的人民才最有发言权。我们很难找出一个国家和另一个国家完全一样的模式。没有放之四海而皆准的道路模式、法治样板。自己的道路必须自己走，别人既不能替代，也替代不了。

中国特色社会主义法治道路，就是适合中国国情、适合中国发展阶段、适合中国特殊历史的法治模式。中国特色社会主义法治与中国特色社会主义是一样的，没有前人的经验，总是在探索实践中、克服困难中、总结教训中不断地前行。我们必须坚定信心：法治道路是通向民族伟大复兴的必由之路。没有法治，不可能建成中国特色社会主义。全面依法治国的成功是中国特色社会主义成功的重要标志，中国梦实现的时候，就是我们中国特色社会主义制度成功的时候。

（原载于《法学研究》2021年第4期）

---

① 《习近平谈治国理政》（第3卷），外文出版社2020年版，第181页。

二、刑事检察创新优化发展

新时代刑事检察工作的创新与发展

陈国庆[*]

2021年6月,《中共中央关于加强新时代检察机关法律监督工作的意见》（以下简称《意见》）印发，这是党的历史上首次就加强检察机关法律监督工作作出明确部署，为新时代检察工作高质量发展提供了根本遵循和科学指南，也为检察工作带来了新的发展机遇。刑事检察是检察机关最基本、最核心的业务，是履行检察机关法律监督职能，发挥检察机关在国家政治、经济、社会生活中保障法律实施作用的最为重要的方式和途径。新时代刑事检察工作应当深入学习贯彻党的十九届六中全会精神，全面落实习近平法治思想，探索具有中国特色、符合司法规律的创新发展之路。

一、创新与引领——刑事检察工作的理念更新

理念一新天地宽。先进的理念为刑事检察工作的创新和发展提供正确的指引。伴随改革发展和法治进步，对刑事犯罪的立法规范和司法追诉都发生深刻的变化。特别是近20年来，刑事案件总量不断增加，犯罪形态和犯罪结构发生重大变化，严重暴力犯罪大幅下降，醉驾、电信诈骗、侵犯知识产权、破坏环境资源等新型犯罪大幅上升。进入新时代，人民群众在民主、法治、公平、正义、安全、环境等方面有着内涵更丰富、水平更高的需求。面对新的社会形势、犯罪态势和犯罪结构的变化，刑事检察工作相较以往要求更高，必须转变理念才能跟上。秉承正确之理念，以此为基石，推动刑事检察创新发展，才能真正实现让人民群众在每一个司法案件中感受到公平正义。

（一）坚持讲政治、顾大局

旗帜鲜明讲政治，坚持党的领导，服务大局是开展一切检察工作的前提和根本要求。新时代，刑事检察工作要创新发展，首先要坚持将讲政治、顾大局

---

[*] 最高人民检察院党组成员、副检察长。

融入刑事检察履职全方面、全过程。

一是始终坚持党对检察工作的绝对领导。检察工作是政治性极强的业务工作，也是业务性极强的政治工作。讲政治首先要求在司法办案中落实和维护党的领导，增强"四个意识"、坚定"四个自信"、做到"两个维护"，自觉贯彻党中央的决策部署，与党中央保持高度一致，把执行党的政策和执行国家法律统一起来，特别是在办理涉及国家利益、改革发展稳定大局的案件中，善于把严格适用法律与维护国家安全和社会稳定紧密结合起来，确保党的政策和国家法律得到统一正确实施。

二是紧紧围绕大局履行刑事检察职责。始终牢记"国之大者"，找准刑事检察工作与经济社会发展的结合点，为经济社会高质量发展提供有力检察保障。扫黑除恶专项斗争常态化、服务打好"三大攻坚战"、加强民营经济平等保护、维护网络安全、加大知识产权检察保护等都内含政治、体现民意、影响发展。刑事检察应当找准结合点和切入点，运用好政治智慧、法律智慧、检察智慧，以扎实办好案件为基础，精准服务大局。比如，继续推进清理"挂案"专项行动，努力解决"挂而不决""挂而不撤"问题，允许处于取保候审、社区矫正期间的企业人员赴外地从事生产经营活动，更好地服务保障民营经济健康发展。又如，依法审慎办理涉科研经费、科研人才案件，正确把握违反财务制度和违法、违法和犯罪的关系，把握好刑法介入的尺度。

三是将讲政治与讲法治深度融合。讲政治是引领，讲法治是底线。在讲政治的引领下，坚持运用法治思维和法治方式做好刑事检察工作。比如常态化推进扫黑除恶专项斗争，首先要坚决贯彻党中央关于扫黑除恶的决策部署，同时必须坚持"是黑恶犯罪一个不放过，不是黑恶犯罪一个不凑数"的理念，严格依法办案，既不拔高、也不降格，确保扫黑除恶专项斗争始终在法治轨道内运行。

(二) 坚持以人民为中心

习近平总书记指出，"民心是最大的政治"。新时代刑事检察工作创新发展必须始终坚持以人民为中心的发展思想，积极回应人民群众新期待，在每一个具体案件、每一项具体工作中把以人民为中心落到实处。

一是切实办好群众身边的"小案"。刑事案件绝大多数发生在群众身边，其中90%以上又是常见多发案件。每一起案件都关乎政治、法律，关乎当事人的人生，案件再小，对涉案人及其家庭来说都是"天大的案件"。检察机关要通过办理好一个个"小案"，引领全社会的法治意识。比如杭州女子取快递遭诽谤案，检察机关果断向网络诽谤亮剑，推动自诉转公诉，给无辜者撑腰，让无力者有力。

二是扎实办好涉及人民群众操心事、揪心事、烦心事的案件。比如依法从严惩治危害食品药品安全、污染环境、危害安全生产等犯罪，切实保障民生福祉。推进扶贫领域涉案财物快速返还，推进司法救助市、县全覆盖，坚持"应救尽救"，加强对受到犯罪侵害和因案致贫、因案返贫家庭的救助，让人民群众切实感受到司法温度、检察温度。

三是办理好刑事申诉案件，努力实现案结事了。依法办理刑事申诉案件，严格落实"7日内程序回复、3个月内办理过程或结果答复"制度，检察长带头办理申诉案件，带头做好矛盾化解工作。将公开听证作为审查办理申诉案件的重要方式，特别是对一些申诉多年的疑难案件，积极开展公开听证，通过听证摆事实、举证据、释法理，以公开促公正、以听证赢公信。

（三）坚持客观公正的立场

《检察官法》第5条第1款规定："检察官履行职责，应当以事实为根据，以法律为准绳，秉持客观公正的立场。"社会上有人往往把检察机关只看作犯罪追诉人和惩治者，一些检察人员也存在重打击轻保护、重实体轻程序、重配合轻制约的倾向，体现在办案上就存在可捕可不捕的倾向于捕，可诉可不诉的倾向于诉，可宽可严的倾向于严。《意见》开篇即重申"人民检察院是国家的法律监督机关"，这一宪法定位决定了刑事检察官绝不只是单纯履行追诉职责，而应把客观公正作为履职的本质要求，不能单纯地追诉犯罪，而应当既注重对被追诉者不利的方面，又注重对被追诉者有利的因素，依法收集、审查能够证实犯罪嫌疑人、被告人有罪或者无罪、犯罪情节轻重的各种证据，依法保障犯罪嫌疑人、被告人和被害人的合法权利，切实做到不偏不倚、不枉不纵，既无过度也无不及，既当好犯罪的追诉者，也当好无辜的保护者，更当好公共利益的代表，努力成为中国特色社会主义法律意识和法治进步的引领者。比如，近几年检察机关通过客观公正办理江苏昆山反杀案、河北涞源反杀案、浙江盛春平案、云南唐雪案等一系列正当防卫案件，彰显了"法不能向不法让步"的法治精神，依法维护公民的正当防卫权利，弘扬了社会正气，引领了社会法治意识的进步。

（四）坚持协作式司法和恢复性司法理念

国家追诉是现代刑事诉讼制度的普遍原则，无论英美法系国家还是大陆法系国家均是如此。我国刑事诉讼制度，也是以公诉为主，自诉为辅。随着实践的发展，绝对的国家追诉主义在逻辑层面和经验层面逐渐显现出一些局限，比如过于强调犯罪的社会危害性而忽略犯罪的个体侵权性，被害人常处于被忽略的地位，其诉求常常难以得到保障；又如国家对诉讼进程的垄断与当事人的能动参与缺乏，使得在司法资源有限的情况下，案件积压、诉讼拖延等现象不断出现，诉讼效率不尽如人意。基于此，让当事人充分地能动地参与诉讼以调和与弥补国家追诉主义的弊端，逐渐从理论走向实践。其中，最典型的就是诉讼协商即协商性司法的兴起，主要表现如下：

一是在被告人自愿认罪的情况下，国家与犯罪嫌疑人或者被告人之间产生了合作，检察机关的追诉出现减缓甚至放弃，法院也可以作出相对轻缓的量刑。其中，最为典型的就是美国的辩诉交易制度和大陆法系国家的认罪协商程序。

二是在国家的参与下，被害人与被告人之间产生了合作。20世纪70年代起，"恢复性司法"在西方国家兴起，迅速普及到全世界范围内。恢复性司法将被害人—被告人关系置于刑事诉讼制度的重要位置，为我们提供了一种以和解方式、在案件当事人充分参与的基础上解决刑事冲突的新途径，使现代以来几乎由国家垄断刑事公诉案件的诉讼进程，转而更加注重发挥当事人的积极作用，尤其是注重维护被害人的权益，使被害人得到较为充分的救济，实现当事人的和解并促使犯罪人认罪、融入社会、改过自新，尽快恢复被破坏的社会秩序和社会关系。恢复性司法作为传统刑事司法的重要补充及一种有效的刑事政策，对特定范围的案件采取替代性犯罪处理方式，对处理犯罪案件、调整诉讼模式产生积极作用。其中，最典型的就是刑事和解制度的确立。当今世界主要国家的刑事诉讼制度均是在国家追诉与诉讼协商的不断融合中得以发展和完善。2018年修改后刑事诉讼法确立的认罪认罚从宽制度，表明我国在法律和刑事政策层面对诉讼协商、恢复性司法精神的确认。认罪认罚从宽制度下，被告人认罪认罚中通常都蕴含着被告方认罪、赔礼道歉、赔偿损失、被害人谅解等，认罪认罚与刑事和解相融合，形成了当事人双方和解以及检察官、被告方在量刑方面进行协商并存的诉讼格局。

(五) 坚持"少捕慎诉慎押"

近年来，刑事犯罪结构发生重大变化，严重暴力犯罪比例持续下降，判处不满三年有期徒刑及以下刑罚案件，从2000年的53.9%上升至2020年的77.4%；法定犯罪不断增加，比如危险驾驶取代盗窃成为刑事追诉第一犯罪，2020年起诉侵犯知识产权犯罪1.2万人，同比上升10.4%。与此同时，虽然审前羁押率从2000年的96.8%降至2020年的53%，但每年仍有大量犯罪嫌疑人被羁押候审，带来羁押成本居高不下、交叉感染等问题。这与新时代犯罪结构的变化、国家治理现代化和国家法治发展的进程不相适应。在司法实践中，"构罪即捕""以捕代侦""以押促侦""以押便诉"等做法还不同程度存在。因此，适应国家治理体系和治理能力现代化和法治建设发展的要求，刑事检察必须转变"构罪即捕"的观念，落实宽严相济刑事政策，坚持"少捕慎诉慎押"刑事司法政策，加大对社会危险性的审查，加强羁押必要性审查，扩大取保候审等非羁押强制措施的适用，用好起诉裁量权，最大限度地减少社会对立面，以犯罪治理的现代化推动国家治理现代化。

（六）坚持"在办案中监督、在监督中办案"

检察机关是国家的法律监督机关，刑事检察审查逮捕、审查起诉、提出抗诉等职能都统一于法律监督职能。刑事检察工作创新发展必须落在办案监督这一根本职责上，正确把握办案与监督的关系。一方面，坚持在办案中监督，以法律监督为本位和目标履行审查逮捕、审查起诉职能，克服片面办案、孤立办案等倾向。要善于在办案中发现监督线索，找准监督着力点。比如充分发挥"捕诉一体"机制作用，在审查逮捕环节及时开展引导侦查取证工作，督促纠正侦查工作的不规范不合法行为。又如，对刑事立案、侦查、审判、刑事执行及监管活动中暴露出的执法不严、徇私枉法案件，依法立案查办就是最直接、最刚性的监督。另一方面，坚持在监督中办案，将审查逮捕、审查起诉职能履行作为履行法律监督职责的基本手段，克服割裂监督、虚置监督等倾向。认真落实中央关于推进政法领域全面深化改革部署要求，因地制宜建立健全派驻检察监督工作，充分发挥侦查监督平台在发现监督线索等方面的重要作用，围绕刑讯逼供、非法取证、漏捕漏诉以及有案不立、有罪不究、违法运用刑事手段插手经济纠纷等问题开展重点监督。

（七）坚持"双赢多赢共赢"

法律监督不是零和博弈，监督与被监督的目标和任务一致，都是努力让人民群众在每一个司法案件中感受到公平正义。检察机关与其他执法、司法机关只是分工不同，新时代做好刑事诉讼监督工作，应当坚持"双赢多赢共赢"的监督新理念，从构建监督者与被监督者良性互动关系出发，加强沟通，构建新型侦诉、诉审关系，赢得被监督者的支持与配合，赢得社会的信任和理解。要完善诉侦配合制约机制，发挥"捕诉一体"办案机制作用，加强侦诉衔接，有效引导侦查取证；规范补充侦查工作，加大自行补充侦查力度；完善侦查监督平台，健全派驻检察监督工作机制，提升侦查监督质效。完善诉审配合制约机制，加强沟通，促进解决证据采信、法律适用、政策把握方面的认识分歧，统一司法尺度；处理好审判监督与尊重法官权威的关系，既尊重和支持法官在审判活动中的权威，又依法履行法律监督职能，共同促进庭审实质化。

（八）坚持法、理、情相统一

近年来，司法办案如何兼顾法、理、情广受关注。前些年，天津大妈摆射击摊获刑案、内蒙古农民收购玉米获刑案等案件之所以引发广泛关注，就是因为办案人员单纯地考虑法条，而违背了常情常理。所谓法的精神，就是司法断处不能脱离社会生活条件，必须兼顾天理、国法、人情，古今中外均是如此。法国启蒙思想家卢梭曾说过，一切法律中最重要的法律，既不是刻在大理石上，也不是刻在铜表上，而是铭刻在公民的内心里。美国法学家 E. 博登海默也指出，一个法律制度之实效的首要保障必须是它能为社会所接受，而强制的制裁职能是次要和辅助的保障。在中华法系里，司法一直被赋予能动积极的作用，也一直要求实现天理、国法、人情的统一。《四库全书·政法类·法令之属按语》即指出："刑为盛世所不能废，而亦盛世所不尚。"其内在含义就是司法办案不能单纯考量法律，而要根据经济社会发展的需要综合衡量各方因素，更好实现法、理、情有机统一。进入新时代，在个案处理中强调三者的统一，实际上就是落实习近平法治思想的精髓，让每一个案件处理得到更广泛的认同。刑事检察监督办案要充分体现人民国家之情、人民立法之义，决不能只守住形式上"不违法"的底线，必须将天理、国法、人情融为一体，努力让人民群众感受到执法、司法的温暖。

（九）坚持办案数量、质量、效果的统一

面对新形势新要求，最高检党组提出要以"求极致"的标准大力提升刑事检察工作质效。"求极致"要求刑事检察工作应当从"过得去"向"过得硬"转变，要实现这一转变，就应当努力提升办案质效，坚持办案数量、质量、效果的统一。数量往往体现了某一项工作的力度，比如立案监督、侦查监督、审判监督案件的数量，2019年"两项监督"（即立案监督、侦查活动监督）数据降幅较大，很大程度上表明，"两项监督"工作开展得不尽如人意；又如适用认罪认罚从宽制度的案件数，2019年上半年适用率不高，表明制度未能得到广泛适用。质量是关键，案件质量是刑事检察工作的生命线。效果是根本，一些案件表面上看依法办了，但是社会并不认同，这说明办案效果不好。没有好的效果，就无法让群众感受到公平正义。需要注意的是，不能机械理解办案数量、质量、效果相统一，而应当结合具体工作整体评价。比如数量能够体现工作力度，但并非数量越多越好，过于追求数量往往会忽视质量。以认罪认罚从宽制度适用为例，针对制度适用滞后情况，检察机关自上而下，大力推动，2020年实现了85%以上的较高适用率，但实践中也出现了一些质效不高的问题，为此，最高检党组及时调整工作目标，提出要在"保持较高稳定适用率的基础上，更加注重提升案件质效"。

（十）坚持"四大检察"协同发展

检察机关内设机构改革后，"四大检察"构成了检察机关完整的法律监督体系。刑事检察处在检察机关法律监督体系中最基础的地位,刑事检察应当树立战略思维、全局观念,通过刑事办案,为民事、行政、公益诉讼检察提供助力。

一是健全刑事公诉与民事、行政公益诉讼衔接机制。实践中不少基层检察机关建立健全刑事检察、公益诉讼检察部门之间的信息共享、证据共享、线索移送、协同配合机制,有效解决了基层检察机关公益诉讼线索发现难、案件数量少、成案率低的问题。刑事检察部门在办理生态环境资源保护、食品药品安全等领域犯罪时,要善于发现民事、行政公益诉讼线索,及时移送公益诉讼检察部门,共同推动案件办理和普遍性问题解决。二是刑民联动保护当事人合法权益。比如,随着经济社会的发展,刑民交叉案件不断增多,在办理此类犯罪时,应准确把握罪与非罪的界限,防止通过刑事手段插手民事纠纷。又如,刑事案件涉及损害赔偿时,应运用好民法典,充分尊重和保障当事人的民事权利,向犯罪嫌疑人讲明赔偿的法定责任、方式及对量刑的影响,向被害人释明依法获得赔偿的请求权基础、赔偿的具体事项和计算标准,引导被害人提出合理的赔偿诉求。再如,刑事检察部门在办理虚假诉讼案件中,应及时将民事诉讼监督线索移送有关部门,及时纠正错误的民事判决,既打击违法犯罪,也帮助被害人维护合法权益。民事检察部门在开展民事诉讼监督过程中,如果发现虚假诉讼线索,也应及时移送刑事检察部门查办。

二、构建与完善——刑事检察工作制度与机制的创新和发展

刑事检察工作创新和发展是一项系统工程,涉及理念更新、职权配置、制度设计、机制完善等,把握好发展的维度和路径十分重要。当前应当以习近平法治思想为指引,在更新理念的基础上,顺应中国特色社会主义司法制度和刑事诉讼制度改革的方向、国家治理现代化的要求,重点在以下几个方面推动刑事检察制度和机制的创新,实现刑事检察工作高质量发展。

(一)推动审查逮捕程序诉讼化改革

为克服传统审查逮捕单方审、书面审、封闭审,司法审查属性不够,辩护权保障不足等问题,自2000年以来,最高检循序渐进、不断深化审查逮捕方式改革。从1997年刑事诉讼法和1999年《人民检察院刑事诉讼规则(试行)》中"审阅案卷材料,制作阅卷笔录,提出审查意见"的单方、书面审查模式,到2009年最高检《关于贯彻落实〈中央政法委员会关于深化司法体制和工作机制改革若干问题的意见〉的实施意见——关于深化检察改革2009—2012年工作规划》提出,对于争议较大的案件,可以试行当面听取侦查人员

和犯罪嫌疑人及委托律师意见的机制；从2013年全国检察机关第四次侦查监督工作会议上提出要"探索公开审查案件的办案方式"，到2016年最高检《"十三五"时期检察工作发展规划纲要》明确"围绕审查逮捕向司法审查转型，探索建立诉讼式审查机制"、《2018—2022年检察改革工作规划》明确"建立有重大影响案件审查逮捕听证制度"；从2019年《人民检察院刑事诉讼规则》在审查逮捕和羁押必要性审查程序中增加公开审查的内容，到2021年8月最高检印发《人民检察院羁押听证办法》，对羁押听证的案件范围、听证形式、程序适用等作出具体规定，要求对于具有案件有重大社会影响的、涉及公共利益、民生保障、企业生产经营等领域，听证审查有利于实现案件办理政治效果、社会效果和法律效果统一的，羁押必要性审查案件在事实认定、法律适用、案件处理等方面存在较大争议的等情形之一的案件，可以进行羁押听证，审查逮捕司法属性不断得到强化。下一步，检察机关应当将审查逮捕诉讼化审查机制作为贯彻落实"少捕慎诉慎押"刑事司法政策的重要举措，将审查逮捕听证作为审查逮捕诉讼化转型的具体形式，落实好《人民检察院刑事诉讼规则》和《人民检察院羁押听证办法》，在办理审查逮捕、审查延长侦查羁押期限、羁押必要性审查案件中，对符合法定情形的案件，积极组织开展听证审查，确保准确作出逮捕羁押的决定。

（二）完善非羁押诉讼机制

非羁押诉讼是贯彻落实"少捕慎诉慎押"刑事司法政策的重要内容，实践中，一些地方对非羁押诉讼模式进行了积极探索，推动取保候审等非羁押强制措施的适用，摸索出一系列可推广可复制的做法，有效降低了审前羁押率。比如，山东省东营市检察机关探索实践的"电子手铐"，浙江省杭州市检察机关探索实践的"非羁码"，均对非羁押人员实现了有效监管，有力推动审前羁押率的下降。又如，江苏省苏州市检察机关大力推动非羁押强制措施的适用，"取保是常态，羁押是例外"的理念日趋深入，10年来审前羁押率持续降低，不仅没有影响诉讼进行，人民安全感、法治建设满意度等指标还不断攀升。

为贯彻落实好"少捕慎诉慎押"刑事司法政策，有效降低审前羁押率，检察机关应当大力推动完善非羁押诉讼机制：一是探索社会危险性量化评估标准，对轻罪犯、过失犯、未成年人犯等尽量采取非羁押强制措施。二是强化非羁押监管措施，借鉴东营、杭州、苏州等地的经验，用好取保候审、监视居住等非羁押强制措施和训诫、责令具结悔过、赔偿损失、行政处罚等替代性处罚，推广"电子手铐""非羁码"等电子监控手段的应用。三是深化羁押必要性审查专项检查活动，重点对法定刑在3年以下有期徒刑的逮捕案件、涉民营企业案件、久拖不决案件的羁押必要性进行审查，稳步推动降低审前羁押率。

（三）深化认罪认罚从宽制度改革

进入新时代，社会和人民群众对庭审、指控证明犯罪提出了更高要求，履行检察职能不能满足于只要案件诉出去就了事，而应更加自觉、主动、高水平地融入国家治理体系和治理能力现代化进程。基于此，最高检党组提出了要充分发挥检察职能在刑事诉讼中的主导责任，而认罪认罚从宽制度是典型的以检察官主导责任为基础的制度设计，其本质上是推动国家治理现代化的一种诉讼模式。检察机关要通过深化认罪认罚从宽制度适用，履行好主导责任，以此推动刑事检察工作转型升级。2018年刑事诉讼法正式确立了认罪认罚从宽制度，制度全面实施3年来取得了显著成效，制度整体适用率已稳定保持在85%以上。在适用认罪认罚从宽制度案件中，检察机关提出确定刑量刑建议占提出总数的90.4%，同比增加21.6个百分点；对检察机关提出的量刑建议，法院采纳人数占同期提出量刑建议数的95%以上。总体上，制度运行顺畅，但还存在不少问题和困难，制度适用不平衡问题仍然存在，办案质效有待提升，衔接配合需要加强，办案人员能力素质尚有不适应的地方。推进国家治理体系和治理能力现代化，要求刑事检察必须把认罪认罚从宽制度进一步做实、做好。

一是推动刑事诉讼模式转型。检察机关应当适应认罪认罚从宽制度要求，由被动司法走向能动司法，改变以往消极的、被动的办案模式和履职状态，以更加主动和积极的姿态履行职责，主动开展认罪教育、量刑协商、当事人和解等工作，履行好在刑事诉讼中的主导责任。同时，自上而下积极推动构建新型侦诉审辩关系，引导侦查机关从接触犯罪嫌疑人开始就开展认罪认罚教育工作，为顺利、快速侦办案件创造条件。在检察环节要注重推动繁简分流、强化控辩协商、促进审判模式转型，推动辩护模式由庭审阶段前移到审前阶段。

二是坚持依法该用尽用。全面贯彻宽严相济刑事政策，对严重危害国家安全、公共安全和社会治安，严重影响人民群众安全感的刑事犯罪，坚决依法从严打击；对轻微刑事案件依法从宽处理，促进社会和谐。把认罪认罚从宽制度融入党和国家大局，在涉民营企业平等保护等案件中，教育促使更多犯罪嫌疑人认罪认罚，更好服务统筹推进疫情防控和经济社会发展。

三是更加注重提升认罪认罚案件办理质效。全面落实最高法、最高检、公安部、国家安全部、司法部《关于适用认罪认罚从宽制度的指导意见》和最高检《关于认真学习贯彻十三届全国人大常委会第二十二次会议对〈最高人民检察院关于人民检察院适用认罪认罚从宽制度情况的报告〉的审议意见的通知》，从严规范检察环节适用程序。完善认罪认罚自愿性、真实性保障机制，防止虚假认罪。落实"少捕慎诉慎押"刑事司法政策，对犯罪嫌疑人认罪认罚的，依法不捕不诉。完善认罪认罚案件抗诉标准，对法院采纳检察机关量刑建议后被告人无正当理由反悔上诉,或者量刑建议并无明显不当而未被采纳,选择典型案件依法提出抗诉,维护认罪认罚从宽制度良性运行。健全控辩量刑协商机制,全面推开控辩协商过程同步录音录像制度,提高控辩协商的透明度、公信度。出台"人民检察院开展量刑建议工作的指导意见",规范量刑建议提出程序,推广量刑智能辅助系统,提升量刑建议精准度。

四是强化协作配合,共同推进认罪认罚从宽制度稳健运行。加强与公安机关沟通,发挥"捕诉一体"作用,引导尽早开展认罪教育工作。加强与法院沟通,细化量刑标准和量刑指引。加强与司法行政机关协作,充分发挥值班律师、辩护律师在落实认罪认罚从宽制度中的作用,推动值班律师法律帮助实质化,构建多元化法律援助机制,推动退休法官、检察官以志愿者身份参与法律援助和值班律师工作,切实保障犯罪嫌疑人获得法律帮助权。

五是强化监督管理。落实2020年最高检《人民检察院办理认罪认罚案件监督管理办法》,处理好员额检察官履行职责与部门主任、检察长监督管理的关系,严格按照法律、上级规范和本院权责清单的要求规范权力行使程序。严格执行过问或干预、插手司法办案记录报告的"三个规定",坚决防止人情案、关系案、金钱案。

(四)完善起诉裁量制度

在现代刑事诉讼中,为更好体现刑事政策,使刑事追诉实现更好的社会效果,检察机关享有公诉裁量权。比如在美国,一方面,实行国家追诉,对符合起诉条件的案件,检察官代表国家提起公诉;另一方面,诸如辩诉交易制度的存在又充分体现了起诉便宜主义。在日本,起诉便宜主义作为一个基本原则,已写进刑事诉讼法。德国的"微罪不举"亦是起诉便宜主义的体现。联合国《关于检察官作用的准则》对起诉裁量权也有明确规定,其中第18条指出:根据国家法律,检察官在充分尊重犯罪嫌疑人或者受害者的人权的基础上适当考虑不起诉,有条件或无条件地终止诉讼程序,或使某些刑事案件从正规的司法系统转由其他办法办理。为此目的,各国应充分探讨转用非刑事办法的可能性,目的不仅是减轻过重的法院负担,而且犯罪嫌疑人也可避免受到审前拘留、起诉和定罪的污名以及避免监禁可能带来的不利后果。我国刑事诉讼制度也充分体现了起诉法定主义与起诉便宜主义的融合。《刑事诉讼法》第175条第4款和第177条第2款关于存疑不起诉和相对不起诉的规定,体现了起诉便宜主义的基本精神。

当前,随着"捕诉一体"改革、以审判为中心的刑事诉讼制度改革、认罪认罚从宽制度改革等的深化,刑事检察的主导责任和审前过滤功能进一步强化,起诉裁量权的行使则是履行主导责任和发挥审前过滤功能的重要方式。我国的起诉裁量制度虽然已初具雏形，但无论在立法上还是在实践中仍然存在一些突出问题。比如，作为起诉裁量制度之重要组成的撤回起诉制度仍无立法依据；又如，不起诉制度运行不理想，附条件不起诉制度适用范围过窄等。刑事检察应在秉承国家追诉、起诉法定的前提下，适应新形势需要，吸纳起诉便宜主义的有益精神，对起诉裁量制度作出进一步完善。

一是落实认罪认罚从宽制度的要求，探索扩大相对不起诉制度的适用范围，完善不起诉标准，充分发挥其诉讼过滤功能和质量传导机能。不起诉制度适用范围的适当扩大与认罪认罚从宽制度应当有效对接，可在目前刑事诉讼法规定的相对不起诉"情节轻微"的基础上适当扩大适用范围，将适用条件把握在"可能判处三年以下有期徒刑的"案件。

二是探索赋予检察机关不起诉的处罚权，包括社区服务、罚没权。不起诉案件能否没收违法所得与认罪认罚从宽的实体处理紧密联系。赋予检察机关对不起诉案件违法所得的没收权，有其内在的合理性：其一，不让犯罪分子从犯罪行为中得到利益，是一个重要的法律原则。其二，目前不起诉案件中建议主管机关没收违法所得执行得不够好。《刑事诉讼法》第177条第3款规定的"有关主管机关"指向不明，执行的刚性不足。其三，在国外的认罪协商机制中，通常被告人在与检察官达成的认罪协商协议中，会将放弃违法所得予以列明。其四，对不起诉案件由检察官直接没收违法所得更为可行。我国检察机关与法院同为司法机关，并且是专门的法律监督机关，依法对刑事诉讼活动进行监督，对不起诉案件直接没收违法所得具有正当性、合理性。但为防止权力的滥用，一方面应当严格限定没收违法所得的审批程序；另一方面应完善救济方式，赋予犯罪嫌疑人不服检察机关没收违法所得决定的救济权利。

三是完善撤回起诉制度。现代公诉理论认为，公诉作为一种追诉权，天生具有主动性的特征，它不但主动纠举犯罪，提起控诉启动审判程序；而且在发现指控有错漏的情况下，可以主动予以补正。撤回起诉是诉讼的一种过滤机制和救济措施，也是衡量公诉案件质量的一个重要指标，对保障人权和提高诉讼效率具有重要意义。当前撤回起诉制度适用中存在相关规定缺失、权力滥用、程序启动不规范等突出问题，影响了制度功用的发挥。有必要从立法和司法两个层面对撤回起诉制度予以完善，推动在立法上确立撤回起诉制度。司法实践中，检察人员应当严格按照修改后刑事诉讼法，最高法、最高检、公安部、国家安全部、司法部2010年发布的《关于办理死刑案件审查判断证据若干问题的规定》《关于办理刑事案件排除非法证据若干问题的规定》及2017年发布的《关于办理刑事案件严格排除非法证据若干问题的规定》的要求审查案件，严格证明标准，确保案件质量，尽量减少撤回起诉案件；确有必要时，应当严格按照法律规定的条件、范围和程序适用撤回起诉。

(五) 完善侦查监督与协作配合机制

2019年《中共中央关于加强新时代公安工作的意见》中明确提出,"加强公安机关执法办案场所建设,因地制宜建设执法办案管理中心""深化执法办案公开,主动接受检察机关法律监督"。近年来,一些地方试点在公安机关执法办案管理中心派驻检察室,效果良好。公安机关执法办案管理中心建设给检察机关"两项监督"提供了新的平台,通过派驻检察,可以实时掌握执法办案信息,也为及时介入重大疑难复杂案件侦查提供了条件。自2019年以来,全国检察机关在总结推广地方探索经验基础上,秉持"双赢多赢共赢"理念,在各级党委、政法委领导和支持下,因地制宜推进派驻检察机制改革,但也存在理念认识不统一、职能定位不清晰,派驻机制保障不到位,派驻检察机构自身履职不到位等问题。应当加强与公安机关沟通协作,加强理念引领和对下指导,推动、引导各级公安机关、检察机关共树"大控方"理念,健全完善侦查监督和检警配合工作机制,以此推动检察监督质效和刑事办案质效不断提升。同时,加强规范化建设,推动办案信息双向共享。各级检察机关刑事检察部门应依托公安机关执法办案管理中心,联合公安机关法制部门共同设立侦查监督与协作配合办公室,积极开展侦查监督和协作配合相关工作,对检察机关补充侦查意见进行跟踪指导和督促落实,协调督促庭审阶段侦查人员出庭和联合督办案件的沟通协调、信息通报、督促办理,跟踪督促监督意见和检察建议的整改落实,对公安机关要求说明理由、要求复议、提请复核、申请复查和提出的意见建议及时跟踪反馈,并积极推进完善检察机关与公安机关执法办案和侦查监督数据信息的共享机制。

(六) 完善补充侦查制度

补充侦查工作对于及时固定完善证据,依法惩治犯罪,保障当事人合法权益具有十分重要的作用。完善补充侦查制度是检察机关实施侦查监督工作的需要,也是有效指控和追诉犯罪的需要。2020年3月,最高检联合公安部印发了《关于加强和规范补充侦查工作的指导意见》,各地检察机关和公安机关采取有效措施,落实指导意见要求,推动补充侦查工作不断完善,取得了较好成效,存疑不起诉数量明显下降,多次延长期限、退回补充侦查现象明显好转,侦查监督得到强化。但实践中仍然存在一些问题,侦查人员执法理念、取证规范化程度和专业化水平有待进一步提升,检察机关补充侦查提纲质量不高、退而不查、查而不细、查而不清等问题,仍一定程度上存在,检察机关自行补充侦查意识、能力和水平,尚有较大差距,公安机关、检察机关通过退回补充侦查延长办案期限,导致程序空转的情况仍然存在,需要进一步加强和改进。

一是充分发挥"捕诉一体"办案机制优势,加强引导侦查取证。对于作出批准逮捕决定的案件,为保证案件达到起诉标准,积极提出捕后侦查意见,消除"捕后诉前"监督盲区,尽可能把证据问题解决在移送审查起诉之前,有效降低案件在审查起诉阶段的退回补充侦查率。强化因证据不足不捕后提出补充侦查的规范性和有效性,规范补充侦查提纲的制作,继续推进案件证据的收集、固定,积极履行司法办案的主体责任。

二是强化对补充侦查工作的监督。加强对退回补充侦查案件的跟踪监督,实时掌握侦查进展情况,及时审查已补充调取的证据、了解未落实事项的原因与困难,确保补充侦查实效。加强对补充侦查活动合法性、规范性的监督,对公安机关未及时有效开展补充侦查工作的进行口头督促;对因不及时补充侦查导致证据无法收集影响案件处理的,必要时可制发检察建议;对非法取证等情形依法启动调查核实程序、制发纠正违法通知书,涉嫌犯罪的应依法进行侦查。还要特别加强对补充侦查后未重报案件的监督,审查逮捕阶段补充侦查后未重报的,及时与侦查人员沟通查明原因;审查起诉阶段补充侦查期限届满未重报的,依法要求公安机关说明理由;发现公安机关违反法律规定撤销案件、终止侦查,或者长期"挂案"等情形的,应当提出纠正意见。

三是加大自行补充侦查力度。在具备自行侦查条件、具有自行侦查可行性、自行补充侦查更为适宜的情况下,依法开展自行补充侦查,推动自行补充侦查从轻微刑事案件向重大、疑难、复杂案件扩展适用。

(七)健全刑事司法与行政执法衔接机制

加强行刑衔接工作,是新时代检察机关法律监督的重要内容。实践中,行刑衔接的重点多在民生领域,受到行政执法部门、司法机关乃至社会各界普遍关注。检察机关开展行刑衔接已有多年实践,取得了一些成绩,但也存在一些问题。如实践中"以罚代刑""不刑不罚"现象依然存在;检察监督手段单一,有的单位或者个人对检察监督不支持、不理解;有的地方检察机关就是否继续对行政执法机关移送涉嫌犯罪案件予以监督存有疑惑,工作积极性不足;等等。为此,《意见》着眼于民生司法保障,在第5条明确提出"健全行政执法和刑事司法衔接机制"。为深入贯彻落实《意见》,在新的更高层次上推动实现全面依法治国,最高检在总结行刑衔接办案难点和突出问题的基础上,于2021年9月发布了《关于推进行政执法与刑事司法衔接工作的规定》,明确由负责捕诉的部门负责开展行政执法与刑事司法衔接工作。刑事检察部门应当落实好规定要求,推动做好"双向衔接",提升监督质效。

一是主动做好与相关单位的沟通配合。通过主动通报情况、走访等多种形式加强与相关部门的沟通、联系，争取理解与支持，推动建立长效机制。提高检察意见书的质量，加强释法说理、跟踪反馈，帮助、督促行政执法机关依法履职，实现双赢多赢共赢。

二是健全检察机关对决定不起诉的犯罪嫌疑人依法移送有关主管机关给予行政处罚、政务处分或者其他处分制度。检察机关对已经进入刑事司法环节的拟不起诉案件，需要给予行政处罚的，在作出不起诉决定的同时向有关主管机关移送案件。

三是提高发现线索的能力。注重在检察履职过程中发现线索，尤其有针对性地加强重点领域的线索摸排，对行政执法机关不依法向公安机关移送涉嫌犯罪案件的，依法开展监督；通过建立信息共享平台与相关部门主动对接，挖掘线索，跟进监督。信息共享平台是发现案件线索的重要途径，检察机关要积极配合司法行政机关开展平台建设；已经接入平台的检察机关，应当及时录入审查有关信息，及时提出移送、监督意见。

（八）繁简分流，完善多层次诉讼程序体系

从理论上讲，诉讼程序的运行，必然需要相应诉讼成本的投入，程序愈加完善复杂，则必然要求更多的成本投入，在司法资源有限的情况下，如何使有限的资源配置获取最大的诉讼效益，将是司法公正能否得以实现的关键。如美国法学家波斯纳所言，正义与效益这一对法价值，并不总是对立排斥的，相反，对效益的追求由于避免讼累、节约资源、缩短时间等特点而有助于正义价值的实现，所以"正义在法律中的第二个含义就是效益"。可以说，如何在公正与效率两大价值中取得平衡是任何一个司法制度都面临的重要问题。各国的司法实践证明，必须对案件进行繁简分流，才能解决刑事案件总量不断上升与有限司法资源之间的矛盾。比如，在日本，90%以上的刑事案件都是按照略式程序处理，只有不足10%的案件请求提起公审。又如，德国有处罚令程序，即对符合条件的轻微刑事案件，检察官可以直接向法官申请实施处罚令，而省略案件的初步庭审和正式审理程序。再如，在美国，没有高达90%左右的刑事案件通过辩诉交易程序得到快速解决，那种建立在极高诉讼成本投入基础上的对抗式诉讼制度，将处于不堪重负甚至濒于崩溃的境地。对案件进行难易分类，对程序进行繁简分流，强化审前程序的作用，提高诉讼效率，已越来越成为共识。总的原则是"轻轻重重"，轻的更轻，重的更重，简单案件尽可能简化审理，复杂案件尽可能细化审理。

2018年我国刑事诉讼法修改，增设了速裁程序，至此我国在刑事诉讼中初步构建起普通程序、简易程序、速裁程序多层次诉讼程序体系。应当注重改进办案方式，完善速裁程序、简易程序、普通程序有序衔接的诉讼体系，推动轻重分离、快慢分道。

一是完善检察机关适用普通程序办案机制。实质化的庭审实际上就是严格适用普通程序的庭审。对重大疑难复杂、被告人不认罪或者关键证据有争议的案件,应当严格依照普通程序进行较为彻底的实质审理。检察机关办理此类案件,庭前要全面梳理、编织与公诉指控相匹配的证据体系,还要注重庭前的程序净化工作,加强与法院的沟通协调,完善庭前会议制度,庭审中加强当庭讯问、举证、质证和辩论。当然,对适用普通程序的案件,如果被告人认罪的,程序可适当简化。

二是完善检察机关适用简易程序办案机制。当前,适用简易程序案件仍然存在"简易不简"的问题,表面上庭审时间缩短了,但刑事检察部门庭外的工作量增加,造成一些地方检察院不愿意适用简易程序。要真正发挥简易程序的作用,不仅要简化庭审程序,还要合理简化庭前准备程序。比如对可以适用简易程序的案件,在审查起诉阶段简化审查报告制作,在庭前准备阶段不制作"三纲一书"。同时,会同公安机关、法院健全简易程序案件"三集中"办案模式。

三是大力推动速裁程序适用。速裁程序自 2014 年在部分地区试点,到 2016 年纳入认罪认罚从宽制度试点,再到 2018 年刑事诉讼法修改正式增设该程序在全国推开,在节约司法资源、提高诉讼效率等方面发挥了巨大的作用。但实践中,还存在速裁程序适用率较低,程序从简价值未充分发挥的问题,部分地区速裁程序适用率不足 20%。究其原因,既有主观上不愿意适用,也有客观上与侦查机关、审判机关沟通不畅、快速办理机制不健全的因素。应当进一步转变观念,大力推动速裁程序适用,加强与公安机关、法院的沟通协调,通过在公安机关执法办案管理中心、派出所、交巡警支队等设立派驻中心检察室、速裁办公区等形式,建立案件快速分流和流转机制,对认罪认罚案件集中移送、集中起诉、集中审理,构建"全流程"简化速裁模式。

(九)完善刑事审判监督机制

近年来刑事审判监督工作持续加强,规范化、专业化、智能化建设有新的发展,但也面临着一些新的挑战。比如,随着以审判为中心刑事诉讼制度改革、认罪认罚从宽制度改革以及法院量刑规范化的推进,刑事审判质量不断提升,检察机关提出抗诉的难度加大,刑事抗诉结构面临调整;又如,随着司法责任制改革的推进,法官自由裁量权的扩张容易导致裁判标准不统一和量刑不均衡,如何有效监督这种量刑失衡问题成为刑事审判监督工作的重要任务。

一是完善和细化控审分离的具体制度。诉审关系中坚持控审分离是研究健全司法权运行机制的重要内容。应重点完善以下制度:其一,建立诉因制度。

未经起诉之个人和事实,法院不得径行审理并定罪科刑。这是调整诉审关系的基本原则。我国刑事诉讼中没有确立诉因制度,现行的公诉方式存在结构性缺陷,表现有三:(1)起诉书往往呈现的是包括犯罪构成要件事实以及案件相关事实在内的庞杂的图景,构成犯罪的事实不能通过诉因明示出来,在数罪案件中尤其明显,这就使法官在行使审判权时,难以充分意识到审理活动的对象范围界限。(2)刑事诉讼法关于起诉效力与审判范围问题规定得不够明确,使"审判突袭"现象并不鲜见。实践中审判对象超出起诉范围,法院认定罪名与起诉罪名不一致,以及对在审理中发现可能影响定罪的新的事实,在未经检察机关补充起诉或者变更起诉情况下,法院可以径行审理并改变罪名等情况时有发生。(3)前述现象使被告人的辩护权得不到有效保障。因而构建中国特色的诉因制度,有助于弥补现行公诉方式的结构性缺陷,是促进完善控、辩、审三方关系的重要途径,这也契合构建公正、高效、权威的司法制度的改革要求。其二,完善公诉变更制度。这与诉因制度也密切相关。要推动在立法上明确规定变更、追加起诉制度,如果法院认为指控的罪名与指控事实不符,而检察机关不同意法院变更指控罪名的动议时,法院应当告知控辩双方改变指控罪名的意图,在控辩双方进行必要的准备后,再行审理和判决。

二是完善审判监督工作机制。强化审判监督,促使法官谨慎用权、依法公正裁判是诉讼制度改革的必然要求。检察机关应当以抗诉为重点加强刑事审判监督,面对以审判为中心带来的审判监督难度加大的情况,积极拓展"抗源"、找准"抗点",注重抗诉的精准性,对重大典型案件要发挥检察一体优势,接力抗诉,通过一个案件纠正一片问题。针对实践中存在的公诉案件包括抗诉案件法院开庭几年不下判的情况,要加强监督,切实纠正"审而不判"。针对近年来无罪案件抗诉中存在的随意性问题,要深入剖析"诉判不一"的原因,对判决裁定确属错误的,要依法提出抗诉,防止"该抗不抗";对属于证据体系存在问题或者理解适用法律存在认识分歧的,慎重提出抗诉。需要注意的是,对法院错误适用法律以及存在重大程序违法等具有示范意义和导向作用的案件,即使量刑没有明显不当也要依法抗诉。还要注重抗诉与其他监督手段的综合运用。根据刑事审判违法和瑕疵的不同情况合理选择和适用监督手段,在重视抗诉的同时,也要重视运用纠正违法、检察建议、口头监督等监督方式,提升监督效果。

(十)完善企业合规制度

开展涉案企业合规改革是检察机关发挥司法职能作用参与社会治理的一种方式。检察机关对于办理的涉企刑事案件,在依法作出不批准逮捕、不起诉决定或者根据认罪认罚从宽制度提出轻缓量刑建议等的同时,针对企业涉嫌具体犯罪，结合办案实际，督促涉案企业作出合规承诺并积极整改落实，促进企业合规守法经营，减少和预防企业犯罪，促进市场主体健康发展，推动营造法治化营商环境，为经济社会高质量发展提供更加优质的法治保障。2020年3月，最高检在上海、江苏、山东、广东等地基层检察院开展企业合规改革第一期试点工作，对民营企业负责人涉经营类犯罪，依法不捕不诉、能不判实刑地提出适用缓刑的量刑建议，同时探索督促涉案企业合规管理，促进"严管"制度化。2021年3月，最高检印发《关于开展企业合规改革试点工作方案》，进一步扩大试点范围。2021年6月，最高检联合司法部、财政部等八个部委共同印发了《关于建立涉案企业合规第三方监督评估机制的指导意见（试行）》，进一步完善企业合规制度。开展涉案企业合规改革，完善企业合规制度是刑事检察创新发展的重要内容。刑事检察部门应当按照上述试点方案要求，积极开展第二批涉案企业合规改革试点，将涉案企业合规及其成效作为司法裁量的重要情节。对轻微刑事案件，如果企业认罪态度好，主动做好合规管理，可以考虑作不起诉处理；对普通犯罪和严重犯罪案件，企业认罪认罚且愿意做好合规整改的，检察机关可以提出从轻处罚的量刑建议。同时，应当结合本地实际，探索建立包括市场监管部门、税务部门、工商联等以及律师、审计师、会计师、人民监督员、人大代表、政协委员等在内的企业合规第三方监管机制。通过第三方监管，监督、促进企业践行合规承诺。检察机关要定期检查合规建设情况，根据案件具体情况依法作出相应处理。并根据试点效果，逐步扩大试点范围，总结试点经验，适时提出立法建议，推动建立涉企业犯罪附条件不起诉制度。

三、基础与保障——刑事检察队伍专业化建设

随着检察工作的发展、司法责任制的落实、内设机构的调整、"捕诉一体"办案机制的确立，刑事检察队伍的结构发生了很大的变化，检察人员的能力素养与新形势下刑事检察工作的需要仍有差距。加强刑事检察队伍"革命化、正规化、专业化、职业化"建设，努力打造"四个铁一般"的刑事检察铁军，事关刑事检察工作发展的根本。

（一）加强思想政治建设

讲政治要求刑事检察必须旗帜鲜明把加强党的政治建设放在首位。强化政治机关意识，强化政治理论学习，持续深入学习贯彻习近平新时代中国特色社会主义思想，增强"四个意识"、坚定"四个自信"、做到"两个维护"，把党对检察工作的绝对领导体现在检察监督办案的具体实践中、效果上。

(二) 加强专业能力建设

讲政治与抓业务是辩证的统一。每一项检察业务、每一个具体案件办理都与人民群众切身利益相关。要落实"检察工作是政治性极强的业务工作，也是业务性极强的政治工作"的要求，深刻理解法律规定的本质，在为大局服务、为人民司法中取得最佳的检察监督办案政治效果、社会效果和法律效果。面对刑事案件的复杂多样，检察官不仅要熟悉法律规定，还必须熟悉相关专业领域的知识。一是加大与相关行政部门的沟通交流，通过互派干部交流学习，丰富检察官在金融、知识产权、食品药品、行政执法和刑事侦查等领域的知识储备。二是大力培养刑事检察领军人才。多年来刑事检察部门培养了一大批全国"优秀公诉人""侦查监督能手"，为检察事业输送了大批人才。"捕诉一体"新背景下，应当探索适合新工作布局和办案模式的优秀人才选拔方式。正所谓"千军易得，一将难求"，要继续大力培养一批善于办理重大疑难复杂案件，承担重大理论和实务研究，在检察系统内外具有影响力，得到法律界和社会公认的高层次领军人才，通过领军人才发挥"头雁"的引领作用，由点带面，推动提升检察人才队伍的能力和水平。

(三) 创新教育培训理念和方式

根据检察工作的需要和检察官能力短板，开展分专业、分层次、针对性的培训活动。一是注重刑事检察工作理念的教育培训，将法律政策和检察工作要求真正传导至基层检察人员。二是积极借助内外脑，开展集中教学、专家讲座、观摩交流、高校进修、岗位练兵等多种形式的培训活动，提升检察官的综合素质和专业实战能力。三是培养一批具有丰富培训教学经验的检察官教官，鼓励检察官研发刑事检察业务课程，提升教育培训的针对性和实践性。四是加强与相关政法部门沟通协调，建立健全法官、检察官、警察、律师同堂培训制度，增进法律职业共同体交流与互动，统一执法司法理念和办案标准尺度。

(四) 加大检察官助理的培养力度

检察官助理占到检察人员的半壁江山，是检察官的后备力量，也是检察人才的蓄水池。目前检察官助理的职责定位、办案权限、司法责任仍不够清晰，各地做法不一。要结合刑事检察工作的素能要求，明确检察官对助理的带教责任，有计划、有针对性地开展检察官助理专业培训，将传统的带教方式与阶梯式培养紧密结合。要明确界定检察官助理在协助办案中的职责和权限，检察官助理的考核评价体系，将优秀的检察官助理充实到检察官队伍。

(五) 完善统一调用检察官办案工作机制

《人民检察院组织法》第24条第1款规定"上级人民检察院对下级人民

检察院行使下列职权：……（四）可以统一调用辖区的检察人员办理案件"，这为异地跨区域调用检察官办案提供了立法依据。《人民检察院刑事诉讼规则》对此进一步细化，第9条第2款规定，"上级人民检察院可以依法统一调用辖区的检察人员办理案件，调用的决定应当以书面形式作出。被调用的检察官可以代表办理案件的人民检察院履行出庭支持公诉等各项检察职责"。2020年1月，最高检又下发了《关于规范上级人民检察院统一调用辖区检察人员办理案件工作的通知》，对统一调用检察官办案程序进一步细化。异地跨区域调用检察官参与重大疑难复杂案件的办理，是检察一体化的充分体现，有利于确保重大案件的办案效果，也有利于提高基层检察官办理重大案件的经验和能力。下一步，应当进一步完善统一调用检察官办案工作机制，在办理重大疑难复杂案件中，注重配强公诉人，对需要多个公诉人出庭的，充分发挥检察一体化优势，组成优秀公诉团队出庭支持公诉，一些重大案件可以统一调配业务专家参与指导。

（六）完善规范刑事检察权高效制约监督体系

近年来，随着司法责任制、"捕诉一体"、认罪认罚从宽等改革的推进，检察职责任务越来越重，检察官自由裁量权越来越实，被围猎、干预、影响会明显增多，廉政风险也越来越大。因此，加强党风廉政建设，强化职业道德养成，守住纪律底线，是新时代刑事检察面临的重大课题。要结合实际，突出问题导向，针对认罪认罚从宽制度、检察司法责任制落实等廉政风险点完善规范细则，明确程序流程，扎紧扎牢廉政"篱笆"，让检察官办案有规可循、有规必循、违规必究、自律与他律并重。健全检察长、业务部门负责人对案件审核把关机制，完善审核案件的范围、程序和责任承担，行使监督管理职责须书面全程留痕。全面推行刑事申诉、国家赔偿、无罪判决、撤回起诉、撤回抗诉等案件反向审视和分析报告制度。狠抓干预、过问案件"三个规定"的落实，对过问插手干预办案的情形如实记载，严肃追究责任。通过严管、厚爱，教育引导刑事检察部门广大检察人员培养职业尊荣感，培养对刑事检察工作发自内心的热爱、尊崇、敬畏。

（原载于《人民检察》2021年第21—22期）

刑事诉讼法与监察法衔接中的若干争议问题

朱孝清*

自监察法颁布和刑事诉讼法修正以来,法学法律界对这两个法律(以下简称"两法")之间的衔接问题发表了一大批论著。通过观点交流和理论争鸣,"两法"衔接中的多数问题已取得共识,但仍有些问题尚存争议,从而一定程度影响了理论共识的形成和实务中"两法"衔接工作的顺利进行。如今,监察法和修正后的刑事诉讼法实施虽已两年有余,但研究"两法"衔接中尚存争议的问题并非没有意义。为此,笔者不揣浅陋,试就其中的若干问题略书管见,以求教于方家。

一、监察证据与刑事诉讼证据制度的关系问题

监察证据与刑事诉讼证据制度是什么关系?法学界有两种观点:一种观点认为,监察调查与刑事诉讼在程序上是二元的,但在证据上是一体的,即"程序二元、证据一体"。所谓"证据一体",是指监察机关调查的职务犯罪案件,其都参照刑事诉讼法,其与刑事诉讼的取证规范、证据规则和证明标准并无二致。持此观点者还认为,监察法关于证据规定的"未尽事宜,一律参照刑事诉讼法"。[①] 另一种观点不认为监察法与刑事诉讼法在证据上已然是一体的,因而从应然的角度去论证二者应当具有一体性,并对如何完善证据的法律规定提出一些意见建议。如有的认为,监察法对调查措施所进行的规范与刑事诉讼法对侦查措施所进行的规范不完全一致,应当在取证的合法性、保障证据可靠性两个方面作出更详细的规范。[②] 还有观点认为监察法与刑事诉讼法的法

---

* 最高人民检察院咨询委员会主任。

① 参见李勇:《〈监察法〉与〈刑事诉讼法〉衔接问题研究——"程序二元、证据一体"理论模型之提出》,载《证据科学》2018 年第 5 期。

② 参见纵博:《监察体制改革中的证据制度问题探讨》,载《法学》2018 年第 2 期。

律文本对排除非法证据问题的表述"过于模糊,法官很难依据法律的文意表述得出排除规则适用于监察证据的明确结论",因而需要对某些法律条文加以修改完善。①

笔者基本同意监察法与刑事诉讼法"证据一体"的观点,且进一步认为:两个法律不仅在取证规范、证据规则、证明标准方面是一体的,而且整个证据制度都是一体的。易言之,监察法确立了与刑事诉讼法相同的证据制度。这是监察法与刑事诉讼法衔接的最重要方面。

从监察法的规定及有关解释来看,监察法与刑事诉讼证据制度的"一体性"主要表现在以下几方面:

第一,"两法"规定了相同的证明标准。《监察法》第45条第4项规定了"犯罪事实清楚,证据确实、充分"。第二,"两法"规定了相同的证据要求和标准。《监察法》第33条第2款规定:"监察机关在收集、固定、审查、运用证据时,应当与刑事审判关于证据的要求和标准相一致。"该规定不仅表明了监察法在证据要求和证据标准上与刑事诉讼法的一致性,而且体现了"以审判为中心"的思想。第三,"两法"都规定了非法证据要排除。《监察法》第33条第3款规定:"以非法方法收集的证据应当依法予以排除,不得作为案件处置的根据。"《监察法》第40条第2款还规定:"严禁以威胁、引诱、欺骗及其他非法方式收集证据,严禁侮辱、打骂、虐待、体罚或者变相体罚被调查人和涉案人员。"第四,监察法关于证据的未尽事项,依照刑事诉讼法及有关司法解释的规定执行。监察法关于证据的规定比较原则,如勘验检查,刑事诉讼法专用一节共8个条文加以规定(第128—135条),而监察法只用了1个条文(第26条);如排除非法证据,刑事诉讼法规定了5个条文(第56—60条),而监察法只规定了1款(第33条第3款);等等。监察法之所以规定得原则,是因为根据"证据一体"原则,监察法在证据上的未尽事宜,依照刑事诉讼法的有关规定执行。故监察法没有作重复规定,否则就会显得重复累赘。

如此理解,有两个依据。一是中纪委、国家监委法规室编写的《〈中华人民共和国监察法〉释义》提到:"刑事审判关于证据的要求和标准有严格、细致的规定,监察机关收集的证据材料在刑事诉讼中作为证据使用,必须要与其相衔接、相一致。刑事审判关于证据的要求和标准,《中华人民共和国刑事诉讼法》总则第5章和最高人民法院2012年公布的《关于适用〈中华人民共和国刑事诉讼法〉的解释》第4章,作了详细的规定,比如证据的种类、收集证据的程序、各类证据审查和认定的具体要求等。监察机关调查取得的证据,

---

① 参见程雷:《刑事诉讼法与监察法的衔接难题与破解之道》,载《中国法学》2019年第2期。

要经得起检察机关和审判机关的审查,经得起历史和人民的检验。"① 该解释虽不是立法机关所作,但体现了官方的立场,有一定的权威性。二是国家监察委员会、最高法、最高检、公安部联合印发的《关于加强和完善监察执法与刑事司法衔接的意见(试行)》,以及中纪委办公厅、国家监委办公厅、最高检办公厅联合印发的《国家监察委员会移送最高人民检察院职务犯罪案件证据收集审查基本要求和案件材料移送清单》,对有关证据问题,均作出了与刑事诉讼法及有关司法解释基本一致的规定。如《国家监察委员会移送最高人民检察院职务犯罪案件证据收集审查基本要求和案件材料移送清单》第二部分"职务犯罪案件证据收集基本要求"中,对"被调查人供述和辩解"规定了6条;对"证人证言"规定了9条;对"辨认笔录"规定了2条;对"鉴定意见"规定了5条;对"物证、书证,调取、查封、扣押清单,搜查、勘验、检查、调查实验等笔录,视听资料、电子证据",则完全采取援引的办法,规定:"上述相关证据的收集、固定,依照《中华人民共和国监察法》《中华人民共和国刑事诉讼法》《最高人民法院、最高人民检察院、公安部、国家安全部、司法部、全国人大常委会法制工作委员会关于实施刑事诉讼法若干问题的规定》《人民检察院刑事诉讼规则》《最高人民法院关于适用〈中华人民共和国刑事诉讼法〉的解释》《最高人民法院、最高人民检察院、公安部、国家安全部、司法部关于办理刑事案件严格排除非法证据若干问题的规定》等相关规定进行。"此外,最高人民检察院制定的《人民检察院刑事诉讼规则》第410条,还把"提请法庭通知调查人员、侦查人员或者其他人员出庭说明情况",作为对"证据收集的合法性加以证明"的方式之一。可见,"监察法在证据上的未尽事项,依照刑事诉讼法及司法解释的相关规定执行"的观点,是有充分依据的,站得住脚的。

当然,监察法对证据的规定也存在有别于刑事诉讼法规定的情况。如《监察法》第41条第2款规定:"调查人员进行讯问以及搜查、查封、扣押等重要取证工作,应当对全过程进行录音录像,留存备查。"这比刑事诉讼法的规定要求更高更严②,根据"就高不就低"原则,此时应当依据监察法的规定执行。又如,《监察法》第40条第2款规定:"严禁以威胁、引诱、欺骗以及其他非法方式收集证据,严禁侮辱、打骂、虐待、体罚或者变现体罚被调查人

---

① 中共中央纪律检查委员会、中华人民共和国监察委员会法规室编:《〈中华人民共和国监察法〉释义》,中国方正出版社2018年版,第168页。

② 根据《刑事诉讼法》第123条的规定,只对"可能判处无期徒刑、死刑的案件或者其他重大犯罪案件",才"应当对讯问过程进行录音或者录像",对其他案件的讯问过程,则是"可以进行录音或者录像"。对于监察法规定的"搜查、查封、扣押等重大取证工作",刑事诉讼法未要求录音录像。

二、刑事检察创新优化发展

和涉案人员",这与《刑事诉讼法》第52条关于"严禁刑讯逼供和以威胁、引诱、欺骗以及其他非法方法收集证据"的规定意思相近,但未将"刑讯逼供"规定其中。这是因为刑讯逼供罪的犯罪主体是司法工作人员,而监察机关工作人员不属于司法工作人员。上述"两法"在证据规定的不一致并不影响"监察法与刑事诉讼法在证据制度上已然是一体的"这一观点的成立。

监察法的证据制度之所以要与刑事诉讼法相同,主要有以下几方面原因。

首先,这是监察机关所调查的职务犯罪案件进入刑事诉讼程序的需要。根据监察法规定的办案程序,监察机关对职务犯罪案件调查终结后,认为犯罪事实清楚,证据确实、充分的,就要进入刑事诉讼程序,将案件移送人民检察院审查起诉,案件最终由人民法院依法作出判决。证据是刑事诉讼的核心,也是监察调查的核心。只有证据制度相一致,监察调查程序与刑事诉讼程才能无缝衔接,监察机关所调查的职务犯罪案件才能顺利进入刑事诉讼程序。这就像火车跨境运输,要把货物顺利地从一方运到另一方,双方铁路的建设标准特别是两根铁轨的间距以及其他重要的技术参数必须相同。因此,监察法只有采取与刑事诉讼法相同的证据制度,监察机关所调查的职务犯罪案件才具有进入刑事诉讼程序的"通行证"。

其次,这是监察机关所收集的各种证据在刑事诉讼中可以作为证据使用的需要。《监察法》第33条第1款规定:"监察机关依照本法规定收集的物证、书证、证人证言、被调查人供述和辩解、视听资料、电子证据等证据材料,在刑事诉讼中可以作为证据使用。"这与行政机关所收集的证据材料的效力存在明显区别。① 要使监察机关收集的各种证据材料都可以在刑事诉讼中作为证据使用,就必须使监察法所采取的证据制度与刑事诉讼法所持的证据制度相同。因为只有证据制度相同,监察机关依据该证据制度特别是证据要求与标准所"生产"的证据"产品",才能符合刑事诉讼法规定的证据"规格"。《监察法》第33条也是根据这一逻辑,来规定关于证据的要求的:它首先规定监察机关收集的各种证据可以在刑事诉讼中作为证据使用,进而规定了证据收集、固定、审查、运用的要求与标准(第2款),以及排除非法证据的要求(第3款)。

最后,这是贯彻"以审判为中心"精神的必然要求。刑事诉讼以审判为中心,"这是诉讼规律的必然要求,也是针对现实中存在的问题,提高办案质

---

① 根据《刑事诉讼法》第54条第2款的规定,行政机关在行政执法和查办案件过程中收集的证据材料,只有物证、书证、视听资料、电子证据等实物性证据材料,才可以在刑事诉讼中作为证据使用。

量、防止冤假错案、实现司法公正的需要"。①《中共中央关于全面推进依法治国若干重大问题的决定》提出"推进以审判为中心的诉讼制度改革",是针对原来实际存在的刑事诉讼"以案卷为中心""以侦查为中心"而提出来的,其要义在于"确保侦查、审查起诉的案件事实证据经得起法律的检验,全面贯彻证据裁判原则,严格依法收集、固定、保存、审查、运用证据,完善证人、鉴定人出庭制度,保证庭审在查明事实、认定证据、保护诉权、公正裁判上发挥决定性作用"。而要"确保侦查、审查起诉案件事实证据经得起法律的检验",重要措施之一就是侦查、审查起诉阶段收集、固定、审查、运用证据,要与审判关于证据的要求与标准相一致。监察调查程序虽在刑事诉讼程序之外,但由于所调查的职务犯罪案件要接受检察机关的审查和法院的审判,因而同样要贯彻"以审判为中心"的精神。"虽然在国家监察体制改革过程中,原本行使职务犯罪侦查权的主体业已由检察机关转隶至监察机关,职务犯罪侦查权也在相当程度上为调查权所替代,但这并不妨碍审判中心主义原理和制度的继续适用。概言之,在处理审判机关、检察机关与监察机关之间关系的时候,仍然需要重申审判中心主义,并防范可能出现的监察中心主义。"② 特别是监察机关在反腐败中居于主导地位,其调查取证活动贯彻"以审判为中心"的精神,对于防范"以调查为中心",确保职务犯罪案件的质量,具有重要意义。据此,监察法所采取的证据制度也应当与刑事诉讼所持的证据制度相同;监察机关收集、固定、审查、运用证据,应当与审判关于证据的要求与标准相一致。

当然,监察法的证据制度与刑事诉讼法的证据制度的一体性,并不意味着这两个法律关于证据的规定都完美无缺而不需要完善。③ 不少法律人没有看出"两法"在证据制度上的一体性,致使法学界对监察证据制度与刑事诉讼证据制度的关系的认识存在争议,这就说明"两法"在证据规定上尚有缺陷。为此笔者建议:(1)在《监察法》第33条中增加1款作为第4款:"本法关于证据规定的未尽事项,依照刑事诉讼法的规定。"作此规定,就足以表明监察法采取与刑事诉讼法相同的证据制度。(2)在《刑事诉讼法》第56条第1款

---

① 朱孝清:《论司法体制改革》,中国检察出版社2018年版,第308—309页。
② 秦前红:《我国监察机关的宪法定位——以国家机关相互间的关系为中心》,载《中外法学》2018年第3期。
③ 笔者对"两法"中的证据问题提出完善的意见建议,是以认为"两法"的证据制度已然相同为前提的,与认为"两法"的证据制度现在不是一体,因而需要完善法律规定的观点,是有明显区别的。其区别在于,笔者认为监察法已经确立与刑事诉讼法相同的证据制度,但还需要完善;后者则认为,监察法尚未确立与刑事诉讼法一体的证据制度,需要通过完善去确立。

规定的非法取证对象中增加"被调查人",即"采取刑讯逼供等非法方法收集的犯罪嫌疑人、被告人、被调查人的供述和采取暴力、威胁等非法非法方法收集的证人证言、被害人陈述,应当予以排除……"(3)在《刑事诉讼法》第59条第2款规定的出庭说明情况的人员中,增加"调查人员",即"现有证据材料不能证明收集证据的合法性的,人民检察院可以提请人民法院通知有关侦查人员、调查人员或者其他人员出庭说明情况;人民法院可以通知有关侦查人员、调查人员或者其他人员出庭说明情况。有关侦查人员、调查人员或者其他人员也可以要求出庭说明情况。经人民法院通知,有关人员应当出庭"。

二、检察机关是否需要对监察机关移送的案件办理立案手续问题

2018年修正后的刑事诉讼法并无关于检察机关对监察机关移送起诉的案件办理立案手续的规定。但有观点认为,监察机关把调查终结的职务犯罪案件移送检察机关后,检察机关应当办理立案手续。在检察系统中,据笔者调查,也有少数检察院是这样做的。其主要理由是:立案是刑事诉讼的起点,也是确认犯罪嫌疑人身份的起点。刑事案件只有通过立案,才能开启刑事诉讼程序,允许采取强制性措施。包括法院管辖的刑事自诉案件,根据最高法《关于适用〈中华人民共和国刑事诉讼法〉的解释》的规定,法院审查后认为符合受理条件的,也应当办理立案手续。检察机关如不对监察机关移送的案件办理立案手续,审查起诉就没有对象,"被调查人"也不可能自动转为"犯罪嫌疑人",更不能对其采取刑事强制措施。①

笔者认为,上述观点有一定道理。监察机关对所调查的案件虽然办理过立案手续,但监察机关立案是将职务违法与职务犯罪相连接的,而不区分是涉嫌职务违法立案还是涉嫌职务犯罪立案,因此,监察机关对移送的案件并未办理过专门针对涉嫌犯罪的刑事立案手续。当检察机关接受监察机关移送的案件后,如不办理立案手续,似乎存在刑事诉讼程序缺乏起点、审查起诉缺乏对象、采取强制性措施缺乏合法依据的问题。

但是,检察机关如对其立案,也存在相应问题。第一,立案一般在刑事诉讼的起始阶段(包括法院管辖的刑事自诉案件,也是在该案刑事诉讼的起始阶段),在调查(侦查)措施特别是强制性措施使用之前。但监察机关移送的案件,虽然是刚刚进入刑事诉讼程序,但就该职务犯罪案件的办理程序来说,其依法可以采取的调查措施包括强制性调查措施都已采取,且调查程序实质上

---

① 参见陈雷:《刑事诉讼法与监察法的衔接难题与破解之道》,载《中国法学》2019年第2期;陈卫东:《职务犯罪案件监察调查程序若干问题研究》,载《政治与法律》2018年第1期。

相当于侦查程序。第二，立案的条件是"认为有犯罪事实，需要追究刑事责任"，包括法院管辖的刑事自诉案件，也是认为符合该条件所以予以立案。而监察机关移送的案件，已达到"认为犯罪事实清楚，证据确实、充分"的程度，大大超过了立案条件。第三，监察机关移送的案件虽然没有专门办理过刑事立案手续，但至迟在其内部的案件审理阶段，已被认为涉嫌犯罪，需要移送司法机关追究刑事责任；有些案件甚至在监察机关立案时，就认为已涉嫌犯罪。也就是说，监察机关移送的案件，已经是经过专门机关调查终结的实实在在的刑事案件。基于以上理由，检察机关对职务犯罪案件办理立案手续的必要性、合理性仍存疑问。

那么，该如何解决上述矛盾呢？笔者认为应当从改进监察机关立案程序入手，即监察机关将涉嫌职务违法立案和涉嫌职务犯罪立案加以区分：认为监察对象涉嫌职务违法，需要追究违法责任的，以涉嫌职务违法立案；认为监察对象"有犯罪事实，需要追究刑事责任"的，以涉嫌职务犯罪立案。有些案件一开始就可以看出涉嫌职务犯罪，就以涉嫌犯罪立案，而不必再作涉嫌违法立案，因为"举重以明轻"，涉嫌犯罪必然同时涉嫌违法；有些案件在开始时只能认定涉嫌违法，涉嫌犯罪还不明显，就先以涉嫌违法立案，当经过一段时间调查，认为还涉嫌犯罪时，再以涉嫌犯罪立案。这样，监察机关移送起诉的案件，由于其已经经过刑事立案，检察机关接案后，自然不存在立案手续的问题。

监察机关将涉嫌违法立案与涉嫌犯罪立案加以区分的主要理由有以下几个方面。

首先，违法与犯罪虽有紧密的联系，但有质的区别。犯罪是刑事法学包括刑法学、刑事诉讼法学以及犯罪学研究的核心概念，整个刑事法学都是围绕什么是犯罪与刑罚、怎样认定犯罪与确定刑罚这两个问题来展开的；整个刑事诉讼法制也是围绕这两个问题来设置规范的。划清违法与犯罪的界限，是刑事法学者和实务人员一项至关重要的任务，因为它关涉罪与非罪。从追究的责任来看，犯罪往往要剥夺人的自由乃至生命，而违法责任一般不涉及人的自由，更不涉及生命。虽然职务违法和职务犯罪都是其监察调查的对象，但职务违法与职务犯罪毕竟是两个不同层次的问题，二者具有质的区别。

其次，对涉嫌职务违法与涉嫌职务犯罪分别立案，有助于监察机关更好地履行职责。监察机关有权对职务违法和职务犯罪一并调查，这一管辖制度有门槛低（立案门槛低）、易上手（使用调查措施比较容易）、可进退（程序进退自如）的优势，但这并不意味着在立案时不需要对职务违法与职务犯罪加以区分。对监察机关来说，对二者加以区分好处很多：（1）有助于对所立案件

"分类处理",精准施策。《监察法》第 38 条规定,对需要采取初步核实方式处置问题线索的,"初步核实工作结束后,核查组应当撰写初步核查情况报告。承办部门应当提出分类处理意见"。笔者认为这里的"分类处理",既包括区分立案审查、予以了结、谈话提醒、暂存待查、移送有关党组织处理等类型[①],还应当包括在"立案审查"中区分涉嫌职务违法的立案审查和涉嫌职务犯罪的立案审查。因为"有区别才有政策",区分两种立案,有助于监察机关精准施策,也有利于调查工作规范化、精细化。(2)有助于规范调查措施的适用。惩治职务违法犯罪与保障当事人合法权益,都是监察机关的重要任务。[②] 如何对被调查人正确适用调查措施,既直接关系到惩治职务违法犯罪的成效,也直接关系到被调查人合法权益的保障。监察机关在调查中,虽然有权适用监察法规定的谈话、询问、讯问、留置、技术调查等各种调查措施,但根据比例原则,对涉嫌违法的调查措施与涉嫌犯罪的调查措施,应当不完全相同。有些调查措施如询问、查询、勘验检查等,对涉嫌违法与涉嫌犯罪的案件都可适用;有些调查措施如搜查、通缉、技术调查等,只能对涉嫌犯罪的案件适用。否则,监察程序就有违反比例原则、滥用调查措施之嫌,易对被调查人的合法权益造成不当损害。(3)有助于规范证据的收集、固定、审查和运用。监察机关调查职务犯罪对证据的要求,必然严于调查职务违法对证据的要求。《监察法》第 33 条第 2 款规定:"监察机关收集、固定、审查、运用证据,应当与刑事审判关于证据的要求和标准相一致。"这里虽然没有区分是仅指职务犯罪调查在证据上的要求,还是包括职务犯罪调查和职务违法调查在证据上的要求,但笔者认为此处主要指的是对职务犯罪的调查。因为只有职务犯罪案件才需要经过刑事审判,也才涉及本文第一部分所述的"证据一体"问题。即使法条指的是监察机关所有调查工作在证据上的要求,但在规范程度的实际把握上也会存在区别,因为证据要求的严格程度和证明标准,要与案件所追究的责任类型(是刑事责任还是行政责任、纪律责任)和严重程度相适应。对涉嫌职务违法与涉嫌职务犯罪分别立案,有利于对取证工作提出不同的要求,严格规范对职务犯罪案件的证据收集、固定、审查和运用工作。

最后,对涉嫌职务违法与涉嫌职务犯罪分别立案,是监察法律系与刑事法体系相衔接、相协调的需要。职务违法与职务犯罪虽然都由监察机关负责调查,但二者的归宿明显不同:前者由监察机关自行处置,后者须进入刑事诉讼程序,由检察机关审查起诉和法院审理后定罪判刑,从而实现国家的刑罚权。

---

① 参见江国华主编:《中国监察法学》,中国政法大学出版社 2018 年版,第 194 页。
② 《监察法》第 5 条规定,国家监察工作"在适用法律上一律平等,保障当事人的合法权益"。

这就需要职务犯罪案件从立案这一程序起，就与刑事法体系相衔接相协调，否则就会产生一系列与刑事法体系相脱节、不协调的问题。例如，前述的未以涉嫌职务犯罪立案（刑事立案）的案件移送检察机关后，检察机关直接对其审查起诉和采取强制措施就存在一定的法理障碍。又如，根据《刑法》第88条规定，刑事案件一经立案，就不受追诉期限的限制。监察机关如不区分涉嫌违法立案与涉嫌犯罪立案，欲延长追诉时效也存在一定的法理障碍。① 再如，在调查职务违法与职务犯罪案件时，监察机关有权对一些关联的但仅涉嫌违法尚未涉嫌犯罪的案件立案调查，并采取某些强制性措施。但在刑事诉讼领域，即使是涉及国家安全、恐怖主义等性质严重的案件，也必须是涉嫌犯罪才能立案并采取专门侦查手段和强制措施。这二者显然不相协调，并有违反法律面前人人平等原则之嫌。②

综上所述，监察机关对涉嫌职务违法与涉嫌职务犯罪分别立案，不仅必要，而且实行起来并不困难；在法律上不仅没有任何障碍，而且还有一定的法律依据③；还具备诸多好处，对于规范监察权的运行，提高办案质量，保障被调查人的合法权益，提高反腐败的法治化水平，都有积极作用，也能较好地解决本部分研究的检察机关对移送起诉的职务犯罪案件是否需要办理立案手续这一问题。

三、刑事诉讼法规定的"先行拘留"问题

《刑事诉讼法》第170条第2款规定："对于监察机关移送起诉的已采取留置措施的案件，人民检察院应当对犯罪嫌疑人先行拘留，留置措施自动解除。"在"两法"实施中，各地检察机关都照此办理。但在刑事诉讼法修正案（草案）征求意见过程中，"有的地方、法学院校提出，先行拘留属于紧急措施，审查起诉阶段的犯罪嫌疑人采取拘留的措施与拘留的性质不符"。④ 在2018年刑事诉讼法修正后，还有观点认为，刑事诉讼法规定应当对犯罪嫌疑人先行拘留"是不妥当的"，因为"是否采取拘留措施应当以刑事诉讼法第82

---

① 参见龙宗智：《监察与司法协调衔接的法规范分析》，载《政治与法律》2018年第1期。
② 参见龙宗智：《监察与司法协调衔接的法规范分析》，载《政治与法律》2018年第1期。
③ 《监察法》第38条规定："需要采取初步核实方式处置问题线索的，监察机关应当依法履行审批程序，成立核查组。初步核实工作结束后，核查组应当撰写初步核实情况报告，提出处理建议。承办部门应当提出分类处理意见。初步核实情况报告和分类处理意见报监察机关主要负责人审批。"
④ 参见王爱立、雷建斌主编：《刑事诉讼法立法精解》，中国检察出版社2019年版，第289页。

条关于拘留的条件为标准，监察委员会采取留置措施并不必然成为拘留的条件"。①"刑事诉讼法将刑事拘留作为留置与逮捕的中间衔接机制，这无疑强化了刑事拘留在职务犯罪侦查中的常设性，刑事拘留作为保障到案的核心功能也丧失殆尽。且从法教义学层面，刑事诉讼法第170条不符合第82条所规定的任何一项条件。"②

笔者认为，已被留置的职务犯罪嫌疑人一般有毁灭、伪造证据或者串供可能，抑或企图逃跑，对照《刑事诉讼法》第82条关于拘留的规定③，与"可以先行拘留"7项情形中的第4项中的"企图逃跑的"以及第5项"有毁灭、伪造证据或者串供可能的"比较符合。但是，拘留作为紧急、临时、过渡性的强制措施，依法仅适用于"现行犯或者重大嫌疑分子"，且一般适用于刑事办案的初始阶段。这里的"重大嫌疑分子"不同于"犯罪嫌疑人"，是指该人有重大犯罪嫌疑，需要先行拘留，以便进行查证。而监察机关移送起诉的已被采取留置措施的犯罪嫌疑人，既不属于"现行犯"，也不属于"重大嫌疑分子"，监察机关的调查业已终结，且认为"犯罪事实清楚，证据确实、充分"。因而"先行拘留"与《刑事诉讼法》第82条规定的拘留条件，的确不尽相符合。从这个角度来说，质疑者所持的观点有一定道理。

2018年修正的刑事诉讼法实际上设置了两种拘留：一种是第82条规定的一般的拘留，它适用于现行犯和重大嫌疑分子；另一种是第170条第2款规定的特殊的拘留，拘留的目的是将犯罪嫌疑人从监察调查程序转入刑事诉讼程序，它适用于监察机关移送的已采取留置措施的犯罪嫌疑人。因为"监察机关已经采取留置措施的案件，通常是重大复杂或者是有特殊情况的案件"④，需要有一种刑事强制措施予以衔接。特殊的拘留一方面要符合一般拘留所具有的"紧急、临时、过渡"的特点；另一方面其所适用的对象一般有毁灭、伪造证据或者串供、企图逃跑的可能，而这与一般的拘留的某些具体情形相同。这两个方面表明它与一般的拘留有相同的"质"。这种相同的"质"，为对监

---

① 参见李勇：《〈监察法〉与〈刑事诉讼法〉衔接问题研究——"程序二元、证据一体"理论模型之提出》，载《证据科学》2018年第5期。

② 参见施鹏鹏、马志文：《论刑事诉讼法与国家监察体制的衔接》，载《浙江工商大学学报》2020年第3期。

③《刑事诉讼法》第82条规定："公安机关对于现行犯或者重大嫌疑分子，如果有下列情形之一的，可以先行拘留：（一）正在预备犯罪、实行犯罪或者在犯罪后即时被发觉的；（二）被害人或者在场亲眼看见的人指认他犯罪的；（三）在身边或者住处发现有犯罪证据的；（四）犯罪后企图自杀、逃跑或者在逃的；（五）有毁灭、伪造证据或者串供可能的；（六）不讲真实姓名、住址，身份不明的；（七）有流窜作案、多次作案、结伙作案重大嫌疑的。"

④ 参见王爱立、雷建斌主编：《刑事诉讼法立法精解》，中国检察出版社2019年版，第293页。

察机关移送的已被留置的犯罪嫌疑人先行拘留提供了一定的合理根据。但这种拘留毕竟与一般的拘留条件不尽相符，故有必要设置一种特殊的拘留。

需要指出的是，对同一种强制措施予以分型，设置两种不同的类型，规定两种不同的条件，适用于两种不同的对象，这在刑事诉讼法上并非首例。1996年刑事诉讼法修正就为逮捕这种强制措施设置了两种不同的类型，即一般的逮捕和特殊的逮捕，① 2012年和2018年刑事诉讼法修正仍维持这一格局。现以2018年刑事诉讼法为例进行分析，第一种逮捕是《刑事诉讼法》第81条第1款规定的一般的逮捕，它必须同时符合三个要件，即证据要件、罪刑要件、社会危险性要件，适用于绝大多数需要逮捕的犯罪嫌疑人、被告人。第二种逮捕是《刑事诉讼法》第81条第4款规定的特殊的逮捕，它仅适用于违反取保候审、监视居住规定，情节严重的犯罪嫌疑人、被告人。这种逮捕与一般的逮捕的区别在于，"违反取保候审、监视居住规定，情节严重"的犯罪嫌疑人、被告人，不一定符合一般逮捕中的罪刑要件（可能判处徒刑以上刑罚）。如果刑事诉讼法只设置一种逮捕，这种情形就会因不符合逮捕条件而不能逮捕。但是，犯罪嫌疑人、被告人违反取保候审、监视居住规定，情节严重，就表明犯罪嫌疑人、被告人具有社会危险性，如不升级强制措施，那就会妨碍诉讼活动的正常进行，还会使取保候审、监视居住这两种措施逐渐失去其应有的功能。设置特殊的逮捕，虽在少数案件上会突破一般的逮捕条件，增加少量的逮捕，但它不仅有利于保障刑事诉讼的正常进行，而且有利于维护取保候审、监视居住功能的正常发挥和这两种措施的正常适用，从而减少逮捕这种最严厉的强制措施适用的总量。对此，第十二届全国人大常务会第八次会议于2014年4月24日专门通过了《关于〈中华人民共和国刑事诉讼法〉第七十九条第三款的解释》（当时的《刑事诉讼法》第79条第3款，即现行《刑事诉讼法》第81条第4款），确认："对被取保候审、监视居住人违反取保候审、监视居住规定，严重影响诉讼活动正常进行，可以予以逮捕的规定，既适用于可能判处徒刑以上刑罚被取保候审、监视居住的犯罪嫌疑人、被告人，也适用于可能判处徒刑以下刑罚被取保候审、监视居住的犯罪嫌疑人、被告人。"②

2018年刑事诉讼法关于拘留的规定，再次采取一种强制措施分两种类型的做法，设置了一般的拘留和特殊的拘留，二者有相同的"质"，又有不同的适用条件和适用对象。笔者认为，在现行法律框架下，如此规定，还是比较合

---

① 参见朱孝清：《关于逮捕的几个问题》，载《法学研究》1998年第2期。
② 参见王爱立、雷建斌主编：《刑事诉讼法立法精解》，中国检察出版社2019年版，第154—155页。

理和适当的。

四、退回补充调查期间强制措施衔接问题

《监察法》第47条第3款规定，人民检察院对于监察机关移送起诉的案件，经审查认为需要补充核实的，应当退回监察机关补充调查，必要时可以自行补充侦查。《刑事诉讼法》第170条第1款作出了相同的规定。至于退回补充调查期间强制措施如何衔接，两个法律都未涉及。《国家监察委员会与最高人民检察院办理职务犯罪案件工作衔接办法》规定，最高检决定退回补充调查的案件，补充调查期间，犯罪嫌疑人沿用人民检察院作出的强制措施，被指定的人民检察院应当将退回补充调查情况书面通知看守所。此后，国家监察委、"两高一部"联合印发的《关于加强和完善监察执法与刑事司法衔接机制的意见（试行）》也作出了基本一致的规定。对此，一种观点认为，根据诉讼客体理论，案件是"事"与"人"的统一体，"人"包含于案件之中，"人"应当随着案件走。对于公安机关侦查的案件，检察机关退回补充侦查时，案件回流至侦查程序，检察机关通知看守所办理换押手续，以便清晰地计算羁押期限和明确办案责任主体。而对于监察机关调查的案件，案件退回监察机关，"人"却留在看守所，这种"人案分离、只退卷不退人"的衔接模式欠缺法理上的正当性。"人随案走"是一种解决方法，亦即，案件退回监察机关后，犯罪嫌疑人应一并退回，由监察机关根据案件的不同情况逐案决定是否采取留置措施；或者使用"必要时可以自行补充侦查"的规定，由检察机关自行补充侦查。① 另一种观点认为，虽然留置与逮捕均具有一段时间内剥夺当事人人身自由的性质，但逮捕条件更高、要求更严格，且逮捕对于留置而言具有程序递进关系，逮捕后不宜再退回留置状态。退回留置有可能需要改变羁押场所，待补充调查终结后还需要重新办理逮捕手续，移送犯罪嫌疑人，程序烦琐且缺乏实际意义。② 故应坚持"案退、人不退"的原则，案件退回监察机关补充调查，也不宜恢复留置措施，因为退回补充调查并未改变案件已进入审查起诉阶段的事实，且无论是从便利与效率方面考量，还是基于被羁押人监管安全方面考量，都无必要再重新使用留置措施。③

笔者认为，在一般情况下，在刑事诉讼程序内部的退查，确应"人案一体，人随案走"。但这并不意味着在任何情况下的退查都照此模式执行。对监

---

① 参见程雷：《刑事诉讼法与监察法的衔接难题与破解之道》，载《中国法学》2019年第2期。
② 参见龙宗智：《监察与司法协调衔接的法规范分析》，载《政治与法律》2018年第1期。
③ 参见卞建林：《配合与制约：监察调查与刑事诉讼的衔接》，载《法商研究》2019年第1期。

察机关所移送案件的退查就是一种特殊情况,其特殊性就在于"程序分立":一是程序不同。监察机关补充调查与检察机关审查起诉分属两个程序,案件一退查就退到了刑事诉讼程序之外;而普通刑事案件的退查都在刑事诉讼程序内部进行。二是限制人身自由强制措施的种类不同。在监察程序是留置,在刑事诉讼程序是逮捕①;而普通刑事案件的退查,需采取的限制人身自由的强制措施是同一种类(逮捕)。三是限制人身自由的场所不同。留置与逮捕分属两个场所,分别由两个部门管理;而普通刑事案件退查,限制人身自由的场所都在看守所。在这种情况下,如果照搬刑事诉讼内部退查的"人随案走"模式,那就必然要重新办理限制人身自由措施(监察机关要批准留置,检察机关要解除逮捕),并变更限制人身自由场所(从看守所变更至留置场所);待补充调查完毕,一般又要再次办理限制人身自由措施(监察机关要解除留置,检察机关要决定逮捕),并变更限制人身自由场所(从留置场所变更至看守所)。这不仅增加办案成本,而且带来安全风险,其必要性、合理性和可行性都需再作考量。

从法理角度分析,监察机关调查程序虽在刑事诉讼程序之外,但与刑事诉讼之内的侦查程序在本质上并无多大区别。两者都是运用法律赋予的措施收集证据、查清案情;结果都是对认为"犯罪事实清楚,证据确实、充分"的案件移送检察机关起诉和法院审判。留置与刑事诉讼中的逮捕在本质上也没有多大区别,都限制当事人的人身自由,且都折抵刑期。因此,对于已经进入审查起诉阶段的案件,退回补充调查期间沿用检察机关作出的强制措施,在法理上也是基本上说得通的。综合上述效果和法理两个方面,对退回补充调查的案件,笔者认为采取"人案暂时分离、案退人不退"的办法是相对合理的。

五、职务犯罪案件认罪认罚从宽制度的适用问题

职务犯罪案件被调查人大多在监察调查期间就认罪认罚。为此,《监察法》第31条规定:"涉嫌职务犯罪的被调查人主动认罪认罚,有下列情形之一的,监察机关经领导人员集体研究,并报上一级监察机关批准,可以在移送人民检察院时提出从宽处罚的建议: (一)自动投案,真诚悔罪悔过的;(二)积极配合调查工作,如实供述监察机关还未掌握的违法犯罪行为的;(三)积极退赃,减少损失的;(四)具有重大立功表现或者案件涉及国家重大利益等情形的。"但在实践中,一些地方监察机关在将案件移送检察机关审

---

① 这里仅对逮捕这种强制措施加以分析。

查起诉时，很少提出从宽处罚建议。对此，检察机关一些同志对职务犯罪案件适用认罪认罚从宽制度是否要以监察机关提出从宽处罚建议为前提，存在不同认识。一种观点认为，监察法明确规定对监察机关在法定情形下可以提出从宽处罚的建议，监察机关未提出此类建议，说明其对从宽处罚有保留，检察机关一般不宜适用认罪认罚从宽制度。另一种观点认为，监察法规定的是监察机关"可以"提出从宽处罚的建议，而不是"应当"提出从宽处罚的建议。只要犯罪嫌疑人认罪认罚，检察机关就应当适用认罪认罚从宽制度，而不必以监察机关提出从宽处罚建议为条件。① 此外，由于职务犯罪主体为公职人员，案件敏感、社会关注度高，对其处理涉及方方面面，因而不少地方对职务犯罪案件适用认罪认罚从宽制度有畏难情绪，各地做法也不统一。

对此问题，笔者的基本观点是：

第一，只要被调查人、犯罪嫌疑人、被告人认罪认罚，符合法律规定的条件，就应适用认罪认罚从宽制度。因为认罪认罚从宽作为一项法律制度，符合条件就应适用，这是严格依法办案和法律面前人人平等原则的题中应有之义；至于对具体的个案是否予以从宽、从宽到什么程度，那是另一层次的问题。根据笔者调查，一些地方监察机关提出从宽处罚建议少的主要原因，并非不同意从宽处罚，而是因为提出从宽处罚建议需经领导人员集体讨论并报上一级监察机关批准，环节较多、所需时间较长，且立法对上一级监察机关是实体审查还是程序审查也无明确规定，因而担心提出从宽处罚建议会影响办案效率。同时，由于监察法颁布在前，刑事诉讼法关于认罪认罚从宽制度的修订在后，故《监察法》第31条规定的监察机关"可以提出从宽处罚建议"的4种情形与刑事诉讼法关于认罪认罚的规定并不完全对应。因此，笔者认为检察机关对监察调查阶段认罪认罚，符合法律规定条件的，应当适用认罪认罚从宽制度，而不应以监察机关提出从宽处罚建议为必要条件。监察机关如能提出从宽处罚建议，那当然更好；监察机关未提出从宽处罚建议，检察机关审查后认为应当适用认罪认罚从宽制度的，也应予以适用，但事先应征求监察机关意见。

第二，检察机关认定犯罪嫌疑人在监察调查期间有无认罪认罚，应以监察调查中的有关证据材料为依据，而不必等监察机关作出认定。《刑事诉讼法》第162条第2款规定，公安机关对于"犯罪嫌疑人自愿认罪的，应当记录在案，随案移送，并在起诉意见书中写明有关情况"。在这里，法律没有要求公安机关对犯罪嫌疑人认罪认罚作出认定。由于监察调查活动不在刑事诉讼范畴，故刑事诉讼法难以对监察机关办理认罪认罚案件时应做的工作作出相应规

---

① 这两种观点都是笔者在基层调查研究时了解到的。

定。检察机关在审查起诉职务犯罪案件时，可以借鉴刑事诉讼法对公安机关的要求办理：被调查人如在监察调查期间认罪认罚，必然有讯问笔录，有些本人手书的供词也会包括表明认罪认罚态度的内容，这与法律要求公安机关的"记录在案"基本一致。根据有关规定，对移送起诉的职务犯罪案件，监察机关应当在起诉意见书中写明被调查人主动认罪认罚情况，并客观表述量刑情节；提出从宽处罚建议的，应当将所依据的证据材料一并移送人民检察院。这与法律要求公安机关"在起诉意见书中写明有关情况"也没有多少区别。检察机关在对案件审查起诉时，通过阅卷、讯问犯罪嫌疑人、核实证据等，就能对犯罪嫌疑人在监察调查期间有无认罪认罚作出准确判断，而不必等监察机关作出有无认罪认罚的认定及提出是否从宽处罚的建议。如果监察机关对此作出了认定、提出了建议，检察机关也要根据法律和有关规定进行审查。

　　第三，对认罪认罚的职务犯罪案件从宽处理要格外注意以下几方面。一要依法依规。是否从宽以及从宽的幅度，都要依据法律和有关规定。二要审慎准确，注重效果。因为职务犯罪案件关系网密，可能出现请托说情，容易影响案件的正确处理。《监察法》第31条之所以规定监察机关提出从宽处罚建议要经"领导人员集体研究，并报上一级监察机关批准"，其目的就是"提出从宽处罚建议"要规范程序，做到审慎、准确，防止随意性。因此，检察机关在考虑是否从宽及从宽幅度时，要从政治和全局出发，综合当地政治生态、违法犯罪行为发生时间节点和情节、社会影响、危害后果等情形进行分析研判，并考虑老百姓的感受，做到宽严有度、宽严相济，实现政治效果、法律效果和社会效果的有机统一。这"三个效果"，既指某个个案从宽后的效果，还包括当地一批职务犯罪案件从宽后的总体效果。例如，对于数额不是很大的职务犯罪案件，由于认罪认罚，就某个个案来说，判处缓刑似乎未尝不可，但如果当地一批类似案件都判缓刑，那老百姓就可能产生官官相护、执法不严的误解。职务犯罪的危害主要表现为使公权力乃至国家政权变质，损害党和政府形象和败坏社会风气，而不像暴力犯罪那样主要是损害社会秩序和公民安全。量刑时，职务犯罪人的人身危险性、再犯可能性并非考量的主要因素。[①] 如果忽视其犯罪的特性、事实和情节，过于看重其认罪态度和人身危险性、再犯可能性而对其判处缓刑，那在量刑上可能是本末倒置。盖刑罚有报应的功能，也有预防的功能。量刑是回顾性的责任刑与展望性的预防刑的有机结合，量刑时既要回顾性地考察行为的客观危害以及行为人的罪责，也应当展望性地分析被告人再犯

[①] 职务犯罪是公职人员行使公权力过程中的犯罪，离开了权力，就难以再犯罪，而不像普通刑事犯罪那样凭借其人身就能再犯罪。

罪的可能性。其中责任刑是决定性的，预防刑是调节性的，只有在责任刑确定之后，才能去考虑预防刑。① 如果把人身危险性、再犯可能性作为是否对职务犯罪判处缓刑的主要考量因素，那就会得出非特别严重的职务犯罪案件都可以判处缓刑的不当结论。况且，根据《刑法》第 72 条的规定，"判处缓刑对所居住社区没有重大不良影响"是判处缓刑的必要条件。因此，对认罪认罚职务犯罪人是否从宽以及从宽幅度的把握，必须考虑其犯罪的特性，综合各种有关因素进行分析研判，注重三个效果的统一。三要规范运作，把有关方面的工作做周到。考虑到职务犯罪案件的敏感性和社会关注度，借鉴《监察法》第 31 条关于监察机关提出从宽处罚建议要"经领导人员集体讨论，并报上一级监察机关批准"的精神，检察机关在提量刑建议时要规范程序，外部要注意与监委等方面沟通，听取意见；内部要完善量刑建议形成机制，既高度重视承办人的意见，又注意发挥集体智慧和检察长的把关作用。

六、余论

我国监察制度的设计是具有中国特色的制度创新，监察法与刑事诉讼法之间的关系是具有中国特色的法律关系。研究这两个法律之间的衔接，既要遵循刑事诉讼规律，又要遵循监察规律；既要遵循法理，又要关注实践需求，使提出的思路具有较强的可操作性，能较好地解决具有中国特色的问题；既要从现阶段实际（国家经济社会发展实际和反腐败斗争实际）出发，解决当前的突出问题，使颁布的法律得到较好的落实，又要适当前瞻，以理论的力量使国家法律和法治实践不断向前走，不断提高反腐败的法治化水平。上述诸多的两个方面，都应兼顾，而不能有所偏废。

（原载于《中国刑事法杂志》2021 年第 1 期）

---

① 参见周光权：《量刑的实践及其未来走向》，载《中外法学》2020 年第 5 期。

检察机关参与网络空间治理现代化的实践面向

贾 宇*

  以增强自我脑力为表征的信息革命，带动了生产力的又一次质的飞跃，使人类社会从传统的物理空间不断扩张至网络空间，并形成了一个与现实世界相比独特却又相似的虚拟世界。网络空间是虚拟的，但运用网络空间的主体是现实的。党的十八大以来，以习近平同志为核心的党中央高度重视网络强国法治建设，习近平总书记多次作出重要指示，强调网络空间不是"法外之地"，要求依法治理网络空间，打击网络违法犯罪行为，营造清朗的网络空间。① 中共中央《法治社会建设实施纲要（2020年—2025年）》对依法治理网络空间单列专章并提出，推动社会治理从现实社会向网络空间覆盖，全面推进网络空间法治化。加强依法管网、依法办网、依法上网，让互联网在法治轨道上健康运行，是坚持在法治轨道上推进国家治理体系和治理能力现代化在网络空间的具体实践，更是贯彻落实习近平法治思想的重要方面。②

  在网络空间治理制度体系特别是法治体系尚未成熟定型的当下，司法的包容性、灵动性、示范性可以充分发挥弥补立法滞后、促进职能深化、借力数字转型等多维治理效用，为检察机关在内的司法治理主体带来更多发展机遇与使命挑战。③ 如何遵循网络空间治理逻辑，准确把握检察机关在其中的职能担当，继而推动实现网络空间治理的法治化，将是检察机关法律监督体系和监督能力现代化建设的时代课题。

一、面向未来的治理逻辑：网络空间治理现代化

  网络空间借助信息技术的升级跃迁，使之与农业社会、工业社会个性差异越发明显，价值与风险相伴而生的实践定律也得以广泛而又充分地彰显印证。

---

* 浙江省人民检察院党组书记、检察长，中国刑法学研究会会长。
① 参见习近平：《论坚持全面依法治国》，中央文献出版社2020年版，第63—66页。
② 参见张文显：《习近平法治思想的理论体系》，载《法制与社会发展》2021年第1期。
③ 参见李占国：《网络社会司法治理的实践探索与前景展望》，载《中国法学》2020年第6期。

网络空间是虚拟的，但却仍是一种客观存在，无论它怎样变幻，均未真正超越"社会与人"的本质论断，最终依旧体现为"人们交互活动的产物"。这些"异"与"同"的基本判断正是社会治理规则延伸覆盖与转型变革的首要前提。据此，网络空间治理不单纯意味着传统治理模式的场域转换与手段复制，而是应当具备前瞻视角和技术思维，不断巩固完善行之有效、张弛有度、收放自如的治理方式，探索生成契合网络空间客观发展规律的现代化治理逻辑。

（一）网络空间对传统治理模式的变革影响

网络空间发展既具有经济社会总体发展的普遍性，又蕴含自身发展的特殊性。从风险社会角度看，网络空间治理一方面面临着由社会主要矛盾变化而导致的多样化诉求与高度复杂化的问题，另一方面也要面对网络技术的升级迭代而引发深刻变革后的治理空白与不确定性。实践中，网络空间治理目前存在的问题短板至少有三：第一，过于聚焦网络行为，忽视网络架构技术设置的结构风险，呈现"头痛医头，脚痛医脚"碎片化的被动治理局面；第二，过于强调监管控制，忽略网络空间自我免疫调节，陷入"一放就乱，一管就死"的治理怪圈；第三，过于依赖传统治理模式，忽视线上线下行为性质与行为后果差异，出现排斥、缺位、失灵等"不良反应"的治理症状，等等。① 这些基于网络空间特质的风险与挑战，不断冲击和改变着社会一般认知及管理的组织方式，长期以来建立在传统物理空间的行为规制体系很难有效适用。

1. 物理限制虚化：行为自由冲击

借助网络基础设备与科技手段，人类能够有效地将各类物理行为转化为数字化表达，并以此为载体实现信息广域传播、实时共享。网络空间打破了自然地理限制，使人类在物理时空的社会身份、生活方式多重约束被不断弱化，呈现出虚拟性、远程性和行为自由化等特征。同时，海量数据的交互传输也带来了诸多潜在风险，通过网络渗透危害政治安全、扰乱破坏经济秩序、侵蚀污染文化传统、威胁损害人身财产权益等违法犯罪行为的发生频率、类别、范围大有扩张、失序之势，如网络跨国跨域犯罪兴起、网络犯罪公司化和产业链化突出、犯罪迭代更新迅猛等。②

2. 自我意识强化：治理权力分散

网络信息时代，国家的绝对治理地位遭受到权力去中心化、分散化、扁平化的结构影响，政府、企业、网民等主体之间不再是传统物理空间的支配与被支配的关系，而是基于共同利益、目标的"伙伴关系"，须以平台思维重新审

---

① 参见郑智航：《网络社会法律治理与技术治理的二元共治》，载《中国法学》2018年第2期。
② 参见刘艳红：《论刑法的网络空间效力》，载《中国法学》2018年第3期。

视治理角色，实现功能再造。一方面，网络空间治理实质上是信息技术的治理。从技术层面分析，企业、其他组织、个人同样掌握着部分治理权限，可通过制定技术操作标准、参与系统设计运维等手段规范填充"自治"空间，聚焦应对后台程序的规则霸权、数据垄断等治理异化问题。另一方面，网络时代的匿名性极易唤醒社会成员的自我意识。网络空间的匿名化、虚拟化使众多网络参与主体轻易摆脱传统社会角色、地位与责任的束缚，敢于并乐于表达自我观点、寻求认同。社会成员意见汇聚形成的"草根"治理群力，可能直接影响或改变政府决策及公权力的治理走向。网络空间"自下而上"的逆向治理模式，推动了传统治理层级压缩与环节精简，有力促进公权力治理模式的升级优化，但也为失德失范行为滋生蔓延提供了条件与可能。

3. 创新发展深化：治理边界模糊

网络空间是研发主体、创新主体和产业主体的聚集地，数以亿计的消费群体和用户体验、海量的数据资源、高速发展的信息技术等要素资源持续为网络创新成果提供不竭动能，社会生产、商业流通、生活方式、行为方式也由此朝向跨域相连、虚实交融、智能便捷的全新发展阶段进阶。在网络技术自主创新创造的洪流中，时常涌现少数科技型不法行为，有的身披"网络技术外衣"行违法犯罪之实，也有一些触碰规则边界的前沿技术、颠覆性技术行为等。这不仅要求具备穿透网络技术的表象、准确把握行为本质的决断能力，还要在规范与创新之间寻求良性动态的平衡点，以发展的眼光看待网络新兴事物，探索前瞻预判、灵活应对、审慎处置等综合"治网之道"。

（二）网络空间治理现代化的治理逻辑

面对数字化时代涌现出的网络纠纷、网络犯罪、虚拟社区、数据霸权等诸多风险挑战，集权主义、行为主义、国家主权等现实社会的传统模式日渐式微，网络空间治理势必要顺应技术发展的要求。由此，应当在站稳国家主导立场的基础上，充分审视新的社会关系和治理规则，推进治理制度的完善重构、治理机制的优化运行、治理效能的蝶变提升，实现由"一元"权威治理向"多元"互动治理的逻辑转变。

1. 技术为基

互联网是借助网信技术、基于网信硬件设施搭建的物质领域，网络空间的各式活动及其所形成的各类社会关系均依赖于信息技术。[①] 毫无疑问，互联网世界是以技术标准和代码规制建立起来的，技术是网络空间治理的核心，可细

---

① 景星维、吴满意：《如何理解网络安全治理》，载《学习时报》2019年3月6日。

化为"治技"和"技治"两方面,遵循立足技术、依赖技术、服务技术的基本逻辑。一方面,网络空间治理的对象是技术,旨在规制和引导技术的研发、使用、管理等一系列行为活动。"治技"要求更加关注学习方法、进化算法、数据资源等新领域,严格控制技术不确定、偏离设计应用、非法使用以及由此引发的社会、伦理等诸多风险。另一方面,技术又是网络空间治理的重要载体和手段。"技治"则是通过技术手段把现有社会治理规则转化应用到网络空间,并积极利用网络空间的大数据、云计算和人工智能等新技术优势,推动传统物理空间的治理变革。比如,通过系统对接、数据共享、功能集成和规范化标准化,解决传统物理空间审批、赔偿、惩处等地域、部门与层级障碍,推动政务管理向政务服务转变,浙江"最多跑一次"改革催生出的"一站式服务""一证通办""一网通办"是为典型例证。

2. 法治为要

技术治理是一种符合主体利益的活动,其内在的自我偏好、尊崇效率、权力分散等特性决定了需要依靠其他要素予以引导规范。在利益多元的网络社会中,法治是其健康有序运行目标实现的最大保险系数。[①] 网络空间治理的现代化蕴含着依法治理与技术治理的协调统一。首先,技术的法治化。将法治"代码"内化为网络空间基础构造、操作规程,促进法治思维和法治方式的数字转化与表达,引领网络空间发展方向,矫正技术治理的偏差,建立健全网络空间的"法秩序",确保网络空间公平有序地健康运行。其次,法治的技术化。以技术变革为牵引,全面提升法治领域信息动态感知、数据精准分析、业务智能辅助、网络安全可控等方面的科技应用化水平,以促进实现网络空间的法治现代化。

3. 共治为本

网络发端于互联,兴盛于互动,以成果共享、责任共担为基本取向。治理主体的多元化与信息技术的创新性、依赖性及脆弱性决定了网络空间治理须以共享共治为旨归,"共治"是网络空间治理的显著标识和基本方式,应从三个层面予以把握:第一,系统治理。网络空间"是整体的而不是割裂的",治理对象绝非某一单元或领域,而是一个既熟悉又陌生、不确定与确定相结合的复杂巨系统社会,比如网络安全对国家安全牵一发而动全身,同国内国外、线上线下等多领域安全关联密切。第二,开放治理。信息技术的高速发展变化带来网络空间风险挑战的不断积聚、裂变,仅凭"一己之力"是难以应对的,更不可能达至"一劳永逸"的治理状态,必然要走开放式治理道路,增进交流

---

① 参见徐汉明、张新平:《网络社会治理的法治模式》,载《中国社会科学》2018年第2期。

合作，深化跨层级、跨领域、跨学科的应用集成，树立动态、综合的治理观。第三，渐进治理。"网络安全是相对而不是绝对的"，牢牢把握网络空间治理的"时"与"势"，搭建完善自治、德治、法治等治理手段相融合、多元主体共同参与的网络空间治理体系，坚持比例原则，培育网络社会素养，提升数字经济发展韧性和互联网自我净化能力，避免网络空间治理步入"管理主义""重刑主义"等误区。

二、机遇与挑战：网络空间治理现代化对检察履职的时代命题

网络空间使成文法的滞后性、有限性与模糊性等短板被进一步放大，一旦新事物发展逾越现行法律规则框架，不可避免地会带来网络社会的失序危机。同时，网络空间事物发展演变的高速率大大降低了"过去规则"的前瞻储备与保质期限，然而网络立法又需要实践的长期观测与全要素的审慎衡量，致使立法活动始终无法与网络社会发展同步，迫切需要增强法治的活性张力，发挥司法的主观能动性。由此，网络空间治理现代化对依法治网提出了更高的司法需求。检察机关是法律设定对司法案件办理可以主动进行司法监督的专门机关，涵盖刑事、民事、行政、公益诉讼四大领域，贯穿刑事诉讼活动全过程。借由"维护国家法制统一"之权能，检察机关不仅拥有维护个案公平正义的司法职责，还因公共利益代表、国家追诉、法律监督等独特职能优势，肩负着驱动网络社会规范创新的神圣使命。同样，网络空间发展对检察机关的履职影响是全方位深层次多领域的，在多重司法改革叠加作用下，检察权能也发生着深刻的变革。正确处理网络空间中的检察职能"变与不变"，当前亟须破题回应的任务目标至少有三：

（一）如何构建和维护网络空间新秩序

网络空间新秩序在于合理分配创新发展效益与责任，最大限度地控制科技风险和损害，防范意外后果、变革成本、次生影响或蓄意滥用新技术等问题。①由于网络介质的特殊存在，无论是原先违反现实空间秩序行为的线上移转，还是新兴事物的线上滋生，都对以往的行为规制体系，尤其是传统的刑法理论、刑事立法和司法规则带来前所未有的挑战。网络犯罪形态超越传统犯罪范畴，显露出传统犯罪与新型犯罪的掺杂、演变等诸多迹象，使发生在网络空间的犯罪类型纷繁复杂，越发难以捉摸和评判，例如网络爬虫、网络刷单、网络中立帮助行为、网络谣言、滥用个人生物识别信息多个热点领域的刑法规制问题

---

① 参见龙卫球：《科技法迭代视野下的人工智能立法》，载《法商研究》2020年第1期。

等。这也由此催生刑法教义学在立法面前的重新检视,推动义务犯、刑法保护前置化、帮助行为正犯化等理论的建构与完善。① 立法离不开司法的支撑与推动。在网络空间治理中,检察机关的职责在于保持既有法律关系与状态的安定性,保障现行法律在网络空间的正确实施。表面看仅是司法适用的问题,本质上却关乎网络社会新秩序的形成。特别是在以无序为原状态的新领域,又因检察机关职权的国家追诉属性,任意一项司法活动的地位和作用可能都不亚于一场立法活动,极具规范和宣示效力。很显然,动用司法治理手段,发挥个案示范功效,既能及时有效地重申或树立规则向标,又可避免"冲动立法"带来的历史局限,能够最大限度地降低现实社会的"法秩序"因场景转化而产生的不适或损耗,成为网络空间治理中的优选手段。检察机关在履职过程中,不再单纯是现行法的执行者,更需要从"形势政策""数字代码""立法原意"和"法治精神"中,正确领会与把握"新发展阶段需要和维护什么样的网络空间秩序"这一宏观命题。唯有如此,检察机关才能客观公正地追诉犯罪、保护无辜,积极引领网络时代中国特色社会主义法律意识和法治进步。

(二) 如何界定和保护网络空间新权利

现代法治的基本理念是限制公权力,保障私权利。② 随着网络化、数字化、智能化时代的到来,人权形态正经历着深刻的数字化重塑。从自然人到"信息人",既有的"三代"人权发展格局被逐渐打破,以"数字人权"为代表的"第四代人权"应运而生。③ 与现实社会相比,在算法应用的强大加持下,个人信息泄露、黑箱"暗算"、信息"茧房"、"监控社会"、深度伪造等算法侵害或权利蚕食现象在商业、公共服务等诸多领域比较普遍,网络空间的个人权利地位更加趋于弱势。我国立法显然对此早已洞悉,并作出了一定回应:《刑法修正案(七)》《刑法修正案(九)》增设并修改侵犯公民个人信息罪;网络安全法较为系统地规定了个人信息保护,确立个人信息的收集原则、网络运营者的相关义务;2021年1月1日正式施行的民法典在"人格权"独立成编的第六章设定多项条款,细化并强化了隐私和个人信息保护。比如,引入"私人生活安宁"的概念,禁止行为人实施发送垃圾短信、邮件等行为,区分私密信息和个人信息,采用具体列举和兜底方式概括侵害隐私权行为。又如,采用可识别性标准,扩张个人信息的内涵,构建权利人与信息处理者之间

---

① 参见陈兴良:《网络犯罪的刑法应对》,载《中国法律评论》2020年第1期。
② 参见于浩:《中国司法中的国家角色》,载《国家检察官学院学报》2019年第5期。
③ 参见马长山:《智慧社会背景下的"第四代人权"及其保障》,载《中国法学》2019年第5期。

的基本权利义务框架,确立有关个人信息共享规则等。①

新型"数字人权"兼具人身和财产双重属性,还涉及网络空间主权、国家安全与社会公共效益。在它的背后,是指向巨大增益潜能的个人权利与社会权力、国家权力之间的激烈博弈。这种汇聚于个人之上的权益集合性与多维性,自然会引发个人权利保护时的界分与衡量。② 检察机关既维护网络时代个人、组织的合法权益,尊重和保障人权,同时还是公共利益的代表,贯彻国家总体安全观,维护国家利益和社会公共利益。如何界定和保护网络空间新权利,处理好权利束状形态下的各方利益冲突与平衡,特别是网络空间内的公共利益与公益诉权,都将是检察机关在监督办案中重点关注和考量的要素之一。比如"杭州一女子取快递遭诽谤案",检察机关认为相关视频材料进一步在网络上传播、发酵,案件情势发生了变化,此时该行为不仅损害被害人人格权,还经网络社会这一特定社会领域和区域得以迅速传播,严重扰乱网络社会公共秩序,给广大公众造成不安全感,严重危害社会秩序。③ 为此,检察机关发出检察建议,公安机关立案侦查,"自诉转为公诉",加大违法犯罪成本,降低公民维权成本。该案的办理引发了"诽谤罪的提起公诉条件""自诉与公诉程序衔接"等问题的广泛关注与思考,为检察机关敏锐察觉网络空间蕴含的公共利益和法律价值、积极响应民法典时代网络人格权保护带来了深刻的履职启示。④

(三)如何认识和利用网络空间新技术

从数字化到智能化再到智慧化,网络空间技术不再是单纯的社会治理工具,而是应对信息革命、撬动人类向智慧社会进行总体性迁移、全面性转型、系统性重塑的重要支点。以政府的数字化转型、整体化的治理实践和精准、高效的需求回应为关键要素的"整体智治"现已成为国家治理体系和治理能力现代化的显著标识。在新冠肺炎疫情防控中,"大数据+网格化"支撑的"联群防控""一图一码一指数"为主要内容的"精密智控"以及"城市大脑"

---

① 参见王利明:《民法典人格权编的亮点与创新》,载《中国法学》2020年第4期。
② 参见劳东燕:《个人数据的刑法保护模式》,载《比较法研究》2020年第5期。
③ 参见范跃红:《女子取快递遭诽谤案,为何从"自诉"转"公诉"》,载《检察日报》2020年12月27日。
④ 参见樊崇义:《诽谤罪之自诉转公诉程序衔接——评杭州郎某、何某涉嫌诽谤犯罪案》,载《检察日报》2020年12月28日;时延安:《"自诉转公诉"的刑法法理分析》,载《检察日报》2020年12月28日;张建伟:《涉嫌诽谤罪自诉转公诉的法眼观察》,载《检察日报》2020年12月30日等。

数字治理等平台的出色表现，更加坚定了追求"整体智治"的决心和毅力。①"整体智治"是利用系统思维构建全域治理的新形态，着力解决现实社会信息不对称和能力局限两大短板，倡导对网络空间技术的广泛应用、功能集成与深度交融。"整体智治"首先强调的是系统整体性，努力使行政、司法等治理主体以"整体形态"外部呈现、有序运作，同时还积极将公权力以外的潜在治理主体纳入该体系之中，注重统筹协调、共建共治、均衡发展。其次是技术智慧性，推动传统治理与网络空间技术的渗透融合，强化需求导向，提高电子化、数字化等治理资源的开发利用率，实现支撑多元治理目标的精准高效回应。在"整体智治"大背景下，积极拥抱网络空间新技术，是检察机关深化法律监督、补足自身短板的难得机遇，同时也面临着一些"发展困惑"。

第一，如何认识司法数据，正确开发和利用其内在的价值潜能。让司法"迁就"信息技术，还是让信息技术服务于司法？实践中，设计初衷往往选择后者，但研发成果最终却倾向于前者。这是由于系统建构通常将司法数据理解为通用大数据技术在司法领域的平移应用，导致仅嵌入了数据的通用理论，尚未形成系统的司法数据认识论、方法论。有观点认为，司法数据除具备海量性、高速性、多样性和价值性的一般特征外，还兼具适配性、正确性和易变性的领域特征。② 司法数据究竟有无特殊性？是否存在检察属性？怎样有效利用司法数据？这些问题是检察机关如何认识和利用数据、构建符合自身职能运行规律的系统体系的基础问题，值得优先关注。

第二，如何实现"智慧检务"向"智慧检察"，乃至"数字检察"的转型升级，避免数字化改革走向"虚化"和"神化"的两个极端。准确把握人工智能等科技运用的可能及其限度，高度警惕片面追求简化裁量过程和盲目崇信算法正确，从而忽视司法活动的复杂性、正义判断的实质性和检察裁量的人本性的一般性司法规律，陷入司法新机械主义泥潭。③

第三，如何使检察机关从传统的被动监督转化为能动监督，智慧赋能执法司法制约监督体系建设。检察机关法律监督职能范围广阔，监督手段多样，监督内容丰富。但长期以来，检察机关法律监督无论从量上还是质上都相对不足，趋向滞后，并由此派生形成"三个不平衡"。④ 其中，司法理念、履职条件、环节封闭等因素是制约检察权高质量发展的主因。智慧司法、电子政务等

---

① 参见郁建兴、黄飚：《"整体智治"：公共治理创新与信息技术革命互动融合》，载《光明日报》2020年6月12日。
② 参见王禄生：《论法律大数据"领域理论"的构建》，载《中国法学》2020年第2期。
③ 参见孙海波：《反思智能化裁判的可能及限度》，载《国家检察官学院学报》2020年第5期。
④ 参见张军：《关于检察工作的若干问题》，载《人民检察》2019年第13期。

技术工程的建设推进,既能疏通因理念、条件和环节而导致的司法数据封闭、堵塞,又能使民事、行政诉讼监督短板实现"变道超车",为完善检察权运行监督制约机制奠定了坚实基础,也为加强检务管理、评价检察业务质量提供了有利条件。但同时,怎样正确区分"工作数据"和"内部数据",打破政法机关"信息孤岛",确保政法数据全面、真实、有效地流通;如何制定科学有效的办案质量评价指标体系和业绩考评机制等,均已成为检察机关实施数字化法律监督的难点和堵点。

三、检察机关参与网络空间治理的方法要旨

网络空间治理是一个持续探索、深化的系统性工程,检察机关职能内涵与外延也在参与网络治理中不断被丰富与发展。面对网络空间治理现代化的机遇与挑战,检察机关应当围绕维护网络秩序、守护数字权益和参与"智治"建设三条履职主线,突出网络法治建设的时代性、规律性和科学性,充分发挥刑事、民事、行政和公益诉讼"四大检察"职能优势,找准网络空间治理方位,助推深化中国特色治网之道。

(一)坚持人民立场

以数字构筑形成的虚拟网络空间之所以呈现出新的社会形态,实质上还是现实人的作用和影响,也决定了以人民为中心,从现实社会到网络空间始终不变的治理立场和导向。习近平法治思想强调,坚持法治为了人民、依靠人民、造福人民和保护人民,把体现人民利益、反映人民愿望、维护人民权益、增进人民福祉落实到依法治国全过程,健全人民日益增长的美好生活需要必备的法律制度,确保法律及其实施过程充分体现人民意志。[1] 许多网络空间风险矛盾的化解处置,不能单纯归属于技术口径,更多地还涉及政治、法治等深层问题。司法为民是检察工作的根本宗旨。检察机关要牢记党的事业,维护人民利益,切实履行好维护网络空间国家政治安全、大局稳定、公平正义的职责和使命,把人民群众需求期待作为开展涉网检察工作的出发点和落脚点,将人民群众满意度作为检验涉网检察工作具体成效的衡量标尺。[2] 在参与网络空间治理现代化进程中,检察机关需不断巩固深化人民属性的理论认同、情感认同和实践认同。

---

[1] 江必新:《以习近平法治思想为指导 着力解决法治中国建设中的重大问题》,载《行政法学研究》2020年第6期。

[2] 参见孙谦:《走向法治——关于法治问题的几点思考》,载《人民检察》2020年第1期。

1. 积极回应人民群众对网络空间法治的期待需求

围绕"努力让人民群众在每一个司法案件中感受到公平正义"的主线目标,尊重和保障网络空间"第四代人权",实时关注网络空间社会关切和人民呼声。聚焦发力"互联网+教育""互联网+医疗""互联网+文化"等民生领域的法治保障,善用法治智慧、法治手段维护人民群众线上线下合法利益,让亿万人民在共享互联网发展成果上有更多法治获得感。

2. 依靠人民群众提升检察网络治理能力

充分利用网络空间互联互通优势拓宽控告申诉、信访举报等多种线索来源渠道,激发人民监督的线上制度活力,保障人民群众对检察工作的知情权、建议权、参与权,广泛研究吸收网民对检察履职行为的评价意见,引力借力互联网检察专家智库,促进检察履职机制与履职能力的调整优化。同时,深化网络空间法治与自治、德治的融合并进,充分发挥、调动互联网企业、技术社群、民间机构、网民个人的网络空间治理权限和效能,加强检企、检社、检民网络治理合作,促进网络空间社会秩序共建、矛盾风险共治、治理成效的共建共享。

(二) 树立系统观念

作为一种价值理念和生活形态,社会公平正义反映了人类社会文明进步的艰难曲折的历程,构成了衡量和评价社会文明进步程度的基本的价值尺度。在现代社会,法治与司法发展是公平正义原则的集中体现,是实现公平正义的重要载体。① 公平正义是法治的生命线,检察机关必须着眼于创造更加公平正义的网络社会法治环境,通过探照"技术黑箱"、消除"算法歧视"等矫正行为,确保在法治轨道上推进网络空间治理现代化建设。值得注意的是,进入新时代,公共利益的内涵日趋丰富,由传统的人身、财产等物质性利益,发展到包括价值观、安全感、社会秩序在内的非物质性利益。② 网络空间有着鲜明的利益主体多元化、利益关系复杂化等特点。从广义上讲,以公共利益为代表核心的检察职能设置,它的功能在于力图超越个体利益、部门利益、地方利益等纠葛束缚,维护集中反映公共利益共识、吸收整合各方诉求,从而形成并稳固国家、社会、组织及个人利益的有机整体,以保持网络空间长期稳定和健康发展。这就意味着,检察机关参与网络空间治理应当树立系统观念,代表网络公共利益,凝聚法治"最大公约数"。

---

① 参见公丕祥:《新时代中国司法现代化的理论指南》,载《法商研究》2019年第1期。
② 参见苗生明:《新时代检察权的定位、特征与发展趋向》,载《中国法学》2019年第6期。

1. 更新网络空间法治理念

重视并妥善处理网络空间规范供给不足的结构性失衡、知识结构的代际落差、司法功利主义有所"现身"等现实治理问题，[①] 积极推动由扼杀型、被动型治理思维向防控型、前瞻型治理思维转变。充分运用"留白手法"与底线思维的网络法治新方式，既要防止"过宽"，又要防止"过严"，动态地看待立法原意，立足于网络技术的犯罪特征，具体判断和把握司法治理限度。在法律允许的空间范围内，对入罪化、扩张化、功利性的网络犯罪打击面向作出必要的司法调适，进一步为网络空间健康发展"供氧蓄能"，树立可触、可感、可信的法治标尺。

2. 完善网络空间法治体系

网络空间治理规范来源不只来自刑法，它还涉及更为主要的技术治理、行业伦理、行政管理、民商经济法规则等其他软性或硬性方案。围绕"依法管网、依法办网、依法上网"的治理方针，检察机关应积极融入涵盖立法、执法、司法、守法在内的网络空间法治体系。首先，推动立法。提升网络空间治理的法律政策研究能力，大胆探索实践，推进数字经济、电子商务、信息技术、网络安全等领域相关立法，完善网络空间治理规则顶层设计。其次，规范执法。秉持监督性、程序性、有限性、兜底性和协同性的检察权能特性，[②] 促进网络空间行政监管主体严格公正文明执法，防止有法不执、有法乱执的行政违法行为，深化执法司法协作机制。再次，公正司法。有力担当诉讼主导责任，加大司法领域的法律监督审查力度，提升协作沟通能力与应急处突能力，保持法治定力，积极探索动态的法治实施路径，切实保障涉网案件公正司法。最后，倡导守法。落实普法责任制，培育良好的法治意识，保障公民依法安全用网，推进公众参与制度化，激活其他治理主体和治理体系在网络空间发挥善治作用。

（三）秉持谦抑理念

为合理应对网络社会风险的挑战，刑法立法预防与控制社会风险的意图明显，如《刑法修正案（七）》增设"非法获取计算机信息系统数据、非法控制计算机信息系统罪""提供侵入、非法控制计算机信息系统的程序、工具罪"，《刑法修正案（九）》又将"编造、传播虚假信息行为""利用信息网络实施

---

① 参见高铭暄、孙道萃：《网络时代刑法解释的理论置评与体系进阶》，载《法治研究》2021年第1期。

② 参见胡卫列：《国家治理视野下的公益诉讼检察制度》，载《国家检察官学院学报》2020年第2期。

犯罪的行为""拒不履行信息网络安全管理义务行为"等犯罪化，大有刑法介入的早期化、入罪标准的模糊化、保护范围的扩大化、刑法作用的工具化的"四化"之势。① 刑事立法的"抓早抓小"意图符合网络空间社会风险的防控机理，但刑事规制并不是社会矛盾风险应对的唯一且最有效的方式手段，刑法的谦抑性原则也没有就此隐退，反倒更具指导规范意义。网络法治建设的重中之重已不是简单地制定规则或执行规则，而是要重视并积极培育法治的"灰度"，通过原则、价值和制度的共同引领，表明积极、宽容、共存、自由的治理态度，预留充足的新事物发展"不确定"空间，为技术创新提供更加有利的生长点、增长点。② 因此，刑事规制需要审慎谦抑地对待网络空间新事物发展，理性选择、分配风险矛盾，减少不必要的刑事干预。有学者指出，在刑事立法层面以刑法修正的形式对犯罪圈进行动态理性扩张和刑罚强度的结构性减弱，在刑事司法层面通过恢复性司法改革进行动态适度限缩，这既可最大化发挥"备而不用"的刑法谦抑之功效，又能实现刑法保障之立法使命。③ 网络空间社会问题治理大多存在各类治理方式复合杂糅的现实境况，检察机关在适用法律方面尤要慎之又慎，严格遵循不放纵犯罪、不伤及无辜、罪责刑相适应的"三位一体"司法办案要求，深入践行谦抑审慎的追诉理念，将罪刑法定、法不溯及既往、疑罪从无、从旧兼从轻等刑法原则精神贯彻监督办案始终。

1. 坚持刑事规制后置

牢固树立网络安全风险底线，严守网络犯罪的司法打击边界，严格区分网络行为行政违法与刑事犯罪，审慎动用司法权介入网络空间自治，防止出现机械司法、"长臂管辖"等过度干预、治理错位的情形。

2. 强化法律监督审查

在法律规定与业态发展趋势、社会承受力之间寻求最优治理平衡点，依法宽容对待网络空间新发展业态：一方面，加强法律监督制衡控权，约束公安司法机关的不当侦查活动、审判活动等。另一方面，加强案件事实证据的审查与排除，利用认罪认罚从宽制度、发挥不起诉职能等实现涉网刑事案件的分流、过滤。

3. 保持司法适度活性

法律是相对封闭的，但个案却始终是开放的。依法适用法律不仅需要立足

---

① 参见姜涛：《社会风险的刑法调控及其模式改造》，载《中国社会科学》2019年第7期。
② 参见周汉华：《网络法治的强度、灰度与维度》，载《法制与社会发展》2019年第6期。
③ 参见田宏杰：《立法扩张与司法限缩：刑法谦抑性的展开》，载《中国法学》2020年第1期。

法治意识，也需要回到适法的原点，充分考虑案件的基本情况，实现"三个效果"的有机统一。①检察机关应当加强网络空间治理分析研判，有效调和法律规范与司法实践之间的各类矛盾关系，使之趋于科学化，抵消成文法的局限因素。充分发挥司法政策、检察指导案例在司法中实现政治与法律的联通、引导司法服务"当前形势下"的"中心任务"、督促司法听取和回应民意、弥补法律的缺陷和不足等功能，不断释放中国特色社会主义司法制度优势对网络空间治理的倍增效用。②

（四）增进司法能动

1. 推动网络空间诉源治理

网络空间诉源治理，意指网络空间内诉讼的源头治理，即通过多种治理措施、方式和方法，实质性地预防和化解各类矛盾纠纷，有效调和纠纷当事人之间的利益和冲突，着力降低诉讼案件基数，最大限度地消减社会对立，增进社会和谐。检察机关应当坚持问题导向，树立"大平安"网络空间治理格局，跳出"就案办案""就案论案"之狭隘视野，创新发展新时代网络"枫桥经验"，坚持标本兼治，既要在检察环节消减风险存量，还要提防风险增量，更要追溯风险产源，大力推进网络空间矛盾纠纷的全息化解。第一，职能延展。社会风险矛盾存在一个量变到质变的过程，由于网络空间行为活动会产生更多的数据痕迹，对其发展走势及爆发点的预判提供了更加丰富的线索与素材。检察机关可借助专业化、智能化的办案辅助系统及工具，利用大数据比对甄别、智能研判、风险抓取、线索共享等功能，使检察机关法律监督职能广域覆盖、深度嵌入，研究分析网络空间风险矛盾的发生规律和异动迹象。第二，办案下沉。检察机关应在厘清法律事实的基础上，从矛盾风险优先次序、轻重缓急、标本关系出发，提高办案质效，运用检调对接、公开听证等方式手段化解矛盾纠纷，并注重对涉案案件全链条尤其是上游犯罪的挖掘根治。第三，风险转控。司法治理虽位于国家治理的后末端，但并不意味着矛盾风险处置"到此为止"。国家治理体系并非单向线性治理结构，而是一个可循环互联的网状系统。③有的网络社会风险经司法处置后，仍然存在复发、演变的可能。由此，检察机关还应通过制发检察建议、风险提示函、通报等形式，联合治理责任主体，不断优化网络环境、完善配套机制，清除网络灰黑地带。

---

① 参见高铭暄：《刑法基本原则的司法实践与完善》，载《国家检察官学院学报》2019年第5期。
② 参见李红勃：《通过政策的司法治理》，载《中国法学》2020年第3期。
③ 参见刘艺：《论国家治理体系下的检察公益诉讼》，载《中国法学》2020年第2期。

二、刑事检察创新优化发展

2. 推进数字检察工程建设

数字检察的核心要义是以数字化改革撬动法律监督,更加强调检察领域的数字意识、数字思维、数字认知、数字文化,明确以检察官为主体设计理念,提高检察环节全要素生产率,深化信息科技与法律监督的全域融合,整体上推动法律监督体系和监督能力的质量变革、效率变革、动力变革。首先,司法办案再造,围绕"四大检察""十大业务"检察职能要素,构建司法办案智慧辅助系统,促进办案一体联动。其次,司法管理再造,建立优化职能检察管理模式,从检察办公、队伍管理、检务保障三个层面科学统筹"人、事、财、物、策"等各项管理要素,提升检察机关现代化管理水平。最后,司法服务再造,完善升级检务公开平台、检察宣传矩阵、检察服务中心的检察生产链条工艺,以线上公开听证、群众来信回复、人大代表政协委员互动等重要内容为信息化建设的主方向,力求产出更具时效性、针对性、个性化的优质检察产品。

四、检察机关参与网络空间治理现代化的体系化建构路径

新发展阶段下,网络空间对社会治理的颠覆革新与检察机关法律监督职能的自我重塑交汇碰撞,必定会擦出不一样的"历史火花"。检察机关应牢牢立足职能定位,遵循网络空间治理现代化的治理逻辑,主动融入"党委领导、政府管理、企业履责、社会监督、网民自律等多主体参与""经济、法律、技术等多种手段相结合"的综合治网格局,以三大"治网"体系化建设为抓手,努力把中国特色社会主义检察制度优势更好地转化为网络空间治理效能,为依法治理网络空间提供优质的检察产品。

(一) 网络空间平安维稳体系

网络安全是网络空间运行的基础性工程。检察机关应把贯彻国家安全观,维护网络社会大局稳定作为参与网络空间治理工作的首位任务,针对复杂敏感的网络环境,有机统筹保障合法权益和打击违法犯罪。

1. 维护政治安全

政治安全是国家安全的根本。检察机关防范化解网络空间重大政治安全风险的路径有四:第一,依法坚决打击利用数字手段和网络平台实施的泄露国家秘密、颠覆国家政权、损害国家荣誉和利益、宣扬或煽动实施暴力恐怖主义活动、破坏民族团结、宣扬邪教和封建迷信活动等犯罪行为,加强对侦查机关远程在线提取电子数据的规范引导,落实诉讼目的、安全保障和数据泄露报告等

义务，夯实封闭完整证据链条，形成打击合力。① 第二，深化国际执法安全合作与斗争，发挥与其他国家网络安全对话机制作用，完善执法安全合作机制，深化反恐国际合作，斩断不良信息输送渠道，铲除暴恐活动"外源"。第三，防范经济社会风险演变，最大限度地把矛盾问题就地解决、萌芽化解。第四，加强检察环节对网络涉政治安全风险的检测、预警、处置，密切关注检察监督办案中的社情动态，分析网络意识形态斗争的特点和规律，严防形成现实危害，推进检察机关自身网络意识形态的堡垒建设。

2. 维护社会安全

社会安全涵盖广泛，检察机关应根据网络空间侵害行为类型作区别化的处置应对：第一，针对计算机信息系统犯罪，坚决打击网络黑客违法犯罪，重点摧毁已形成"人、财、物、技"产业化的网络黑客犯罪链条，有力追诉发单人、攻击实施人、黑客软件制作人等犯罪行为人的刑事责任，全面查处技术、数据、资金和物流等"网络黑产"。第二，针对转战网络空间的传统犯罪，要勇于掀起"技术面纱"，保持开放的刑法适用姿态，有效应对网络空间造成的刑法空间效力失灵虚置、犯罪行为主体转向网络平台、犯罪行为构造趋向松动灵活、刑罚裁量基准愈加重叠多样等全新挑战。② 第三，针对破坏网络社会秩序的新类型犯罪，加强研判分析，要充分把握信息技术和网络空间特性，如组织或雇用"网络水军"实施编造虚假信息、诽谤攻击、非法推广的行为以及针对电商平台进行敲诈勒索型"恶意差评""恶意投诉""恶意退货"的行为等，充分运用现有法治手段、检察职能加以规制，并积极推动完善立法。

3. 维护网民权益

在保障公民网络空间的合法财产基础上，检察机关应以贯彻实施民法典为重要契机，着力加强公民个人信息司法保护。首先，充分运用刑事检察职能。依法打击运用数字科技和信息网络非法获取、发布、提供、出售公民个人身份信息犯罪，严惩设立网站、通讯群组实施犯罪行为、明知他人利用信息网络实施犯罪而为其提供帮助的行为和网络服务提供者拒不履行信息网络安全管理义务行为，切断网络犯罪信息链、技术链和利益链。其次，加强涉"网"民事、行政诉讼活动的监督。对公民个人信息保护领域裁判确有错误的民事、行政判决裁定，依法提出抗诉或检察建议，畅通司法救济渠道，保护公民、法人和其

---

① 参见郑曦：《刑事侦查中远程在线提取电子数据的规制》，载《国家检察官学院学报》2019年第5期。

② 参见洪浩、赵祖斌：《个人信息保护中检察公益诉权配置的根据》，载《内蒙古社会科学》2020年第6期。

他组织合法权益,坚决防止以刑事案件名义插手民事纠纷、经济纠纷。最后,积极履行公益诉讼检察职能,积极回应公民个人信息保护等反映强烈的法治线上诉求,充分认识个人信息等具有的公益属性,加大对损害英雄烈士名誉荣誉、网络谣言等方面的行为规制力度,完善各类信息保护中的检察公益诉权配置,探索建立网络空间大规模信息侵害行为的惩罚机制,及时向行政责任部门提出检察建议,督促其依法履行职责,加强和创新互联网内容建设,构建风清气正的网络生态环境。① 同时,要充分考虑网络维权困难和成本,推动完善自诉制度建设。

(二) 数字产业发展促进体系

数字产业是支撑网络空间的骨骼,也是保持网络社会活性的代表性工程。检察机关需要充分把握数字产业发展特性,释放法治的灵性与活性,持续优化数字产业法治营商环境。

1. 强化司法打击力度

第一,加大网络产权司法保护。严惩侵犯互联网企业商标权、专利权、著作权和商业秘密犯罪,重点打击高新技术、关键核心等事关国家和社会利益的重大侵犯知识产权犯罪。第二,维护网络市场秩序。坚持竞争中性的原则,依法打击侵犯网络产业主体合法权益犯罪以及破坏市场公平竞争犯罪;维护互联网企业管理秩序,依法打击企业内部人员利用职务便利侵占、挪用企业财产犯罪。第三,推动构建网络空间新型"亲""清"政商关系。加强与监察机关的协调配合,严厉打击国家机关工作人员影响数字产业的滥用职权、玩忽职守、受贿、索贿等职务犯罪。

2. 秉持客观公正立场

第一,严格区分数字产业创新与违法犯罪的界限,准确把握科技创新探索失败、合理损耗与骗取科研立项、虚增科研经费投入之间的区别,探索建立刑事检察环节科技创新容错机制。第二,依托民事裁判智慧监督系统,围绕侵害数字经济、网络借贷等突出问题开展民事检察专项监督,探索涉网企业行政生效裁判和行政非诉执行行政检察监督等。第三,贯彻"少捕慎诉"司法理念。对网络空间发展释放最大司法善意,进一步降低逮捕率、审前羁押率,处理好捕、诉与监督的关系,依法切实做到能不捕的不捕、能不诉的不诉、能不判实刑的就提出适用缓刑建议。第四,持续深化双赢多赢共赢的监督理念。审慎快速办理数字产业相关案件,强化类案监督与沟通协调,通过制度构建、机制完

---

① 参见刘艳红:《网络犯罪的刑法解释空间向度研究》,载《中国法学》2019 年第 6 期。

善、经营调整等方式防范降低经营风险，促进企业依法合规经营。检察机关在调取互联网企业数据时，要注重协调安全保障与信息保护、企业利益与社会责任、制度不健全与风险不确定之间的冲突，根据紧急程度、重要程度、案件需求等方面因素构建分类分级处理机制。①

（三）数字检察整体提升体系

数字检察工程应用体系旨在构建新时代检察机关"四大检察"法律监督的数字生态。检察机关应当借势借力数字发展，有效促进检察机关法律监督体系和监督能力的现代化。

1. 优化信息数据共通平台

检察信息数据的互联互通有其参与网络空间治理的法律监督职责需求之必要，也有各行政主体、司法主体、网络维运主体等线上办案、数据交互的可行基础，它包括案件信息、公共信息、媒体信息等检察内外的各类信息。检察机关注重检察数据信息的分类处理，严格按照各项保密规定及信息公开等相关规定，设置数据脱敏、安全缓冲区等安全措施。第一，推进政法机关一体化办案系统建设，实现立案、逮捕、起诉、审判、执行、减刑假释、换押等业务的网上协同，开发全过程、全周期案件数据的应用接口，激活和加强一体化办案系统数据在检察环节法律监督职能的运用。第二，探索民事、行政、公益诉讼检察领域检察办案系统与相关政务办公系统的对接，加强在线收集、调查核实、数据甄别等方面的合作互动。第三，深化检察办案系统的职能融合与优化。功能优化，既是新时代法律监督理念的根本方法，也是法律监督发挥应有功效的根本逻辑和路径选择。②研发提升异地检察机关线索移送、协助调查核实、远程提审、开庭等方面的系统能级。同时，健全检察办案系统的司法责任体系，树立事前监督意识，优化事中监督机制，强化事后监督追责，推动案件监督向全院、全员、全过程的实时动态监督转变，加大从海量司法数据的挖掘开发中排查办案风险，确保"三个规定"的严格执行。③

2. 搭建法律技术共融平台

第一，构建检察智能风险研判系统。加强"四大检察"领域对案件分析模型的研发与风险隐患的摸排，尤其要注重开发公益诉讼线索研判、民事行政

---

① 参见贝金欣、谢澍：《司法机关调取互联网企业数据之利益衡量与类型化路径》，载《国家检察官学院学报》2020年第6期。
② 参见秦前红、石泽华：《新时代法律监督理念：逻辑展开与内涵阐释》，载《国家检察官学院学报》2019年第6期。
③ 参见最高人民检察院检务督察局课题组：《完善检察官办案内部监督机制研究——以强化检务督察职能为视角》，载《国家检察官学院学报》2019年第5期。

裁判智慧监督、社区矫正监督等检察功能，使之成为新时期检察机关法律监督职能延伸的有力触角。第二，深化检察智能辅助办案系统。增设工具复制、指引辅助、知识辅助等辅助应用，推进电子卷宗、法律文书智能生成等功能建设，进一步提高案卡填写、阅卷摘卷、文书撰写、技术性证据审查、出庭示证等模块的智能性、便捷化、规范化，不断解放和发展检察生产力，大幅提升办案质效。第三，探索检察决策分析系统。基于检察数据信息，科学构建检察工作数据模型，全面动态感知司法活动内在发展规律，形成包括人员、案件、事务、决策等法律监督要素在内的检察工作全景视图，全方位、多维度呈现法律监督现实状态与变化趋势，为下一步司法办案、管理决策、为民服务提供准确充分的智能参考。第四，研发司法数字监管系统。2020年9月，浙江省杭州司法机关借鉴"健康码"理念，联合开发使用非羁押强制措施数字监管系统（以下简称"非羁码"）。"非羁码"打破了电子手铐概念，通过在监管人手机上安装定制App的方式，利用人工智能、AR、区块链等前沿科技，实现人机分离报警、破坏报警、越界报警、特殊场所接近报警、自动巡检、定时报道、不定时视频打卡、轨迹实时查询等多重功能，确保被监管人能够在必要的监管下回归日常生活。这项司法技术变革体现了中国特色社会主义司法制度的内生活力与实践智慧，有利于提高刑事诉讼中的非羁押率、促进人员复归、落实社区矫正、确保监管机制公平公正，对数字时代的司法机关职能履行具有重要的启示意义。但同时，如何弥补系统固有缺陷，防止"数字偏见""算法漏洞"而导致的信息误判，加强救济程序和路径等又将成为下一阶段的研发重点。[1]

3. 打造移动检务共享平台

积极倡导落实"最多跑一次""最多跑一地"改革检察版，打造"互联网+检察"模式，树立集成服务、极致服务的检察为民导向，运用数字技术，进一步优化需求识别算法，不断向更为复杂的司法公共领域覆盖迈进。推动构建"一站式"检察服务移动网络平台，除涉密或法律法规有特别规定外，全面提供法律咨询、案件信息公开与查询、辩护与代理网上预约、法律文书公开、人大代表政协委员联络、人民监督员监督、群众意见建议受理，以及公益损害与诉讼违法举报、控告、刑事申诉、民行申诉、国家赔偿和信访受理等移动端服务，加快推进更多检察服务事项网上办理、"指尖"办理，促进检察服务专业化标准化制度化，不断增强检察环节网企、网民的获得感幸福感安全感。

（原载于《国家检察官学院学报》2021年第3期）

---

[1] 参见马长山：《司法人工智能的重塑效应及其限度》，载《法学研究》2020年第4期。

国家治理现代化背景下刑事检察职能的拓展路径

刘 华[*]

一、问题的提出

国家治理体系和治理能力现代化命题，是基于对社会主要矛盾转化的深刻认知，进而围绕该矛盾的解决所提出的战略目标。法治是国家治理现代化的有机组成部分，其通过与其他类型治理的协同配合，共同发挥在国家治理结构中的功能作用。作为法治重要方面的刑事司法治理，是国家治理现代化命题中的应有之义。一方面，国家治理体系和治理能力现代化的战略部署，统合刑事司法治理的多方面和多层次要素；另一方面，作为国家治理的重要组成部分，刑事司法治理正在以"整体性治理"[①]的目标和要求，重塑其治理逻辑和治理模式，进一步实现其治理价值。国家治理现代化与刑事司法治理现代化之间的关系反映到刑事司法制度，就催生了"治理型司法"[②]。

国家治理现代化作为总体、顶层的战略目标，其"治理"的要素涵摄了不同治理主体在制度理念、职能配置、运行方式等不同层面的若干元素。换言之，刑事检察权作为"治理型司法"中的重要主体之一，本质上亦必然统一于国家治理现代化的各个方面。"十五检"会议关于两个"愈重大"的重要论断，深刻阐释了检察职能和国家治理之间互促互进、互为因果的辩证关系。[③]

由于检察权是国家权力中最具可塑性的一项权力，刑事检察与国家治理现代化之间的靠拢、融合，必然带来刑事检察职能的调整与拓展。[④]统观刑事检

---

[*] 江苏省人民检察院党组书记、检察长。

[①] 中国共产党在基于中国国情和多年改革的经验基础上，创造性地进行了"整体性治理"的党和国家机构的全面深化改革。

[②] 参见杨解君：《政府治理体系的构建：特色、过程与角色》，载《现代法学》2020年第1期。

[③] 参见李红勃：《通过政策的司法治理》，载《中国法学》2020年第3期。

[④] "十五检"会议指出，党和国家赋予的检察职能愈重大，检察机关在国家治理中的责任愈重大。参见《第十五次全国检察工作会议召开》，最高人民检察院网站，https://www.spp.gov.cn/spp/tt/202101/t20210111_505954.shtml，2021年1月3日访问。

察职能运行、配置、建构中的不足，如何寻求刑事检察职能拓展与"治理"的有效结合，以及如何展开新时代刑事检察职能的拓展路径，以此提升其在"治理"场域的内生变化和外在适应，就成为当前亟须研究的重要论题。

二、国家治理现代化对于刑事检察职能拓展的影响

国家治理现代化作为整体的战略目标，其对治理体系的各个组成部分都将产生不同程度的影响。这种整体与部分之间的共性关系已被事实所验证，新中国成立 70 多年来的犯罪治理模式经历了从"统治"到"管理"再到"治理"的演进轨迹[①]，体现出与国家治理模式进化的高度内在一致。由此，国家治理现代化进程中的结构演变、逻辑转换、价值升华当然也会深刻影响新时代犯罪治理模式，尤其是促进了刑事检察职能不同方式的拓展。

（一）国家治理的权力结构演变与刑事检察职能强化式拓展

权力的创制、分配及其相互之间的协调、制约，以及权力与权利之间的关系，构成国家治理中的权力结构。从权力分散到权力集中，从权力集中再到权力分工制约，权力结构发生根本性转变，从注重道德制约转向注重制度制衡，从外生权力的叠加转向内生权力的分解，从重视权力的因素转变为重视权利的因素，不断推进权力结构的科学发展。[②] 这种国家治理中的权力结构演变的规律和趋势，决定了不同权力的职能的发展强度。换言之，具有制度属性、制约属性、权利保护属性的权力在国家结构中需要强化。而刑事检察权恰恰是与上述属性高度契合的国家权力。[③] 因此，国家治理中权力结构演变的规律和趋势，决定了强化刑事检察职能的现实需求。

当前的刑事司法治理，国家"统治""管理"模式留下的历史惯性与治理现代化之间产生一定的张力。重实体、轻程序，重配合、轻制约，重打击、轻保护等刑事司法实践中的行为异化仍是阻碍国家治理现代化进程的负面因素。宪法规定的侦（包括调查）、诉、审之间"分工负责、互相配合、互相制约"三项原则，当前互相配合被优先适用。因此，国家治理现代化意义上的刑事司法必须在其传统目的——打击犯罪和维护社会秩序稳定，与法治赋予的新功

[①] 宏观的国家治理框架下，也主要通过国家权力在不同国家机构之间的分配来实现治理现代化目标。参见张健：《中国犯罪治理模式变迁及其逻辑：1949—2019》，载《法治现代化研究》2020 年第 3 期。

[②] 参见李永忠、董瑛：《苏共亡党之谜——从权力结构之伤到用人体制之亡》，商务印书馆 2014 年版，第 135 页。

[③] 其一，检察制度诞生史体现了检察权的制约性；其二，刑事诉讼中的人权保障是检察权的天然使命。

能——避免被追诉人遭到侵害之间,进行平衡。那么,就要遵循刑事诉讼法作为权力分配法、权力限制法、权利救济法的现代刑事诉讼精神,使不同权力主体回归各自应然角色,尤其是刑事检察权要回归制约性权力、权利保护性权力的本质要求。

当前,以制约性权力、权利保护性权力的本质要求来衡量,刑事检察权的职能低于应然标准,需要在权力制约、权利保护方面不断强化。具言之,刑事诉讼闭合程序中,要强调不同权力主体之间的互相制约,制约应超越于配合,上升为刑事诉讼的核心原则。尤其是要强化检察机关在审前的主导职能,特别是强化对于侦查权的制约和监督,消解侦查中心主义惯性下的侦查权过于强势,将压力从审判中心逆向传导于侦查环节,通过审查、救济方式来制约和监督其它国家权力,以此充分实现刑事司法治理中的人权保障。

(二) 国家治理的制度逻辑转换与刑事检察职能分层式拓展

由于社会主要矛盾终将转化为国家制度层面的法律关系主体之间的具体矛盾[①],因此,国家治理中各项制度的逻辑均依据其面向的社会主要矛盾展开。当前,我国社会主要矛盾集中体现为"发展不平衡不充分"的难题,只有将这些难题有效化解,才能充分满足"人民需要"。而化解"发展不平衡不充分",体现了"人民需要"的高品质特征,决定了制度单一发展的逻辑亟须向多元发展的逻辑转换。

新时代社会主要矛盾反映到司法领域,凸显为刑事检察职能在传统与现代之间对立的一面,也就是传统的强调国家刑罚权"刚性"运行的刑事机制,与新时代重视多元参与、交互协作的现代治理之间呈现出相当的距离。传统应对犯罪形势的机制体制出现不同程度的不适应性,亟须继续加强并创新刑事司法治理体系、提高刑事司法治理能力予以有效治理[②]。刑事检察职能与新时代法治矛盾化解之间不相适应,客观上带来刑事检察职能分层拓展的必要,以此充分释放刑事检察的治理效能。

传统国家职权主义下的惩罚与管制模式,逐步吸收接纳了治理模式中的人本主义精神要旨,刑事法律问题的解决更多地呈现出多元参与、协商合作的民主化特征,从过去的对刑事案件处断的权力独占,到新的治理理性下"放弃审判制度"和采取协商处理的方式,已逐渐成为共识。随着世界范围内刑事

---

① 参见封丽霞:《新中国法治道路的逻辑展开——以中国社会主要矛盾的发展变化为线索》,载《中共中央党校(国家行政学院)学报》2020年第2期。

② 参见高铭暄、傅跃建:《新时代刑事司法治理现代化研究》,载《上海政法学院学报》2020年第4期。

二、刑事检察创新优化发展

诉讼"第四范式"① 的发展,我国刑事诉讼亦分层形成一体二元诉讼模式,即以审判为中心的刑事诉讼制度为统领的繁者更繁案件处理体系与认罪认罚从宽制度为支配的简者更简案件处理体系。

认罪认罚从宽制度中,诉讼结构已经明显不同于传统的"侦查中心主义"或"检察承启角色"。② 检察机关客观上需要在刑事诉讼中承担主导责任,行使刑事案件的实质裁量权,检察的司法属性进一步增强。从诉前的提前介入引导侦查到审前的程序分流,从不起诉到审判环节的量刑建议,检察机关对刑事诉讼有更大的主导权,整体的刑事诉讼模式也发生重大调整。具有协商、合作性质的认罪认罚从宽制度,使得相对闭合的刑事诉讼程序更具开放性,推进国家治理现代化。正如学者所言,刑事司法治理以相对主义的犯罪观为前提,充分关照恢复性司法理念,倡导国家、社会、个体(被害人、加害人)的"三位一体"法律关系,通过刑事惩罚、惩戒、合作与互助等方式,创新实现刑事司法治理。③

(三) 国家治理的目标价值升华与刑事检察职能延伸式拓展

在不同的历史阶段,创设、改革、发展、调整法律制度时,都在使用当时社会的各种价值准则去适应当时的法治形势和任务,并努力使构建的法律制度符合特定历史时空的社会理想④,而国家治理现代化目标的终极价值即在于实现人的主体地位。国家治理现代化尊崇社会发展与个人发展的一致性,法律秩序被法治秩序取代,手段性价值让位于目的性价值;国家治理现代化意蕴下效率价值与公正价值关系在对立统一中形成"内生性的交错关系"。⑤ 良法善治亦为刑事检察创新发展提供了基本价值导向。刑事检察权作为政治体制改革、司法体制改革中具有可塑性的权力,其以较高的制度包容不断对自身价值重新考量、塑造,以不断适应和推动法治价值体系的变化,进而融入国家治理现代化的整体价值升华之中。

---

① 参见熊秋红:《比较法视野下的认罪认罚从宽制度》,载《比较法研究》2019年第5期。
② 如有学者对检察主导程序模式的内核进行了理论提炼,抽象出模式内核的"普适性、系统性、非常规性、法定性"特征;还有研究者揭示了审判中心或检察主导结构下审判压力逆向传导等规律。分别参见闫召华:《检察主导:认罪认罚从宽程序模式的构建》,载《现代法学》2020年第4期;陈健炜:《刑事责任之本质、构造与体系定位的宏观探究》,西南政法大学2018年硕士学位论文。
③ 参见孙道萃:《当前中国刑事司法治理观念的转变》,载殷建国主编:《现代警务研究》(第2卷),群众出版社2012年版,第338页。
④ 参见[美]庞德:《通过法律的社会控制》,沈宗灵等译,转引自卓泽渊:《法律价值论》,法律出版社1999年版,第21页。
⑤ 何佳君:《公正与效率:我国司法改革进程中的价值取向问题研究——以刑事认罪认罚从宽制度改革为例》,载《东南大学学报(哲学社会科学版)》2018年6月增刊。

这些都为新时代刑事检察职能延伸提供了正当性基础。刑罚执行是相对独立的刑事诉讼环节，是审判权判决或检察权裁量结果的保障性程序。刑事执行检察具有实现刑事诉讼目的的职能，从报应的刑罚观走向以发展为目标的国家治理进程中，价值观念发生转变，刑事执行检察的价值和导向也应发生相应变化，从监督的形式性、程序性向实质性、正当性转变。

检察主导及其带来的刑事诉讼重心迁移，理论上产生了刑事执行环节通过延伸法律监督拓展刑事检察职能的必要。通过延伸刑事检察职能，以适应"放弃审判制度"①之刑事诉讼规律与趋势中的新需求。具体而言，需要"赋予检察机关原则上独占享有启动、建议和适用有关程序的权力"②，拓展非刑罚执行检察监督职能，植入协商型执行监督元素，将企业是否建立合规机制等作为检察监督的重要内容。

三、新时代刑事检察职能的拓展路径

（一）起诉裁量权的构建——刑事检察变革的基础

1. 以认罪认罚从宽制度适用为契机

公诉权是检察机关核心权力之一。一般而言，公诉裁量权包括起诉裁量权和不起诉裁量权。对于构罪案件起诉是检察机关的基本选择③，很难体现检察官的自由裁量。而认罪认罚从宽制度的适用需要检察官主导并与辩方沟通协商、征求被害人意见才能完成，无疑最能够体现检察官的起诉裁量，这也是当前检察官起诉裁量的主要形式。这既是公诉权的新发展，更是新时代检察职能不断发展的体现。

"检察官承担主导责任的核心是以认罪答辩为前提的案件快速处理机制。"④ 以犯罪嫌疑人自愿认罪认罚为前提，检察机关具体提出是否构罪及其承担刑事责任的建议，与辩方充分沟通与协商，并达成一致意见。无论是认罪态度好的，还是认罪态度反复的，甚至是否认犯罪的，检察官都可以主动与犯罪嫌疑人及其辩护人，就其所涉罪名及需承担的刑事责任作充分沟通和协商。对于认罪的，检察官应尽量在最大限度内提出从宽处罚的建议，以此作为对主动认罪认罚的犯罪嫌疑人的奖励。对于不认罪或认罪态度反复的，对于构成何

---

① 参见熊秋红：《比较法视野下的认罪认罚从宽制度》，载《比较法研究》2019年第5期。
② 赵恒：《论检察机关的刑事诉讼主导地位》，载《政治与法律》2020年第1期。
③ 在审查起诉阶段，检察官对于案件事实、证据是否符合法定起诉条件的审查，客观上存在检察官的裁量，但这种裁量不是此处所称的自由裁量。
④ 赵恒：《论检察机关的刑事诉讼主导地位》，载《政治与法律》2020年第1期。

罪及需承担的刑罚作全面沟通与协商，尤其要善用法定量刑建议权，以促使犯罪嫌疑人认罪认罚。

同时，检察机关应充分听取被害人意见，并反映在具结书内容上，以更好地修复遭犯罪破坏的社会关系。更重要的是，检察官还应重视适用认罪认罚从宽制度推动矛盾化解和社会治理的现代化，这里的关键在于保障被害人权益。对于决定适用认罪认罚且有被害人的起诉案件，检察官将被害人及其诉讼代理人的意见吸纳到其所提的具体建议中，实现三方协商，推动矛盾化解，将"被害人的当事人地位实质化，权利保护加强"。[①] 当犯罪嫌疑人认罪认罚，检察机关提出从宽处理意见，被害人也同意，这说明犯罪嫌疑人已取得被害人谅解，被破坏的社会关系也在一定程度上得到修复和弥补。

2. 构建不起诉裁量标准

不起诉裁量权是公诉权的重要组成部分。检察机关对于符合起诉条件的案件作出不起诉决定[②]，这种决定直接终止案件刑事诉讼程序，使犯罪嫌疑人免遭被追诉以及承担刑罚责任的不利后果，对于其从事经济社会活动没有影响，有利于减少社会对立面，更好促进社会有序发展，如"不起诉决定助力企业焕发生机"[③]。但实践中不起诉的司法适用是混乱的，尤其是不起诉权的适用标准模糊。检察官裁量（相对）不起诉的要素众多，包括定罪要素、量刑要素，还有其他要素，这种裁量是建立在案件事实和证据已达到法定起诉证据标准的基础上，亦即以对案件事实和证据作出的判断结果（符合起诉条件）为基础的裁量。但司法实践中衡量这些要素时比较随意，导致不起诉在各地差异较大。因此，构建规范的不起诉裁量标准很有必要。

首先，检察官行使不起诉裁量权的本质是判断案件是否有起诉的必要性，因此起诉必要性是裁量的首要标准。不具备起诉必要性的，即可适用不起诉。我国《刑事诉讼法》第177条第2款规定，对于犯罪情节轻微，依照刑法规定不需要判处刑罚或者免除刑罚的，人民检察院可以作出不起诉决定。由此可知，对犯罪嫌疑人无须判处刑罚或免除刑罚的，才可决定不起诉，无须判处刑罚和免除刑罚意味着对犯罪嫌疑人没有处罚的必要性。刑法上对已构罪犯罪嫌疑人从宽处理的主要根据在于违法有责性轻及预防再犯罪的必要性小，即先判断定罪要素，再以犯罪预防必要性大小判断量刑要素。其次，以能够实现社会

[①] 参见朱孝清：《认罪认罚从宽制度对刑事诉讼制度的影响》，载《检察日报》2020年4月13日。
[②] 这里仅指相对不起诉，不包括法定不起诉和存疑不起诉，法定不起诉和存疑不起诉是不符合起诉条件的。
[③] 参见史济峰：《不起诉决定助力企业焕发生机》，载《检察日报》2020年6月12日。

公共利益作为裁量的核心标准。这里解决的是利益衡量问题。检察官代表国家行使公诉权，无论起诉与否，其根本目的是维护社会公共利益。因此，在可诉可不诉的情况下，无论检察官如何裁量，最终都应当以是否能够实现社会公共利益作为核心标准以作出起诉与否的决定。最后，以建立典型个罪不起诉裁量标准为基础构建类型化的不起诉裁量标准体系。不起诉裁量标准虽然在理论上适用所有罪名，但不同种类罪名罪质差异很大，能够影响处罚必要性和公共利益判断的对象要素差异亦大。因此，要增加裁量标准的可操作性和指导性，就必须构建不起诉裁量标准体系。先建立典型个罪的不起诉裁量标准，再以此为基础，探索构建以行为人主体、类罪名、侵害的法益能否恢复等为区分要素的类型化不起诉裁量标准。

一方面，建立典型个罪的不起诉裁量标准。刑法分则规定了469个罪名，不可能构建每个罪名的不起诉裁量标准。构建司法常见典型罪名不起诉裁量标准是可行的，也符合司法实践。当前司法实践高发罪名是危险驾驶罪、盗窃罪、故意伤害罪等，这些罪名所涉案件总量超过刑事案件数量的一半以上，以上述个罪罪名建立不起诉裁量标准具有一定的典型性和普遍指导性。例如，各地出台"危险驾驶罪的不起诉标准"以及"关于常见犯罪的量刑指导意见"即是这种思路的最好例证。

另一方面，以前者为基础构建类型化的不起诉裁量标准。在适用典型个罪的不起诉裁量标准的同时，更应提炼具有一定普遍指导意义的不起诉裁量标准，这对构建不起诉裁量标准体系很有必要。一是以犯罪主体为区分。我国《刑事诉讼法》第282条规定，对于未成年人涉嫌刑法分则规定的第四章、第五章、第六章规定的犯罪，可能判处一年有期徒刑以下刑罚，符合起诉条件，但有悔罪表现的，人民检察院可以作出附条件不起诉的决定。这是以犯罪主体为类型化构建不起诉裁量标准体系的典型。二是以类罪名为区分。刑法分则以侵害相同或类似法益为类型构建每一章的罪名，这些类罪存在诸多相似特征，尤其是犯罪构成要件具有相似性，由此决定构建类罪裁量不起诉标准体系是可行的。例如，在当前疫情下对涉企犯罪作不起诉的明显增多，所涉基本上是经济类犯罪，主要集中在虚报注册资本、虚开增值税专用发票等罪名，由此可以构建以经济犯罪为类型的裁量标准体系。三是以侵害法益能否恢复为区分。犯罪的本质在于威胁或者侵害法益。如果被侵害的法益能够通过犯罪嫌疑人的补救行为而恢复，那么其行为的有责性及犯罪预防的必要性降低，由此具备了不起诉的基础和条件。例如，造成经济损失的，当赔偿损失并得到被害人谅解的，可以作出不起诉；轻伤害案件，伤害得到治疗，取得被害人谅解等，都表明法益得到恢复，可以作不起诉。再如，疫情期间对相关涉罪企业的不起诉决定，往往是涉案企业弥补其违法行为造成的经济损失，积极恢复经济生产秩序，被侵害法益得到恢复，这与刑法目的完全相符，为此决定不起诉合法、合情、合理。反之，被侵害法益不能恢复的，如国家安全法益、生命法益等受到侵害的犯罪，不应适用不起诉。

3. 扩大不起诉的适用

不起诉是实现诉讼程序分流、贯彻宽严相济刑事政策、体现司法温度的重要制度安排。当前我国不起诉适用率总体偏低的原因在于不起诉适用范围相对窄，也存在检察官不敢用、不善用的现实。因此，推动检察官敢用、善用不起诉，以及扩大不起诉的适用范围是提高不起诉适用率的关键。

首先，要正确看待不起诉的独立价值。当前检察机关不愿、不敢适用不起诉，与检察机关还没有彻底扭转惩治犯罪的入罪思维、部分检察官业务素质不够高等因素相关。因此，我们应该更新检察办案理念，从追求打击犯罪到惩治犯罪、保障人权和服务社会并重的理念转变，重点转变入罪思维和重主观性证据的办案理念，重视客观性证据，提倡谨慎入罪，注重保护法益与保障人权相统一，发挥好不起诉的独立价值。

其次，要扩大适用不起诉的范围。一方面，从法定不起诉、存疑不起诉、相对不起诉到附条件不起诉，法律规定在逐步扩大不起诉的适用范围。另一方面，随着宽严相济等刑事政策不断深入，尤其是认罪认罚从宽制度的推行，不起诉适用明显增加，不起诉的适用范围也在拓展。一是依法适用涉企案件的相对不起诉。以江苏省为例，2019年对犯罪情节轻微的1245名企业人员依法不起诉。① 这不仅是不起诉的适用范围扩大，而且也体现了适用标准的变化。江苏省某地检察院在对某企业负责人涉嫌虚开增值税专用发票案作出不起诉决定时，理由是"鉴于相关企业涉案数额较小，企业在疫情期间受到重大影响下，还能积极复工、复产，确保了数百人就业"②。这是站在检察机关作为公共利益维护者的角度考量，不起诉有利于社会经济有序发展。二是对未成年人犯罪积极适用附条件不起诉。附条件不起诉的优势在于，检察官对犯罪嫌疑人决定不起诉前，需要监督犯罪嫌疑人在考察期限内是否履行相关义务，只有履行完义务才能够决定不起诉。这种不起诉的暂缓，既可以让检察官考察犯罪嫌疑人能否履行义务以表明其是否认罪悔罪，进而促使检察官敢于、善用不起诉；也

---

① 《江苏省人民检察院工作报告——2019年1月16日在江苏省第十三届人民代表大会第二次会议上》，载江苏人大网，http://www.jsrd.gov.cn/huizzl/rdh/1303/dhwj/202002/t20200213_520218.shtml，2020年8月21日访问。

② 《依法不起诉，保住了150名留守人员的饭碗》，载微信公众号"江苏检察在线"，2020年9月2日。

能够给犯罪嫌疑人提供机会自我反省和修复其犯罪行为所损害的社会关系。这种在检察机关主导下通过双方当事人自我修复已破坏的社会关系，更有利于社会关系的恢复。未成年人犯罪有其自身特点，如心智不成熟、对自己行为性质认知不到位等，在符合法定条件的前提下，出于"教育、挽救"的目的，检察机关对未成年人犯罪应积极适用附条件不起诉，这样既能够为未成年人提供改过自新的机会，促使他们积极正常回归社会，进而维护社会秩序，也能更好地发挥检察机关在保护未成年人、服务保障大局等方面的检察贡献度。

（二）审前主导权的强化——刑事检察变革的现实着力点

1. 强化检察机关对侦查活动的监督

长期以来，配合制约模式下的检警关系并不符合侦查服务起诉的侦诉职能配置规律，一定程度上导致检警关系错位。① 以审判为中心的诉讼制度改革，提高了公诉指控、证明犯罪的诉讼责任，必然要求检察向侦查前端延伸，强化对侦查活动的监督，传导审判为中心的控罪证明要求，促进构建"监督制约"模式的新型检警关系。从强化指控犯罪来说，需要坚持以客观证据为主的裁判理念，提高指控犯罪的精准度，建立符合以审判为中心的刑事案件证据体系。在传统个案引导的基础上，及时总结案件办理过程中的问题，建立各类常见犯罪案件的取证要求和证据指引，从而引导侦查人员从查明事实向证明事实的办案观转变。这一观念的转变反映出以审判为中心的诉讼制度对侦查、起诉工作的基本要求。② 从强化监督制约来说，需要发挥检察机关在法律适用、证据审查判断的专业性层面的侦诉同向，防范追诉职能的致罪偏向与侦查职能的偏重打击的特性合流同化③。在检察引导侦查的过程中，通过对瑕疵证据要求补正完善，对非法证据依法予以排除，对证据是否确实充分的审查，对侦查能力和水平提出更高的要求，实现程序性制裁。④ 推进在公安机关执法办案管理中心派驻检察官工作，通过派驻方式解决与公安共享办案数据问题，从而为刑事诉讼监督提供数据支撑。同时，对重大侦查活动违法情形的监督进行案件化办理，构建立案、调查、决定、跟踪、反馈等规范程序。

---

① 参见万毅：《侦诉一体化——我国检警关系之重塑》，载《新疆大学学报（哲学·人文）》2003年第3期。

② 参见何家弘：《从侦查中心转向审判中心——中国刑事诉讼制度的改良》，载《中国高校社会科学》2015年第2期。

③ 打击犯罪的压力，侦查活动中的对抗因素，都有可能促使致罪偏向的产生和增强。参见龙宗智：《检察官客观义务论》，法律出版社2014年版，第173页。

④ 非法证据排除规则是对实施非法侦查行为的程序性制裁。参见陈瑞华：《程序性制裁理论》，法律出版社2010年版，第104—117页。

2. 强化审前羁押的司法救济

不受非法的或者不必要的逮捕、羁押的权利是刑事诉讼基本人权内容之一。① 对直接限制或者临时剥夺公民人身自由的侦查活动进行司法审查，是我国检察机关实现人权保障功能的重要职责。② 检察主导作用要通过加强对审前强制措施的监督制约来实现权利救济。在"捕诉一体"模式下，要完善构建具有司法化属性的审查逮捕、羁押必要性审查办案机制，在审前羁押的审查程序中构建侦查、被追诉方充分抗辩，检察居中裁决的程序性裁判结构。对于社会影响较大、关注度高的案件，引入公开听证程序，同时吸收体现审判中心主义的直接言词、证据裁判原则，使检察决定建立在对犯罪事实、刑罚要件以及社会危险性的证明机制之上③，促进审前羁押的检察监督趋向于司法控制。

同时，要加强对侦查单方采取的羁押性措施的监督。由于在启动方式上的自主性，缺少外部审查的刑事拘留更容易脱离侦查监督视野，容易滋生随意扩大适用对象、任意采取刑事拘留决定、滥用延长拘留期限等违法情形。检察机关除采取专项监督之外，要建立延长刑事拘留时间向检察机关备案制度，加大对违法拘留的纠正力度。④ 尤其要重视羁押替代性措施的适用，完善取保候审的执行机制，通过使用电子监控技术，将派出所监管与社区矫正的发展相结合，强化取保候审的执行、监督以防止脱保逃避诉讼，尤其是解决流动人口取保候审监督管理的难题。

3. 发挥检察主导作用，促进综合治理

在宏观层面，调节刑事犯罪的治理策略。以公诉权为核心的刑事检察权连接侦查与审判，把控开启审判之门的钥匙，具有调整侦诉司法资源的制度功能。传统诉讼结构呈现侦查中心主义，起诉与审判事实上受制于侦查，侦查决定了启动刑事追诉的范围以及程度，对特定犯罪的侦查方向以及配置强度往往决定了一个地区刑事犯罪的整体查办状况。然而，侦查在诉讼结构前端的局限性以及侧重打击犯罪的单一性，导致重打击、轻治理，重数量、轻效果。⑤ 检察主导责任更加强调构建契合社会发展要求的犯罪治理模式，从服务社会发展

---

① 参见林劲松：《刑事诉讼与基本人权》，山东人民出版社2005年版，第56页。
② 参见朱孝清、张智辉：《检察学》，中国检察出版社2010年版，第234—235页。
③ 参见闵春雷：《论审查逮捕程序的诉讼化》，载《法制与社会发展》2016年第3期。
④ 参见姜学厚：《公安机关刑事拘留强制措施的检察监督路径》，载《中国检察官》2017年第13期。
⑤ 参见林静、饶明党：《流动人口取保候审问题研究》，载《国家检察官学院学报》2014年第2期。实践中，侦查绩效的考核要求成为决定侦查活动导向的指挥棒。然而，数字式的指标往往缺乏对犯罪整体治理情况的科学分析和研判预测。参见雷鑫洪：《公安侦查考核制度存在的问题及对策研究》，载《公安教育》2015年第12期。

的大局,体现人民群众的司法诉求,从推进国家治理现代化的层面调控侦诉资源的投向。例如,通过对办案数据的分析来把握不同类型犯罪的类案特征、成因和发展趋势,结合社会条件的变化和时代变革的背景,落实宽严相济刑事司法政策,因地因时制定刑事指控或者公诉政策,从而调节刑事犯罪的治理策略。① 指控犯罪要着眼于形势发展变化,依法、依理、依情地把握办案尺度,有些罪名是针对计划经济体制下严格的计划管制而制定的,但放到当前市场经济条件下,在日益注重平等保护各类市场主体权益的今天,适用于当下的案件就要特别慎重。

在微观层面,发挥刑事诉讼的程序分流功能,将不具有交付审判条件的案件屏蔽在刑事起诉程序之外。对于事实不清、证据不足或者不构成犯罪的案件,通过不捕不诉、撤案监督、要求终止侦查等方式,形成程序性终结结论。即使对于构罪的案件,也从有利于社会治理的角度将没有处罚必要的案件予以非罪化处理,从而体现实质正义和公平。② 检察机关对刑事案件的处理决定,背后是检察官对案件本身性质情节的认识,以及对各方面因素的综合考量。将每个符合起诉条件的案件都交付审判,既不符合宽严相济刑事政策和刑罚个别化的时代趋势,也不利于减少社会对抗和化解社会矛盾,最终将导致有限的司法资源不堪重负。有的案件从形式上看,定的罪不违反法律规定,但从实质上看,以及从罪与罚的平衡上看,可能有违客观公正。③ 比如于海明案件以后的一系列正当防卫案件,在社会上发出了"法不能向不法让步"的检察声音,发挥了引领法治进步的作用。

(三) 刑事执行检察权的完善——刑事检察变革的延伸

1. 从单纯的刑罚执行监督升级为涵盖非刑罚执行的监督

传统的刑事执行检察主要是对刑罚执行活动进行法律监督,但是对于检察机关作出的已经生效的不起诉决定却缺乏后续执行及执行监督,导致不起诉后续处理有被空置之嫌,使社会治理出现"真空"地带,因而有必要将不起诉后的非刑罚执行工作纳入刑事执行检察的范畴中。

---

① 作为公共利益的守护者,公诉权的行使不能仅以追究犯罪为目标,应当平衡追诉犯罪的过程和结果所可能涉及的所有利益,在各种利益之间平衡、取舍,选取一种能够最大限度地实现社会公共利益的范围和方式。参见马秀卿:《公诉权的法律社会学研究》,法律出版社2012年版,第122—123页。

② 非犯罪化不仅是作为一种限缩犯罪圈的手段和机制存在于刑事立法和司法之中,它更是作为一种先进的政策思想和价值取向引领着刑事立法和司法的发展方向。参见李晶:《程序法视野下的非犯罪化研究》,中国人民公安大学出版社2016年版,第63页。

③ 参见李乐平等:《做优新时代刑事检察工作的路径探索》,载《人民检察》2019年第13期。

不起诉后的非刑罚处罚措施,属于广义的刑事执行活动。检察机关的不起诉权虽非定罪裁判权,却会对当事人产生具有司法性质的程序终结权。审判机关的裁判权与执行权配套运行,不起诉权的运行亦不应止步于不起诉决定的作出,应涵盖不起诉决定作出后继续执行的内容,即不起诉权与非刑罚执行权配套运行。如果不起诉权的运行止步于不起诉决定的作出,那么被害人被损害的权益没有得到救济,失衡的社会关系没有达到平衡,被破坏的社会环境没有被修复,实施违法犯罪行为的主体仍然具有人身危险性,还存在再犯的可能性——这些都是不起诉决定作出后刑事执行检察权需要解决的课题。

不起诉后刑事执行检察权运行至少包括以下内容:一是监督和惩戒。通过提出检察意见①的形式监督主管机关对被不起诉人进行行政处罚或政务处分,确保触犯行政法律、法规、规章的被不起诉人得到相应的法律处罚,为其违法行为承担相应的法律责任,维护国家法律的统一正确实施。二是教育和预防。对违法的被不起诉人进行训诫教育并责令具结悔过,从法律规定、社会危害、风险防范等方面对被不起诉人予以教育,增强其法律意识和道德修养,降低其人身危险性和再犯可能性。三是修复和治理。对暴露出明显监督管理漏洞、风险预警措施不完善的涉案单位制发检察建议,促使单位规范管理、企业合规经营。四是改造和回归。针对被不起诉人制定多样化、个性化的帮教、服役计划,督促被不起诉人进行社区服务、公益劳动、特定岗位服役,使被不起诉人以完成一定程度的惩罚性活动来弥补其对公共利益造成的损害,增强其社会责任感和社会认同感,帮助其以守法公民的角色重新回归社会。

2. 在刑事执行合法性监督的基础上纳入正当性监督的内涵

当前刑事执行检察主要局限于对刑事执行活动合法性的审查监督,如刑罚变更执行的合法性、刑事执行职务行为的合法性等。但随着依法治国理念的不断深入,公众对包括刑事执行活动在内的司法活动提出了更高要求,刑事执行检察权也须相应地更新其法律监督的内核,在对刑事执行活动合法性予以监督审查的同时,还应从促进市域治理、国家治理现代化的需求出发,对刑事执行活动的正当性进行法律监督。正当性监督,即在合法性的前提下,从是否具有正当性、合理性,是否符合经济社会发展、人权保障的需要去监督考察刑事执行活动,可以从以下层面界定其内涵。

其一,突出再社会化原则在刑事执行监督中的核心地位。再社会化原则源

---

① 《刑事诉讼法》第177条规定:对被不起诉人需要给予行政处罚、处分或者需要没收其违法所得的,人民检察院应当提出检察意见,移送有关主管机关处理。有关主管机关应当将处理结果及时通知人民检察院。

于德国刑法，刑罚执行优先考虑行为人的再社会化目的，保护公众免受进一步犯罪侵害退居再社会化的目的之后。① 除了强化对刑事执行职务行为的监管力度外，通过有限度地给予某些服刑人员再社会化的刑罚变更执行机会，反而会在一定程度上降低刑罚执行变更中的职务腐败现象。可以借鉴域外"中途之家"、矫正训练营②等集中、专业、半开放式的矫正中心对刑罚变更的服刑人员进行兼具惩戒性和再社会化的矫正训练，作为监禁刑和非监禁刑间的过渡阶段，既实现惩戒及隔离公众的需求，又承接回归社会的终极目的。

其二，将维护社会公共利益和保障人权作为刑事执行正当性的考量指标。保障人权是刑事诉讼的重要原则，而维护社会公共利益是检察权被国家赋予的新的使命内涵。若检察机关发现社区矫正对象有维护社会公共利益的重大立功表现，应通过向社区矫正机构制发提请减刑的检察建议，保障社矫对象融入社会的回归之路。2020年7月的全国首例社区矫正对象因重大立功而获减刑的案件及某贪污罪犯主动赴一线抗疫而获减刑的案件，均系检察监督促成的社矫减刑案件，映射出刑事执行检察权在维护社会公共利益中的检察担当。江苏检察机关细化《刑法》第43条形成的拘役罪犯"回家权"及社区服刑人员因结婚、生育、就学、考试等特殊需求而产生的外出请假权，均因应了人权保障价值理念与刑事执行正当性监督的契合，体现了刑事执行检察的人文关怀和司法温情。

其三，在刑事执行监督时充分评估区域经济社会发展的需要。实践中，服刑人员有相当数量的民营企业经营者，因其不能离开居住地从事经营活动，一定程度上阻碍了所在企业的生存和发展。将"生产和服务经营需要"作为社区服刑的民营企业者可以请假外出的事由，从护航民营经济发展的角度赋予了刑事执行检察新的内核，为民营企业健康发展营造了良好的司法环境，这也是刑事执行检察变革的未来发展方向。

3. 在传统的执行监督中植入多方参与的协商型执行监督元素

当前，参与型、协商型的监督理念在检察机关法律监督的渐进中得以树立，这一理念也应植入刑事执行检察中。在羁押必要性审查、刑罚变更执行监督、核查纠正监外执行罪犯脱管漏管和刑事执行职务行为监管等刑事执行检察领域③，确实需要单方性、具有强制力的刑事执行监督方式，但对于不起诉后非刑罚处罚措施、非监禁刑的执行检察等领域，应当贯彻双赢多赢共赢的监督

---

① 参见余辉、冯卫国：《20世纪以来的德国刑事执行改革——以行型社会化为导向的探索》，载何勤华主编：《外国法制史研究》（第8卷），法律出版社2005年版，第330—338页。

② "中途之家"、矫正训练营，又称"重返社会训练所"，起源于欧洲，在美国得到发展，是对假释犯在假释前进行适当社会训练的过渡性专门机构，大多数由私人经营。

③ 袁其国：《刑事执行检察权的运行方式》，载《中国检察官》2018年第15期。

二、刑事检察创新优化发展

理念,遵循监督者与被监督者之间协商、合作、修复的良性监督思路。

在个人层面,探索建立社会服役制度。检察机关的不起诉决定虽然无法回转,但可通过与社区、公益组织、职能部门及被不起诉人签订三方协议的形式,由社区、公益组织、职能部门具体安排被不起诉人的社会服役活动,包括社区服务、公益劳动和特定岗位服役等,由检察机关协同制定帮教、服役方案并跟踪监督。如涉及邻里关系的案件,可以要求被不起诉人在社区安排下为社区居民提供服务,危险驾驶、交通肇事案的被不起诉人可以在交警部门的安排下充当道路协管员,污染环境案的被不起诉人可以在主管部门的安排下从事保护环境的活动,职务犯罪案的被不起诉人可以通过从事公益劳动,增强自身公仆意识和党性觉悟。通过三方协议的形式实现不起诉后的非刑罚执行,以检方、社区、公益组织、职能部门及被不起诉人多方共同参与社会治理和社会关系的修复。

在企业层面,协商推进企业刑事合规。对涉企犯罪人员或者企业,除了通过施以刑罚进行特殊预防外,堵塞企业制度漏洞是防范企业再犯罪或者再次遭受犯罪侵害的治本之策,也是刑事法治的目标。企业的治理可以有两种方式,一种是基于内生的自我治理,另一种是内外部结合的综合治理,而后者正是刑事检察的着力点。在监督市场经济主体的运转时,显然不能采取过于强制性的监督手段,而应采用相对柔和的、双向的、协商型监督方式。重点审查涉案企业的规章制度是否健全,管理监督体制是否完善,人事、财务等制度是否合规,风险预警防范措施是否完备,是否存在明显的漏洞和违法犯罪隐患。对于暴露出的监督管理漏洞、风险预警措施不完善、经营财务制度不合规的涉案企业,可以制发社会治理类检察建议,督促企业重建规范的用人和管理制度以及有效的生产经营合规体系。检察机关可通过定期走访、召开座谈会、会同行政部门共同督查等方式,跟踪监督企业是否依照方案和协议建立有效的合规体系。这种执行监督满足企业经营管理需求,是监督主体与被监督主体间的积极协商、良性互动、利益共赢。通过这些刑事执行检察的变革举措,实现刑事检察对社会治理和推动企业合规经营的功能,促进社会治理。

(原载于《国家检察官学院学报》2021年第2期)

以理论研究推动刑事检察理念政策制度创新发展

苗生明[*]

2021年是建党100周年、人民检察制度创立90周年。在新的历史起点上，刑事检察理论研究坚持以习近平新时代中国特色社会主义思想为指导，认真学习贯彻习近平法治思想，紧紧围绕《中共中央关于加强新时代检察机关法律监督工作的意见》（以下简称《意见》），紧盯事关刑事检察事业长远发展的主要矛盾和突出问题，研究的广度和深度不断拓展，成果不断丰富，为新时代刑事检察工作创新发展提供了有力理论支撑。

一、2021年刑事检察理论研究主要情况

（一）关于认罪认罚从宽制度

2021年是认罪认罚从宽制度全面实施3周年，认罪认罚从宽制度从试点到全面实施、从适用稳定到逐步提升办案质效，制度整体运行顺畅平稳，检察主导责任日益彰显。实践深化推动了理论研究深入，在量刑建议方面，相关研究从量刑建议性质、功能延展、量刑建议精准规范，以及量刑建议程序等角度提出完善建议。在认罪认罚案件反悔、上诉方面，相关研究者在认可上诉权作为被告人法定权利的基础上，提出对认罪认罚案件中被告人滥用上诉权问题进行适当规制。有论者建议，通过修改立法，加大上诉风险，促使被告人谨慎上诉。在认罪认罚案件上诉和抗诉的关系方面，有论者建议，针对认罪认罚被告人上诉的抗诉是在现有法律体系下，基于认罪认罚从宽制度的价值导向、协商性特征等因素影响产生的正常现象。为消解因潜在利用立法留白形成的"技术性上诉"现象，避免"以抗诉制约上诉"产生的副作用，可以在适用速裁程序的认罪认罚案件中确立上诉审查机制，并明确检察机关抗诉情形。在控辩审三方关系方面，认罪认罚从宽制度顺畅运行离不开侦、诉、辩、审关系的协

---

[*] 最高人民检察院检察委员会委员、第一检察厅厅长，中国法学会检察学研究会刑事检察专业委员会常务副主任。

调，研究者从多个方面提出了建议。有论者建议，要加强与公安机关沟通，引导尽早开展认罪教育；加强与法院沟通，细化量刑标准和量刑指引；加强与司法行政机关协作，推动值班律师法律帮助实质化。在制度适用与程序衔接方面，有论者指出，有必要将认罪认罚不起诉塑造为一种独立的不起诉类型，减少认罪认罚从宽与不起诉的制度冲撞与衔接耗费，增强不起诉的审前分流效果。

（二）关于少捕慎诉慎押刑事司法政策

为适应犯罪结构发生的重大变化，最高检连续多年积极推行少捕慎诉慎押刑事司法理念。2021年，党中央确立把少捕慎诉慎押从理念上升为刑事司法政策。这是继认罪认罚从宽制度之后深化宽严相济刑事政策又一重大举措，也是宽严相济刑事政策在刑事诉讼程序中更具体、更直接的体现。学界与实务界普遍认为，确立少捕慎诉慎押刑事司法政策正当其时，是司法机关特别是刑事检察践行司法为民、回应社会关切具体体现。在实证研究方面，有论者提出，应当依法适用非羁押强制措施，准确把握和适用逮捕的条件和标准，做到可不捕的尽量不捕。在制度研究方面，有论者对逮捕社会危险性量化评估开展研究，提出构建科学且公正的评估模型，同时确保量化评估在建构和实施过程中受到正当程序原则的规制。在对策研究方面，有论者建议，要在党委、政法委领导下建立检察机关与公安、审判、司法行政、律师量刑互动机制，完善不捕不诉的风险防控和保障机制。有论者建议，完善审查逮捕规定、非羁押强制措施、强化检察监督与权利救济等方面制度机制。

（三）关于企业合规

2021年企业合规成为刑事检察理论研究的一大热点，多份法学期刊设置专题进行研究。在企业合规价值方面，理论界普遍认为检察机关推动的涉案企业合规改革试点对加强民营经济司法保护，防范企业和企业所有者、管理人员违法犯罪，维护经济稳定发展有重要意义。有论者指出，企业合规激励开启了企业犯罪治理的新模式，能够实现刑罚的积极的一般预防效果，符合刑事法治原则。在企业合规对企业主体的刑事责任影响方面，有论者认为，企业合规既可能在不法判断上影响主体的犯罪故意、过失犯中的注意义务违反等要素；也可能在责任评价上，根据事前还是事后的合规计划评价主体的责任大小和预防必要性。在企业合规不起诉制度构建方面，学者大多主张建立企业合规附条件不起诉制度，也有学者主张充分利用合规检察建议的作用。在企业合规监管和评估方面，大多数研究者认为由独立第三方负责监督评估是相对较好的一种模式。

（四）关于刑事诉讼监督

《意见》对检察机关履行法律监督包括刑事诉讼监督提出了更高要求，也对刑事检察理论研究提出新课题。刑事检察要进一步落实以审判为中心的诉讼制度改革要求，秉持客观公正立场，依法及时有效履行审查逮捕、审查起诉和指控证明犯罪等职责，需要理论指引。有论者指出，健全完善侦查监督与协作配合机制，对于提升监督质效，维护执法司法公正具有重要意义。

（五）关于刑事诉讼制度

与刑事检察有关的刑事诉讼制度研究也是2021年一个热点。在起诉裁量权方面，有论者建议，以公共利益为起诉必要性审查核心标准，建立不起诉裁量标准体系，建议先建立典型个罪的不起诉裁量标准，再以此为基础，探索构建以行为人主体、类罪名、侵害的法益能否恢复等为区分要素的类型化不起诉裁量标准。关于异地调用检察官制度，有论者认为，异地异级调用检察官的做法，有人民检察院组织法上的依据，其体制根源是检察机关领导体制和检察一体的法理原则。当前优化公诉力量，异地调用检察官，无损于程序公正和诉讼平等原则。在附条件不起诉方面，理论界围绕轻罪治理，提出构建符合轻罪治理特点的诉讼程序，多名学者提出要通过修法的方式扩大附条件不起诉的适用范围，提升治理效果。在自诉转公诉方面，有论者认为，应当赋予检察机关出于维护公共利益的需要，接管自诉案件的权力，此时案件的性质将会发生从自诉到公诉的转化。

（六）关于刑事证据制度

检察机关是刑事错案的第一责任人，对指控证明犯罪负有法定的、不可推卸的责任。落实以审判为中心的要求，履行刑事诉讼中主导责任，检察机关必须加强证据的收集、审查、运用。在证明体系、证明模式方面，有论者建议，司法证明制度应从自由证明走向规范证明，从"准自由证明"模式转向"准规范证明"模式。在非法证据排除方面，有论者建议，将排除非法证据情况，特别是因排除非法证据导致指控失败的"痛感"向取证机关通报，能够唤起取证机关对于取证规范性的认识，遏制刑讯逼供等非法行为。在电子证据方面，有论者提出以入链后数据真实性有保障、入链前数据真实性可优化两大定律为技术基础，以既有电子证据真实性规则为制度基础，构建对区块链证据真实性予以推定、司法认知的规则。

此外，刑事检察理论研究围绕《刑法修正案（十一）》新增罪名也产生不少成果。比如，围绕袭警罪，有论者提出，袭警罪与妨害公务罪是特别条款与一般条款的关系，只有完全符合妨害公务罪成立条件的行为，才可能因为进一

二、刑事检察创新优化发展

步具备特别要素而成立袭警罪。作为特别要素的"暴力袭击"对警察职务的阻碍更为严重，使得袭警罪的不法程度重于妨害公务罪。又比如，修正案对洗钱罪条款作出修改后，删除"明知"构成要件，将"自洗钱"纳入刑法规制，洗钱行为事实上存在"自洗钱"和"他洗钱"两种类型。有论者认为，"他洗钱"仍然应当将"明知"作为构成要件。还比如，针对"醉驾"刑事案件居高不下、入刑打击面不断扩大，理论界做了一些针对性研究。

二、2021 年刑事检察理论研究主要特点

（一）始终坚持理论研究的政治性

检察工作是政治性极强的业务工作，也是业务性极强的政治工作。对检察机关而言，刑事检察理论研究是刑事检察工作的重要组成部分，理论研究始终做到旗帜鲜明讲政治，坚持以习近平新时代中国特色社会主义思想为指导，全面贯彻落实习近平法治思想，围绕《意见》，从中国特色社会主义法治体系建设的高度出发，认识、研究、解决刑事检察中重大理论和实践问题。比如，在深化中国特色社会主义刑事司法、刑事检察理论与制度方面，有论者从刑事政策、刑事立法、刑事司法、犯罪治理等方面分析了习近平法治思想中的刑事法要义。又比如，在充分发法律监督作用，推动刑事检察履职方面，有论者指出，在刑事诉讼制度改革叠加推进、刑事司法深刻变革的背景下，检察机关必须更新司法理念、完善监督体系、创新监督方式、提升监督能力，依法履行刑事诉讼监督职责，增强监督实效。再比如，在深化为大局服务、为人民司法方面，有论者指出国家治理的权力结构演变促进刑事检察职能强化式拓展，国家治理的制度逻辑转换推动刑事检察职能分层式拓展，国家治理的目标价值升华带来刑事检察职能延伸式拓展。

（二）始终坚持理论研究的人民性

人民性是我国司法的根本属性，也是刑事检察理论研究的鲜亮底色。进入新时代，人民群众在民主、法治、公平、正义等方面有了新的更高需求，刑事检察理论研究始终坚持人民至上，着眼于人民群众关心关注的检察实践问题，回应人民群众的普遍关切。有论者建议从人权刑事司法保障制度化、人权刑事司法程序公开化、刑事诉权有效性保障三个层面入手，构建中国特色的人权刑事司法保障体系。网络时代，侮辱诽谤的危害、对名誉侵害已经不能和以前、传统意义上几封信、小字报、口口相传相比，杭州"取快递女士被造谣出轨案"，推动自诉转公诉，不少法学专家撰文予以理论上的阐释。检察机关提出的以"案－件比"为核心的案件质量评价指标体系是推动办案理念、作风转

变的重要抓手,不仅仅是为了加强内部管理,根本是为了满足新时代人民群众对司法公正的更高要求,学者也从不同角度进行回应。

(三) 始终坚持理论研究的系统性

习近平总书记强调,全面依法治国是一个系统工程,要整体谋划,更加注重系统性、整体性、协同性。刑事检察理论研究高度重视系统观念,坚持跳出刑事检察看检察,深入研究刑事检察在整个检察工作中,在党和国家工作大局中、在国家治理大格局中的位置,找准切入点。有论者指出,网络空间治理具有物理限制虚化、自我意识强化和创新发展深化等特点,认为检察机关应立足职能定位,恪守人民立场,树立系统观念,秉持谦抑理念,增进司法能动,在新发展阶段为网络空间治理现代化建设提供有力法治保障。有论者指出,民法典时代,国家治理现代化呼唤以人民为中心的、以重民轻刑为前提的"民刑共治"新模式。只有民先刑后、民进刑退,才能形成轻重有序、责任有别的"民刑共治"治理体系,实现国家治理对公权力倚重转向私法自治的能力现代化。有论者针对监察调查与刑事司法的管辖衔接问题,分别对管辖权互涉案件、共有管辖权案件、涉级别管辖移送案件程序衔接提出了制度设计建议。有论者针对近年来一系列诽谤案件引起群众热议的状况,指出当行为对象没有特定因缘地指向不特定个体时,名誉受损的风险由此溢出到陌生人社会中,诽谤行为具有了危害社会秩序的性质,应例外地提起公诉,从实体法角度为程序法适用提供了思路。

(四) 始终坚持理论研究的实践性

刑事检察理论研究不尽的源泉就在丰富而鲜活的刑事检察监督办案中。刑事检察理论研究始终围绕刑事检察实践展开,坚持问题导向,从中发现真问题,从理论上深加阐释、予以指引。有论者结合检察机关发布的指导性案例,归纳、挖掘防卫行为过当和防卫结果过当的司法判断规则,发挥指导性案例在抽象的文本正义和具体的个案正义之间的桥梁作用。异地异级调用检察官的问题进入公众视野,也面临一定的质疑,相关研究及时跟进,通过研究回应争议分歧,推动形成共识。有论者对统一调用检察人员的法律依据、体制根源的系统阐述,有助于消弭不必要的误解。有论者从引发社会关注的个案裁判出发,提出对人工繁育动物犯罪案件确立综合评判法益侵害程度的规则,构建以价值为基准的多元定罪量刑模式。

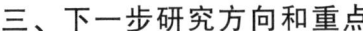

三、下一步研究方向和重点

（一）进一步深化对刑事检察理念的研究

理念是引领刑事检察监督办案的思想和灵魂。伴随经济社会快速发展，新时代刑事检察理念不断适应调整，先后提出"为大局服务、为人民司法""客观公正立场""在办案中监督、在监督中办案""双赢多赢共赢""法理情统一""能动司法""协作式司法""恢复性司法"等深入人心的刑事检察理念。刑事检察理论研究要立足这些新理念，围绕刑事检察实践，不断深化、细化、实化。要重点深化对客观公正立场研究，立足检察机关宪法定位，结合法律规定、职能特点，研究刑事检察如何更好秉承客观公正立场、维护公平正义，如何更好实现惩治犯罪与保障人权平衡。要深化对刑事检察主导责任研究，从追诉标准、诉讼证明、程序适用等方面研究主导责任的内涵、落实方式，提升刑事检察效能。要深化对能动司法、能动刑事检察研究，探究如何更好运用刑事检察职能，深入参与社会治理，发挥检察办案规范社会行为、引领司法的作用。还要深化研究情理法相贯通理念，汲取中华法系历史资源，坚持"三个效果"有机统一和天理、国法、人情融会贯通的司法理念，避免就案办案、机械司法。在认罪认罚从宽制度已全面适用背景下，关于协作式司法、恢复性司法理念与制度构建、实践机制研究，显得格外重要。

（二）进一步深化对刑事检察政策的研究

当前，重点深化对宽严相济刑事政策特别是少捕慎诉慎押刑事司法政策研究，深入研究少捕慎诉慎押刑事司法政策与认罪认罚从宽制度之间衔接机制。研究中应重点把握"三个必要性"：逮捕必要性，以案件分类、分流为基础，把好审查逮捕关，降低逮捕率；起诉必要性，依法用好并逐步用足相对不起诉权；羁押必要性，在有效减少不必要羁押、推动降低审前羁押率、依法保障被羁押人人身权利的同时，推动实现以社会危险性条件为重点的羁押必要性审查实质化、规范化、常态化，引导全社会更新转变羁押理念，推进提升社会治理体系和治理能力现代化。要加强捕后不起诉、捕后判轻缓刑评价标准研究，强化非羁押强制措施适用研究，探索构建科学有效的非羁押监管体系。还要加强起诉裁量权研究，完善起诉必要性审查标准，构建科学合理的裁量基准体系。

（三）进一步深化对刑事检察制度机制研究

继续深化认罪认罚从宽制度研究，开展认罪认罚制度适用成效评估研究以及刑事诉讼模式转型研究，特别是要跟踪"两高"常见犯罪量刑指导意见实施情况，总结提炼量刑情节和因素，开展类案量刑规律实证研究，拓展常见罪名指导意见范围。围绕《人民检察院办理认罪认罚案件开展量刑建议工作的指导意见》，对量刑证据审查认定、量刑建议提出方法、量刑建议调整和量刑监督工作开展针对性研究。开展认罪认罚从宽制度下新型检律关系研究，推动认罪认罚听取律师意见实质化，推动形成理性对抗、平等协作的新型检律关系。跟踪最高检和公安部《关于健全完善侦查监督与协作配合机制的意见》落实情况，开展监督、配合、制约框架下的侦诉、检警关系研究，开展新形势下侦查监督工作模式和检警配合制约机制研究。深化刑事和解制度实证研究，激活刑事和解制度适用，修复社会关系，化解社会矛盾。还要开展完善多层次刑事诉讼程序体系、行政执法与刑事司法、补充侦查、刑事审判监督制度、企业合规制度等方面研究。

（四）进一步深化对刑事检察案例的研究

案例作为最重要的刑事检察产品、法治产品，其价值功能一方面是统一法律适用，即司法适用功能；另一方面是借由案例蕴含的司法理念，引领司法实践，即司法引领功能。2021 年，刑事检察办案实践中提炼出一大批指导性案例和典型案例，包括落实少捕慎诉慎押刑事司法政策第一批典型案例、依法惩治诈骗犯罪典型案例、命案"提前介入、引导侦查"典型案例、重罪案件适用认罪认罚从宽制度典型案例、职务犯罪适用违法所得没收程序典型案例、依法保护知识产权典型案例、洗钱罪典型案例，以及正在选编的网络时代公民人格权刑事保护指导性案例。这些案例是法律规定、法的理论与司法政策运用、司法经验引领有机结合的产物。刑事检察理论研究要把案例总结好，从形式到内容，多角度深入探究其社会意义、法治引领意义，指导司法、检察实践，对社会释法说理，普及法律知识，实现政治效果、社会效果、法律效果有机统一，推动人民群众对法治的尊崇与信仰。

（原载于《检察日报》2022 年 1 月 13 日，第 3 版）

检察机关对重大毒品犯罪案件
介入侦查的有关问题

元　明[*]　肖先华[**]

依据刑事诉讼法和《人民检察院刑事诉讼规则》等法律和司法解释的规定，检察机关根据需要介入公安机关的侦查活动，参加公安机关对于重大案件的讨论，对案件性质、收集证据、适用法律等提出意见，监督侦查活动是否合法。检察机关对重大毒品犯罪案件介入侦查，要明确定位，以引导侦查取证为主要工作内容，切实发挥主导责任，查明案件事实，完善证据体系，提升办案质效。

一、介入侦查的基本定位

毒品犯罪案件较为特殊，其犯罪隐蔽，证据种类单一，直接证据匮乏，取证难度较大，翻供现象较为普遍，特别是重大毒品犯罪案件证据收集不到位、不规范的问题较为突出，导致一些案件被裁判无罪或撤回起诉，严重影响案件办理质量。一些案件在公安机关移送审查逮捕、审查起诉时，相关证据的补查补正往往又丧失了最佳时机。这就迫切需要检察机关强化对重大毒品犯罪案件的介入侦查，引导公安机关取证，从源头上把关。因此，检察机关对重大毒品犯罪案件介入侦查，一般应当在案件移送审查逮捕前进行，以确保介入侦查活动效果。

当前，以审判为中心的刑事诉讼制度改革稳步推进，其实质是坚持证据裁判原则，推进庭审实质化，确保侦查、起诉的案件事实经得起庭审的检验。在此背景下，庭审对重大毒品犯罪案件提出了更高证据要求，证据收集不到位、不规范的问题在激烈的庭审控辩交锋中成为检察机关指控、证明犯罪的重大隐患。因此，检察机关通过介入侦查，在庭前特别是侦查环节完善证据体系至关

---

[*] 最高人民检察院第二检察厅厅长。
[**] 最高人民检察院第二检察厅干部。

重要。介入侦查，有利于检察机关强化对证据合法性的审查，及时发现和纠正非法取证问题，提升侦查监督效果，也与以"案－件比"为核心的案件质量评价体系高度契合。

近年来，全国检察机关主动加强与公安机关的协调配合，不断强化对重大毒品犯罪案件的介入侦查工作，本着"引导而不领导，介入而不干预，协作而不代作，配合不忘监督"的工作思路，促使公安机关由"抓人破案"向"证据定案"转变，有力推动了案件侦查工作。一些地方检察机关还与同级公安机关会签了检察机关对重大毒品犯罪案件介入侦查的相关规范性文件，推动介入侦查工作常态化和制度化。检察机关介入侦查的案件，重点应当是省级以上公安机关确立的毒品目标案件以及可能判处无期徒刑以上刑罚的毒品犯罪案件。对于犯罪嫌疑人"零口供"等证据薄弱的毒品案件以及确有必要介入侦查的其他毒品案件，检察机关也应积极介入侦查。实践中，对于公安机关主动商请检察机关介入侦查的毒品犯罪案件，检察机关一般应当介入侦查；对于公安机关未商请介入侦查的重大毒品犯罪案件，检察机关应当依职权主动介入侦查，特别是对于可能判处死刑的案件原则上均应当依法介入侦查。检察人员在介入侦查活动时，对侦查取证工作的意见或建议，一般应当以书面形式提出，对于口头提出的意见或建议应当做好记录。对于介入侦查工作的相关情况，检察机关应当向公安机关定期通报，共同研究解决工作中存在的问题，形成工作合力。2020年，全国检察机关对毒品犯罪案件介入侦查5400余件，占同期受理审查起诉毒品犯罪案件数的8.3%，其中应公安机关商请介入侦查的3300余件，检察机关依职权主动介入侦查的2100余件。从统计数据看，近年来，检察机关对毒品犯罪案件介入侦查更加积极主动，引导侦查取证率呈现上升态势，但比率依然较低，特别是对于一些重大毒品犯罪案件没有及时介入侦查，相关工作仍有待强化。

二、介入侦查的主要工作内容

检察机关对重大毒品犯罪案件介入侦查，在引导侦查方面可开展的工作很多，既包括收集固定判断证据，也包括案件定性等法律适用方面的内容。但引导侦查机关全面收集固定证据，强化证据审查，无疑是检察机关介入侦查工作的重中之重，也是后续对案件适用法律的基础。具体而言，检察机关介入侦查，应当着重开展以下几方面的工作。

（一）审查案件的管辖问题

检察机关介入侦查首先要审查案件的管辖问题。针对毒品犯罪案件的地域管辖,犯罪地包括犯罪预谋地,毒资筹集地,交易进行地,毒品生产地,毒资、毒赃和毒品的藏匿地、转移地,走私或者贩运毒品的目的地等。被告人居住地包括被告人常住地、户籍地及其临时居住地。因毒品犯罪共同犯罪和上下家关系交叉,犯罪链条、层级纷繁复杂,毒品犯罪案件管辖问题较为复杂。常见如交叉管辖问题,同一名犯罪嫌疑人在不同地区实施多起毒品犯罪,由于公安机关在案件侦查、适用强制措施等方面信息不共享,导致同一犯罪嫌疑人因不同毒品犯罪事实同时被多个公安机关立案侦查。如抢案源问题,有的公安机关为完成办案指标,到异地抓捕毒贩,导致管辖权出现冲突。如目标案件凑数问题,个别地方为了扩大办案效果,争取将一般案件列为毒品目标案件,将一些其他无关的毒品犯罪嫌疑人纳入,违反了管辖规定。又如管辖权误区问题,有的公安机关根据吸毒人员提供的线索抓获外地的贩毒人员,即认为有权管辖,而实际上并无管辖权。检察机关在介入侦查时,应当审查公安机关立案侦查的毒品犯罪案件是否符合法律和司法解释关于地域管辖的规定。对于存在管辖不规范的问题,检察机关应当予以监督纠正,督促公安机关及时作出调整,或将案件移送更为适宜管辖的公安机关办理。对于当地公安机关无管辖权,但案件更适宜在该地办理的,应当督促公安机关及时办理侦查管辖手续,同时为案件审判管辖做好相关准备工作。

(二)审查侦查取证是否到位的问题

因毒品犯罪案件证据特殊,司法实践中普遍存在侦查取证不到位的问题,检察机关介入侦查时要引导公安机关全面收集固定证据。

其一,全面收集客观性证据。引导公安机关收集涉及毒品犯罪信息流、物质流和资金流的客观性证据,切实扭转长期以来侦查取证过分依赖口供的问题。(1)全面收集犯罪嫌疑人之间的通讯记录;(2)全面收集航班记录、高速公路通行记录、住宿记录和快递记录;(3)全面收集毒品交易的银行转账记录和汇款记录;(4)全面收集毒品交易地点的监控录像;(5)全面收集毒品犯罪的物证、书证,对毒品外包装物做指纹等痕迹鉴定,对汇款单、包裹单、账本等做笔迹鉴定,等等。

其二,全面收集证明犯罪嫌疑人实施毒品犯罪"主观明知"方面的证据。行为人主观上"是否明知"是证明毒品犯罪的难题之一,除行为人自身的供述之外,只能通过其他证据予以推定。但在实践中,侦查人员往往容易忽视对毒品"主观明知"方面证据的收集。检察机关应当引导公安机关及时全面收集与毒品具有关联性的指纹、生物样本等证据。这些证据极易随着时间的推移而损毁或灭失,这一特点也往往被具有反侦查能力的犯罪嫌疑人所利用,需要检察机关在介入侦查时特别关注。

其三，全面收集电子数据。当前越来越多的毒品交易通过微信、QQ 等平台进行，微信、QQ 聊天记录等电子数据在证明毒品犯罪方面的作用愈加凸显。但实践中，侦查人员对电子证据的收集提取和固定工作重视不够，一些重要犯罪信息未被及时提取、固定。检察机关在介入侦查时要引导公安机关全面收集相关电子数据，特别是对于手机等通讯工具中的相关数据信息，要督促其严格按照最高法、最高检、公安部《关于办理刑事案件收集提取和审查判断电子数据若干问题的规定》及时收集提取。

其四，全面收集关联性证据，对毒品犯罪案件深挖彻查。公安机关往往习惯于"抓人缴毒"，未能及时对毒品犯罪上下线、同伙以及涉毒资产进行追查深挖。有的甚至"满足于"至少能将犯罪分子按非法持有毒品罪进行处理。这不仅影响对毒品犯罪的打击力度，也给起诉、审判环节准确查清犯罪分子在整个毒品犯罪中的地位、作用带来困难，影响刑罚的公正适用。检察机关介入侦查时，要全面审查事实证据和案件线索，及时引导公安机关延伸侦查，全面打击毒品犯罪上下线、共同犯罪等，查找漏罪漏犯，查扣收缴涉毒资产，做到对毒品犯罪的全链条打击。特别是在涉毒资产查处方面，司法机关长期以来重视不够，严重影响对毒品犯罪的打击效果。由于涉毒资产追缴不到位，一些家族式毒品犯罪团伙在个别成员被查获后，其他成员仍大肆进行毒品犯罪活动。检察机关在介入侦查时，要着重审查涉毒资产是否查扣到位以及查扣资产的性质、流转权属，与犯罪事实的关联性等，积极引导公安机关对毒品犯罪"打财断血"，彻底摧毁毒品犯罪赖以生存的经济基础。

(三) 审查侦查取证是否规范的问题

公安机关办理重大毒品犯罪案件普遍存在侦查取证不规范的问题，检察机关介入侦查时要督促公安机关及时予以纠正，排除相关风险隐患。

其一，督促纠正毒品的提取、扣押、称量、取样、送检、鉴定不规范问题。侦查取证过程中，对最高法、最高检、公安部《办理毒品犯罪案件毒品提取、扣押、称量、取样和送检程序若干问题的规定》执行不到位。主要存在的问题有：(1) 对于缴获的毒品，仅附有扣押物品清单，未说明毒品来源及物证提取过程的合法性。(2) 扣押现场没有见证人或见证人系侦查人员或者系侦查机关聘用的工勤人员。(3) 称量、取样、送检时毒品的编号、名称以及对毒品外观特征的描述与扣押清单不一致。(4) 在扣押物品清单上，只列明毒品的特征、包装、性状等，未及时称重并让犯罪嫌疑人确认。(5) 封存毒品没有现场进行，部分封存不符合规定。(6) 对于当场缴获的毒品，特别是藏匿于其他物品中的毒品，不交由相关人员辨认并制作笔录。(7) 称量、取样时，有的直接使用犯罪嫌疑人的电子秤进行称量，有的没有分开称量，有的将多个包装的毒品混装为一包取样。（8）鉴定意见中送检的检材与相关提取笔录、扣押物品清单等记载的内容不相符。（9）对毒品鉴定时未按照规定分别进行鉴定，进行混合鉴定。（10）部分鉴定机构和鉴定人资格证过期，有的鉴定日期早于毒品查获日期，文书落款日期早于鉴定日期，等等。对于以上问题，检察机关在介入侦查时要督促公安机关及时予以纠正，能够补正的及时补正；对于无法补正但可作出合理解释的，可要求公安机关提前作出相关合理解释；对于毒品的提取、扣押、称量、取样、送检、鉴定不能形成毒品同一性认定的，相关证据不能作为定案的依据，检察机关应当督促公安机关及时排除相关证据。

其二，督促纠正电子数据收集不规范问题。司法实践中，一些案件未按《关于办理刑事案件收集提取和审查判断电子数据若干问题的规定》要求进行取证。主要存在的问题有：（1）没有扣押、封存电子数据的原始存储介质；（2）没有使用取证软件依照操作规程提取电子数据，仅对微信、短信等简单采用拍照的方式固定，且未经当事人辨认；（3）没有对电子数据进行完整性校验；（4）没有电子数据持有人、见证人签名。检察机关在介入侦查时，要及时督促公安机关纠正电子数据收集不规范问题，以确保电子证据收集提取工作的合法性和真实性。

其三，督促纠正讯问录音录像不规范问题。毒品犯罪案件法定刑达到无期徒刑、死刑的较多，但一些案件中讯问录音录像不规范，一旦被告人提出非法取证问题，庭审指控容易陷入被动。主要存在的问题有：（1）录制不完整，有的进行选择性录制，有的对讯问中的程序性部分没有录制。（2）画面取景和场地布置不合规，影响讯问合法性。（3）录音录像内容与笔录记载不一致，影响供述的真实性。（4）侦查人员录制方式不规范，有的同步录音录像其实是讯问室的监控录像，只有图像没有声音；有的使用执法记录仪进行录制，不能反映讯问全貌；有的使用手机录制；有的同步录音录像听不清声音，无法发挥其证明侦查行为合法性的作用。检察机关介入侦查时，应当要求公安机关严格按照规定进行讯问录音录像。对于讯问笔录内容与同步录音录像存在实质性差异的，应当督促公安机关及时作出合理解释；无法作出合理解释的，应当督促公安机关以讯问录音录像为准进行认定。对于经查实或者不能排除以刑讯逼供等非法方法收集的口供，应当督促公安机关坚决依法排除。

其四，督促纠正毒品犯罪案件现场处置和讯问不规范问题。司法实践中，有的案件中公安机关未制作搜查、现场勘验、检查笔录，导致案件现场情况无法查清；有的案件中讯问犯罪嫌疑人时没有立案或者不在法定羁押场所；有的没有采取强制措施，继续使用留置盘问进行讯问。检察机关在介入侦查时，对于上述情形均应当及时制止，监督公安机关依法纠正。

（四）审查技术侦查证据使用问题

司法实践中，公安机关利用技术侦查手段办理毒品犯罪案件，虽然刑事诉讼法明确规定技术侦查证据可以作为证据使用，但长期以来随案移送难以落实，技术侦查证据未有效转化使用，制约了毒品犯罪案件的指控效果。此外，在特勤人员使用管理方面，也存在使用特情的手续不齐备，不提供使用记录等问题。检察机关在介入侦查时，应当强化对技术侦查证据使用的审查。对于技术侦查证据影响罪与非罪、罪轻罪重，特别是死刑适用的，应当督促公安机关在移送审查起诉时一并移送技术侦查证据。同时向公安机关释明，对于技术侦查证据应当移送而未移送的，检察机关将作有利于犯罪嫌疑人的认定。

三、介入侦查需注意的几个问题

对于检察机关就重大毒品犯罪案件介入侦查工作，应进一步建立健全相关制度机制。

其一，关于介入侦查与"捕诉一体"办案机制的关系问题。检察机关内设机构改革后，全面实行"捕诉一体"办案机制，在此背景下，检察机关介入侦查也应当由负责审查逮捕、审查起诉等工作的同一办案组织负责。但对于可能判处无期徒刑以上刑罚的重大毒品犯罪案件，侦查活动往往由基层公安机关负责，审查逮捕亦由基层检察机关办理，而审查起诉则由市级检察机关办理，客观上存在捕诉分离的问题。如何确定对重大毒品犯罪案件的介入侦查主体，与审查逮捕、审查起诉环节有效衔接，成为新的问题。一般而言，基层检察机关与同级公安机关联系更为密切，便于开展工作，但办理重大毒品犯罪案件力量和经验相对有限，由其独自介入侦查或者在审查逮捕环节审查把关，恐难以满足市级检察机关审查起诉时的工作需要。为此，可以探索以下方式：一是市级检察机关加强与同级公安机关的沟通协调，重大毒品犯罪案件由市级公安机关侦查，或者基层公安机关侦查终结后移送市级公安机关，统一由市级公安机关移送市级检察机关审查逮捕、审查起诉，相关介入侦查工作也由市级检察机关负责。二是在基层检察机关对重大毒品犯罪案件介入侦查、审查逮捕时，市级检察机关同步介入侦查、进行审查，且由市级检察机关进行主导，强化对事实证据的审查把关。

其二，关于介入侦查与退回补充侦查、自行侦查的衔接问题。如前所述，对于重大毒品犯罪案件介入侦查，应当在公安机关移送审查逮捕前进行，同时检察机关也要在审查逮捕、审查起诉环节强化引导侦查。要做好检察机关介入侦查与退回公安机关补充侦查和自行侦查工作的衔接，形成工作合力。对于检察机关介入侦查时未出现或者未发现的问题，有必要退回补充侦查的，应当及时退回公安机关补充侦查，出具详细的退补提纲，明确退补原因、目的以及补证方向，并跟踪补查动态，及时引导公安机关准确补充取证。对于检察机关介入侦查时已提出监督意见的相关问题，作出批准逮捕决定时，应当出具逮捕案件继续侦查提纲，监督公安机关继续按要求侦查取证；移送审查起诉时仍未解决的，一般应当自行侦查，开展调查核实，积极主动开展对证据的收集判断，强化补强补证，完善证据体系。检察机关在对重大毒品犯罪案件介入侦查时，应当将介入侦查情况以书面形式记录在案，形成独立案卷，以便审查逮捕、审查起诉环节查阅，并将其作为退回补充侦查或者自行侦查时的重要参考。

其三，关于介入侦查的考核评价问题。最高检2020年印发了《检察机关案件质量主要评价指标》，标志着以"案－件比"为核心的案件质量评价指标体系基本确立。全国检察机关重罪检察部门采取有力措施，加大介入侦查工作力度，优化"案－件比"取得明显成效。同时应当看到，因重罪检察工作的特殊性，包括重大毒品犯罪案件在内的重大、疑难、复杂案件较多，为保证案件质量，对案件退补、延长审查起诉期限等在所难免，唯"案－件比"论并不符合重罪检察工作特点。对于重罪案件来说，应当在以"案－件比"为核心的案件质量评价指标的基础上，更加重视对检察机关介入侦查工作的考核评价，加大对引导侦查取证率的考核权重，推动检察机关在刑事诉讼中尽早发挥主导责任，引导公安机关依法全面收集固定证据，提升案件质量。同时，为确保检察机关介入侦查重点放在重大案件上，应当着重围绕检察机关对可能判处无期徒刑以上刑罚案件的介入侦查工作，设置引导侦查取证率的考评标准。

（原载于《人民检察》2021年第11期）

聚焦实务关注热点 推动刑事执行检察新发展

侯亚辉[*]　魏祎远[**]

2021年，在习近平法治思想指引下，刑事执行检察工作迈入了新的发展阶段，监狱跨省交叉巡回检察，看守所巡回检察试点，减刑、假释、暂予监外执行（以下简称"减假暂"）"顽瘴痼疾"整治，司法工作人员职务犯罪侦查百日行动等多项工作共同推进。学界和实务界聚焦实务中的热点难点问题，在派驻检察与巡回检察制度、刑罚变更执行检察监督、社区矫正检察监督、减刑假释案件实质化审理等方面取得了较为丰硕的研究成果，具有很强的实用价值，凸显了刑事执行检察在新时代检察工作中的重要作用。

一、聚焦派驻与巡回检察制度

派驻检察是具有中国特色的社会主义检察制度。长期以来，派驻检察室是检察院在监管场所开展法律监督工作的派出机构，代表检察院依法对刑罚执行和监管活动实施法律监督，是刑事执行检察工作的重要基础。巡回检察工作更强调对教育改造工作的监督。最高检检察长张军指出，要通过法律监督，把促进罪犯改造成守法公民作为巡回检察工作的根本。监狱巡回检察从试点伊始，到现在全面推开，巡回检察运行规律、开展方式、成果运用等方面的探索不断加深，由初期的点状、平面摸索发展到目前的系统、立体推进，把巡回检察工作提升到了一个新的高度。

（一）关于派驻检察和巡回检察有机结合

最高检副检察长杨春雷指出，巡回检察和派驻检察作为监管场所检察的两种基本方式，应当健全派驻检察和巡回检察职责分工、衔接配合机制。巡回检察和派驻检察作为监管场所检察的两种基本方式，应当一体推进，共同发展。派驻检察应发挥好前哨、探头的作用。派驻检察人员长期工作在监管场所检察

---

[*] 最高人民检察院第五检察厅厅长，中国法学会检察学研究会刑事执行检察专业委员会常务副主任。
[**] 北京外国语大学法学院博士研究生。

最前线，承担着对监管场所进行日常监督的职责，具有即时性、经常性、便利性，要及时掌握驻在监管场所的日常情况，为巡回检察全面提供情况。有的论者从成本衡量视角指出，巡回检察在强调保障罪犯合法权益的同时，使监狱检察由日常化向临时化的"倒退"，不利于及时监督监狱和保障罪犯权利。有论者提出要进一步推动巡驻配合，派驻检察要做好前期工作，确保巡回检察履职重点放在发现违法犯罪线索与监管问题上，在巡回检察结束后，派驻检察室还应主动深入"三大现场"监督监管场所的整改情况并及时反馈给巡回检察组，通过派驻检察巡前铺垫、巡中配合、巡后检察的作用提供保障。这些问题都应当有针对性地通过派驻检察和巡回检察"取长补短"的方式进行解决。

(二) 关于更好发挥派驻检察的基础作用

当前，在刑事执行检察工作中存在对派驻检察的认识偏差，导致派驻检察被虚化弱化，降低了其应当发挥的作用。派驻检察对维护在押人员合法权益发挥着重要作用。对于完善派驻检察工作，有论者认为应当通过正当性审查的方式，强化派驻检察对监狱高度戒备管理的监督制约。此外，派驻检察应当以办案为中心，充分发挥其阵地功能、岗哨功能以及纽带功能，辅助办案，从而弥补巡回检察的劣势与短板。对于看守所而言，其所羁押的人员流动性较大，并且关押的大多属于未决犯，检察的客体具有特殊性，有论者就此提出非全程参与性的巡回检察模式并不能确保每一位被羁押人员的合法权益实现都能得到监督和维护，需要进行全程性监督，强化看守所的驻所检察工作。

(三) 关于充分发挥巡回检察制度优势

巡回检察所具有的制度优势，是进一步深化监狱巡回检察改革、全面推开看守所巡回检察工作、提升巡回检察质效的重要保证。有论者提出，将投诉处理机制作为巡回检察的"关键抓手"，规范服刑人员申诉、控告流程，便于检察机关更加全面获知刑罚执行的相关信息，调动服刑人员主动向检察机关申诉、控告以及接受刑罚改造的积极性。还有论者提出，构建巡回检察预约机制，会同监狱联合出台相关人员检举保护机制，保障罪犯合理诉求表达和权益维护的便捷与通畅。同时，运用信息化、智能化等科技手段的能力有待提高，巡回检察中主要还是依靠人工深入"三大现场"，查阅材料、与罪犯谈话、调阅录像等传统方式开展工作，智能化、信息化等科技手段运用不多，传统检察方式和信息化技术的融合以及利用智能信息技术发现和解决问题的能力还需要进一步增强。此外，要探索实施社区矫正巡回检察。有论者提出，对社区矫正的巡回检察，应整合司法行政、法院、公安机关、民政部门、检察机关等多部门力量，从顶层设计、人员配备、部门联动等方面加强对社区矫正工作的组织协调。还应当突出对社区矫正对象脱管漏管情况的监督，切实维护社会和谐稳定。同时，要加强对涉民营企业社区矫正对象外出从事生产经营活动依法行使财产权和经营权等合法权益的监督，探索建立涉民营企业社区矫正对象请假外出快速便捷办理、跨省异地同步协管等机制，确保社区矫正对象"放得出""管得住"，以法律监督高效履职服务保障民营经济高质量发展。

（四）厘清巡回检察绩效考核相关机制

实践中，巡回检察工作的开展使巡回检察与派驻检察人员的绩效考核处于复杂状态。有论者提出，由于巡回检察需要对派驻检察履职情况一并开展检察，对派驻检察室而言，巡回检察所获成效与派驻检察业绩关系较小甚至可能存在冲突，导致派驻检察室的工作侧重点逐步转移到日常监督中，配合巡回检察主动收集信息的动力不足。在巡回检察的考核归属问题上，对负责交叉巡回检察的检察官发现的问题线索，其成绩是归属于检察官、检察官所在检察院还是负责监管被巡回单位的检察院，尚未有定论。还有论者提出，巡回检察质效评鉴标准不明确，巡回检察中发现的问题如果未整改落实，是否会对检察人员追责，以被监管场所整改效果考核检察人员是否公平，这些问题致使检察人员履职与整改效果之间的关系较难考核。福建省检察系统建立了监狱巡回检察业绩考核评价体系，根据巡回检察的主要流程规范考评依据，以书面材料以及检察官贡献度等认定监督成果的归属，结合监狱检察的工作特性制定考核指标全面、权重系数均衡的巡回检察业绩考评细则。

二、聚焦规范刑罚变更执行检察监督机制

对刑罚变更执行监督是检察机关的法定职责，依法加强对"减假暂"的监督，推进实质化审理，对于维护刑罚执行公平公正、维护罪犯的合法权益、维护刑罚执行场所监管秩序和社会稳定具有重要意义。

（一）增强刑罚变更执行检察监督的责任与能力

从检察机关对拟提请"减假暂"罪犯的监督时间来看，检察机关发现监狱、看守所和被监管人员存在的隐患和问题，继而发出检察建议或提出纠正意见，都是事后监督的检察手段。有论者建议，将执行机关向检察机关"抄送减刑、假释建议书副本"中的"抄送"改为"报送"，由检察机关先行审查，经检察机关同意后才能报送法院，只有这样，才能进一步体现检察机关的"同步监督权"，同时检察机关对于有误或不当的"减假暂"决定，有权责令重启审查程序，甚至可以直接作出纠正错误的决定。此外，还应当强化检察机关的纠正权与抗诉权，对不当的减刑和假释行为及时提出纠正意见或按照审判

监督程序向法院提起抗诉。还有论者针对假释适用率偏低的问题,建议将假释作为专项巡回检察的重点之一,既监督监狱严格把握提请假释的条件和情形,又监督监狱切实做到在罪犯同时符合减刑和假释条件时优先适用假释,同时加大对有争议的假释案件举行检察听证的力度,推动假释依法适用率有效提升。

还有论者分析指出,减刑、假释提请权是一种司法行为,没有起诉就没有审判,据此提出由检察机关行使减刑、假释提请权,避免因提请机关的多元而导致标准不统一。在当前"减假暂"提请工作依然由监管场所行使的情况下,要畅通对其纠错与救济的手段。有论者提出,应明确赋予检察机关在减刑案件中的抗诉权,取代提出"书面纠正意见",提升减刑、假释案件诉讼化改造的监督质效。针对目前减刑制度中存在的缺乏事后约束的问题,有论者提出,应当强化减刑撤销程序中的法律监督权,设置减刑考验期、构建减刑撤销的法定审理程序。

(二) 推进减刑、假释实质化审理

为严格规范减刑、假释工作,确保案件审理公平、公正,加强减刑、假释案件实质化审理,日前,最高法、最高检、公安部、司法部共同制定了《关于加强减刑、假释案件实质化审理的意见》。有论者提出,应当重视证据收集和审查,强化对重点服刑人员和刑罚变更执行源头环节的监督,在审理和裁定活动中注重监督的实效,重点围绕犯罪性质和情节、社会危害性、财产性判项履行情况、实际服刑表现等,结合减刑、假释法定条件相关核心问题发问和质证,当庭发表检察意见,确保庭审取得应有效果。还有论者提出,应当对减刑程序进行诉讼化改造,通过扩大公示范围、引入听证制度提升提请程序的透明度,赋予被害人参与减刑程序的权利。

(三) 加强对暂予监外执行的法律监督

暂予监外执行对维护判决权威、保证罪犯有效改造、促进罪犯回归社会具有重大意义。有论者提出,要用好暂予监外执行监督案件实质性审查中阅卷这个"利器",注意审查材料是否齐全、证据是否适格、结论是否准确,注重发现证据之间有无矛盾,发现有无影响结论判断的疑点。针对目前暂予监外执行同步检察"辅助性"定位缺乏刚性、监督实效不足的问题,有论者提出,应将其改造为"嵌入型"检察监督,强化对不符合暂予监外执行条件的罪犯的过滤筛查功能,并保障法院、监狱和看守所的复议复核权力。还有论者指出,存在判决生效后到暂予监外执行决定前罪犯监管责任不明的问题,为加强该期间对罪犯的监管,实现刑事诉讼活动的有序一体,防止罪犯再犯罪、脱逃,需要明确监管的主体和措施。对于以违规留所服刑为手段进而实施违规违法暂予监外执行的行为，有论者建议通过完善检察机关同步监督、暂予监外执行公示和听证、建立被害人监督看守所暂予监外执行等机制，筑牢防范违法违规暂予监外执行的制度笼子。

三、聚焦新形势下司法工作人员相关职务犯罪侦查能力的提升

2018年修订的刑事诉讼法明确规定了检察机关侦查司法工作人员相关职务犯罪的职责。杨春雷副检察长指出，要健全司法工作人员相关职务犯罪侦查工作内部协作机制，健全统一管理、分级报备的线索管理机制，制定立案侦查工作办法，健全侦查一体化工作机制，健全与监察机关工作衔接机制，明确互涉案件办理规范。2021年，司法工作人员相关职务犯罪侦查研究为新形势下检察侦查工作提质增效提供了实践借鉴和方向指引。

（一）研究提升职务犯罪线索发现能力

杨春雷副检察长强调，检察机关各业务机构在诉讼监督中应注意发现、移送司法工作人员相关职务犯罪线索，加强线索分析研判，提升发现犯罪、突破案件的能力。建立精准的职务犯罪线索发现和评估机制是提升监督质效的关键所在。有论者提出，要进一步强化巡回检察在发现和挖掘职务犯罪线索中的作用，从监管场所大门管理、违禁品查禁、狱内侦查工作、"减假暂"提请等方面入手，深入挖掘表面问题背后的渎职行为，构建巡侦紧密衔接的工作格局。还有论者提出，要实行线索统一集中管理机制，构建线索审查分流机制，提高线索分流效率，强化内部监督制约，促进线索规范处置，使线索在检察机关内部实现"一个口子进、一个口子出"。

（二）关注监检管辖衔接关系

监察体制改革后，检察机关的侦查职权发生了重大调整，亟须建立健全符合新阶段新要求新任务的制度机制。有学者指出，之所以将司法工作人员在诉讼活动中的职务犯罪授权检察机关立案侦查，主要是由于这些犯罪有的单纯是由于执法不严格、司法不规范、违反法定程序或者适用法律错误等原因造成的，虽然具有一定的腐败属性，但主要与检察院行使法律监督职权密切相关。对于监检互涉案件，刑事诉讼法规定可以由检察院立案侦查，但监察法确立了以监察调查为主的原则，对于这种"冲突"，有论者提出应当根据案件情况和侦查需要，合理确定互涉案件的管辖，而不宜简单化、"一刀切"。

当前，对于由监察机关向检察机关移送的案件，程序是畅通的，但对于经检察机关审查后达不到立案标准或决定撤案、移送审查不起诉，并移交进入监察程序的案件，法律法规尚未明确具体的程序。有论者提出，要加强与司法惩

二、刑事检察创新优化发展

戒的衔接，必要时将相关涉案材料移送司法惩戒委员会审查，同时也可以将原案相关线索移送司法惩戒调查，及时认定、追究、惩处司法责任，减少涉案被害人、关联人的诉累，维护司法公正与权威。

（三）关注侦查工作质效

在当前检察侦查权运行过程中，存在部分检察机关过度注重起诉率、有罪率，导致立案侦查中查"否"意识淡化的现象，还有一些检察机关办理案件证据链完整性、体系性意识不强，个别案件言词证据前后不一、缺乏关键性物证支撑，立足自身构建符合检察履职要求的侦查队伍也迫在眉睫。

有论者提出，检察机关要有意识地培养和强化侦查能力，注重培养和提升检察机关侦查人员的业务水平，还要树立大数据信息技术引导的侦查理念，针对司法工作人员相关职务犯罪信息化、隐蔽化、专业化强、政府数据共享相对滞后等实际情况，作出积极应对。同时，要依托大数据建立网络数据平台，提高电子证据的收集能力，发挥专业鉴定机构在司法工作人员职务犯罪侦查中的作用，整合有效信息，提高侦查效率。还有论者提出，通过设置专门侦查机构的方式，完善检察侦查体制机制建设，尚不具备设立专门侦查机构条件的，也必须设立专人、专组负责职务犯罪侦查工作。

（四）关注完善侦查办案业绩考评质效体系

针对很多地方仅以立案数量作为检察侦查工作业绩考评的主要指标等问题，有论者提出，要结合侦查工作实际科学设计、合理安排，确立以"案-件比"为导向的侦查案件质量考评体系，合理设置侦查案件不起诉率和免缓刑率评价指标，对因为侦查办案质量、证据收集固定不到位导致撤案、不起诉或者作出无罪判决的，应当合理设置业绩考评扣罚分项目、权重和分值。同时，立足司法责任制综合配套改革与职务犯罪侦查办案实际，围绕"督责""考责""追责"三个关键环节，构建体现职务犯罪侦查规律、符合检察官侦查办案职权实际的责任体系，强化履责尽责，严肃追责问责。

四、优化强制措施执行和非监禁刑执行检察工作

（一）完善重大案件侦查终结前讯问合法性核查制度

重大案件侦查终结前讯问合法性核查制度设立的目的是排除因刑讯逼供所获取的犯罪嫌疑人口供，防范讯问中可能存在的非法取证行为，最大程度避免"带病证据"进入审判程序。有论者指出，这一制度目前存在对"重大案件"范围与"侦查终结前"节点界定不清、办案线索收集困难、核查监督意识不强、监督刚性不足等问题，提出要细化核查案件的范围、明确核查启动时间、

异地羁押时的核查主体、不回复、不落实检察意见建议等应承担的相应责任等对策。

(二) 提升强制医疗执行监督的能力

被强制医疗人作为特殊群体，因实施暴力犯罪而被家庭所抛弃、被社会所不容，欠缺维权救济能力，其合法权益更容易受到侵犯。检察机关作为刑事执行活动公平正义的维护者，应当加强对被强制医疗人的人权司法保障。有论者建议细化检察监督措施，通过"定期检察＋不定期巡视""主动谈话＋被动约见"的方式，及时掌握被强制医疗人的精神状况、病情康复、思想波动等情况，畅通被强制医疗人权益保障渠道。同时，检察机关应当建立强制医疗解除检察监督长效机制，围绕精神诊断评估和司法鉴定、强制医疗执行活动、审判活动以及解除执行等环节的规范化监督，创制统一文书和操作流程，最大限度地实现强制医疗机构、检察机关、法院和鉴定机构以及被强制医疗人及其近亲属间的无缝衔接，做到办案有留痕、追责有依据，推进解除强制医疗办案模式规范化。

(三) 增强刑事裁判涉财产部分执行法律监督

就法院判决而言，当前财产刑适用率较高，财产刑执行率不高，主刑的执行程序严谨、规范，部门衔接顺畅，而对财产刑等附加刑的执行重视程度不高。为增强检察监督的质效，有论者提出，应畅通财产性执行内外信息渠道，与法院保持一致，同银行、税务、土地、房管、车辆登记等相关部门建立沟通机制，刑事执行检察部门要加强与刑事检察部门、控告申诉检察部门的内部协作，及时、主动获取财产刑相关信息，提升主动履职的积极性。也有论者提出，检察机关应当借鉴民事案件执行工作机制，引入申请执行人制度，赋予检察机关刑事裁判涉财产部分执行案件的启动权，构造三方执行程序，以此实现刑事裁判涉财产部分执行全程随案监督。

(原载于《检察日报》2022 年 1 月 15 日，第 3 版)

司法工作人员相关职务犯罪
侦查模式建构与完善

高景峰[*]

一、引言

　　模式，可以理解为在一般性与特殊性结合中，基于客观存在、规律、逻辑而调整要素结构的标准、式样或范型。一直以来，对职务犯罪侦查模式的研究主要聚焦在两个方面。一是从司法权体系整体来看职务犯罪侦查权的配置。比如，有学者通过对英美法系和大陆法系主要国家，以及我国香港特别行政区和台湾地区职务犯罪侦查模式的考察，提出目前职务犯罪侦查模式主要有警察模式、检察官模式、检警模式、专门机构模式四种。[①] 类似探讨大多以职务犯罪侦查权配置的主客体为主要考察对象。二是聚焦职务犯罪侦查权本身看职务犯罪侦查权力因子的配置。近年来，对职务犯罪侦查大数据模式、信息化模式，以及职务犯罪侦查由证到供、由供到证等相关研究探讨，则大多以职务犯罪侦查权运行结构和权责配置为主要考察对象。比如，有学者指出，侦查模式指的是构成侦查程序的标准元素及其结构、组合样式，即侦查程序中各个程序主体之间的地位、组织及其相互关系。例如，在侦查程序中，控、辩、审三方各拥有一定的权限并行使自己的权利，为了实现起诉或不起诉，或为了进入审判程序而进行活动。[②] 又如，有学者指出，把握好系统论，侦查活动才能有序进行，而根据控制论，侦查机关为了达到预先设定的目标，可以对系统论中的各个侦查环节进行人为的控制，这些都是大数据时代查办职务犯罪侦查模式的系统控制论依据。[③] 系统控制侦查活动背后，自然包含着运行结构、要素的调

---

[*] 最高人民检察院法律政策研究室主任。
① 王守安：《域外职务犯罪侦查模式研究》，载《河南社会科学》2016年第1期，第29页。
② 谢佑平、万毅：《刑事侦查制度原理》，中国人民公安大学出版社2003年版，第150页。
③ 郭哲：《大数据时代查办职务犯罪侦查模式认识论》，载《政法论丛》2019年第3期。

适。由此，我们也可以将关于职务犯罪侦查模式的研讨概括为从内生、外生或动态、静态、纵向横向等维度对其权力结构及运行方式的考察。比如，在2012年刑事诉讼法修改后，有学者即指出，检察机关的侦查权和犯罪嫌疑人的辩护权在侦查模式中是一种既相生又相克的关系，如果没有实现保障人权的合理抗衡，检察机关就难以做到司法的公正。故而，司法工作人员相关职务犯罪侦查模式实际上就是检察机关的权力与犯罪嫌疑人的权利进行相互博弈的关系。① 这一论断的重点在于统筹调配职务犯罪侦查模式中权力要素的关系。又如，有学者指出，从长远发展的角度来看，在审判中心主义视野下，职务犯罪侦查模式转型的根本保障在于建立健全一套区别于普通刑事犯罪，并符合职务犯罪追诉规律的特殊诉讼程序规则，并提出了建立健全职务犯罪刑事推定制度、建立健全污点证人作证豁免制度等刑事立法建议。② 这些意见建议主要由刑事诉讼立法来保障与推动职务犯罪侦查模式转型与发展。具体来说，职务犯罪侦查模式主要体现为国家治理体系中职务犯罪侦查权力结构配置，职务犯罪侦查职权运行结构与体系，以及两者有机统一的样式。

监察体制改革后，检察机关的侦查职权发生了重大调整，司法工作人员相关职务犯罪侦查与自行补充侦查两项职权由不同内设机构行使，自行补充侦查延续原办案结构与运行机制，查办司法工作人员相关职务犯罪作为检察机关职务犯罪侦查权运行的主体，亟须建立健全符合新阶段新要求新任务的制度机制。从立法赋权来看，修改后《刑事诉讼法》第19条对检察机关立案侦查管辖的授权，可以看作《监察法》第34条的法律例外，属于补充性授权。既为补充授权，就决定了衔接、协同等在相应侦查机制、模式构建与完善中的必要性与重要地位。从制度功能来看，检察机关行使司法工作人员相关职务犯罪侦查职权，更贴近诉讼，更易发挥法律监督在刑事诉讼活动中的制约监督作用，符合司法治理导向。既为治理，就决定了要将职务犯罪职权运行内嵌于法律监督制度体系之中，最大限度地发挥法律监督在刑事司法治理中的效能。从运行实践来看，自2018年刑事诉讼法修改以来，检察机关积极稳妥开展立案侦查工作，司法工作人员相关职务犯罪侦查机制基本建立。监检衔接、立案审查等机制制度建构运行实践表明，检察机关行使司法工作人员相关职务犯罪侦查职权，是为实现法律监督功能与价值，而进行的发现犯罪、揭露犯罪、证实犯

---

① 陈卫民、罗欣、张程、张哲、张富兴：《人权保障理念下职务犯罪侦查模式的转变——以新刑诉法实施后职务犯罪侦查为视角》，载《政法学刊》2013年第5期。

② 王向明、张云霄：《审判中心主义视野下职务犯罪侦查模式之转型》，载《法学杂志》2016年第4期。

罪、追诉犯罪的实践活动。综合来看，把握检察机关对于司法工作人员相关职务犯罪的侦查职权在刑事司法治理体系中重要价值，系统整合职务犯罪侦查职权要素，是推动建立健全依法公正、衔接有效、系统集成的职务犯罪侦查模式的"破题之选"。

二、衔接贯通：司法工作人员相关职务犯罪侦查模式的治理逻辑

把握检察机关对于司法工作人员相关职务犯罪的侦查职权在刑事司法治理体系中重要价值，首先要审示司法工作人员相关职务犯罪侦查在刑事司法治理体系中所处的位阶。当前，对于司法工作人员违法违纪和职务犯罪的刑事司法治理主要有三种制约监督方式：一是纪检监察的全覆盖；二是职务犯罪侦查；三是司法惩戒。后两者均在纪检监察全覆盖之下，需要在程序、模式、制度机制等方面达到有效衔接要求，发挥自身制度优势与有益补充功能。

（一）职务犯罪侦查与纪检监察的衔接贯通

自刑事诉讼法赋权以来，我国学者围绕司法工作人员相关职务犯罪侦查的立法授权、管辖等进行了诸多探讨，对其与纪检监察全覆盖的关系进行了有益的思考。有学者指出，修改后的刑事诉讼法规定司法工作人员的特定职务犯罪"可以由人民检察院立案侦查"，这里的"可以"是授权规定，表明检察机关有权对其立案侦查，但在某些情况下，也并非必须由检察机关侦查。① 根据监察机关对所有行使公权力的公职人员实现监察全覆盖的要求，监察委员会"可以对司法工作人员涉嫌犯罪案件依法开展调查。也就是说，对司法工作人员实施的相关职务犯罪，监察委员会和人民检察院都有管辖权"。② 对此，大部分学者形成了共识，强调此处的"可以"是授权性规范，即人民检察院有权立案侦查，但不是强制性规定，也不实行排他性管辖。③ "总的来看，这些犯罪不是典型的'腐败型'犯罪，对这些在诉讼监督中发现的司法工作人员不严格执法、违背司法公正、侵犯当事人权利的犯罪，由检察机关行使侦查权，不仅有利于检察机关有效履行法律监督职能，维护司法公正和保障诉讼正常进行，也有利于监察机关集中精力'反腐败'，保证深化国家监察体制改革目标的实现，符合监察机关和检察机关的定位。"④《人民检察院刑事诉讼规

---

① 朱孝清：《检察机关如何行使好保留的职务犯罪侦查权》，载《中国刑事法杂志》2019年第1期。
② 陈国庆主编：《司法工作人员职务犯罪侦查与认定》，中国检察出版社2019年版，第19页。
③ 卞建林：《职务犯罪监检管辖之分工与衔接》，载《法学评论》2021年第5期。
④ 王爱立主编：《中华人民共和国刑事诉讼法释义》，法律出版社2018年版，第39页。

则》《关于人民检察院立案侦查司法工作人员相关职务犯罪案件若干问题的规定》等进一步明确了"发现犯罪嫌疑人同时涉嫌监察委员会管辖的职务犯罪线索的,一般应当由监察委员会为主调查,人民检察院予以协助"等管辖衔接原则与要求。《监察法实施条例》第 52 条也对监察机关和检察机关立案衔接作出了相应规定。综合立法要求与制度建构,衔接贯通在检察机关职务犯罪侦查模式构建中不仅要前置、且要贯穿始终,要在主体与主导、一致与多元等要素的辩证统一中实现职务犯罪侦查模式的高质量发展。

第一,主体与主导。"主体",是指纪检监察机关承担着对国家反腐败治理的主体职责;"主导",是指检察机关在司法工作人员相关职务犯罪侦查环节具有一定的主导职责。检察官在刑事诉讼阶段中具有主导责任。查办司法工作人员相关职务犯罪是检察机关法律监督的重要方式,在特定的司法监督环节,检察机关承担着主导职责,这是检察机关履行刑事诉讼主导责任的基本途径。正如学者所强调,"从侦查阶段看,人民检察院拥有侦查职能和几近完整的侦查职权,对于诉讼活动实行法律监督中发现的司法工作人员利用职权实施的非法拘禁、刑讯逼供、非法搜查等侵犯公民权利、损害司法公正的犯罪,可以立案侦查;此外,人民检察院还拥有机动侦查权……无疑,在这些案件的立案侦查阶段,检察机关属于主导机关,具有全阶段的主导作用"。① 从监察执法与刑事司法管辖衔接制度发展来看,国家监察委员会、最高法、最高检、公安部联合印发的《关于加强和完善监察执法与刑事司法衔接机制的意见(试行)》为检察机关立案侦查司法工作人员相关职务犯罪案件提供了更好的"空间",也为检察机关在司法工作人员相关职务犯罪侦查中承担"主导"责任提供了基本支撑。

第二,程序独立与程序正义。程序独立,是指检察机关职务犯罪侦查程序具有的目的性和层次性,协调一致,不能彼此重复,前后叠加或冲突。程序正义,强调的则是职务犯罪侦查中惩治犯罪与保障人权的有机统一。除了贯彻落实非法证据排除、录音录像等要求外,还要将司法工作人员相关职务犯罪侦查中司法人权保障,与保障司法工作人员依法履职结合起来。

第三,证据本质一致与证据评价标准多元。毫无疑问,监察证据和刑事司法证据在证据本质上一致性。在证据标准上,监察证据具备刑事司法证据的资格,并且两者在价值标准上具有一致性。② "证据是经过过滤的事实。在理想

---

① 张建伟:《检察机关主导作用论》,载《中国刑事法杂志》2019 年第 6 期。
② 冯志伟:《监察证据与刑事司法证据的衔接研究》,载《内蒙古师范大学学报(哲学社会科学版)》2019 年第 5 期。

情况下,诉讼是一个相对温和的净化过滤器,能去除偏见与不合理的猜测,同时保持证据的证明力。"① 如果证据规范标准衔接不畅,势必会降低刑事司法证据的证明力。因此,做好司法工作人员相关职务犯罪侦查与纪检监察的衔接贯通,就要科学地建构相对一致和衔接有效的证据标准体系与证明规则。

总之,检察机关履行司法工作人员相关职务犯罪侦查职权,建构职务犯罪侦查模式,要在坚持检察主导、程序公正、证据规范衔接一致中,充分发挥检察机关在诉讼程序中履职监督的"专责"优势,充分依托刑事、民事、行政、公益诉讼"四大检察"工作格局,强化监检衔接、有效贯通,促进加强执法司法制约监督,更好维护司法公正。

具体来说,要重点推进以下制度机制建设。其一,健全案件线索审查协同机制。检察机关在法律监督活动中发现公职人员涉嫌职务违法犯罪的,要通报、移送纪检监察机关。但移送并不是"终点",要做好纪检监察机关案件线索审查、初核、立案调查等环节的协同配合,确保相关程序合法规范有效。如此,《监察法实施条例》第52条的制度设计才能有效运转。其二,健全上下级检察机关依法接续监督机制,探索将衔接机制与加强上级院对下级院、检察长对检察官的领导和监督管理相结合,提升法律监督履职的质量、效率和效果。其三,完善司法工作人员相关职务犯罪证据标准体系。随着办案数量与数据样本的积累,要加快开展司法工作人员相关职务犯罪案件数据化,加强规律性研判,完善司法工作人员相关职务犯罪侦查立案标准,健全司法工作人员相关职务犯罪案件证据评价体系与规范,细化非法证据排除规则,促进监察证据和刑事司法证据有效衔接。

(二) 职务犯罪侦查与司法惩戒的衔接贯通

相比而言,已有成果对于职务犯罪侦查与司法惩戒的关系关注度不够。这既不利于最大限度地盘活执法司法制约监督资源,也不利于准确地把握职务犯罪侦查模式建构的治理边界。职务犯罪侦查与司法惩戒,均在纪检监察全覆盖之下,都旨在惩治不法、追究责任,两者紧密相连。

首先,职务犯罪侦查与司法惩戒属于刑事司法治理的重要组成部分,肩负共同的使命与任务。司法惩戒不等同或不局限于对司法工作人员履职行为的管理,它与司法管理密切相连、相互促进,但并不存在隶属关系。如果将司法惩戒等同于法官、检察官管理,既违背司法责任制的基本内涵,更有悖于刑事司法治理现代化的基本要求。司法惩戒在刑事司法治理中承担着双重角色,一方

---

① 樊传明:《证据评价论——证据法的一个阐释框架》,中国政法大学出版社2018年版,第79页。

面,司法惩戒机制保障执法司法制约监督机制有效运行,提升司法人权保障品质;另一方面,司法惩戒机制推动司法责任体系健全与完善,为实现司法公正、维护司法权威提供基本保障。

其次,司法惩戒是职务犯罪侦查和职务犯罪监察调查的有益补充。比如,《检察官法》第49条规定,检察官惩戒委员会负责从专业角度审查认定检察官是否构成故意违反职责、存在重大过失或者没有违反职责等,并提出审查意见。这在立法层面体现了司法惩戒在司法工作人员违法犯罪治理中的补充地位。而且,司法工作人员相关职务犯罪往往具有较强的隐蔽性和专业性,线索发现难、审查难是制约职务犯罪侦查办案工作的重要难题。司法责任追究案件办理中往往会发现或挖掘大量的职务违法犯罪案件线索,无疑能够很好地拓展职务犯罪侦查案件线索来源。

最后,司法惩戒与职务犯罪侦查相互衔接、相互促进。一方面,追究刑事责任是规制司法工作人员履职行为最严厉的措施。司法惩戒制度的建构与完善,要将其与职务犯罪侦查、职务犯罪监察调查衔接作为首要任务,保障惩戒处分的整体刚性。另一方面,完善检察官惩戒制度也是检察机关职务犯罪侦查监督制约机制建设的重要组成部分。检察官依法履行职务犯罪侦查职权,要贯彻落实"谁办案谁负责"的原则,突出检察官在侦查办案中的主体地位与检察长统一领导检察院工作相统一,明确增强检察官权力与强化监督制约相统一。其中,检察官司法责任认定、追究与惩戒,是强化监督制约的关键一环。

目前,法院、检察院的司法惩戒制度可以说仍在不断完善之中,职务犯罪侦查与司法惩戒的衔接贯通,首要在司法惩戒制度建设中贯彻落实衔接贯通的要求。司法责任追究案件办理中发现涉嫌职务犯罪的案件线索,应当及时移送监察机关或者相应的侦查部门处理。

总之,仅从侦查权专门性和专门化等一般性角度出发,研究检察机关职务犯罪侦查模式建构与完善,既不符合立法原意与职务犯罪侦查法律体系建设要求,也不符合职务犯罪侦查职权运行实际。未来应当从立法授权要义出发,把握检察机关职务犯罪侦查职权在刑事司法治理体系中的地位,将衔接贯通作为模式建构的关键词。可以说,把握住了"衔接贯通"在职务犯罪侦查模式建构中的层阶,职务犯罪侦查模式才能实现其应有的价值目标。

三、司法工作人员相关职务犯罪侦查模式的职权要素及系统整合

衔接贯通主要归因于刑事诉讼法再次赋权的立法要求和"法法衔接"的刑事司法制度建设需要。直接决定着职务犯罪侦查模式建构样式的因素,则主要集中在两个方面,一是职务犯罪侦查职权的内在要素结构,二是司法工作人

员相关职务犯罪的规律与特点，后者甚至影响着前者的法律规范调适。司法工作人员相关职务犯罪案件除了发现难、取证难、定性难、查处难等职务犯罪案件的共性外，较为突出的特点表现在规制、治理司法工作人员依法公正履职的制度发生了较大变化。在纪检监察全覆盖下，司法工作人员相关职务违法犯罪更加隐蔽化；在司法责任定责、明责、考责、追责等制约监督机制建设与改革下，司法工作人员相关职务违法犯罪更趋专业化。因此，未来需要积极适应司法治理权力结构的变化，更加严格地区分司法瑕疵、司法责任与不法、违纪、犯罪之间的治理圈际，更好实现对司法工作人员的治理。

（一）检察官惩戒制度模式建构的横向比照

在统筹考虑职务犯罪侦查职权要素结构之前，不如先审视一下与职务犯罪侦查同样"境地"的司法惩戒。在一定意义上，司法惩戒的管辖空间更为"窘迫"。与司法工作人员相关职务犯罪侦查稳步增长的态势相比，近年来被追究职务违法违纪责任的检察官、法官中，惩戒委员会审议处置的数量极少，司法惩戒机制实际运行并不理想。有学者甚至指出，如不在立法上明确其各自的职权范围和衔接机制，冲突或许会导致正在推行的检察官惩戒制度胎死腹中。① 然而，在纪检监察全覆盖、职务犯罪侦查立法赋权的前提下，单纯地通过立法寻求或扩张司法惩戒的适用空间，显然是不科学的。反之，要将完善视角回归到司法惩戒制度价值、功能与权力属性本身。司法惩戒与职务犯罪调查、职务犯罪侦查相衔接，以司法责任认定和追究的自身制度优势，发挥着重要补充作用。司法惩戒行使包含司法调查、司法审查、司法处分等司法权，旨在通过惩戒，强化司法工作人员司法责任，促进与保障法律监督权依法公正行使，推进刑事司法治理体系与能力现代化，确保司法公正，维护司法权威。以此基本思路统筹调适司法惩戒职权要素结构，司法惩戒制度建设就有了新的实质化发展路径，即探索由司法责任追究部门与惩戒委员会分别行使不同的司法权要素，相互衔接、相互独立。具体来说，司法责任追究部门行使司法审查权、司法调查权，类似于"审查起诉"部门，对相关案件线索开展调查核实仅为补充性手段；检察官惩戒委员会行使司法审查与部分司法处分权，重在就调查情况作出审查意见；两者有机衔接。如此，一是为司法惩戒委员会审查程序前置提供了更充足的逻辑支撑，为摆脱管辖空间"窘迫"的困境提供了新的路径，有利于更好地推进司法惩戒制度的实质化运行。二是为司法责任追究办案与职务犯罪调查、职务犯罪侦查衔接拓展空间，有利于更好地畅通三者之

---

① 李蓉、瞿目：《论监察体制改革背景下的检察官惩戒制度》，载《中南大学学报（社会科学版）》2020年第3期。

间程序衔接的渠道。

通过职权要素结构化调整，司法惩戒制度模式空间大大拓展，这对检察机关职务犯罪侦查模式的构建带来了启示。第一，职权模式的建构依赖于司法治理的价值取向。司法调查、司法审查、司法处分等职权要素的调适，符合司法治理的价值取向，由此能够提升了司法惩戒的治理功能。第二，司法权因子的系统集成，蕴含着运行模式调适的空间。司法惩戒制度中的司法调查、司法审查、司法处分等司法权因子，它们在司法惩戒制度中地位不同、行使的主客体不同等，这些都是制度运行模式建构所要考虑的基本要素。第三，高质量的制度体系建设，离不开司法职权的精细化配置。司法责任追究部门与司法惩戒委员会审查相对独立、相互衔接，说到底是司法权精细化配置的过程。以此逻辑审视检察机关相关职务犯罪侦查，检察机关相关职务犯罪侦查的基本属性在于法律监督，其制度优势在于充分依托法律监督工作格局与对诉讼活动监督的便利性、及时性，惩治司法工作人员相关职务犯罪，更好地实现刑事司法治理。这既是检察机关职务犯罪侦查模式建构的价值取向，更是面临的新形势新任务。

（二）司法工作人员相关职务犯罪侦查的职权要素

《刑事诉讼法》第19条对检察机关立案侦查管辖的授权，决定了司法工作人员相关职务犯罪侦查职权的"不完整性"。此时，如何看待检察机关职务犯罪侦查职权的基本要素？从法律概念来看，2012年《刑事诉讼法》第106条第1项规定："'侦查'是指公安机关、人民检察院在办理案件过程中，依照法律规定进行的专门调查工作和有关强制性措施。"《监察法》第11条规定，监察委员会依照本法和有关法律规定履行监督、调查、处置等职责。为了防止概念混淆，2018年《刑事诉讼法》第108条第1款将"侦查"概念修改为："'侦查'是指公安机关、人民检察院对于刑事案件，依照法律进行的收集证据、查明案情的工作和有关的强制性措施。"调查与侦查相分离作为"法法衔接"（主要指监察法与刑事诉讼法）的重要内容，引起了学者对侦查权与调查权的辨析与思考。有学者认为，新的表述最重要的一点是彻底抹除了"侦查"定义中"调查"这一术语的使用，从法律文本层面将调查与侦查相剥离。然而，原先所谓的"语义混乱"完全是人为造成的。侦查本就是一种广义上的调查活动，并且是一种特殊的调查活动，它适用于刑事案件，并且由专门机关行使，有国家强制力做后盾，其源于调查又严于调查。[①] 然而，侦查权

---

① 参见卞建林：《监察机关办案程序初探》，载《法律科学（西北政法大学学报）》2017年第6期。

与调查权之辨析不宜只作形而上的研讨。具体到司法工作人员相关职务犯罪侦查,调查从侦查立法概念剥离后,司法工作人员相关职务犯罪侦查职权具有相对完整性,其相关要素结构、运行等都需要建构与之相适应的办案模式。

从侦查行为特点来看,司法工作人员相关职务犯罪侦查职权包含以下要素。第一,立案侦查的决定权。经过案件线索审查、调查核实后,检察机关对可以立案侦查的14类犯罪,符合立案条件的,可以自主决定立案侦查。立案侦查决定权或者说立案侦查职权启动的相对完整,是法律授权的基本内涵,否则,刑事诉讼法的"赋权""授权"就无从谈起。第二,立案侦查的执行权。检察机关依照法律规定独立行使侦查职权,不受行政机关、社会团体和个人的干涉。各级检察机关在依法实施各项侦查活动中,不因横向的沟通衔接等,任意中止、变更侦查职权的合法行使。第三,立案侦查的中止权。检察机关依法开展侦查活动,既可以依法采取侦查措施,也可以依据事实,调整或中止相关侦查措施,包括提请撤案、移案。一旦发现新的线索和证据,可以随时调整侦查方向和侦查计划,调整现有案件侦查活动,启动其他案件侦查活动。撤销案件以后,又发现新的事实或者证据,认为有犯罪事实需要追究刑事责任的,可以重新立案侦查。第四,立案侦查的终止权。经侦查,认为案件事实清楚,证据确实充分,足以认定犯罪嫌疑人是否构成犯罪、是否应该追究其刑事责任,可以决定结束侦查,依法对案件作出处理或提出处理意见。可见,司法工作人员相关职务犯罪侦查行为要素相对完整,统筹调适职务犯罪侦查职权要素结构,科学建构相应的职务犯罪侦查模式不仅可行,且迫切、必要。

(三)职权要素的系统整合

进一步来看,系统整合司法工作人员相关职务犯罪侦查职权要素,首先要明确行使的主体。检察机关相关职务犯罪侦查工作,不同于公安、海关等其他侦查活动,检察组织原则与制度体系是其职权要素整合的平台与准则。人民检察院组织法规定最高检领导地方各级人民检察院和专门人民检察院的工作,上级人民检察院领导下级人民检察院的工作。检察官在检察长领导下开展工作,重大办案事项由检察长决定,体现了检察一体化原则,检察机关这种上命下从的领导体制,在理论上被称为"检察一体化",又称"检察一体制""检察官一体原则",它是检察机关的基本组织制度。[①] 具体到职务犯罪侦查工作,"检察一体"既是办案组织原则,也是制度构建的遵循。监察体制改革之前,主要包含两个维度:一是"上命下从",强调的是上级对下级的指令、领导;二

---

① 朱孝清等:《我国职务犯罪侦查体制改革研究》,中国人民公安大学出版社2008年版,第166页。

是检察官独立和客观义务，强调的是检察官负有代表维护公益、保障人权的法治职责。这两个维度相互联系、互相支撑。① 进入新阶段，在检察机关职务犯罪侦查模式中检察一体的运用与落实，始于组织原则的贯彻，又不止于检察办案组织、机构、人力的的统一整合、统一调配，强调的是权、责、效的一体，包括立案侦查决定、中止、终止等职务犯罪侦查职权运行中权力因子的合理配置，惩治犯罪与保障人权的有机统一，立案、侦查等环节的有机衔接。

其次，职权要素的系统整合要遵循职务犯罪侦查规律。检察机关要辩证地继承发扬改革开放以来检察机关职务犯罪侦查模式的建设经验与所积累的办案经验，比如，注重信息化建设、强化侦查办案制约监督等，这些都是科学把握我国职务犯罪侦查规律的体现。同时，非法拘禁罪、非法搜查罪、刑讯逼供罪、暴力取证罪、虐待被监管人罪等14类司法工作人员相关职务犯罪，在犯罪空间、固定证据、获取证据及证明标准体系等方面的特殊性，对把握和运用侦查规律提出了新的要求。这些规律性要求影响与决定了职务犯罪侦查职权要素整合的方式。

最后，职权要素的系统整合必须健全职务犯罪侦查体制机制。正如有学者所强调的，"虽然职务犯罪侦查权决定职务犯罪侦查体制，但决不能忽视职务犯罪侦查体制保障有效实现职务犯罪侦查权的反作用。如果没有健全的职务犯罪侦查体制，就无法启用职务犯罪侦查权，也无法推动职务犯罪侦查权的正常运行，更无法实现职务犯罪侦查权的职能作用"。② 新阶段，影响职务犯罪侦查职权运行的体制机制，既有直接的，例如自刑事诉讼法赋权以来，检察机关相继建立健全的一系列侦查办案机制；也有间接的，例如检察官办案业绩考评等检察管理机制，跨行政区划检察改革中体现检察一体内在要求的制度机制等。这些体制机制都是整合职务犯罪侦查职权要素，建构与完善职务犯罪侦查模式所必须考量的。

总的来看，运用职务犯罪侦查规律，完善职务犯罪体制机制，都属于职务犯罪侦查主体的能动行为。未来要从检察工作格局与制度出发，贯彻落实检察一体、检察机关司法责任制等原则要求，充分发挥侦查主体优势，整合与激活多方面多层次监督办案资源，彰显司法工作人员相关职务犯罪侦查模式的科学高效。

---

① 张朝霞、张伟：《司法责任制改革背景下"检察一体"的改革和完善》，载《福建警察学院学报》2020年第3期。

② 朱孝清等：《我国职务犯罪侦查体制改革研究》，中国人民公安大学出版社2008年版，第8页。

四、司法工作人员相关职务犯罪侦查模式优化

司法工作人员相关职务犯罪侦查模式说到底是对侦查活动的结构性分析，它处于动态发展之中，从职权要素的局部变化，到机制体制改革，都会影响模式的具体运行。同时，司法工作人员相关职务犯罪侦查模式又具有相对稳定性，抓住职权属性、职权要素结构的范式，贯彻落实检察一体的侦查组织原则，科学整合立案侦查的决定、执行、中止、终止等职权，对立案审查、立案侦查、侦查取证、侦查终结等职务犯罪侦查程序要素做结构性优化，能够规范与指导职务犯罪侦查活动依法高效开展。

（一）模式优化的基本思路

一是坚持以证据为中心。证据是侦查工作的核心，是案件定性处理的基石。首先，要强化证据的中心地位，充分调动检察官的主动能动性，用好用足法律赋予检察机关的各项办案手段，依法规范开展侦查活动，捕捉与案件有关的所有信息，寻找证据之间的内在联系。其次，持续深化"由供到证"侦查思路向"由证到供"侦查思路转变，进一步加强收集、固定证据中对证据关联性、客观性、合法性的审查，健全与完善侦查环节证据审查机制，着力提升检察人员以证据运用为核心的综合办案素能。最后，充分依托检察工作新格局，积极健全和完善全程同步录音录像、重大案件讯问合法性核查等工作机制，消除刑讯逼供、诱供、骗供等不规范或违法侦查取证行为发生的土壤，在更高水准上贯彻落实"不得强迫自证其罪"原则。

二是坚持大数据化侦查办案。在继承职务犯罪侦查信息化工作的成熟经验基础上，立足新时代科学技术的发展与在大数据侦查活动的广泛运用，检察机关要着力推动信息引导侦查、促进侦查，针对司法工作人员相关职务犯罪信息化、隐蔽化、专业化强、政府数据共享相对滞后等实际情况，作出积极应对。首先，要树立数据优先的理念，以数据证据提升客观证据在侦查取证和构建证据链条中的作用，在深层次上为"由证到供"侦查办案方式提供支撑。其次，要强化数据分析思维。自立案审查至侦查终结，检察机关应当注重用数据分析"事"和"案"，引导侦查取证方向，提升侦查取证的科学性；要注重系统研判，司法工作人员相关职务犯罪往往具有一定的连续性，侦查取证要注重将把案件看做一个连续发展的不间断的"事"，用数据去挖掘、联结构成"事件"的不同侧面；还要对案件数据作个案、区域、跨区域的多层次研判、深度挖掘数据信息，分析与把握背后司法工作人员违法犯罪的行为特点与规律。再次，要秉承相关性思维，既注重查"是"的数据分析与研判，更要注重查"否"

的数据分析，以数据分析增强非法证据排除质效，以"数据确信"支持"法律确信"，让法律事实最大限度地还原案件事实，正确适用法律。最后，要不断强化数据安全的意识，依法获取数据、运用数据、管理数据，确保数据始终处于处于有效保护和合法利用的状态，提升保障持续安全状态的条件与能力。

三是坚持监督制约原则。检察机关要将监督制约作为推进新阶段检察机关职务犯罪侦查模式完善的基本组成部分，确保监督有力、制约有效、贯通一致。在监检衔接中，准确认识到检察机关的侦查工作同样在监察全覆盖之下，在沟通衔接中自觉接受监察监督。在对下指导中，省市两级院要切实将办案督导与流程监督密切结合起来，着重建立健全程序规制、流程监控等机制。在内设机构协调配合中的监督，侦查部门要强化自觉接受监督意识，主动接受其他内设部门的监督制约，增强自我约束。同时，围绕贯彻落实少捕慎诉慎押刑事政策与"案-件比"价值目标要求，加快探索建立职务犯罪案件评查机制，建立绩效合理、评价科学、高效智能的职务犯罪侦查业绩评价指标体系和考核评价机制，将考核评价作为激励担当、追责问责的依据。同时，立足司法责任制综合配套改革与职务犯罪侦查办案实际，围绕"督责""考责""追责"三个关键环节，构建体现职务犯罪侦查规律、符合检察官侦查办案职权实际的责任体系，强化履责尽责，严肃追责问责。

（二）坚持以检察一体为主导

检察机关应当以检察一体为主导，推进检察机关职务犯罪侦查职权要素系统整合和有效运行，从实践需求看，要重点考量三个环节。一是要进一步优化办案团队建设，立足侦查指挥的客观现实，探索赋予检察官一定的人事调配职权，进一步厘清办案团队职责划分，科学明责、定责，确保每一个侦查办案团队就是一个侦查办案的"尖刀组""攻坚班"。二是要将职务犯罪侦查机制建设与跨行政区划检察改革等结合起来，适应上下级检察院接续监督的改革要求，将派出院派出机构等检察资源有效整合，拓展线索来源，深化立案审查，提升侦查办案整体合力。三是要将侦查风险防控放在重要位置，通过环环相扣、合乎法律法规的一体化整合，拓展职务犯罪侦查治理效能，以高质量的司法供给，增强检察产品输出。

针对司法工作人员相关职务犯罪案件实际需要，检察机关将立案决定权上提由设区的市级以上检察院行使，最高检制定下发了《关于规范上级人民检察院统一调用辖区检察人员办理案件工作的通知》，规范了上级院统一调用辖区检察人员办理案件。对此，可以考虑组建侦查人才库，且不限于检察机关承担侦查职能的部门，突出实战实用，围绕侦查指挥、审讯、取证、法律适用等实战需求，规范入库条件，完善管理方式与手段，在侦查实践中健全法律监督综合素能培养机制，培养一批"在办案中监督、在监督中办案"的业务能手，为职务犯罪侦查模式运行提供基本保障。

（三）程序优化的具体建议

对职务犯罪侦查模式的研究在很大程度上就是对职务犯罪侦查程序的研究。① 《人民检察院刑事诉讼规则》根据刑事诉讼法规定，进一步细化了检察机关查办司法工作人员相关职务犯罪案件的办案程序，保留与进一步明确了同步录音录像等程序规范，基本保证了检察机关职务犯罪侦查程序的相对完整性。但职务犯罪侦查程序既要法定性，更要正当、系统真正发挥"过滤网"的作用。具体来说，还要进一步优化三项侦查办案程序。

第一，推动立案审查的规范与完善。立案审查是"法法衔接"的重要环节，主要指的是检察机关职务犯罪侦查立案前，通过审查涉案线索，核实是否存在犯罪事实，确定是否立案、移案的调查核实活动。案件受理与立案审查阶段，如发现属于互涉案件线索或涉嫌贪污贿赂等情形的都要及时移送，但这并不否定立案审查的相对独立、完整。有学者针对涉嫌职务犯罪的监察案件何时开始适用刑事诉讼法的问题，建议分别设置监察立案与刑事立案两套立案程序，以通过立案转化解决监察案件"法法衔接"环节的诸多问题。② 立案转化的现实路径有待商榷，但立案转化衔接的思考值得借鉴。对于司法工作人员相关职务犯罪侦查来说，立案审查的衔接贯通，切实体现"法法衔接"的刑事司法治理要求，有利于加强职务犯罪侦查全流程全方位监督监管，是检察机关内部制约监督机制的重要环节。

《人民检察院刑事诉讼规则》第166条至第170条，规范了受理案件线索后调查核实的启动、组织等，基本确立了立案审查程序与制度。其中立案审查中调查核实的手段与方式，与2019年2月《人民检察院检察建议工作规定》保持对应。③ 进一步分析，这些规定继承与借鉴了原"初查"制度的有益成果，但与立案审查所应承担的任务相比，仍有待完善。首先，要推进立案审查法治化，将立案审查相关规定纳入刑事诉讼法修改范畴，进一步规范立案审查的方式、手段及获取的证据资格。其次，要细化立案审查启动、缓查标准与规

---

① 余婕：《职务犯罪侦查模式论》，西南政法大学2006年博士学位论文，第46页。
② 姚莉：《监察案件的立案转化与"法法衔接"》，载《法商研究》2019年第1期。
③ 《人民检察院检察建议工作规定》明确，对检察建议事项应当进行调查核实，检察官可以采取查询、调取、复制相关证据材料，向当事人、有关知情人员或者其他相关人员了解情况，听取被建议单位意见，咨询专业人员、相关部门或者行业协会等对专门问题的意见，委托鉴定、评估、审计，现场走访、查验，以及查明事实所需要采取的其他措施，但不得采取限制人身自由和查封、扣押、冻结财产等强制性措施。

范。作为立案前的调查核实活动，具有"去伪存真"、避免恣意启动公权力的价值追求。为此，要进一步细化立案审查启动、缓查的标准，立足司法工作人员相关职务犯罪的特点，设定较为精细的启动、中止条件，并完善相应的案件线索管理、备案程序与要求，既防止盲目启动立案审查，又防止压案不办。最后，探索建立立案审查类案线索检察官联席会议审议机制，对于缓查的案件线索进行梳理，适时提交侦查部门检察官联席会议审议研判，增强案件线索审查质效，也提高立案审查的透明性，强化职务犯罪侦查活动的内部监督制约。

第二，探索移案环节的多向衔接。移案，指的是检察机关在相关职务犯罪侦查活动中经与纪委监委的沟通衔接，将案件移送纪检监察机关依法办理。移案有可能是侦查终结，也有可能仅是侦查中止。目前在职务犯罪调查与职务犯罪侦查两者之间，大多表现为单向移送。随着司法责任认定、追究与惩戒审查在刑事司法中的专业参考功能不断增强，在需要认定涉案司法工作人员司法责任，作为认定司法裁定瑕疵、渎职的参考时，职务犯罪侦查部门可以考虑将相关问题移送司法惩戒委员会进行司法审查；也可以根据纪检监察调查需要，在移案前提交司法惩戒委员会审查评定，其审查评定结果可以作为认定渎职侵权犯罪的重要参考。在具体程序设计中，可以探索异地审查评定或上提一级、检法交叉审查评定等方式。如此，一是强化对检察机关职务犯罪侦查的监督制约，增强监检衔接中移送案件质效；二是跳出职务犯罪侦查、司法惩戒某一项刑事司法治理机制的视角，着眼于司法工作人员违法犯罪治理整体，推动实现治理资源的最优化配置；三是增强司法惩戒的治理效能，落实司法责任制的制度价值；四是更好地实现各项执法司法制约监督机制贯通衔接，加快推进执法司法制约监督机制建设。

第三，强化撤案司法人权保障。检察机关职务犯罪侦查中的撤案，是指侦查过程中或者侦查终结后，对于没有犯罪事实的或者依照刑法规定不负刑事责任或者不是犯罪的，虽有犯罪事实但不是犯罪嫌疑人所为，或具有刑事诉讼法所规定的、依法不起诉情形的，经报请检察长决定，依法作出撤销案件。《人民检察院刑事诉讼规则》第242条至第249条是关于检察机关职务犯罪侦查案件撤案的条件与程序，就司法人权保障相关问题，明确规定了撤案告知，和对犯罪嫌疑人的违法所得及其他涉案财产区分不同情形依法作出相应处理、查封、扣押、冻结的财物的返还，除依法应当返还被害人或者经查明确实与案件无关的以外，不得在诉讼程序终结之前处理等相关规定。

应司法工作人员相关职务犯罪侦查模式科学建构的需要，仍需加强以下两个方面。一是建立健全被害人权益救济程序。被害人对撤案决定不服，通过行使诉权获得有效救济，已成为国外立法通例。比如，德国、法国、俄罗斯都赋予了被害人对撤案决定不服的司法救济权。根据德国《刑事诉讼法典》第170条和第171条规定，检察院撤销案件时应当通知被害人并阐明理由。被害人对撤案决定不服，有权在通知后两周内向检察院的商机官员抗告。① 在我国，司法工作人员相关职务犯罪案件背后往往涉及原案，涉及相关司法裁判正确与否，有时可能没有直接对应的被害人，但如果有直接对应被害人时，检察机关职务犯罪侦查一旦撤案，将会对被害人诉讼权利产生较大影响。因此，有必要建立相应的救济机制，明确检察机关职务犯罪侦查案件撤案时，应当告知相应的被害人，被害人对撤案决定不服时，有权在法定期限内向作出撤案决定的检察院提出复核，检察机关应当就被害人复核申请开展调查核实。二是加强与司法惩戒的衔接。依法不负刑事责任、不起诉的，未必不需要承担司法责任，要建立健全职务犯罪侦查撤案与司法惩戒之间的衔接，必要时将相关涉案材料移送司法惩戒委员会审查，同时，也可以将原案相关线索移送司法惩戒调查，及时认定、追究、惩处司法责任，减少涉案被害人、关联人的诉累，维护司法公正与权威。

（四）强化权益保障机制

惩罚犯罪并不是立案侦查的唯一任务。司法公正要求既要惩罚犯罪分子，促进司法公正，更要保障无罪的人不受刑事追究，维护司法权威，宁失不经、不伤无辜。要综合运用检察建议、纠正违法等手段，在政法各家配合与制约中实现双赢多赢共赢，实现政治效果、社会效果与法律效果的有机统一。

一是保障职务犯罪被追诉人的诉讼权益。要将职务犯罪侦查模式司法人权保障机制建设，与完善依法履职免责和容错纠错制度结合起来，全面了解被调查对象主体身份、社会关系及涉案情况，尽可能获取充分的证据材料和涉案信息，尤其是反映司法诉讼、执行程序违法或实体错误的法律文书、案卷档案、执法记录以及工作台账等客观性证据。要依法、客观、公正调查核实相关情况，符合依法履职免责情形的，及时提请司法惩戒委员会审查。同时，对于不实举报，经审查没有犯罪事实的或者依照刑法规定不负刑事责任或者不是犯罪的，依法予以撤案，经司法惩戒委员会审查不予追究司法责任的，要配合相关部门，及时落实不实举报澄清要求，确保检察人员不因不实举报、恶意举报在职级晋升、评定等方面受到不公正对待。

二是要系统建构被害人合法权益防御体系。除上述在撤案环节建立健全被害人权益救济程序，要将被害人合法权益保障贯彻职务犯罪侦查机制建设的始

---

① 兰跃军：《侦查程序被害人权利保护》，社会科学文献出版社2015年版，第90页。

终，保障被害人知情权、协助侦查取证权与申诉控告权，强化被害预防，落实被害人救助制度。要科学看待"查案先查被害人"等一般性侦查经验总结，注重发挥被害人在职务犯罪侦查，尤其是在"以事立案"中的特殊功能与价值。

五、结语

纵览当代国内外侦查模式的建构与完善，首要任务就是要及时发现犯罪、揭露犯罪、惩治犯罪，最大限度地实现司法人权保障，维护司法公正与权威。检察机关是宪法规定的法律监督机关，对诉讼活动、司法活动监督的优势，正是检察机关查办司法工作人员相关职务犯罪的资源与力量。可以说，检察机关相关职务犯罪侦查权是法律监督刚性的保障，其基本属性正是在于法律监督。检察机关职务犯罪侦查职权的立法要求、内在属性、要素结构与运行程序，都要求其模式建构与完善要坚持一般与特殊、继承与创新相结合，坚持以检察一体为主导，促进形成职权要素均衡配置、程序衔接有序、运行高效便捷、制约监督有力的侦查办案模式。

（原载于《中国刑事法杂志》2021 年第 5 期）

论公诉与自诉的关系

熊秋红*

我国1979年刑事诉讼法确立了以公诉为主、以自诉为辅的刑事起诉制度。所谓"以公诉为主"是指绝大多数刑事案件由人民检察院代表国家和社会向法院提起诉讼;"以自诉为辅"则是指少量犯罪性质不太严重、情节较为简单、加害人与被害人之间存在特殊关系的轻微刑事案件,由被害人及其法定代理人、近亲属等,以个人名义直接向人民法院提起诉讼。1979年刑事诉讼法将自诉案件分为告诉才处理和不需要进行侦查的轻微刑事案件两类。1996年刑事诉讼法将自诉案件分为三类:一是告诉才处理的案件;二是被害人有证据证明的轻微刑事案件;三是被害人有证据证明对被告人侵犯自己人身、财产权利的行为应当依法追究刑事责任,而公安机关或者人民检察院不予追究被告人刑事责任的案件。增加第三类自诉案件的规定,是为了解决司法实践中存在的有案不立、有罪不究的现象,但"公诉转自诉"是否合适,引发了理论界和实务界的广泛争议。

2021年初浙江杭州的郎某、何某涉嫌诽谤案,是一起恶意制作视频材料在网络上传播,通过捏造聊天记录损害被害人名誉的案件。此案的被害人谷某向法院提起自诉后,公安机关根据检察机关的建议又对郎某、何某涉嫌诽谤立案侦查。该案由"自诉转公诉"再次引起了理论界和实务界的广泛争议。上述"公诉转自诉"和"自诉转公诉"所引发的争议,涉及对公诉与自诉关系的认识问题。在公诉与自诉并存的制度设计下,不少人在潜意识中认为公诉与自诉二者泾渭分明,故"公诉转自诉"和"自诉转公诉"均不合适。但是,细究起来,公诉与自诉的关系十分复杂,德国学者称自诉与公诉"二者之关系既非排他性,亦非补充关系"[①];在比较法层面以及在关于公诉与自诉关系的学术讨论中,关于二者关系的描述,有分立、竞合、承继、担当、接管、协

---

* 中国政法大学诉讼法学研究院教授。
① 参见[德]克劳思·罗科信:《刑事诉讼法》,吴丽琪译,法律出版社2003年版,第578页。

助、干预、协调等多种说法。在我国，由于在理论层面对公诉与自诉的关系研究不足，导致在立法和司法实践中聚讼不断。因此，如何正确看待和处理公诉与自诉的关系，成为一个有待深入研究的理论和实践问题。

一、公诉与自诉关系的历史变迁

（一）从私人追诉到国家追诉

私人追诉（以下简称私诉）是一种古老的起诉方式，迄今已有数千年的历史。英国学者梅因认为，古代社会的刑法不是"犯罪"法，而是"不法行为法"或"侵权行为法"。如在罗马法中，将我们习惯上认为专属于犯罪的罪行如窃盗视为民事不法行为；在日耳曼部落的统一法律中，对杀人罪也可采用金钱赔偿。被害人用一个普通民事诉讼对不法行为人提起诉讼，如果他胜诉，就可以取得金钱形式的损害补偿。① 在"私人追诉主义"时期，受害人以及受害人的复仇者应当承担的主要义务是：前往地方首领的面前，或者前往公共权力的代表面前了结他们之间的纷争。后来，公共权力自行担负起对扰乱社会秩序的行为进行追查的责任，并且按照具有强制性的规则，组织专门的公共机构对此种行为实行制裁。②

在法国，自13世纪开始，检察院作为专门的控诉人出现，检察院可以向法院直接提出控诉；与此同时，受害人的控告逐渐取代了控诉，其失去了向法院传唤对方当事人的权利，而仅仅是应当向有管辖权的法官提出控告，法官经常依据控告而主动发动公诉，并且仅仅需要将诉讼的进展情况告知检察官；在现行轻罪案件中，法官也可以自行受理案件。1808年《重罪审理法典》规定，主要由检察院发动公诉，另外，也为受害人留有自行发动公诉的可能性。③ 1958年《刑事诉讼法典》对"负责进行公诉的机关"做了规定。④ 根据现行《刑事诉讼法典》第1条的规定，任何违反刑法的犯罪行为，无论是重罪、轻罪，还是违警罪，都会引起针对行为人的诉讼，这种诉讼通常被称为"公诉"；"公诉权属于社会，由执行权力机关任命的官员以社会的名义行使之。

---

① 参见[英]梅因：《古代法》，沈景一译，商务印书馆1984年版，第208—209页。
② 参见[法]卡斯东·斯特法尼等：《法国刑事诉讼法精义》（上），罗结珍译，中国政法大学出版社1999年版，第65—66页。
③ 参见[法]卡斯东·斯特法尼等：《法国刑事诉讼法精义》（上），罗结珍译，中国政法大学出版社1999年版，第89—90页。
④ 参见[法]卡斯东·斯特法尼等：《法国刑事诉讼法精义》（上），罗结珍译，中国政法大学出版社1999年版，第98页。

这些称为'检察官'的官员，可以由掌玺官（司法部长）撤换与解职"。①

私人追诉逐渐为国家追诉所取代，其主要原因在于：一是人们对犯罪行为性质的认识发生了变化，以往犯罪行为仅仅被视为对被害人个人利益的侵害，于是对犯罪的追诉便属于被害人自己的事；后来认为，犯罪行为不仅是对被害人个人利益的侵害，而且也是对国家和社会利益的侵害，因此，对犯罪的追诉应当由国家来控制。二是由国家追诉犯罪，由于有人力、物力、财力等作为保障，从总体上有利于对犯罪的打击，也有利于在诉讼过程中保护被告人和被害人的合法权益。三是国家追诉带有强制性、统一性、公正性等特点，能够更为有效也更为公正地追诉犯罪，更利于国家和社会的发展。

（二）多种形态的刑事起诉方式

从私人追诉到国家追诉的变迁，是世界范围内刑事起诉方式历史发展的一条主线，代表了刑事起诉制度发展的总体趋势。但是应当看到，由于法律文化传统、诉讼模式等方面的差异，导致刑事起诉方式呈现出多种形态，大致可以做以下分类：

其一是检察官起诉专权主义。在日本，公诉只能由检察官提起，称为国家追诉主义；同时，只有国家才有提起公诉的权力，称为起诉垄断主义；两者统称为"检察官起诉专权主义"。② 在法国，进行公诉的权力专属于检察机关，但在观念上认为，受到犯罪造成之损害的被害人始终有权发动公诉——被害人通过"成为刑事诉讼中的民事当事人"行使这一发动公诉的权利，即就犯罪造成之损害向刑事法院提出赔偿请求。③

其二是以检察官起诉为主兼采大陪审团起诉。在美国联邦和许多州，检察官制度与大陪审团制度并行。美国联邦及大约1/3的州规定，重罪必须经大陪审团审核，始能起诉；有2/3的州规定，除大陪审团起诉外，重罪亦得由检察官签名之起诉书替代，也就是说检察官或大陪审团皆可起诉重罪。④

其三是以检察官起诉为主兼采被害人自诉。在19世纪欧陆国家废除纠问制度之后，德国法曾以率先采行国家追诉制的法国法为典范，刚开始时由新创的检察官独占起诉权。后来，为了保护被害人利益，出现了兼采自诉制度、赋

---

① [法]卡斯东·斯特法尼等：《法国刑事诉讼法精义》（上），罗结珍译，中国政法大学出版社1999年版，第112页。

② 参见[日]田口守一：《刑事诉讼法》（第七版），张凌、于秀峰译，法律出版社2019年版，第197页。

③ 参见[法]卡斯东·斯特法尼等：《法国刑事诉讼法精义》（上），罗结珍译，中国政法大学出版社1999年版，第120页。

④ 参见王兆鹏：《美国刑事诉讼法》，元照出版有限公司2004年版，第470页。

予被害人的倡议,其中,有观点甚至主张检察官一旦不侦查或不起诉时,应允许被害人提起自诉。德国现行刑事诉讼法采取了折中方案,一方面保留自诉制,另一方面严格限制其范围。① 我国台湾地区大体也是以检察官起诉为主、被害人自诉为辅,但是"容许自诉之范围极其广泛"②。

其四是以私人起诉原则为基础的多主体起诉。在英国,奉行"任何人都可以起诉"原则,即私人起诉原则,只有"法定犯罪"由警察机关侦查起诉。19世纪中叶,警察占据了起诉的主导权。根据1985年《犯罪起诉法》组建王室检察院之前,某些警区雇佣私人律师负责起诉;同时存在案件由警察、有关领域的专家或负责该案的官员起诉。建立王室检察院之后,警察一旦指控或传唤后,被告人就交由王室检察院负责审查起诉。但是,仍然存在海关与税务局的药品管理部、社会安全部、电视许可证管理局等非警方起诉。从理论上说,被害人可以对大多数犯罪进行私人起诉,尽管这很难成功。根据《犯罪起诉法》,王室检察院有权接办任何它想办的私诉,并有权在随后(只要它愿意)撤回案件。但是,"法定犯罪"很少被起诉,也不能由私人起诉。③

(三) 刑事起诉方式之概貌

在国家追诉主义占据主导地位之后,私人追诉主义逐渐退隐,但在许多国家和地区仍然给私人追诉主义留下了一席之地,尽管其范围宽窄有别。采取以检察官起诉为主、兼采被害人自诉的国家包括德国、奥地利、西班牙、葡萄牙、俄罗斯、乌克兰、哈萨克斯坦、保加利亚、芬兰、克罗地亚、挪威、瑞典、阿根廷、巴西、古巴、智利、泰国等。也有不少国家采取检察官起诉专权主义,这些国家包括日本、韩国、法国、意大利、荷兰、拉脱维亚、瑞士、土耳其、乌拉圭、朝鲜、土库曼斯坦等。还有极少数国家和地区在国家追诉主义下未采取检察官起诉专权主义,允许侦查机关向法院提起刑事诉讼。④ 一些英联邦国家受英国影响,奉行私人起诉主义,在观念上认为"任何人均可启动诉讼程序"⑤,但在司法实践中,大多由检察官或控方律师提起诉讼,因此,

---

① 参见林钰雄:《刑事诉讼法》(下册各论编),中国人民大学出版社2005年版,第138页。
② 参见林钰雄:《刑事诉讼法》(下册各论编),中国人民大学出版社2005年版,第138页。
③ 参见〔英〕麦高伟等主编:《英国刑事司法程序》,姚永吉等译,法律出版社2003年版,第137—151页。
④ 如《沙特阿拉伯刑事诉讼法》第15条规定:"侦查和公诉机关依法向有管辖权的法院提起刑事诉讼。"参见《世界各国刑事诉讼法》编辑委员会编译:《世界各国刑事诉讼法》(亚洲卷),中国检察出版社2016年版,第412页。
⑤ 如《2011年新西兰刑事诉讼法》第15条规定:"任何人均可启动诉讼程序。"参见《世界各国刑事诉讼法》编辑委员会编译:《世界各国刑事诉讼法》(大洋洲卷),中国检察出版社2016年版,第470页。

也出现了将"私诉"限定为"起诉者是个人",以便与警察或其他官员在诉讼过程中代表政府部门或职责相区别的做法。① 以检察官起诉为主兼采大陪审团起诉仅为美国所采取。

从刑事起诉方式的历史发展中可以看出,起诉方式有私人追诉主义与国家追诉主义之别。国家追诉主义是指由国家所设机关代表国家追诉犯罪,又称职权追诉主义;私人追诉主义是指由追诉犯罪之权由私人操控,追诉与否,由私人决定。私人追诉主义又可分为公众追诉主义和狭义私人追诉主义。前者指追诉犯罪之权,人人皆得而有之,英国传统观念上的"私诉"即是如此;美国的大陪审团起诉也被认为是一种"民众追诉主义"②。后者指追诉权由被害人及其法定代理人、近亲属等行使。我国刑事诉讼中的自诉基本上属于后一种含义。

二、公诉与自诉关系在中国的历史发展

(一)中国古代的起诉方式

中国古代的起诉实际上是司法机关开始审理案件的缘由或依据。中国古代存在多种起诉方式。一是被害人告诉,这是中国古代诉讼中司法机关开始审判的最重要依据。二是一般人告诉,是指非被害人或其亲属的第三人,得知犯罪事实和犯罪人后,向官府进行告发。三是犯罪人自首,是指罪犯主动向官府投案,坦白所犯罪行并接受审判。四是官吏举发,是指没有审判职权的官吏发现犯罪和犯罪人而进行举发。五是审判机关纠问,由于中国古代行政官员兼理司法,侦审不分,因此,职掌审判的官员发现犯罪后,在没有个人控告或有关官吏举发的情况下,有权主动追查犯罪、进行审判。③

(二)中国近代的起诉方式

中国近代以来的刑事起诉方式,在实行国家追诉主义的同时,兼采被害人追诉主义。北洋政府时期的《刑事诉讼条例》中所规定的自诉范围仅以告诉乃论之罪中的七种犯罪为限。在南京国民政府时期,1928年7月公布的《刑事诉讼法》中,自诉的范围有所扩大,不仅包括告诉乃论之罪,而且包括初级法院管辖的直接侵害个人法益之罪。1929年7月,司法行政部发布训令,

---

① 如《澳大利亚联邦起诉政策》第4.7条,参见《世界各国刑事诉讼法》编辑委员会编译:《世界各国刑事诉讼法》(大洋洲卷),中国检察出版社2016年版,第161页。

② 参见[日]田口守一:《刑事诉讼法》(第七版),张凌、于秀峰译,法律出版社2019年版,第198页。

③ 参见陈光中:《中国古代司法制度》,北京大学出版社2017年版,第162—181页。

要求各法院厉行自诉制度。1930年6月，由司法院拟具、送交国民党中央政治会议议决的"法院组织法立法原则"主张扩大自诉范围，凡因犯罪而被害之个人，均容许其自诉。1935年1月公布的《刑事诉讼法》按照扩张自诉的原则修改了关于自诉制度的规定，其中第321条规定"犯罪之被害人，得提起自诉，但以有行为能力者为限"，即不论何种犯罪，凡犯罪之被害人有行为能力者，都可以提起自诉。为了遏制因扩大自诉而带来的滥诉，立法强化了检察机关的协助自诉权。①

（三）新中国成立之后的起诉方式

新中国成立之后，借鉴苏联的刑事诉讼制度，在起诉方式上采取以检察官起诉为主、兼采被害人追诉主义。1957年《刑事诉讼法草案》、1962年和1963年《刑事诉讼法草案》均规定：刑法（草案）规定的自诉案件，被害人或者他的法定代理人可以直接向人民法院提起诉讼。1979年首部刑事诉讼法正式确立了以检察官公诉为主、被害人自诉为辅的刑事起诉制度。1996年修改后的刑事诉讼法扩大了自诉案件的范围，突出表现为增加了第三类自诉案件的规定，以自诉权来制约公诉权，以解决被害人"告状难"现象。

（四）我国台湾地区的起诉方式

在我国台湾地区，1949年之后仍旧实施1935年南京国民政府时期颁布的《刑事诉讼法》。该法"经1945年、1967年之修正以迄现行法对于得提起自诉之犯罪，均未作范围之限制规定，故在原则上，不问何种犯罪，均得提起自诉"②；"本法就得为提起自诉之案件，原则上并无限制。据此，只要是个人因犯罪而直接受害者，不问犯罪种类如何，也不问是否为告诉乃论之罪，均得提起自诉"③。2000年"刑事诉讼法"修正之前规定，同一案件经检察官侦查终结者，不得再行自诉。修正后将其改为：同一案件经检察官开始侦查者，不得再行自诉。但告诉乃论之罪经犯罪之直接受害人提起自诉者，不在此限。修改的理由在于"为避免利用自诉程序干扰检察官之侦查犯罪，或利用告诉，再改提自诉，以恫吓被告，同一案件既经检察官依法开始侦查，告诉人或被害人之权益当可获保障"④。有学者认为，这种修改意味着"公诉优先原则"得到

---

① 参见蒋秋明：《南京国民政府刑事自诉制度述论》，载《南京社会科学》2010年第11期。
② 参见林山田：《刑事程序法》（增订五版），五南图书出版公司2004年版，第630页。
③ 参见林钰雄：《刑事诉讼法》（下册各论编），中国人民大学出版社2005年版，第120页。
④ 参见吴宏耀、种松志主编：《中国刑事诉讼法典百年》（下册），中国政法大学出版社2012年版，第1062页。

了确立。①

(五) 简要的评析

我国古代的刑事起诉方式处于一种杂糅的状态,既有私人追诉主义,包括公众追诉和被害人追诉,也有国家追诉主义,包括审判机关和其他官吏追诉。近代的刑事起诉方式起初采取国家追诉主义为主、私人追诉主义为辅,但后来极大地扩张了自诉的范围,导致自诉不再是公诉的一种补充方式,而是与公诉并列的一种起诉方式。扩张自诉的原因在于防止人民自行起诉权"为检察官所阻隔","免周折,杜延滞,节时间,省劳力";此外,以自诉来替代检察机关的公诉职能,以达到缩减检察机关的目的,也是扩张自诉的内在动因之一。扩张自诉带来的最为突出的问题是自诉权的滥用和司法资源的浪费。② 这种扩张自诉的做法对我国台湾地区的刑事起诉方式造成了深刻的影响,根据现行规定,几乎所有的刑事案件,检察官既可以提起公诉,被害人也可以提起自诉。这大体上可以称为"公诉与自诉二元论"。而新中国成立后所采取的刑事起诉方式则可概括为"以公诉为主、以自诉为辅"。在保留自诉的前提下,如何界定自诉的范围,成为其中的一个关键问题。此外,在海峡两岸,均有学者提出废除自诉制度的主张。③

三、公诉与自诉关系的理论争议

(一) 公诉与自诉关系的理论基础

世界范围内刑事起诉方式所呈现的多元形态以及学术界的争论表明,关于刑事起诉方式的理论基础,存在认识上的分歧,大体可以分为三种观点:其一是被害人自诉权固有论;其二是国家公诉权让渡论;其三是公诉权与自诉权合理分配论。

1. 被害人自诉权固有论

从自诉与公诉关系的历史流变中可以看到,私人追诉是一种古老的起诉方式。被害人是犯罪行为的直接受害者,被害人因犯罪行为使自己在人身、健康、精神、财产等方面的权利受到损害,当然有权要求对加害者进行惩罚。在此意义上,可以说自诉是被害人的一项"自然权利"或"固有权利"。以英国

---

① 参见张丽卿:《刑事诉讼制度与刑事证据》,元照出版有限公司2000年版,第259页。
② 参见蒋秋明:《南京国民政府刑事自诉制度述论》,载《南京社会科学》2010年第11期。
③ 参见林钰雄:《刑事诉讼法》(下册各论编),中国人民大学出版社2005年版,第139页;潘爽:《试论我国自诉制度的废除》,载《嘉兴学院学报》2014年第4期。

为代表的英联邦国家所奉行的私人起诉原则,其中包含了"被害人自诉权固有论"的理念。《西班牙刑事诉讼法》第 101 条规定:"所有西班牙公民均有权根据法律提起刑事诉讼。"凡是主张扩大自诉范围或者加强自诉权保护的论者,大多以"被害人自诉权固有论"作为理论武器。

在国际人权法中,"获得司法正义的权利"(Access to Justice)这一概念比较醒目地出现在 1998 年的《公众在环境事务中获得信息、参与决策、诉诸司法权利的奥胡斯公约》中,此外,2000 年的《欧盟基本权利宪章》第 47 条第 3 款也提及了"有效保障获得司法正义的权利"。早在 20 世纪 60 年代,欧洲诉讼法学界就提出了"保障公民获得司法正义的权利"的口号,继而掀起了世界范围内的"获得司法正义的权利"运动。要保障公民"获得司法正义的权利",首先,要保障公民能够接近司法,通过司法救济维护自己的合法权益;其次,仅仅让公民进入法院是不够的,还必须通过合理的制度建构,保障司法正义能够真正得以实现。保障公民"获得司法正义的权利"也就成为加强自诉权的重要理由。

如有论者认为,诉权(包括起诉权和应诉权)不仅是当事人诉讼权利的来源,更为诉讼中的国家权力运行划定了基本界限。诉权是公民的"基本权的基本权",没有诉权,基本人权保障都会落空。诉权出现在公力救济语境下,作为请求国家公力救济的权利,在逻辑上较国家权力具有优位性。国家追究犯罪的主动性,并不构成剥夺被害人诉权的理由,两者的关联正在于,国家对被害人权益负有不可推卸的保护责任,以至于无须被害人提出请求,国家追诉机关就会主动对犯罪展开追诉,并代表被害人向罪犯讨回公道、恢复正义。国家追诉主义并不必然排斥被害人诉权,相反,却以被害人诉权保护为终极目的。在本质和起源上,国家不能剥夺被害人诉权,只有保护诉权实现的义务;从保护被害人权益方面考虑,被害人诉权有独立于国家追诉权的现实必要性。诉权是被害人作为当事人主体地位的基础,同时诉权的制度化又是被害人主体地位的保障。被害人诉权本质为请求公力救济的权利,被害人行使自诉权,绝不等于国家对被害人保护义务的解除。[①]

2. 国家公诉权让渡论

由于一切犯罪包括对针对私人的犯罪,本质上都是对国家和社会利益的侵害,因此,追诉犯罪的权力属于国家,国家以强制力为后盾,用统一的规则主导对犯罪的追诉。基于对犯罪本质的认识,国家不再允许私力救济,即使是侵犯个人利益的犯罪也不再允许私人追诉。追诉犯罪的权力由国家所垄断。只是

---

① 参见徐阳:《我国公诉与自诉的协调机制探析》,载《政法论坛》2010 年第 3 期。

在犯罪对国家和社会利益影响不大的情况下，权衡利弊，公权力让渡出一部分给私权利，由国家赋予个人有限的追诉权。这样做的目的是以维护个人的特殊利益，使犯罪治理达到最佳效果，终极目的仍然是更好地维护国家和社会的利益。从某种意义上说，个人的追诉权仍然是国家追诉权的一部分，是国家通过权力让渡使追诉权呈现出的另一种表现形式。在现代刑事诉讼中，追诉犯罪不可能也不应该完全成为个人的"权利"，公权力"退"可以不干预个人的选择权，"进"可以适时介入，从而能够对个人追诉权的行使予以协助。在一些国家和地区采取公诉独占主义，正是对公诉权不予让渡的结果。

3. 公诉权与自诉权合理分配论

关于对犯罪的追诉权在本质上属于被害人还是国家，被害人自诉权固有论者和国家公诉权让渡论者各执一端。公诉权与自诉权分配论者撇开本体论上的争议，更多从犯罪治理的实效出发，考虑在刑事起诉方式上公诉权与自诉权的合理配置问题。刑事起诉方式无论采公诉还是自诉，都应服务于刑事诉讼目的的实现，更好地追求惩罚犯罪与保障人权之间的平衡。《意大利宪法》第24条第1款规定"为保护其合法的权利和利益，任何人都有权提起诉讼"①；日本《宪法》第32条规定"不得剥夺任何人在法院中接受裁判的权利"②。从上述规定的立法精神看，意大利和日本似乎应该采取"被害人自诉权固有论"，但实际上这两个国家均采取"检察官起诉专权主义"，这里涉及刑事诉讼与民事诉讼的差异，也涉及对司法救济权、裁判请求权③以及诉权④的理解问题。从国际层面看，关注公民"获得司法正义的权利"，旨在消除因经济能力或个人条件不平等而产生的法定权利实际不平等的现象，确保贫穷的和其他处境不利的人与其他公民一样能够获得法律的同等保护、能够获得司法的同等救济。世界范围内的"获得司法正义的权利"运动从发起至今已经历了5次改革浪潮，其中的主要改革内容为：为穷人提供帮助的法律援助；解决分散的利益团体权利要求的民事司法程序改革；以引入替代性纠纷解决办法、小额轻微案件诉讼程序为特征的综合性权利保障；从关注程序保障到关注实质正义的理念转换；促进社会中边缘化人群参与公共决策和工作职位平等分享的法律改革。⑤

---

① 参见《世界各国宪法》编辑委员会：《世界各国宪法》（亚洲卷），中国检察出版社2012年版，第496页。
② 参见《世界各国宪法》编辑委员会：《世界各国宪法》（欧洲卷），中国检察出版社2012年版，第748页。
③ 参见刘敏：《论裁判请求权——民事诉讼的宪法理念》，载《中国法学》2002年第6期。
④ 参见徐阳：《我国公诉与自诉的协调机制探析》，载《政法论坛》2010年第3期。
⑤ 参见熊秋红：《获得司法正义的权利》，载《环球法律评论》2003年第4期。

上述内容主要涉及民事诉讼领域,并不能为赋予刑事被害人自诉权提供直接的理论依据。

采取公诉权与自诉权合理分配论,能够兼容刑事起诉方式的多元样态。自从国家追诉主义确立之后,对于自诉制度出现了存废论、限制论与扩张论等不同主张。其中不少论者以公诉与自诉二者的利弊分析作为立论依据。保留论者一般认为,在刑事诉讼中保留一定范围内的自诉,其合理性在于:实行公诉制度之后,被害人固有的起诉犯罪的权利在很大程度上已由国家专门机关代为行使。但是,国家专门机关有时并不能完全代表被害人的利益。在某些情况下,将追诉犯罪的权利交由被害人本人行使,由被害人自己决定是否追究加害人的刑事责任,或者允许被害人与加害人自行和解,不仅有利于维护被害人的利益,也有利于维护国家和被告人的利益。

废止论者则直陈自诉制度之弊端,认为"诉追与否,一任私人之自由,故有应诉之罪而不诉,或不应诉而诉者。我刑事诉讼法力矫此弊,诉追犯罪之权,由代表国家之检察官掌之,盖采用国家诉追主义者也"。[①] 有学者认为,我国自诉制度自1979年确立以来一直存在诸多问题,包括自诉案件的范围、界限问题,自诉人取证、举证难问题及自诉案件可能给当事人造成更大的精神伤害等;现阶段我国的刑事自诉制度利弊互现,而且弊大于利,废除自诉制度已成为一种现实的理性选择。[②] 还有学者认为,在我国台湾地区,自诉经常被滥用为"以刑(事)促民(事)"的手段,徒增法院的负担。提起公诉必先经过侦查程序过滤,检察官尚且必须到庭实施公诉;相较之下,自诉案件直接进入法院审判,欠缺过滤机制,法院在审理自诉案件时往往必须身兼检察官的工作,从头到尾调查事实真相并整理法律重点,增加法院审判的困难度。因此,"只要其他机制能够防范检察官之滥权并保护被害人之利益,便可以考虑限缩,乃至于废除自诉制度"[③]。自诉制度存在的目的是防范检察官滥权并保护被害人的利益,只要检察官之权限行使足受信赖,不但自诉之范围可以予以限缩,检察官便宜不起诉之范围也可以随之扩张。[④]

(二)公诉与自诉分离论与转化论

在公诉与自诉并存的情况下,如何处理公诉与自诉的关系是一个棘手的问

---

① 参见朝阳大学编辑:《刑事诉讼法》,吴宏耀、种松志点校,中国政法大学出版社2012年版,第23页。
② 参见潘爽:《试论我国自诉制度的废除》,载《嘉兴学院学报》2014年第4期。
③ 参见林钰雄:《刑事诉讼法》(下册各论编),中国人民大学出版社2005年版,第139页。
④ 参见林钰雄:《刑事诉讼法》(下册各论编),中国人民大学出版社2005年版,第139页。

题。长期以来，在我国刑事诉讼法学界，对于自诉与公诉的关系，存在一种常见的观点，认为凡法律规定由人民法院直接受理的案件，起诉权绝对属于被害人。被害人向法院提出控告的，法院才能受理并通过审判追究犯罪人的刑事责任。被害人不起诉或者撤回起诉的，国家便不能进行追究。这意味着，一旦确定为自诉案件，是否追究犯罪人的刑事责任完全由被害人决定，国家在此问题上完全处于消极被动的状态。[1] 这种认识建立在公诉与自诉分离论的基础上，即公诉与自诉是国家法律对起诉权的一种分配，公诉是由检察机关行使起诉权，自诉则是由被害人行使起诉权，二者按照不同的轨道运行，互不牵涉，也互不干涉。正因为如此，自诉转公诉或者公诉转自诉均遭到理论上的质疑。

另一种观点为公诉与自诉转化论，即认为法律规定的自诉案件可以在一定条件下转为公诉案件和法律规定的公诉案件可以在一定条件下转为自诉案件。转化论的根基在于公诉案件与自诉案件划分标准的复杂性。在实体法层面，区分亲告罪与非亲告罪。刑法将部分犯罪规定为亲告罪，主要是综合考虑了以下因素：（1）这种犯罪仅侵害了个人法益，而且比较轻微；（2）这种犯罪往往发生在亲属、邻居、同事之间，被害人与行为人之间一般存在较为密切的关系；（3）这种犯罪涉及被害人的名誉，任意提起诉讼有可能损害被害人的名誉。[2] 犯罪仅侵害了个人法益是划分亲告罪的首要因素，但是，在自然犯与法定犯的分类中，有一种观点认为"以侵害个人利益为前提、直接引起社会、国家损害的犯罪是自然犯，不以侵害个人利益为前提所引起的社会、国家损害的犯罪是法定犯"[3]，按照这种理解，不存在单纯侵害个人利益的犯罪，可见以侵害个人法益或者侵害社会、国家法益来划定哪些犯罪、何种危害程度的犯罪应当作为亲告罪是困难的。在程序法层面，有自诉案件、公诉案件和可自诉可公诉案件之分。可自诉可公诉案件的存在，表明部分案件选择自诉程序或者公诉程序是困难的。同时，实体法层面的规制与程序法层面的规制不是完全对应的关系，在一些国家和地区，亲告罪案件的被害人可以选择自诉或者通过告诉引起公诉。自诉案件与公诉案件之间的这种交织状态，导致公诉与自诉的转化不可避免。司法实践中，还可能因为对自诉案件与公诉案件判断标准认识和把握上的分歧，造成公诉与自诉的转化不可避免。

---

[1] 参见卞建林：《论国家对自诉的规制和干预》，载《政法论坛》1993年第3期。
[2] 参见张明楷：《刑法学》（第四版），法律出版社2011年版，第96—97页。
[3] 参见张明楷：《刑法学》（第四版），法律出版社2011年版，第95页。

四、公诉与自诉关系的实践样态

（一）刑事案件的类型划分与自诉案件的程序设计

现代各国（地区）的刑事起诉方式主要分为公诉和自诉两种，其中公诉处于主导地位。在采取公诉独占主义的国家（地区），所有刑事案件均为公诉案件；在采取公诉兼自诉制的国家（地区），涉及自诉案件的范围大小和程序设计问题。

在俄罗斯，根据所施犯罪行为的性质与轻罪程度，将刑事程序分为自诉程序、可自诉可公诉程序和公诉程序。刑事诉讼法对于自诉案件和可自诉可公诉案件的范围做了列举。自诉案件，只能根据刑事被害人及其法定代理人的告诉而提起，并可因刑事被害人与刑事被告人和解而终止；在法庭进入评议室作出刑事案判决之前，刑事和解可以随时进行。可自诉可公诉案件，只能根据刑事被害人或者其法定代理人的告诉而提起，原则上不得因刑事被害人与刑事被告人的和解而终止。自诉案件和可自诉可公诉案件之外的刑事案件，属于公诉案件。① 在公诉和可自诉可公诉的刑事案件中，刑事追诉由检察官、侦查官与调查官以国家的名义进行。② 在调解法官负责管辖的刑事案件诉讼程序中，根据控辩双方的申请，调解法官有权在控辩双方收集不能由其独立取得的证据方面提供协助。对刑事自诉案件申请的审理，可以同相应的反诉申请合并审理。③

在德国，刑事案件分为公诉案件和自诉案件，允许被害人自诉的犯罪行为包括：非法侵入住宅、侮辱（针对政治团体的侮辱除外）、通过摄影的方式侵犯私人社会领域、侵犯书信秘密、伤害、跟踪、商业受贿或行贿、损坏财产罪、在醉酒状态下实施的某些轻罪行为、《反不当竞争法》规定的部分犯罪行为和一些侵犯专利权和商标权的犯罪。其中通过摄影的方式侵犯私人社会领域、商业受贿或行贿、在醉酒状态下实施的某些轻罪行为是通过法律修改被纳入自诉范围。④ 在德国，起初自诉只在侮辱罪和普通伤害罪中适用；1921年之后，加入了其他的告诉乃论罪，后将告诉乃论的范围扩大到危险性伤害罪和恐

---

① 参见《俄罗斯联邦刑事诉讼法典》第20条，《世界各国刑事诉讼法》编辑委员会编译：《世界各国刑事诉讼法》（欧洲卷），中国检察出版社2016年版，第385—386页。

② 参见《俄罗斯联邦刑事诉讼法典》第21条，《世界各国刑事诉讼法》编辑委员会编译：《世界各国刑事诉讼法》（欧洲卷），中国检察出版社2016年版，第386页。

③ 参见《俄罗斯联邦刑事诉讼法典》第319条、第321条，《世界各国刑事诉讼法》编辑委员会编译：《世界各国刑事诉讼法》（欧洲卷），中国检察出版社2016年版，第482—483页。

④ 参见《德国刑事诉讼法典》第374条，《世界各国刑事诉讼法》编辑委员会编译：《世界各国刑事诉讼法》（欧洲卷），中国检察出版社2016年版，第308页。

吓罪。① 只有在州司法行政机关所指定的调解机构调解无果后，才准许对非法侵入住宅、侮辱、侵犯书信秘密、伤害、威胁、损坏财产、在醉酒状态下实施的某些轻罪行为起诉。自诉人提起诉讼时，自诉人要预先支付预期的审判费用，还要对预计给犯罪嫌疑人带来的诉讼费用提供担保。查阅案卷的权利，自诉人只能通过律师行使。在程序的任何阶段都可以撤回自诉；第一审法庭审理中已开始对被告人就案件予以讯问的，撤回自诉时需经被告人同意；撤回自诉的，不得再重新提起。在审判中，被告人可以提起反诉，反诉将与本诉同时被判决。②

在我国台湾地区，刑事案件分为公诉案件和自诉案件，自诉案件的范围较为宽泛。凡刑事案件，除法律有特别规定的外，不论犯罪性质与罪行轻重，因犯罪而直接受害者均可提起自诉。对自诉的限制主要包括：（1）对于直系尊亲属或配偶，不得提起自诉；（2）告诉或请求乃论之罪，已不得为告诉或请求者，不得再行自诉；（3）同一案件经检察官开始侦查者，不得再行自诉；但告诉乃论之罪经犯罪之直接受害人提起自诉者，不在此限。2000年修改"刑事诉讼法"时，由于考虑到近些年来公诉制度已趋健全，因此，不再保留自诉制度与公诉制度相对等的地位，改采"公诉优先原则"③。根据2003年新的规定，自诉人应委任律师为代理人到场；自诉之提起应委任律师行之。④ 自诉人于辩论终结前，丧失行为能力或死亡者，由其法定代理人、近亲属等承受诉讼；如果没有承受诉讼之人或者逾期不承受的，法院应分别情形，径行判决或通知检察官担当诉讼。

（二）"告诉才处理"与刑事案件的类型划分

"告诉才处理""告诉乃论"（亲告罪）与刑事案件的类型划分密切相关。根据我国现行《刑法》第98条的规定，"告诉才处理，是指被害人告诉才处理。如果被害人因受强制、威吓无法告诉的，人民检察院和被害人的近亲属也可以告诉"。这里的"告诉"特指被害人向法院直接起诉，而不包括向公安机关、检察院控告或报案。告诉才处理的案件包括侮辱、诽谤案件、暴力干涉婚

---

① 参见［德］克劳思·罗科信：《刑事诉讼法》，吴丽琪译，法律出版社2003年版，第576页。
② 参见《德国刑事诉讼法典》第380条、第379a条、第391条、第392条，《世界各国刑事诉讼法》编辑委员会编译：《世界各国刑事诉讼法》（欧洲卷），中国检察出版社2016年版，第309—310页。
③ 参见张丽卿：《刑事诉讼制度与刑事证据》，元照出版公司2000年版，第259页。
④ 采强制委任律师为代理人之自诉制度，其主要目的在于保护被害人权益，因为在强调自诉人举证责任的同时，无相当法律知识的被害人自行提起自诉，无法为适当之陈述，极易败诉。参见吴宏耀、种松志主编：《中国刑事诉讼法典百年》（下册），中国政法大学出版社2012年版，第1061页。

姻自由案件、虐待案件、侵占案件;"告诉才处理"的案件均属自诉案件。

在我国台湾地区,"告诉乃论"中的"告诉"是指"犯罪之被害人或与被害人有某种关系之人向侦查机关申报犯罪事实,请求追诉之意思表示"①;自诉是指"被害人向法院声请就被告之犯罪确定国家对其有无刑罚权之诉"②;"自诉权与告诉权,同为被害人各自独立所有也"③。犯罪之被害人既可以向侦查机关提出告诉,也可向法院提出自诉,但同一案件,不可同时进行公诉程序与自诉程序。因此,"告诉乃论"的案件,如果被害人向侦查机关提出告诉,该案经检察官开始侦查,就属于公诉案件,以公诉程序进行诉讼。

在日本,除了如诽谤、侮辱等犯罪以外,有些如简单的强奸及猥亵等性犯罪,也都被规定为亲告罪,其目的是使被害人避免因违反其意愿的起诉而可能引起的第二次伤害或对其个人隐私构成侵害。对于除了由配偶或具有血亲、同居关系的人以外亲属实施的盗窃、诈骗等财产犯罪,根据犯罪人与被害人之间的家庭关系必须保护的原则,也被规定为亲告罪。此外,过失引起的伤害以及故意损害他人财产的犯罪,由于犯罪性质比较轻微也被列入了亲告罪,即对该犯罪的处置权是留给被害人的。④ 但是,日本采取公诉独占主义,因此亲告罪并非允许自诉之罪。

(三)对公诉与自诉交叉问题的处理

在俄罗斯,根据《刑事诉讼法典》第20条第4款的规定,对于自诉案件和可自诉可公诉案件,如果刑事被害人或者其法定代理人未予告诉,而该犯罪对因依附关系或者无助状况,抑或因其他缘由不能保护自身权利与法定利益的人员实施的,则侦查机关负责人、侦查官以及获得检察长准予的调查官可以提起诉讼。⑤ 在调解法官负责管辖的刑事案件诉讼程序中,检察官依上述规定介入刑事案件,不剥夺控辩双方进行和解的权利。如果在受理申请之后确定,刑事被害人因处于依赖他人或者无助的状态,抑或由于其他原因不能保护自己权利与法定利益的,则调解法官有权认定刑事被害人的法定代理人与检察官有必要参与案件审理。

在德国,如果自诉之罪与公诉之罪竞合(想象竞合或法条竞合),则不得

---

① 参见蔡墩铭:《刑事诉讼法论》(修订版),五南图书出版公司1993年版,第296页。
② 参见张丽卿:《刑事诉讼法理论与运用》,五南图书出版公司1995年版,第333页。
③ 参见褚剑鸿:《刑事诉讼法论》(下册),商务印书馆1994年版,第559页。
④ 参见[日]太田达也:《刑事被害人救助与刑事被害人权利在亚洲地区的发展进程》,武小凤译,载《环球法律评论》2009年第3期。
⑤ 参见《俄罗斯联邦刑事诉讼法典》第21条,《世界各国刑事诉讼法》编辑委员会编译:《世界各国刑事诉讼法》(欧洲卷),中国检察出版社2016年版,第385页。

提起自诉,而应由公诉机关对自诉之罪一并追诉。① 只有涉及公共利益时,检察院才对法律所规定的属于自诉范围的犯罪行为提起公诉。检察官不负有参与自诉程序的义务。法院认为应当由检察官接管追诉时,则向检察官移送案卷;检察院也可以在判决生效前的任何诉讼阶段,明确声明接管追诉。

在我国台湾地区,要求法院将自诉案件之审判期日通知检察官,检察官对于自诉案件,可在审判期日出庭陈述意见。自诉人于辩论终结前,丧失行为能力或死亡者,法院可通知检察官担当诉讼。自诉案件之判决书,应当送达检察官;检察官接受不受理或管辖错误之判决书后,认为应当提起公诉的,应即开始或续行侦查。

检察官担当自诉属于何种性质,是一个有争议的话题。德国通说与实务认为,检察官一旦介入自诉程序予以担当者,则自诉程序自此阶段开始,转换为一般的公诉程序。② 而在我国台湾地区,通说认为,检察官担当自诉并不变更原来之自诉性质,检察官亦不取代原自诉人而成为当事人,因此,自诉案件之判决书,仍应向原自诉人送达,原自诉人仍能本于当事人之地位提起上诉;检察官不得本于担当自诉人或当事人之地位提起上诉,但得本于检察官之地位而独立上诉。③ 也有学者认为,自诉案件经法院通知检察院担当时,即因担当,而依公诉程序继续进行,检察官因此成为当事人。④

(四) 自诉案件的实践状况

在德国的司法实践中,自诉案件只占较小的比例,知道可用自诉来维护自己权益的被害人中,只有10%提起自诉;在所有自诉案件中,只有6%的案件作出了有罪判决。⑤ 其中原因之一是立法并不鼓励被害人提起自诉。依据《诉讼费用法》第67条,自诉人有义务事先支付诉讼费用;依据《刑事诉讼法典》第383条第2项,法院如认为行为人责任轻微时,可以随时终止诉讼程序;依据《刑事诉讼法典》第380条,对于大多数自诉案件,实行调解前置;依据《刑事诉讼法典》第388条,自诉人可能因被告人反诉而承担刑事责任。这样的规定起了限制被害人提起自诉的作用。检察官很少基于公共利益的考虑接管自诉,除非该案件具有特殊的特征,例如属于在公共街道上对陌生人进行攻击;通常情况下,如果有人对自诉犯罪报案,检察官会通知被害人提起自

---

① 参见 [德] 克劳思·罗科信:《刑事诉讼法》,吴丽琪译,法律出版社2003年版,第578页。
② 参见林钰雄:《刑事诉讼法》(下册各论编),中国人民大学出版社2005年版,第131页。
③ 参见林钰雄:《刑事诉讼法》(下册各论编),中国人民大学出版社2005年版,第131页。
④ 参见褚剑鸿:《刑事诉讼法论》(下册),台湾商务印书馆1994年版,第576页。
⑤ 参见 [德] 克劳思·罗科信:《刑事诉讼法》,吴丽琪译,法律出版社2003年版,第578页。

诉，而不会采取其他措施。许多法官一般不愿意处理自诉案件。因此，有学者建议以调解和和解等方式取代陈旧的刑事自诉手段①；"要大力修正自诉程序或另创其它代替被害人参与之方式"②。

从我国台湾地区的司法实践状况看，1998年台湾地区各地方法院总共终结自诉案件6596件，10850名被告人中，受科刑判决者仅1359人，免刑判决者3人，总共受有罪判决者仅1362人，占全部被告人人数的12.55%；受无罪判决者高达4388人，经不受理者高达2269人，两者合计占61.35%。同年的公诉案件中，受有罪判决者之被告（111369人），占公诉被告总人数（142552人）的78.13%。这表明滥行自诉的现象比比皆是。③ 有学者建议，为了避免被害人滥行自诉，应当仿效德国刑事诉讼法的规定，限制自诉案件的范围，原则上只对轻罪才能自诉。④

相关材料显示，重庆市法院2009—2011年上半年受理的案件中，公诉案件与自诉案件分别为53968件与756件，占比为99%与1%。自诉案件数量呈逐年下降的趋势，且降幅较大。自诉犯罪类型逐渐转向公诉案件，涉及自诉罪名的主要是故意伤害罪（轻伤）、重婚罪提起公诉的情况。在自诉案件中，故意伤害（轻伤）居多，侵占等其他告诉才处理的案件偏低，公诉转自诉案件基本没有。从重庆市7个有代表性的主城与近远郊区县的统计数据看，从2004—2010年，受理的案件类型分布为：故意伤害709件，重婚59件，侵占53件，侮辱（诽谤）12件，其他36件。自诉案件以调解、和解撤案的占有较大比例，未结案占有一定比例，原因是被告人下落不明导致法院中止审理、案件久拖不决。⑤

2007—2012年，河北省秦皇岛市各基层法院受理自诉案件共150件，其中故意伤害案119件、侵占案11件、侮辱诽谤案4件、重婚案15件、遗弃案1件。其中撤诉结案96件，判决结案只有31件。同期北京市朝阳区法院受理的几十起自诉案件中，故意伤害、侵占和重婚案件占了自诉案件总数的80%，以撤诉方式结案的占了总数的近一半。撤诉的原因主要是证据不足，举证困难。⑥

---

① 参见［德］托马斯·魏根特：《德国刑事诉讼程序》，岳礼玲、温小洁译，中国政法大学出版社2004年版，第204—206页。
② 参见［德］克劳思·罗科信：《刑事诉讼法》，吴丽琪译，法律出版社2003年版，第578页。
③ 参见林钰雄：《刑事诉讼法》（下册各论编），中国人民大学出版社2005年版，第139页。
④ 参见张丽卿：《刑事诉讼制度与刑事证据》，元照出版公司2000年版，第9页。
⑤ 参见陈唤忠：《刑事自诉调查研究》，载《法律适用》2012年第2期。
⑥ 参见潘爽：《试论我国自诉制度的废除》，载《嘉兴学院学报》2014年第4期。

我国有学者调研发现，S省4个区级法院2009—2012年受案数中，公诉案件为45746件，自诉案件842件，自诉案件仅占1.84%。刑事诉讼法规定的第二类自诉案件，因选择公诉或自诉，导致同案不同罚现象，如一起轻伤害案件，选择自诉，通过调解撤案；选择公诉，被判拘役6个月或1年有期徒刑。因此，被害人往往根据自身利益选择自诉或者公诉。在S省J市T区法院2009—2012年办理的自诉案件中，自诉人有委托代理人的案件占全部自诉案件的59.5%。①

　　自诉案件在司法实践中面临一系列的困难和问题，主要包括：（1）对于自诉案件，有时由于缺乏告诉，警察或检察官必须放弃对犯罪的追诉；（2）刑事被害人有时面临着是否控告的两难决定；（3）自诉人由于法律知识欠缺、"以刑促民"等原因导致滥诉，造成司法资源的浪费；（4）被害人存在取证难、举证难、证明难等障碍，难以有效维护自己的合法权益。正因为如此，才引发了是否应当限制乃至废除自诉的争论，有的国家已经废除自诉制度。拉脱维亚1991年脱离苏联独立后，其刑事诉讼法继承苏联刑事诉讼法的相关特征，规定了自诉制度，后于2010年10月21日将其废止。②

　　近些年来，关于亲告罪的成立理由成为一个更加被普遍关注的问题，即为什么有些犯罪的起诉必须依赖于被害人的愿望。有人尝试从恢复性司法的角度重新审视亲告罪，而另有些人则努力从法律与秩序、弱势人群保护或被害人救济等各个方面重新考虑亲告罪。这不仅是因为实践问题，而且也是因为其自身的合理性问题。亲告罪的设立理由被描述为"为顾虑被害人之利益，尤其为保护被害人之隐私，刑法遂将若干犯罪规定为告诉乃论，以尊重被害人之诉追移送，如被害人不欲将其被害事实公开，则国家不应对所发生之犯罪予以诉追，亦即于重视被害人利益之前提下，国家放弃其所负处罚犯罪之任务"。③但是，使被害人免遭因违背其意愿的起诉行为所引起的第二次侵害问题，正随着刑事诉讼程序中被害人救助的发展而受到质疑。④

---

① 参见吴小帅、周长军：《从实践困境看我国刑事自诉圈的立法重构——以对S省若干区县的实证调研为基础》，载《法学论坛》2015年第2期。
② 参见《世界各国刑事诉讼法》编辑委员会编译：《世界各国刑事诉讼法》（欧洲卷），中国检察出版社2016年版，第1097页、第1112页。
③ 蔡墩铭：《刑事诉讼法论》（修订版），五南图书出版公司1993年版，第297页。
④ 参见［日］太田达也：《刑事被害人救助与刑事被害人权利在亚洲地区的发展进程》，武小凤译，载《环球法律评论》2009年第3期。

五、我国现行法中的公诉与自诉关系之检讨

我国现行刑事诉讼法将自诉案件分为告诉才处理的案件、被害人有证据证明的轻微刑事案件、公诉转自诉的案件三类。第一类案件仅能自诉①；第二类案件为可自诉可公诉案件；第三类先公诉、后自诉案件。

（一）关于告诉才处理的案件

在我国，告诉才处理的案件包括侮辱、诽谤案件（但严重危害社会秩序和国家利益的除外）、暴力干涉婚姻自由案件、虐待案件（但被害人没有能力告诉或者因受到强制、威吓无法告诉的除外）、侵占案件。亲告罪罪名很少，类型较为单一。可以考虑参照其他国家和地区刑法关于亲告罪的规定，重新审视亲告罪的范围，如将特定亲属间的盗窃、诈骗、敲诈勒索等财产犯罪纳入。暴力干涉婚姻自由案件、虐待案件目前属于亲告罪，同时又属自诉案件，将其作为亲告罪，是因为此类案件发生在特定主体之间，是否告诉，需尊重被害人的意见，以利于家庭关系的修复。但是，若将此类案件一律作为自诉案件，则不合适。在暴力干涉婚姻自由案件中，绝大多数被害人属于弱势群体，受教育程度普遍偏低，法律知识欠缺，经济能力往往也较差，收集证据和聘请律师的能力都很弱，导致司法实践中此类案件数量极低。在虐待案件中，被害人与加害人是家庭成员，此类犯罪的隐蔽性很强，受害人容易受到强制、威吓，甚至被限制人身自由，难以通过自诉方式维权。这两类案件均不宜一律作为自诉案件。侵占案件，由于犯罪性质比较轻微，因此将该类犯罪的处置权留给了被害人。但是，在实际运作上存在困难，因为构成侵占罪的条件之一是"行为人拒不交出所侵占的他人财物"。实践中，很多被害人财物被侵占后，不是到法院起诉，而是向公安机关报案，因为被害人很难向法庭举证证明财物的价值。因此，此类案件需要给予被害人自诉或者告诉的选择权。对于告诉才处理的案件，应当明确规定告诉期限，如我国台湾地区规定，告诉乃论的案件，向检察官或司法警察告诉的期限为自被害人知悉犯人起6个月。逾期后，不可走公诉程序，但可自诉，自诉权的行使期限受诉讼时效的限制。在现行法律未做修改的情况下，可以采取变通做法，由公安机关代为收集证据，然后交被害人，由其决定是否提起自诉。

---

① 《公安机关办理刑事案件程序规定》第176条第1款规定："经过审查，对告诉才处理的案件，公安机关应当告知当事人向人民法院起诉。"

（二）关于被害人有证据证明的轻微刑事案件

根据 2021 年最高法《关于适用〈中华人民共和国刑事诉讼法〉的解释》（以下简称《刑事诉讼法解释》）第 1 条的规定，这类案件包括：故意伤害案（轻伤），非法侵入住宅案；侵犯通信自由案；重婚案；遗弃案；生产、销售伪劣商品案（严重危害社会秩序和国家利益的除外）；侵犯知识产权案（严重危害社会秩序和国家利益的除外）；以及刑法分则第四章、第五章规定的，对被告人可能判处 3 年有期徒刑以下刑罚的案件。对于上述案件，被害人直接向人民法院起诉的，人民法院应当依法受理；对其中证据不足，可以由公安机关受理的，或者认为对被告人可能判处 3 年有期徒刑以上刑罚的，应当告知被害人应当向公安机关报案，或者移送公安机关立案侦查。《刑事诉讼法解释》肯定了两点：一是在限定的轻微案件范围内，走公诉程序还是走自诉程序，由被害人选择决定；二是证据不足或者可能判 3 年以上有期徒刑的，还可由自诉程序转为公诉程序。《公安机关办理刑事案件程序规定》（以下简称公安《规定》）第 14 条做了回应性的规定，即"对于人民法院直接受理的被害人有证据证明的轻微刑事案件，因证据不足驳回起诉，人民法院移送公安机关或者被害人向公安机关控告的，公安机关应当受理；被害人直接向公安机关控告的，公安机关应当受理"。《刑事诉讼法解释》第 320 条确立了公诉优先原则，规定"公安机关正在立案侦查或者人民检察院正在审查起诉的"，人民法院应当说服自诉人撤回起诉；自诉人不撤回起诉的，裁定不予受理。

目前的规定存在以下问题：其一，自诉转公诉的条件为"证据不足""可以由公安机关受理""对被告人可能判处三年有期徒刑以上刑罚"，导致此类案件可能出现"有罪不究"的情况，如将对被告人可能判处 3 年有期徒刑以下刑罚的案件排除在外，其追诉与否由被害人决定。其二，"被害人有证据证明的轻微刑事案件"实践中很大程度上变成了"告诉乃论"。公安《规定》第 176 条第 2 款规定："对被害人有证据证明的轻微刑事案件，公安机关应当告知被害人可以向人民法院起诉；被害人要求公安机关处理的，公安机关应当依法受理。"显然，公安机关办理此类案件，以被害人告诉为前提，基本上采取"不告不理"的原则，此类案件追诉与否的决定权很大程度上被赋予了被害人，所涉罪名却并非刑法上规定的亲告罪。俄罗斯《刑事诉讼法》规定，对于可自诉可公诉案件，侦查机关和检察机关可以直接启动追诉；此类案件原则上不得因刑事被害人与刑事被告人的和解而终止，使其区别于纯粹的自诉案件。而我国对此类案件的规定在加大对被害人保护力度的同时却弱化了国家对犯罪的追究。与告诉才处理的案件（仅能自诉）相比，给予此类案件的被害人可自诉可公诉的双重保障，对被害人"应诉而不诉"则持放任态度。

（三）关于公诉转自诉案件

现行《刑事诉讼法》第 210 条规定的第三类自诉案件从性质上来看，属于公诉案件，只是由于公安机关不受理，或者检察机关不起诉，被害人对此不服才直接向人民法院起诉，从而使公诉案件变成了自诉案件。《刑事诉讼法解释》对《刑事诉讼法》第 210 条的规定做了限制性解释，将"不服人民检察院对未成年犯罪嫌疑人作出的附条件不起诉决定或者附条件不起诉考验期满后作出的不起诉决定，向人民法院起诉的"排除在自诉范围之外。允许公诉案件在一定条件下转为自诉案件，是为了解决个别案件老百姓告状无门的问题，因为"1979 年刑事诉讼法偏重于维护国家追诉权，对被害人权利的保护较少，实践中出现了公民权利受到犯罪分子的侵害，有的公安机关或者检察院的办案人员严重不负责任，推诿敷衍，该管的不管，使得被害人告状无门"。[①] 不少学者对于上述规定提出了质疑，认为其损害了公诉制度和公诉权，违背了国家追诉主义的法理预设[②]；该制度的确立，使自诉案件的范围处于一种不确定的状态，而且不符合追诉权的国际发展趋势，其保护被害人合法权益和制约公安机关和检察机关权力行使的立法目的不仅没有能够得到实现，而且给被害人和人民法院带来了无尽的烦恼，因此建议取消该制度[③]。

公诉转自诉是一种极特殊的情形。在我国台湾地区公诉与自诉混合制的起诉模式下，对于告诉才处理的案件，存在公诉转自诉的规定。我国台湾地区"刑事诉讼法"第 323 条规定："同一案件经检察官依第二百二十八条规定开始侦查者，不得再行自诉。但告诉乃论之罪，经犯罪之直接被害人提起自诉者，不在此限。"根据此规定，对于告诉乃论之罪，即使检察官已经开始侦查，被害人仍可自诉，"此时检察官应例外停止侦查，由法院为该案件之实体判决"。[④] 此外，《瑞典司法程序法典》第 47 章第 2 条规定"犯罪仅在检察官决定不起诉后被害人才可起诉的，对检察官不起诉决定的证明应当附到申请书中。援引的书证也应附到申请书中"；《奥地利共和国刑事诉讼法典》第 66 条规定了被害人的权利，其中之一是"对检察机关作出终止诉讼的决定，申请程序继续进行"。上述规定均赋予被害人在检察官作出"不予追究"决定时一定的救济权。以公诉转自诉违背了国家追诉主义为由建议取消该制度，理据并不充分，因为与之相反的还有被害人自诉权固有论，从公诉权与自诉权合理分

---

① 参见王爱立主编：《中华人民共和国刑事诉讼法释义》，法律出版社 2018 年版，第 447 页。
② 参见李昌林、张麒：《论我国刑事自诉制度的完善》，载《西部法学评论》2012 年第 5 期。
③ 参见罗智勇：《对我国公诉与自诉关系的理性思考》，载《中国刑事法杂志》2006 年第 2 期。
④ 参见李知远编著：《例解刑事诉讼法》，五南图书出版公司 2006 年版，第 609 页。

配论出发考虑该问题,需要考察公诉权在司法实践中的运行状况以及该制度的运行实效。设立该制度是基于公权力对被害人权益保护不足的状况,但是,该制度设立以来,司法实践中公诉转自诉的案件几乎没有,表明通过被害人自诉来解决有案不立、有罪不究并非良策,在公安机关和检察机关不能有效追诉犯罪嫌疑人、被告人的情况下,被害人也很难在法院实现其追诉权。

对于不起诉的救济,未来可考虑借鉴其他国家和地区经验,改革现行做法。如参考德国的强制起诉程序和日本的准起诉程序,设计相应制度。德国《刑事诉讼法》第172—177条对被害人申请强制起诉的条件、期限作了明确规定,法院接受被害人申请后,案件并不改变公诉性质;依据日本《刑事诉讼法》第262—268条的规定,对于不起诉的案件,被害人可以请求将该案件交付法院审判,法院决定进入准起诉程序后,不是由被害人行使原本应由检察官行使的公诉权,而是由法院指定律师代替检察官行使公诉权。

六、对郎某、何某涉嫌诽谤案的回应

郎某、何某涉嫌诽谤案发生在2020年七八月。2020年8月7日,被害人谷某得知其被人拍摄视频并捏造聊天记录恶意在网上传播,遂至公安机关报案。8月13日,杭州市余杭区公安分局对郎某、何某分别作出行政拘留9日的处罚。被害人报案后,当事人双方曾作过协商谈判,最终在赔偿金额上未达成一致。10月26日,谷某的诉讼代理人向杭州市余杭区人民法院提起自诉,要求追究郎某、何某诽谤罪的刑事责任。因资料不全,诉讼代理人于12月11日补交了相关材料。12月14日,余杭区人民法院对自诉予以立案。其间,相关视频材料进一步在网络上传播、发酵。12月25日,根据余杭区人民检察院的建议,余杭区公安分局对郎某、何某涉嫌诽谤案立案侦查。该案引起的争议主要包括:该案是否属于告诉才处理案件?应当如何处理自诉转公诉案件?

(一)关于该案是否属于告诉才处理的案件

我国《刑法》第246条规定:"以暴力或者其他方法公然侮辱他人或者捏造事实诽谤他人,情节严重的,处三年以下有期徒刑、拘役、管制或者剥夺政治权利。前款罪,告诉的才处理,但是严重危害社会秩序和国家利益的除外。"公安司法机关对于郎某、何某涉嫌诽谤案的处理,对行为人行为的定性经历了从行政违法、属自诉的犯罪、属公诉的犯罪的变化。

第一个层面的争议是郎某、何某的行为是否构成犯罪。违法与犯罪的界限在于情节是否严重。2013年"两高"《关于办理利用信息网络实施诽谤等刑事案件适用法律若干问题的解释》第 2 条规定，利用信息网络诽谤他人，具有下列情形之一的，应当认定为《刑法》第 246 条第 1 款规定的"情节严重"："（一）同一诽谤信息实际被点击、浏览次数达到五千次以上，或者被转发次数达到五百次以上的；（二）造成被害人或者其近亲属精神失常、自残、自杀等严重后果的；（三）二年内曾因诽谤受过行政处罚，又诽谤他人的；（四）其他情节严重的情形"。该案网民阅读数分别为 4.1 亿次和 8100 万次，讨论数分别为 5.8 万条和 4046 条，达到了"情节严重"的认定标准。

第二个层面的争议是该案属于自诉案件还是公诉案件。认定的关键在于对"严重危害社会秩序和国家利益"的理解。《关于办理利用信息网络实施诽谤等刑事案件适用法律若干问题的解释》第 3 条规定，利用信息网络诽谤他人，具有下列情形之一的，应当认定为《刑法》第 246 条第 2 款规定的"严重危害社会秩序和国家利益"："（一）引发群体性事件的；（二）引发公共秩序混乱的；（三）引发民族、宗教冲突的；（四）诽谤多人，造成恶劣社会影响的；（五）损害国家形象，严重危害国家利益的；（六）造成恶劣国际影响的；（七）其他严重危害社会秩序和国家利益的情形"。郎某、何某的行为是否"引发公共秩序混乱"或者属于"其他严重危害社会秩序和国家利益的情形"？这里存在一定的裁量空间，郎某、何某针对不特定个人实施诽谤行为，并且在网络上广泛传播，扰乱了正常的网络秩序（也是一种社会秩序或公共秩序），严重威胁社会安宁和公众的安全感；利用信息网络实施诽谤行为，其传播速度快、范围广、影响力大，所造成的社会危害远甚于传统社会中熟人之间的诽谤行为，郎某、何某的行为不仅严重侵害了被害人的个人法益，而且造成了恶劣的社会影响，侵害了社会法益。基于此，检察机关建议公安机关立案侦查，将该案作为公诉案件处理，可谓合法合情合理。

（二）关于应当如何处理自诉转公诉案件

该案已经提起自诉并且为法院所受理，公安机关对同一案件立案侦查，因而出现了"一案两诉"。对此，应当公诉优先还是自诉优先？在公诉与自诉并存的制度设计下，由于公诉案件与自诉案件的划分标准并不清晰，可能会出现"一案两诉"，正如郎某、何某涉嫌诽谤案所显示的情况。对此争议的处理，如果坚持国家追诉主义，则会得出公诉优先的结论；如果坚持被害人追诉权固有论，就会认为应当自诉优先。从一些国家和地区的立法例看，偏重于采取国家追诉主义的立场。如在德国，检察官可以基于公共利益的考虑接管自诉，此时案件从自诉案件转为公诉案件。根据乌克兰《刑事诉讼法典》第 27 条的规定，被害人控诉而提起的刑事诉讼分为两类：第一类案件，不进行调查和侦查，如果被害人与被告人和解，则诉讼终止；第二类案件，诉讼不得因被害人与被告人和解而终止。检察长可以随时介入法官审理的因被害人控诉而提起的第一类案件的诉讼,并为维护国家利益或者公民权利之需要而在法庭上支持起诉。澳大利亚《联邦起诉政策》第4.8条指出:"个人拥有对违反法律提起诉讼的权利曾被认为是'反对当局的惯性或偏见的一项有价值的宪法保障'。然而,权利可能被滥用,或掺杂了不恰当的个人或其他动机。另外,可能出于公共政策方面的考虑,私诉不应继续进行,或者至少不应允许其留在私人手里,尽管其启动是出于善意的。因此,《检察长法》第9章9(5)所规定的权力为反对行使这一权利提供了重要保障,这可能被广泛地描述为不恰当的情况"[1];《联邦起诉政策》第4.13条规定"如果认为介入私诉可能是合适的,在最终作出是否需要这么做的决定前,检察总署可能有必要向警署提出咨询帮助,如果是这样,还要决定是否需要继续诉讼"[2]。但在我国台湾地区,对于告诉乃论之罪,经犯罪之直接被害人在检察官开始侦查后始提起自诉者,检察官均应立即停止,将案件移送法院。这是为了尊重当事人的意思表示。[3] 从我国检察机关所处的法律监督者地位以及"民众对犯罪的恐惧更甚于对国家权力扩张的担忧"这一国情看,我国宜采公诉优先论。《刑事诉讼法解释》第320条第8项规定,对于被害人有证据证明的轻微刑事案件,公安机关正在立案侦查或者人民检察院正在审查起诉的,人民法院应当说服自诉人撤回起诉;自诉人不撤回起诉的,裁定不予受理。上述规定应当扩大适用于郎某、何某涉嫌诽谤案的处理。

七、完善我国公诉与自诉关系的基本思路

郎某、何某涉嫌诽谤案处理过程中产生的争议,促使我们对于公诉与自诉的关系进行反思,并且重新审视我国的相关立法和司法解释,以及对于一些争议问题进行学理层面的剖析,并在此基础上厘清处理公诉与自诉关系的基本思路。

(一)被害人的诉权可以通过多种方式实现

从刑事被害人学以及保障被害人权利的制度体系观之,不宜将被害人的诉权与自诉权画等号。被害人获得司法正义的权利既包括其可以接近司法,又包

---

[1] 《世界各国刑事诉讼法》编辑委员会编译:《世界各国刑事诉讼法》(大洋洲卷),中国检察出版社2016年版,第161页。
[2] 《世界各国刑事诉讼法》编辑委员会编译:《世界各国刑事诉讼法》(大洋洲卷),中国检察出版社2016年版,第162页。
[3] 参见张丽卿:《刑事诉讼制度与刑事证据》,元照出版公司2000年版,第260页。

括其可以获得公正的审判。在刑事诉讼中，被害人的诉权表现在：在公诉案件中，被害人享有一种"从属告诉权"，被害人的告发（告诉、举报、控告）是引起刑事追诉程序启动的主要原因之一，而且在刑事诉讼过程中，被害人协助检察机关行使控诉权；被害人还有权提起附带民事诉讼，在刑事诉讼过程中附带解决民事赔偿问题；在告诉乃论和自诉案件中，被害人成为刑事追诉程序是否启动的决定性因素。刑事犯罪往往带来"一因多果"，其可能同时侵害了被害人个人利益、社会利益和国家利益，加害人需要承担民事、行政和刑事责任，对犯罪的追诉、对被害人利益的保护需要采取多种方式。长期以来，我国刑事诉讼法学界对于告诉才处理与自诉的关系形成了一种僵化的理解，将告诉才处理与自诉程序捆绑在一起，刑法上规定的所有亲告罪都只能自诉，不能公诉，导致司法实践中产生诸多困境。亲告罪是将对犯罪追诉与否的决定权赋予被害人，而自诉案件是对部分事实清楚、证据充足、被害人有诉讼能力的案件，免除公安机关侦查和检察院审查起诉程序，直接进入审判程序，二者的出发点有异，功能并不完全重合。正因为如此，我们看到，尽管日本采公诉独占主义，但有告诉乃论之罪的规定。

（二）应当牢固树立国家追诉主义的理念

从私人追诉主义到国家追诉主义，伴随的是对犯罪行为性质的认识发生了变化。犯罪被视为是对国家和社会利益的侵犯，而非仅仅是对个人利益的侵犯，由此出发，将它与民事侵权行为相区分；犯罪是具有严重社会危害性的行为，由此出发，将它与行政违法行为相区分。由于行政违法与刑事犯罪之间、侵犯私人利益与侵犯公共利益之间存在交叉和模糊地带，因此，追诉犯罪的方式除了公诉之外，还给告诉乃论和自诉留下了空间。但是，基于对犯罪本质的认识，以被害人自诉权固有论为基础的公诉与自诉二元制（双轨制）不可取。在保留自诉的国家，自诉的作用在于弥补公诉之不足，自诉不能脱离公诉而存在，公诉仍须随时协助自诉之进行。亲告罪不同于普通的民事纠纷，既然定位为刑事犯罪，当被害人无力取证或者自诉权遇到障碍时，公权力可在被害人同意下介入，以保障对犯罪行为予以追究。自诉案件应当是侵犯公民个人权益、情节轻微危害不大、案情简单不需要侦查的案件。我国刑事诉讼法关于第三类自诉案件的规定，使得严重犯罪案件（如证据不足不起诉案件）有可能成为自诉案件，背离了国家追诉主义理念，并且如果严重犯罪按照自诉处理，被害人无论在追诉能力、手段和相应的法律知识上显然都不能适应，而法官又不可能承担控诉职能，导致制度设计上的悬空。

（三）可以考虑限制乃至废除自诉

确立国家追诉主义之后，检察官承担了公诉职能。一些国家和地区采检察官独占公诉主义；在一些保留自诉的国家和地区，自诉制度普遍运行效果不佳。自诉案件中最为核心的部分是亲告罪案件，目前，即使对于亲告罪设立的法理依据，也存在质疑。亲告罪假定尊重被害人的意愿是对其利益最大限度的保护，但是，世界范围内的保护被害人运动表明，被害人作为需要被救助的对象，他或她往往没有能力进行自我保护，也难以进行自主选择。一些国家和地区将性犯罪作为亲告罪，但是妇女组织努力地将所有性犯罪从亲告罪的种类中予以排除。① 刑事案件重证据，有罪认定要求达到最高的证明标准，全面收集证据，有赖依靠公权力之行使，非被害人个人力量所能完成。警察和检察官有采取各种强制性侦查措施的权力，罪证较易获得，罪犯难逃法网。采取自诉制度，被害人虽有起诉之便利，却存在取证之困难，难易获得公正之裁判。对于被害人有证据证明的轻微刑事案件，尽管法律规定被害人可选择自诉或者控告，司法实践中被害人大多选择向公安机关报案，而非自诉。再者，现代公诉制度改革，对于公诉案件，引入了刑事和解制度，缩小了公诉程序与自诉程序之间的差异。我国刑事和解程序的适用对象（因民间纠纷引起、可能判处3年有期徒刑以下刑罚、可能判处7年有期徒刑以下刑罚的过失犯罪）基本可将自诉案件包含其中。因此，自诉制度的功能在一定程度上可被刑事和解制度所替代。考虑到自诉制度与其他刑事诉讼机制之间的关系，如果其他刑事诉讼机制能够实现自诉制度的功能，则可考虑限制乃至废除自诉。

（四）应当处理好实体法与程序法的关系

公诉与自诉的关系是刑法与刑事诉讼法交错适用的领域。如郎某、何某涉嫌诽谤案的处理，既涉及实体法问题，又涉及程序法问题。刑法科学、合理地规制亲告罪的案件范围，才能为刑事诉讼法准确划定自诉案件的范围提供前提。目前刑法关于亲告罪的规定不完善，对自诉案件的处理带来了严重的困扰。由刑法与刑事诉讼法的关系所决定，实体法层面的问题应由实体法解决，而程序法层面的问题应由程序法解决，二者不宜相互替代，而应相互衔接、相互促进。关于"告诉才处理"的定义，刑法仅指明了告诉的主体为被害人，至于向公安机关、人民检察院还是人民法院告诉，则语焉不详；刑事诉讼法则未能对接刑法的规定，对告诉的对象、告诉的期限等作出明确解释。对于被害人因受到强制、威吓无法告诉的，刑法规定"人民检察院和被害人的近亲属也可以告诉"，这里对检察院和被害人的近亲属的告诉未分先后；刑事诉讼法需要对先后次序作出规定，原则上被害人的近亲属的告诉在先，检察院的告诉

---

① 参见［日］太田达也：《刑事被害人救助与刑事被害人权利在亚洲地区的发展进程》，武小凤译，载《环球法律评论》2009年第3期。

在后。又如,《刑法》第 246 条第 3 款规定"通过信息网络实施第一款规定的行为,被害人向人民法院告诉,但提供证据确有困难的,人民法院可以要求公安机关提供协助"。该规定属于程序法规范,从程序法的角度看,公安机关对自诉案件的取证提供协助,不仅在通过信息网络实施侮辱、诽谤犯罪案件中有需求,而且在其他亲告罪案件中也有需求,对于亲告罪案件之外的其他两类自诉案件,也同样存在有时需要公安机关协助取证问题,应当在刑事诉讼法中加以统一规定。

(五)应当做好自诉与公诉之间的衔接

在保留自诉制度的前提下,应当尽可能完善自诉制度,并且做好自诉与公诉之间的衔接。关于自诉权的行使,存在两方面的隐忧:一方面是被害人在自诉程序中无法有效维护自身权益,另一方面是被害人存在滥用自诉权的可能性,所谓"该诉却不诉,不该诉却诉"。对于前一种情况,需要公安机关和检察机关对于自诉权的行使提供协助,包括:告诉才处理的案件,被害人因受到强制、威吓无法告诉时,检察院代为告诉;自诉人在法庭辩论终结前丧失行为能力或死亡者,检察官担当自诉;公安机关及时移交依法调取的案件材料和有关证据;自诉人取证困难时,人民法院可以要求公安机关提供协助等。对于后一种情况,检察官可以根据案件具体情况决定是否出庭发表意见;应当赋予检察机关出于维护公共利益的需要,接管自诉案件的权力,此时,案件的性质将会发生从自诉到公诉的转化。从我国的立法规定上看,被害人被赋予了广泛的自诉权,这导致了滥诉的危险,但是,司法实践中法院过高的立案标准却将一些被害人拒之法院门外。此外,传统法律文化的影响、现有司法运行机制的制约等实际上使被害人滥诉的可能性远远低于其不诉的可能性。检察机关在自诉程序的运行中发挥法律监督职能时,应当对上述情况予以充分关注。

(原载于《中国刑事法杂志》2021 年第 1 期)

二、刑事检察创新优化发展

职务犯罪监检管辖之分工与衔接[*]

卞建林[**]

2018年3月20日，第十三届全国人大一次会议审议通过监察法，从法律层面巩固了国家监察体制的改革成果，确立了党统一领导、全面覆盖、权威高效的国家监察体制。该法第3条规定："各级监察委员会是行使国家监察职能的专责机关，依照本法对所有行使公权力的公职人员进行监察，调查职务违法和职务犯罪，开展廉政建设和反腐败工作，维护宪法和法律的尊严。"人民检察院原有的反贪、反渎、预防的机构、人员、职能也随着国家监察体制改革的推进而转隶到监察机关。2018年10月26日修改通过的《刑事诉讼法》第19条第2款因应监察法的规定，对人民检察院的立案侦查权作出了调整，即人民检察院在对诉讼活动实行法律监督中发现的司法工作人员利用职权实施的非法拘禁、刑讯逼供、非法搜查等侵犯公民权利、损害司法公正的犯罪可以立案侦查。由此形成了监察机关对公职人员职务违法和职务犯罪监察全覆盖与检察机关对部分司法工作人员在诉讼中利用职权实施的职务犯罪可以立案侦查的共存共管局面。特别是由于监察机关确立监察调查管辖的原则和具体规定与刑事诉讼管辖制度不尽相同，因此深入研究职务犯罪监检管辖的分工与衔接，妥善解决职务犯罪监检管辖之间可能出现的问题，健全完善职务犯罪监检管辖的相关法律制度，十分迫切而重要。

一、职务犯罪的监察调查管辖

深化国家监察体制改革的目标是"整合反腐败资源力量，加强党对反腐败工作的集中统一领导，构建集中统一、权威高效的中国特色国家监察体制，

---

[*] 本文系国家社科基金重大项目"十八届四中全会以来刑事诉讼制度重大改革实施效果的实证研究"（项目编号：17ZDA126）的阶段性成果。

[**] 深圳大学特聘教授。

实现对所有行使公权力的公职人员监察全覆盖。"① 依《监察法》第 3 条、第 11 条、第 15 条的规定，监察委员会对下列公职人员实施的职务违法和职务犯罪进行监察调查：

（一）作为监察对象的公职人员范围

《监察法》第 3 条明确了监察调查的对象是所有行使公权力的公职人员，第 15 条则进一步规定了公职人员的范围，包括：

1. 公务员与参公管理人员

根据《公务员法》第 2 条的规定，公务员是指"依法履行公职、纳入国家行政编制、由国家财政负担工资福利的工作人员"，即《监察法》第 15 条第 1 项中所列举的中国共产党机关、国家机关、各民主党派机关及人民团体中的公务员。参公管理人员则是指《公务员法》第 112 条规定的，法律、法规授权的具有公共事务管理职能的事业单位中除工勤人员以外的经批准参照公务员法进行管理的工作人员。

2. 授权委托人员

主要是指相关组织中，除参公管理人员以外的其他对公共事务履行组织、领导、管理、监督等职责的人员，如在银行保险、证券等监督管理机构的工作人员，在注册会计师协会、医师协会等具有公共事务管理职能的行业协会等组织中从事公务的人员，以及在法定检验检测、检疫等机构中从事公务的人员。

3. 国有企业管理人员

主要指：（1）在国有独资、全资公司、企业中履行组织、领导、管理、监督等职责的人员；（2）经党组织或国有独资、全资公司、企业，事业单位提名、推荐、任命、批准等方式而在国有控股、参股公司及其分支机构中履行组织、领导、管理、监督、经营等职责的人员；（3）经国家出资企业中负有管理、监督国有资产职责的组织批准或研究决定而代表其在国有控股、参股公司及其分支机构中从事组织、领导、管理、监督、经营等工作的人员。

4. 公办单位管理人员

作为监察对象的"公办的教育、科研、文化、医疗卫生、体育等单位中从事管理的人员"，是指在为社会公益目的、由国家机关举办或者其他组织利用国有资产举办的上述相关单位及其分支机构中从事组织、领导、管理、监督等活动的人员。

---

① 《李建国作关于监察法草案的说明》，载新华网 http://www.xinhuanet.com//mrdx/2018-03/14/c_137037469.htm，2021 年 6 月 25 日访问。

5. 自治组织管理人员

作为监察对象的"基层群众性自治组织中从事管理的人员",主要是指在诸如村民委员会、居民委员会等组织中从事集体事务和公益事业管理,或者从事集体资金、资产、资源管理,以及协助人民政府从事行政管理工作的人员。其中,"协助人民政府从事行政管理工作"主要包括:(1)救灾、防疫、抢险、防汛、优抚、扶贫、移民、救济款物的管理;(2)社会捐助公益事业款物的管理;(3)国有土地的经营和管理;(4)土地征用补偿费用的管理;(5)代征、代缴税款;(6)有关计划生育、户籍、征兵工作;(7)协助人民政府等国家机关在基层群众性自治组织中进行的其他管理工作。

6. 其他公职人员

《监察法》第15条第6项所称"其他依法履行公职的人员"主要包括:(1)履行职务的各级人民代表大会代表、中国人民政治协商会议各级委员会委员、人民陪审员、人民监督员、仲裁员;(2)虽未列入国家机关人员编制,但在国家机关中从事公务的人员;(3)在集体经济组织等非国有单位、组织中,由党组织和国家机关、国有独资公司、企业、国家出资企业中负有管理监督国有和集体资产职责的组织、事业单位提名、推荐、任命、批准等,从事组织、领导、管理、监督等活动的人员;(4)在依法组建的评标委员会、谈判小组、询价小组中代表国家机关、国有公司、企业、事业单位、人民团体临时履行公共事务组织、领导、管理、监督等职责的人员;(5)其他依法行使公权力的人员。需要注意的是,对其他公职人员不能做无限制的扩大解释,主要是视其是否行使公权力,所涉嫌的职务违法或者职务犯罪是否损害了公权力的廉洁性。①

(二)监察机关管辖的职务犯罪罪名

《监察法》第11条第2项规定,监察委员会"对涉嫌贪污贿赂、滥用职权、玩忽职守、权力寻租、利益输送、徇私舞弊以及其他浪费国家资财等职务违法和职务犯罪进行调查"。《国家监察委员会管辖规定(试行)》第12条至第17条进一步明确,监察机关管辖的职务犯罪共六大类,涉及88个罪名,具体包括:

1. 贪污贿赂犯罪

包括贪污罪;挪用公款罪;受贿罪;单位受贿罪;利用影响力受贿罪;行贿罪;对有影响力的人行贿罪;单位行贿罪;介绍贿赂罪;单位受贿罪;巨额

---

① 中共中央纪律检查委员会、中华人民共和国国家监察委员会法规室编:《〈中华人民共和国监察法〉释义》,中国方正出版社2018年版,第114页。

财产来源不明罪；隐瞒境外存款罪；私分国有资产罪；私分罚没财物罪；非国家工作人员受贿罪；对非国家工作人员行贿罪；对外国公职人员、国际公共组织官员行贿罪。

2. 滥用职权犯罪

包括滥用职权罪；国有公司、企业、事业单位人员滥用职权罪；滥用管理公司、证券职权罪；食品监管监管渎职罪；故意泄露国家秘密罪；报复陷害罪；阻碍解救被拐卖、绑架妇女、儿童罪；帮助犯罪分子逃避处罚罪；违法发放林木采伐许可证罪；办理偷越国（边）境人员出入境证件罪；放行偷越国（边）境人员罪；挪用特定款物罪；非法剥夺公民宗教信仰自由罪；侵犯少数民族风俗习惯罪；打击报复会计、统计人员罪。

3. 玩忽职守犯罪

包括玩忽职守罪；国有公司、企业、事业单位人员失职罪；签订、履行合同失职被骗罪；国家机关工作人员签订、履行合同失职被骗罪；环境监管失职罪；传染病防治失职罪；商检失职罪；动植物检疫失职罪；不解救被拐卖、绑架妇女儿童罪；失职造成珍贵文物损毁、流失罪；过失泄露国家秘密罪。

4. 徇私舞弊犯罪

包括徇私舞弊低价折股、出售国有资产罪；非法批准征收、征用、占用土地罪；非法低价出让国有土地使用权罪；非法经营同类营业罪；为亲友非法牟利罪；枉法仲裁罪；徇私舞弊发售发票、抵扣税款、出口退税罪；商检徇私舞弊罪；动植物检疫徇私舞弊罪；放纵走私罪；放纵制售伪劣商品犯罪行为罪；招收公务员、学生徇私舞弊罪；徇私舞弊不移交刑事案件罪；违法提供出口退税凭证罪；徇私舞弊不征、少征税款罪。

5. 公职人员在行使公权力过程中发生的重大责任事故犯罪

包括重大责任事故罪；教育设施重大安全事故罪；消防责任事故罪；重大劳动安全事故罪；强令组织他人违章冒险作业罪；不报、谎报安全事故罪；铁路运营安全事故罪；重大飞行事故罪；大型群众性活动重大安全事故罪；危险物品肇事罪；工程重大安全事故罪。

6. 公职人员在行使公权力过程发生的其他犯罪

包括破坏选举罪；背信损害上市公司利益罪；金融工作人员购买假币、以假币换取货币罪；利用未公开信息交易罪；诈骗投资者买卖证券、期货合约罪；背信运用受托财产罪；违法运用资金罪；违法发放贷款罪；吸收客户资金不入账罪；违规出具金融票证罪；对违法票据承兑、付款、保证罪；非法转让、倒卖土地使用权罪；私自开拆、隐匿、毁弃邮件、电报罪；职务侵占罪；挪用资金罪；故意延误投递邮件罪；泄露不应公开的案件信息罪；披露、报道不应公开的案件信息罪；接送不合格兵员罪。

2021年，由国家监委研究起草并向社会公布征求意见的《监察法实施条例》①对监察调查管辖的罪名作了微调，在第一类贪污贿赂犯罪案件中增加了公职人员在行使公权力过程中实施的职务侵占罪，挪用资金罪；在第二类滥用职权犯罪案件中增加了司法工作人员以外的公职人员利用职权实施的非法拘禁罪、虐待被监管人员罪、非法搜查罪；这样使监察机关监察调查管辖的罪名达到93个。

（三）职务犯罪监察调查管辖

1. 职务犯罪监察调查管辖的原则

职务犯罪监察调查管辖，是指对某个监察对象涉嫌职务犯罪的案件确定由哪一级或者哪一个监察机关进行立案调查的法律制度。"监察机关各司其职，各尽其责的前提是责任清晰，权限明确。对监察机关的管辖范围作明确规定，既可以有效避免争执或推诿，又有利于有关单位和个人按照监察机关的管辖范围提供问题线索，充分发挥人民群众反腐败的积极性。"②根据《监察法》第16条第1款的规定，各级监察机关按照管理权限管辖本辖区内本法第15条规定的人员所涉监察事项。

"按照管理权限"，是指按照干部管理权限，如国家监察委员会管辖中管干部所涉监察事项，省级监委管辖本省省管干部所涉监察事项等，其具体内容包括：地方各级监察委员会可以依法管辖本辖区内有关公职人员涉嫌职务违法和职务犯罪案件；设区的市级以上监察委员会按照管理权限，依法管辖同级党委管理的公职人员涉嫌职务违法和职务犯罪案件；县级监察委员会按照管理权限，依法管辖本辖区内公职人员涉嫌职务违法和职务犯罪案件；派驻或者派出的监察机构、监察专员根据派出机关授权，按照管理权限依法对派驻或者派出监督单位、区域的公职人员进行监督，对职务违法和职务犯罪进行调查、处置。此外，监察机构、监察专员可以按规定与地方监察委员会联合调查严重职务违法、职务犯罪，或者移送其调查；未被授予职务犯罪调查权的监察机构、监察专员发现监察对象涉嫌职务犯罪线索的，应当向派出机关报告，由派出机关调查或者依法移交有关地方监察委员会调查。

监察机关调查公职人员涉嫌职务犯罪案件，可以依法对涉嫌行贿犯罪、介

---

① 为更好地执行监察法，国家监察委员会研究起草了《中华人民共和国监察法实施条例（征求意见稿）》。2021年5月17日，中央纪委国家监委网站公布了条例全文，公开征求社会各界意见。

② 中共中央纪律检查委员会、中华人民共和国国家监察委员会法规室编：《〈中华人民共和国监察法〉释义》，中国方正出版社2018年版，第115页。

绍贿赂犯罪或者共同职务犯罪的涉案人员中的非公职人员一并管辖。非公职人员涉嫌利用影响力受贿罪的，按照其所利用的公职人员管理权限确定管辖的监察机关。

2. 提级管辖

《监察法》第 16 条第 2 款规定："上级监察机关可以办理下一级监察机关管辖范围内的监察事项，必要时也可以办理所辖各级监察机关管辖范围内的监察事项。"在监察实践中，上级监察机关对于下一级监察机关管辖范围内的职务违法和职务犯罪案件，具有下列情形之一，认为由其管辖更为适宜的，可以依法提级管辖：（1）在本辖区有重大影响的；（2）涉及多个下级监察机关管辖的监察对象，调查工作开展难度大的；（3）其他需要提级管辖的重大、复杂案件。

上级监察机关对于所辖各级监察机关管辖范围内的有重大影响的案件，认为有必要时，可以依法直接调查或者组织、指挥、参与调查。地方各级监察机关所管辖的职务违法和职务犯罪案件，具有第一款规定情形的，可以依法报请上一级监察机关管辖。

3. 指定管辖

根据监察调查的实际需要，上级监察机关可以将其所管辖的案件指定下级监察机关管辖。其中，设区的市级监察委员会将同级党委管理的公职人员涉嫌职务违法或者职务犯罪案件指定下级监察委员会管辖的，应当报省级监察委员会批准；省级监察委员会将同级党委管理的公职人员涉嫌职务违法或者职务犯罪案件指定下级监察委员会管辖的，应当向国家监察委员会备案。

上级监察机关对于下级监察机关管辖的职务违法和职务犯罪案件，具有下列情形之一，认为由其他下级监察机关管辖更为适宜的，可以指定给其他下级监察机关管辖：（1）管辖有争议的；（2）指定管辖有利于案件公正处理的；（3）下级监察机关报请指定管辖的；（4）其他有必要指定管辖的。

被指定的下级监察机关未经指定管辖的监察机关批准，不得将案件再行指定管辖。发现新的职务违法或者职务犯罪线索，以及其他重要情况、重大问题，应当及时向指定管辖的监察机关请示报告。

4. 双管管辖

按照我国干部管理权限，监察对象可能存在条块结合、双重管理的情况，据此需要明确双管管辖的规定。对于工作单位在地方、管理权限在主管部门的公职人员涉嫌职务违法和职务犯罪，一般由驻在主管部门、有管辖权的监察机构、监察专员管辖；经协商，监察机构、监察专员可以按规定移交其工作单位所在地的地方监察委员会调查，或者与地方监察委员会联合调查。地方监察委员会在工作中掌握的上述工作人员有关问题线索,应当向驻在主管部门、有管辖权的监察机构、监察专员通报,并协商确定管辖。这些单位的其他工作人员涉嫌职务违法和职务犯罪,一般由地方监察委员会管辖;驻在主管部门的监察机构、监察委员会自行立案调查的,应当及时通报地方监察委员会。

地方监察委员会调查上述案件,应当将立案、留置、移送司法机关、撤销案件等重要情况向驻在主管部门的监察机构、监察专员通报。

5. 管辖争议

"管辖争议",是指对于同一监察事项,有两个或者两个以上监察机关都认为自己具有或者不具有管辖权而发生的争议。"管辖权争议可分为积极的管辖权争议和消极的管辖权争议,前者指两个或两个以上的监察机关都认为自己对某一监察事项有管辖权,争着办理这一事项;后者指两个或两个以上监察机关均认为自己对某一监察事项无管辖权,都不愿办理这一事项。"①《监察法》第 16 条第 3 款明确规定:"监察机关之间对监察事项的管辖有争议的,由其共同的上级监察机确定"。其中,"共同的上级监察机关",是指同发生管辖争议的两个或者两个以上监察机关均有领导与被领导关系的上级监察机关。

二、职务犯罪的检察立案管辖

随着监察体制改革的推进,检察机关原有的反贪、反渎、预防的机构、人员、职能转隶到监察机关,检察机关是否还应保留一定的侦查权,成为亟待解决的问题。根据 2018 年修改后的《刑事诉讼法》第 19 条第 2 款的规定,可以由人民检察院立案侦查的职务犯罪案件主要是检察机关在对诉讼活动实行法律监督中发现的司法工作人员利用职权实施的非法拘禁、刑讯逼供、非法搜查等侵犯公民权利、损害司法公正的犯罪。检察机关是国家法律监督机关,依法对诉讼活动实行法律监督是检察机关的重要职责。"由检察机关继续行使对诉讼活动实行法律监督中发现的司法工作人员利用职权实施的侵犯公民权利、损害司法公正的犯罪的侦查权,是检察机关维护司法公正和保障诉讼活动顺利进行的必要手段。"②

要准确把握检察机关管辖的职务犯罪范围,需要注意以下几点:第一,这里的"司法工作人员",根据《刑法》第 94 条的规定,是指有侦查、检察、审判、监管职责的工作人员。第二,这里的"诉讼活动",在刑事诉讼中包括

---

① 马怀德主编:《监察法学》,人民出版社 2019 年版,第 228 页。
② 王爱立主编:《〈中华人民共和国刑事诉讼法〉修改与适用》,中国民主法制出版社 2019 年版,第 10 页。

侦查、审判、执行的全过程,在诉讼类型上涵盖刑事诉讼、民事诉讼和行政诉讼。从实践来看,在侦查阶段可能涉及的罪名包括非法拘禁罪(《刑法》第238条)、非法搜查罪(《刑法》第245条)、刑讯逼供罪(《刑法》第247条)、暴力取证罪(《刑法》第247条)等;在审判阶段可能涉及的罪名为徇私枉法罪(《刑法》第399条第1款)、民事、行政枉法裁判罪(《刑法》第399条第2款)等;对于监管、执行过程中可能涉及的罪名包括虐待被监管人罪(《刑法》第248条)、执行判决、裁定失职罪(《刑法》第399条第3款)、执行判决、裁定滥用职权罪(《刑法》第399条第3款)、私放在押人员罪(《刑法》第400条)、失职致使在押人员脱逃罪(《刑法》第400条第2款)、徇私舞弊减刑、假释、暂予监外执行罪(《刑法》第401条)等。此外,发生在司法活动中的司法工作人员玩忽职守罪、滥用职权罪(《刑法》第397条)也属于本条所说的"对诉讼活动实行法律监督中"发现的司法工作人员利用职权实施的侵犯公民权利、损害司法公正的犯罪。第三,这类犯罪的性质主要是司法工作人员在进行诉讼活动时利用职权实施的犯罪行为,即在诉讼活动过程中徇私舞弊、徇情舞弊、滥用职权、玩忽职守、乱作为或不作为,有法不依、执法司法违法,从而造成侵犯公民基本权利、损害司法公正的严重后果。第四,这类犯罪行为必须是检察机关依法履行职责,在对诉讼活动实行法律监督中发现的。至于立案的材料来源,既可以是来自有关单位和个人的报案、举报、控告,也可以是检察机关在履行诉讼监督职能时主动发现的案件线索。第五,依照法律规定,人民检察院对此类犯罪"可以立案侦查"。此处的"可以"是授权性规范,即人民检察院有权立案侦查,但不是强制性规定,也不实行排他性管辖。根据监察委员会对所有行使公权力的公职人员实现监察全覆盖的要求,监察委员会"可以对司法工作人员涉嫌犯罪案件依法开展调查。也就是说,对司法工作人员实施的相关职务犯罪,监察委员会和人民检察院都有管辖权"[①]。

之所以将司法工作人员在进行诉讼活动中的职务犯罪授权检察机关立案侦查,主要由于这些犯罪有的单纯是由于执法不严格、司法不规范、违反法定程序或者适用法律错误等原因造成的,虽然具有一定的腐败属性,但主要与人民检察院实行法律监督职权密切相关。"总的来看,这些犯罪不是典型的'腐败型'犯罪,对这些在诉讼监督中发现的司法工作人员不严格执法、违背司法公正、侵犯当事人权利的犯罪,由检察机关行使侦查权,不仅有利于检察机关有效履行法律监督职能,维护司法公正和保障诉讼正常进行,也有利于监察机

---

① 陈国庆主编:《司法工作人员职务犯罪侦查与认定》,中国检察出版社2019年版,第19页。

关集中精力'反腐败',保证深化国家监察体制改革目标的实现,符合监察机关和检察机关的定位。"①

2018年11月1日,最高检第十三届检察委员会第八次会议通过的《关于人民检察院立案侦查司法工作人员相关职务犯罪案件若干问题的规定》(以下简称《立案侦查规定》),明确人民检察院在对诉讼活动实行法律监督中,发现司法工作人员涉嫌利用职权实施的以下14种侵犯公民权利、损害司法公正的犯罪案件可以立案侦查:(1)非法拘禁罪(《刑法》第238条)(非司法工作人员除外);(2)非法搜查罪(《刑法》第245条)(非司法工作人员除外);(3)刑讯逼供罪(《刑法》第247条);(4)暴力取证罪(《刑法》第247条);(5)虐待被监管人罪(《刑法》第248条);(6)滥用职权罪(《刑法》第397条)(非司法工作人员滥用职权侵犯公民权利、损害司法公正的情形除外);(7)玩忽职守罪(《刑法》第397条)(非司法工作人员玩忽职守侵犯公民权利、损害司法公正的情形除外);(8)徇私枉法罪(《刑法》第399条第1款);(9)民事、行政枉法裁判罪(《刑法》第399条第2款);(10)执行判决、裁定失职罪(《刑法》第399条第3款);(11)执行判决、裁定滥用职权罪(《刑法》第399条第3款);(12)私放在押人员罪(《刑法》第400条第1款);(13)失职致使在押人员脱逃罪(《刑法》第400条第2款);(14)徇私舞弊减刑、假释、暂予监外执行罪(《刑法》第401条)。

此外,《立案侦查规定》还明确,对上述司法工作人员职务犯罪案件,由设区的市级人民检察院立案侦查,基层人民检察院发现犯罪线索的,应当报设区的市级人民检察院决定立案侦查;设区的市级人民检察院可将案件交由基层人民检察院立案侦查,或者由基层人民检察院协助侦查;最高检、省级人民检察院发现犯罪线索的,可以自行决定立案侦查,也可以将案件线索交由指定的省级人民检察院、设区的市级人民检察院立案侦查;在检察机关内部,具体由负责刑事检察工作的专门部门负责侦查。

三、职务犯罪监检管辖之衔接

深化监察体制改革是以习近平同志为核心的党中央作出的事关全局的重大政治体制改革,是强化党和国家自我监督的重大决策部署。改革的目标是,整合反腐败资源力量,加强党对反腐败工作的集中统一领导,构建集中统一、权威高效的中国特色国家监察体制,实现对所有行使公权力的公职人员监察全覆

---

① 王爱立主编:《中华人民共和国刑事诉讼法释义》,法律出版社2018年版,第39页。

盖。根据监察体制改革的要求,检察机关原有的反贪、反渎、预防的机构、人员、职能转隶到监察机关;根据修改后《刑事诉讼法》第 19 条第 2 款的规定,检察机关保留对在诉讼活动实行法律监督中发现的司法工作人员利用职权实施的非法拘禁、刑讯逼供、非法搜查等侵犯公民权利、损害司法公正的犯罪的立案侦查权,由此产生了监察委员会和人民检察院对此类犯罪同时具有管辖权的局面。对此,一方面要统筹好监察委员会对公职人员行使公权力的监察全覆盖和人民检察院对司法工作人员诉讼中职务犯罪行为的法律监督,实现监察机关监察调查权与检察机关立案侦查权双剑合璧,形成合力有效预防和惩治司法工作人员在诉讼活动中利用职权实施的犯罪,保障公民权利,维护司法公正。另一方面,要准确理解监察调查管辖与检察侦查管辖之间的分工,妥善处理好监察调查管辖与检察侦查管辖之间的衔接,健全完善监察调查管辖与检察侦查管辖相关的法律制度。

(一)案件互涉与管辖竞合

在刑事诉讼领域,所谓"案件互涉以及引起的牵连管辖","主要是指检察机关与公安机关在按照法定分工侦查的案件涉及对方管辖的案件时,针对这种互涉情形的个案所规定的一种牵连管辖。"① 1996 年刑事诉讼法修改第一次,调整了检察机关自侦案件的范围。为解决实践中检察机关与公安机关互涉案件的牵连管辖,"六部委"(最高法、最高检、公安部、国家安全部、司法部、全国人大常委会法制工作委员会)于 1998 年 1 月 19 日联合制定的《关于刑事诉讼法实施中若干问题的规定》中对上述互涉案件的管辖作出原则性规定,即"如果涉嫌主罪属于公安机关管辖,由公安机关为主侦查,人民检察院予以配合;如果涉嫌主罪属于人民检察院管辖,由人民检察院为主侦查,公安机关予以配合"。

国家监察体制改革后,监察委员会负责调查行使公权力的公职人员涉嫌贪污贿赂、滥用职权、玩忽职守、权利寻租、利益输送、徇私舞弊以及浪费国家资财等职务犯罪案件,具体包括贪污贿赂犯罪案件、滥用职权犯罪案件、玩忽职守犯罪案件、徇私舞弊犯罪案件、公职人员在行使公权力过程中发生的重大责任事故犯罪案件、以及公职人员在行使公权力过程中发生的其他犯罪案件。而修改后的《刑事诉讼法》第 19 条第 2 款也明确规定,人民检察院在对诉讼活动实行法律监督中发现的司法工作人员利用职权实施的非法拘禁、刑讯逼供、非法搜查等侵犯公民权利、损害司法工作的犯罪,可以立案侦查。实践

---

① 朱孝清等:《我国职务犯罪侦查体制改革研究》,中国人民公安大学出版社 2008 年版,第 86 页。

中，监察机关与检察机关按照法定分工进行调查或侦查的案件可能涉及对方管辖的案件。例如，《刑法》规定的徇私枉法罪、私放在押人员罪，属于司法工作人员职务犯罪，可以由人民检察院立案侦查。但司法工作人员实施枉法裁判、私放罪犯等行为的背后，可能存在利益输送、权钱交易，司法工作人员拿了人的钱才帮人办事。于是妨碍司法公正的职务犯罪与接受贿赂的腐败犯罪相互牵涉、相互交结，前者可以由人民检察院立案侦查，后者则应该由监察机关监察调查，这就形成监察机关调查与检察机关侦查的案件互涉，并由此发生互涉案件的牵连管辖问题。

"管辖竞合"，是指对于司法工作人员实施的相关职务犯罪，监察委员会和人民检察院同时都有管辖权的情况。前已述及，根据刑事诉讼法的相关规定，人民检察院在对诉讼活动实行法律监督中发现的司法工作人员利用职权实施的非法拘禁、刑讯逼供、非法搜查等侵犯公民权利、损害司法公正的犯罪，可以进行立案侦查。但由于监察委员会对所有行使公权力的公职人员实行监察全覆盖，当然对司法工作人员的职务犯罪享有管辖权，这就形成了监察调查管辖与检察侦查管辖的管辖竞合。

（二）监察调查为主与检察优先管辖

在刑事诉讼诉讼立案侦查中如何处理互涉案件，一般采取"主罪原则"，如"六部委"《关于刑事诉讼法实施中若干问题的规定》中对互涉案件管辖的原则性规定即是"如果涉嫌主罪属于公安机关管辖，由公安机关为主侦查，人民检察院予以配合；如果涉嫌主罪属于人民检察院管辖，由人民检察院为主侦查，公安机关予以配合"。如何确定主罪，通常根据罪行轻重决定，即根据犯罪嫌疑人所犯的数项罪行，挑出一项可以被判处重刑的罪名，认定为主罪。例如，内蒙古自治区政协原副主席赵某平故意杀人、受贿、非法持有枪支、弹药、非法储存爆炸物案，2016年11月11日，山西省太原市中级人民法院公开宣判了赵某平故意杀人、受贿、非法持有枪支、弹药、非法储存爆炸物一案，判决被告人赵某平犯故意杀人罪，判处死刑，剥夺政治权利终身；犯受贿罪，判处有期徒刑15年，并处没收个人财产人民币200万元；犯非法持有枪支、弹药罪，判处有期徒刑5年；犯非法储存爆炸物罪，判处有期徒刑3年，决定执行死刑，剥夺政治权利终身，并处没收个人财产人民币200万元。对于此案，被告人赵某平既涉嫌受贿犯罪，又涉嫌故意杀人罪、非法持有枪支、弹药、非法储存爆炸物罪，其主要犯罪显然是故意杀人罪，最后判处死刑也是故意杀人罪的量刑。司法实践中，确定互涉案件的牵连管辖，除遵循"主罪原则"外，还要考虑案件发生的实际情况和诉讼经过，考虑是否有利于案件的侦破和证据的收集，等等。按照"主罪原则"确定案件管辖后，有关司法机关实行相互移送，以保证侦查活动的顺利进行。

如何处理监察机关与检察机关及其他机关的互涉案件，监察法确立了监察调查为主的原则。该法第 34 条第 2 款明确规定："被调查人员既涉嫌严重职务违法或者职务犯罪，又涉嫌其他违法犯罪的，一般应当由监察机关为主调查，其他机关予以协助。"同条还规定："人民法院、人民检察院、公安机关、审计机关等国家机关在工作中发现公职人员涉嫌贪污贿赂、失职渎职等职务违法或者职务犯罪的问题线索，应当移送监察机关，由监察机关依法调查处置。"据此，《公安机关办理刑事案件程序规定》第 29 条规定，由公安机关负责侦查的刑事案件的犯罪嫌疑人如涉及监察机关管辖的案件，应当及时与同级监察机关协商，并且一般应当由监察机关为主调查，公安机关则予以协助。《人民检察院刑事诉讼规则》第 17 条也规定：检察机关办理直接受理侦查的案件时，如发现犯罪嫌疑人还涉嫌监察机关管辖的职务犯罪线索的，应及时与同级监察机关沟通，如认为全案由监察机关管辖更为适宜的，应将案件和相应职务犯罪线索一并移送监察机关；如认为由监察机关和检察机关分别管辖更为适宜的，应将监察机关管辖的相应职务犯罪线索移送监察机关，对依法由人民检察院管辖的犯罪案件则继续进行侦查。

诉讼理论上，对互涉案件一律实行"监察调查为主"原则存在讨论和疑问。有的学者就指出，在关联案件的管辖方面，《监察法》第 34 条作出的单向的案件移转方式以及监察机关强势主导案件的规定存在着一些不合理之处，不利于关联案件的处理。① 如上述赵某平故意杀人、受贿、非法持有枪支、弹药、非法储存爆炸物案，其主罪即重罪是故意杀人，案发也是因为杀人未遂，对于侦破蓄谋故意杀人这样的犯罪，收集证据、侦破案件需要经验丰富的侦查人员和专门技术，而且为防止罪犯逃脱或者毁坏隐匿证据，甚至继续危害社会，侦破案件要快，收集证据要迅速及时。虽然赵某平同时犯有受贿罪，但如果将案件交由监察机关为主进行调查，就可能出现"力不从心"的问题，因为监察机关对职务犯罪调查经验丰富，具有明显优势，但对故意杀人、抢劫、强奸、黑社会性质犯罪等刑事犯罪的侦查则相对缺乏经验。因此，如果以监察机关调查为主，不仅与其职能相违背，而且也会影响办案质量与效果。② 考虑到监察机关在侦查普通犯罪方面从侦查技术、侦查经验、侦查人员、侦查能力等方面都与公安机关无法相提并论，尤其是在一些重大复杂的危害国家安全犯罪、危害公共安全犯罪、侵犯公民人身权财产权犯罪侦查等方面，以监察机关

---

① 袁相亭、刘方权：《监察与司法的管辖衔接机制研究》，载《交大法学》2019 年第 4 期。
② 王秀梅、黄玲林：《监察法与刑事诉讼法衔接若干问题研究》，载《法学论坛》2019 年第 2 期。

调查为主，公安机关予以配合，将很难发挥侦查优势，在瞬息万变的案件侦破中，容易贻误战机，造成后续的破案、取证、抓捕困难。诚然，检察机关立案侦查的案件属于职务犯罪案件，与危害国家安全、公共安全严重侵害公民人身财产权利的犯罪，不可相提并论，但仍具有自身的特殊性，实施侦查的便利性。应当根据案件情况和侦查需要，合理确定互涉案件的管辖，而不宜简单化、"一刀切"，一律实行由监察调查为主、其他机关配合的做法。

对于监察机关与检察机关管辖竞合，即两机关都有管辖权的案件，笔者赞成检察立案侦查管辖优先的意见。这实际上是管辖问题上一般与特殊、整体与局部的关系。在实行监察机关对所有行使公权力的公职人员实行监察全覆盖的前提下，通过对刑事诉讼法的修改，一方面删去了人民检察院对贪污贿赂等案件行使侦查权的规定，另一方面又保留检察机关对对诉讼监督中发现的司法工作人员利用职权实施的非法拘禁、刑讯逼供、非法搜查等侵害公民权利、损害司法公正犯罪的侦查权，"是考虑到人民检察院依法对刑事、民事、行政诉讼活动实行法律监督，对诉讼活动中司法工作人员利用职权实施的侵犯公民权利、损害司法公正的犯罪，人民检察院在履行法律监督职责中比较容易发现。由其立案侦查，有利于及时依法惩治这类犯罪，维护公民诉讼权利和各项权利，维护司法的公正和权威。保留人民检察院对这类犯罪的侦查权，也有利于维护监察机关法律监督的刚性，确保监督效果"。[①]

实践中，对于检察机关在对诉讼活动实施法律监督中发现的司法工作人员职务犯罪，交由检察机关立案侦查，有利于收集审查证据，提高诉讼效率，节省办案资源。例如，人民检察院可以在审查证据合法性、排除非法证据的过程中，对刑讯逼供、暴力取证犯罪进行侦查；可以在实施诉讼监督的过程中，及时收集司法工作人员徇私枉法、枉法裁判、执行判决、裁定失职，失职致使在押人员脱逃，徇私舞弊减刑、假释、暂予监外执行等情形的；可以在调查核实、纠正违法的同时，发现犯罪线索的，及时进行对相关犯罪的侦查取证。需要指出的是，对此类司法工作人员职务犯罪实行检察立案侦查管辖优先并不绝对。个别案件，特殊情况，根据办案实际需要，实行监察调查管辖仍有其必要性和正当性。《监察法实施条例（征求意见稿）》第52条规定："监察机关必要时可以依法调查司法工作人员利用职权实施的非法拘禁、刑讯逼供、非法搜查等侵犯公民权利、损害司法公正的犯罪，并在立案后及时通报同级人民检察院。监察机关在调查司法工作人员贪污贿赂等职务犯罪中，可以对其涉嫌的前

---

① 王爱立主编：《〈中华人民共和国刑事诉讼法〉修改与适用》，中国民主出版社2019年，第4页。

款规定的犯罪一并调查,并及时通报同级人民检察院。人民检察院在办理直接受理侦查的案件中,发现犯罪嫌疑人同时涉嫌监察机关管辖的其他职务犯罪,经沟通全案移送监察机关管辖的,监察机关应当依法进行调查。"重要的是,在监察机关和检察机关各自按照法定职权分工,对管辖案件履行好调查或侦查职责的同时,对互涉案件和管辖竞合的案件,要加强沟通和协调,注意发挥监察机关和检察机关各自的优势,实现监察监督和法律监督双剑合璧,形成监督合力,健全监察调查与检察侦查的衔接机制,以有效预防和惩治司法工作人员职务犯罪,完善国家权力监督体系,推进国家治理体系和治理能力现代化。

(原载于《法学评论》2021年第5期)

认罪认罚从宽制度下相对不起诉的司法适用

王新建*

2018年修改后的刑事诉讼法确立了认罪认罚从宽这一重要制度。2019年10月,"两高三部"联合发布《关于适用认罪认罚从宽制度的指导意见》(以下简称《指导意见》),第30条规定:"完善起诉裁量权,充分发挥不起诉的审前分流和过滤作用,逐步扩大相对不起诉在认罪认罚案件中的适用。"相对不起诉制度作为不起诉制度的重要组成部分,是1996年刑事诉讼法在原免予起诉制度的基础上经过改造并借鉴起诉便宜主义合理内核而建立的,在实施个别预防和节约司法成本、有效分流刑事案件等方面有着重要作用。[①] 遗憾的是,在其后二十余年的司法实践中,检察机关不起诉裁量权的适用一直保持谦抑性[②],相对不起诉适用率持续过低,预设功能发挥有限。随着认罪认罚从宽制度的试点和全面推行,前述情况得到了一定程度的改善,相对不起诉的适用率有所提高,但与其可能发挥的效用空间仍然相去甚远。笔者认为,造成此样态的原因主要有二:其一,始终存在着制约相对不起诉程序适用的问题与障碍,若一再忽视,相对不起诉程序虚置的问题将难以得到解决;其二,认罪认罚从宽制度的推行虽然为相对不起诉的适用提供了新的契机,但也带来了新的问题,亟待理论研究和司法实践予以回应。基于此,本文将从认罪认罚从宽制度下检察机关适用相对不起诉的现状和问题出发,分析相对不起诉适用障碍的形成原因,探究其完善路径,以期用好起诉裁量权,更好地发挥不起诉程序在审前的把关和分流作用。

---

* 山东省菏泽市人民检察院党组书记、检察长,中国政法大学博士研究生。

① 参见樊崇义:《刑事诉讼法实施问题与对策研究》,中国人民公安大学出版社2001年版,第400页。

② 参见俞永梅等:《相对不起诉制度的运行与完善——以浙江省宁波市855份相对不起诉文书为分析样本》,载《人民检察》2018年第6期。

一、认罪认罚从宽制度下相对不起诉的现状及问题

2018年修改后的刑事诉讼法正式确立了认罪认罚从宽制度，无论将相对不起诉定性为"实体从宽"① 还是"程序从宽"②，都是认罪认罚案件的重要从宽路径之一。而且，《指导意见》第30条将认罪认罚规定为相对不起诉的适用条件。因此，当存在认罪认罚情节时，将会增加相对不起诉作出的可能性。根据官方数据显示，2020年1月至8月认罪认罚从宽制度的适用率已经高达83.5%。③ 那么，在认罪认罚从宽制度适用率高企的背景下，尤其是当适用认罪认罚的案件主要集中于轻刑案件时④，可以推演出相对不起诉的适用比率应当有显著提升。遗憾的是，实践情况却在一定程度上背离了该逻辑推演。

2014年至2018年全国检察机关相对不起诉适用率分别为3.7%、3.5%、4.1%、4.6%、5.8%。⑤ 而2014年至2018年全国法院判管制、拘役、缓刑、免刑、单处罚金刑等轻缓刑的总人数占同期生效判决总人数的比例为49%、48.8%、49.7%、44.6%、44.5%，这些案件如果适用相对不起诉可能会有更好的效果。⑥ 就其可能发挥的效用空间而言，相对不起诉的总体适用率本就偏低。

然而，偏低的相对不起诉适用率并未因认罪认罚从宽制度的实施而有明显改善。自2019年认罪认罚从宽制度全面推行以来，截至2020年8月，全国检察机关适用认罪认罚从宽制度办结案件共计1416417件1855113人，人数占同期办结刑事犯罪总数的61.3%，对犯罪嫌疑人认罪认罚依法作出相对不起诉

---

① 参见陈光中：《认罪认罚从宽制度实施问题研究》，载《法律适用》2016年第11期。

② 参见顾永忠、肖沛权：《完善认罪认罚从宽制度的亲历观察与思考建议》，载《法治研究》2017年第1期。

③ 参见《最高人民检察院关于人民检察院适用认罪认罚从宽制度情况的报告》，载最高人民检察院官网 https://www.spp.gov.cn/zdgz/202010/t20201017_482200.shtml，2020年12月5日访问。

④ 试点过程中实际适用认罪认罚的案件主要集中于轻刑案件，其中判处三年有期徒刑以下刑罚的占96.2%。参见周强：《最高人民法院、最高人民检察院关于在部分地区开展刑事案件认罪认罚从宽制度试点工作情况的中期报告》。

⑤ 2014年至2018年，全国范围内不起诉人数分别为80020人、81087人、90694人、114994人、140650人，不起诉率为5.3%、5.3%、5.9%、6.3%、7.7%，相对不起诉占审结不诉人数比例为69.4%、66.6%、69%、72.9%、74.9%，2014年至2018年的相对不起诉适用率系由作者根据前述数据计算得出，具体计算方法为：相对不起诉适用率＝相对不起诉占审结不诉人数比例×不起诉率。此种计算方法与用相对不起诉人数÷审结总人数的方法计算得出的相对不起诉适用率是一致的。

⑥ 参见童建明：《论不起诉权的合理适用》，载《中国刑事法杂志》2019年第4期。

决定208754人①，据此，相对不起诉人数约占同期审结总人数的6.9%。对比之下，认罪认罚全面推行后的2019年至2020年8月份的相对不起诉适用率相较2018年的适用率仅增加1.1个百分点，认罪认罚从宽情节的存在对作出相对不起诉的影响较为有限。

除此，地方的实践样态也印证了上述结论。为了更加清晰地掌握认罪认罚从宽制度实施对相对不起诉程序适用的影响，笔者在S省H市区县检察机关开展了相关的调研活动。根据H市检察机关近4年的统计数据，2017年、2018年相对不起诉适用率分别为2.69%、2.77%，认罪认罚全面推行后的2019年至2020年11月的相对不起诉适用率为4.21%，相较2018年的适用率仅增加1.44个百分点。

通过分析上述数据可以发现，自认罪认罚从宽制度试点尤其是立法确认以来，相对不起诉的适用呈现出了以下两个特点：一是相对不起诉的总体适用率虽然有所提高，但整体比例仍然偏低；二是认罪认罚情节的存在虽然推动了相对不起诉适用率的提升，但其作用较为有限。即认罪认罚相对不起诉的适用情况并不乐观。

实际上，相对不起诉程序不仅具有优化诉讼程序、预防犯罪的重要价值②，而且在认罪认罚从宽制度实施背景下，还被视为轻微刑事案件的重要从宽措施，本应拥有广阔的运行空间。但现下，程序运行虚置，并未能对该项制度"物尽其用"，导致一系列问题相伴而生。

第一，从宽程度有限，被追诉人适用积极性欠佳。如前所述，司法实践中适用认罪认罚的案件大量集中于轻罪案件，此类案件尤其是轻微罪案件的刑罚总体上较轻，量刑从宽的空间也极为有限。而在某些共同犯罪案件中，仅从量刑上给予从宽，还可能出现认罪认罚的被告人和不认罪认罚的被告人刑罚差异极小的问题，不利于激发被追诉人适用认罪认罚从宽制度的积极性。与单纯的量刑从宽相比，相对不起诉的从宽幅度无疑更大、从宽效果也更为彻底。被追诉人及其家属甚至可以完全摆脱"罪犯"的标签及其不利影响，从这个意义上而言，以相对不起诉作为从宽途径更有利于激发被追诉人认罪认罚的自愿性和积极性，并弥补单纯量刑从宽幅度有限的不足。相对不起诉从宽与量刑从宽共同组成梯度式、递进式的从宽体系，不仅是科学化从宽体系的重要标志，也能更有效地回应被追诉人对"从宽"的多元化要求和期待。

---

① 参见《最高人民检察院关于人民检察院适用认罪认罚从宽制度情况的报告》，载最高人民检察院官网 https://www.spp.gov.cn/zdgz/202010/t20201017_482200.shtml，2020年12月5日访问。

② 参见郭烁：《酌定不起诉制度的再考查》，载《中国法学》2018年第3期。

第二，审前分流作用虚置，效率价值未能充分体现。一方面，相对不起诉具有程序终止效果，案件将不再进入审判阶段，可在源头上控制案件数量。此功能在认罪认罚从宽制度实施背景下也是十分重要的。这是因为，速裁程序对控制案件总量的作用较为有限，这不仅体现为速裁适用率并不理想，还表现为速裁程序只能使审判程序简化，而无法控制进入法院的案件数量。① 换言之，速裁程序的发展并不能代替相对不起诉的审前分流作用。若因速裁程序的发展而无视相对不起诉的适用，案多人少的矛盾将会仍然尖锐。另一方面，因在认罪认罚后被作出相对不起诉处理的案件通常案情较为简单，一般可以快速办理。但遗憾的是，实践中基层检察机关办理此类案件周期较长。根据笔者对 S 省 H 市检察机关的调研，囿于程序烦琐、适用条件严格等各种因素的限制，适用认罪认罚从宽制度办理相对不起诉案件在 1 个月审查期限内办结较为紧张，有些甚至需要延长审查起诉期限。相较之下，同类案件适用速裁程序起诉至法院 10 日内便可审结。可以说，相对不起诉的效率价值非但未得到发挥，反而延宕了诉讼程序的推进。

第三，轻微罪刑罚化现象较普遍，社会综合治理效果不良。刑罚的严厉性要求其应当属于社会治理的最后一道防线，不应当被滥用。但如上所述，近年来法院判处管制、拘役、缓刑、免刑、单处罚金刑等轻缓刑罚的总人数占同期生效判决总人数的一半左右。较为广泛地适用短期刑罚说明现下轻微罪刑罚化现象较为普遍。这导致有限的司法资源难以承载不断扩大的"犯罪圈"，而且刑罚惩戒作用的发挥也不一定能够实现最优的社会治理效果。相反，对其中的某些案件作相对不起诉处理不仅未违背法律之规定，还能产生良好的教育与矫治效果。这是因为，其一，符合罪刑相适应的基本原则。当被追诉人被判处非监禁刑时，说明其客观危害性较小，责任刑本身并不重，加之认罪认罚此预防刑情节的存在②，在案件处理结果上应当有所体现，即可作出相对不起诉处理。其二，短期监禁刑事实上是有害的，它既不具有威吓的作用，也不具有改造的功能，它只能使犯罪人受到传染。③ 为避免这种消极影响的产生，应在宽严相济刑事政策的指引下，可诉可不诉的不诉。正如张军检察长所言："对犯罪嫌疑人认罪认罚，依照法律规定不需要判处刑罚或可能判处免予刑事处罚的

---

① 参见魏晓娜：《结构视角下的认罪认罚从宽制度》，载《法学家》2019 年第 2 期。
② 参见周光权：《论刑法与认罪认罚从宽制度的衔接》，载《清华法学》2019 年第 3 期。
③ See United Nations Secretariat, Alternatives to Imprisonment, International Review of Criminal Policy No. 36, 1980, New York 1983, p. 9.

轻微刑事案件，应依法作出不起诉决定。"①

二、认罪认罚从宽制度下相对不起诉适用困境的原因分析

相对不起诉总体适用率仍然处于较低的状态，本应裁量不起诉的案件进入到审判程序导致大量轻缓刑甚至免刑，背离了"逐步扩大相对不起诉在认罪认罚案件中的适用"这一要求。此样态的形成原因无疑是复杂的，既有法律规范不明确导致的适用争议，也有不良运行环境的限制，还有相关配套措施的阙如。只有厘清这些具体的障碍，才能有针对性地提出解决方案。

（一）相对不起诉的适用条件存有争议

认罪认罚从宽作为宽严相济刑事政策规范化、制度化的具体路径，限缩起诉裁量权适用的传统理念已经不能满足认罪认罚从宽制度高适用率的现实情况，有必要在认罪认罚从宽语境下赋予相对不起诉适用条件新的理解。然而，由于相对不起诉适用条件的复杂性与抽象性，导致对相关法律条文的理解争议不断，主要争议表现如下：

第一，对相对不起诉适用条件理解不一。《刑事诉讼法》第177条第2款对相对不起诉的适用条件作了规定，即"对于犯罪情节轻微，依照刑法规定不需要判处刑罚或者免除刑罚的，人民检察院可以作出不起诉决定"。对于"犯罪情节轻微"是否为适用相对不起诉的必要条件，存在不同认识。② 实践操作中为了对相对不起诉适用范围进行限制，往往认为"犯罪情节轻微"与"依照刑法规定不需要判处刑罚或者免除刑罚"必须同时具备方能适用相对不起诉。鉴于法律规定的模糊以及各方认识的差异，不同地区的适用标准并不一致，进而影响了相对不起诉的适用率，有必要对这一问题进行厘清。

针对上述条件都具备时检察机关才可以适用相对不起诉的观点，笔者认为，这实际上是将检察机关的不起诉裁量权控制在最小范围内，极大地限制了相对不起诉的运用。在司法实践中不乏下述情况的存在：在涉嫌危险驾驶罪或交通肇事罪的案件中，大量犯罪嫌疑人在行为发生以后，往往会主动或在亲友的劝说下投案自首，有些虽未投案自首的嫌疑人也可能会在案发后积极赔偿被害人损失，争取获得被害人或者被害人家属的谅解。根据《刑法》第67条第1款，对于自首的犯罪分子，犯罪较轻的，可以免除处罚。但是，如果将

---

① 参见张军：《认罪认罚从宽：刑事司法与犯罪治理"中国方案"》，载《人民论坛》2020年第30期。

② 参见宋志军、毛泽金：《论认罪认罚从宽场域内不起诉的适用》，载《政法学刊》2020年第4期。

"犯罪情节轻微"作为适用相对不起诉的前提条件,前述因"犯罪较轻"而依法"可以免除处罚"的案件可能无法被认定为"情节轻微",并因此无法作出相对不起诉的决定。实际上,上述情节的存在,足以说明犯罪嫌疑人能够最大限度真诚悔罪,特殊预防的目的业已达到,此时再行提起公诉的意义和必要性不免令人质疑。为避免上述流弊的产生,笔者认为,应当进一步统一认识,明确满足以下两种情况之一的,即可以适用相对不起诉:"一是犯罪情节轻微,依照刑法规定不需要判处刑罚的。这指的是刑法第37条规定的'对于犯罪情节轻微不需要判处刑罚的,可以免予刑事处罚'的情形。二是免除刑罚的。这指的是刑法规定的应当或者可以免除刑罚的情形,包括自首、重大立功、犯罪预备、犯罪中止、防卫过当、避险过当、从犯和胁从犯等。"①

第二,对"犯罪情节轻微"的认识不一。关于"犯罪情节轻微"的认定,现行刑法与司法解释并未作出明确规定,一般由检察机关根据案件具体情况确定。有论者认为对"犯罪情节轻微"的理解应从刑罚的轻重出发,原则上是将相对不起诉限制为法定刑为3年以下有期徒刑的轻罪案件。② 有学者认为"犯罪情节轻微"存在于所有种类的犯罪中,重罪中也存在"犯罪情节轻微",也就是说,不论何种性质的犯罪,都可结合其他情况不予起诉。③ 笔者认为,第二种观点更为合理。过往基于重刑主义和打击犯罪的需要,相对不起诉权行使较为谨慎,对于"犯罪情节轻微"的认定主要局限于轻罪案件,但在认罪认罚从宽制度全面推行的当下,应对相对不起诉中的"犯罪情节轻微"做更宽缓化的理解:一方面,不宜将犯罪情节轻微限制在轻罪案件中,只要情节轻微,不论罪名轻重,均可以结合其他条件适用相对不起诉。例如实践中共同犯罪的寻衅滋事案件,应结合认罪认罚情况对犯罪嫌疑人分层次处理,罪行较重的依法提起公诉,对主观恶性不大、犯罪情节轻微,不需要判处刑罚的可以作出不起诉决定,而不能一刀切地将犯罪情节轻微限缩解释为轻罪案件。另一方面,在对"犯罪情节轻微"进行具体判断时,认罪认罚作为犯罪后的具体表现理应对判断犯罪情节是否轻微产生影响。就逻辑层面而言,对其所产生的影响可以具化为两方面:一是原有的情节轻微因为认罪认罚情节的存在而更利于判断;二是原来情节不严重的犯罪行为因认罪认罚情节的存在,可以通过检察官的自由裁量综合评价为情节轻微。④

---

① 参见王爱立:《中华人民共和国刑事诉讼法释义》,法律出版社2018年版,第371页。
② 参见彭东、张寒玉:《检察机关不起诉工作实务》,中国检察出版社2005年版,第76页。
③ 参见唐若愚:《酌定不起诉若干问题研究》,载《人民检察》2003年第1期。
④ 参见刘甜甜:《解构与重建:论酌定不起诉从宽的困境消解》,载《中国刑事法杂志》2020年第5期。

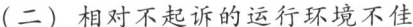

（二）相对不起诉的运行环境不佳

毋庸置疑，当相对不起诉的运行环境不佳时，即使犯罪嫌疑人认罪认罚，该程序也难以被作出。当下较低的相对不起诉适用率与运行环境的不佳不无关系。鉴于此，应当对制约相对不起诉程序作出的不当因素予以厘清。

第一，固有理念尚未转换与更新。过去，受"重打击、轻保护"刑事理念的影响，检察机关在行使不起诉裁量权过程中，一定程度上仍然存在"可诉可不诉的以诉为原则""可轻可重的以重为原则"的陈旧办案思维，不当限缩了不起诉的适用范围。当下，我国司法实践中绝大多数的刑事案件是轻微的犯罪案件，上述传统理念已无法适应目前的案件类型结构。因此，更新固有观念，贯彻宽严相济、少捕慎诉的司法理念异常重要。但在司法实践中，观念的更新仍然受到了一系列的现实"阻碍"：一方面是考核上的"阻碍"，以S省H市为例，不起诉案件是质量评查的必查案件，检察官直接背负起考评成绩重任的感觉尤为强烈；另一方面是舆论上的"阻碍"，这是因为相对不起诉更易引发社会舆论的关注，检察官担心遭受负面评价的顾虑难以消除。这两方面的"阻碍"都使检察官在起诉与不起诉犹豫之间，更倾向于作出起诉决定。

第二，适用程序仍旧较为烦琐。认罪认罚从宽制度本是通过对被告人认罪的轻微刑事案件采取简化程序的方式，实现司法资源的合理配置，使轻微案件得到快速裁判，从而将有限的司法资源投入到那些重大的、有争议的刑事案件之中。① 遗憾的是，相较于认罪认罚起诉案件，该程序简化目标并未充分体现于认罪认罚相对不起诉案件中：一是审批程序相对复杂。根据《人民检察院办理认罪认罚从宽案件监督管理办法》第9条，对于犯罪嫌疑人罪行较轻且认罪认罚，拟作不起诉决定的案件，应当报请检察长决定，报请检察长决定前，可以提请部门负责人召开检察官联席会议讨论。相比之下，同类案件提起公诉，承办检察官可直接决定。二是文书制作和办案程序工作量大。为保障相对不起诉适用的透明度和公正性，实践中往往以多种程序配套监督不起诉适用的过程，承办检察官要承担比起诉案件更加繁重的工作量，如听取被害人或近亲属意见形成询问笔录，征求侦查机关意见，进行口头释法说理和不起诉文书说理。此外实践中有些地方要求凡不起诉案件不论繁简一律需召开检察官联席会、组织公开听证、进行公开宣告等。当一边是认罪认罚下提起公诉案件的简化诉讼程序，另一边是仍旧烦琐的相对不起诉程序，在办案压力逐渐增多的司法现状下，检察官往往不愿主动适用相对不起诉。

---

① 参见陈瑞华：《认罪认罚从宽制度若干争议问题》，载《中国法学》2017年第1期。

第三，适用结果更易引发司法信任危机。相对不起诉的裁量属性本就易引发社会矛盾，如涉诉信访以及维稳难题，加之认罪认罚后作出相对不起诉的逻辑关系不易被社会民众尤其是被害人所认同，上述危机在认罪认罚从宽制度实施的背景下更加突出，继而容易造成社会矛盾的进一步激化。① 以被害人所产生的信任危机为例，虽然根据《指导意见》第16条的规定，办理认罪认罚案件需要听取被害人及其诉讼代理人的意见，但对于听取的方式、效力以及被害人不同意后如何处理等情形，并没有做出回应。② 而且，在实践当中，公诉人也并不必然会联系被害人，致使被害人的合法权益遭受一定程度上的忽视。③ 被害人总体上被"排斥"出了认罪认罚相对不起诉的作出程序，这直接加剧了被害人以及社会公众对认罪认罚相对不起诉适用公正性的质疑。此外，随着认罪认罚案件适用率的逐渐增高，检察机关的主导作用愈加凸显，如果加大相对不起诉的运用可能会导致某些公诉人徇私枉法、钻法律空子，为办"人情案""台阶案""关系案"提供一个突破口。④ 可见，在被害人不能充分参与以及缺乏相应监督制约措施的背景之下，都易进一步加剧因适用认罪认罚相对不起诉而产生的信任危机。

（三）相对不起诉的配套保障程序缺位

推动认罪认罚相对不起诉程序的作出是一项体系化工程，不能仅仅囿于程序本身的完善，还应当构建相应的配套措施为其提供适用支撑。现下，相关配套程序的缺位、保障措施的不完善，都在一定程度上制约了适用认罪认罚相对不起诉的积极性。一方面，现有的附条件不起诉程序与"协商"要求并不兼容，无法为认罪认罚相对不起诉提供程序缓冲。同时，认罪认罚相对不起诉后相关的行政惩罚措施并未跟上，"不诉了之"的现象普遍，不免引发"失之过宽"的担忧。2012年修改后的刑事诉讼法虽增设了附条件不起诉程序，但是鉴于适用对象与条件的限制，附条件不起诉程序的适用呈现出了以下两个特点：一是总体适用率较低。《刑事诉讼法》第282条为附条件不起诉规定了严

---

① 参见刘甜甜：《解构与重建：论酌定不起诉从宽的困境消解》，载《中国刑事法杂志》2020年第5期。

② 参见赵恒：《认罪认罚与刑事和解的衔接适用研究》，载《环球法律评论》2019年第3期。

③ 参见陈安庆、潘庸鲁：《认罪认罚从宽制度试点期间的问题与应对》，载《河南师范大学学报》（哲学社会科学版）2018年第5期。

④ 参见俞永梅等：《相对不起诉制度的运行与完善——以浙江省宁波市855份相对不起诉文书为分析样本》，载《人民检察》2018年第6期。

格的适用条件①，使其只有在极少数的案件当中才可以适用，所能发挥的作用较为有限。二是所附条件并不能作为"协商"的对象。就现下所附条件的性质而言，是为帮助未成年人回归社会的教育和矫治措施，并不是其行为及危害所需要付出的"代价"，即并不具有惩罚性或负担性。这两方面的特征使附条件不起诉无法作为认罪认罚相对不起诉作出与否的缓冲程序，并因此而产生了以下两个弊端：一是灵活性欠缺，只能选择适用或不适用相对不起诉，控辩双方可"协商"的空间有限；二是一旦适用相对不起诉，可能产生"失之过宽"的问题，所产生的教育、预防作用有限。鉴于上述弊端的存在，检察官在作出相对不起诉决定时，难免会有所顾虑。

另一方面，认罪认罚相对不起诉缺乏统一的适用指引。相对不起诉作为适用最为普遍的不起诉类型，其适用率与不起诉适用情况呈正相关关系。根据最高检公布的 2020 年 1 月至 9 月主要办案数据，全国范围内不起诉率为 13.5%。② 以此为标准进行横向考察，J 省检察机关 2020 年 1 月至 9 月不起诉率为 21%③，高于同期全国平均水平 7.5 个百分点；G 市 Z 区检察机关 2020 年 1 月至 9 月不起诉率为 13.22%④，与同期全国平均水平基本持平；S 省 H 市 2020 年 1 月至 9 月不起诉率为 5.87%，低于同期全国平均水平 7.63 个百分点。这间接说明了相对不起诉适用情况地区间差异较大。此种现象的形成原因无疑是复杂的，但与相对不起诉权的裁量性质也有密不可分的关系。需要注意的是，裁量作用的发挥并不是无边界的，而边界的明晰需要一个统一的相对不起诉的适用规范作为指引。相反，在此指引阙如的情况下，将会衍生出两种极端：一是不起诉裁量权大肆扩张；二是不起诉裁量权的不敢适用。那么，在上述各因素的综合作用下，后一种极端——不敢适用状况应运而生。

---

① 《刑事诉讼法》第 282 条第 1 款规定，对于未成年人涉嫌刑法分则第四章、第五章、第六章规定的犯罪，可能判处一年有期徒刑以下刑罚，符合起诉条件，但有悔罪表现的，人民检察院可以作出附条件不起诉的决定。

② 参见《最高检发布 2020 年 1 月至 9 月全国检察机关主要办案数据多个反映办案质量数据呈积极变化》，载最高人民检察院官网 https：//www.spp.gov.cn/xwfbh/wsfbt/202010/t20201019_482434.shtml#1，2020 年 11 月 30 日访问。

③ 参见《2020 年 1 至 9 月浙江检察主要办案数据发布》，载微信公众号"浙江检察"，2020 年 10 月 30 日。

④ 参见《广州市增城区人民检察院 2020 年 1 月至 9 月主要办案数据》，载广州市增城区人民检察院网上检察院 https：//www.zcsrmjcy.gov.cn/xw/1412.jhtml，2020 年 10 月 29 日访问。

三、认罪认罚从宽制度下相对不起诉的完善路径

相对不起诉虚置的形成原因较为复杂，既有程序适用本身的不足，又有外界运行环境的影响，还有相关保障措施阙如而产生的牵制。因此，为了充分激活认罪认罚相对不起诉的制度价值，实现对该程序的合理运用，应当对认罪认罚相对不起诉程序进行体系化完善。即既需要有针对性地消解相对不起诉程序的固有问题，又要结合认罪认罚相对不起诉所呈现出来的特殊性予以配套完善。

（一）构建起诉必要性审查制度

理念的转变在一定程度上需依托于具体程序的构建与完善。为促进检察官从"构罪即诉"向"可诉可不诉的不诉"理念转变，最高检《关于在检察工作中贯彻宽严相济刑事司法政策的若干意见》第8条规定，"在审查起诉工作中，严格依法掌握起诉条件，充分考虑起诉的必要性，可诉可不诉的不诉"。但"起诉必要性"的标准仍旧十分抽象。为消解此问题，司法实践展开了有益的探索。譬如，根据笔者对J省S市的调研，S市检察机关通过构建起诉必要性审查制度，明确了必要性审查的两个标准：一是有证据证明有犯罪事实，二是符合公共利益。其中，还详细列举了"符合公共利益"的十种判断标准，包括案件的社会危害性、犯罪嫌疑人的主观恶性、犯罪后的态度以及被害人的态度等，以增强起诉必要性审查的可操作性，倒逼检察官尽职履责、审慎考虑是否提起公诉。并基于此取得了良好的成效：一是相对不起诉的适用率有所提升。根据数据统计，J省S市的相对不起诉案件人数由2016年的651人攀升至2020年的2970人，2020年相对不起诉率为19.54%，同比2019年8.82%的不起诉率，上升了10.72个百分点。二是对作出相对不起诉的质疑也相应减少。主要表现为不服不起诉的申诉数量有所下降，不起诉案件复议、复核率也逐渐归零等。

收效显著的先期实践为构建起诉必要性审查程序启迪了思路，提供了良好的借鉴。而且，在认罪认罚后作出相对不起诉的逻辑尚得不到普遍认可的背景下，起诉必要审查制度的构建更有其必要性。笔者认为，可以从以下几方面进行程序设计：其一，就启动方式而言，宜采取依职权启动与依申请启动相结合的方式。案件承办人在审查起诉过程中发现案件作出相对不起诉决定更为适宜的，报送部门负责人审批并获得同意后，可启动起诉必要性审查程序。再者，若犯罪嫌疑人及其辩护人认为没有提起公诉之必要时，可向相关办案人员申请启动起诉必要性审查程序。其二，就案件审查内容而言，需对案件情况、社会

公共利益、被害人的意见以及犯罪嫌疑人的认罪认罚情况、悔罪态度等方面着重进行考察,综合考量全部内容后作出起诉与否的决定。①

(二) 简化相对不起诉审批程序

按照现行的不起诉程序,一个案件做不起诉处理不比提起公诉的工作量小,甚至在有些情况下,比出庭支持公诉的全部工作量还多。在刑事检察官普遍超负荷工作的状态下,显然更倾向于适用工作量小、能够快速结案的起诉程序。针对此种现状,可以对不必要的程序进行过滤与简化。其中,简化审批程序尤为关键。

不能否认的是,审批程序在一定程度上确实应当存在于相对不起诉程序中。这是因为:其一,能够防止起诉裁量权的滥用;其二,能够实现不起诉适用的相对统一;其三,能够增强适用相对不起诉的说服力与可信性。但是,这些积极作用并不是一概存在于所有案件之中,对于案件事实清楚、证据确实、充分,且情节简单、无争议的轻微刑事案件便无经过层层审批之必要。譬如,超过定罪标准幅度不大,无其他加重情节的危险驾驶案件,又如,案情简单、未造成严重后果的寻衅滋事案件、故意伤害案件等。相反,若是在此类案件中,僵化适用审批程序,必然会拉低程序效率,增加办案检察官对相对不起诉程序适用的抵触心理。鉴于此,针对上述案件,笔者认为可以适当简化相对不起诉的审批程序以及对文书制作的要求。具体完善路径为,可将情节简单、无争议的轻微刑事案件不起诉权直接下放,由检察官独立作出决定。实践中,部分地方检察机关已经开始探索对相对不起诉案件的审批实行繁简分流,对于大量简单的相对不起诉案件,简化审批程序,由检察官独立作出决定,对于少数不符合常见罪名具体适用标准,但又有必要适用相对不起诉的案件,实行集体决策把关,召开检察官联席会议,报请检察长决定。这种因案制宜、繁简分流的做法有利于促进检察机关相对不起诉权的科学合理适用。

此外,为配合审批程序的简化,还应当完善相应的配套措施,从最高检层面制定统一的相对不起诉适用规范,细化相对不起诉的适用条件和程序,以及常见刑事案件相对不起诉的具体适用标准,对如何认定犯罪情节轻微等内容予以明确,增强不起诉裁量权行使的规范性,以此消解现下对审批程序的依赖,从而为激发检察官适用认罪认罚相对不起诉的积极性提供重要支撑。

(三) 完善相对不起诉监督机制

任何权力的行使都必须有相应的监督制约,否则可能导致权力的扩张和滥

---

① 参见阮建华:《公诉案件起诉必要性审查现状检视及制度构建》,载《人民检察》2015年第17期。

用。为实现不起诉裁量权虚置与滥用之间的良好平衡,应当从程序适用前、适用中以及适用后三个方面全面完善相对不起诉的监督机制。

首先,事前合理适用社会调查评估机制。《指导意见》规定对于拟适用社区矫正的犯罪嫌疑人可以进行社会调查评估。构建该制度的重要目的之一便在于提高量刑的准确性和科学性。即通过对犯罪嫌疑人的犯罪背景、一贯表现、社会危险性等进行调查评估,[1] 以综合衡量能否适用管制与缓刑。笔者认为,也可以于相对不起诉程序中引入社会调查评估机制。这是因为:一方面,该程序将有利于更加充分了解犯罪嫌疑人认罪认罚的程度,从而为正确判断能否作出相对不起诉以及作出相对不起诉后的具体效果奠定基础;另一方面,该程序将有利于充分听取社会民众的意见,降低社会对该程序适用的质疑以及民众因刑事犯罪而产生的不安全感。关于相对不起诉的社会调查程序,可以进行如下设计:其一,就案件范围而言,不宜要求所有案件均进行社会调查,这既不符合效率与诉讼经济原则,简单无争议案件也无调查之必要,需着重对法律规定和现实情理相冲突的案件进行社会调查,听取意见,增强群众认同感;其二,就评估方式而言,既可以委托第三方评估,如进行社区评估,也可以由检察机关自行评估,如由检察官展开实地调查;其三,就调查内容而言,与《指导意见》第 38 条的内容无异,但主题应当是围绕着不起诉的内容展开,如听取被害人与居住地村(居)民委员会关于作出相对不起诉的意见。

其次,事中善用不起诉公开听证程序。为增强相对不起诉程序作出的透明度与公正性,可以充分吸收公民参与审查起诉工作,对拟作出认罪认罚相对不起诉处理的疑难复杂、新类型、社会影响较大的案件进行公开听证。即在侦查人员、犯罪嫌疑人及其辩护人或者值班律师、被害人及其代理人,以及人民检察院邀请的与案件无利害关系的人大代表或者政协委员、人民监督员、社区调查人员等在场的情况下,由检察官首先对案件事实进行梳理,引导上述人员对是否应当适用相对不起诉依次进行意见陈述。在意见发表结束后,若参会人员有所补充或有疑问,在检察官的同意之下,可以补充陈述并向对方发问。[2] 除此,为防止听证程序流于形式,听证会结束后,听证评议人员应填写《公开听证评价表》《公开听证评议意见表》,对检察人员在公开听证中的表现提出

---

[1] 《关于适用认罪认罚从宽制度的指导意见》第 38 条规定:"受委托的社区矫正机构应当根据委托机关的要求,对犯罪嫌疑人、被告人的居所情况、家庭和社会关系、一贯表现、犯罪行为的后果和影响、居住地村(居)民委员会和被害人意见、拟禁止的事项等进行调查了解,形成评估意见,及时提交委托机关。"

[2] 参见北京市海淀区人民检察院课题组:《附条件不起诉实证研究报告》,载《国家检察官学院学报》2017 年第 3 期。

意见建议，并对听证案件作出评议意见，检察机关应基于此及时对评议意见作出反馈。

最后，事后可以开展案件质量评查工作。为保障案件评查工作的顺利进行，应当先明确认罪认罚案件质量评查的标准。再通过检务督察、追责惩戒等方式对认罪认罚案件办理活动实施监督，对检察官执行法律法规和其他规定情况进行督察。此后还可以定期对办理认罚认罚案件的业务数据进行研判分析，以对相对不起诉的适用情况形成总体掌握。最终，通过上述事后案件质量评查工作，减少司法中过错行为的不当影响，保障不起诉裁量权的依法正确适用。

（四）扩展附条件不起诉的适用范围

如前所述，认罪认罚相对不起诉后相关的行政惩罚措施并未跟上，"不诉了之"现象普遍，可能引发"失之过宽"的担忧。而且，因相对不起诉具有程序终止效果，并不具有实质上的惩罚性，其能否作为认罚的客体尚有争议。为解决认罪认罚相对不起诉在"衔接"中的上述问题，有必要扩展附条件不起诉的适用范围并对"所附条件"进行合理设置。

首先，应将附条件不起诉程序的适用范围扩展至成年人案件中。实际上，其他国家和地区暂缓起诉制度已为我国附条件不起诉制度的改革提供了良好的借鉴。如根据英国《2003年刑事审判法》，对于成年人犯罪的案件，如果犯罪嫌疑人在正式的讯问中供认犯罪并且有充分的起诉证据，那么当其接受并履行了所附条件，检察官可以决定不起诉。[①] 除此，德国、美国也都未将暂缓起诉局限于未成年人案件中。那么，在认罪认罚从宽制度实施的背景下，为平衡"宽""严"政策之间的关系，使更多人更好地回归社会，应取消对附条件不起诉适用主体范围的限制，将附条件不起诉扩大适用至成年人案件。

其次，还应当设置与认罚要求相符的"所附条件"。具体而言，在成年人附条件不起诉案件中，"所附条件"可主要包括三类：（1）赔偿被害人损失、赔礼道歉等化解社会矛盾的条件。如故意伤害致轻伤案件，可以要求被不起诉人在赔偿损失、赔礼道歉的前提下，去养老院等社会福利机构进行一定期限的义务帮扶。（2）带有一定惩罚性并弥补行为对公共利益造成损害的条件。如醉酒驾驶案件，可以要求被不起诉人在马路协助执勤72小时。（3）特殊预防与避免再犯的条件，例如心理辅导、戒瘾治疗以及相关辅导课程等。[②] 需要注意的是，此类附条件不起诉类似于效力待定的合同，该不起诉决定是否生效，

[①] 参见甄贞：《英国附条件警告制度及其借鉴意义》，载《法学家》2011年第4期。
[②] 参见何挺：《附条件不起诉扩大适用于成年人案件的新思考》，载《中国刑事法杂志》2019年第4期。

取决于被不起诉人在规定的期限内是否履行了约定义务或者接受相应处罚。若在履行期限内，认真完成"所附条件"，且未出现新的犯罪行为，相对不起诉将被正式作出。

（原载于《国家检察官学院学报》2021年第1期）

认罪认罚从宽制度中的诉辩关系

魏晓娜*

认罪认罚从宽是2018年刑事诉讼法修正案新增的一项原则和制度。适用认罪认罚从宽制度，对准确及时惩罚犯罪、强化人权司法保障、推动刑事案件繁简分流、节约司法资源、化解社会矛盾、推动国家治理体系和治理能力现代化，具有重要意义。然而，认罪认罚从宽制度的增设，相当于在原有的刑事诉讼生态系统中植入一个的全新的子系统，这个子系统会逐步形成自己的生态，也会与作为其外部环境的刑事诉讼系统之间产生频繁的互动，必然也会重新形塑各诉讼主体之间的相互关系，包括控审关系（执行控诉职能的检察院与执行审判职能的法院之间的关系）、诉辩关系（执行控诉职能的检察院与执行辩护职能的犯罪嫌疑人、被告人、辩护律师的关系），甚至辩护内部关系（犯罪嫌疑人、被告人与辩护律师之间的关系）。在这个过程中，控审（检法）关系、诉辩关系，乃至辩护内部关系都会发生一些调整、震荡，甚至激烈的冲突。主要诉讼主体之间的关系的调整和变化，预示着诉讼结构的渐变与转型。学术界的任务，一方面要对上述变化作出新的阐释，另一方面也要对实践中可能出现的问题进行分析与回应。在以上三组关系中，目前学术界讨论比较充分的是控审关系和辩护内部关系。① 相比之下，关于认罪认罚从宽制度之下诉辩关系的讨论并未充分展开。本文仅讨论认罪认罚从宽制度之下诉辩关系所发生的变化，以及可能引发的冲突与问题。

一、中国刑事诉讼诉辩关系的一般原理

一般而言，我们要了解一个新事物引起的变化，一定是先了解这个新事物

---

* 中国人民大学刑事法律科学研究中心教授。

① 关于检法冲突，可以参见魏晓娜：《冲突与融合：认罪认罚从宽制度制度的本土化》，载《中外法学》2020年第5期。闫丰锦：《检察主导抑或审判中心：认罪认罚从宽制度中的权力冲突与交融》，载《法学家》2020年第5期。关于辩护内部冲突，参见闫召华：《辩护冲突中的意见独立原则：以认罪认罚案件为中心》，载《法学家》2020年第5期。

出现之前的状况。因此，要了解认罪认罚从宽制度的引入对诉辩关系产生的影响，就需要先了解刑事诉讼中的原有诉辩关系的状况。这是观察变化所必需的，同时即便是在认罪认罚从宽制度引入之后，刑事诉讼系统也构成了认罪认罚从宽制度赖以生存的大环境，二者相互依赖、相互影响，甚至是相互掣肘。因此，了解中国刑事诉讼制度中诉辩关系的一般原理，也有助于更好地了解认罪认罚从宽制度中诉辩关系。中国刑事诉讼制度中的诉辩关系，由两个具有紧张关系的原则所塑造。

（一）职权主义原则

理解中国刑事诉讼中的诉辩关系，一定要把它置于特定的诉讼结构中去理解。反过来，诉讼结构这个概念包含了各诉讼主体在刑事诉讼中的地位和相互关系。中国的刑事诉讼结构首先由职权主义原则所塑造。职权主义原则代表着一种对刑事诉讼性质和目的的理解。在职权主义之下，刑事诉讼的性质和目的与民事诉讼有着根本的不同，民事诉讼致力于解决私权利之间的纠纷，而刑事诉讼的目的则是在查明真相的基础上，按照独立的法律标准（刑法的规定）认定被告人是否应当承担刑事责任以及承担刑事责任的范围。刑事诉讼可以视之为各代表官方的诉讼主体对案件真相进行的调查活动。可以看出，查明真相在职权主义理论中具有特别意义，真相既是职权主义背后的价值基础，也是推动职权主义原则依其逻辑运作的原动力。为了查明真相，代表官方的各诉讼主体必须尽可能广泛地占有信息。在刑事诉讼中，信息由证据所承载。因此，各诉讼阶段居于主导地位的诉讼主体一方面要积极作为，依职权主动收集和调查证据，另一方面也被赋予广泛的取证权力。穷尽一切可能的合法手段查明真相，不仅是各官方主体的权力，也是其不可推卸的责任。然而，由于刑事诉讼中的官方主体姿态过于积极、权责广泛，其他非官方主体，甚至是该阶段非主导的官方主体（例如审判阶段的公诉人）发挥作用的空间自然受到压抑。

自1979年刑事诉讼法制定以来，中国刑事诉讼的基本结构几乎完全由职权主义原则所塑造。首先，对案件客观真相的执着追求是中国刑事诉讼的基本特征。例如，《刑事诉讼法》第6条规定："人民法院、人民检察院和公安机关进行刑事诉讼……必须以事实为根据，以法律为准绳。"第53条规定："公安机关提请批准逮捕书、人民检察院起诉书、人民法院判决书，必须忠实于事实真象。"对真相的理解在现代认识哲学中有很多流派，"真象"这一在日常生活中不太常用的表述传递出了哲学上客观真理的意味，排除了对真相进行其他具有妥协、相对意味解读的可能。此外，公安机关侦查终结、检察机关提起公诉、人民法院作出有罪判决的条件都是"犯罪（案件）事实清楚（已经查清）"。① 这些条文奠定了刑事诉讼法的基本价值取向，对刑事诉讼中的各官方主体均科以查明案件真相的义务。其次，整个刑事诉讼被设计为一个接续进行的调查真相的活动。侦查、审查起诉和审判阶段，以案卷为载体，刑事诉讼就是一个连续不断地对案件事实进行认识和再认识的活动，虽然各阶段的主导主体不同。反过来说，在追求客观真相的基本价值驱使下，任何试图限制案卷使用的改革都只能以失败而告终。② 再次，为保证事实真相的查明，各官方主体在刑事诉讼中被赋予了较为广泛的权力和沉重的责任。③ 例如，公安机关在侦查阶段享有广泛的调查权，不仅可以全权决定各种针对财产和隐私的调查措施，而且可以决定采取除逮捕外的其他限制或剥夺人身自由的强制措施。重要的是，这些措施的决定和执行很少受到外部的制约。又如，原本坐堂问案的法官被赋予了走出法庭，调查核实证据的权力。这种程序设计背后的推动力，仍然是对案件真相的执着追求。最后，在各官方主体广泛的权力和职责的覆盖下，其他诉讼主体，尤其是被告人，即使怠于行使权利，也并不必然招致不利的诉讼结果，因为各官方主体的职责是客观地调查对被告人有利和不利的证据，其职能部分与辩护职能相重叠。这导致被告人积极行使辩护权既没有太大的必要，也没有多少发挥作用的空间。

（二）控辩平等原则

在现代刑事诉讼中，基于公正审判的要求，执行控诉职能的主体与执行辩护职能的主体应当尽量"平等武装"，达到力量均衡，即实现控辩平等。然而，在现代公诉制度下，刑事诉讼中的被追诉人与代表控方的检察官之间的不平等是先天的。一个经验事实是，刑事诉讼中的大多数被追诉人都来自经济意义上的社会下层，受教育程度不高，对法律知识不甚了了，很多情况下还深陷囹圄，因被采取强制措施而失去人身自由。相比而言，检察官往往是一个社会的法律精英，不仅精通法律专业知识，而且有着丰富的出庭经验。而且，检察

---

① 参见《刑事诉讼法》第162条、第176条、第200条。
② 中国1996年曾对案卷移送制度进行改革，但以失败告终，根本原因即在于此。
③ 这种责任不仅仅是一种诉讼法上的责任，比如在事实不清、证据不足的情况下被上级法院撤销原判，发回重审，而且也是一种职业上的责任。最高法《关于进一步全面落实司法责任制的实施意见》（法发〔2018〕23号）第2条提出，要全面落实司法责任制，坚持"让审理者裁判，由裁判者负责"。最高法《关于完善人民法院司法责任制的若干意见》（法发〔2015〕13号）第25条规定："法官应当对其履行审判职责的行为承担责任，在职责范围内对办案质量终身负责。"最高法《关于进一步全面落实司法责任制的实施意见》（法发〔2018〕23号）第15条规定："强化案件质量评查。坚持案件常规随机评查、重点评查、专项评查相结合，重点评查发回重审案件、改判案件、信访案件以及曾纳入长期未结、久押不决督办范围的案件。"

官不是依赖个人力量执行追诉活动,而是以国家或社会的人力、物力、财力为后盾。因此,所谓实现"控辩平等",实际上要做的工作是强化被追诉人一方的力量,使之站在与控方平等的起跑线上,尽量弥合双方之间的力量鸿沟。为此,一个现代意义上的刑事诉讼法为了贯彻控辩平等原则,要致力于实现控辩双方的地位平等、能力平等、资讯平等。

1. 控辩双方的地位平等

一个人被拘留、逮捕,或者被宣布成为犯罪嫌疑人,给社会公众带来关于被追诉人"有罪"的印象是不可避免的。为此,刑事诉讼法需要无罪推定原则加以矫正。无罪推定确实有很多经不起推敲的地方,最突出的一点是,它是反常识的,或者不具有统计学意义上的真实性,因为刑事诉讼中的大多数被追诉人最终被证明是真正的罪犯。然而,正是通过有点"矫枉过正"的无罪推定原则,现代刑事诉讼法真正抬高了犯罪嫌疑人、被告人的地位,让被追诉人与检察官站在了同一平台上,以此维系控辩之间的地位平等。然而,无罪推定原则一旦产生,就会依其逻辑发挥作用,其对检察机关施以证明被告人有罪的责任,延伸出"事实疑点的利益归于被告人"规则,进一步缩小控辩之间的差距。与此相关,反对强迫自证其罪是另一个致力于强化被追诉人防御地位的规则。该规则禁止强迫被追诉人提供不利于自己的证据,该规则既禁止物理意义上的强迫(刑讯逼供等行为),也阻止心理意义上的强迫,以及其产生的成果(不具有自愿性的供述)。1996 年刑事诉讼法修正案增设第 12 条,引入中国式的无罪推定原则;2012 年刑事诉讼法修正案吸收了反对强迫自证其罪的精神,形成了目前《刑事诉讼法》第 52 条规定的"不得强迫任何人证实自己有罪"。

2. 控辩双方的能力平等

如前所述,大多数情况下,被追诉人的法律知识极其有限,而检察官却是一位法律专家,双方的能力差距是客观存在的。为此,刑事诉讼法设立辩护人制度,允许被追诉人委托律师,同时赋予辩护律师较为广泛的诉讼权利。然而,受制于个人经济状况,并非每一位被追诉人都有财力聘请律师,为了克服个人经济条件所造成的实质上的不对等,国家在刑事诉讼制度之外设立法律援助制度,为被追诉人提供免费的法律帮助。当然,由于法律援助花费的是公共基金,只能根据国家财力将法律援助限制于符合一定经济条件的当事人和司法利益有此需要的案件。中国的法律援助制度自 20 世纪 90 年代开始起步,2021 年 8 月 20 日全国人大常委会通过首部法律援助法,为法律援助制度的进一步发展完善提供了法律保障,为控辩双方之间进一步的能力平等提供了坚实基础。

3. 控辩双方的资讯平等

在刑事诉讼中，关于案件的信息或资讯由证据承载，由于取证能力和权利（力）存在巨大差距，证据大量地集中于控方，导致控辩双方在掌握案件信息方面的不平等。对此，职权主义诉讼和当事人主义诉讼采取了不同的应对方案：职权主义诉讼发展出阅卷权，允许辩护律师直接到法院或者检察院阅览案卷；而秉持对抗制逻辑的当事人主义诉讼发展出了证据开示制度。虽然两种方案存在着诸多技术上的差别，比如在阅卷权制度之下，证据信息是从控方到辩方的单向流动，而证据开示制度之下，信息是双向流动。但由于证据主要集中于控方手中，且控辩双方的证据开示义务并不对等，因此，两种方案总体上都是有利于辩方的，整体功能上都是弥合了控辩双方的信息鸿沟。中国采取了阅卷权的制度路径，并在 2012 年刑事诉讼法修正之后基本解决了"阅卷难"的问题，在促进控辩平等方面取得显著进步。

（三）小结

我国刑事诉讼中的控辩关系，主要为职权主义和控辩平等两大原则所塑造。由职权主义原则所决定，执掌控诉职能的检察机关在刑事诉讼过程中，尤其是审查起诉阶段，居于主导地位，负有发现案件真相的职责和权力，为此享有较为广泛的权力，包括针对被追诉人的人身自由和涉案财产采取强制性措施的权力。而控辩平等原则所决定，在刑事诉讼中，至少在审判阶段，检察机关和被追诉人分执控诉和辩护两种职能，双方力量理论上不应过于悬殊。为弥合双方力量事实上的落差，控辩平等的要求势必延伸到审判之前，贯彻于整个刑事诉讼过程中，要求尽力实现控辩双方在诉讼地位、诉讼能力和诉讼资讯方面的平等。从职权原则和控辩平等原则各自的发力方向上，不难看出某种紧张：至少在审查起诉阶段，职权主义原则决定了检察机关居于支配地位，而控辩平等原则要求双方力量走向平衡。在现阶段，中国刑事诉讼中的职权主义逻辑仍然是相当强大的，控辩平等原则则是起到一定的矫正和纠偏的作用。

二、认罪认罚从宽制度中诉辩关系的样态

（一）无协商认罪认罚中的诉辩关系

目前不少论著将认罪认罚从宽制度中的诉辩关系直接定义为协商关系，甚至将认罪认罚从宽制度与控辩协商画等号。这种定性过于简单化。依其发生的诉讼阶段，被追诉人的认罪认罚可以发生在侦查阶段、审查起诉阶段、一审阶段和二审阶段。不同诉讼阶段的认罪认罚，所形成的诉辩关系并不一样。如果犯罪嫌疑人是在侦查阶段或者审查起诉阶段认罪，检察机关在提出量刑建议

前，可能会发生协商。但是，如果被追诉人在侦查阶段、审查起诉阶段没有认罪，到了审判阶段才认罪；或者在侦查、审查起诉、一审程序中都没有认罪，到了二审才认罪；又或者在侦查阶段、审查阶段都没有认定被告人认罪认罚，到了审判阶段甚至二审才予以认定。在上述情形下，是否存在控辩协商，在很大程度上取决于被告人认罪后的程序适用，或者虽然适用认罪认罚从宽制度，但未必存在控辩协商。试举一例：

被告人前某门等人因非法吸收公众存款罪被提起公诉，前某门等人在侦查、审查起诉阶段没有认罪，在审判阶段认罪认罚，一审法院依据普通程序进行审理。一审宣判后，同级人民检察院提出抗诉，被告人前某门等以原判量刑过重为由提起上诉。市检察院提出的出庭意见是：一审判决认定前某门等8人犯非法吸收公众存款罪的事实清楚，证据确实、充分，但一审法院在适用认罪认罚从宽制度对被告人从宽处罚的情况下，没有依据该制度的程序规定向控辩双方宣告权利、签署认罪认罚具结书、征求控方量刑建议，系程序适用不当，导致量刑失当，建议二审法院撤销原判，发回重审。中级人民法院经二审审理认为，一审法院在控辩双方未建议适用认罪认罚从宽制度的情况下，依据普通程序进行审理，程序合法、适当，根据前某门等原审被告人具有的自首、如实供述、积极退缴违法所得等法定、酌定从轻、减轻情节，以及其当庭认罪、悔罪态度，依据《刑事诉讼法》第15条"犯罪嫌疑人、被告人自愿如实供述自己的罪行，承认指控的犯罪事实，愿意接受处罚的，可以依法从宽处理"的规定，予以从宽处罚。该中级人民法院于2019年8月28日裁定驳回检察院的抗诉及前某门等的上诉，维持原判。①

该案提出的问题是：被告人庭审前不认罪认罚，未与检察机关签署认罪认罚协议，到庭审时才表示认罪认罚，或者在侦查、审查起诉阶段没有适用认罪认罚从宽制度，但一审法院认定被告人具有认罪认罚情节，此时，法院应当适用何种程序予以处理？是必须开启控辩协商，签署认罪认罚具结书、征求控方量刑建议，再来决定是否接受检察机关的量刑建议，如果认为量刑建议明显不当的，通知检察机关调整量刑建议，如此等等；还是在法庭就定罪量刑听取控辩双方的意见后直接判决？不要忘记，认罪认罚从宽是一项以节约司法资源为价值取向的制度，其程序适用也应当体现这一点。该案既然已经到了审判阶段，法院在听取控辩双方意见后直接定罪量刑即可。否则，非要等待控辩双方

---

① 前某门等非法吸收公众存款案，(2019)京0105刑初458号（一审）、(2019)京03刑终534号（二审）。参见刘泽、孙淼淼：《审判阶段被告人认罪认罚的程序适用》，载《人民司法》2021年第26期。

先就量刑建议协商一致，再由法院判断量刑建议是否明显不当，这样的程序安排，徒增烦琐，有违认罪认罚从宽制度的初衷。因此，在审判阶段才认罪认罚，或者到了审判才认定存在认罪认罚的情况下，案件虽然适用认罪认罚从宽制度，但控辩双方之间并不存在协商关系。

类似的情况还存在于第二审程序中认罪认罚的处理。如果被追诉人在侦查、审查起诉、一审程序中均未认罪认罚，在第二审程序中才认罪认罚的，程序上应当如何处理？刑事诉讼法和相关司法解释都没有规定，只有最高法、最高检、公安部、国家安全部、司法部制定的《关于适用认罪认罚从宽制度的指导意见》（以下简称《指导意见》）第50条提到"审理程序依照刑事诉讼法规定的第二审程序进行"。这意味着认罪认罚案件的二审程序与普通案件的二审程序并无不同。另《刑事诉讼法》第242条规定："第二审人民法院审判上诉或者抗诉案件的程序，除本章已有规定的以外，参照第一审程序的规定进行。"结合以上两个规定，二审认罪认罚的程序应当参照前述第一审程序被告人认罪认罚的程序处理。亦即，被追诉人第二审程序才认罪认罚的案件，二审法院也不必等待控辩协商后由检察机关提出量刑建议，可以根据二审中审查确认的事实和被告人认罪认罚的情况决定是否从宽，以及从宽的幅度。

由此可见，适用认罪认罚从宽制度，未必一定经过控辩协商，尤其是到了一审，甚至二审才认定认罪认罚的情况，将控辩协商与认罪认罚从宽制度相捆绑会导致程序烦琐。在这些情形下，认罪认罚从宽制度中的诉辩关系与刑事诉讼中控辩双方的一般关系并无实质的不同，也就是说，职权主义的逻辑是居于支配地位的。

（二）控辩协商认罪认罚中的诉辩关系

被追诉人在侦查阶段、审查起诉阶段认罪认罚的案件，大多数情况下都会涉及控辩协商。这类情形下的认罪认罚从宽制度，就相当于在职权主义原则主导的刑事诉讼母系统内部开辟出一个新的子系统。在这个子系统内，控辩平等的要求超越了职权主义的逻辑。因为，既然是协商，那么其前提条件就是参与协商的控辩双方主体平等。于是，在这个子系统里，控辩平等的要求就会受到格外的强调，而原有的保障控辩双方地位平等、能力平等和资讯平等的各项举措，在这个以协商为支配性逻辑的子系统内，就显得捉襟见肘了。比如：

1. 更加强化的被追诉人主体性要求

如前所述，在以职权主义为主导逻辑的刑事诉讼系统中，各官方主体必须依职权主动调查案件真相，为此享有广泛的权力，同时负有较为沉重查明案件事实真相的责任。由于官方诉讼主体的调查职责覆盖了部分辩护职能和控诉职能，所以控辩双方不积极履行职责并不必然带来对本方而言不利的后果，控辩双方积极行使权利的迫切性大为降低。换言之，控辩双方积极行使权力（利）变得不那么重要，同时也没有多大的空间。因此，被追诉人相对于各官方主体，虽不至于沦为诉讼客体，但主体性并不强，尤其是在审查起诉阶段，检察机关成为主导该诉讼阶段的官方主体，与犯罪嫌疑人之间的地位不对等是显而易见的。在职权主义的逻辑下，这是可以被接受和包容的。但是，一旦进入以协商为主导逻辑的认罪认罚从宽子系统，犯罪嫌疑人与检察机关之间在主体性方面的落差就会变成刑事诉讼法不得不认真对待的一个问题。

何为主体性？或者换句话说，在刑事诉讼中成为诉讼主体的条件是什么？单纯某一个体要上升为诉讼主体，必须具备以下三方面的要求：第一，该个体在诉讼中必须受到有人格尊严的对待。在刑事诉讼中，被追诉人不能成为被任意处置的对象，不能单纯成为实现某种意志或政策的工具。被追诉人的人格尊严不受侵犯是国家在实现刑事诉讼目的时不可逾越的底线。① 第二，该个体的基本人权在诉讼中应得到国家立法和司法的有效保障，国家要采取一切措施来防范和救济对被追诉人的刑讯逼供行为、人身侮辱行为。第三，个人必须拥有参与涉及自身利益的决定过程，以及改善自身处境的机会和手段。如果说前面两个方面的要求使个体上升为法律主体的话，那么，第三个方面的要求则是个体成为诉讼主体的核心标志。"主体"意味着意思自治，即根据自己的意志行动的权利。如果在诉讼中个体无法按照由自身利益所决定的意志去采取行动，那么，他就称不上一个真正的诉讼主体。

因此，被追诉人的主体性集中体现在被追诉人在刑事诉讼中的意思自治或者意志自由。如果翻译成刑事诉讼法学中惯常使用的语言，其正面的表述是保证被追诉人认罪的"自愿性"，其反面的表述是不得"强迫"被追诉人证实自己有罪。这也是为何2018年刑事诉讼法修正案在引入认罪认罚从宽制度时，一口气增加了5处"自愿如实陈述"的表述。在此前，我国的刑事诉讼法只有在当事人和解的公诉案件诉讼程序中才出现过2处"自愿"的字眼。这反过来也说明犯罪嫌疑人、被告人认罪的"自愿性"是认罪认罚从宽制度的"生命线"，如果缺失这一点，认罪认罚从宽制度的正当性从根本上无从谈起。

然而，不得不承认的是，我国刑事诉讼法虽然增加了5处"自愿"的表述，但保障被追诉人"自愿"认罪认罚的程序机制也存在不足。比如，犯罪嫌疑人面对警察的讯问，是否可以保持沉默？立法一方面宣布"不得强迫任何人证实自己有罪"，另一方面又要求犯罪嫌疑人对侦查人员的提问"应当如实回答"。又如，2012年刑事诉讼法修正案引入重大案件讯问的录音录像制

---

① 参见熊秋红：《刑事辩护论》，法律出版社1998年版，第97页。

度，对保证犯罪嫌疑人自愿认罪，原本可以起到积极的作用。但对于讯问录音录像制度的目的，法律表述是"防止刑讯逼供"①，因此，"侦查讯问过程的录音、录像资料，主要是用于真实完整地记录讯问过程，在办案机关对犯罪嫌疑人供述取得的合法性进行调查时证明讯问行为的合法性"，"用于证明讯问合法性的录音录像不作为证明案件实体事实的证据，也就不必要每个案件都随案移送"。② 这种对讯问录音录像立法目的的解释限制了该制度功能的发挥，因为录音录像不被认为是证明案件实体事实的证据，因而不必随案移送，律师不能随便查阅，只有在对供述合法性提出异议的情况下才有机会查看。③ 然而，没有刑讯逼供的讯问并不意味着认罪就具有"自愿性"，在刑讯逼供和自愿认罪之间仍存在大量的中间地带，例如以威胁、引诱、欺骗或者其他不当讯问方法得到的供述，这样的供述，即使没有外在的物理的强制，仍不具有自愿性。当前侦查机关运用讯问录音录像的方式，难以对引诱、欺骗等违法讯问方式进行有效监控。因此，在保障犯罪嫌疑人、被告人认罪的自愿性方面，原有的程序机制均存在这样或那样的不足。

　　在这种情况下，需要引入特别的保障机制。2018年刑事诉讼法修正案为此增加规定了值班律师制度，但又未认可值班律师的"辩护人"地位，值班律师介入刑事诉讼的程度受到限制，使其基本等同于被追诉人签署认罪认罚具结书时的"见证人"。但是，即使承认值班律师的辩护人地位，也未必能够实现值班律师的制度功能。如前所述，引入值班律师的初衷是保证犯罪嫌疑人、被告人认罪的自愿性。2018年刑事诉讼法对值班律师的程序参与主要限定于提供意见、提供法律帮助、具结时在场。在确保犯罪嫌疑人认罪自愿性的关键场合，例如，讯问犯罪嫌疑人程序，不仅值班律师，即便是辩护律师，在目前的法律框架下也没有在场权。这意味着，即使立法将值班律师定位为辩护人，距离其保证认罪自愿性的预设功能，仍有相当大的差距。在这一方面，值得一提的是德国刑事诉讼法的变化。长期以来，德国刑事诉讼法也不承认辩护律师在警察讯问程序中的在场权。然而，这一立场已经在2017年发生变化，德国通过修法，正式规定警察讯问过程中律师的在场权。根据修改后的德国刑事诉

---

① 全国人大常委会在《中华人民共和国刑事诉讼法修正案（草案）说明》（2012年）中解释："为了从制度上防止刑讯逼供行为的发生，修正案草案增加规定了……讯问过程的录音录像制度。"

② 王尚新主编：《最高人民法院、最高人民检察院、公安部、国家安全部、司法部、全国人大常委会法制工作委员会〈关于实施刑事诉讼法若干问题的规定〉解读》，中国法制出版社2013年版，第99页。

③ 参见秦宗文：《讯问录音录像的功能定位：从自律工具到最佳证据》，载《法学家》2018年第5期。

讼法，在警察讯问过程中，律师不仅可以在场，而且可以向犯罪嫌疑人提问，也可以评论犯罪嫌疑人的回答。① 在我国立法引入认罪认罚从宽制度，对犯罪嫌疑人认罪的自愿性提出更高要求的背景下，似乎也应适时推进侦查讯问的自愿性保障措施，赋予辩护律师或者值班律师讯问时在场的权利，以强化犯罪嫌疑人的主体地位。

2. 更加强化的资讯平等要求

"自愿"的认罪认罚意味着，被追诉人认罪认罚不仅是在律师帮助下行使自主意志的选择，而且也是在充分理解认罪认罚的法律后果以及充分知悉案件信息基础上的选择。就充分理解认罪认罚的法律后果而言，我国刑事诉讼法对公安机关、检察机关和审判机关规定了明确的告知义务，告知的内容包括被追诉人享有的诉讼权利和认罪认罚的法律规定。② 然而，在认罪认罚的犯罪嫌疑人充分知悉案件信息的问题上，我国目前的阅卷权制度稍显不足。比较突出的一个问题是，我国刑事诉讼法规定的享有阅卷权的主体是辩护律师或者其他辩护人，而不是犯罪嫌疑人或被告人③，只有《刑事诉讼法》第39条第4款规定的辩护律师"自案件移送审查起诉之日起，可以向犯罪嫌疑人、被告人核实有关证据"，可以勉强解读出未犯罪嫌疑人、被告人享有一定的证据知悉权。为了弥补立法的不足，《指导意见》第29条规定："人民检察院可以针对案件具体情况，探索证据开示制度，保障犯罪嫌疑人的知情权和认罪认罚的真实性及自愿性。"但是，《指导意见》并未作进一步的程序设计，2019年12月公布的《人民检察院刑事诉讼规则》也并未提及证据开示制度。

这就带来了一系列的问题。首先，这里的证据开示专为认罪认罚制度量身打造，其制度目标如何定位？是督促犯罪嫌疑人及早认罪认罚，还是督促犯罪嫌疑人披露无罪证据、防止冤错案件，抑或是与阅卷权制度一样，仅具有促进

---

① 德国《刑事诉讼法》第163a条【讯问犯罪嫌疑人】第4款规定了警察讯问："警察官员第一次讯问犯罪嫌疑人时，应当告知其被指控的行为。此外，在警察关于讯问犯罪嫌疑人时，第136条第1款第2到6句，第2款和第3款，以及第136a条适用。"2017年修改后的《德国刑事诉讼法》在后面增加了一句话："第168c条第1款和第5款也相应地适用于辩护律师。"而第168c条第1款和第5款是关于辩护律师参与法官讯问的规定："第168c条【法官讯问时在场】：（1）检察官和辩护律师可以参加法官对被告人的讯问。讯问后应赋予他们对讯问进行评论或者向被告人提问的机会。提问或陈述不当或者与主题无关的可以拒绝。……（5）有权在场的人应当得到提前通知聆讯的日期。如果会危及侦查，也可以不通知。有权在场的人如果不能到场，无权申请变更聆讯日期。"

② 参见《刑事诉讼法》第120条第2款、第173条第2款和第190条第2款。

③ 《刑事诉讼法》第40条规定："辩护律师自人民检察院对案件审查起诉之日起，可以查阅、摘抄、复制本案的案卷材料。其他辩护人经人民法院、人民检察院许可，也可以查阅、摘抄、复制上述材料。"

控辩双方资讯平等,尤其是犯罪嫌疑人知悉控方证据的功能?或是以上诸目标兼而有之?其次,这是在采用设置阅卷权解决控辩双方资讯平等问题的刑事诉讼母系统中,又开辟出一个采用证据开示方式解决资讯平等问题的认罪认罚从宽制度子系统,且二者发生作用的诉讼阶段基本重合,都是在审查起诉阶段,所以二者有重叠的一面。但二者也有差异的一面,阅卷权和证据开示面对的主体不同,阅卷权面对的是辩护律师或者其他辩护人,证据开示面对的是犯罪嫌疑人。在几乎同一时空范围内,针对犯罪嫌疑人的证据开示和针对辩护人的阅卷权制度是什么关系,具体程序如何安排?最后,无论是阅卷权还是证据开示,其发挥作用的场域都是审查起诉阶段,但我们知道,被追诉人认罪认罚不仅仅发生在审查起诉阶段,在侦查阶段认罪认罚的犯罪嫌疑人知悉案件信息的权利如何保障?如果犯罪嫌疑人在审查起诉阶段认罪认罚可以得到知悉案件信息的权利保障,在侦查阶段认罪认罚的犯罪嫌疑人反而失去了该项权利,是否与我们鼓励犯罪嫌疑人及早认罪的政策相背离?这些都是目前立法和《指导意见》没有解决的问题。

(三)认罪认罚从宽制度中诉辩关系的变形

认罪认罚从宽制度的确立,相当于在原有的以职权主义为主导逻辑的刑事诉讼系统中植入了一个以控辩协商为主导逻辑的子系统。但这个母系统和子系统中的主导逻辑存在不相兼容之处。如前所述,职权主义的终极价值追求是"真相",而"真相"只能是查明的,不可能是协商、妥协或者协调出来的。更重要的是,"协商"本质上承载着与职权主义完全对立的当事人主义的制度逻辑。所以,在中国的刑事诉讼制度中接纳"协商"一词,就相当于在职权主义模式中植入了当事人主义的逻辑,必然引起"排异反应",由此引发一系列的紧张关系:检法关系紧张、控辩关系紧张,甚至被追诉人与辩护律师之间的辩护内部关系紧张。

排异的结果无非两种。第一种结果是夹带着当事人主义"私货"的控辩协商机制充当了"特洛伊木马",在原本由职权主义主导的刑事诉讼领域不当扩张,以"协商""合意"约束法官的定罪量刑,最终将刑事诉讼演变成符合当事人主义逻辑的样态。这意味着刑事诉讼要放弃对真相的执着追求,放弃刑事诉讼法赖以安身立命的基本原则,甚至要根本改变各官方诉讼主体的权责配置。这对于当前中国的刑事诉讼制度而言,基本上是不可能的事情。第二种结果是在刑事诉讼基本价值追求、基本原则、官方诉讼主体权责配置不加改变的前提下,体现当事人主义逻辑的控辩协商的生存空间就会被挤压到十分稀薄的程度。尤其是在审查起诉阶段,检察机关既是职权主义理念之下的程序主导者,又是参与协商的一方主体,本身就存在角色冲突。在案件办理期限的压力下,如果检察官没有及时调整角色和观念,急于求成,就很容易演变成实践中律师屡屡吐槽的只有"合意"没有"协商"的"控辩协商"。①

(四)认罪认罚从宽制度下辩护律师的作用与检律关系

认罪认罚从宽制度引入后,刑事案件会出现认罪认罚和不认罪认罚的分野,相应地会形成两种刑事诉讼程序。② 在认罪认罚案件中,律师发挥作用的方式和重心发生变化,但其作用不会弱化;相反,认罪认罚从宽制度的适用会加大对律师的依赖,其作用应当强化。首先,辩护律师或者值班律师在保障认罪认罚的"自愿性"方面的作用不可或缺。众所周知,认罪认罚的自愿性是该制度的生命线,如果不能保证"自愿性",认罪认罚从宽制度就从根本上丧失正当性。因此,律师的作用不能局限于签署认罪认罚具结书时的"见证人",而应该在保证认罪认罚自愿性方面发挥实质性的监督功能,例如,在检察机关讯问犯罪嫌疑人、进行认罪协商时,可以邀请辩护律师或者值班律师到场。反过来,对于认罪认罚的自愿性,辩护律师未来在法庭上也可以提出质疑。其次,认罪认罚从宽制度为程序性辩护开辟了新的空间。2018年修正后的《刑事诉讼法》第81条增加了第2款:"批准或者决定逮捕,应当将犯罪嫌疑人、被告人涉嫌犯罪的性质、情节,认罪认罚等情况,作为是否可能发生社会危险性的考虑因素。"据此,在审查批捕阶段的羁押必要性审查环节中,辩护律师可以为当事人争取非羁押性强制措施,或者申请变更强制措施。最后,犯罪嫌疑人、被告人认罪认罚后,辩护人仍可作无罪辩护。虽然辩护律师作无罪辩护并不影响认罪认罚从宽制度的适用,但如果无罪辩护意见成立,被告人仍有可能被宣告无罪,不会因被告人认罪认罚而将本应宣告无罪的案件作从轻处罚处理。③ 除此之外,辩护人在认罪认罚案件中也有量刑辩护的空间,

---

① 实证研究表明,认罪认罚从宽制度实施过程中普遍存在的一个问题是"量刑建议一旦拟定不能调整,犯罪嫌疑人和被告人要么同意要么不同意,不能根据犯罪嫌疑人或辩护人的意见进行修改或调整"。参见周新:《认罪认罚从宽制度试点的实践性反思》,载《当代法学》2018年第2期。
② 参见熊秋红:《两种刑事诉讼程序中的"有效辩护"》,载《法律适用》2018年第3期。
③ 参见杨立新:《关于认罪认罚从宽制度常见问题释疑》,载最高人民法院刑事审判第一、二、三、四、五庭主办:《刑事审判参考》(总第127辑),人民法院出版社2021年版,第141页。

实践中也不乏法官采纳辩护意见,对被告人从宽量刑的案例。①

在认罪认罚案件中,尤其是在审查起诉阶段,人民检察院一方面是控辩协商的参与者,另一方面也是程序的主导者。前者决定了检察机关与辩护律师或者值班律师地位平等,双方均是依法履行职责,应当平等相待、互相尊重;后者决定了检察机关应当保障辩护律师或者值班律师依法行使辩护权,为后者依法履行职责提供便利。例如,人民检察院在控辩协商之前,告知辩护人或者值班律师控辩协商的时间、地点,并听取辩护人或者值班律师的意见。又如,值班律师在控辩协商前要求会见犯罪嫌疑人、查阅案卷材料的,人民检察院要提供必要的便利。

三、认罪认罚从宽制度中的诉辩冲突

(一)缘起:被告人滥用上诉权

随着认罪认罚从宽制度的施行,一些深层次的问题渐次出现,其中一个问题就是由认罪认罚被告人提起上诉引起的诉辩冲突。法院适用认罪认罚从宽制度,根据检察院提出的量刑建议定罪量刑后,被告人又提起上诉,常见的类型有三种:一是"反悔型"上诉,即一审判决作出后被告人内心反悔,不再接受控辩协商的结果;二是"投机型"上诉,即被告人提起上诉并非对真心判决不服,而是有投机心理,想利用"上诉不加刑"制度获得额外的好处;三是"留所服刑型"上诉,即被告人提起上诉并非对判决不服,只为拖延时间,等二审判决作出时余刑低于3个月,就可以达到"留所服刑"的目的。

对于第一种"反悔型"上诉,可以批评被告人缺乏契约精神,但被告人上诉毕竟意味着对一审判决结果的不接受。我国《刑事诉讼法》第227条规定:"被告人、自诉人和他们的法定代理人,不服地方各级人民法院第一审的判决、裁定,有权用书状或者口头向上一级人民法院上诉。"立法并未要求被

---

① 例如,"刘正民、马武凯故意毁坏财物案",浙江省杭州市富阳区人民检察院指控被告人刘正民、马武凯犯故意毁坏财物罪,提起公诉。鉴于二被告人认罪认罚,建议分别判处被告人刘正民有期徒刑3年,缓刑4年;被告人马武凯有期徒刑3年,缓刑3年。刘正民的辩护人提出,刘正民具有自首情节,依法可以从轻或减轻处罚,且自愿认罪认罚,取得被害人谅解,请求给予从宽处罚。马武凯的辩护人提出,马武凯在共同犯罪中起次要、辅助作用,应认定其为从犯,且具有自首情节,请求给予减轻处罚;马武凯归案后自愿认罪认罚,取得被害人谅解,请求给予从宽处罚。杭州市富阳区人民法院对于刘正民辩护人的辩护意见予以采纳,对马武凯辩护人的辩护意见部分采纳,判决被告人刘正民犯故意毁坏财物罪,判处有期徒刑3年,缓刑3年;被告人马武凯犯故意毁坏财物罪,判处有期徒刑2年,缓刑2年。参见潘蕚:《刘正民、马武凯故意毁坏财物案》,载最高人民法院刑事审判第一、二、三、四、五庭主办:《刑事审判参考》(总第127辑),人民法院出版社2021年版,第17页。

告人说明上诉理由,只要是"不服"第一审判决即可提起上诉。因此,这种上诉尚属被告人正当行使上诉权。但是,第二种"投机型"上诉和第三种"留所服刑型"上诉,并非真心对一审判决不服,只是利用上诉制度达到其他目的,严重偏离了上诉的制度目的。因此"投机型"上诉和"留所服刑型"上诉基本可以界定为滥用上诉权的行为。这种滥用上诉权的行为不仅是缺乏契约精神和违背诚信原则的表现,而且违约提起上诉,还浪费司法资源,拉长诉讼周期,与认罪认罚从宽制度的目标背道而驰。如果不加治理,产生大范围效仿,会危及整个认罪认罚从宽制度的实施。

(二) 对策及其争议:以抗诉应对上诉

对于适用认罪认罚从宽制度后被告人滥用上诉权的现象如何治理?目前除了《指导意见》第45条"速裁案件的二审程序"部分涉及这个问题以外①,《指导意见》其他条文和刑事诉讼法都没有提供现成的解决方案。在这种情况下,检察系统内部形成的以抗诉应对上诉的共识与行动。2020年11月24日,最高检发布了以"检察机关适用认罪认罚从宽制度"为主题的第22批指导性案例,其中的"琚某忠盗窃案"(检例第83号)即专门针对认罪认罚案件中被告人无理由上诉的情形,该指导性案例的要旨如下:"对于犯罪事实清楚,证据确实、充分,被告人自愿认罪认罚,一审法院采纳从宽量刑建议判决的案件,因被告人无正当理由上诉而不再具有认罪认罚从宽的条件,检察机关可以依法提出抗诉,建议法院取消因认罪认罚给予被告人的从宽量刑。"该立场的直接根据在于,被告人无理由提出上诉,说明当初并非真诚认罪认罚,因而已经不具备从宽处理的条件,此时可以一审判决适用法律错误为由提起抗诉。更深层次,检察机关提起抗诉从主观目的和客观效果上,是"不要再形成这类问题的上诉"②,即以抗诉阻遏被告人滥用上诉权。

但是,以抗诉应对上诉的方案并未完全得到法院系统的支持。有观点明确主张要容忍被告人依法行使上诉权,要信任二审法院会作出公正的裁判:"如果量刑建议适当,被告人因自愿认罪认罚已经得到好处的情况下,判决后又反悔上诉的,二审法院应当严格审查。属于非自愿认罪认罚或者有其他正当理由

---

① 《指导意见》第45条规定:"被告人不服适用速裁程序作出的第一审判决提出上诉的案件,可以不开庭审理。第二审人民法院审查后,按照下列情形分别处理:(一)发现被告人以事实不清、证据不足为由提出上诉的,应当裁定撤销原判,发回原审人民法院适用普通程序重新审理,不再按认罪认罚案件从宽处罚;(二)发现被告人以量刑不当为由提出上诉的,原判量刑适当的,应当裁定驳回上诉,维持原判;原判量刑不当的,经审理后依法改判。"

② 张军、姜伟、田文昌:《认罪认罚从宽制度控辩审"三人谈"》,载陈国庆主编:《认罪认罚从宽制度司法适用指南》,中国检察出版社2020年版,第43页。

的，法院应依法予以支持；违背具结协议上诉无理的，不予支持；该依法发回的，坚决发回，不再按认罪认罚案件从宽程序处理，让'失信被告人'付出程序与实体双重代价。"① "对于被告人认罪认罚后又提出上诉的，二审法院要坚持全面审查，区分不同情形，严格依照刑事诉讼法的规定分别作出裁判。对于原判认定事实和适用法律正确、量刑适当的，应当裁定驳回上诉、维持原判，不能仅仅因为被告人上诉、检察机关就此抗诉，就认为一审判决确有错误、量刑不当而改判加重刑罚。"② 最高法的基本态度也体现在具体案例中。2021年6月，最高法《刑事审判参考》第127辑开辟"认罪认罚从宽制度适用专辑"，刊发了12个"认罪认罚"参考案例。其中第1408号"段红安妨害公务案"的案例要点为：对于适用速裁程序的认罪认罚案件，被告人可以反悔、可以上诉。第1412号"杨灏然贩卖毒品案"的案例要点为：认罪认罚案件，被告人的上诉权应当得到尊重和保障。③

严格来说，检、法两家的处理均难称完美。检察机关目前的处理方案是以抗诉应对上诉，以阻遏被告人滥用上诉权。这种方案在治理滥用上诉权方面会有立竿见影的效果，缺点在于目前未有强有力的法律根据予以支撑。法院系统的立场是对被告人滥用上诉权的行为持容忍态度，合法性方面固然无碍，但问题是并不能有效治理滥用上诉权的行为。

(三) 根源与治理

为何在治理被告人认罪认罚后滥用上诉权问题上，出现了各方左支右绌，攻守失当的局面？根本原因在于，作为子系统的认罪认罚从宽制度与作为母系统的刑事诉讼制度之间存在内在的结构性矛盾。

在刑事诉讼这个母系统中，由单一制的国家结构形式所决定，法律适用的统一性被赋予特别重要的价值。目前中国奉行全面审查原则的刑事上诉制度，特别适合这种价值取向。上诉不仅是对当事人的救济，而且是上级法院对下级法院行使审判监督的重要途径。为了利用当事人的上诉带动上诉审查机制发挥作用，上诉被设计为低成本、低风险的行为。亦即，上诉不需要说明理由，实

---

① 胡云腾：《正确把握认罪认罚从宽保证严格公正高效司法》，载《人民法院报》2019年10月24日，第5版。
② 沈亮：《凝聚共识推进认罪认罚从宽制度深入有效实施》，载《人民法院报》2021年7月22日，第5版。
③ 龚琰：《段红安妨害公务案》，载最高人民法院刑事审判第一、二、三、四、五庭主办：《刑事审判参考》（总第127辑），人民法院出版社2021年版，第21—25页；魏彤：《杨灏然贩卖毒品案》，载最高人民法院刑事审判第一、二、三、四、五庭主办：《刑事审判参考》（总第127辑），人民法院出版社2021年版，第40—43页。

行上诉不加刑原则,以免除被告人的后顾之忧。法院分层级,审判也分层级,而且级别越高,权威越大。上级法院可以在事实认定、法律适用等任何方面否定下级法院的判决,判决的一致性和政策的统一性被赋予了重要的价值。

在认罪认罚从宽制度这个子系统中,尤其是控辩协商主导下的认罪认罚从宽实践,更注重个案的妥当性,即寻找一个最适合于每一个案件具体情况的判决。因为控辩双方能够协商出来一个什么样的案件处理方案,本身就是因案因人因时因地各有不同的事情。法律适用的统一性或者"同案同判"固然也是一个重要的价值,但为了同案同判而牺牲具体案件的最优解决方案并不符合协商的原理。在控辩协商主导的认罪认罚从宽制度下,正义总是个别化的正义,只有对案件具体情形有着充分的了解,才可能作出最适于个案的判决。因此,在控辩协商主导的认罪认罚从宽制度下,理想的判决主体一定是单层的,而不是有很多层级。高级别的法官在选择适合于具体案件的最优解决方案方面,不仅不具有优势,相反由于时间、空间的局限,还经常具有一些劣势。因此,由控辩协商主导刑事案件的解决这一点所决定,即便是在整个司法系统处于基座位置的基层法院作出的刑事判决,也被期待赋予高度的权威。换句话说,在控辩协商主导的认罪认罚从宽实践中,对全面的上诉审查施加合理的限制是一种合乎逻辑的制度安排。

然而,刑事诉讼法在2018年增设认罪认罚从宽制度的时候,并没有同步对刑事上诉制度进行改革。这样一来,一个是将查明案件真相与统一法律适用奉为圭臬的刑事诉讼母系统,另一个是以协调各方意见和追求个案的最优化解决为行动原则的认罪认罚从宽子系统,二者之间相互作用、相互冲突,必然导致功能紊乱。认罪认罚的被告人滥用上诉权,立法又难以提供有效的治理方案,实践中演变为以抗诉阻遏上诉的诉辩冲突,就是这种功能失调的表现。

回到最初的问题,如何治理认罪认罚的被告人滥用上诉权?本文的回答是,在现有立法之下,这个问题无解。认罪认罚从宽制度的增设,尤其是控辩协商的引入,并非在刑事诉讼法中增加几个条文那么简单。随着认罪认罚从宽制度的施行,深层次的矛盾会渐次显现,有些问题可以通过加强司法解释工作和发布指导意见来解决,而触及公民权利的问题,只能留给立法机关来解决。这是治理被告人滥用上诉权的根本途径。

在具体方案上,为了与现行上诉制度顺利衔接和平稳过渡,本文不主张直接限制认罪认罚被告人的上诉权,更不赞成剥夺被告人的上诉权,而是主张对《刑事诉讼法》第237条的规定进行微调,通过加大认罪认罚后上诉的风险,间接限制被告人滥用上诉权。众所周知,现行《刑事诉讼法》第237条由两款构成,第1款的核心内容是上诉不加刑原则,第2款则规定不适用上诉不加刑原则的情况。第1款有两句话，即"第二审人民法院审理被告人或者他的法定代理人、辩护人、近亲属上诉的案件，不得加重被告人的刑罚。第二审人民法院发回原审人民法院重新审判的案件，除有新的犯罪事实，人民检察院补充起诉的以外，原审人民法院也不得加重被告人的刑罚"。其中第2句话为2012年刑事诉讼法修正时所增加，目的是进一步贯彻和推进上诉不加刑原则，杜绝实践中部分法院通过发回重审的方式规避上诉不加刑原则的做法。2012年刑事诉讼法修正时，认罪认罚从宽制度及其带来的实践问题尚未出现，立法者当然不可能预料到认罪认罚案件中被告人滥用上诉权的问题。现在问题已经出现，本文的主张是对第2款规定的不适用上诉不加刑原则的情形进行调整，即在原来规定的"人民检察院提出抗诉或者自诉人提出上诉的，不受前款规定的限制"的两种情形基础上，再增加一种情形，修改为"人民检察院提出抗诉、自诉人提出上诉，或者认罪认罚的被告人提出上诉的，不受前款规定的限制"。同时，吸收《指导意见》第45条"速裁案件二审程序"的相关规定，将之扩大适用于经控辩协商的认罪认罚案件，作为独立的一条，置于目前规定上诉不加刑原则的第237条之前，建议内容如下："被告人不服适用认罪认罚从宽程序作出的第一审判决提出上诉的案件，可以不开庭审理。第二审人民法院审查后，按照下列情形分别处理：（一）发现被告人以事实不清、证据不足为由提出上诉的，应当裁定撤销原判，发回原审人民法院适用普通程序重新审理，不再按认罪认罚案件从宽处罚；（二）发现被告人以量刑不当为由提出上诉的，原判量刑适当的，应当裁定驳回上诉，维持原判；原判量刑不当的，经审理后依法改判。"

当然，进行上述改革的前提是，实践中被告人滥用上诉权的问题已经严重到需要动用立法手段来解决，这是一个需要实证数据支撑的问题。笔者手中缺少翔实的数据，只能对这个问题持保留态度。

四、结语

我国刑事诉讼法以事实认定的准确性和法律适用的统一性为终极价值追求，刑事诉讼中的诉辩关系由职权主义原则奠定基调，形成了官方诉讼主体与被追诉人之间主导与被主导的关系，同时以控辩平等原则为缓冲。认罪认罚从宽制度实施后，特别是引入了控辩协商后，相当于在原有的刑事诉讼母系统中产生了一个认罪认罚从宽制度的子系统。这个子系统对控辩平等提出了更高的要求，控辩平等相对于职权主义成为优势原则。由于气质迥异，刑事诉讼母系统和认罪认罚从宽制度子系统之间必然会发生排斥和冲突，并挤压诉辩关系发生变形。在认罪认罚从宽制度下，辩护律师的功能不仅不应当弱化，反而应当强化。一方面检律之间应当互相尊重、平等相待，另一方面检察机关应当保障辩护律师或者值班律师依法行使辩护权，并为后者依法履行职责提供便利。我国刑事诉讼法虽然增设了认罪认罚从宽制度，但上诉制度并未进行相应改革。原有的刑事诉讼母系统注重法律适用的统一性和同案同判，并通过不加限制的上诉权推动高级别法院的上诉审查。在控辩协商主导的认罪认罚案件中，个案处理的妥当性取代法律适用的统一性成为优先价值追求，在找出最适合个案的处理方案方面，二审法院较之一审法院并不占据优势。实践中也出现了被告人借助上诉权实现个人目的的滥用现象。为治理被告人滥用上诉权的现象，检察系统产生了以抗诉应对上诉的共识和行动，形成了诉辩冲突的表象。但上述方案并未得到来自法院系统的积极支持。在现有的立法框架下，治理被告人滥用上诉权是一个无解的问题。任何限缩公民权利的改革只能通过法律修改解决。但在认罪认罚从宽程序中直接限制被告人的上诉权并非上策，未来可以通过立法修改增大认罪认罚被告人上诉的风险，间接遏制滥用上诉权的现象。

（原载于《中国刑事法杂志》2021年第6期）

认罪认罚从宽制度中的控审构造*

王迎龙**

一、引言

传统刑事诉讼中,公检法三机关秉持分工负责、互相配合、互相制约的基本原则,检察机关与审判机关各自负责审查起诉与审判程序,形成了具有中国特色的控审关系。认罪认罚从宽制度的确立,影响了刑事诉讼构造中控审权力的配置。其中,较为明显的表现就是《刑事诉讼法》第201条"一般应当采纳"条款。[①] 该规定突破了传统诉讼理论,赋予了检察机关量刑建议一定的实质约束力。同时,"两院三部"《关于适用认罪认罚从宽制度的指导意见》(以下简称《认罪认罚指导意见》)第33条规定,"办理认罪认罚案件,人民检察院一般应当提出确定刑量刑建议"。可以认为,借以确定刑量刑建议的提出,课以法院一般应当采纳义务,辅以实践中检察院通过抗诉对抗被告人"毁约"上诉等方式,检察权在一定意义上具有了实体效力。在此背景下,认罪认罚案件中控审之间可能出现关系紧张。

在实践中,检察机关量刑建议的效力明显呈实质化的发展态势,具有了实体性权力的属性。[②] 确定刑量刑建议引起法官群体不同程度的抵触。有法院无

---

* 本文系北京市高水平教师队伍建设青年拔尖人才项目"刑事诉讼法解释论"(CIT & TCD 201904030)、北京市教育委员会社科一般项目"刑事诉讼法解释论"(SM201910011010)的研究成果。

** 北京工商大学法学院副教授。

① 《刑事诉讼法》第201条规定:"对于认罪认罚案件,人民法院依法作出判决时,一般应当采纳人民检察院指控的罪名和量刑建议,但有下列情形的除外:(一)被告人的行为不构成犯罪或者不应当追究其刑事责任的;(二)被告人违背意愿认罪认罚的;(三)被告人否认指控的犯罪事实的;(四)起诉指控的罪名与审理认定的罪名不一致的;(五)其他可能影响公正审判的情形。人民法院经审理认为量刑建议明显不当,或者被告人、辩护人对量刑建议提出异议的,人民检察院可以调整量刑建议。人民检察院不调整量刑建议或者调整量刑建议后仍然明显不当的,人民法院应当依法作出判决。"

② 熊秋红:《认罪认罚从宽制度中的量刑建议》,载《中外法学》2020年第5期。

法定理由拒不采纳检察院的量刑建议①，或者轻微的调整检察院量刑建议，如主刑加减1个月、罚金增减1000元、缓刑考验期增减1个月等②，又或者不通知公诉人调整量刑建议而直接判决③。在不少法官看来，"我的法庭听我的"，更何况"与法官相比，量刑毕竟不是检察官的'主业'，检察官在合理量刑方面确实存在经验不足、能力有限的问题"。④ 个案中认罪认罚从宽制度下控审关系之紧张可见一斑。

关于控审关系，既有研究主要围绕认罪认罚从宽制度对于检察机关或者审判机关单方面所产生的影响，而对于双方相互关系的影响，乃至在诉讼构造层面的影响，则亟待加强理论研究。认罪认罚从宽制度对传统刑事诉讼的诉讼结构、控诉方式、辩护方式、审理模式等带来了多元化影响。⑤ 在尚未明确这些变化前，进行对策性研究可能无的放矢，研究所能带来的理论贡献也十分有限。应当认识到，认罪认罚案件的控审关系紧张，只是问题的表面，其实质源于在认罪认罚从宽制度的强势注入下，刑事诉讼本身的诉讼结构与权力配置面临变化与调整。因此，只有明晰在认罪认罚从宽制度的影响下，控审构造在传统刑事诉讼构造的基础上产生了何种变化，对于认罪认罚案件的量刑建议、检察主导等问题的探讨才具有理论意义，否则极易陷入就事论事的对策性窠臼。基于此，本文首先论证控审冲突是认罪认罚从宽制度融入传统刑事司法体系中的排异现象，具有阶段性。控审常态化"合作"关系才是认罪认罚从宽制度的必然发展。其次，控审冲突根源于认罪认罚案件诉讼构造的调整，对此应当在理论层面予以廓清。检、法均应正视此种结构性调整，适应认罪认罚从宽格局下的权力配置，并对潜在风险保持警惕。最后，在绝大多数刑事案件适用认罪认罚从宽制度的背景下⑥，检察机关应当充分贯彻司法能动检察理念。

二、冲突抑或"合作"：控审关系的应然发展

（一）控审冲突：阶段性的排异现象

我国刑事诉讼模式以职权主义为底色，法官享有庞大的诉讼权力，行使最

---

① 参见浙江省台州市中级人民法院（2019）浙10刑终668号刑事判决书。
② 参见辽宁省大连市中级人民法院（2018）辽02刑终227号刑事裁定书。
③ 参见河南省焦作市中级人民法院（2019）豫08刑终172号刑事裁定书。
④ 国家检察官学院刑事检察教研部课题组：《检察机关认罪认罚从宽制度改革试点实施情况观察》，载《国家检察官学院学报》2018年第6期。
⑤ 樊崇义：《刑事诉讼模式的转型》，载《中国法律评论》2019年第6期。
⑥ 根据2021年《最高人民检察院工作报告》，2020年全年认罪认罚从宽制度适用率已经超过85%。

终的司法裁判权,犹如德沃金所描述法律帝国的"王侯"。① 当前正在推行的以审判为中心的诉讼制度改革,在很大程度上强化了法官群体的传统角色认知。而认罪认罚从宽制度改革过程中提出的"检察主导责任论""一般应当采纳"及以确定刑量刑建议为原则等理论与规定,与传统的法官职权角色定位产生排异现象,导致控审冲突现象,这存在三个深层次的原因:

首先,协商性司法与我国职权主义诉讼构造的冲突。认罪认罚从宽制度以被追诉人认罪认罚为前提,具有协商性司法的属性,有学者称之为刑事诉讼的"第四范式"。② 协商性司法与我国职权主义诉讼构造存在明显冲突,主要体现在两个方面:一方面是司法机关与被追诉人之间的冲突。协商性司法中控辩双方通过平等协商达成诉讼合意,裁判者则对这种诉讼合意予以尊重与承认。但我国传统职权主义诉讼构造中,被追诉人与司法机关实质上地位并不平等,司法机关在诉讼中占据主导地位,被追诉人往往是被调查取证的对象,并无平等协商的权利与空间。另一方面是检察主导与审判中心的冲突。协商性司法的一个突出特点是审前程序在诉讼格局中的地位凸显。基于被追诉人的认罪认罚,控辩之间对于事实问题已经达成合意共识,审前程序中由检察机关发挥主导认罪具结、量刑建议、推进诉讼等工作。而这对于职权主义司法程序中的法官而言,权力从其手中向检察官的潜在转移,与已经形成的主流法官角色认知不相符合。面对认罪认罚从宽制度对于传统诉讼构造的冲击,无论检察官还是法官均需进行理念、角色、职权的更新与转换。

其次,"规范—实践"的改革路径。2019年1月,检察环节认罪认罚从宽制度适用率只有20.9%,2019年6月仍只有39%,但在2020年1—8月整体适用率已达到了83.5%。这种高适用率的背后,遵行的是一种"规范—实践"发展逻辑,而非基于实践的自发演进。换言之,立法者首先在法律层面规定认罪认罚从宽制度,然后自上而下地在司法层面予以推动。而域外无论是美国的辩诉交易制度还是德国的认罪协商程序,均明显地展现出实践自发演绎继而上升为立法的发展趋势。如美国辩诉交易之实践滥觞于18世纪马萨诸塞州禁酒令,经过一个多世纪的发展才在美国正式得到承认。③ 德国认罪协商程序也是在19世纪70年代首先在实践中以非正式的形式出现,经过近30多年的刑事

---

① [美]德沃金:《法律帝国》,李常青译,中国大百科全书出版社1996年版,第361页。
② 熊秋红:《比较法视野下的认罪认罚从宽制度——兼论刑事诉讼"第四范式"》,载《比较法研究》2019年第5期。
③ [美]乔治·费希尔:《辩诉交易的胜利——美国辩诉交易史》,郭志媛译,中国政法大学出版社2012年版,第1—26页。

诉讼审判实践才得以合法化。① 这种"实践—规范"的自发演绎路径优势在于，控审之间经过长期磨合已经形成一种"默契"，在事实上法官绝大多数情况下都会接受辩诉交易的指控。② 反观我国，不仅在法律规范中设置了"一般应当采纳"的控审关系条款，而且在实践中自上而下督促提高认罪认罚从宽制度的适用率。这种推动模式，显然有别于域外协商模式"事实上接受，规范中避免"的自发演绎进路。在相关配套制度与程序尚未完善的前提下，必然引发控审矛盾。

最后，认罪认罚从宽制度教义体系的不完善。《刑事诉讼法》第 201 条之所以作出"一般应当采纳"具有实质约束力的规定，据参与立法的人员介绍：一是它属于认罪认罚的法律后果的一部分，即总体上法院对案件的实体性判断是从宽把握的，通过这种方式，有利于鼓励犯罪嫌疑人认罪认罚。二是提升了检察院量刑建议的法律效果，使量刑建议更具分量；犯罪嫌疑人在考虑认罪认罚时，能够对认罪认罚产生的法律效果有直观的预期，也能较好地实现犯罪嫌疑人认罪服判。③ 然而，如此规范控审关系，忽略了我国根深蒂固的职权主义传统影响。为此，《认罪认罚指导意见》特别强调了法院的审查职责。其第 40 条明确规定，"对于事实清楚，证据确实、充分，指控的罪名准确，量刑建议适当的，人民法院应当采纳"。言下之意，只有经过法院全面审查之后，认为量刑建议适当的，才能予以采纳。然而如此规定又与第 201 条规定的例外审查模式精神相矛盾。而且，在《认罪认罚指导意见》第 40 条规定的"量刑建议不当"与《刑事诉讼法》第 201 条规定的"量刑建议明显不当"之间，存在一个标准与界定的问题。何谓量刑建议的"明显不当"？全国人大法工委权威解释是"刑罚的主刑选择错误，刑罚的档次、量刑幅度畸重或者畸轻，适用附加刑错误，适用缓刑错误等"。④ 该解释同样存在模糊性，如怎样界定量刑幅度畸重或者畸轻，同样为控审冲突埋下了伏笔。此外，第 201 条还存在一些问题有待解释厘清。例如，第 1 款五种例外情形与第 2 款规定存在何种关系？"量刑建议明显不当"是否可以纳入"其他其他可能影响公正审判的情形"中？法院认为量刑建议明显不当的，是否可以不经通知检察院调整量刑建议，而径行作出判决？

认罪认罚从宽制度虽然与域外协商性司法存在本质区别，但仍对我国传统

---

① 黄河：《德国刑事诉讼中的协商制度浅析》，载《环球法律评论》2010 年第 1 期。
② 王兆鹏：《美国刑事诉讼法》，北京大学出版社 2005 年版，第 538 页。
③ 王爱立主编：《中华人民共和国刑事诉讼法释义》，法律出版社 2018 年版，第 429—430 页。
④ 王爱立主编：《中华人民共和国刑事诉讼法释义》，法律出版社 2018 年版，第 432 页。

刑事诉讼程序产生了结构性影响。基于被追诉人的认罪认罚，控审、控辩、辩审之间均发生了与传统控辩两造对抗、法官居中裁判诉讼格局的不同变化。控审冲突是尚未适应此种变化所导致的直接问题，是新制度融入旧体系的阶段性排异现象。未来，控审冲突终将消弭，步入常态化"合作"关系，共同推动认罪认罚从宽制度健康理性发展。

（二）控审"合作"：认罪认罚从宽制度的常态化运作

司法实践中，控审"合作"已经或将要成为认罪认罚案件中的常态化运作。换言之，笔者认为此种"合作"常态化之趋势具有一定的必然性，主要基于以下四个层面的理由。

1. 事实层面：刑事犯罪现实情况的倒逼

为了应对当前社会各类风险的加剧，我国刑法立法观正向积极主义、功能主义转变，即重视发挥刑法的社会治理作用，通过尽可能扩大刑罚处罚范围来规训社会的各类风险。① 随之而来的是刑事案件总量近年来的不断攀升。根据有关统计，2009 年全国法院刑事一审案件收案 768507 件，2017 年飙升到 1294377 件，2018 年略有下降至 1203055 件，10 年来增幅约 156.5%。② 而截至 2018 年 6 月 30 日，全国法院共有 12.4 万名员额法官，人均结案 76.8 件，其中浙江、上海、北京、江苏、重庆、河南 6 个省（直辖市）法院人均结案数超过 100 件。③ 而且，除审判业务之外，法官还要面临来自各方面的绩效考核压力，相当一部分精力被消耗在劝访息讼等事务上。④ 因此，"案多人少"已经成为当前刑事司法面临的一个严峻问题，有学者称其为"诉讼爆炸"。⑤ 与此同时，我国刑事犯罪结构也发生了重大变化，近年来严重暴力犯罪所占比例降低，轻罪案件在犯罪结构中所占比例越来越重。1995 年至 1997 年 3 年间，判处 5 年以上有期徒刑、无期徒刑、死刑（包括死缓）的重刑犯分别占 63.19%、43.18%、40.08%，而到了 2015 年至 2017 年，被判处 3 年有期徒刑以下刑罚的罪犯的比例已经达到 84.40%、86.02%、76.8%。⑥ 可见，轻刑

---

① 例如，《刑法修正案》（八）、（九）、（十）将诸多属于行政违法的行为纳入刑罚处罚范围之内，如醉驾、拒不支付劳动报酬、考试舞弊等，极大地扩张了犯罪圈。
② 相关数据来源于《中国法律年鉴（2009—2018）》。
③ 孙航：《最高人民法院发布上半年审判执行工作数据》，https://www.chinacourt.org/index.php/article/detail/2018/08/id/3440118.shtml，2021 年 1 月 1 日访问。
④ 林娜：《案多人少：法官的时间去哪了》，载《人民法院报》2014 年 3 月 16 日，第 3 版。
⑤ 左卫民："'诉讼爆炸'的中国应对：基于 W 区法院近三十年审判实践的实证分析"，载《中国法学》2018 年第 4 期。
⑥ 以上比例根据《中国法律年鉴》相关数据计算而得。

犯已经成为我国罪犯的主要组成部分,犯罪结构趋向轻刑化。

所以,我国刑事犯罪的现实情况是:一方面,刑事案件总量居高不下,法官群体面临案多人少的窘境;另一方面,犯罪趋势呈轻刑化发展,轻微刑事犯罪占据犯罪结构的绝大多数。推动刑事案件的繁简分流,提高诉讼效率,虽然不是近年来刑事司法体制改革的唯一目标,但是也是刑事速裁程序、认罪认罚从宽制度等改革举措的重要目标。显然,控审之间基于权力角逐相互"内耗",与认罪认罚从宽制度的效率价值取向相矛盾。尤其是多数轻罪案件案情简单无争议,控审之间基于控辩合意加速案件处理,并无冲突争执之必要。一言以蔽之,我国刑事犯罪的现实情况将倒逼检、法密切合作,共同推进认罪认罚案件的诉讼进程。当前,虽然认罪认罚案件控审冲突问题引起学界的热议,但实践中法院对于检察院量刑建议的采纳率比例还是很高。2020年全年的量刑建议采纳率已经高达近95%。这表明在实践中,控审之间符合"一般应当采纳"的常态,两者冲突仅是个别现象。

2. 规范层面:认罪认罚从宽"大致合理的法秩序"形成

一项新制度从创制到完善必然经历一个发展过程。认罪认罚从宽制度亦如此,其教义体系从不甚完善到比较完善,才能形成"大致合理的法秩序"。[①]这要归功于两个层面的推动:一是法律规范层面。刑事诉讼法有关规定构建了认罪认罚从宽制度的框架,尤其是第201条"一般应当采纳"之条款,对于认罪认罚案件的控审关系作了明确规范。除此之外,《认罪认罚指导意见》最高法《关于适用〈中华人民共和国刑事诉讼法〉的解释》(以下简称《最高法司法解释》)等一系列规范性文件对于认罪认罚案件检、法各自职权做了具体规定。二是学理解释层面。针对当前法律规范的疏漏,学界进行了卓有成效的法解释研究。如有学者将《刑事诉讼法》第201条第1款的"一般应当"解释为"应当",并将第2款"量刑建议明显不当"归入第1款的"其他可能影响公正审判的情形",以维持审判机关在量刑中的决定地位[②];有学者认为检察机关调整量刑建议并非法院判决前的必经程序,因为立法用词为"检察院可以调整量刑建议",所以法院可以采取建议检察机关调整量刑建议的做法,也可以直接依法作出判决[③],等等。虽然学理解释在我国并不具有实质的法律约束力,但是对于填补法律漏洞,推动认罪认罚从宽制度形成"大致合

---

① 在卡尔·拉伦茨看来,大致合理的法秩序是法教义学开展的预设前提。参见[德]卡尔·拉伦茨:《法学方法论》,陈爱娥译,商务印书馆2003年版,第77页。
② 陈卫东:《认罪认罚案件量刑建议研究》,载《法学研究》2020年第5期。
③ 熊秋红:《认罪认罚从宽制度中的量刑建议》,载《中外法学》2020年第5期。

理的法秩序"具有重要意义。

3. 制度层面：量刑规范化等配套制度改革的完善

认罪认罚从宽制度的配套制度改革，能够从两方面有效消弭因权力调整而导致的冲突：一方面，量刑规范化制度改革有效消除核心分歧。认罪认罚案件控审冲突的分歧焦点，在于检察官通过提出量刑建议的方式实质上行使着"裁判"权力。量刑规范化改革，特别是其中量刑建议制度的完善，能够将量刑裁量权控制在合理的范围内，消除审判机关对于裁判权被检察机关僭越的顾虑。目前，常见23种罪名已经有明确的量刑标准，涵盖了实践90%的刑事案件。① 而认罪认罚从宽制度试点之后，量刑建议的适用范围进一步扩大，已不限于常见的23种罪名。有些地方法院进一步出台了量刑细则，使量刑有了精确的"计算公式"。② 而且，随着"智慧检务"建设不断推进，量刑智能辅助系统在量刑建议中的应用增多，有效提升了量刑建议的精确度。③ 可以认为，随着量刑越来越趋向精细化与规范化，量刑工作中主观裁量空间越来越小，量刑裁量权将受到严格的规制。此种情形下，检察官提出规范且精确的确定刑量刑建议，不仅不会因量刑裁量而僭越法官的裁判权，反而能够帮助法官减轻工作压力。另一方面，检、法沟通协商机制有效化解双方矛盾。检、法程序隔阂、缺乏沟通，对于认罪认罚案件定罪量刑没有形成统一认识，也是导致控审冲突的重要原因。在认罪认罚案件中建立检、法沟通机制，可以有效促进对定罪量刑等问题形成统一认识，防止程序反复与司法资源浪费，如安徽省六安市叶集区的"法官提前介入模式"④、山东省聊城市的"量刑建议磋商机制"⑤、河南省郑州市管城区的"认罪认罚量刑建议阐释模式"⑥ 等。上述地区通过检、法的有效沟通，量刑建议的采纳率不断提高，达到90%以上甚至100%。

---

① 陈学勇：《最高法进一步扩大量刑规范化范围》，载《人民法院报》2017年4月1日，第1版。
② 娄银生：《江苏细化15种常见犯罪量刑标准》，载《人民法院报》2014年8月24日，第1版；张晓敏：《天津法院深化量刑规范化改革成效显著》，载《人民法院报》2016年12月13日，第1版；刘娅、陈思佳、曹玲：《广州白云区法院推进量刑规范化改革》，载《人民法院报》2016年12月6日，第4版。
③ 曹人文等：《重庆：量刑建议坚持精细化规范化智能化》，载《检察日报》2021年1月13日，第12版。
④ 胡云腾：《完善认罪认罚从宽制度改革的几个问题》，载《中国法律评论》2020年第3期。
⑤ 《聊城中院等四部门联合推进刑事案件认罪认罚从宽制度》，https://www.chinacourt.org/article/detail/2019/09/id/4489835.shtml，2021年1月15日访问。
⑥ 丁红兵、钱堃：《以量刑阐释为抓手提升认罪认罚适用水平》，载《人民法院报》2019年8月4日，第3版。

4. 经验层面：域外协商性司法的经验教训

综观域外，在协商性司法发展的早期阶段，法院对此种"讨价还价"式司法模式持警惕态度。如在美国，早在20世纪20年代，就有约90%的联邦刑事案件通过辩诉交易解决了，但是最高法院一直不愿意承认辩诉交易的合法定位。① 直到1970年在布雷迪诉美利坚合众国案（Brady v. United States），美国最高法院才认可了辩诉交易制度的合宪性地位。德国在2009年将认罪协商程序引入德国《刑事诉讼法》，并于2013年肯定了其合宪性地位。但为了避免过分侵蚀以客观真实为取向的诉讼体系，德国认罪协商程序以融合了职权调查原则，设计成为法官为主导的认罪协商程序。英国司法机关特别是法院长期以来对认罪协商态度暧昧，不仅在制度发展史上曾一度持否定态度，时至今日英国学界仍然对于"辩诉交易"这一表述持保留态度。② 然而，在协商性司法逐渐合法化过程中，法官逐渐从之前的中立甚至抵制者，发展成为积极的合作者。例如，美国法官不仅在辩诉交易实践中降低事实基础存在的证明标准，进行形式审查，还私下与当事人"暗通款曲"，对被告人作出减轻刑罚的建议、提示或者总是对不认罪答辩而经法庭审理的被告人判处更重刑罚等③，成为辩诉交易的"忠实合作伙伴"。德国司法实践中，许多法官公开承认其在大量协商案件中都规避法律的要求，如事先向被告人透露可能的量刑，并提供巨大的量刑"剪刀差"诱使被告人认罪，甚至会因迅速结案而受到表扬。④ 在审查过程中，法官往往仅将认罪供述与案卷内容简单比照、印证，即所谓的"口供兑现"，甚至根据秘密商定的认罪供述径直定案，不做任何实质性法庭调查。⑤

从域外经验可知，协商性司法中检、法从最初的隔阂，发展为后来的"忠实合作伙伴"，具有一定的必然性。然而，本文所主张的控审常态化之"合作"关系，并非普通意义上的合作，也并非如西方国家一样无底线无原则的合作，而是置于我国认罪认罚从宽制度具体语境下的"合作"关系。

首先，检、法之间仍遵循分工负责、互相配合、互相制约基本原则。认罪认罚从宽制度结构性地调整了传统的刑事诉讼程序。有学者认为，"认罪认罚从宽制度的适用是一项涉及面非常广泛的系统工程，既有刑事实体法、程序法

---

① Albert W. Alschler, Plea Bargaining and Its History, 79 Columbia Law Review 1, 10 (1979).
② 裴炜：《英国认罪协商制度及对我国的启示》，载《比较法研究》2017年第6期。
③ 参见 Albert W. Alschuler, The Trial Judge's Role in Plea Bargaining, 76 Columbia Law Review 1059, 1077 – 1093 (1976).
④ 高通：《德国刑事协商制度的新发展及其启示》，载《环球法律评论》2017年第3期。
⑤ 印波：《以宪法之名回归法律文本：德国量刑协商及近期的联邦宪法判例始末》，载《法律科学》2017年第5期。

层面的法律修改、完善,又有司法机制、体制的建构、调整和发展"。① 甚至有学者提出,"认罪认罚从宽制度从侦查程序到审判程序,已经形成了一套区别于传统职权主义诉讼模式的工作机制和诉讼体系"。② 虽然认罪认罚从宽制度在一定程度上改变了刑事诉讼中的权力配置,但各权力机关仍然要受到分工负责、互相配合、互相制约基本原则的约束,检、法之间互相配合、互相制约的基本格局并无本质改变。

其次,检、法共同推动认罪认罚从宽政策的贯彻执行,维护社会和谐稳定。从渊源上看,认罪认罚从宽制度是我国宽严相济刑事政策的制度化。③ 认罪认罚从宽制度最早提出,也是以刑事政策的形式出现,继而被法律规范予以确立。认罪认罚从宽制度本身体现一种政策导向,即被追诉人通过认罪认罚,与国家达成协议,取得被害人方的谅解,修复被犯罪破坏的社会关系,国家因此给予从宽的处遇。可见,认罪认罚从宽制度之价值不仅在于提升司法效率,更注重修复社会关系、维护社会和谐。检、法在法律适用过程中,不应拘泥于僵硬的法律教义,应当深刻理解该政策所蕴含的价值导向,合作推动认罪认罚政策理念之实现,维护社会和谐稳定。具体而言,认罪认罚协议一经达成,基于被告人对国家的信赖以及司法诚信的要求,国家理应兑现承诺。按照认罪认罚从宽政策导向,即使量刑建议有些许偏差,但非明显不当,法院也需保有宽容度,采纳量刑建议。④

因此,检、法应当将各自职能置于社会治理大背景之下,不囿于认罪认罚从宽制度权力配置的意气之争,放眼于推进国家治理体系和治理能力现代化的宏大叙事之中,致力于共同推动实现认罪认罚从宽制度所蕴含的价值目标。具体到认罪认罚案件中,检察官是审前主导,法官是审判主导,在政策导向下各司其职、通力合作,是一种"合作"关系,而非对立关系或者谁主导谁的关系。所以,在实践中轻微出入不属于不采纳量刑建议的情形,无论如何,"1个月主刑、1000元罚金刑、1个月缓刑考验期"都不应属于量刑建议的"明显不当",即使不当也不"明显",是"轻微不当",应当归结到量刑建议"一般应当采纳"的范围之内。检察院也要不断提高量刑建议的能力,建立健全与法院的沟通机制,在量刑建议不被采纳时理性沟通,而非一味抗诉应对。

---

① 陈卫东:《认罪认罚从宽制度研究》,载《中国法学》2016年第2期。
② 樊崇义:《刑事诉讼模式的转型》,载《中国法律评论》2019年第6期。
③ 孟建柱:《坚持改革创新为全面建成小康社会提供有力司法保障》,http://theory.people.com.cn/n1/2016/0309/c40531-28183495.html,2021年10月10日访问。
④ 董坤:《认罪认罚案件量刑建议精准化与法院采纳》,载《国家检察官学院学报》2020年第3期。

最后，检、法遵循"一般应当采纳"原则，围绕例外情形相互制约。《刑事诉讼法》第 201 条关于检、法关系之规定在理论与实务界引起广泛讨论。该条规定既然已经成为实定法即具有了权威性。换言之，"一般应当采纳"之条款是检、法"合作"的原则性规定，除了法定例外情形以外，法院应当采纳检察院的量刑建议。但是，遵循这一原则规定并不意味着检、法之间一味地相互迁就。控审"合作"也并不意味着检、法一味地追求案件从快从简处理，而没有任何实质性地权力制衡。有别于传统的全面实质审查，法院在认罪认罚案件审理过程中针对认罪认罚的自愿性、量刑建议的适当性等第 201 条规定的例外情形进行有所侧重的实质审查。相对地，检察机关抗诉权的行使，也应当重点针对法院没有法定理由不采纳量刑建议的情形。

三、认罪认罚从宽制度语境下的控审构造

认罪认罚案件控审冲突的产生，源于协商性司法理念对我国传统职权主义模式的冲击。控审冲突只是表面现象，根源在于诉讼结构的调整。固守陈旧的权力观念，缺乏对认罪认罚从宽制度影响的清醒认识，必然导致实践中类似控审冲突问题的产生。因此，本部分着重在理论层面阐释认罪认罚从宽制度对控审诉讼构造产生的影响，在该制度语境下廓清检、法相互关系与权力配置的变化。

（一）纵向构造：凸显检察审前主导

我国传统刑事诉讼呈现一种"流水作业式的纵向诉讼构造"。[①] 学界称之为"诉讼阶段论"，即将审判与侦查、起诉同等看待，审判不占据"老大"位置，而是跟其他几个诉讼阶段"肩膀齐，是兄弟"，无分轩轾，莫论伯仲。[②] 这种"流水作业式"的诉讼结构造成实践中法庭审判的虚化，继而引发冤假错案等问题。当前以审判为中心的诉讼制度改革意在完善以审判为中心的诉讼构造，侦查、起诉皆服务于审判，强调事实证据调查在法庭，定罪量刑辩论在法庭，裁判结果形成于法庭，以突出审判的中心地位。而无论是"流水作业式"还是"审判中心主义"的诉讼构造中，检察机关的作用均不突出。虽然我国坚持起诉便宜主义和法定主义相结合，但检察机关的不起诉率常年在 2%—5%

---

① 陈瑞华：《刑事诉讼的前沿问题（上册）》（第 5 版），中国人民大学出版社 2016 年版，第 277 页。

② 张建伟：《审判中心主义的实质内涵与实现途径》，载《中外法学》2015 年第 4 期。

之间浮动①，程序分流作用并不明显。认罪认罚从宽制度的确立使诉讼重心前移，审前程序尤其是审查起诉的重要性凸显，检察官在认罪认罚案件中发挥主导作用。这体现在程序和实体两个层面：

在程序层面，检察机关主导认罪认罚具结的全过程。首先，检察机关主导审前程序中认罪认罚的启动。根据法律规定，犯罪嫌疑人、被告人可以在侦查、起诉、审判三个阶段认罪认罚。被告人在审判阶段才认罪认罚的，根据《最高法司法解释》，法院可以不再通知人民检察院提出或者调整量刑建议。②这意味着，在审理阶段由法院启动被告人的认罪认罚程序，但犯罪嫌疑人在侦查、起诉阶段认罪认罚的，仍然由检察机关主导启动认罪认罚程序。其次，检察机关主导认罪认罚具结书的签署。认罪认罚具结书是认罪认罚程序的重要载体，其中包含罪名、量刑建议与程序选择等重要内容。在具结书的签署过程中，检察机关通过告知权利义务、拟定量刑意见等活动，主导着认罪认罚具结书的签署。最后，检察机关主导认罪认罚的协商。《刑事诉讼法》第173条规定，检察机关应当听取犯罪嫌疑人、辩护人或者值班律师等人关于涉嫌犯罪事实、罪名及适用法律规定等事项的意见。检察机关虽然有义务听取关于事实与法律方面的意见，但最终决定权仍然由检察机关独自行使。

在实体层面，检察权在一定程度上具有司法裁断之功能，体现在以下三个方面：首先，量刑建议具有了实质约束力。虽然《刑事诉讼法》第201条规定法院"一般应当采纳"检察院的量刑建议，并且还设置了若干法定例外，但该条明确限制了法院自由裁量的空间，将其裁量权限定在"量刑建议明显不当"等几条例外情形。实践中，一些地区法院对于检察院的量刑建议采纳率已经超过了90%。检察机关的量刑建议对于法院的判决已然具有了实质约束力。③其次，审前分流功能的提升。认罪认罚从宽制度实施以来，检察机关对认罪认罚的犯罪嫌疑人依法作出不起诉决定208754人，占适用该制度办理案件总人数的11.3%。④可见，认罪认罚从宽制度促使检察机关敢用、善用不

---

① 这里的不起诉包含法定不起诉、酌定不起诉与证据不起诉三类。该比例由笔者通过《中国法律年鉴》公布的数据计算得出。
② 《最高法司法解释》第356条规定：被告人在人民检察院提起公诉前未认罪认罚，在审判阶段认罪认罚的，人民法院可以不再通知人民检察院提出或者调整量刑建议。对前款规定的案件，人民法院应当就定罪量刑听取控辩双方意见，根据《刑事诉讼法》第15条和本解释第355条的规定作出判决。
③ 李奋飞：《论"交涉性辩护"——以认罪认罚从宽作为切入镜像》，载《法学论坛》2019年第4期。
④ 参见最高人民检察院《关于人民检察院适用认罪认罚从宽制度情况的报告》，https：//www. spp. gov. cn/spp/zdgz/202010/t20201017_ 482200. shtml，2021年10月1日访问。

起诉权,切实提高了检察机关审前分流的作用。最后,抗诉对认罪认罚的约束功能。认罪认罚具结一旦达成,即意味着控辩双方形成了诉讼合意,双方理应予以遵守。况且,检察权代表着国家公权力,此种诉讼合意有国家权力的背书,法院也应当予以尊重,对无明显不当的量刑建议应适当包容。若被追诉人无故反悔,或者法院无法定理由不采纳量刑建议,检察机关可以行使抗诉权,保障认罪认罚从宽制度有效运行。

认罪认罚从宽制度调整了传统的刑事诉讼纵向构造。"流水作业式诉讼构造"凸显侦查中心主义[1],以审判为中心的诉讼制度改革则强调以审判为中心,而认罪认罚从宽制度形塑了一种以审查起诉为主导的诉讼构造。检察机关主导着认罪认罚案件的诉讼进程,不仅发挥着承上启下的作用,而且在一定程度上具有决定案件最终处理结果的实体权力。正如有学者所言,"至少在认罪认罚案件中,检察官的公诉权在某种程度上融合了审判权,取得了整个刑事诉讼程序中最核心的主导地位"。[2]

(二)横向构造:职权法定从宽的"类二元"化

我国传统的刑事审判构造属于职权主义模式,随着历次刑事诉讼法修订吸纳了当事人主义模式的合理因素,特别是以审判为中心诉讼制度改革强调庭审实质化,刑事审判构造越来越趋向"抗辩式诉讼"。与传统诉讼模式强调的控辩相互对抗不同,认罪认罚从宽制度体现了合作性司法理念[3],控辩双方从对抗向合作转变,形塑了一种基于合作的控辩审三方横向构造。

认罪认罚从宽制度是职权主义与当事人主义融合的产物。合作性司法模式发展的前提条件是,被追诉人能够实质性处分自己的诉讼权利,具有能够同国家控诉机关进行有效沟通与协商的地位与条件。在我国传统的职权主义诉讼构造下,该前提条件显然并不具备。通过近些年的司法体制改革,抗辩式刑事诉讼构造逐渐发展,被追诉人的诉讼地位与权利得到提高与保障,为引入协商性司法理念打下了基础。在认罪认罚从宽制度中,被追诉人主体地位进一步增强。例如,犯罪嫌疑人与检察官达成认罪认罚具结的,检察官应当听取其意见;速裁程序、简易程序的适用需要经过被告人的同意;被告人及其辩护人可以向法院申请适用速裁程序;被告人如果否认指控的犯罪事实,可以进行反

---

[1] 陈瑞华:《论侦查中心主义》,载《政法论坛》2017年第2期。
[2] 陈卫东:《认罪认罚案件量刑建议研究》,载《法学研究》2020年第5期。
[3] 所谓"合作性司法",是指控辩双方为最大限度地获取共同的诉讼利益而放弃对抗的诉讼模式。陈瑞华:《司法过程中的对抗与合作——一种新的刑事诉讼模式理论》,载《法学研究》2007年第3期。

悔并撤回认罪认罚,等等。被追诉人自愿认罪认罚,意味着其对事实认定无异议,无论进入速裁程序、简易程序抑或普通程序,程序均在一定程度上进行了简化。被追诉人放弃了部分审判权、辩护权及其他与之相关的诉讼权利,可以认为,我国虽然未在法律层面明确确立被追诉人权利处分制度,但实质意义上的权利处分实践已经在一定范围内不同程度地存在,且呈扩大化趋势。①

即便如此,认罪认罚从宽制度仍以职权主义为基调。虽然认罪认罚从宽制度中被追诉人主体地位得以凸显,但是仍然受制于我国传统职权主义模式,呈现出一种"规范性"特征。② 一方面,认罪认罚更像是检察机关单方给予的"恩惠",而非被追诉人享有的一项权利。被追诉人及其律师虽然有表达意见的权利,检察机关应当听取,但并不受实质约束。另一方面,认罪认罚从宽制度受客观真实原则的统摄。这突出表现在认罪认罚案件中应当"坚持法定证明标准,侦查终结、提起公诉、作出有罪裁判应当做到犯罪事实清楚、证据确实、充分,防止因犯罪嫌疑人、被告人认罪而降低证据要求和证明标准"。③ 同时,法院不能放弃司法审查职责。根据刑事诉讼法及有关司法解释,法院应对认罪认罚案件进行实质审查,包括认罪认罚的自愿性与真实性、案件事实基础是否存在等。因此,我国认罪认罚从宽制度具有强烈的职权主义色彩,协商合意的理念只是最低限度地嵌入了职权主义诉讼体制中,在某种程度上还服务于职权主义诉讼体制。④

由于职权主义与当事人主义因素交织,学界对于认罪认罚从宽制度的性质存在争论。大致有两派观点:一是协商从宽,即控辩双方在平等协商的基础上进行"讨价还价"而获取刑罚的从宽处遇。持该观点的学者普遍认为,"控辩协商是认罪认罚从宽程序的本质内核"。⑤ 在认罪认罚从宽制度中,国家开始以相对平等的姿态与被告人协商,以某种特定的实体上或程序上的利益来换取被告人的认罪,从宽是协商的结果。⑥ 还有学者进一步指出,有别于辩诉交易

---

① 郭松:《被追诉人的权利处分:基础规范与制度构建》,载《法学研究》2019年第1期。
② 有学者将协商性司法分为以美国辩诉交易制度为代表的"效率型"和以德国认罪协商程序为代表的"规范型",并将我国认罪认罚从宽制度归属于后者。向燕:《我国认罪认罚从宽制度的两难困境及其破解》,载《法制与社会发展》2018年第4期。
③ 参见《认罪认罚指导意见》第3条。
④ 杜磊:《认罪认罚从宽制度适用中的职权性逻辑和协商性逻辑》,载《中国法学》2020年第4期。
⑤ 樊崇义:《认罪认罚从宽协商程序的独立地位与制度保障》,载《国家检察官学院学报》2018年第1期。
⑥ 魏晓娜:《完善认罪认罚从宽制度:中国语境下的关键词展开》,载《法学研究》2016年第4期。

制度，认罪认罚从宽制度中控辩双方不能对事实与罪名进行交易，是一种量刑协商制度。① 二是法定从宽，即被追诉人认罪所带来的从宽处遇是基于明确而刚性的法律规定。刑事诉讼法关于认罪认罚从宽制度规范中，未出现"协商""协议""交易"等字眼，并且强调认罪认罚具结书内容的合法性，有学者基于此认为认罪认罚从宽在制度定位上属于法定从宽模式。② 也有学者基于罪刑法定、罪责刑相适应的刑事实体法原则以及权力主导的职权主义模式，认为认罪认罚从宽制度仅是将被追诉人的案后表现作为法定影响因素予以"硬性"考量，并在刑事实体法关于具体案件的定罪、量刑和行刑的即有框架范围内进行更加宽缓化的处理，因此适用的是法定从宽模式。③ 应当明确，认罪认罚从宽制度虽是职权主义融合当事人主义的产物，但在我国传统职权主义诉讼构造统摄下，被追诉人显然不具有与检察机关"讨价还价"的筹码与条件，存在严重的控审失衡问题。④ 因此，无论法律规范中是否存在"协商""交易"等用语，均不能反映认罪认罚从宽制度的根本属性。认罪认罚从宽制度虽然建立在控辩诉讼合意基础之上，但"只是一种非完整意义的、有严格边界限制的控辩协商，其程序内容更加偏向于控方单方的合意邀约和辩方的自主同意"。⑤ 基于以上，与贯彻当事人主义的协商从宽模式相对，笔者将我国认罪认罚从宽制度界定为一种"职权法定从宽模式"。这一模式中，被追诉人通过认罪认罚争取从宽，司法机关则以固定的实体让利作为回馈，并没有为控辩双方提供"讨价还价"的协商空间。职权法定从宽模式的审判构造具有与传统职权主义诉讼模式不同的特点，体现在两个方面：

一是"类二元"主体的非对抗审判特征。在职权主义诉讼构造中，控辩审三方呈等腰三角形之构造，法官居中裁判，控辩平等对抗。在认罪认罚案件中，由于控辩双方形成诉讼合意，对定罪、量刑以及诉讼程序已经形成一致意见⑥，由相互对抗走向相互合作，传统的控辩审三方构造便形成了审理者与控辩之间类似"两点一线"的"类二元"构造。在此构造中，法官、检察官是主要诉讼主体，辩护方虽然也是诉讼主体，但基于认罪认罚与控方达成一致，

---

① 陈瑞华：《刑事诉讼的公立合作模式——量刑协商制度在中国的兴起》，载《法学论坛》2019年第4期；万毅：《认罪认罚从宽程序解释和适用中的若干问题》，载《中国刑事法杂志》2019年第3期。

② 左卫民：《认罪认罚何以从宽：误区与正解——反思效率优先的改革主张》，载《法学研究》2017年第3期。

③ 陈卫东：《认罪认罚从宽制度的理论问题再探讨》，载《环球法律评论》2020年第2期。

④ 龙宗智：《完善认罪认罚从宽制度的关键是控辩平衡》，载《环球法律评论》2020年第2期。

⑤ 陈卫东：《认罪认罚从宽制度的理论问题再探讨》，载《环球法律评论》2020年第2期。

⑥ 被追诉人在之后的审理阶段可以反悔并撤回认罪认罚，但要在程序与实体上承担一定的法律后果。

至少在形式上拧成了一股绳。控辩之间基于诉讼合意，共同追求实现认罪认罚之法律效果，而不再像传统庭审中那样针锋相对。法官则对控辩双方形成的认罪认罚合意内容进行审查确认。因此在形式上，认罪认罚案件呈现出"审—控辩"的二元化审判构造，辩方在一定程度上依附于控方，庭审具有非对抗性，使得审判构造类似于一种审查与被审查关系。

当然，辩方依附于控方并不意味着其没有独立发表意见的权利。在审理阶段，辩方可以对定罪量刑发表异议。被告人有权反悔，不仅可以在审判阶段撤回认罪认罚，也可以在一审判决尚未生效时提出上诉。另外，律师也可以独立进行无罪或者罪轻辩护。① 出现以上情形意味着，控辩之间的依附关系出现破裂，认罪认罚的诉讼合意不复存在，案件将不再适用认罪认罚从宽制度，回归传统审理模式。

应当认识到，当前认罪认罚案件已经形成了较为稳固的"类二元"审判构造。换言之，控辩达成认罪认罚具结协议后破裂的情形较少。这从认罪认罚从宽制度的高适用率可见一斑。2019年12月，检察机关办理刑事案件认罪认罚从宽制度的适用率已经达到83.1%，虽然受到疫情影响，2020年1—8月适用率仍高达83.5%。② 虽然存在认罪认罚的撤回，如不满一审判决上诉、律师发表不同辩护意见等情形，但在司法实践中属于极少数。

二是法官权力范围受限，但愈加强调职权功能的发挥。与传统职权主义诉讼构造相比，职权法定从宽模式下法官的审判权受到一定限制，体现为三个方面：第一，审理范围的限定。传统职权主义诉讼模式中法官裁判权巨大，对案件进行全面实质审查，不受检察机关起诉范围的限制。而在认罪认罚案件中，控辩双方对定罪量刑已达成认罪认罚具结协议，法官无须进行全面审查，只需围绕《刑事诉讼法》第201条规定的几个法定例外进行特定性审查。若无法定例外情形的存在，法官则应当采纳公诉人的量刑建议。第二，裁判方式的转

---

① 目前，被追诉人自愿认罪认罚，律师基于独立辩护权做无罪辩护或者罪轻辩护，是否影响认罪认罚从宽制度适用并无明确法律规定，存在两种不同的观点与做法：一是不再适用认罪认罚从宽制度。检察机关撤回量刑建议，案件转为普通诉讼程序，或者法院不再受量刑建议的拘束，通知检察院调整量刑建议或者不予采纳。二是继续适用认罪认罚从宽制度。最高人民检察院副检察长陈国庆认为，"对于认罪认罚案件而言，若被告人系自愿认罪认罚并签署具结书，即使律师提出无罪或者罪轻的辩护意见，法庭经过审理认为检察机关指控罪名正确的，仍然应当依法适用认罪认罚从宽制度"。蒋安杰：《认罪认罚从宽制度若干争议问题解析（下）——专访最高人民检察院副检察长陈国庆》，载《法治日报》2020年5月13日，第9版。据笔者了解，目前实践中律师发表与当事人认罪认罚不同意见的情形较少，若出现此种情况，司法机关一般采取第一种做法即不再适用认罪认罚从宽制度。

② 参见最高人民检察院《关于人民检察院适用认罪认罚从宽制度情况的报告》，载https://www.spp.gov.cn/spp/zdgz/202010/t20201017_482200.shtml，2021年10月1日访问。

变。传统的审判构造是控辩两造平等对抗,法官居中裁判,而在职权从宽模式的"类二元"审判构造中,法官裁判的方式由居中裁判衍化为一种单边审查。具言之,法庭审理不再具有对抗性,法官不通过法庭调查、法庭辩论来兼听意见、甄别证据、查明事实,而是通过与控辩双方的面对面沟通,甚至仅凭阅卷来审查认罪认罚的自愿性与真实性。当然,法庭审理仍然是控辩审三方俱在,法官仍需要听取被告人及其辩护律师的意见,但是这种审理更像是对于认罪认罚结果的一种确认,有学者形象地称其为"确认式庭审"。① 第三,量刑建议的实质约束。《刑事诉讼法》第201条使得检察机关的量刑建议由传统的求刑权,在一定程度上具有了左右法官定罪量刑的实质效力,量刑建议的效力明显呈实质化的态势。

即便如此,在认罪认罚案件中仍奉行法官保留原则,如果经审查后认为存在认罪认罚不符合真实性、自愿性,或者有量刑建议明显不当等法定情形的,法官不受量刑建议的约束。虽然控辩双方已经形成诉讼合意,但并不意味着法官仅进行形式化确认即可。需要指出,法院在认罪认罚案件审判阶段仍然体现出较为浓厚的职权主义色彩,即运用职权审查是否构成犯罪、罪名认定是否准确以及量刑建议是否明显不当等问题。② 甚至,认罪认罚案件"类二元"的审判构造中,法官进行单边审查,应更主动发挥职权审查作用。具体而言,法官应当进行充分的庭前阅卷,在此基础上当庭听取控辩双方意见,以判断认罪认罚的真实性与合法性。由于认罪认罚案件诉讼程序的精简,在短暂的法庭审理中很难完成事实审查,这就要求法官在庭前对于事实基础已经有较为明确的把握,甚至在庭审前已经形成判断,当庭听取意见只是对于早前判断的综合印证。由于被告人已经认罪认罚,法官庭前阅卷并不会导致诸如庭前预断等问题,反而可以保障认罪认罚的真实性。在此意义上,认罪认罚案件审判构造的职权色彩更加浓重。

(三) 存在的风险

变革带来了活力,亦蕴藏着风险。诉讼构造关涉诉讼主体的职权功能与相互关系,其变革意味着权力的分配与调整。这一过程蕴藏着权力异化甚至被滥用的现实风险。

一是检察机关的绝对主导,易导致控审非理性冲突。在认罪认罚案件的控辩审三方结构中,检察主导影响了控辩与控审两对关系。在控辩关系中,检察机关占据绝对主导地位,在认罪认罚具结过程中过于强势,导致被追诉人权利

---

① 李奋飞:《论"确认式庭审"》,载《国家检察官学院学报》2020年第3期。
② 汪海燕:《认罪认罚从宽制度中的检察机关主导责任》,载《中国刑事法杂志》2019年第6期。

保障不到位，引发对于认罪认罚自愿性、真实性以及量刑建议合理性的质疑，学界对此已经有较多论述，不再赘述。在控审关系中，检察机关主导并不意味着否定法院的最终裁判权。笔者虽然认为未来控审冲突作为一种排异现象将会消弭，但在教义规范与配套制度尚未完善的情况下，该问题仍然会持续存在。认罪认罚案件的非理性控审冲突，根源于控审权力配置的调整，牺牲的却是被追诉人的合法权益。对此，检、法两家均应理性应对。

二是控审之间过度合作，易导致冤假错案。相对于控审冲突问题，认罪认罚案件的控审之间过度合作，缺乏实质性制约，也是更值得关注的问题。在认罪认罚案件中，控审关系极易异变为合作有余而制约不足。在诉讼构造层面存在两方面隐忧：其一，认罪认罚案件诉讼构造中控审合作的倾向。同美国辩诉交易制度、德国认罪协商程序类似，我国认罪认罚从宽制度在效率价值的引导下控审之间具有天然的合作倾向。为了推进案件的快速处理，控审之间往往注重配合而忽视应有的制约。如美国司法实践中，法庭对辩诉交易的确认阶段，法官主要对辩诉协议的文本进行形式审查，并不围绕证据等事实问题进行实质性的法庭调查。① 在德国，经学者调研，有 91.9% 的法官承认，他们对口供真实性的审查手段仅是将口供与诉讼案卷进行比较，很少会进一步调查其他证据。② 倘若如此，认罪认罚案件控审之间的"合作"关系，将异化为法官对于控方所提量刑建议的形式化确认。其二，"类二元"审判构造的结构性缺陷。中外实践经验表明，两造对抗、居中裁判的控辩审三方诉讼构造是最佳的事实真相发现模式。基于控辩合意形成的"类二元"审判构造，由于辩方依附于控方，法官所接收的信息基本来源于控方，在事实发现能力上要逊于三角形构造。在"类二元"的事实发现机制下，若法官再仅进行形式化审查，则很可能发现不了潜在的冤假错案。有研究表明，认罪认罚并非总是出于真实意愿，如认罪是替他人顶罪，或者在轻罪案件中寻求尽快摆脱诉讼，又或者在重罪案件中规避严厉刑罚；即使自愿认罪认罚，也有可能是出于法律或事实的认识错误、记忆错误等。③ 无论出于何种原因，一旦无辜者认罪认罚，基于形式上的自愿性将很难予以发现。

---

① 李本森：《我国刑事速裁程序研究——与美、德刑事案件快速审理程序之比较》，载《环球法律评论》2015 年第 2 期。

② 转引自向燕：《我国认罪认罚从宽制度的两难困境及其破解》，载《法制与社会发展》2018 年第 4 期。

③ 王迎龙：《协商性司法错误：问题、经验与应对》，载《政法论坛》2020 年第 5 期。

四、控审"合作"常态化下的检察担当

作为适用认罪认罚从宽制度的主导者，在控审"合作"常态化运作的新形势下，检察机关要清醒认识到历史所赋予的艰巨使命，并勇于承担认罪认罚案件的主导职责。如最高检检察长张军所言，"在坚持和完善中国特色社会主义制度、推进国家治理体系和治理能力现代化中体现检察担当"。① 检察机关与审判机关不应拘泥于制度变革所导致的权力配置之争，要将自身职能的发挥放置于推进国家治理体系与治理能力的宏大叙事之下，共同"合作"推动实现认罪认罚从宽制度对于维护社会和谐稳定发展的重要目标。

（一）充分贯彻能动司法检察理念，深刻理解并发挥好审前主导职责

能动司法检察理念是新时代检察机关应当遵循的工作理念与方法，脱胎于司法能动主义，但被中国法治建设赋予新的时代内涵，强调检察机关以高度的政治自觉、法治自觉、检察自觉积极担当作为，主动适应时代发展，充分履行法律监督职责，以检察工作高质量发展服务保障经济社会高质量发展。② 在认罪认罚案件控审"合作"常态化的新形势下，检察机关应当充分贯彻能动司法检察理念，积极主动履行认罪认罚案件的主导责任。具体而言，在认罪认罚案件中，一是在程序方面，检察机关主导认罪认罚程序的启动、具结书的签署与量刑建议的协商。同时，检察机关在充分履行主导职责的过程中，保障犯罪嫌疑人的合法诉讼权利。二是在实体方面，检察机关应当基于犯罪嫌疑人的认罪认罚，敢用、善用不起诉裁量权，充分发挥审查起诉的审前分流作用。同时，检察机关还要不断提高量刑能力，保障量刑建议的精确性与准确性，加强与审判机关的沟通，做好释法说理工作，确保量刑建议的采纳率。但是应当注意，检察机关在诉讼中承担主导责任并不意味着"高人一等"，也不意味着权力的无限扩张，而是要按照法定的范围和标准行使权力，保持诉讼结构的稳定和平衡。③

（二）深入推行量刑规范化改革

量刑规范化改革对于规范认罪认罚案件的控审关系具有重要意义，在一定程度上决定着认罪认罚从宽制度适用的成败。一方面，检察机关量刑能力的提

---

① 张军：《在推进国家治理体系和治理能力现代化中体现检察担当》，载 https://www.spp.gov.cn/spp/tt/201911/t20191104_437208.shtml，2021年10月10日访问。

② 谢鹏程、高磊：《以能动司法检察理念开启检察新征程》，载《检察日报》2021年8月9日，第3版。

③ 苗生明：《新时代检察权的定位、特征与发展趋向》，载《中国法学》2019年第6期。

升,提出高质量的量刑建议,尤其是确定刑量刑建议,有助于减少控审之间关于量刑的争议,夯实两者合作推动该制度适用的基础。另一方面,有关量刑标准的细化及量刑规则的完善,可以有效规范量刑裁量权,抑制量刑主观性的同时增加技术性,消除控审冲突的根源。具体而言:一是扩大量刑指导意见范围。现有的量刑指导意见虽涵盖了常见的23个罪名,但难以满足深入推动认罪认罚从宽制度的需要。"两高"应当协同推进,逐步扩大和完善量刑指导意见中罪名范围,为统一量刑标准夯实基础。地方司法机关应当结合地方实际,根据各地不同的经济发展水平、社会治理状况细化量刑标准。二是完善认罪认罚案件量刑规范。"两高三部"于2020年11月5日发布了新的《关于规范量刑程序若干问题的规定》(以下简称《规定》),对于量刑程序做了系统规定。然而,该《规定》较为笼统,尤其是对于认罪认罚案件量刑建议相关问题,仍待进一步细化。因此,笔者认为最高司法机关应专门制定一部《认罪认罚案件量刑程序细则》,对量刑建议的形成机制、提出方式、调整机制、效力等存在争议的问题作出明确规定。三是发挥智能量刑辅助系统的作用。通过大数据、智能化与量刑工作的结合,可以快速有效地梳理同类罪名的量刑标准,提升量刑的精确度。目前,部分地方司法机关已经开发了量刑规范化职能辅助系统。[①] 下一步应当在最高司法机关的推动下,加大研发投入,普及智能量刑辅助系统的应用。四是提升检察机关提出量刑建议的能力。尽管从2010年以来全国检察机关就全面开展了量刑建议工作,但实践中检察官还存在对量刑建议重视程度不够,对法院量刑的规律研究不够,对量刑的方法掌握不够等问题。[②] 为了提高检察官的业务能力,需要加强专项培训,邀请资深法官、检察官授课。同时,还可以考虑将量刑建议采纳率纳入检察官办案质量考评体系,附加提出量刑建议时释法说理的要求,倒逼检察官量刑能力的提升。

(三)完善听取犯罪嫌疑人、被告人及其律师意见机制,探索控辩双方量刑协商规则

认罪认罚从宽制度的核心要义在于,被追诉人认罪认罚放弃部分审判权利以换取从宽的优惠。这一过程需要控辩双方不断交涉达成一致意见,有学者将其称为"量刑协商制度"。[③] 也有学者认为在我国职权主义诉讼模式下,辩方

[①] 史兆琨:《量刑建议如何做到精准?这次网络培训提出五大应对之策》,载正义网,http://newsj.crb.com/jszx/201904/t20190428_1995798.html,2021年2月1日访问。

[②] 陈国庆:《量刑建议的若干问题》,载《中国刑事法杂志》2019年第5期。

[③] 陈瑞华:《刑事诉讼的公立合作模式——量刑协商制度在中国的兴起》,载《法学论坛》2019年第4期。

不具有同控方协商的实质能力,将认罪认罚从宽制度界定为"听取意见式司法",即专门机关听取当事人及诉讼参与人的意见,并在考量其意见的基础上作出相关决定。① 笔者认为,无论是量刑协商还是意见听取,关键在于保障辩方意见可以实质性地影响检察机关意见。一方面,这要求辩方律师在审查起诉阶段积极与检察官沟通,及时提出辩护意见。另一方面,检察机关也应当提供律师与承办检察官沟通的渠道。在司法实践中,检察官不注重听取辩护律师意见,或者听取了辩护律师的意见而不作反馈的现象时有发生。一旦在审查起诉阶段达成认罪认罚具结协议,而关于被追诉人的合理意见却未被采纳,对于被追诉人合法权益的保障极为不利。因为,认罪认罚具结书中的量刑建议对于辩方与法官均具有一定的约束力,如果在审查起诉阶段没有实质性地影响量刑建议,到了审判阶段的难度将更大。《认罪认罚指导意见》第 27 条第 2 款明确规定:"人民检察院未采纳辩护人、值班律师意见的,应当说明理由。"因此,检察官不仅要听取辩方意见,还要做到能够听进去,关键在于意见反馈。笔者建议在认罪认罚具结书签署之前,构建独立的控辩意见交流机制,探索控辩双方量刑协商规则,充分保障被追诉人的认罪认罚权利。

(四)引导被追诉人认罪认罚,保障其认罪认罚合法权利

被追诉人认罪认罚自愿性是适用认罪认罚从宽制度的正当性基础。检察机关应当保障被追诉人认罪认罚自愿性,防范认罪认罚权力异化。认罪认罚应系被追诉人享有的一项权利,其能够根据自身意愿选择认罪认罚与否,而不受办案机关干涉。在犯罪嫌疑人、被告人对罪与非罪、此罪与彼罪、重罪与轻罪等定罪量刑问题仍然存在不解、疑虑的情况下,认罪认罚的结果很可能是酿成冤假错案。当犯罪嫌疑人存在上述疑虑,尤其是当某些关键问题事实不清、证据不足时,检察机关不能利用认罪认罚从宽制度变相强迫犯罪嫌疑人认罪认罚。换言之,检察机关应当告知被追诉人认罪认罚从宽的诉讼权利,结合法律规定与案件事实引导其认罪认罚,但不能简单粗暴地告知不认罪认罚就要"从重"处理,变相逼迫被追诉人认罪。并且,检察机关在与被追诉人及其律师沟通过程中,应当充分听取律师的辩解意见,确保认罪认罚具结书内容充分体现辩方意志。

(五)建立检、法常态化沟通机制

检察机关作为适用认罪认罚从宽制度的主导者,应积极主动与审判机关加强沟通。与此同时,为了尽量避免冲突,"合作"推动认罪认罚从宽制度的适

---

① 闫召华:《听取意见式司法的理性构建》,载《法制与社会发展》2019 年第 4 期。

用，检、法之间应当就认罪认罚案件建立常态化沟通机制。具体而言，可以分为事前沟通与事后沟通。各地检察机关和审判机关可以就本地区常见多发性的罪名事先沟通，联合制定、细化地区性的常见罪名量刑标准与适用准则，减少在具体案件适用过程中的分歧。但在审前控辩达成认罪认罚具结过程中，为了防止法官形成预断，在审理过程中多一层实质性把关，法官不宜提前介入。认罪认罚具结达成后，检察机关可以就量刑建议的内容同法官进行事后沟通，首要是进行阐释说理，对于刑罚中的基准刑、罚金刑、宣告刑的依据，结合案情进行逐一阐释，最好以检察机关正式文书形式随卷一起送达法院，并要求如果法院不采纳量刑建议必须书面说明原因。如果法官认为量刑建议不合理的，检察官应先进行沟通协商，再决定是否调整量刑建议。若法院建议合理，量刑建议确属不当，检察机关应当调整量刑建议，若认为建议并不合理，检察机关可以不调整并坚持量刑建议，法院没有采纳量刑建议，并且不符合《刑事诉讼法》第201条例外规定的，检察机关可以依法提出抗诉。

五、结语

正如辩诉交易制度在美国的胜利一样，认罪认罚从宽制度以一种不可逆的强势姿态在我国刑事司法体系中落地生根。然而，新制度融入旧体系需要过程与时间。我们应当清醒的认识到，我国是在刑事诉讼"第三范式"尚未发展成熟的背景下向"第四范式"迈进，刑事司法的转型将面临诸多问题。认罪认罚案件的控审冲突，正是其中之一。对于该问题，我们应当辩证地予以看待：一方面，认罪认罚案件的控审冲突是转型期刑事司法产生的排异现象，以发展的眼光来看，这种冲突终归要消弭。不仅如此，检、法"合作"推动认罪认罚从宽制度的适用在实践中将成为常态，实质化的制约机制殊为必要。在此意义上，基于理性的控审冲突反而应当得到提倡。当然，即便控审关系步入常态化的"合作"关系，非理性的控审冲突仍值得我们警惕。另一方面，控审冲突只是问题的表象，其根源于刑事诉讼结构的调整。可以说，认罪认罚从宽制度在一定程度上引起了刑事诉讼结构的变革。认罪认罚案件诉讼构造在纵向上呈现出明显的检察主导之特征，在横向上则可以界定为一种职权法定从宽模式的"类二元"审判构造。诉讼构造的变化意味着职能与权力的重新配置，无论是检察官还是法官，均应尽快接纳并适应认罪认罚从宽格局下的权力配置。

诉讼构造变革本身所蕴藏的潜在风险是刑事司法今后的真正隐忧。在认罪认罚案件控审"合作"成为常态化运作的背景下，检、法一方面要通力"合作"，推动认罪认罚从宽制度的适用；另一方面还要努力克服认罪认罚案件控审构造的结构性缺陷，防止重蹈"流失作业式"诉讼构造的覆辙。在此过程中，检察机关应当勇于承担历史赋予的重要使命，深入贯彻司法能动检察理念，充分履行认罪认罚案件的主导职责。检察机关在控辩关系方面充分听取并反馈辩方意见，保障被追诉人认罪认罚的合法权利；在控审关系方面加强与审判机关的沟通交流，"合作"推动认罪认罚从宽制度价值与理念之实现。

（原载于《中国刑事法杂志》2021年第6期）

企业合规不起诉制度研究

陈瑞华*

一、引言

近年来,加强对民营企业的司法保护,已经成为社会各界达成的一项共识,也成为我国新时期的一项重要法律政策。① 与此同时,为确保国家治理现代化目标的实现,发挥检察机关在参与社会综合治理的作用,我国司法改革决策部门对检察制度做出了一些重大改革,检察机关也开始进行相关制度的改革探索。② 在此背景下,一些地方检察机关开始尝试在审查起诉程序中引入企业合规机制,推行了一种颇具特色的"企业合规不起诉制度"。③

所谓"企业合规不起诉制度",是指检察机关对于那些涉嫌犯罪的企业,发现其具有建立合规体系意愿的,可以责令其针对违法犯罪事实,提出专项合规计划,督促其推进企业合规管理体系的建设,然后作出相对不起诉决定的制度。根据企业建立合规体系所依据的程序路径,合规不起诉可分为"检察建议模式"和"附条件不起诉模式"。在前一个模式下,检察机关在对企业作出相对不起诉决定的同时,向其送达检察建议,要求其在一定期限内建立专项合规体系。④ 而在后一种模式下,检察机关对于提交合规计划的企业,作出暂缓起诉、合规考察或者附条件不起诉的决定,设定一定的考验期,责令其聘请合规监管人,后者对企业合规进展情况进行全流程监管,并定期提交合规进展报

---

* 北京大学法学院教授,教育部"长江学者奖励计划"特聘教授。
① 参见《中共中央、国务院关于营造更好发展环境支持民营企业改革发展的意见》,载《中国市场监管报》2019年12月24日,第1版。
② 参见童建明:《充分履行检察职责,努力为企业发展营造良好法治环境》,载《检察日报》2020年9月22日,第3版。
③ 参见史济峰:《不起诉决定助力企业焕发生机》,载《检察日报》2020年6月12日,第3版。
④ 参见《合规检察建议+相对不起诉,长宁检察护航企业"轻装"再出发》,载微信公众号"长宁检察在线",2020年10月20日,https://mp.weixin.qq.com/s/3eLcNuEUkb-NvnQarSNzbQ,2020年11月6日访问。

告,在考验期结束后,检察机关根据企业合规的推进情况,作出是否提起公诉的决定。目前,我国开展企业合规改革探索的检察机关,绝大多数推行的是附条件不起诉模式。

从理论上来看,较之检察建议模式而言,附条件不起诉模式在推进企业建立有效合规计划方面,具有多方面的制度优势。例如,从时间顺序上看,检察机关通常都是在作出不起诉决定后提出"检察建议",这种检察建议对于企业的约束力是较为有限的,企业是否以及如何推进合规体系建设,检察机关都不会对企业作出相应的奖励或者惩罚。① 相反,检察机关对于具有合规意愿的企业确定考察期,责令企业接受合规监管,并根据企业建立合规体系的效果来决定是否提起公诉,这就使涉案企业承受强大的压力,从而具有较强的合规动力。② 又如,在检察建议模式下,检察机关通常都不会对企业推进合规体系建设的情况进行持续不断的监管。而在附条件不起诉模式下,检察机关一般会将企业纳入合规监管程序,在专业的合规监管人的协助下,对企业进行监督考察,并对合规体系建设情况进行专业性的评估,这有助于企业进行有效的制度整改,消除管理漏洞,减少违法犯罪的隐患。再如,提出检察建议的检察机关,通常不会设定较为严格的考察期,而适用附条件不起诉的检察机关,则会设置6个月以上的考察期,责令企业接受合规监管人的持续监管,定期提交合规进展报告,这显然更有助于企业真正建立有效的专项合规计划。③

尽管附条件不起诉模式在理论上具有上述制度优势,但是由于我国相关法律并没有发生实质性的调整,检察机关不得不在现有法律框架下引入企业合规机制,因此企业合规机制与现行公诉制度就发生了一些不兼容、不衔接的问题。例如,我国检察机关不享有行政处罚权,无法像外国检察机关那样对涉案企业科处高额行政罚款;我国检察机关对大多数单位犯罪案件不享有立案侦查权,无法像外国检察机关那样尽早与涉案企业达成和解协议,而只能等待公安机关或者监察部门的侦查或调查程序结束之后,才能适用合规监管程序;对于那些接受行政调查的企业违法案件,我国检察机关只能在行政机关移送刑事诉讼程序之后才能介入案件,因此无法与行政机关一起,与涉案企业签署一揽子和解协议,在推进合规体系建设方面也难以取得行政机关的支持。

---

① 参见孙佳:《当检察官听说企业准备不干了,检察建议助力跨境电商,保障新型小微企业复工复产》,载微信公众号"青岛市人民检察院",2020年6月15日,https://mp.weixin.qq.com/s/BIPc5jWtAmdjU335urXA0A,2020年8月31日访问。

② 参见杨帆:《企业合规中附条件不起诉立法研究》,载《中国刑事法杂志》2020年第3期。

③ 参见于潇:《发挥检察职能作用助力企业加强刑事合规建设》,载《检察日报》2020年9月23日,第3版。

考虑到合规不起诉制度改革刚刚开始推行，不少检察机关只是发布了相关的改革方案或规范性文件，而很少有典型性的合规不起诉案例，因此，对于这一制度的探索情况及其效果，还有待通过长时间的跟踪观察，并按照社会科学的方法作出适当的评估。但无论如何，检察机关应将是否消除企业管理制度隐患，是否推动企业改变经营模式，对于企业违法犯罪行为是否发挥积极防控作用，作为评估合规不起诉制度改革是否取得成功的重要指标。

有鉴于此，本文拟对检察机关合规不起诉制度作出初步的研究。笔者将对合规不起诉的程序衔接、合规不起诉的适用对象、合规监管方式的选择、合规指引的构建、合规不起诉的公开化等问题，作出简要的分析和评论。本文所要论证的基本观点是，企业合规不能仅仅停留在书面文件上面，检察机关也不能仅仅实施形式化的合规不起诉流程，而应当将企业合规机制激活，使之在预防企业犯罪、识别合规风险、修补制度漏洞等方面发挥行之有效的作用。

二、合规不起诉制度与相关制度的衔接

在探索合规不起诉制度过程中，大多数检察机关都采用了"附条件不起诉模式"，并将企业合规体系纳入现有公诉制度之中。但是，考虑到我国现行法律并没有确立针对企业的附条件不起诉制度，因此，这种制度探索面临着一系列与相关制度的配套和衔接问题。① 其中，如何将合规不起诉制度纳入认罪认罚从宽制度，如何与刑事和解程序进行衔接，如何尽早启动附条件不起诉程序，如何设定合规考察期，就成为改革者无法绕开的制度安排问题。

（一）认罪认罚从宽制度

检察机关将涉案企业"认罪认罚"作为适用合规不起诉制度的前提条件。这一点确实具有一定的现实合理性。毕竟，涉案企业假如不认罪，就无法体现一种"积极配合"的态度，无法采取有效的补救措施，更难以展开实质性的制度整改。② 正因为如此，几乎所有推行"暂缓起诉协议制度"的国家，都将涉案企业自愿认罪作为对其进行合规监管的前提条件。

但是，我国法律所确立的"认罪认罚从宽制度"，并不仅仅要求涉案企业自愿认罪，而且还要求企业接受刑事处罚，签署认罪认罚具结书，并接受案件按照一种简便快捷的特殊程序进行处理。考虑到不少检察机关将合规不起诉的适用对象设定为"可能判处三年有期徒刑以下刑罚"的轻微刑事案件，而

---

① 参见陈瑞华：《企业合规的基本问题》，载《中国法律评论》2020年第1期。
② 参见李勇：《检察视角下中国刑事合规之构建》，载《国家检察官学院学报》2020年第4期；赵恒：《认罪答辩视域下的刑事合规计划》，载《法学论坛》2020年第4期。

这类案件一旦适用认罪认罚从宽制度，那么，检察机关就会将案件纳入速裁程序的轨道，在不到一个月的时间里快速完成侦查、审查起诉和审判的工作。

但是，按照合规不起诉制度的规划，检察机关要对涉案企业设定必要的考察期，对其展开一段时间的合规监管，并根据企业建立和推行合规管理体系的进展情况，来决定是否提起公诉。通常情况下，检察机关对于被作出附条件不起诉决定的企业，要设置6个月以上甚至1年以上的合规考察期。否则，涉案企业根本无法完成建立合规体系、完善合规计划乃至实施有效合规管理机制的任务。

很显然，将合规不起诉纳入认罪认罚从宽制度的轨道，在现行制度框架下遇到了一定的难题。按照认罪认罚从宽的制度逻辑，检察机关应当在尽可能短的时间内对涉案企业作出刑事处理。而根据合规不起诉的制度原理，检察机关应当对涉案企业设置尽可能长的合规考察期，以便给涉案企业建立或者改善合规管理体系以较为宽松的时间周期，从而保障企业堵塞制度漏洞、消除制度隐患、进行实质性的制度整改，真正发挥防范合规风险的效果。

要解决这一制度难题，我们需要将认罪认罚从宽制度与合规不起诉制度加以分离，不将涉案企业签署认罪认罚具结书作为适用附条件不起诉的前提条件。只要涉案企业自愿认罪，而又同时作出合规承诺、提交合规计划的，检察机关就可以对其作出附条件不起诉的决定，而不再适用认罪认罚从宽程序。对于那些被纳入合规考察程序的企业，检察机关所要做的不是快速作出刑事处理，而是进行合规监管考察，督促其建立一套行之有效的合规管理体系。

（二）刑事和解程序

对于涉案企业的犯罪行为造成被害人经济损失的，一些检察机关将赔偿被害人作为适用合规不起诉的前提条件。根据企业合规的基本原理，涉案企业要进行制度整改，就必须采取积极的补救措施，其中，及时赔偿被害人，积极补交偷逃的税款，缴纳行政罚款，退交违法犯罪所得，修补被破坏的资源环境等，就属于企业采取补救措施的重要表现。有些检察机关还将企业采取这类补救措施，视为"法益修复"的措施，并将其作为实施合规不起诉的必要条件。[①]

但是，按照我国现行的行政监管方式，行政机关享有对行政违法企业的行政处罚权。对于那些被认为涉嫌犯罪的企业，检察机关和法院都不享有行政处罚权，而只能通过发出检察建议或者司法建议的方式，建议行政机关作出行政

---

① 有关龙华区检察院施行"法益修复考验期"制度的具体情况，可参见《肖文齐主任到深圳市龙华区人民检察院调研合规不起诉制度》，载微信公众号"广东粤通律师事务所"，2020年9月3日，https://mp.weixin.qq.com/s/CogFdXP0EV2KE0-N4yKwvQ，2020年9月6日访问。

处罚。结果，很多检察机关在对涉案企业适用附条件不起诉时，就无法对涉案企业科处罚款、没收违法所得，更无法责令涉案企业赔偿被害人的经济损失。这种在没有责令企业采取补救措施的情况下所推行的合规不起诉制度，会带来诸多方面的"后遗症"，要么造成涉案企业没有受到应有的行政处罚，要么导致被害人得不到应有的民事赔偿，以至于对检察机关的合规不起诉决定产生较大的抵触情绪，影响这一改革的顺利推行。

从制度设计上看，检察机关要走出上述制度困境，其实也并不困难。在考虑是否对企业适用附条件不起诉之前，检察机关就应当将涉案企业是否采取补救措施作为将其纳入合规监管程序的前提条件。检察机关尽管无权采取行政处罚措施，但仍然可以责令涉案企业赔偿被害人，或者与被害人达成赔偿协议，并将此作为作出附条件不起诉决定的前提条件。对于确有困难、无法一次性赔偿的涉案企业，检察机关可以在合规监管协议中设立一个赔偿责任条款，或者责令企业提交赔偿被害人的承诺书，在后续的合规监管中，监督企业履行赔偿义务，并在考察期结束之前，将企业是否赔偿被害人作为是否提起公诉的重要考量因素。由此，检察机关就可以对涉案企业有效地施加压力，建立赔偿被害人的激励机制。

（三）启动阶段

几乎所有检察机关都是在审查起诉阶段适用合规不起诉制度。但是，根据我国现行的立案管辖制度，对大多数企业涉嫌犯罪的案件负责立案侦查的国家专门机关都是公安机关。在长达数月乃至1年以上的侦查过程中，公安机关可能对涉案企业采取查封、扣押、冻结、拍卖、变现等强制性侦查措施，有时甚至对企业的财产进行了实质性处置，使企业的生产、投资、经营甚至生存都面临困难。而在案件进入审查起诉程序以后，侦查程序对企业利益已经造成了程度不同的损害，那种"办理一个案件，垮掉一个企业"的后果已经形成。在此情况下，检察机关再对企业采取合规不起诉措施，设置合规考察期，对其实施为期6个月以上的合规监管，这就难以起到保护民营企业、对民营企业进行"除罪化"处理的改革效果。

很显然，与一些国家的检察机关相比，我国检察机关介入刑事诉讼程序的时间过于滞后，无法在立案侦查之初尽快启动合规不起诉程序。要解决这一问题，就需要打破刑事诉讼法所设计的审判前程序框架，确保检察机关尽早启动合规不起诉程序。具体而言，公安机关在对涉嫌犯罪的企业做出立案决定之后，发现案件符合适用合规不起诉制度条件的，就可以将案件及时移交检察机关，检察机关经审查确认后，可以启动合规不起诉程序。要达到这一改革效果，我们需要为合规不起诉制度设置一种特殊程序通道，使得符合条件的案件不再受到法定的立案、侦查、审查起诉等诉讼阶段的限制。与此同时，公安机关也应将企业合规机制纳入侦查工作的轨道，对于检察机关的合规不起诉制度改革提供必要的配合和支持。经验表明，在没有取得公安机关配合的情况下，单靠检察机关一家的努力，合规不起诉制度的改革探索将很难取得成功。

（四）合规考察期

目前，几乎所有进行改革探索的检察机关，在审查起诉阶段都设置了专门的合规考察期，以便使企业接受一段时间的合规考察，逐步建立行之有效的合规管理体系。有些检察机关设立了6个月至1年的考察期，有的检察机关则将考察期设置为1年至2年。但无论将考察期设置为多长时间，各地检察机关都力求"不突破刑事诉讼法的规定"，严守审查起诉的法定期限，尽量在刑事诉讼程序的缝隙中寻求尽可能长的考察期限，以便为有效的合规监管创造基本的时间保障。

应当说，我国刑事诉讼法对审查起诉期限的严格限制，主要适用于那些犯罪嫌疑人受到羁押的案件。这种严格限制有着避免超期羁押和不必要羁押等方面的政策考量。而在那些对嫌疑人采取非羁押性强制措施的案件中，检察机关的审查起诉期限具有较大的灵活性，可以适度采取延长措施。正是基于上述对我国刑事诉讼程序的认知，检察机关才在审查起诉环节设置了少则6个月、长则1年以上的合规考察期。

但是，在审查起诉环节设置如此长的合规考察期，检察机关对作为犯罪嫌疑人的企业采取多方面的合规监管措施，并根据企业推进合规管理体系的情况，来决定是否提起公诉，这确实没有明确的法律依据。毕竟，我国刑事诉讼法只是对涉嫌轻微犯罪行为的未成年人，确立了6个月至1年的监督考察期，适用附条件不起诉制度。

要解决这一涉及"改革合法性"的难题，检察机关需要集思广益，审时度势，推动这项改革被纳入合法的授权框架之中。近年来，我国全国人大常委会已经对多项司法改革措施采取了"立法授权"的改革试验方式。这些改革措施包括认罪认罚从宽制度改革、监察体制改革、民事诉讼程序繁简分流改革，等等。最高检就曾直接向全国人大常委会提请在全国部分地区进行公益诉讼制度改革试点。[①] 这种通过最高立法机关授权所进行的改革探索，既可以保证其改革探索的合法性，又可以在划定的若干地区展开制度试验，以便定期对改革成效进行总结评估，及时解决改革试点中的问题，将那些行之有效的成熟

---

① 参见王治国等：《最高人民检察院向全国人大常委会提交议案：提请全国人大常委会授权最高人民检察院在部分地区开展公益诉讼改革试点工作》，载《检察日报》2015年6月25日，第1版。

改革经验通过立法程序上升为国家法律。这种改革试验方式也可以适用到合规不起诉制度探索上面。未来，在部分地方检察机关就合规不起诉改革进行初步探索的基础上，最高检可以总结经验，提请全国人大常委会授权在部分地区的检察机关进行合规不起诉的改革试点。假如这种授权改革试验方式可以推行的话，合规不起诉改革的合法性问题就得到顺利解决。检察机关还可以通过有组织的改革试点和总结评估，有力地推动这一制度改革的全面推行，确保这一改革取得较为理想的社会效果和法律效果。

三、企业合规不起诉的适用对象

检察机关对涉案企业所适用的合规不起诉，基本上属于相对不起诉的一种类型。根据我国现行刑事诉讼制度，相对不起诉所适用的对象通常都是犯罪嫌疑人犯罪情节轻微，依照刑法不需要判处刑罚或者免除刑罚的案件。据此，检察机关在改革探索中将合规不起诉的适用对象确定为直接负责的主管人员和其他责任人员依法应被判处3年有期徒刑以下刑罚的案件。这带来了三个问题：一是检察机关对于侦查机关立案侦查的企业高管涉嫌犯罪案件，也适用合规不起诉制度，使得这一制度的适用范围超出了"企业犯罪案件"的范围；二是合规不起诉只能适用于情节轻微的企业犯罪案件，而对于涉案金额较大的企业犯罪案件，则没有适用这一制度的空间；三是检察机关适用合规不起诉的对象，一般都是"中小微民营企业"，这在很大程度上限制了检察机关推进企业合规建设的力度。下面依次对这些问题作出分析和评论。

（一）企业家犯罪案件还是企业犯罪案件

合规不起诉是一种将企业合规机制引入公诉制度的改革尝试。而企业合规则是一种基于企业风险防控而确立的公司管理体系。企业合规的适用对象当然应当是作为商业组织的企业本身。但是，一些地方检察机关在合规不起诉制度的改革探索中，对于涉案企业和涉案责任人员同时适用附条件不起诉制度，并根据企业实施合规体系的实际效果来决定对企业和责任人员是否提起公诉。

之所以造成检察机关对企业犯罪案件和企业家犯罪案件不加以区分地适用合规不起诉制度，主要原因有三个：

首先，我国刑法上的单位犯罪制度，基本上是以自然人犯罪为基础而建立起来的。刑法确立了一个犯罪主体、两个刑罚主体的制度框架，在认定单位构成犯罪的前提下，同时追究单位和单位内部责任人员的刑事责任。但在刑事处罚的设定上，刑法对犯罪单位处以罚金，对单位责任人员则可以处以包括自由刑、财产刑在内的刑事处罚。结果，司法机关通常将单位责任人员可能被判处的刑事处罚（基本上是自由刑）作为衡量单位犯罪严重程度的主要标准。①

其次，在诸多企业犯罪案件中，企业家犯罪与企业犯罪存在密不可分的关系。由于产权结构不明晰，一些民营企业在经营过程中没有建立现代企业治理结构，一些民营企业家完全掌控了企业的命运。特别是企业涉嫌实施的经济犯罪，如生产、销售伪劣商品，走私，破坏金融管理秩序，危害税收征管，侵犯知识产权，扰乱市场秩序，破坏环境资源保护等犯罪，往往都是由民营企业家直接组织、策划或者实施的。假如仅仅将合规不起诉适用于单位犯罪案件之中，那么，检察机关对于众多由企业家实施的犯罪案件，就只能提起公诉。而这种提起公诉显然会造成公司负责人被定罪判刑的结局。这一方面无法达到保护民营企业的效果，另一方面也会造成众多上市公司或拟上市公司受到严重的影响，要么无法上市，要么被迫退市，失去了经营资质、交易机会和良好社会声誉。

最后，我国公安机关在对单位犯罪案件的立案侦查方面，存在重自然人、轻单位的问题。一些地方公安机关对单位犯罪的立案侦查存在制度性障碍。笔者在调研中发现，越是经济发达的地方，公安机关越是倾向于对涉嫌犯罪的民营企业家进行立案侦查，而对涉案企业进行直接立案侦查的情况就越是少见。这一方面与侦查人员在认定单位犯罪方面存在困难有着一定的关系，另一方面也与公安机关内部存在重自然人、轻单位的办案考核机制密不可分。在一些经济欠发达地区，公安机关不同程度地存在"趋利性执法"的现象，对于民营企业家进行立案侦查，进而对涉案财物采取查封、扣押、冻结等强制性侦查措施，其间存在的制度障碍也更少一些。但相比之下，对于单位犯罪的立案，尤其是对于上市公司或者拟上市公司的刑事立案，各地政府普遍设置了一些制度障碍，避免因为启动对单位的立案侦查而可能给当地经济带来的负面影响，这就造成公安机关对这类案件的立案数和立案率受到明显的制约。

尽管存在上述几个方面的难题，但是，企业合规毕竟是针对企业的合规风险所建立的一套自我监管和自我防控机制，企业合规主要是"企业自身的合规"，而不等于"企业家的合规"。因此，检察机关在未来的改革探索和制度设计中，还是应当将合规不起诉适用到企业涉嫌犯罪的案件之中。在将涉案企业纳入合规监管的同时，对于涉案责任人员也可以适用附条件不起诉制度，对其进行必要的监督考察。对于符合法定条件的责任人，检察机关可以对企业和责任人同时作出相对不起诉的决定。当然，对于那些不符合相对不起诉适用条件的责任人，检察机关在对企业作出不起诉决定之后，可以提出较为宽大的量

---

① 参见陈瑞华：《合规视野下的企业刑事责任问题》，载《环球法律评论》2020年第1期。

刑建议，申请法院作出较为宽大的刑事处罚。考虑到我国企业治理的实际情况，对于企业没有被列为犯罪嫌疑人，而企业内部法定代表人或者高级管理人员涉嫌犯罪的案件，检察机关就不能直接对企业本身适用附条件不起诉、合规考察、合规监管等方面的制度。但是，假如企业在对员工、子公司、客户、商业伙伴的合规管理方面确实存在制度漏洞的，检察机关可以通过发出检察建议的方式，督促行政监管部门加强对该企业的合规监管，或者直接督促企业建立某一专项合规计划。

（二）轻微刑事案件还是重大刑事案件

在美国和欧洲国家，检察机关经常对涉嫌犯有严重罪行的企业适用暂缓起诉协议或不起诉协议制度。例如，有些涉嫌实施动辄数亿美元商业贿赂行为的企业，或是有些泄露数以千万计的客户信息的企业，甚至有些实施过数亿美元洗钱行为的银行，都与检察机关签订了和解协议，并最终以完善合规体系换取了宽大的刑事处理，避免了被定罪判刑的结局。①

但在我国检察机关的改革探索中，合规不起诉制度主要适用于那些犯罪嫌疑人可能被判处 3 年有期徒刑以下刑罚的轻微刑事案件，而那些较为严重的企业犯罪案件，则难以适用这一制度。当然，在少数检察机关的改革方案中，合规不起诉也被扩大适用到法定刑在 3 年以上 10 年以下的单位犯罪案件，但被施加了诸多限制性条件。可以说，如何在较为严重的单位犯罪案件中引入合规不起诉制度，已经成为各地检察机关面临的一个瓶颈问题。

要走出这一困境，我们需要在现行法律框架内寻找制度突破的空间，一方面将企业与责任人员的刑事处理区分开来，另一方面也可以在合规不起诉之外，建立新的合规激励机制。

我们先来讨论第一个问题。原则上，在适用合规不起诉制度方面，我们应当将企业与企业家加以区别对待。尤其是大中型企业，已经建立了现代公司治理机构，有条件实施各类专项合规管理体系，企业也有能力对员工、客户、子公司、商业伙伴实施行之有效的内部合规监管。因此，对于这类具有合规建设意愿的企业，即便涉嫌较重的犯罪，检察机关仍然可以将其纳入附条件不起诉的适用对象，开展合规考察和合规监管，并作出相对不起诉的决定。在未来的刑事诉讼制度中，一个涉案企业实施有效合规计划的行为，应与犯罪情节轻微一起，同时成为适用相对不起诉的法定条件。对于涉嫌犯罪的单位内部责任人员，假如所涉嫌的犯罪确实较为严重，检察机关在对企业作出不起诉决定的同

---

① 参见陈瑞华：《企业合规视野下的暂缓起诉协议制度》，载《比较法研究》2020 年第 1 期；李玉华：《我国企业合规的刑事诉讼激励》，载《比较法研究》2020 年第 1 期。

时,仍然可以对其作出提起公诉的决定。

不过,假如企业确实涉嫌实施了特别严重的犯罪,而自身又具有强烈的建立合规体系意愿和条件的,检察机关究竟该如何处理呢?这涉及另一方面的问题。在笔者看来,对于企业犯罪造成的后果特别严重,性质特别恶劣的,检察机关确实不宜适用相对不起诉制度。但即便如此,检察机关仍然可以探索其他方面的合规激励机制。对于依法不适用相对不起诉的涉案企业,确实具有建立合规体系意愿,或者已经初步建立合规计划并愿意改善合规管理体系的,检察机关可以提出宽大的量刑建议,建议法院降低罚金额度。由此,对企业降低刑事处罚幅度,将成为一种新的合规激励机制。

(三)对"中小微民营企业"适用合规不起诉的难题

从各地检察机关的改革探索情况来看,适用合规不起诉的企业大都是一些存在经营困难的"中小微企业"。尤其是在2020年上半年出现重大疫情的特殊背景下,这些企业为了继续生存下去,可能从事了违法违规经营活动,如虚开增值税发票,制造、销售伪劣产品,生产、销售假冒注册商标商品,单位行贿,污染环境,骗取贷款,非法吸收公众存款,网络诈骗,等等。应当说,这些企业本身并不是为实施犯罪而成立的商业机构,而主要是因为管理制度存在漏洞和隐患而无法预防犯罪行为的发生,或者是因为存在经营、融资等方面的困难而不得不铤而走险。对这些企业及其负责人动辄提起公诉,并进而加以定罪判刑,不仅会导致企业遭受灭顶之灾,走向破产倒闭,而且会严重影响企业员工、客户、商业伙伴、投资人等众多人群的利益,酿成严重的社会问题,出现"办理一个案件,垮掉一个企业"的严重问题。① 正因为如此,对于这类"中小微企业"适用合规不起诉制度,可以对这类企业的制度模式、管理方式和治理结构进行实质性改造,消除其违法犯罪的制度"基因",对企业进行"去罪化处理",使其在接受一定时间的合规监管和合规考察之后,激活内部的自我监管机制,成为依法依规经营、传播合规文化的的商业机构。

但是,对于这类"中小微企业"适用合规不起诉也面临着三个难以克服的难题:一是这些企业无力缴纳高额的行政罚款,其他一些国家通行的合规激励方式无法得到适用;二是对这些企业连同其负责人应当同时给予宽大刑事处理,那种"放过企业,但要严惩责任人"的合规原理难以得到全面适用;三是对这些企业难以促使其像大型企业集团那样,建立较为完善的合规治理体系。

---

① 参见陈瑞华:《美国暂缓起诉协议制度与刑事合规》,载《中国律师》2019年第4期。

比较法研究表明，对涉嫌犯罪的企业处以高额罚款，是一些国家的检察机关推进暂缓起诉协议和不起诉协议的制度前提。通过向企业科处动辄数以千万甚至上亿美元的罚款，检察机关可以促使企业承担法益修补义务，展现悔过自新和建立合规机制的诚意，从而为合规机制的推行奠定基础。但是在我国，很多中小微企业没有承受这种高额罚款的能力，检察机关作为司法机关也没有行使行政处罚权的法律资格。假如我国检察机关也对涉案企业处以高额罚款，就有可能带来两个负面后果：一是涉案企业"雪上加霜"，走向破产倒闭；二是检察机关违法行使行政处罚权，出现越权现象。

根据企业合规的基本原理，对企业适用合规激励机制，要以严厉惩罚实施犯罪行为的内部责任人为前提。据此，一些国家的检察机关与涉案企业达成暂缓起诉协议的前提之一是企业对实施犯罪行为的内部责任人给予严厉惩戒，将其送交司法机关加以定罪判刑。甚至作为一种激励措施，企业主动披露司法机关未曾掌握的责任人犯罪情况的，还有可能获得程度不同的"合作奖励"（Cooperation Credit）。① 但是在我国，很多中小微企业的负责人在企业实施犯罪过程中，起到了组织者、领导者和策划者的作用，具有"直接负责的责任人员"的地位。检察机关在推行合规不起诉制度过程中，一般都要对涉案企业和这些责任人同时采取附条件不起诉措施，并在企业成功地推行合规监管措施之后，对企业和责任人同时作出相对不起诉的决定。检察机关假如在对企业推行合规监管机制的同时，动辄对企业负责人采取定罪量刑的处理，那么，这些作为企业"灵魂人物"的负责人或者责任人一旦被定罪判刑，这些企业就会出现生产经营困难、资金链断裂、业务和客户流失等连锁反应，企业仍然会面临灭顶之灾，甚至走向破产倒闭。

不仅如此，美国等基于多年的公司合规监管机经验，建立了较为完备的合规管理体系。② 但是，这种"有效合规计划"的标准往往适用于大型企业集团或者跨国公司，对于我国为数众多的"中小微企业"，尤其是带有家族经营色彩的民营企业，可能存在"水土不服"的问题。例如，要求在董事会之下设立合规管理委员会，设立为数众多并有较高预算支撑的合规部门，建立合规部门对企业业务活动的"一票否决制"，将合规管理嵌入企业生产经营的所有环节的合规管理要求就很难在中小微企业中得到推行。

---

① 参见尹云霞等：《企业能动性与反腐败"辐射型执法效应"——美国FCPA合作机制的启示》，载《交大法学》2016年第2期。
② 参见陈瑞华：《有效合规计划的基本标准——美国司法部〈公司合规计划评价〉简介》，载《中国律师》2019年第9期。

要解决上述难题，我们需要对企业合规机制进行必要的"本土化改造"，使其在发挥预防违法犯罪之功能的前提下，实现企业合规管理的"中国化"。① 例如，在对企业的处罚方面，尽管我国检察机关不享有行政处罚权，企业可能没有缴纳高额罚款的能力，检察机关仍然可以将企业赔偿被害人、补交税款、缴纳法定罚款、缴纳违法所得等作为对企业适用附条件不起诉的前提条件，也就是将企业纳入合规考察的根据。由此，企业承担法益修复义务的积极性就可以被调动起来。又如，尽管对于中小微企业要连同其内部负责人一并给予宽大刑事处理，但是检察机关也可以动员企业负责人在积极配合监管调查、主动采取补救措施的前提下，积极推动企业合规管理体系的建设，并根据企业推进合规管理体系的实际效果，以及企业负责人在进行制度整改和弥补管理漏洞等方面所发挥的作用，来决定是否对企业和负责人提起公诉。这可以激发企业负责人重建合规管理体系的积极性。再如，对于涉案的中小微民营企业，固然不能像对待跨国企业那样要求建立"西方式的企业治理体系"，但是一些最低限度的"有效合规因素"仍然是不可或缺的。检察机关需要将这些有效合规因素总结出来，使之成为督促企业建立合规管理体系的基本标准。

四、合规监管模式

在合规不起诉的制度安排方面，如何选择有效的合规监管模式已经成为检察机关亟待解决的重要问题。各地检察机关设立了多种制度模式，有的采取检察机关主导下的合规监管人模式，有的采取由外部专业机构担任独立监控人的监管模式，有的则采取由行政监管部门担任考察机关的监管模式。这些合规监管模式各有其利弊得失，可以进行各自的改革探索。不过，在未来将改革经验上升为法律制度的时候，有必要通过认真评估，做出适当的模式选择。

（一）检察机关主导监管模式

检察机关主导监管模式，是指检察机关与符合适用条件的企业签订刑事合规监管协议，后者制定有效的合规计划，并同意接受检察机关的监督和考察。检察机关设立刑事合规专员，该合规专员全流程参与对企业的合规监管，协助承办检察官完成对案件的审查、协议签订和监督考察等工作，并对检察官办理企业合规监管案件的过程实施内部监督。合规监管协议由检察官、刑事合规专员以检察机关的名义，与涉案企业进行签署。这种协议内容主要包括企业承担配合调查义务；企业承担赔偿被害人、缴纳罚款等补救性义务；企业制定刑事

---

① 参见陈瑞华：《企业合规的中国化问题》，载《法律科学》2020年第3期。

合规计划，建立可有效预防犯罪的合规管理制度；企业定期向检察机关报告合规计划的执行进度；协议考察期限以及履约或违约的法律后果，等等。①

在这一模式中，检察官和刑事合规专员主导着整个合规监管工作。根据合规监管协议的要求，企业应当指派高管人员或者聘请律师等专业人员，组建合规监管小组，以便制定和改进监督合规计划。检察机关也可以根据情况，聘请有合规经验的审计、会计、税务等专业人员作为外部监管人，协助企业制定合规计划，并监督合规计划的执行。可见，企业无论是组建合规监管小组，还是聘请外部监管人，都要在检察机关监控下实施合规监管措施，且都需要取得检察机关的同意。甚至在这些外部专业人员的薪酬支付上，检察机关都自行安排经费预算，不给涉案企业与这些外部专业人员发生利益勾连的机会，以便保证外部专业人员的独立性。

（二）独立监控人监管模式

所谓独立监控人监管模式，是指检察机关决定对涉案企业启动刑事合规程序后，责令涉案企业在合理期限内聘请独立监控人开展企业刑事合规。根据这一模式，检察机关与司法行政机关经过协商，共同确定外部监控人的名录，以备涉案企业从中聘请独立监控人。独立监控人一般由律师事务所、会计师事务所、税务师事务所等外部专业机构担任，要具有良好的诚信和市场形象，具备承担独立监督职责的专业知识和技能，拥有相关的业务经验，与案件没有利益牵连。在启动合规监管程序之后，涉案企业应提供3名独立监管人候选者名单；企业不能提供名单的，检察机关可以从独立监控人名录中选择3位候选者。检察机关经过与涉案企业进行充分协商，最终确定适合参与企业合规工作的独立监控人。独立监控人一旦被遴选出来，就要与涉案企业签署独立监控协议，协议载明独立监控人的权限、职责范围、履职方式、聘期、费用、权利义务以及违约责任等内容。独立监控人的工作报酬，一律由涉案企业支付。当然，上述协议要征得检察机关的批准。②

在企业与独立监控人签署监控协议后，独立监控人应就企业合规机制进行调查，帮助企业制定合规计划，协助检察机关监督合规计划的执行，并针对其履职情况和企业执行合规计划的情况出具书面监控报告，以供检察机关在是否作出公诉决定时参考。具体而言，独立监控人的职责主要有以下几项：一是对

---

① 深圳市南山区人民检察院采取了这一模式。参见《南山区人民检察院关于涉企业犯罪案件适用附条件不起诉试点工作方案（试行）》，内部发布稿。

② 深圳市宝安区人民检察院采取了这一模式。参见《深圳市宝安区人民检察院涉企刑事案件附条件不起诉使用办法（试行）》，内部发布稿。

涉案企业所在行业的情况、企业生产经营状况、违法历史、可能造成的社会影响、可替代处罚措施等进行调查，出具刑事合规调查报告，该项调查报告可以成为检察机关是否作出附条件不起诉决定的依据。二是协助涉案企业提出有效的书面合规计划，合规计划主要包括拟采取的补救挽损措施；拟构建的刑事合规制度，如合规管理规章、合规审查监督体系、合规风险预警机制、合规审查评估机制、违规行为上报机制、合规奖惩机制、合规文化培养体系等。三是在附条件不起诉的考验期内，独立监控人协助检察机关对涉案企业进行监督考察，督促企业执行合规计划，发现有不合规行为的，及时向检察机关报告，并督促企业加以整改。四是定期向检察机关提交企业监督考察的阶段性报告，在考验期届满之前，提交综合性监督考察报告，检察机关以此意见为参考，作出是否提起公诉的决定。

（三）行政部门监管模式

所谓行政部门监管模式，是指检察机关在审查起诉过程中，对于符合适用合规考察条件的企业，委托政府行政部门担任考察机关，对企业实施合规计划的情况进行监督考察的制度。根据这一模式，检察机关可以委托政府行政主管部门或者企业所在街道、乡镇政府部门担任考察机关；检察机关决定对涉案企业进行合规考察的，应要求涉案企业出具合规建设接受考察承诺书，并通知考察机关进行监督考察。检察机关在考察期间，应加强与考察机关的沟通联系，确实掌握涉案企业合规计划的实施情况，针对合规建设中存在的问题，及时向涉案企业提出整改意见。①

在合规考察期内，考察机关应对涉案企业执行合规计划的情况进行全流程监督考察。考察机关的考察职责主要包括：督促企业切实有效地实施合规计划，要求企业聘请律师参与合规建设，对企业定期向考察机关提交的关于合规整改和实施情况的书面报告进行分析，并对进一步的合规实施作出安排。考察期届满后涉案企业应向考察机关提交书面的合规自查报告。在此报告的基础上，考察机关根据考察情况，向检察机关出具涉案企业合规考察评估报告，并提出是否提起公诉的意见。检察机关以此为参考，作出是否提起公诉的决定。

（四）合规监管模式的选择

合规监管模式的选择归根结底要确保涉案企业有效地执行合规计划，进行必要的制度整改，实现预防犯罪的目标。从这个角度讲，检察官主导监管模式

---

① 浙江省宁波市人民检察院采取了这一模式。参见《宁波市检察机关关于建立涉罪企业合规考察制度的意见（试行）》，内部发布稿。

具有一定的制度优势,检察官可以直接对企业进行监督考察,与企业签署合规监管协议,监控企业实施合规计划的全部流程。独立监管人监管模式则可以借助于外部专业机构的力量,在检察机关的宏观监督下,让企业获得全流程的合规指导,保障合规监管的独立性、专业化和权威性。这有助于企业针对特有的合规风险实施行之有效的专项合规计划。相比之下,行政机关监管模式可以使检察机关获得行政监管部门的协助,以便对企业进行有针对性的合规监管。毕竟,企业所实施的犯罪一般属于"行政犯",都是违反行政法规在先,后因情节严重才被采取刑事立案侦查措施。而行政监管部门既对企业负有监管责任,也熟悉特定领域的监管法规,所从事的合规监管活动更具有权威性。针对企业涉嫌实施的相关犯罪行为,承担诸如税务、市场监管、证券监督管理、海关、环境保护等领域监管职责的行政机关有能力对企业展开有效的合规监管,制定专业化的合规指引,展开基于风险的合规评估活动。

但是,合规监管模式的确定,还要考虑合规监管的实际有效性,以及相关成本投入和法律风险等方面的情况。从这一角度来看,上述三种监管模式也具有各自的局限性。例如,检察机关主导监管模式可能需要检察机关设立专门的合规监管机构,投入大量的人力物力和其他司法资源。但在目前检察机关办案压力越来越大的情况下,如何以有限的人才资源应对未来的合规监管工作,这将是一个非常紧迫的现实难题。与此同时,无论是建立合规机制,还是实施合规计划,都是专业性极强的公司治理工作。而仅仅依靠检察机关内部的专业人才,究竟能否胜任繁重的合规监管工作,也是一个需要考虑的问题。又如,检察机关假如采取独立监控人监管模式,引入外部的律师事务所、会计师事务所、税务师事务所等专业机构参与企业的合规监管工作,就像法院引入"破产管理人"参与破产管理那样,也会面临如何有效对外部监控人实施监管的问题。毕竟,在外部监管人从企业领取报酬的情况下,两者容易产生一定的利益勾连,尤其在企业给予或者承诺给予较大经济利益时,独立监管人能否保持合规监管的独立性,遵守基本的执业行为准则,这也是不能不令人担忧的问题。再如,检察机关委托行政机关实施合规监管,将会面临行政监管部门积极性不高、合规监管流于形式的问题。毕竟,在企业涉嫌经济犯罪的情况下,行政监管部门不再对案件行使行政调查权和行政处罚权,而检察机关与行政机关又没有行政隶属关系,检察机关如何能确保行政机关有效地开展合规监管工作呢?

如此看来,上述三种监管模式既有一定的现实合理性,也有各自的制度局限性,似乎都不是一种理想的合规监管模式。有些检察机关基于这种认识确立了行政监管和专业监管并行的监管模式①，这或许是一种无奈的制度选择。在笔者看来，无论如何，检察机关亲自对涉案企业实施合规监管，这可能不是一种具有可持续性的制度安排。从西方国家从事企业合规监管的经验来看，检察机关委托或者责令企业聘请外部专业机构担任"合规监督员"或"合规协调人"，这都是行之有效的合规监管经验。②但是，西方国家的监管部门经常将那些在本部门工作过的前雇员任命为合规监管人，如将在检察机关工作过的前检察官，在转行从事律师业务后，任命为合规监管人；将在行政监管部门工作过的前雇员，后来从事会计、审计、税务等专业服务的，任命为合规协调人。这尽管有助于提升合规监管的专业化和权威化，也便于监管部门与合规监管人的工作协调，但也带来了诸如利益冲突等方面的难题。而在我国的法律制度下，检察机关确定一个合规监管人名录，引入外部专业机构担任合规监管人，固然是一个大势所趋的事情，但是，如何加强对合规监管人的监管，在保证其合规监管工作权威性和专业性的前提下，确保其监管工作的独立性，避免合规监管人与被监管企业发生过多的利益牵连，防止出现合规监管中的舞弊和不诚信问题，这将是一个亟待解决的制度难题。对于这一问题，检察机关在探索合规不起诉制度过程中，可以进行多方面的改革试验，通过大胆试错，评估改革效果，寻找一种适合我国情况的行之有效的监管方式。这将是一个需要持续探索的改革过程。

五、专项合规指引

在适用合规不起诉制度过程中，检察机关对涉案企业通常有五个环节的合规考察：一是确定企业是否具有合规意愿；二是确定企业是否提交了合格的合规计划，或者作出了令人满意的合规承诺；三是与企业签署合规监管协议，就企业建立合规计划提出具体要求，并确定合规监管考察期；四是委托外部合规监管人对企业进行持续不断的合规监管，跟踪企业的合规实施过程，对其合规进展情况提供报告；五是在合规考察期结束之前，接受独立监管人的合规评估报告，审查企业的合规自查报告，确定企业是否实施了有效的合规计划，作出是否提起公诉的决定。

但是，通过认真研读一些检察机关的相关规范性文件，我们就会发现目前

---

① 浙江省岱山县人民检察院采取了这一模式，参见《浙江省岱山县人民检察院涉企案件刑事合规办理规程（试行）》，内部发布稿。

② 参见尹云霞、李晓霞：《中国企业合规的动力及实现路径》，载《中国法律评论》2020年第3期。

检察机关只是笼统地提出了"有效合规计划"的要求，虽然也提到了诸如"堵塞制度漏洞""消除制度隐患""防范合规风险"等方面的要求，但没有提出有针对性的合规指引。而在专项合规指引和合规标准的制定上，各地检察机关普遍没有做好相关的改革试验配套准备。那么在没有可行的专项合规指引的引导下，检察机关如何确定企业"具有合规意愿"并提交了合格的合规计划呢？检察机关如何与其签订可操作的合规监管协议呢？对于外部监管人的持续合规监管工作，检察机关如何加以引导和评估呢？不仅如此，对于在考察期结束前的最终合规评估工作，尤其是对于涉案企业是否实施了有效的合规计划，检察机关如何确定一个相对客观的评判标准呢？一言以蔽之，检察机关如何防止自由裁量权的过度适用，对不同企业采取大体公平一致的合规评估标准呢？

很显然，要进行合规不起诉制度的有效探索，就需要各地检察机关制定可行的企业合规指引，为企业制定合规计划、实施合规管理、防范合规风险、完善合规治理体系设定基本的评价标准。唯有建立一套行之有效的合规指引，检察机关才能监督企业进行实质性整改，使其对原有管理模式和经营方式进行"除罪化"处理，及时处理那些实施过违法犯罪行为的内部责任人，有效消除相关管理制度的隐患和企业监管机制的漏洞，督促其依照有效合规的理念，重新建立合规管理体系，完善公司治理结构，实现企业在防范合规风险、识别违规行为和应对违规事件等方面的良性循环。① 那么，检察机关究竟应督促企业建立怎样的合规管理指引呢？

首先，一套有效的合规管理指引一定是基于风险防控的专项合规计划。

每个企业所从事的经营业务都不尽相同，企业规模、治理结构、管理模式、合规风险、违规事件的发生情况都具有不同程度的差异。企业合规是一种基于合规风险防控所建立起来的治理方式。而所谓合规风险，是指企业因为违法违规所可能遭受的行政处罚、刑事责任追究以及由此带来的间接损失，包括可能受到的资格剥夺、交易机会丧失和社会声誉降低等损失。企业合规并不是一种"大而全"的管理体系，更不是"一揽子依法依规经营的制度保证"，而是针对特定合规风险所建立的一套合规风险防控体系。简言之，一个企业在哪个领域经常出现违法违规事件，这个企业就要针对这种风险建立旨在避免这类违规事件再次发生的内部监控体系，这就是企业合规的本质之所在。②

---

① 参见时延安：《单位刑事案件的附条件不起诉与企业治理理论探讨》，载《中国刑事法杂志》2020年第3期。

② 参见陈瑞华：《企业合规基本理论》，法律出版社2020年版，第91页。

目前，我国企业涉嫌实施的违法犯罪行为，主要是那些涉及破坏市场管理秩序和社会管理秩序的经济类犯罪行为，包括生产、销售伪劣商品，实施商业贿赂，走私，破坏金融管理秩序，危害税收征管，侵犯知识产权，扰乱市场秩序，破坏环境资源保护，危害网络安全和侵犯个人信息等。针对我国企业经常出现的上述违法犯罪类型，检察机关有必要制定专门性的企业合规管理指引。例如，检察机关可以根据本地区的情况，制定产品质量合规指引、税收征管合规指引、金融管理合规指引、知识产权保护合规指引、反洗钱合规指引、反商业贿赂合规指引、环境保护合规指引、数据保护合规指引等。在针对某一特定企业适用合规不起诉制度时，检察机关应当根据该企业涉嫌实施的犯罪类型，将所发布的某一合规指引，确定为对其进行合规监管的基本标准。

作为有效合规指引的主要标志，检察机关需要针对每一种专门的违法犯罪事件，督促企业制定专项合规政策和行为指南。原则上，合规政策要将法律、法规、部门规章和行业规范中有关的实体性规则全部包容进来，形成一部具有"使用说明书"效力的员工行为手册。检察机关所发布的专项合规指引，应当为企业发布专项合规政策设置基本的要求，指导企业避免再次发生相关犯罪的危险。

其次，企业需要建立一套权威、独立和高效的合规组织体系。

很多企业之所以走上违法犯罪的道路，往往是因为没有建立一套合规组织体系，既没有设立专门的合规管理机构，也没有安排必要的合规管理人员，导致在合规风险防控方面无人负责的局面。要避免企业再次出现违法犯罪行为，检察机关需要督促企业建立最基本的合规组织体系。目前，欧美国家在建立合规组织体系方面有一套较为成熟的经验。但这种合规组织体系往往对于大型或者超大型企业集团更为适用。而我国检察机关所处理的单位犯罪案件大都是一些"中小微企业"涉嫌的经济犯罪案件。对于这些企业的合规组织体系重建，我国检察机关不可能照搬照抄西方国家的经验，而需要建立有针对性的合规组织体系。

简要来说，我国检察机关在发布合规指引时，需要根据三个原则督促企业建立合规组织体系：一是权威性原则，赋予合规部门和合规官员较高的行政级别，使其在公司管理体系中具有较高的行政权威，必要时对于具有合规风险的业务可以提出质疑，建议最高管理层予以否决；二是独立性原则，将经营治理体系、财务管理体系和合规治理体系进行基本的分离，对合规管理部门进行独立的设置，而不与经营部门、财务管理部门发生管理职能的交叉或者混淆；三是高效性原则，将合规管理嵌入企业经营管理的所有环节，使合规管理成为所有公司管理事务的前置性程序。①

再次，一套有效的合规管理指引应当发挥有效的防范、识别和应对作用。

检察机关在发布专项合规指引时，应当督促企业建立行之有效的合规实施程序。这主要包括三个方面的内容：一是防范机制，也就是有效防范合规风险，防止员工、客户、第三方和被并购企业出现违规行为的预防性管理机制，包括定期的合规风险评估、有针对性的合规尽职调查、合规培训和合规内部沟通和宣传等。二是识别机制，也就是对企业违规行为的雷达预警机制，包括自下而上的合规风险报告、自上而下的合规巡视、独立的合规审计和违规行为举报机制。三是应对机制，也就是在违法犯罪行为发生后，企业所采取的积极配合、有效补救和实质性整改机制，包括违规事件的内部调查、对企业员工的反舞弊调查、对违法犯罪员工的惩戒、合规漏洞的评估以及改进合规管理体系的方案。②

最后，一套有效的合规管理指引应当实现行政监管合规与刑事合规的有效衔接。

检察机关所发布的专项合规计划，并不仅仅着眼于企业刑事法律风险的防控，而应将合规监管的视角延伸到行政监管环节。我国企业经常实施的犯罪案件几乎都属于"行政犯"，也就是由行政违规行为转化过来的犯罪行为。按照我国现行的法律体系，行政机关对行政不法行为的监管调查通常是公安机关采取立案侦查措施的前置性程序，这种监管调查往往是必经程序，行政机关经过监管调查，只有认为案件属于"情节严重"并达到构成犯罪的程度，才会移交公安机关启动刑事立案程序。检察机关则是在公安机关侦查终结后移送审查起诉后，才会启动审查起诉程序。正因为如此，检察机关在适用合规不起诉制度时，假如仅仅依靠自身力量单独推出专项合规计划，那么这种合规计划对于预防企业实施特定违法违规乃至犯罪行为难以发挥有效的作用。

其实，真正有效的专项合规管理体系，应当是一种行政监管和刑事执法一体化的管理机制，也就是将企业的行政违法和犯罪行为统一纳入合规体系的预防对象。根据法秩序统一性的原则，企业实施行政不法行为是构成"行政犯"的前提条件，而一个就连行政不法行为都不构成的行为，通常也不构成任何犯

---

① 参见陈瑞华：《律师如何开展合规业务（一）——合规计划的打造》，载《中国律师》2020年第8期。
② 参见陈瑞华：《企业合规制度的三个维度——比较法视野下的分析》，载《比较法研究》2019年第3期。

罪行为。① 要督促企业建立预防犯罪的机制，就需要企业实施防范行政违法行为的合规机制。相反，一个无法有效阻止企业实施行政不法行为的企业治理方式，会对企业的违法乃至犯罪行为产生纵容甚至激励作用。因此，基于"防微杜渐"的考量，检察机关在发布专项合规指引方面，应当与相关行政监管部门一起将行政不法行为和犯罪行为都作为预防的对象。

例如，要防止企业再次实施虚开增值税发票、走私等涉及危害税收征管秩序的犯罪行为，检察机关就需要与税务管理部门一起，发布统一的"税收征管合规计划"，将税收领域的违法行为和犯罪行为都纳入到合规监控对象。又如，要避免企业再次实施单位行贿、向单位行贿、单位受贿等商业贿赂行为，检察机关需要与市场监管部门一起，督促企业建立反商业贿赂合规计划和反不正当竞争合规计划，将那些行政领域的商业贿赂行为和刑事领域的贿赂犯罪行为都纳入合规监控的对象。再如，要解决企业再次实施反洗钱犯罪、网络犯罪、损害环境保护方面的犯罪，检察机关就需要与银行监管部门、证券监管机关、网络安全管理机关、环境保护部门等共同发布专门的反洗钱合规计划、数据保护合规计划、环境保护合规计划，将那些发生在上述三个领域的行政不法行为和犯罪行为都作为合规监控的对象。

六、合规不起诉的公开性和透明度问题

根据一些国家的改革经验，检察机关对于企业适用合规激励机制，与企业达成暂缓起诉协议或者不起诉协议，要保持基本的公开性和透明度，让对企业进行合规监管的全部流程接受社会公众的监督。为此，检察机关需要将暂缓起诉协议或不起诉协议文本予以全面公布，案件处理的流程也要公之于众。② 甚至为防止个别检察官过度适用自由裁量权，英国、法国、加拿大、澳大利亚、新加坡等国家在引入刑事合规机制时，只是借鉴了美国的暂缓起诉协议制度，而没有引入不起诉协议制度，因为前一种制度可以使检察机关与企业达成和解协议、对企业进行合规监管的全部过程，都能接受法院的司法审查，并保证其公开性和透明度。③

我国一些地方检察机关在探索适用合规不起诉制度时，也注意到了保持这一制度公开性和透明度的问题。例如，检察机关在决定对某一企业适用合规考

---

① 参见陈瑞华：《行政不法事实与犯罪事实的层次性理论——兼论行政不法行为向犯罪转化的事实认定问题》，载《中外法学》2019年第1期。

② 参见马明亮：《作为犯罪治理方式的企业合规》，载《政法论坛》2020年第3期。

③ 参见陈瑞华：《暂缓起诉协议的司法审查模式》，载《中国律师》2019年第10期。

察或者作出附条件不起诉决定之前,要听取侦查机关、被害人及其诉讼代理人的意见。又如,在合规考察期结束之前,检察机关可以举行公开听证会,召集涉案企业、侦查机关、考察机关或者合规监管人、被害人等各方参与,听取涉案企业的合规自查报告和考察机关或合规监管人的合规考察评估报告,最终决定是否提起公诉。

这些改革措施对于适度限制检察机关的自由裁量权,增强合规不起诉制度的公信力,无疑是具有积极意义。但是合规不起诉改革必然会使一部分涉案企业获得较为宽大的刑事处理,这很容易令人对适用的公平性和平等性产生担忧。同时,对于合规考察期的确定、合规考察机关或合规监管人的遴选、合规管理体系的实施,社会公众也有可能提出诸多方面的疑问。为消除这些疑虑和担忧,尽量减少这类改革探索可能带来的政治风险和社会风险,检察机关有必要从战略的高度,加强这一制度探索的公开性和透明度,减少检察官过度适用自由裁量权的空间,并将这些原则贯彻在一系列相关制度设计之中。

首先,在审查起诉阶段,对于涉案企业具有合规建设意愿并出具初步合规计划的,检察机关可以将其作为合规考察或者合规监管的对象。对于这些企业,检察机关在听取各方意见或者召开听证会的前提下,应将其具体情况连同合规考察申请书、合规计划或者合规承诺书一并予以公布,接受社会各界的监督。为此,有必要建立合规考察或者合规监管"公示制度",设置异议期,在出版物或者专门网站上公布相关信息,接受各界可能提出的异议。

其次,检察机关作出合规考察或者附条件不起诉决定的,应当将合规考察或合规监管决定书、合规考察机关或者合规监管人、合规监管协议书等,公布到专门出版物或者检察机关网站上。社会各界都可以对企业是否符合合规监管条件、考察机关的资质、合规监管人的资格、合规监管协议的合法性等进行投诉,进行全方位的监督。

再次,在合规监管考察期结束之前,检察机关准备召开听证会的,应当将企业合规自查报告、合规考察评估报告以及检察机关拟作出不起诉的决定等,再次公布在专门出版物或者检察机关的网站上,接受社会各界的监督,如有异议和投诉,检察机关应当在决定是否起诉时一并加以考虑。

最后,在作出相对不起诉决定后,检察机关应将对涉案企业作出合规考察或合规监管的全部材料和协议文书,根据办理案件的年份和编号予以公布,持续不断地接受社会各界的监督。任何人只要登录检察机关的网站,就可以查阅每一起合规不起诉案件的全部合规监管协议或决定文本。

七、余论

目前，企业合规不起诉制度的改革探索刚刚开始，各地检察机关纳入改革试验的案例还不是很多，这一改革究竟能否发挥改革者所预期的积极效果，还需要改革者进行持续不断的跟踪考察、实证研究和效果评估。鉴于以往刑事司法领域诸多改革的经验和教训，笔者建议各地检察机关根据本地情况探索出各具特色的合规不起诉制度模式。同时，有关部门也要给予各地检察机关更为宽松的探索时间，不必急于确立一种"大一统"的合规不起诉制度模式，尤其是要将提交全国人大常委会授权部分地区进行合规不起诉改革试点的时间尽可能延后一些。经验表明，唯有给予各地检察机关更多、更长和更为从容的改革空间，合规不起诉制度的改革探索才能真正发挥试错功能，使得不合理的制度设计被自然淘汰，使得那些真正富有生命力的制度脱颖而出，并逐渐上升为正式的法律制度。这其实是一种重要的"法律发现"过程，有助于改革者发现一种适合中国情况的企业合规不起诉制度。

（原载于《中国刑事法杂志》2021年第1期）

从实体到程序：
刑事合规与企业"非罪化"治理

陈卫东[*]

我国调整市场经济的法治模式是以刑法为主导的控制型经济管理模式，在该模式下，刑事法律风险已经成为企业特别是民营企业在发展过程中面临的最大风险。仅刑法中规定的企业可能涉嫌的罪名就高达五十余条[①]，再加之近年来的诸多复杂环境因素的影响，刑事法律风险对于我国民营企业及企业家来说犹如"达摩克利斯之剑"。[②]

"给企业减压，给企业家松绑"，有效地消解企业面临的刑事法律风险，已然成为刑事法学界无法绕开的科研任务。解决问题的出路，必然是优化企业犯罪领域的法律控制模式，强化"非罪化"[③] 治理的功能与价值。而刑事合规的"异军突起"，使得这一命题越发具备新的理论面相：从实体到程序，刑事合规在企业"非罪化"治理上均展现出独特的理论与实践价值，这为我们探索更多的学理解释和实践应用空间提供了新的视角，同时也引出了若干亟待回应的热点话题。

一、企业"非罪化"治理的价值与方法

（一）企业"治罪"的社会隐忧

对于企业而言，最重要的不是"罪多罪少"或者"罪行轻重"的问题，

---

[*] 中国人民大学法学院教授。
[①] 除了刑法之外，我国还有不少单行法律中也涉及企业刑事责任，比如商标法、专利法、土地法、文物保护法、税收征收管理法等。
[②] 民营企业家触犯频次最高的五大罪名，分别是非法吸收公众存款罪、虚开增值税专用发票罪、职务侵占罪、合同诈骗罪、单位行贿罪。
[③] 非罪化（Decriminalization）也称除罪化、出罪化或非刑事化，是指对有关行为取消刑事处罚，但仍可适用监管、矫治或罚款，而不再列为刑事犯罪。

而是是否确定有罪的问题,因为有罪判决本身就可能使企业污名化,失去市场经营资格或者参与公共项目的机会。对企业而言,"被定罪"是最严厉、最致命的风险,它所带来的消极后果往往是个人、企业乃至社会所难以承受的。无论是重罪或轻罪,无论是罪轻或罪重,刑法风险的"兑现"带来的都会是沉重之负担。

涉案企业一旦入罪,那么定罪和刑罚的附随后果足以摧垮整个企业。研究表明,企业一旦涉罪判刑,不但要承担巨额的财产损失,还可能因为定罪带来的相关附随后果而导致企业一蹶不振,企业等于被判处了"死刑"。这种现象不仅在中国存在,而且在世界范围内,也已成为一个严峻的社会问题。例如,在欧洲,任何因涉嫌腐败而被定罪的公司,根据欧洲法律将自动失去在欧洲境内进行活动的权利。此外,起诉和惩罚企业会严重损害公司的投资者、雇员、养老金领取者、客户等无辜的第三人的利益,形成所谓"水波效应"①。所以,对于企业犯罪行为的追诉,有时是一种"双输"甚至"多输"的结果。面对这种情况,如何从"出罪"角度对涉罪企业进行"非罪化"治理——包括实体上的无罪判定和程序上的"出罪"处理,将企业的外部责任由刑事处罚转变为其他性质的法律责任,尽量减小"标签效应"②带来的负面影响,显得意义重大。

(二)企业"入罪"高风险的成因

通常而言,企业从事的经济活动是由民事法律来调整的,刑事法律一般不会主动介入市场经济。从世界范围内看,凡是涉及经济犯罪的立法都是极为慎重。这是因为,经济领域有民法,它是调整市场经济的基本法,由它所主导的权利义务领域,哪怕是强势如刑法也不能随便介入。刑法的介入必须以严重的社会危害性和确凿的证据为要件。我国企业刑事法律风险畸高的现状,受到复杂时代环境的诸多因素的影响③,但是同时应当承认,我国刑事法律制度和刑事司法习惯的非理性因素也"难辞其咎"。

这些原因归纳起来,主要包括:其一,国家法律在企业管控上有着明显的刑事主导倾向,形形色色的罪名为企业布控了"严密法网",稍有不慎就可能

---

① 企业犯罪适用刑罚后的"水波理论",是指惩罚企业以后,其不利后果就像水波扩散一样,会导致很多无辜第三人受到波及。

② 真正的企业家都会把企业声誉视为企业生命,声誉全失是企业最大的刑事风险。定罪带来的除了刑事处罚,更重要的是企业信誉的毁损,企业等于被贴上不良信誉的"标签",这在熟人社会是极为严重的,企业的经营风险将急速增大。

③ 中国市场经济正处于转型之中,适应市场经济的法治理念和机制还未形成。企业、权力寻租、法律模糊不清等交叉在一起,形成了特殊的法律风险。

涉嫌犯罪。这种维持市场经济秩序的刑法控制模式与现代企业治理规律存在一定出入。① 其二，刑法的诸多罪名涉及刑民交叉领域，适用上存在非理性因素。包括非法集资罪、虚报注册资本罪、集资诈骗罪等涉民营企业的常见罪名，近年来在正当性和合理性上饱受质疑。其三，一些市场行为在违法和犯罪上难以找到严格的区分标准，违法问题有可能被当作犯罪处理，给企业带来更多入罪风险。而且，我国刑法规定了很多"空白罪状"，给司法机关作刑事处理留下较大的自主空间。其四，司法体制机制的滞后性也给企业法律风险的事后救济带来难题。

根据以往的制度框架与司法实践，刑事法律对于市场经济的保护和救济，基本上是通过罪后的刑罚惩治手段来发挥作用的。这种方式体现传统的刑罚报应论价值，强调以整体、抽象的视角看待市场经济的宏观法秩序，认为对涉罪企业及其责任人施加严厉的刑罚手段就能实现消除犯罪主体社会危险性和保护宏观法秩序的目的。但是事实表明，传统的"简单威慑"做法不仅难以达到预期的威慑效果，反而容易使企业面临更大困境，陷入"威慑陷阱"之中。② 正如学者所言，建立在单一的刑罚威慑框架之下的企业犯罪控制很难起效。③ 从世界范围内看，我国刑事法制和司法习惯对于企业犯罪的惩治体系不可谓不严厉，但是从效果来看，严刑峻法并没有起到遏制企业犯罪高发事态的效果。实际上，温和的法律能够使一个民族的生活方式更具人性，向公民传达政府的理性、宽和精神。刑法作为手段最严厉的部门法，在对不法行为施加一定的惩罚来实现保护法益目的同时，其"双刃之剑"的特性也时刻向人们传达着危险信号，用之不当，则国家与公民两受其害。因此，国家行使定罪权和刑罚权应有所克制：凡是用其他法律手段足以抑制某种违法行为时就不要将其规定为犯罪，凡是能够适用较轻的制裁方法就足以抑制某种犯罪行为时就不要规定较重的制裁方法。

刑法的谦抑性品格要求国家应当以最小的刑罚支出以获取最大的社会效益。如果犯罪的成立标准不符合"罪责自负"的要求，那么就会极大地降低

---

① 民营企业面临的刑事法律风险如此之大，深层次原因在于中国现阶段采取的是以刑法为主导的经济控制模式，加上法律的模糊性、空白性，造成我国市场经济中不少经济行为缺乏可预测性。易言之，我国民营企业目前面临的法律风险主要是来自传统积极控制模式下的刑法风险。

② "简单威慑"（Simple Deterrence），是指事先在违规行为上贴上具体的违法价格标签，当违法行为被判定时，违规者就必须按照既定的价格买单，而不管该价格是否合理以及该价格是能够以让不合规者感受到被惩罚的苦痛。Christine Parker, The "Compliance" Trap: The Moral Message in Responsive Regulatory Enforcement, 40 Law&Society Review 591, 591 – 612（2006）.

③ Sally S. Simpson, Corporate Crime, Law and Social Control, Cambridge University Press, 2002, p. 154.

理性行为人对刑法的合理预期,并且给行为人带来额外的刑事风险,社会成员(包括单位和个人)不安感明显上升。因此,如果现行法过于严苛,就要考虑从重塑"归责理论"和调整刑事制度调整上给社会减压,在刑事制度上引入更多的"出罪"因素。同时,司法程序可以在很大程度上实现这一目标:如果刑法的严苛适用不符合公共利益标准,那么就要慎用刑法上的手段;如果刑罚不利于实现特殊预防,那么就要考虑诉诸"非刑罚"措施。

(三)企业"非罪化"治理的契机

党的十九大报告强调,要"毫不动摇鼓励、支持、引导非公有制经济发展""支持民营企业发展,激发各类市场主体活力""激发和保护企业家精神,鼓励更多社会主体投身创新创业"。当前,从中央到地方,从实务界到理论界都在围绕民营企业权利保障问题而共同努力,"打造良好营商环境"更是成为各地政府的工作标签。习近平总书记在民营企业座谈会上发表关于保护民营企业的重要讲话后,民营企业和民营企业家的刑事保护问题得到持续关注。最高检明确表态,在刑事司法中,保护民营企业合法权益,严禁以刑事手段介入经济纠纷,做到"少捕慎诉慎押"。从地方实践来看,为了避免出现"办了一个案件,垮掉一个企业"的后果,不少地方以认罪认罚从宽为思路,制定了"符合从处理条件的一律从宽,可捕可不捕的一律不捕,可诉可不诉的一律不诉,符合缓刑条件的一律建议法院适用缓刑"的办案标准。

刑事合规,是指为避免因企业或企业员工相关行为给企业带来的刑事责任,国家通过刑事政策上的正向激励和责任归咎,推动企业以刑事法律的标准来识别、评估和预防公司的刑事风险,制定并实施遵守刑事法律的计划和措施。[①] 目前,"企业合规"受到我国决策层的高度重视,中央各部委密集发布了一系列企业合规的指导性文件[②],为传统企业治理模式向更高形态的企业合规升级营造了宏观政策环境;在国家立法层面,包括反不正当竞争法等已规定了"合规激励机制",为刑事合规的重点突破创造了前置性制度条件。加强刑事合规理论研究、推动刑事合规制度建设,已成为一种时代呼声。

企业犯罪治理现代化是国家治理体系与治理能力现代化的重要组成部分。刑事合规在实现企业"非罪化"治理中的核心价值在于:一个企业涉嫌犯罪

---

① 孙国祥:《刑事合规的理念、机能和中国的构建》,载《中国刑事法杂志》2019年第2期。
② 例如,为推动中央企业全面加强合规管理,加快提升依法合规经营管理水平,着力打造法治央企,保障企业持续健康发展,国资委于2018年11月制定并印发了《中央企业合规管理指引(试行)》;国家发改委、外交部、商务部等七部门则于2018年12月联合印发了《企业境外经营合规管理指引》。

后，如果建立并实施了有效的合规计划，就能以其作为出罪抗辩事由，争取不被定罪或者宽大处理的结果。可以说，刑事合规在企业"出罪"中可以担当重要角色，有效契合了社会对于企业"非罪化"治理的客观诉求。

二、从实体到程序：刑事合规在企业"非罪化"治理中的基本路径

对于企业来说，定罪本身足以摧毁企业，企业进行自我改造的最大动力甚至是唯一目的必然是谋求"非罪"的结果。因此，有必要从制度构建上引入实体认定上的不作犯罪处理和程序处置上的不予追诉的方法，可分别称为"实体出罪"和"程序出罪"。前者是指实体上的"非罪认定"，旨在阻却单位犯罪的成立，从而避免单位被"定罪"；后者是指程序上的"出罪处理"，旨在对于业已构成犯罪的企业，符合特定情节，作出不起诉决定。

（一）企业责任本质上属于刑事合规责任

要解决"出罪"问题，必先厘清"归责"问题。毫无疑问，与传统的自然人犯罪相比，单位犯罪在归责理论上具有显著的特殊性。这种特殊性与企业作为一个独立的社会组织体密切相关，需要从新的理论视角予以解释。基于企业犯罪罪责理论的特殊性，刑事合规构成了企业犯罪的两种"非罪化"治理方式的核心要素。

企业犯罪的本质是单位犯罪，而且是一种较为典型的单位犯罪。我国刑法对单位犯罪的处罚是"双罚制为主，单罚制为辅"，其中"双罚制"是指"单位犯罪的，对单位判处罚金，同时对单位直接负责的主管人员和其他直接责任人员判处刑罚"。因此，在企业犯罪的刑事归责上，多数时候可以分离出"单位责任"和"单位成员责任"。在对企业犯罪进行"非罪化"的理论研究和制度构建时，必须要对这两种责任的逻辑关系和归责机制予以厘清。

1987年海关法首次将单位规定为走私罪的主体，开创了中国惩治单位犯罪的先河，单位犯罪条款此后以单行法和一般法的形式累积确立。从彼时起，有关单位犯罪刑事责任的理论争议和实践难题便层出不穷。直至现在，学界和实务界对诸多要点问题也未能形成统一的认识。但是在论及企业犯罪的"非罪化"议题时，一些观点值得借鉴和思考。20世纪末到21世纪初，"组织责任理论"兴起，成为21世纪企业刑事归责理论的发展方向。该理论认为单位是一个有生命的有机体，单位责任不依赖于自然人的行为和主观过错而发生，单位有自己独立的意志，因此也有着独立的犯罪故意或过失。根据"组织责任理论"，由合规总则、合规组织体系、禁止违规行为的员工手册，以及防

范、识别、应对体系所组成的完整的有效合规计划,说明企业对违法犯罪行为持"零容忍"的态度,建立了很好的企业文化和管理体系,合规体系在预防违规和犯罪方面发挥了积极的作用。① 这种情况下,企业既没有犯罪的故意,也没有犯罪的过失,因此不成立犯罪。可以看出,所谓企业责任在本质上一种刑事合规责任,这与自然人犯罪有着本质的区别,而企业内部的任何人(包括企业高管)犯罪一般可以归类于自然人犯罪。易言之,有效的刑事合规可以切断企业犯罪和高管犯罪的必然联系,企业高管虽然直接参与企业的运营和决策,掌控着企业最核心的资源和信息,大多时候行使着企业的实际控制权,但是他们的决策和行动只有在属于企业授权范围和符合企业合规要求的情况下,才能体现为企业的意志和行为。正是基于对单位犯罪和单位成员在责任构造上的不同认识,在涉企业犯罪的场合,企业责任和企业成员的责任应当是相互分离的:是否追究单位的责任,不影响对单位成员的责任追究;是否追究单位成员的责任,也不影响对单位责任的追究。

(二) 实体上的"非罪"判定:充分利用法教义学解释方法

"定罪免刑、减轻处罚不足以激励企业,对于企业合规计划的推进而言,无罪认定能给予企业更大的动力。"② 部分国家将有效的合规制度作为阻却犯罪成立的法定事由,如意大利 2001 年颁布的第 231 号法令第 6 条规定,如果公司能够证明在犯罪行为发生之前业已确立旨在防止该类犯罪行为的管理体制并且该体制得以有效运行,公司可以免于承担责任。但是应当认识到,实体"出罪"与一个国家刑事法律所采纳的归责理论和归责原则密切相关,实体"出罪"的可行性是有一定条件限制的。

在美国,主流的单位犯罪归责模式是代位责任,这一点在《联邦量刑指南》以及联邦巡回区上诉法院的系列判决,都有体现。代位责任带来的结果是,公司承担了相当严格责任。也就是说,企业的合规建设无论如何完备,都不能直接免除公司责任,而只能减轻责任。企业若要以刑事合规为由提出抗辩,必须要承担严格证明责任和证明标准。事实上,以刑事合规建设成功对抗犯罪成立的案件在美国是极少数的。该种情形下,刑事合规在"对抗入罪"("实体出罪")上面临挑战,于是企业缓起诉制度发挥了以程序机制弥补实体法上之缺陷的作用。

---

① 黎宏:《组织体刑事责任论及其应用》,载《法学研究》2020 年第 2 期。
② 关于刑事合规的法律后果,域外主要存在阻却犯罪成立与减免刑罚处罚两种。在制度建构方面,清华大学法学院黎宏教授以激励效果的最优化为论点,更加赞成"非罪化"的治理模式。孟珊、敖博:《刑事合规制度与单位犯罪重构》,载《检察日报》2019 年 6 月 1 日,第 3 版。

从我国《刑法》第 30 条的规定可以推导出，我国强调单位责任的整体性和过错性。组织体责任理论可以很好地契合我国刑事法制和司法实践的实际状况，企业合规完全可以成为排除企业刑事责任的法定事由。因此，我国刑事实体法在企业的合规激励和"对抗入罪"（至少是减轻罪责）上可以"独当一面"，对于程序上的功能补给需求并没有那么强烈。① 在刑法框架没有大的变动的情况下，法解释学方法，尤其是刑法教义学的方法，在企业的实体"出罪"上可以"大有所为"。有学者的论断可以从侧面论证这一点："我国现行刑事法制存在明显的自然人中心主义的特点"，在刑法理论界尚未对单位刑事责任理论基础形成主导性学说的情况下，建议在对单位追究刑事责任时，应当构建区别于自然人的刑法教义学理论，将单位犯罪成立判断的重点放在归责之上，将组织体内部的治理状况和经营方式作为判断依据。②

我国刑法为企业活动编制了一张"罪名法网"，维护经济秩序所采用的刑事控制模式若不加克制，可能过度介入民商事活动。为了缓和这种局面，有必要从实体法上为企业犯罪确立"中和机制"，实现一定条件下的"非罪"认定。"组织体责任理论"和刑事合规的兴起提供了可靠依据。鉴于我国刑法普遍缺失对于企业犯罪中单位责任的"出罪条款"，有必要引入无罪抗辩事由，亦即规定企业虽然对外表现出违法行为，但是如果企业内部有着有效的合规计划，那么就不受刑事法律的否定评价，企业不成立犯罪。换言之，有效的刑事合规能够成为阻却企业犯罪成立的法定事由，刑法从"对企业及其员工的全面否定"转为"仅对属于自然人犯罪的员工行为（包括企业高管）单独否定"，即仅以自然人犯罪论处。当然，刑事合规虽然可以排除企业的刑事责任，但是其对外的行政违规责任（主要表现为罚款责任）和民事违法责任不受影响；此时，企业的此类损失得依公司法等相关法律规定向行为人求偿。

（三）程序上的"出罪"处理：暂缓起诉制度发挥重要补给作用

需要明确的是，实体上的"出罪"有着相应的前提条件，即企业必须事先建立了较为完备的合规制度。但是"犯罪不会消失"，我们不能期望企业的合规建设可以完全预防和避免犯罪的发生。一方面，从域外实践来看，刑事合规的法律后果可分为阻却犯罪成立与减免刑罚处罚两种，刑事合规能否被确立为一个实体法上完整的出罪事由，是与一个国家的立法选择和刑事责任理论密切关联的；另一方面，企业的合规计划未必至善至美，如果企业内部的合规管理存在缺陷，那么企业仍然有很大可能入罪。

---

① 李本灿：《域外企业缓起诉制度比较研究》，载《中国刑事法杂志》2020 年第 3 期。
② 时延安：《合规计划实施与单位的刑事归责》，载《法学杂志》2019 年第 9 期。

这种情况下,要实现"出罪"目的就只能诉诸审前转处(Pretrial Diversion),即对那些构成犯罪但因情节和危害较轻的犯罪人采取非刑罚方法处理。其中的一个选择就是,由检察官作出犯罪适用转处事项的决定,如果检察官在特定时间内撤销了指控或者被追诉人成功完成了转处项目,那么诉讼将不再继续。审前转处的目的就是减少进入司法程序的违法犯罪者,避免因定罪处罚带来的标签化副作用。从世界范围来看,缓起诉制度在审前转处上发挥着至关重要的作用。最早的暂缓起诉协议(Deferred Prosecution Agreement,DPA)是20世纪60年代美国出现的一种用监禁刑以外的方法改造未成年犯和非暴力毒品犯的制度。其基本的政策观念是,避免定罪带来的耻辱和附随后果,从而使被告人得到改造并更容易融入社会。[1] 为了解决公司被起诉可能导致的诸多问题,企业缓起诉制度在美国被率先适用,随后已被英国、法国、加拿大、新加坡、巴西等国家普遍效仿。

暂缓起诉制度体现出英美法系当事人主义下的"起诉便宜主义"和"协商性司法"的显著特征,检察官对于重大案件在内的众多案件享有是否起诉、如何起诉的自由裁量权,而企业可以缴纳巨额罚金和履行合规责任等承诺来换取不起诉的"出罪"结果。而暂缓起诉协议一旦达成,考验期结束验收合格后将由检察官撤回起诉,不会留下犯罪记录,企业得到的是无罪处理结果,避免重大利益损失。[2] 在附条件不起诉中,企业自身具有积极寻求不诉或附条件不诉的动机,因为如若被不诉或附条件不诉,企业可以获得巨大的利益,包括:从烦琐的程序中解脱,节省诉讼成本;避免定罪或严厉的刑罚,尽早挽回企业的形象;制定新的合规计划,促进企业规范化运营。[3]

有学者把针对企业的暂缓起诉协议和针对自然人的控辩协商制度并列,称为21世纪兴起的两种协商性司法制度,认为其本质就是在协商性司法框架下由检察机关和涉嫌犯罪的企业达成的一种和解协议,并将合规计划的建立作为其基本要求。从属性划分上来看,推行暂缓起诉制度的美国采取的是一种附条件的"协议不诉",而德国是一种附条件的"轻罪不诉"。但"协议"和"轻罪"之间并非存在绝对的界分标准。实际上,美国的"协议不诉"也把犯罪的性质和严重程度作为重要的考量因素,只不过其对于案情轻重的囊括范围较大,不起诉协议空间很大;德国的暂缓起诉也吸收了协商性因素,但是协商范

---

[1] See Matt Senko, *Prosecutorial Overreaching in Deferred Prosecution Agreements*, 19 Southern California Inter-disciplinary Law Journal 163, 163-193 (2009).
[2] 陈瑞华:《企业合规的基本问题》,载《中国法律评论》2020年第1期。
[3] 李玉华:《我国企业合规的刑事诉讼激励》,载《比较法研究》2020年第1期。

围有限，基本上局限在宣告刑可能判处 1 年徒刑以下刑罚的案件①，属性上主要表现为轻罪案件的附条件不起诉。结合我国司法体制、法治状况和既往的附条件不起诉的制度经验，在"实体出罪"完成理论重塑和制度调整之前，"程序出罪"应当成为目前企业"非罪化"治理的最优选择，同时，鉴于在刑法理论、司法体制和社会观念上的特殊性，我国亦可借鉴美国与德国附条件不起诉的有利因素，对现行的附条件不起诉制度予以完善调整，适当拓宽其应用范围和制度功能，打造符合中国实际的附条件"轻罪不诉"制度。唯有如此，才能使制度创新在符合刑事政策的同时避免溢出刑事法治的范畴。

近年来，恢复性司法理念在企业犯罪领域广受关注，强调对涉罪企业进行合规整改，引导其及时回归合法运营轨道，以此为基础来修复受损的市场秩序，弥补受到侵害的社会法益。这与中国认罪认罚从宽制度在内在理论机理上具有高度一致性。因为涉罪企业"悔罪表现"客观上需要一定的时间和空间条件，如恢复被破坏的生态环境，修复被损害的社会秩序和社会关系等，那就需要附加一定的恢复期限和条件。

实践中，检察机关也普遍开始关注涉企业犯罪案件处理的"后半篇文章"，即对办案中发现的企业经营管理漏洞和行政管理等问题及时向企业、有关部门发送风险提醒函、检察建议、白皮书等，致力于促进企业依法经营，从源头上防控刑事风险。但是，这种"从宽处理"和"企业整改"是相互分离的，并没有形成"附条件关系"。这种情况下，以完善企业内部管理制度为核心内容的检察建议效果并不显著，对于企业的约束力和吸引力明显不足。还有一些地方探索通过拓宽酌定不起诉适用范围的方式，敦促企业进行认罪认罚和合规改造，虽然取得了一定的积极效果，但是其价值空间相对局限。一方面，企业整改必须在有限的审查起诉期间内完成，这远不能满足大部分案件有较长考察期的需求；另一方面，酌定不起诉所能适用的案件范围较为有限，只能是轻微犯罪案件，否则很可能落入"超出法律授权范围"的口舌。

三、构建企业犯罪附条件不起诉制度的若干重点问题

检察机关关注合规改造在企业"出罪"上的重要作用，联合学界研究、探索不起诉制度在企业犯罪中的适用问题。这一新的改革动向为企业犯罪的"程序出罪"提供了更多可能，同时也提出了一系列亟待厘清的问题。鉴于此，有必要综合多方因素，对现有制度予以技术调整和功能拓展，探索构建符

---

① 李倩：《德国附条件不起诉制度研究》，载《比较法研究》2019 年第 2 期。

合中国客观实际的企业附条件不起诉制度。在此之前,以下若干重点问题需要优先得到解决。

(一) 附条件不起诉的定性问题

从适用对象来看,酌定不起诉和附条件不起诉适用的案件对象虽然都是已构罪的轻型案件,但是两者之间还是存在一定差别。就酌定不起诉而言,虽然此类案件已经达到起诉标准,但是介于"罪"与"非罪"的边缘,综合案情可以免除刑罚。而对于附条件不起诉而言,此类案件达到了起诉标准,且应当追究刑事责任,只不过出于公共利益和特殊价值的考量,对犯罪嫌疑人苛以附条件的"替代性责任"。当这一替代性责任被有效履行后,刑事责任即告消除;反之,依然要追究刑责。因此,就负面法律评价而言,附条件不起诉在性质上比酌定不起诉更为严重,它的适用原理依然体现着刑罚报应的内在精神,只不过是以履行"替代性责任"的方式变相完成了"刑罚"目的。域外学者普遍认为,缓起诉协议为公司设定的义务是一种"类似(刑罚)制裁"(Similar Sanction)。

促进企业进行合规建设,是一种积极的、由外向内的整改方式。对犯罪嫌疑企业进行整改,就是促使其全面加强合规建设,包括根据公司法和公司章程改组其管理层、完善会计审计制度、制定反腐败合规计划等,并应根据行业特点制定或完善相应的管理制度;与制定合规计划相比,更为重要的是,如何落实合规计划的具体内容。① 对于企业而言,所附条件包括合规整改和财产处罚,前者等同于"人身"改造,考虑到可行性和效率问题,这一改造可以在外部监督下由企业自主完成,后者由刑罚意义上的罚金转变为非刑罚意义的罚款,但处罚的特性依然存在。企业承担"替代性责任"避免了因刑事处罚的原因导致营业资格和特许资格等被剥夺的不利后果。

(二) 适用的案件范围及其认定标准问题

相较于"实体出罪"有着内在规律性和理论自洽性,"程序出罪"更多地关注社会公共利益、司法效率价值和公力合作价值,但是"程序出罪"显然不能超出一个国家刑事实体法理念和相关原则的承载范围,不能明显背离"罪责刑相一致"的刑事归责框架。缓起诉的适用前提是行为人业已构成犯罪,理论上应当起诉,但是基于公共利益标准和刑事政策上的考量,以审前程序转处的方式得到"出罪"处理的结果。站在传统刑法理论的视角下,这一

---

① 时延安:《单位刑事案件的附条件不起诉与企业治理理论探讨》,载《中国刑事法杂志》2020年第3期。

做法会对法治原则构成潜在威胁，只不过刑事政策上的正当性在很大程度上弥补了这种不利因素。因此，无论是对于企业还是个人，适用的案件范围都应当限于"轻罪"。

对于何为涉案企业的"轻罪"，除了要考察客观方面的危害结果以外，还要考察企业的"人身危险性"和在具体案件中的主观过错的大小。一般而言，危害结果的考察较为客观，易于把握。但是，基于企业（单位）和个人（自然人）在责任构造上的不同，两者的"人身危险性"和主观恶性的考察标准会有所不同。

合规改造很大程度上体现着刑法的"特殊预防"功能。在自然人犯罪领域，刑法特殊预防的目的是消除"人身危险性"，是否适用附条件不起诉要考量罪后改造的难度和再犯的危险性大小。如果转换角度，以自然人犯罪的特殊预防理论为鉴，同样可以得出的结论是：在企业犯罪领域，针对单位施加的特殊预防是为了消解"组织体危险性"，即企业再犯的社会危险性。直观来看，这种危险性的大小和企业内部的合规程度呈反比关系：企业内部的治理结构和运营方式越健全，其社会危险性就越低；反之，则危险性升高。

不少学者提出，对企业附条件不起诉的适用范围，应当通过其成员犯罪的刑罚幅度来判断。这具有一定的合理性和可行性，但是并非完全妥当。应当说，企业员工的犯罪情况只是企业罪责程度的侧面反映，这种侧面性体现为：企业的合规过错责任通常外化为企业成员犯罪的数量、频率和范围。例如，如果员工职务型犯罪属于频发状态，那么可以侧面证明企业的合规建设存在显著缺陷，企业便存在合规责任。但是仅通过作为自然人的企业成员的罪责来直接印证企业罪责，就缺乏完整的正当性依据。对于达到一定规模的企业来说，法人犯罪与个人犯罪（即便是职务型犯罪）在罪责结构上有相互独立的法律期待，企业罪责与企业员工的罪行严重性（尤其是以个案为参考对象的时候）并不必然关联。企业对于员工以企业名义实施的犯罪只负合规责任，这种责任既可能是故意责任，也可能是过失责任，如近年来一些国家主张设立企业监管过失罪等，这一点也与企业自身的合规建设情况直接关联。

从域外实践来看，刑事合规的建设情况也都是检察官是否适用暂缓起诉的考察必备项。在中国，对于企业是否适用附条件不起诉，除了关注企业犯罪的社会危害后果外，还应当重点考察企业合规建设情况和合规改造意愿，以此判断企业合规责任的大小和合规改造的难度大小，在综合其他案情的情况下，作出是否适用的决定。

（三）如何适用罚金/罚款问题

司法实践中，有关罚金刑适用的公平性问题在企业犯罪领域表现得较为突出,这是因为,不同的企业自身财力状况不同,应对能力各异。对于经济实力较为雄厚的企业而言,罚金刑是完全可以承受的,倘若违法的机会成本低于违法收益,那么非但起不到刑罚之特殊预防作用,反而容易落入"刑法鼓励企业犯罪"的争议之中。即便是大型企业,如果在不能有效区分企业与员工责任的情况下,对涉嫌经济犯罪的公司处以巨额罚金,也等于是在未经审判程序的情况下要求没有任何实际犯罪意志和行为的股东替代性地承担公司高管犯罪的刑事责任。更何况,涉案企业多半是中小微民营企业,它们在对抗外界风险尤其是经济打击时的能力相对较差,机械地"以犯罪论处并处以高额罚金"的做法很可能成为这些处于治理困境中的企业所不能承受之重,情况更甚者无异于对企业直接判处了"死刑"。对于中小型企业而言,高额罚款所带来的惩罚效果不亚于直接将企业诉诸法庭,这显然不符合我国刑事司法政策和企业产权保护政策的基本精神。

中国的检察机关在宪法上被定位为法律监督机关,但它既没有类似于行政机关的"罚款权",也没有类似于审判机关的"刑罚权"(在企业犯罪中主要表现为罚金刑)。如果设置企业附条件不起诉,则罚金转化为罚款,这就需要行政机构的介入,担任罚款的决定和执行主体。而检察机关须将罚款缴纳情况纳入监督考察范围,是否有必要缴纳罚款、缴纳罚款的数额、期限等具体内容,需要检察机关联合行政主管单位等部门考察评估并听取各方意见后确定。

此外,在慎用罚金的同时,可以考虑对企业合规不起诉案件,通过刑事转民事的转处程序,发挥检察主导作用以促使涉案企业和涉案人员积极履行民事赔偿责任,建议启动行政违法的处罚程序,加速非刑罚处罚与民事赔偿程序的运转速度,解决执行疲软的问题,确保对被害人的及时救济。

(四)所附"条件"的变通性问题

在企业犯罪治理上,严惩自然人(尤其是企业高管)的处理方式在人事结构宏大且健全的大型企业也许是一个不错选择,以处罚责任人来换取全体股东利益的保全,也是企业作为一个利益共同体的原始反应。比如,企业在涉嫌犯罪而谋求刑法优待的场合中,企业履行合规整改责任的内容之一就是进行合规内部调查,其目的一方面是找出自然人并对其严厉惩戒,从而消除隐患,防止犯罪的再发生,另一方面是通过承担这种披露义务来换取监管部门的谅解和优待,避免企业被追责。

同时也应当认识到,企业必须具备相当程度的组织规模和人财物资源,法律才能对"通过有效的刑事合规切断企业责任与高管行为(决策)的联系"抱有期待,这是因为:一方面,企业的规模很大程度上决定了企业的组织体人格是否可以,以及在多大程度上独立于高管人格,对于组织规模较小、权力结构单一的企业而言，单位人格和高管人格是高度融合的；另一方面，有效的合规计划是塑造企业刑事法上独立人格、排除企业过错风险的基本路径，必然有着严格的国家及行业标准，需要投入高额的人财物资源才能实现系统化合规计划。

作为对抗企业罪责的事由，刑事合规计划不是一个简单的任务规划，也不是"低廉"技术指标，它本身属于"复杂"和"昂贵"的企业运营和管理机制，有着相当程度的规格要求和国家、行业标准。对企业而言，不论为了实现预防犯罪和对抗犯罪成立的目的而事先主动地进行合规建设，还是事后为了减免刑责而被动地进行合规改造，企业自身和刑事合规的内容都需要满足相应的技术规格的要求，而且必须要投入巨额的人财物资源。这就决定了致力于罪责减免的刑事合规计划在可行性和实效性上不可能相同地适用于所有类型的企业。① 实际上，在域外，采纳刑事合规计划的国家通常都不会在所有涉案企业中推行合规计划，而是作出专门的范围限定。例如，法国《萨宾第二法案》建立强制合规制度，要求同时符合以下两个法定条件的企业履行建立合规制度的义务：一是用工人数达到500人以上，或者隶属于总部设在法国且用工人数达到500人的公司集团；二是有关营业收入超过1亿欧元。② 这就意味着只有财力雄厚的大中型企业才有资格和资本通过建立符合高标准要求的刑事合规来获得罪责"优待"，而数量众多但企业结构规模和财力有限的中小企业恐怕只能"望洋兴叹"。

由此可见，刑事合规很多时候是专属于大中型企业的抗辩手段（"大到不能关"），对于规模较小的企业而言，企业与企业家有着较强的依附关系，以刑事合规来分割企业守法意志和成员（尤其是高管）不法意志的期待值偏低，企业独立责任在学理上难以有效证成。而且，狭义的刑事合规有着较为严格的条件和标准，需要投入较大的人财物资源，这对于遭遇困境的中小微型企业来说往往是难以承担的。

但是，对于中小型企业中企业家职务型犯罪的严惩，同样会引发一定范围的"水波效应"。因此，基于我国企业平等保护的政策，应当打造合规之外的其他附加条件。对于刑事合规改造意义有限的企业而言，应当重点关注企业及其责任人罪后认罪认罚的态度和表现，将考察重心放在退赃退赔、赔偿损失、积极配合刑事侦查、行政调查、修复被破坏的社会关系等方面。当然，对于企业内部的管理问题，检察机关同样需要提出整改的检察建议，责令其完善内部

---

① 赵恒：《涉罪企业认罪认罚从宽制度研究》，载《法学》2020年第4期。
② 陈瑞华：《法国〈萨宾第二法案〉与刑事合规问题》，载《中国律师》2019年第5期。

监管机制。

(五)"协议不诉"的应用空间问题

从美国暂缓起诉协议制度的运作形式看,检察机关与涉罪企业达成暂缓起诉的协议时,通常会建立高额罚款和暂缓起诉决定之间的协商交易关系,并以此为手段达成对价协议,检察官在这种程序中享有充足的程序处置和实体裁量权。然而,这种制度样态在我国能否有效落地是值得斟酌的,因为我国职权主义的用权方式和罪刑法定的基本原则均对"以协议方式解决刑事追责"的做法高度排斥。企业缓起诉制度在英美的广泛适用是受到深厚的协商性司法文化的影响,这种氛围在我国相对稀薄。

我国的检察体制与美国的检察体制存在明显差别,控辩关系的基本格局也殊为不同,这决定了以"和解""协商""妥协"为核心特征的"控辩协议"在中国司法语境下无从适用。刑事诉讼法于2012年和2018年修改时先后确立了刑事和解制度和认罪认罚从宽制度。所谓"刑事和解"专指被追诉人与被害人之间的"冲突化解",而非控辩双方的和解,其制度化价值在于"晋升"为一个法定的从宽处罚情节。对于认罪认罚案件中的控辩关系而言,也很难认定存在所谓的"控辩协商"。这是因为,中国当下的认罪认罚从宽制度中的控辩合意程序类似于"要约+同意"机制,目的是以一个相对公开、规范的程序平台落实"职权式从宽",其"协商"层面的意义受限。① 可以看出,在有关诉讼主体关系调控的立法实践中,无论是"刑事和解"还是"控辩合意",均受制于刑事法制宏观架构的约束,所有关于控辩实质化协商的改造建议都是难以直接证成的。从我国刑事诉讼模式和司法权力结构的格局来看,对控辩关系进行跨度较大的扩展解释也是缺乏相应的制度根据和理念支撑的。

因此,我国企业合规应当慎用协议方式来完成审前转处。检察机关须立足法律监督者和审前主导者的角色,依法依职权决定和监督合规整改的承诺和计划,以准司法官的立场主导附条件不起诉的适用程序。同时,需要制定较为严格的实体条件和程序规范,指导和规范一线办案检察官在统一的标准下决定是否适用、如何适用附条件不起诉制度。

结语

在社会主义市场经济背景下,建立在传统刑法"报应论"基础上的企业犯罪治理模式显然不再符合社会治理模式优化转型的新要求,极易忽视市场经

---

① 陈卫东:《认罪认罚从宽制度的理论问题再探讨》,载《环球法律评论》2020年第2期。

济最重要主体之一的企业的内部治理问题。但这一问题又是事关企业犯罪理论特殊性和实践复杂性的关键问题，不能"轻描淡写"，更不能"视而不见"。如何通过法制调整和司法革新的方式实现刑事法律"自我克制"的目标，寻求涉罪企业"非罪化"治理的最大可能，具有相当大的研究价值。

以"非罪化"治理为内在动力的刑事合规是一个较为复杂的问题，既有交叉学科的内容，又有实体法与程序法的衔接问题，还有思辨性较强的前沿理论问题。刑事合规和企业附条件起诉都是作为"舶来品"在中国开启了"试运行"模式，必然引出一系列制度、体制和习惯上能否兼容及如何兼容的深层次问题，需要我们从"刑事一体"的角度对这些问题作出更多的思考和回应。例如，附条件不起诉的试点改革在适用主体、案件范围、考察期限等方面受到现行法的限制，立法应适时适当予以回应。

（原载于《中国刑事法杂志》2021年第2期）

企业附条件不起诉的立法建议

李 勇[*]

一、立法背景及问题的提出

治理和预防企业犯罪是国家治理体系和治理能力现代化的重要内容。时至今日,合规计划被认为是企业经营的最佳方式,也是预防和治理企业犯罪的有效方式,已成世界性趋势。企业犯罪直接影响营商环境、就业、经济增长,其对一国经济秩序和社会稳定的影响,与自然人犯罪相比,有过之而无不及。近年来,一方面,我国企业犯罪形势严峻,合规意识匮乏;另一方面,全球经济形势及贸易环境恶化,一些跨国企业在海外面临的合规压力增大。建立中国式的合规计划,既是增强我国企业国际竞争力的必由之路,也是保障我国经济发展、改善营商环境、实现"六稳""六保"的需要。

合规计划被定义为一种旨在全面发现和预防企业犯罪的组织体系（Organizational Systems）,其目标,一是阻止公司内部不端行为,二是提供一种内部监督和报告不当行为的方法。[①] 1991 年美国《联邦组织体量刑指南》首次在司法实践中引入合规计划,将合规计划作为企业犯罪量刑的重要考量因素。对于企业来说,只有量刑从宽甚至不起诉的刑事激励措施,才能促使企业花费巨额成本来建立合规计划。从这个意义上来说,合规计划是以刑事激励措施为核心的。[②] 目前,在美国,合规计划不仅成为企业犯罪量刑的重要衡量因素,而且成为起诉与否的关键性因素。建立并实施有效合规计划的涉罪企业,可以与检方合作达成不起诉协议和暂缓起诉协议。通过暂缓起诉的方式以换取涉罪企业的结构性改革,使暂缓起诉成为以定罪和惩罚为核心的传统刑事程序的替代品。暂缓起诉不仅仅是给予涉罪企业的宽大处理,也是免除刑事责任的承诺,

---

[*] 江苏省南京市人民检察院研究室主任。

[①] See Michael Goldsmith and Chad W. King, Policing Corporate Crime: The Dilemma of Internal Compliance Programs, 50 Vanderbilt Law Review 3, 3–45（1997）.

[②] 参见李勇:《检察视角下中国刑事合规之构建》,载《国家检察官学院学报》2020 年第 4 期。

被称为公司企业的"免罪卡"。①

可见，美国促使企业建立合规计划的刑事激励措施主要有两个方面：一是通过《联邦组织体量刑指南》将合规作为量刑从宽的因素；二是将合规作为暂缓起诉、不起诉的考量因素。显然，后者的激励作用更大，其意义不仅在于避免涉罪企业因定罪判刑而濒临倒闭，更在于推动企业合规计划的建立和实施从而改变企业的治理结构，提升企业竞争力，实现预防企业犯罪之目的。因此，暂缓起诉在美国企业犯罪中的扩展，被认为是一种"有价值的趋势"。②

对于我国而言，企业合规面临的最大难题在于缺乏刑事法律上的激励措施。对于企业来说，成本高昂的合规计划，如果缺乏配套的刑事激励措施，是不可能真正建立起来的。我国与暂缓起诉最相类似的诉讼制度就是未成年人的附条件不起诉。近来，主张在立法上增设企业（单位）附条件不起诉制度③的呼声越来越高。④ 简言之，企业附条件不起诉制度，就是激励涉罪企业承诺建立有效的合规计划，以此作为不起诉的附加条件，经过一定的考验期且经评估确认有效后，对涉罪企业正式作出不起诉决定。我国立法上增设企业附条件不起诉制度的必要性和可行性如何，具体制度和条文如何设计，亟待深入研究。

二、企业附条件不起诉立法的必要性

我国企业犯罪形势严峻，企业合规意识严重不足。特别是在当前保护主义上升、世界经济低迷、全球市场萎缩的外部环境下，中国企业特别是涉外企业要想在对外开放中实现更好发展，就需要顺应国际潮流，加快建立健全刑事合规制度。⑤ 因此我国需要通过设立附条件不起诉的刑事激励措施，推动企业建立健全合规体系，促进企业治理结构的变革。

---

① See Edward B. Diskant, Comparative Corporate Criminal Liability: Exploring the Uniquely American Doctrine through Comparative Criminal Procedure, 118 The Yale Law Journal 126, 169 (2008).

② See Benjamin M. Greenblum, What Happens to a Prosecution Deferred? Judicial Oversight of Corporate Def－erred Prosecution Agreements, 105 Columbia LawReview 1863, 1904 (2005).

③ 我国刑法将法人犯罪表述为单位犯罪，单位包括公司、企业、事业单位、机关、团体。本文所讨论的企业附条件不起诉是针对单位犯罪中的公司、企业而言的。

④ 参见陈瑞华：《企业合规视野下的暂缓起诉协议制度》，载《比较法研究》2020年第1期；欧阳本祺：《我国建立企业犯罪附条件不起诉制度的探讨》，载《中国刑事法杂志》2020年第3期；杨帆：《企业合规中附条件不起诉立法研究》，载《中国刑事法杂志》2020年第3期；时延安：《单位刑事案件的附条件不起诉与企业治理理论探讨》，载《中国刑事法杂志》2020年第3期；李勇：《检察视角下中国刑事合规之构建》，载《国家检察官学院学报》2020年第4期。

⑤ 参见童建明：《充分履行检察职责努力为企业发展营造良好法治环境》，载《检察日报》2020年9月22日，第3版。

（一）当前企业犯罪形势严峻

笔者通过裁判文书网对单位犯罪的一审刑事判决进行统计分析发现，2014年1月1日至2019年1月1日5年中，涉企业单位犯罪共计16861件，其中2014年2634件，2015年2563件，2016年2764件，2017年4469件，2018年（截至2019年1月1日）4431件。① 5年来，涉企业单位犯罪呈明显上升趋势，特别是2017年以来成倍增长。

从罪名分布上看，贿赂犯罪、环境资源犯罪和金融犯罪是三大重灾区。5年中，该三类犯罪案件数分别为2465件（其中单位行贿罪2062件）、1522件、1134件（其中非法吸收公众存款罪658件），紧随其后的三大类罪名分别是扰乱市场秩序犯罪570件（其中合同诈骗罪239件，非法经营罪109件，串通投标罪68件）、走私犯罪562件，知识产权犯罪496件；第三梯次包括税收犯罪348件，生产销售伪劣产品犯罪278件，拒不支付劳动报酬罪391件，拒不执行判决裁定罪104件。

我国企业犯罪呈现以下特点：第一，贿赂犯罪形势严峻。反贿赂是合规计划的核心内容，无论是美国的《反海外贿赂行为法》还是英国的《反贿赂法案》，抑或法国的《萨宾第二法案》均以反贿赂犯罪为核心。在我国企业犯罪中，贿赂犯罪数量位居第一，其中单位行贿罪占比较高。这说明企业在经营活动中"信权力不信市场"的观念根深蒂固，习惯于通过贿赂获得竞争优势而不是以产品质量和服务品质赢得竞争优势。商业贿赂在某些行业、某些领域甚至成为"潜规则"。第二，企业治理中"家天下"的企业文化横行。很多企业管理人员把个人财产与企业财产混同，甚至把企业当成自己的"私人家产"，企业管理中家族关系、裙带关系严重，呈现出"家天下"的企业文化。在这种企业文化背景下，企业管理人员侵吞、占用企业财产的现象较为常见，职务侵占和挪用资金案件频发。第三，诚信体系与守法意识严重不足。一些企业投机心理严重，诚信和守法意识淡薄。2018年企业家触犯的罪名中非法吸收公众存款罪高居榜首，达699件，占比高达24.30%。② 这与2018年P2P"爆雷潮"同频共振。一些企业钻互联网金融政策的空子，利用P2P进行"圈钱运动"，在高利息和经济下行大气候的双重作用下，资金链断裂，持续"爆雷"。这是企业经营过程中投机心理和侥幸心理的典型写照。非法经营罪持续高发，

---

① 2019年底至2020年，受新冠肺炎疫情影响，很多企业的业务量大幅缩减，有的甚至短暂停产停业，导致企业犯罪数据不能客观反映变化趋势，因此，该时段的企业犯罪数据未纳入统计。

② 参见北京师范大学中国企业家犯罪预防研究中心：《企业家刑事风险分析报告（2014—2018）》。

也是因为企业存在投机心理和侥幸心理，游走于法律的边缘。走私、逃税、侵犯知识产权、合同诈骗、拒不支付劳动报酬也是企业犯罪的常见罪名，这些罪名屡被触犯，说明企业诚信体系存在问题。令人匪夷所思的是"两拒"案件（拒不支付劳动报酬罪、拒不执行判决裁定罪）在企业犯罪中占比较高，这是诚信匮乏的典型表现。根据《刑法》第276条之一的规定，拒不支付劳动报酬罪是以"经政府有关部门责令支付仍不支付的"为成立前提的。构成拒不支付劳动报酬罪，从某种意义上来说，就是对抗行政执法；而拒不执行判决裁定罪更是公然对抗司法权威。第四，社会责任严重匮乏。我国企业的社会责任亟待提高，一些企业为了追求利润，不择手段。从前述数据看，环境资源犯罪，生产、销售伪劣产品犯罪在企业犯罪中占比较高。日常生活用品掺假、制假十分常见，甚至是婴儿奶粉、疾病疫苗也敢铤而走险、弄虚作假，其中不乏引发全社会强烈关注的恶性案件，这反映出企业社会责任的严重匮乏。

上述这些特征用一句话概括，就是企业缺乏合规意识和合规文化。在这种形势下，如果采取传统的"定罪处罚、一判了之"的企业犯罪治理模式，不仅是企业不可承受之重，也会直接影响国家经济发展和社会稳定大局。

（二）当前企业犯罪治理效果欠佳

企业犯罪治理需要国家和企业两个层面发挥"合力"，但当前这两个层面的效果均不理想。

1. 国家层面，刑事优先，重打击轻预防

企业犯罪属于经济活动领域的犯罪，其治理对策必然要受市场经济原理的制约。市场经济强调市场的作用，基于市场经济原理之上的最佳策略，就是用市场竞争的方法解决市场中的问题，政府尽量减少干预。但是这种绝对的市场自由主义也是有问题的，市场以利润为唯一目标，不可避免地出现越轨行为，需要予以规制和调控。这种两难境地决定了治理对策要平衡市场自由与市场干预之间的关系。日本学者齐藤丰治对如何治理企业越轨行为概括出四类方法：（1）根据市场原理，通过市场竞争对不良企业进行淘汰和重新"洗牌"；（2）依据企业的自主规制，构建内部治理机制，制定和实施合规计划；（3）强化市场监管机构的制裁，特别是扩大课征金的适用；（4）刑事制裁。这四种方法并非对立排斥关系，而是相互补充的并存关系。① 就我国企业犯罪治理现状而言，第四种方法即刑事制裁"一枝独秀"，市场原理和契约等民事

---

① 参见［日］齐藤丰治：《新自由主义与经济刑法——事前规制的缓和与事后规制的扩充·强化》，尹琳译，载魏昌东、顾肖荣主编：《经济刑法》（第18辑），上海社会科学院出版社2018年版，第19页。

手段运用不足，行政不作为现象突出，缺乏切实有效的预防机制，合规计划还相当陌生。但是刑事优先对于企业犯罪治理来说，绝非良策，因为"侦查程序一旦开启，孩子就已经掉进井里了"①。企业一旦被定罪，几乎宣告企业"死刑"，企业不仅将承受巨大的直接经济损失，随之而来的股票下跌、招投标被禁止、企业声誉受影响、订单量下降，甚至引发破产，进而导致失业等一系列社会问题。

2. 企业层面，自我监管匮乏，重民轻刑

单一评价我国企业不注重法律风险的应对和防控是不客观的，只是他们注重的是与企业直接营利活动密切相关的民商事法律风险，而非刑事法律风险，呈现出"重民轻刑"的特征。我国企业一般都设有法务部，而没有合规部。即使近年来，一些企业组建了合规部，但职能依然停留于法务部的层面。法务部（包括法律顾问）的主要职责是审核民商事合同、处理民商事法律纠纷、债权债务纠纷，合规专业力量明显不足。同时，企业对管理人员以及员工的监管责任明显不足。上述双重不足，导致企业犯罪和企业人员犯罪"双高"现象。

（三）现行不起诉实践运行不畅

近几年我国司法机关适用相对不起诉的积极性并不高。据统计，2014年至2018年，不起诉率占比分别为5.3%、5.3%、5.9%、6.3%、7.7%，虽然呈现上升的状态，但占比仍然较低。而同期检察机关提起公诉的案件，最终判处管制、拘役、缓刑、免刑、单处罚金等轻刑的人数占同期生效判决人数的比例，分别为49%、48.8%、49.7%、44.6%、44.5%。②这些判轻刑的案件中相当一部分适用相对不起诉的效果会更好。认罪认罚案件适用不起诉的数量少且占比低的问题突出，"这表明不起诉的审前把关和分流作用未得到充分发挥，也影响了认罪认罚从宽制度的功效"。③司法实践中还存在一种误区，即认为单位犯罪中不宜把直接负责的主管人员、直接责任人，与被告单位分案起诉。换言之，对单位犯罪中的直接负责的主管人员、直接责任人员提起公诉，而对单位本身作不起诉的另案处理，被司法实践视为不合常规。因此，实践中对单位本身犯罪不起诉的案件更为少见。

---

① ［德］丹尼斯·伯克：《合规讨论的刑法视角——〈秩序违反法〉第130条作为刑事合规的中心规范》，黄礼登译，载李本灿等编译：《合规与刑法：全球视野的考察》，中国政法大学出版社2018年版，第308页。

② 参见童建明：《论不起诉权的合理适用》，载《中国刑事法杂志》2019年第4期。

③ 参见陈国庆：《刑事诉讼法修改与刑事检察工作的新发展》，载《国家检察官学院学报》2019年第1期。

这些为数不多的单位犯罪不起诉案件中，也存在诸多问题。如对什么样的单位犯罪可以不起诉、什么样的单位犯罪应当起诉，尺度把握并不统一。实践中，甚至出现为了不起诉而不起诉的案件，还有把原本就不构成犯罪（应当作绝对不起诉或存疑不起诉）的案件也做相对不起诉处理。此外，还缺乏后续监督措施和手段，呈现"不诉了之"的局面。其负面效果具体体现为以下方面：第一，对企业的威慑力不足。对于涉嫌犯罪的企业不起诉之后，检察机关无权进行罚款，而行政机关的处罚要么缺位，要么处罚过轻，无法起到惩戒作用。第二，犯罪预防功能彰显不足。检察机关一旦作出不起诉决定之后，法律上没有相关的监管措施进行后续监督。第三，无助于改变企业内部治理结构和企业文化，检察机关无论是相对不起诉之前还是之后，都无法触及企业内部治理结构的改革。①

近年来，一些检察机关已经意识到对企业犯罪"不诉了之"存在的问题，在现有法律框架内采取了一些措施，但是这些措施收效甚微，主要表现为以下两种模式：一是训诫模式，即对单位犯罪不起诉之后，对企业相关负责人员进行训诫，教育其应当合规经营。但是，这种训诫对企业并无强制力。如检察机关对某单位犯罪作出相对不起诉决定，举行"不起诉宣布训诫会，督促企业合法经营"。这样的训诫会类似于法治宣讲会，其预防效果有限。二是检察建议模式，即对单位犯罪相对不起诉的同时，针对企业管理上存在的违法犯罪隐患和漏洞发出检察建议。但是这种综合治理性质的检察建议同样缺乏足够的强制力，无法评估企业有无真正落实检察建议，即使不落实也没有惩戒措施。

上述这些问题相互叠加，决定了我国以企业附条件不起诉制度推动企业合规的必要性和紧迫性。有学者认为与其引入刑事合规还不如提倡"行政合规"。② 这显然是对刑事合规的误解，这种误解可能源于"刑事合规"这一表述。"刑事合规"是德国及我国学者从刑事激励措施角度研究合规时而习惯使用的术语，在其发源地美国一般使用"合规计划""企业合规"的表述，内涵相同，只是表述习惯和角度不同而已。事实上，合规计划的前置领域在"结构上是开放的"，涵盖了从商业伦理到民事责任、行政责任，再到刑事责任的规范。③ 合规计划原本就包括"行政合规"，只不过需要通过刑事激励这个核心的、终极的措施来鼓励、推动企业建立从商业伦理到民事、行政、刑事规范

---

① 参见李勇：《检察视角下中国刑事合规之构建》，载《国家检察官学院学报》2020年第4期。
② 参见田宏杰：《刑事合规的反思》，载《北京大学学报（哲学社会科学版）》2020年第2期。
③ 参见［德］弗兰克·萨力格尔：《刑事合规的基本问题》，载李本灿等编译：《合规与刑法：全球视野的考察》，中国政法大学出版社2018年版，第51页、第71—72页。

的全面合规。因此，从某种意义上说，"行政合规"本身就是个伪概念，如果一定要使用"行政合规"这个表述，那其与刑事合规并不矛盾，与立法上设立附条件不起诉来推动企业全面合规也不矛盾。

三、企业附条件不起诉立法的可行性

当前，我国单位犯罪附条件不起诉立法时机已经到来，建构主义系统论为其奠定了理论基础，认罪认罚从宽制度为其确立了制度基础，东部发达地区所进行刑事合规探索为其积累了实践经验。

（一）企业附条件不起诉立法的理论基础

涉罪企业建立有效合规计划，为什么可以作为从宽处理甚至不起诉的因素予以考量呢？合规计划与单位刑事责任之间是何种关系？与罪刑法定原则、责任主义原则之间是否存在冲突？这是立法上设立企业附条件不起诉制度所要解决的首要理论问题。

法人犯罪始终面临着可谴责性的正当根据问题，传统刑法理论认为法人既没有可以谴责的灵魂和肉体，也无受刑能力，法人犯罪的归责问题一直是刑法理论的争议焦点。美国传统理论采取的是代位责任（Vicarious Criminal Liability），即上级对其员工的行为所承担的责任。最初，在普通法中，这一概念不适用于民事或刑事案件，除非雇主指示员工从事不法行为，否则员工的行为不能归责于雇主。后来这一概念逐步扩大到公司的刑事责任。[①] 但是这种具有严格责任色彩的做法，背离了责任主义的要求。代位责任论产生的背景也可以说是风险社会的产物，美国法官 Robert H. Jackson 在 1952 年的 Moris - sette v. United States 案中回顾了"公共福利犯罪"的历史，认为这种犯罪是由工业革命后生活日益复杂所导致的，其中涉及的犯罪不依赖于精神因素，而仅存在于被禁止的作为或不作为。这种趋势就是要求存在无视任何意图成分的新责任和罪行。工业革命使得越来越多的工人受到日益强大和复杂的机械装置的伤害，现代交通面临的难以忍受的伤亡风险、食药品甚至证券发行不遵守谨慎标准所产生的风险。这些危险催生了越来越多的细则条例，这些条例提高了控制影响公共健康、安全或福利的特定工业、贸易、财产或活动的人员的责任。[②] 时至今日，美国公司几乎任何行为可能属于白领犯罪范围。据估计，一家公司

---

① See James M. Anderson & Ivan Waggoner, The Changing Role of Criminal Law in Controlling, RAND Corpo - ration, 2014, p. 26 - 27.

② See James M. Anderson & Ivan Waggoner, The Changing Role of Criminal Law in Controlling, RAND Corporation, 2014, p. 34.

可能被起诉的联邦罪行超过 30 万项。① 从比较法的角度来看，美国这种广泛的公司责任具有独特性，是实用主义的结果而非教义学的结果，其正当性在于实用性而非学理性。这种代位责任理论，在美国也遭遇很多批评，甚至被认为是一个严重的错误。② 在欧洲大陆，"一个法人实体不应受责"的观念根深蒂固，法人犯罪的归责理论基础依然存在争议，但现实是法人犯罪在立法上越来越具有普遍性。

由社会学家卢曼的系统论发展而来的系统责任论成为有力的学说。卢曼将社会系统构想为一个自我指涉——封闭的、自我再制（Autopoiesis）的系统。自我再制的概念来源于智利生物学家及神经生理学家马徒拉纳（Humberto R. Maturana）及法芮拉（Francisco J. Varela）关于生命体自我再制理论，比如细胞是一个自我再制系统，在分子层次上持续地制造出其组成部分（蛋白质、核酸等），这些组成部分是维持它们组织所必需的，组成部分借由他们的运作持续进行生产，与此同时，系统反过来生产他们这些组成部分。这种系统是自己与自己发生关联，是自我指涉的，但同时又是开放的，依赖环境所供给的物质与能量。③ 在马徒拉纳和法芮拉的自我再制概念基础上，卢曼发展出一个关于自我指涉系统的社会系统理论，社会构成体被描述为封闭运作的单元，这些单元经由元素的递回性生产来产生并维持自己。社会系统的最小单元即系统的元素称为沟通（Kommuni kation），社会系统是沟通系统，经由将沟通与沟通不断地衔接起来，系统就再自己生产。④ 沟通是一种由信息、传达与理解三种选择综合而成的单元体。对系统而言，信息、传达与理解均无法独立于系统而存在，它们是在沟通过程中一起以一体的方式被制造出来的。⑤ 系统在系统内部运作上具有封闭性，但对环境具有开放性、与外在环境交换，因此，系统"对内自主但对外不自足"。由此，系统透过对环境的区分及反应，对内构成系统内部的结构变化及演进，从而自然而然发生系统与环境同时演进的现象，这被称为"功能结构论"。卢曼的系统论中还有一个重要的概念是"复杂性化约"，复杂性是指世界上总是存在比现实性更多的可能性。因为现

---

① See Edward B. Diskant, Comparative Corporate Criminal Liability: Exploring the Uniquely American Doctrine through Comparative Criminal Procedure, 118The Yale Law Journal 126, 139（2008）.

② See James M. Anderson & Ivan Waggoner, The Changing Role of Criminal Law in Controlling, RAND Corpo‐ration, 2014, p. 33.

③ 参见 Georg Kneer, Armin Nassehi：《卢曼社会系统理论导引》，鲁贵显译，巨流图书公司 2000 年版，第 65—67 页。

④ 参见 Georg Kneer, Armin Nassehi：《卢曼社会系统理论导引》，鲁贵显译，巨流图书公司 2000 年版，第 84 页。

⑤ 参见黄钲堤：《卢曼系统论的意义概念》，载《东吴社会学报》2007 年第 22 期。

实性与可能性的落差,造成选择时的复杂,但是又必须借由选择的过程,将可能性选择出来,落实成为现实性。"复杂性化约"意指当系统在这种不断来回的观察、被观察、及对观察的观察中,建立起自己的复杂性。为了使复杂性对人们造成的失望降到最低限度,人们不断地发展出一些结构来规范复杂性与偶变性,希望透过正确的认知作出不令别人失望、不偏离常规的妥当选择。[①]

根据卢曼的社会系统论,企业作为组织系统,也具有自我再制功能,公司的员工进入或退出这个作为组织系统的公司是按照规定的条件、程序进行的。也就是说,与公司成员资格条件结合在一起,公司借由规定成员资格持续地再生产出特定的行为方式。组织的一个重要功能就在于将特殊的行为过程加以固定。[②] 建构主义系统论的代表人、德国学者迪兹(Carlos Gómez – JaraDíez)借鉴卢曼的社会系统论研究范式,提出企业罪责的建构主义概念,他认为企业同样属于自我再制的系统,不同系统之间的区别仅在于它们实现自我再制的方式不同。企业实体通过企业决策进行自我再制,人类通过思维过程进行自我再制,法律系统通过法律沟通进行自我再制。[③] 在公司环境中,公平地说,随着时间的推移,一些公司倾向于内部发展,最终使他们能够自我组织和自我治理。因此,承认公司经常在其自身的影响范围内达到一定的控制,这不仅符合逻辑,而且是必要的。[④] 通过企业内部的结构变化和演进,来抵御市场复杂性与偶变性,对行为过程进行固定,形成一种组织文化,这种企业文影响员工做出不偏离常规的妥当选择。就此而言,企业文化是一个更适合理解公司主体性的概念,它也很好地吻合法律与社会运动的最新发展。强调企业文化的基石是公司刑事责任的基础由系统论作为支撑。[⑤] 当一个组织表现出一种"不遵守法律的企业文化(不合规)"时,企业罪责就会显现出来。反之,当企业通过有效的合规计划实现了守法的企业文化时,就不应该受到惩罚,至少也应予以从

---

① 参见柯青云:《法律系统的形成、运作及特色——卢曼系统理论取向》,台湾大学"国家发展研究所"2007年硕士学位论文,第20—21页。

② 参见 Georg Kneer, Armin Nassehi:《卢曼社会系统理论导引》,鲁贵显译,巨流图书公司2000年版,第55页。

③ See Carlos Gómez – Jara Díez, Corporate Culpability as a Limit to the Over criminalization of Corporate Criminal Liability: The Interplay Between Self – Regulation, Corporate Compliance, and Corporate Citizenship, 14 New Criminal Law Review: An International and Interdisciplinary Journal 78, 84 (2011).

④ See Carlos Gómez – Jara Díez, Corporate Culpability as a Limit to the Over Criminalization of Corporate Criminal Liability: The Interplay Between Self – Regulation, Corporate Compliance, and Corporate Citizenship, 14 New Criminal Law Review: An International and Interdisciplinary Journal 78, 84 – 85 (2011).

⑤ See Carlos Gómez – Jara Díez, Corporate Culpability as A Limit to the Over Criminalization of Corporate Criminal Liability: The Interplay Between Self – Regulation, Corporate Compliance, and Corporate Citizenship, 14 New Criminal Law Review: An International and Interdisciplinary Journal 78, 78 – 96 (2011).

宽处罚。

因此，合规的企业文化是企业作为一种组织体所体现出的守法意识，有效的合规计划体现的是企业作为一种组织体对法律的敬畏、遵从，体现的是一种认罪悔罪的态度。建构主义系统论为企业犯罪责任奠定了基础。对于涉罪企业来说，"承诺合规"等同于"认罪认罚"，实施了有效合规计划的涉罪企业理应获得从宽处罚，基于此甚至可以对企业犯罪作出附条件不起诉。这为企业附条件不起诉奠定了理论基础，指明了建构方向。那种认为只有在美国替代责任论框架下的合规计划才有价值的观点是狭隘的。[①] 一方面，企业合规本质上是一种企业犯罪预防和治理的"合作模式"，是企业治理结构变革的推手，具有世界性趋势，即便是在排斥替代责任论的欧洲大陆法系，合规计划依然风靡，被视为刑法的新"风向标"。[②] 另一方面，在当今经济全球化的背景下，大型公司特别是跨国企业不可能将公司业务按照"大陆法系"和"英美法系"进行分类运营。合规计划不仅促使涉罪企业治理结构变革，也能推动其关联公司、子公司进行改革，进而促进其上下游产业链企业、客户、合作伙伴、投资对象等不得不建立与之相适应的合规计划，这种连锁效应和辐射效果，有助于营造一个清廉、公平、规范的法治化营商环境。

（二）企业附条件不起诉立法的制度基础

从立法技术的角度来说，笔者认为企业附条件不起诉应写入刑事诉讼法分则。根据分则受总则原则指导和制约的基本原理，需要在刑事诉讼法总则中找到相应的制度基础。认罪认罚从宽制度经过多年试点，于2018年刑事诉讼法修改时写入总则第15条，即"犯罪嫌疑人、被告人自愿如实供述自己的罪行，承认指控的犯罪事实，愿意接受处罚的，可以依法从宽处理"。这为企业附条件不起诉奠定了制度基础。

首先，认罪认罚从宽是一项"贯穿整个刑事诉讼程序的重要制度"[③]，理当平等适用于所有犯罪主体。同时，认罪认罚从宽也是被告人的一种权利，被告人有选择认罪认罚并获得从宽处罚的权利。因此，认罪认罚从宽制度既适用于自然人犯罪也适用于单位犯罪。

---

① 参见田宏杰：《刑事合规的反思》，载《北京大学学报（哲学社会科学版）》2020年第2期。
② 参见［德］托马斯·罗什：《合规与刑法：问题、内涵与展望——对所谓的"刑事合规"理论的介绍》，李本灿译，载《刑法论丛》（2016年第4卷），法律出版社2017年版，第357页。
③ 孙谦：《检察机关贯彻修改后刑事诉讼法的若干问题》，载《国家检察官学院学报》2018年第6期。

其次,认罪认罚从宽制度中的"从宽"既包括量刑从轻也包括相对不起诉。① 换言之,不起诉是认罪认罚从宽的应有之义。最高检检察长张军指出,对涉民营企业案件坚持"可捕可不捕的不捕,可诉可不诉的不诉"的理念。② "对符合条件的认罪认罚案件做出不起诉处理,是实体从宽的重要体现。"③ 单位犯罪认罪认罚的,"可诉可不诉"的就可以作出相对不起诉决定。既然可以相对不起诉,那么在理论上就可以附条件不起诉,因为附条件不起诉在某种意义上就是附条件的相对不起诉。

最后,认罪认罚从宽中"认罪"的内涵既包括自然人的悔罪,也包括企业的承诺合规。对于自然人来说,"认罪"就是指犯罪嫌疑人、被告人自愿如实供述自己的罪行,真诚悔过。作为现代刑法通说的并合主义刑罚论认为,刑罚裁量的两大决定性因素是责任刑和预防刑。由于被告人认罪悔罪,特殊预防的必要性减少;同时,通过给予被告人从宽处罚的激励,促进一般人对刑法规范的认同,进一步实现积极的一般预防,预防刑降低,刑罚随之减轻,进而体现从宽。对于没有"灵魂和肉体"的企业而言,这种认罪悔罪如何体现呢?如前所述,根据建构主义系统理论,公司企业特别是大型企业,是自我再制的系统,具有"企业公民"的地位,企业文化可以对员工关于什么是合法的、什么是不合法的看法产生影响,影响雇员对某些法律规范的有效性或合法性的感知,所以公司应当承担责任。合规计划反映了一个特定公司的企业文化,我们有充分的理由在评估该公司是否有罪时将其考虑在内。如果一个公司在雇员违法的时候就存在有效的合规计划,那么这个公司不应该被认定为有不法行为,因为这样的公司已经履行了一个守法的企业公民所承担的义务。④ 同样,当一个涉罪企业案发后,通过真诚努力建立并有效实施了合规计划,所展现出的合规意识和努力构建合规的企业文化,反映出认罪悔罪态度,理应获得从宽处罚。

可见,认罪认罚从宽制度为企业附条件不起诉在刑事诉讼法总则层面奠定

---

① 下文中的"不起诉"没有特别说明的均是指我国《刑事诉讼法》第177条第2款的相对(酌定)不起诉。

② 参见《最高人民检察院检察长张军:民营企业在经济上犯罪的,可捕可不捕的不捕、可诉可不诉的、可判实刑可判缓刑的判缓刑》,载澎湃新闻,https://www.the paper.cn/news Detail_forward_4773409,2019年10月24日访问。

③ 陈国庆:《刑事诉讼法修改与刑事检察工作的新发展》,载《国家检察官学院学报》2019年第1期。

④ See Carlos Gómez‐Jara Díez, Corporate Culpability as A Limit to the Over Criminalization of Corporate Criminal Liability: The Interplay Between Self‐Regulation, Corporate Compliance, and Corporate Citizenship, 14 New Criminal Law Review: An International and Interdisciplinary Journal 78, 92 (2011).

了制度基础。有学者提出疑虑,对已经构成犯罪的企业,通过认罪认罚、承诺合规的方式,最终使其受到无罪处理,这可能不符合我国固有的"罪刑法定""罪责刑相适应"的原则。① 这其实是误解。认罪认罚从宽、合规从宽与罪刑法定原则并不冲突。罪刑法定原则的基本内容是"法无明文规定不为罪,法无明文规定不处罚"。罪刑法定的目的是保障公民的自由,"仅当他的举止实现了之前法律规范予以确定的犯罪的构成要件要素,这个举止才是可罚的"。② 它强调的是"法律没有规定的"则"不处罚",而非"法律规定的"则"必须处罚"。正如日本学者西田典之所指出的,如果是缩小、阻却处罚范围,则不一定要有明文的规定。例如,超法规的违法阻却事由、责任阻却事由,尽管刑法没有规定,却依然可以不定罪处罚。因此,如果是倾向于不处罚,即便是无明文规定,通过对相关联法规的解释,认为可以减轻处罚或视为不可罚的事由也是可以得到认可的。③

那么,我国《刑法》第3条前段为什么规定"法律明文规定为犯罪行为的,依照法律定罪处罚"呢?在笔者看来,对该条款的解释,必须回到罪刑法定的本质内涵上进行实质解释。罪刑法定的内涵包含构成要件的明确性、禁止溯及既往、禁止类推和禁止习惯法,其思想基础是民主主义和自由主义,罪刑法定的根本旨趣在于"节制国家权力的发动"。④ 该条款前段的重心是"依照法律定罪处罚",其强调的是定罪量刑时要"依照法律"办案,不能恣意对公民定罪量刑,防止司法人员滥用权力,但并不禁止符合刑法规定但基于程序上的理由而不予处罚的情形。例如,刑事和解、超过追诉时效的案件,尽管符合刑法分则罪名的构成要件,但仍不予处罚。因此,基于认罪认罚、合规而从宽处理甚至免除处罚,并不违反罪刑法定原则。至于罪刑相适应原则,由于认罪认罚、合规降低了预防刑,从宽处罚乃至不起诉反而更加体现了罪刑相适用原则。

总之,合规从宽与认罪认罚从宽本质内涵相同,以认罪认罚从宽制度为契

---

① 参见陈瑞华:《企业合规视野下的暂缓起诉协议制度》,载《比较法研究》2020年第1期。
② [德]乌尔斯·金德霍伊泽尔:《刑法总论教科书》(第6版),蔡桂生译,北京大学出版社2015年版,第28页。
③ 参见[日]西田典之:《日本刑法总论》,刘明祥、王昭武译,中国人民大学出版社2007年版,第33页。
④ 参见林东茂:《刑法综览》,一品文化出版社2012年版,第64页。

机建构中国式刑事合规的观点①,越来越得到理论界和实践界认同。② 检察机关的试点均是以认罪认罚从宽制度为立足点的。试图将合规作为刑法中的违法阻却事由或责任阻却事由的观点难以被接受,也容易引起误解。部分研究之所以产生引入刑事合规制度就是在立法层面将企业合规义务刑事化的误解,以及既反对引入刑事合规又赞同在法律上规定激励机制促进企业合规的矛盾③,就是因为纠结于合规是刑法上的违法阻却事由还是责任阻却事由,而没有从合规属于认罪认罚从宽事由、合规是企业采取包括遵守商业伦理规则、行政法规、刑事法律等在内的各项措施预防和治理企业犯罪的角度,去观察这一新生事物。事实上,刑事合规未曾将合规作为企业的刑事义务,只是通过立法对建立合规计划的企业在涉罪时,给予刑事法上的激励和从宽处罚,绝不会对没有建立合规计划的企业定罪判刑。这不会导致刑事义务的法律化,正如认罪认罚是被告人的权利而绝非义务一样。或许用"合规计划"这一表述更有利于避免"刑事合规"就是将合规作为企业刑事义务这样"望文生义"的误解。

(三) 企业附条件不起诉立法的实践基础

首先,未成年人犯罪附条件不起诉实践效果为企业附条件不起诉积累了实践经验。我国刑事诉讼法 2012 年修改时,针对未成年人犯罪设立了附条件不起诉制度,即对于未成年人涉嫌刑法分则第四章、第五章、第六章规定的犯罪,可能判处 1 年有期徒刑以下刑罚,符合起诉条件,但有悔罪表现的,设置 6 个月以上 1 年以下的考验期,人民检察院可以作出附条件不起诉。如果在考验期内遵守所附条件的,期满后作出相对不起诉决定;如果考验期内有违反所附条件情节严重等情形,则撤销附条件不起诉决定,提起公诉。实践证明,未成年人犯罪附条件不起诉制度运行 8 年多以来,对涉罪未成年人的教育矫治发挥了重要作用,对于预防未成年人犯罪效果明显。④ 这为单位犯罪附条件不起诉积累了重要经验。这与美国的暂缓起诉最初来源于少年司法具有异曲同工之处。

其次,检察机关的试点探索为企业附条件不起诉提供了实践样本。近年来,检察机关积极探索合规不起诉,大致有这样两种模式:一是"不起诉前

---

① 参见李勇:《检察视角下中国刑事合规之构建》,载《国家检察官学院学报》2020 年第 4 期。
② 参见陈瑞华:《刑事诉讼的合规激励模式》,载《中国法学》2020 年第 6 期;童建明:《充分履行检察职责努力为企业发展营造良好法治环境》,载《检察日报》2020 年 9 月 22 日,第 3 版;最高人民检察院第二十二批指导性案例"检例第 81 号";蒋安杰:《"认罪认罚从宽与刑事合规"研讨会在蓬莱举行》,载《法治日报》2020 年 10 月 14 日,第 11 版。
③ 参见田宏杰:《刑事合规的反思》,载《北京大学学报(哲学社会科学版)》2020 年第 2 期。
④ 参见何挺:《附条件不起诉制度实施状况研究》,载《法学研究》2019 年第 6 期。

督促合规"模式。利用审查起诉期限作为合规承诺考验期,以考验期内合规实施情况作为不起诉考量因素。采取该模式的有浙江省岱山县人民检察院、深圳市龙华区人民检察院。深圳市龙华区人民检察院对涉民营经济案件,可以在法定审查起诉期间内设置法益修复考察期,由犯罪嫌疑人提出合规方案,视法益修复、认罪悔罪态度等情况作相对不起诉处理或提出从轻量刑的建议。二是"不起诉后建议合规"模式。该模式可以具体描述为"合规承诺书(认罪认罚具结书)+相对不起诉+检察建议书"。检察机关对于认罪认罚的企业作出相对不起诉后,给企业发出检察建议,督促企业建立合规计划。采取该模式的有江苏省南京市建邺区人民检察院、浙江省温州市人民检察院等。

关于合规的监督、考察和评估问题,实践中主要有以下模式:一是检察官监控模式。犯罪嫌疑单位签署合规承诺书(认罪认罚具结书),由检察官跟踪评估,根据情况作出不起诉处理或提出从轻处罚的量刑建议。[①] 例如,深圳市龙华区人民检察院制定的《关于对涉民营经济刑事案件实行法益修复考验期的意见(试行)》规定了类似上述的内容。二是独立合规监控人模式。检察机关通过与司法行政机关、市场监管部门协作,选任独立的合规监控人。例如,深圳市宝安区人民检察院与司法局合作制定《深圳市宝安区司法局关于企业刑事合规独立监控人选任及管理规定(试行)》;浙江省岱山县检察院出台的《涉企案件刑事合规办理规程(试行)》规定,合规监督员从律师事务所、会计师事务所、税务师事务所等中选任。

上述实践探索的基本特点是在现有法律框架内,依托认罪认罚从宽制度,最大限度地给予企业合规以刑事激励。这为我国企业附条件不起诉立法积累了宝贵了实践经验,但同时也面临一些问题:一是法律依据还需再予以加强,凡是改革需"于法有据",急需在立法上确立附条件不起诉制度;二是"不起诉前督促合规"模式借用诉前期限作为考验期,时间过短,易出现合规流于形式,沦为"装点门面";三是"不起诉后建议合规"模式缺乏刚性,即使企业不执行或者执行不到位,也无法对已经作出的相对不起诉决定予以撤回。这些问题亟待通过立法来解决。

四、企业附条件不起诉的立法设计

企业附条件不起诉在立法设计上需要重点解决适用条件和范围、合规考察、决策程序等问题。

[①] 实践中,还有"附条件量刑建议"。参见李勇:《附条件量刑建议的价值与适用》,载《检察日报》2021年2月8日,第3版。

(一) 企业附条件不起诉的适用条件

1. 是否需要限定刑罚条件

笔者认为，单位犯罪附条件不起诉应当限定为可能判处 3 年以下有期徒刑的轻罪案件。首先，附条件不起诉，从某种意义上来说属于"附加条件的相对不起诉"，而相对不起诉只能针对轻罪案件，也就是我国刑法和刑事诉讼法所规定的"情节轻微"的案件。我国《刑法》第 37 条规定，"对于犯罪情节轻微不需要判处刑罚的，可以免予刑事处罚"；《刑事诉讼法》第 177 条第 2 款规定，"对于犯罪情节轻微，依照刑法规定不需要判处刑罚或者免除刑罚的，人民检察院可以作出不起诉决定"。上述两个条款也是司法实践中检察机关相对不起诉决定书必引的两个条文。司法实践中，"情节轻微"的基本尺度是可能判处 3 年以下有期徒刑的案件。其次，与刑事和解不起诉保持平衡。我国《刑事诉讼法》第 282 条规定的刑事和解可以不起诉的条件是"因民间纠纷引起，涉嫌刑法分则第四章、第五章规定的犯罪案件，可能判处三年有期徒刑以下刑罚"的案件。为什么不与未成年人犯罪附条件不起诉的"可能判处一年有期徒刑以下刑罚"保持一致？笔者认为，未成年人犯罪附条件不起诉限定为"可能判处一年有期徒刑以下刑罚"本身就是不妥当的。一方面，与刑事和解不起诉规定的条件相冲突。成年人犯可能判处 3 年有期徒刑以下的犯罪因刑事和解都可以不起诉，未成年人附条件不起诉反而更苛刻地要求可能判处有期徒刑 1 年以下刑罚，这与未成年犯罪教育、挽救为主的刑事政策不相吻合；另一方面与未成年人相对不起诉相冲突，实践中对于可能判处 3 年以下的未成年人犯罪，基本上作相对不起诉处理，呈现出"不起诉为主、起诉为辅"的特点。附条件不起诉与相对不起诉相比，前者的惩罚性更强，反而要求的刑罚条件更严格，这种"倒挂"现象是不妥当的。就此而言，应当将企业附条件不起诉、未成年人犯罪附条件不起诉的刑罚条件均规定为"可能判处三年有期徒刑以下刑罚"。

2. 是否需要限定罪名

关于这一点，无非两种方案，一种是不作罪名限制，另一种是限定特定罪名。笔者认为，不宜作罪名限制。首先，我国刑法立法模式是以自然人犯罪为原则，以单位犯罪为例外的。我国刑法中规定的单位犯罪只有 160 余个，仅占全部罪名的 1/3。其次，我国单位犯罪的认定，司法实践采取"企业决策责任论"，强调"以单位名义""集体研究决定或者有关负责人员代表单位决定""为单位谋取利益"，导致单位犯罪成立范围本来较为狭窄。最后，我国刑法规定的单位犯罪均为法定犯，法定犯的典型特征是反伦理色彩弱，道德可谴责性低，对罪名不加区分适用附条件不起诉不会影响民众的法感情。

3. 应当具备何种条件

如前所述,根据1999年《霍尔德备忘录》,美国暂缓起诉的条件主要包括八个方面的考量因素,而2003年《汤普森备忘录》最显著的变化是更加强调和审查公司合作的真实性,以及公司治理机制的有效性。① 在借鉴的基础上,笔者认为,我国的企业附条件不起诉至少应当具备以下条件:(1)认罪认罚,即犯罪嫌疑单位承诺合规,对企业内部治理结构按照合规计划的要求进行全面改革,直接负责的主管人员及直接责任人真诚认罪悔罪。(2)公司积极采取补救措施进行法益修复。有被害人的应当赔偿损失并获得被害人谅解,有附带民事公益诉讼的应当积极履行相应的赔偿责任。需要说明的是,对企业犯罪作出附条件不起诉的,检察机关针对该企业提起的公益诉讼,既可以通过赔偿和解不起诉的方式结案,也可以单独提起民事公益诉讼,无论采取哪种方式,涉案单位均应当积极履行赔偿责任。(3)涉案企业应当没有曾因为同种罪名被刑事处罚过,或者曾因同种类行为被行政处罚过。(4)积极配合相关机关的调查、检察机关的监督。

(二)企业附条件不起诉的合规考察

1. 附加的合规条件

从立法的角度来说,刑事诉讼法中对于企业附条件不起诉中所附加的条件,应当坚持"宜粗不宜细",因为合规计划是典型的"最佳实践",不同的企业、不同的行业,有不同的合规要求,无法也不宜事无巨细地进行规定。立法上可以对带有普遍性和规律性的内容进行列举。美国有学者进行实证研究表明,在1993年至2013年公开的公司犯罪不起诉协议中,有97.41%的条款要求对以下治理类别中的一个或多个进行实质性治理改进:(1)业务变更;(2)董事会变更;(3)高级管理层改变;(4)监控改革;(5)合作;(6)合规计划;(7)放弃权利。每一个治理类别都包括治理变更的多个子类别。② 我国立法可以原则性地规定以下条件:(1)遵守法律法规,服从监督;(2)遵守合规计划全部条款;(3)按照考察机关的规定定期报告企业经营活动情况及财务状况;(4)按照考察机关的要求改善企业管理。

2. 合规计划评估考察

首先,关于考验期的设置。笔者认为不宜低于一年,一个企业建立合规计

---

① See Wulf A. Kaal & Timothy A. Lacine, The Effect of Deferred and Non-Prosecution Agreements on Corporate Governance: Evidence from 1993-2013, 70 The Business Lawyer 61, 74 (2014).

② See Wulf A. Kaal & Timothy A. Lacine, The Effect of Deferred and Non-Prosecution Agreements on Corporate Governance: Evidence from 1993-2013, 70 The Business Lawyer 61, 112 (2014/2015).

划涉及人、财、物的重大调整，属于企业内部治理结构的重大变革，短时间内根本无法完成。一般来说，合规计划体系包括合规风险识别、合规制度建立、合规管理架构、合规运行机制等。作为合规计划的逻辑起点，风险评估就是一个浩大的系统工程，合规风险评估要做到对公司业务活动、产品、服务、运营等全链条、全覆盖、无死角，系统分析市场服务与销售权、决策及审核权、人事权、采购权、计量权、财务权等，详细梳理权责清单，这需要巨大的成本和时间。合规计划效果的评估更是一个漫长的过程。因此，利用审查起诉期限、提前介入等短暂的时间不可能真正实现合规计划有效性的评估。考验期的长短与涉案企业的大小成正比，与涉案企业本来的合规程度成反比，需要结合个案进行考量。当然，为了促使涉案企业积极行动，也不宜将考验期设置过长，一般以3年为宜。因此，建议将考验期在立法上规定为1年以上3年以下。

其次，关于评估考察的主体。附条件不起诉属于诉前程序，理应由检察机关主导，这也是国际通例。对于我国而言，刑事合规、企业附条件不起诉作为认罪认罚从宽制度的一部分，都是检察机关主导下的，由检察机关主导对涉案企业合规计划执行和效果进行评估是恰当的，这也与我国未成年人犯罪附条件不起诉的考察模式保持一致。根据我国刑事诉讼法的规定，未成年犯罪附条件不起诉的考验期内，由人民检察院对被附条件不起诉的未成年犯罪嫌疑人进行监督考察，实践中检察机关也会与相关机构合作进行委托监督考察。考虑了企业管理的专业性和技术性，可以由检察机关委托第三方专业机构进行考察评估。

最后，评估考察的内容。评估考察的对象是涉案企业合规计划及其效果，同样属于"最佳实践"。因此，从立法的角度来说，没有必要在刑事诉讼法中对评估的具体内容和流程进行规定，具体可以由最高检单独或会同国务院相关部委制定实施细则。可以借鉴美国司法部2019年4月30日颁布的《公司合规程序评估》，检察官对公司合规程序的评估要点主要包括：（1）合规程序设计是否合理，包括风险评估、政策和程序、培训和沟通等；（2）合规计划是否得到有效实施；（3）合规程序是否在实践中发挥作用。①

在考验期内，遵守相关规定的，考验期满后由检察机关作出相对不起诉决定；考验期内违反相关规定，没有实现合规计划目标的，由检察机关撤销附条件不起诉决定，提起公诉。

---

① See Department of Justice Criminal Division, Evaluation of Corporate Compliance Programs (2019).

(三) 企业附条件不起诉的决策程序

在国外，关于暂缓起诉协议是否需要经过法官批准的争议很大，实践中主要有两种模式：一是检察官自由裁量模式，二是司法审查模式。前者检察官具有很大的自由裁量权，法官基本不干涉协议的签署；后者，启动谈判、签订不起诉协议和修改条款都需要法官批准。① 需要说明的是，美国的暂缓起诉协议形式上需要法官批准，实际上则流于形式。在美国的司法实践中，暂缓起诉作为一种独特的检察决定传统，法院一直拒绝推翻检察官对暂缓起诉的选择。事实上，在提出起诉之前，没有哪位联邦法官能够介入暂缓起诉的谈判。即使在提出起诉后，也没有法律规定的阈值可以启动暂缓起诉的谈判。即使在向法院提出一项暂缓起诉的建议，由于当事各方之间没有正式的敌对争端，没有一位法官会有实质性的基础来修改其提议的条件。②

笔者认为，我国的企业附条件不起诉应当由检察机关决定。首先，附条件不起诉及其合规计划的特殊性，决定了引入法官司法审查会流于形式。就我国而言，法官在诉前介入案件的审查和调查，均缺乏法律依据，也与法院的宪法定位不符。这就决定了法官在诉前既难以全面掌握案件的事实和证据情况，也难以掌握涉案企业内部管理及合规情况，因此，无法对是否起诉作出判断，更无法对合规计划进行评估。其次，根据宪法和法律，刑事案件的起诉裁量权由检察机关行使。更何况未成年人犯罪附条件不起诉也是由检察机关决定，而无须法官批准，根据法秩序统一原理，由检察机关决定附条件不起诉是合适的。同时，我国检察机关是法律监督机关，对企业合规计划进行监督，也是检察监督的应有之义。最后，检察机关可以通过公开听证的方式限制自由裁量权。主张引入司法审查的主要理由在于担心检察机关滥用裁量权。事实上，检察机关近年来在不起诉案件中大力引入公开听证程序，最高人民检察院还出台《人民检察院检察听证室设置规范》《人民检察院审查案件听证工作规定》相关文件对听证室布置、听证流程进行规定。从实践运行看，在听证室布置上接近于法庭布置，在听证程序上引入了辩论环节，除诉讼当事人参与听证外，还有人民监督员、人大代表、政协委员等参与其中。为防止检察官权力过大，防止企业附条件不起诉的滥用，可以在立法上规定企业附条件不起诉的案件一律实行公开听证。至于听证的具体流程，可以由最高检制定相关实施细则。

---

① 参见陈瑞华：《企业合规视野下的暂缓起诉协议制度》，载《比较法研究》2020 年第 1 期。
② See Benjamin M. Greenblum, What Happens to a Prosecution Deferred? Judicial Oversight of Corporate Deferred Prosecution Agreements, 105 Columbia LawReview 1863, 1898 (2005).

（四）企业附条件不起诉的立法条文设计

笔者建议在现行《刑事诉讼法》第 182 条之后增加两个条款作为"第一百八十二条之一"和"第一百八十二条之二"。企业犯罪的附条件不起诉是认罪认罚制度框架下的一种特别不起诉制度，第 182 条规定的恰恰是认罪认罚的特别不起诉制度，二者具有"同源性"。同时，从立法技术上来说，未来的刑事诉讼法修改不宜大修，也不宜采取 2018 年那样打乱全部条文顺序的方式，应当借鉴刑法修正的模式，采取"之一"的条款设计，能够最大限度地节约立法资源，最大限度地保持刑事诉讼法典的稳定性。综合前文所述，笔者建议对单位犯罪附条件不起诉的条款设计如下：

> 第一百八十二条之一　对于公司、企业涉嫌犯罪，可能判处三年有期徒刑以下刑罚，符合起诉条件，但具有下列情形的，人民检察院可以作出附条件不起诉的决定：
>
> （一）直接负责的主管人员、直接责任人自愿认罪认罚；
>
> （二）公司、企业具有实施合规计划的意愿和能力；
>
> （三）积极采取措施赔偿、弥补因犯罪行为所造成的损失；
>
> （四）积极配合司法机关的调查、侦查。
>
> 涉案企业因同种罪名被刑事处罚，或者因同种类行为被行政处罚的不适用附条件不起诉程序。
>
> 人民检察院在作出附条件不起诉的决定前，应当举行公开听证，并听取调查机关、侦查机关、被害人、其他相关人员的意见。
>
> 第一百八十二条之二　人民检察院作出附条件不起诉时，应当设定一年以上三年以下的考验期，考验期从人民检察院作出附条件不起诉的决定之日起计算。在附条件不起诉的考验期内，由人民检察院或其委托的第三方机构对被附条件不起诉的公司、企业进行监督考察。
>
> 被附条件不起诉的公司、企业，应当遵守下列规定：
>
> （一）遵守法律法规，服从监督；
>
> （二）遵守合规计划全部条款；
>
> （三）按照考察机关的规定定期报告企业经营活动情况及财务状况；
>
> （四）按照检察机关的要求改善企业管理。
>
> 被附条件不起诉的公司、企业，在考验期内有下列情形之一的，人民检察院应当撤销附条件不起诉的决定，提起公诉：

（一）实施新的犯罪或者发现决定附条件不起诉以前还有其他犯罪需要追诉的；

（二）违反法律法规，情节严重的；

（三）违反考察机关有关附条件不起诉的监督管理规定，情节严重的。

被附条件不起诉的公司、企业，在考验期内没有上述情形，且经人民检察院或者其委托的第三方机构评估认定其合规计划有效的，考验期满后人民检察院应当作出不起诉的决定。

（原载于《中国刑事法杂志》2021年第2期）

企业合规的刑法立法问题研究

周振杰*

企业合规源自欧美国家，是指国家运用刑罚手段激励企业制定、实施内部合规计划，与执法、司法机关合作，以达到合作共治、共同预防犯罪的目的。就中国应否采纳企业合规的治理思路，在学界存在较大分歧。有的观点认为，刑事合规是"最优企业犯罪预防方法"。[1] 有的观点则认为，我国目前不具备实施刑事合规的理论与制度背景，主张"企业行政合规的倡导是一个更为妥当的解决方案"。[2] 在学术界仍在争论之际，最高检自2020年3月起在上海浦东等6家基层检察院启动了企业合规不起诉改革试点，并在此基础上，于2021年4月下发《关于开展企业合规改革试点工作方案》（以下简称《方案》），将试点工作扩展至北京、上海等10个省市。与此同时，人民法院也作出了涉及企业合规要义的判决，如被称为"企业刑事合规抗辩第一案"的杨某、郑某侵犯公民个人信息案[3]。在理论上厘清企业合规的合理性、正当性等问题固然重要，在司法机关已经开始身体力行的情况下，对实践问题进行分析，推动其合法、有序、平稳落地似乎更有意义。本文的目的就在于分析企业合规司法实践中的刑法问题，探讨其刑法立法的核心与原则，并提出具体立法建议，以期抛砖引玉。

---

* 安徽师范大学法学院、北京师范大学刑事法律科学研究院教授。
[1] 石磊：《刑事合规：最优企业犯罪预防方法》，载《检察日报》2019年1月26日，第3版。
[2] 田宏杰：《刑事合规的反思》，载《北京大学学报（哲学社会科学版）》2020年第2期。
[3] 在本案中，法院以雀巢公司不允许其员工以非法方式收集消费者个人信息、要求相关员工接受培训并签署承诺函为由认定雀巢公司无罪。参见甘肃省兰州市中级人民法院（2017）甘01刑终89号刑事裁定书。

一、企业合规司法实践中的刑法问题与解决路径

（一）企业合规司法实践中的刑法问题

根据最高检的《方案》，企业合规试点是指在办理涉企刑事案件中，依法决定"不批准逮捕、不起诉决定或者根据认罪认罚从宽制度提出轻缓量刑建议等"之际，可根据实际情况，要求涉案企业作出合规承诺、积极进行整改，以促进合规经营、减少企业犯罪，其实践基础是此前的企业合规不起诉。因此，下文试以企业合规不起诉实践与杨某、郑某侵犯公民个人信息案为例，分析当前企业合规司法实践中的刑法问题。

1. 企业合规不起诉中的刑法问题

企业合规不起诉的基本模式是，在审查起诉阶段，检察机关通过"检察建议"的形式要求涉罪企业建立合规制度，在一定的考察期限内接受监督考察；在期限届满后，根据企业对"检察建议"的接受与实际落实等情况，决定是否起诉。① 这一模式不但存在监督考察的期限较短等程序性问题②，还存在如下三个突出的实体法问题。

（1）如何理解"直接负责的主管人员与直接责任人员"？企业合规不起诉的直接法律依据，是《刑事诉讼法》第 177 条第 2 款规定的相对不起诉。该款虽然并没有明确将适用对象限制于自然人，但在司法实践中，检察机关通常以涉案自然人可能判处 3 年以下有期徒刑为前提条件。③ 因此，企业合规不起诉是在根据涉案自然人刑事责任大小决定是否对企业适用合规监督考察的同时，根据企业履行合规承诺的情况决定是否提起公诉。也即，企业合规不起诉是将企业刑事责任建立在个人与企业二者的责任之上。这直接导致的问题是：对此处的"直接负责的主管人员与直接责任人员"，是应从实体法还是程序法的角度理解？

---

① 参见最高人民检察院指导性案例"无锡 F 警用器材公司虚开增值税专用发票案"（检例第 81 号）。

② 例如，根据《刑事诉讼法》第 172 条、第 175 条的规定，监督考察的期限最长为 12 个月。但是，对于制定与有效实施合规计划而言，这显然太短。

③ 例如，辽宁省人民检察院等"十机关"《关于建立涉罪企业合规考察制度的意见》（辽检会字〔2020〕15 号）规定，对涉罪企业适用合规考察制度的案件应符合"直接负责的主管人员和其他直接责任人员依法可能被判处 3 年以下有期徒刑、拘役、管制或单处罚金"的条件。福建省泉州市洛江区人民检察院 2021 年 2 月发布的《涉企案件合规不起诉工作规程（试行）》将适用范围限定为民营企业家、民企高管实施的与企业经营活动有关的刑事案件，且依法应当判处 3 年有期徒刑以下刑罚并自愿认罪认罚的案件。

如果从实体法的角度理解,那么在能够确定存在犯罪事实的情形下,无论涉案自然人是否已经确定、是否存在刑事诉讼法规定的不追究刑事责任的情形①,只要根据刑法的规定可以对之判处 3 年以下有期徒刑,就可以对企业进行监督考察。如果从程序法的角度理解,只有在已经确定涉案自然人并且可以刑事追诉的情形下,才能够对企业进行监督考察。也即,"直接负责的主管人员与直接责任人员"在实体法层面是抽象的,而在程序法层面是具体的。

如果从程序法的角度理解"直接负责的主管人员与直接责任人员",在无法确定涉案自然人或者涉案自然人死亡的情况下,无论涉案企业的刑事责任如何,都无法对其进行合规监督考察,如此就与企业合规试点工作促进合规经营、减少企业犯罪的目的背道而驰。如果从实体法的角度理解,当然可以解决上述困境,但在犯罪嫌疑人死亡等特殊情形下,又存在如何计算监督考察期限等实践问题。

(2)在"单罚制"案件中是否可以进行合规监督考察?《刑法》第 31 条就单位犯罪确立了"双罚制"与"单罚制"两个原则。刑法分则中的单位犯罪大多数采纳了"双罚制"原则,在处罚涉案自然人的同时,对单位处以罚金。但在过失型事故犯罪中,例如《刑法》第 135 条规定的"重大劳动安全事故罪"、第 135 条之一规定的"大型群众性活动重大安全事故罪"、第 137 条规定的"工程重大安全事故罪"、第 138 条规定的"教育设施重大安全事故罪"以及第 139 条规定的"消防责任事故罪",都例外地采纳了"单罚制"原则,仅处罚"直接负责的主管人员和其他直接责任人员"或者"直接责任人员"。在适用"双罚制"的案件中,如果符合合规不起诉的条件,要求涉案企业进行合规整改、对之进行监督考察,自无障碍。那么,在适用"单罚制"的案件中呢?

在程序法层面,在适用"单罚制"的案件中,企业本身不会被列为刑事被告人,因此对之进行合规监督考察有违反罪刑法定原则之虞。但在实体法层面,虽然刑法分则条文仅将自然人列为处罚对象,但企业本身是犯罪主体。例如,《刑法》第 137 条虽然在法定刑部分仅将"直接责任人员"规定为处罚对象,但在罪状部分明确将"建设单位、设计单位、施工单位、工程监理单位"规定为犯罪主体。②从合规治理的目的出发,也应对之进行监督考察。而且,

---

① 例如《刑事诉讼法》第 16 条规定的"犯罪嫌疑人、被告人死亡"的情形。
② 该条规定:"建设单位、设计单位、施工单位、工程监理单位违反国家规定,降低工程质量标准,造成重大安全事故的,对直接责任人员,处五年以下有期徒刑或者拘役,并处罚金;后果特别严重的,处五年以上十年以下有期徒刑,并处罚金。"

在企业过失犯罪案件中，合规监督考察可能发挥的效用更大。因为导致重大伤亡或者财产损失的事故并非企业及其高层管理人员的本意，其通过合规治理预防事故发生的意愿相对较高。①

此外，根据全国人大常委会 2014 年 4 月 24 日通过的《关于〈中华人民共和国刑法〉第三十条的解释》的规定，在企业实施刑法规定的危害社会的行为的场合，即使刑法未规定追究企业的刑事责任，也可以追究组织、策划、实施该行为的人的刑事责任。与适用"单罚制"的企业犯罪案件相同，在此类案件中进行合规监督考察也存在合法性障碍。但在此类案件中实施危害行为的也是企业。而且，刑法分则规定了 480 余个罪名，单位犯罪罪名仅占 30% 左右。如果在此类案件中不能制裁涉罪企业，对之进行合规监督考察，岂不是让企业合法地躲在"替罪羊"或者"临时工"的挡箭牌后，从违法行为中获利？

（3）如何解释相对不起诉中的"犯罪情节"？企业合规不起诉的合法性基础是《刑事诉讼法》第 177 条第 2 款中"对于犯罪情节轻微，依照刑法规定不需要判处刑罚或者免除刑罚的，人民检察院可以作出不起诉决定"与《刑法》第 37 条中"对于犯罪情节轻微不需要判处刑罚的，可以免予刑事处罚"的规定。在逻辑上，"犯罪情节轻微"应是"不需要判处刑罚或者免除刑罚"的前提。因此，如何理解此处的"犯罪情节"就成为核心问题。

首先，此处的"犯罪情节"是谁的犯罪情节？是涉案自然人的犯罪情节，是企业本身的犯罪情节，还是二者兼而有之？通常而言，如果被不起诉的对象是企业，此处的"犯罪情节"应是企业本身的犯罪情节。但如上所述，在合规不起诉实践中，企业刑事责任的基础是个人责任与企业责任，所以这里的"犯罪情节"应包括二者的情节。如此，就产生了如下理论问题：个人责任与企业责任是一体的，还是相对独立的？如果二者是相对独立的，鉴于中国刑法并未规定企业具有监督管理义务，那么根据个人犯罪情节决定对企业不起诉的根据何在？如果是一体的，据之既对个人又对企业决定不起诉，岂非存在重复评价的问题？

其次，此处的"犯罪情节"是否包括罪前、罪中与罪后所有情节？根据《刑事诉讼法》第 177 条第 2 款与《刑法》第 37 条的规定，相对不起诉可分为三种类型：①犯罪情节轻微，具有刑法总则规定的免除处罚情节，例如防卫过当、避险过当、预备犯、中止犯、重大立功表现等；②犯罪情节轻微，具有刑法分则规定的免除处罚情节，例如行贿人在被追诉前主动交代行贿行为，犯罪较轻且对侦破重大案件起关键作用的，或者有重大立功表现的；③虽然不存

---

① 周振杰：《企业适法计划与企业犯罪预防》，载《法治研究》2012 年第 4 期。

在法定免除处罚情节，但综合犯罪手段、危害后果、犯罪动机等案件事实情节与犯罪嫌疑人的表现，认为属于犯罪情节轻微，无须判处刑罚的。①

在合规不起诉的场合，此处的"犯罪情节"毫无疑问应包括罪后情节，尤其是合规承诺及其履行情况。问题是，最高法、最高检《关于办理职务犯罪案件认定自首、立功等量刑情节若干问题的意见》（法发〔2009〕13号，以下简称《量刑意见》）虽然将自首扩展至单位，但并未涉及立功、坦白等其他法定情节。此处的"犯罪情节"当然应包括罪前情节，例如企业的纳税情况、对当地就业与社会发展的贡献、是否曾因相似或者相同违法行为被行政处罚。因为从合规不起诉的要义出发，要求无助于甚至阻碍当地经济与社会发展、屡罚屡犯的企业进行合规治理并无实际意义。此处"犯罪情节"既然包括罪前与罪后情节，当然也应包括罪中情节。但是，刑法总则中关于犯罪预备、犯罪中止、犯罪未遂等情节的规定是否能够适用于企业尚无明确的立法与司法答案。同时，此处的"罪中情节"毫无疑问会包含涉案个人的定罪量刑情节，也会产生重复评价的问题。

最后，"犯罪情节"是仅指行为的客观危害性，还是也包括行为人的人身危险性？司法实践通常认为犯罪情节是否轻微"应该结合定罪情节和量刑情节综合评定"。② 同时，从刑罚功能的角度而言，"不需要判处刑罚或者免除刑罚"意味着不需要通过刑罚手段来预防犯罪人再次实施犯罪。因此，这里的"犯罪情节"应包括两个方面。问题是，如何判断企业的人身危险性？从罪前的表现和罪后的合规治理情况吗？如果说合规承诺及其实施为判断罪后情况提供了判断基础，又应该如何判断罪前的表现？如果某一企业在罪前仅正常经营，并未采取任何措施预防犯罪，是否可以说其人身危险性较大？对于这些问题，刑法中并无相关规定，司法实践也并未给出答案。

2. 代表性司法案例中的刑法问题

随着最高检企业合规改革试点工作的展开，人民法院在企业犯罪的案件中也在尝试吸收企业合规的要义。在上述2017年杨某、郑某侵犯公民个人信息案中，为销售雀巢奶粉、扩大市场份额，分别担任雀巢（中国）有限公司西北区婴儿营养部事务经理、兰州分公司婴儿营养部甘肃区域经理的郑某、杨某，以及该公司兰州分公司婴儿营养部员工杨某某等6人通过支付好处费等不

---

① 刘岳、李诗江：《相对不起诉适用条件与法律意义》，载《检察日报》2018年4月20日，第3版。

② 梁平：《"犯罪情节轻微"在相对不起诉中的适用》，载《检察日报》2009年6月15日，第3版。

当手段，多次从多所医院医务人员处非法获取公民个人信息。2016年10月，一审法院判决认为，郑某自2012年2月开始非法获取公民个人信息40507条，杨某自2011年开始非法获取公民个人信息45659条，二人行为都构成侵犯公民个人信息罪。同时指出，被告人等"为完成工作业绩而置法律规范、公司规范于不顾，违规操作进而贿买医务人员，获取公民个人信息的行为，并非雀巢公司的单位意志体现，故本案不属于单位犯罪"。① 二审法院在驳回郑某、杨某上诉，维持原判时也认为，"单位犯罪是为本单位谋取非法利益之目的，在客观上实施了由本单位集体决定或者由负责人决定的行为。雀巢公司手册、员工行为规范等证据证实，雀巢公司禁止员工从事侵犯公民个人信息的违法犯罪行为，各上诉人违反公司管理规定，为提升个人业绩而实施的犯罪系个人行为"②，因此案中行为不构成单位犯罪。

因为"法院以企业合规管理体系为依据，认定单位不存在构成犯罪所需要的主观意志因素，从而将单位责任与员工个人责任进行了切割"③，并据此认定单位无责，所以业界将本案称为"企业刑事合规抗辩第一案"。但是，合规抗辩的要义在于"存在有效合规管理"，即以企业合规为理由减免企业刑事责任，不仅要证明企业进行了合规治理，而且要证明其合规治理是有效的。从国外司法实践来看，对于合规管理是否有效，需要从高层参与、风险评估、员工培训、内部制裁等多个角度进行评估。④ 在杨某、郑某侵犯公民个人信息案中，可以认为雀巢公司进行了合规治理。但是，能够认为其合规治理有效吗？现有证据能够证明雀巢公司的合规治理有高层参与、定期进行内部风险评估、内部有举报机制与内部调查和制裁措施吗？杨某与郑某的犯罪行为持续多年、同一部门多人参与犯罪等事实恰恰表明该公司的合规治理可能是无效的。简言之，本案可能涉及了企业合规问题，但将之称为"企业刑事合规抗辩第一案"可能言过其实。

与此同时，二审裁定还提出了一个关键问题：应如何认定单位犯罪的主观要素？因为中国刑法在20世纪80年代末规定单位犯罪本身就是立法回应社会现实的仓促之举，缺乏理论上深入的探讨，所以《刑法》虽然在第30条与第31条规定了单位犯罪及其处罚，但并未涉及单位刑事责任的基础、单位犯罪故意与过失的认定等问题。司法实践通常认为，如果个人以单位的名义、为单

---

① 甘肃省兰州市城关区人民法院（2016）甘0102刑初605号刑事判决书。
② 甘肃省兰州市中级人民法院（2017）甘01刑终89号刑事裁定书。
③ 陈瑞华：《合规视野下企业刑事责任问题》，载《环球法律评论》2020年第1期。
④ 周振杰、赖祎婧：《合规计划有效性的具体判断：以英国SG案为例》，载《法律适用》2018年第14期。

位的利益实施犯罪,可追究单位的刑事责任。例如,最高法 2001 年公布的《全国法院审理金融犯罪案件工作座谈会纪要》规定,以单位的分支机构或者内设机构、部门的名义实施犯罪,违法所得亦归分支机构或者内设机构、部门所有的,应认定为单位犯罪。如此,可以认为司法实践认定单位刑事责任的逻辑如下:如果个人行为构成犯罪,进而判断其是否以单位的名义实施犯罪;如果是,则进而判断违法所得是否归单位所有;如果答案是肯定的,则可认定单位刑事责任。需要指出的是,"以单位的名义实施犯罪"并不以"单位集体研究决定"为要件,如果单位负责人在其职权范围内作出决定,应将其行为视为单位行为;"违法所得归于单位"也并不排斥涉案个人获得收益。

从上述逻辑可以看出,在企业犯罪案件中,司法实践是根据涉案自然人的主观方面来认定企业的主观方面,因为是否以单位的名义实施犯罪与违法所得是否归单位所有都是客观要件。置言之,司法实践是将涉案自然人的罪责转嫁给企业,然后在客观方面加以限制。从这一结论出发,杨某、郑某侵犯公民个人信息罪案中两级法院"本案不属于单位犯罪"的结论是值得商榷的。首先,二者都认定涉案个人存在犯罪故意,那么这一故意应转嫁至企业。其次,因为杨某、郑某担任各自所在部门的负责人,当然可以将其行为视为以单位名义实施的行为。最后,二人通过违法行为,巩固了产品市场,增加了产品销量,虽然他们可能也会在薪资、奖励等方面获益,但这是企业内部的利益分配问题,不应影响"违法所得归单位所有"的成立。简言之,根据《全国法院审理金融犯罪案件工作座谈会纪要》的规定,本案应属于单位犯罪。

综上所述,从现有刑法规范与司法实践出发,以"杨某、郑某的行为不代表单位意志"为由否定涉案企业刑事责任的理由并不充分。即使将单位意志解释为企业刑事责任的构成要素,刑法也并未规定单位意志的判断基础;即使认为合规治理可以成为单位意志的判断基础,案中两级法院也未评估涉案企业合规治理的有效性,就直接否定了其犯罪故意,并不符合企业合规的要义。所以,虽然杨某、郑某侵犯公民个人信息案中两级法院的思路是值得肯定的,但在刑法未将合规治理明确规定为企业刑事责任判断基础的情况下,以此否定涉案企业的刑事责任,有违反《刑法》第 3 条规定的罪刑法定原则之虞。

(二)问题根源与解决路径

那么,产生企业合规不起诉与代表性案例中问题的根源何在?从上述明显可以看出,主要根源在于刑法中有关单位犯罪的规定存在缺陷。一方面,刑法在某些罪名中采纳了"单罚制",致使实施犯罪行为者不负刑事责任;另一方面,企业责任与个人责任基础交叉纠结、判断要素与逻辑不明确。如果刑法在所有单位犯罪罪名中都采纳"双罚制",将个人责任与单位责任明确分离,根据现有规范判断个人责任,将有效合规治理规定为判断企业责任的基础,上述问题似可迎刃而解。

因此,解决上述问题的路径就是在扩大适用"双罚制"的同时,将单位责任与个人责任二元化,根据不同要素与逻辑,适用不同的原则进行判断。这也是各国推进企业合规的基本选择。例如,在企业犯罪案件中,英国传统上适用代理责任与同一视原则:在主观上将个人故意与过失转嫁至企业,要求存在"为企业谋利"之目的;在客观上要求个人行为构成刑法规定的犯罪,并属于"职权范围内"。但是,其规定企业合规治理的立法采纳了新的组织责任原则。例如,英国《2010年贿赂罪法》第7条规定,如果因为商业组织不制定、实施该条第(2)项规定的适当程序,而致使与商业组织相关的个人为商业组织获得或保持业务之目的实施了该法第1条规定的行贿或者第6条贿赂外国公职人员的行为,应承担预防贿赂义务失职罪的刑事责任。也即,虽然个人犯罪行为可以成为追究企业刑事责任的前提,但只是后者的客观构成要素之一,企业是否有责取决于其是否规定并实施了适当程序,进行了有效合规治理。① 与此相似,意大利首次规定企业刑事责任的2001年第231号法令规定,如果企业未针对已然之罪制定有效措施,以预防未然之罪,可以追究其刑事责任;如果企业能够证明在犯罪发生之前,已经制定并实施了有效的内控制度,例如根据自身特点实施适当的合规计划、设立具有独立职责和调查权的监察机构等,可免除其刑事责任。

那么,应该如何将个人责任与企业责任二元化?目前《方案》将合规承诺及其履行情况作为决定是否批捕、起诉以及从宽处理的依据,在一定程度上是在尝试通过司法操作解决这一难题。但如上所述,因为缺乏实体规范作为基础,无论是合规试点工作还是人民法院的尝试,在合法性与实践层面都存在突出问题。因此,全面建立企业合规制度,还需要进行刑事立法。

二、企业合规刑法立法的核心与原则

(一)企业合规刑法立法的核心

从国外立法与司法实践来看,企业合规刑法立法应围绕"企业刑事责任"与"合规计划"两个核心展开。将"企业刑事责任"作为核心,是因为责任主义是近现代刑法的根本原则之一,企业刑事责任是决定对企业不起诉、缓起

---

① 周振杰:《单位贿赂犯罪预防模式研究》,中国政法大学出版社2020年版,第154页。

诉或者宣告缓刑的决定性要素，构成合规治理的合法性基础；将"合规计划"作为核心，则是因为制定与实施合规计划的情况是判断企业刑事责任是否存在及其严重性的基础。

1. 企业刑事责任

如上述英国与意大利的立法所示，判断企业应否承担刑事责任，存在以个人责任为基础（个人路径）与以组织责任（组织路径）为基础的两种路径。在个人路径下，判断企业是否应承担刑事责任的过程大致可分为三个阶段：(1) 根据传统刑法原则判断个人应否承担刑事责任；(2) 判断违法行为是否在职权范围内、是否为企业谋利之目的；(3) 是否存在辩护理由。如果涉案个人应承担刑事责任，是在职权范围内为了企业谋利的目的而实施违法行为，而且不存在辩护理由，可认为企业应承担刑事责任。在组织路径下，大致分为四个阶段：(1) 判断是否存在刑法禁止的行为或者结果；(2) 判断企业的合规治理是否存在缺陷；(3) 合规治理的缺陷与行为或者结果之间是否存在因果关系；(4) 是否存在辩护理由。如果在前三个阶段答案都是肯定的，在最后一个阶段答案是否定的，则可认定企业刑事责任的存在。

在个人路径下，企业责任以个人责任为基础，本质上仍然是道义责任或者规范责任；在组织路径下，企业责任与个人责任相对分离，本质上是社会责任，就如日本学者所言："如果将责任理解为社会非难可能性，而非道义、伦理的非难可能性，通过刑罚对法人加以法律与社会非难是十分可能的，尤其是在违反具有强烈合目的性特征的行政法规定的犯罪（行政犯、法定犯）的场合。"① 与此相应，在个人路径下，企业责任的认定是积极的，即使行为违法，也不能就此认定企业有责。而在组织路径下，企业责任的认定是消极的，如果可以认定存在法益侵害，而且法益侵害与合规治理的缺陷之间存在因果关系，可推定企业有责。

因为对责任本质的认识不同，在主观要素的认定方面，个人路径与组织路径也有着实质区别。在个人路径下，通常是基于传统刑法"明知而故犯是为故意，不知而犯是为过失"的立场，认为无论是认定企业故意还是企业过失，都应以个人对法益侵害的"具体预见可能性"为前提条件。而在组织路径下，这一前提条件被"抽象预见可能性"取而代之。如果企业已经或者应该意识到在当前的组织结构、经营管理或者文化氛围之下，存在发生某种违法事实的可能性，而且在客观上实际发生了相应违法事实，就可以肯定企业存在故意或者过失。这与板仓宏等在20世纪80年代提出的"危惧感说"非常接近，因

---

① ［日］曾根威彦：《刑法总论》，弘文堂2006年版，第70—71页。

为后者也主张只要对于可能对不特定多数人招致灾害的危害业务,存在不能完全无视的不安感,就可以肯定存在结果回避义务,认定企业具有过失。①

如上所述,组织路径是推进企业合规治理的必然选择。因此,相应刑法立法应采取这一路径规定企业责任。

2. 合规计划

合规计划是由企业主动制定和实施的内部预防措施与程序,其意义在于为企业实质性改善内部管理提供动力,并明确管理者怠于付出预防努力可能承担的责任,其构成要素可简单概括为行为规则、举报机制与制裁制度。② 从国外立法与司法实践来看,实施合规计划对企业刑事责任的影响体现在以下三个方面。

第一,构成免责事由。例如,《加拿大刑法典》第22.2条第(C)项规定,如果能够证明在犯罪行为发生之际,存在适当的预防措施,可以免除企业的刑事责任。《西班牙刑法典》规定,如果满足如下条件,可免除企业的刑事责任:(1)在犯罪行为发生之前,董事会已经采纳并实施了针对特定犯罪行为的管理和控制制度;(2)有具有主动权和控制权的独立监督机构负责相关制度;(3)犯罪人在行为之际以欺骗的方式故意规避了相关制度;(4)监督机构在监督和控制方面并无失职。第二,构成从宽情节。例如《美国联邦量刑指南》第八章"组织犯罪的量刑"明确规定在发生企业犯罪行为之际,若其内部存在有效合规计划,可据之减轻其刑事责任。在2001年的ACCC v. Rural Press Lt([2001] ATPR41-833)案中,澳大利亚的法官也指出,在确定罚金数额之际应考虑企业的合规治理情况。如果企业在违法行为发生之后自行开展合规治理,也应将之视为从宽情节。第三,影响起诉以及刑罚执行方式。美国司法部通常以有效实施的合规计划作为决定是否缓起诉与不起诉的主要参考事实。③

从上述出发,在进行企业合规刑法立法之际,不但要增设企业刑事责任条款,而且要增设有关刑罚具体适用的条款。

(二)企业合规刑法立法的原则

企业进行合规治理需要付出成本,自我披露违法行为也需要承担损失,所以期望企业完全自愿为之不切实际,必须通过严厉的外部措施予以促进。但如

---

① [日]板仓宏:《現代社会と新しい刑法理論》,劲草书房1980年版,第115页。
② Diana E. Murphy, The Federal Sentencing Guidelines for Organizations: A Decade of Promoting Compliance and Ethics, 87 Iowa Law Review 699 (2002).
③ 周振杰:《单位贿赂犯罪预防模式研究》,中国政法大学出版社2020年版,第247—248页。

果过于严厉，又会降低企业自我预防的意愿，扼杀企业发展的动力，因此需通过规定宽缓的优惠措施，增强企业的信心与动力。但又不能过于"宽"，否则就会让"严"的一面失去意义。这就要求企业合规刑法立法恰如其分地体现"严"与"宽"两个方面。

1. 如何体现"严"

参考相关国外立法与司法实践，本文建议通过如下三个方面体现企业合规刑法立法"严"的一面。

首先，全面扩大企业刑事责任的范围。就企业刑事责任的范围，在理论界一直存在限制论与非限制论两种对立立场。限制论在承认应扩大企业刑事责任范围的同时，主张进行一定的限制。根据扩张范围的不同，进而又可以区分出两种观点：其一，排除核心的自然犯与过失犯；其二，根据企业犯罪能力的范围与保护法益的需要确定，例如将杀人、强奸等自我明证只能由自然人实施的犯罪以及过失犯罪排除在外。非限制论则认为，凡是自然人能够实施的犯罪，企业都能够实施。①虽然迄今对扩大企业刑事责任范围仍存在不同意见②，但从企业刑事责任在本质上是政策选择的结果，其适用范围主要取决于政策需要③，《刑法》已经将其扩展至虐待犯罪等传统自然犯④，而且全国人民代表大会常务委员会《关于〈中华人民共和国刑法〉第三十条的解释》其实已经承认企业具有实施刑法分则中所有危害行为的能力等一系列事实来看，全面扩大企业刑事责任范围并无法律上的障碍。

其次，将企业刑事责任判断予以客观化，这也是采纳组织路径的必然归结。例如，根据上述英国《2010年贿赂罪法》第7条的规定，追究法人贿赂犯罪的刑事责任应存在个人贿赂行为，但在这一前提出现之后，法人行为的违法性判断是以法人本身的组织管理、经营活动、内部制裁措施等客观事实为依据，并不依赖个人行为及其结果。就此而言，如果说在个人路径下，企业刑事责任是主客观相结合的责任形式，组织路径下的企业刑事责任则是几近于客观

---

① 周振杰：《比较法视野中的单位犯罪》，中国人民公安大学出版社2012年版，第56页。
② 田宏杰：《刑事合规的反思》，载《北京大学学报（哲学社会科学版）》2020年第2期。
③ 例如，《关于〈中华人民共和国刑法修正案（七）（草案）〉的说明》将《刑法》第312条规定的掩饰、隐瞒犯罪所得、犯罪所得收益罪纳入企业刑事责任的范围，没有任何理论依据，完全是因为"中国人民银行提出，这类犯罪有些是单位实施的，建议增加单位犯本罪的规定，以进一步完善刑法的反洗钱措施"。参见《刑法修正案最新理解适用》，中国法制出版社2009年版，第316页。
④ 《刑法》第260条之一第1款和第2款规定："对未成年人、老年人、患病的人、残疾人等负有监护、看护职责的人虐待被监护、看护的人，情节恶劣的，处三年以下有期徒刑或者拘役。单位犯前款罪的，对单位判处罚金，并对其直接负责的主管人员和其他直接责任人员，依照前款的规定处罚。"

责任的责任形式。

最后，采用推定原则认定企业刑事责任。企业合规中的推定属于学界所言的"主观罪责型"推定，意在改变构成要件中主观罪责的证明方式，即根据违法事实的存在与合规治理情况推定企业刑事责任的存在。在对基础事实内容予以严格限制的情况下，刑事推定并不违反无罪推定这一刑事诉讼基本原则。① 也正因如此，在政策需求的推动下采纳这一原则的立法例国内外都存在。在上述英国、意大利等国的立法之外，日本1971年的《公害犯罪法》第5条明确规定在该法规定的条件下，可将公众生命、身体面临的危险推定为特定企业排放的有害物质所产生。② 《刑法》第395条也规定，如果存在"财产、支出明显超过合法收入，差额巨大"且不能说明来源的前提事实，则可推定差额部分属于违法所得。

2. 如何体现"宽"

在程序法层面，"宽"的一面主要体现为不起诉或者缓起诉。在实体法层面，本文建议通过如下两方面体现企业合规刑法立法的"宽"。其一，明确将有效合规治理规定为减免处罚的情节，并在司法解释中确定具体适用原则，以便涉案企业据之对是否以及如何进行合规治理进行理性判断。其二，增设单位缓刑制度，将积极进行合规治理规定为宣告企业缓刑的条件。企业是经济社会发展的支柱，处罚企业的目的并非消灭企业，而是促进其实现可持续发展。因此，实施企业合规的国家通常会规定企业缓刑制度，为有益于社会的企业创造改善空间。例如，早在1972年United States v. AtlanticRichfield Company案中，美国联邦法院就在判处被告企业高额罚金的同时宣告缓刑，要求其治理被污染的土壤与河流。③ 加拿大2004年《C-45号法》也规定法院可以对被定罪的企业颁布缓刑令，要求其履行赔偿被害人、预防犯罪等条件，并接受法院监督。④

应指出的是，在进行企业合规刑法立法之际，还应充分考虑《刑法》第37条规定的训诫、责令具结悔过、赔礼道歉、赔偿损失等非刑罚处罚措施的

---

① 琚明亮：《证明困难视阈下的事实认定与刑事推定》，载《政治与法律》2020年第2期。
② 该条规定："如果伴随工厂或车间的事业活动，有人排出损害人身健康的物质，而且由于其排出即达到使公众生命、身体发生危险的程度，在因该排出活动而产生上述危险的区域内，由同类物质使公众生命、身体发生危险时，这一危险推定为由于此人所排出的物质产生。"
③ Christopher A. Wray, Corporate Probation under the New Organizational Sentencing Guidelines, 8 Yale Law Journal 2017（1992）.
④ Stefano Manacorda, Francesco Centonze and Gabrio Forti, Preventing Corporate Corruption, Springer, 2014, p. 441 – 445.

作用。如上所述，本条与《刑事诉讼法》第 177 条第 2 款共同构成了合规不起诉的合法性基础，而且这一措施完全可以适用于企业。但在司法实践中，对企业适用《刑法》第 37 条的案件很少。其实，充分适用非刑罚处罚措施对于安抚被害人、改善企业与相关社区的关系具有积极意义，尤其是在环境污染、食品安全犯罪等涉及众多被害人的案件中。如果将合规治理放入社会治理的大背景下，充分利用这些非刑罚处罚措施对于推动社会和谐与合作共治更是具有积极意义。

三、企业合规刑法立法的具体建议

从上述刑法立法核心与原则出发，本文试从刑事责任、量刑制度以及刑罚执行三个方面提出具体立法建议。

（一）关于刑事责任的建议

第一，在《刑法》第 14 条与第 15 条中各增加一款作为第 2 款，分别规定"单位未进行有效合规治理的，推定单位具有犯罪故意"，"因单位未适当履行预防义务而导致危害结果发生的，推定单位具有犯罪过失"。这样修改的意义在于：其一，明确认定单位犯罪的故意与过失不以个人的预见可能性为前提的立场；其二，突出单位刑事责任的客观性，强调单位内部合规治理的重要性；其三，确立推定原则，将证明不存在主观罪责的责任转移给单位，减少司法机关的负担。

第二，删除《刑法》第 30 条中"法律规定为单位犯罪的"限制性要件，将单位刑事责任的范围扩展至刑法分则所有罪名，同时增加 1 款作为第 2 款："认定单位刑事责任，不以个人行为构成犯罪为前提。个人行为构成犯罪的，根据本法分则和其他法律的规定定罪处罚。"另言之，基于上述关于单位犯罪故意与过失的规定，明确单位犯罪的主体只限于单位，区分单位刑事责任与个人刑事责任，二者不仅认定的基础与逻辑相对独立，认定的程序也可以分开进行。

第三，将《刑法》第 31 条修改为："单位犯罪的，对单位判处罚金。单位进行有效合规治理的，可以从轻、减轻或者免除处罚。"如此修改的理由在于：其一，如上所述，在《刑法》第 30 条已经规定"个人行为构成犯罪的，根据本法分则和其他法律的规定定罪处罚"的情况下，这里无须再对个人处罚重复规定；其二，将"单位进行有效合规治理"规定为从宽情节，既是对上述《刑法》第 14 条与第 15 条规定的照应，也是给单位积极进行自我预防提供规范层面的动机。

(二) 关于量刑制度的建议

通常认为,刑法总则第四章规定的刑罚适用基本原则与量刑制度是针对自然人犯罪人的,尤其是前罪与后罪都以"有期徒刑以上刑罚"为要件的累犯制度。但既然将单位列为与自然人并列的犯罪主体,那么适用于自然人的规定,如无特殊理由也应适用于单位。即使就累犯而言,在实践中反复实施相同或者类似违法行为的单位也不在少数。① 因此,无论是从理论还是从实践的角度而言,都不应将相应原则与制度仅限于自然人犯罪人。有关司法解释已经在尝试扩大量刑制度的适用范围。如上所述,《量刑意见》已经将自首扩展到了单位。如果单位能够自首、认罪认罚,当然就能够立功、坦白。如果立功、自首等从宽制度能够适用于单位,累犯等从重制度当然也能够适用于单位。因此,本文建议:

第一,在《刑法》第61条中增加一款作为第2款,提示性规定:"本章规定适用于单位犯罪。"如此,将刑罚的具体运用的一般性规定延展至单位。在内容自身表明无法适用于单位的场合,可在相应条文中增加特殊性规定。

第二,在《刑法》第65条中增加一款作为第3款,规定单位累犯:"被判处40万元以上罚金的单位,在刑罚执行完毕以后,在5年以内再犯应当判处40万元罚金以上之罪的,应当从重处罚。"此处以及下文的"40万元",是笔者根据2008—2016年单位行贿案件中罚金平均数额提出的建议②,具体应由立法与司法机关经过充分调研与讨论后决定。

(三) 关于刑罚执行的建议

第一,在《刑法》第72条中增加一款作为第2款,规定单位缓刑制度:"对于被判处40万元以下罚金,获得被害人谅解,积极实施合规治理的单位犯罪人,如果符合前款规定条件,可以宣告缓刑。"同时,通过司法解释规定在宣告单位缓刑之际可附加如下条件:(1) 采取措施减少其犯罪行为造成的损害并进行补救;(2) 以法院确定的方式披露关于其犯罪与量刑等相关信息;(3) 实施或者改善合规计划,在确定的期间内向人民法院报告实施情况;(4) 遵守其他法院认为有利于预防犯罪或减少、补偿其造成的伤害的条件。

第二,将《刑法》第37条之一第2款修改为:"被禁止从事相关职业的人或者单位违反人民法院依照前款规定作出决定的,由公安机关依法给予处

---

① 例如,在2008年至2016年判处的827个单位行贿案件中,行贿次数在3次以上的被告单位为591个,占总数的71%。参见周振杰:《单位贿赂犯罪预防模式研究》,中国政法大学出版社2020年版,第64页。

② 周振杰:《单位贿赂犯罪预防模式研究》,中国政法大学出版社2020年版,第60页。

罚；情节严重的，依照本法第三百一十三条的规定定罪处罚。"提出这一建议，既是因为在司法实践中，许多单位犯罪，尤其是证券期货类犯罪，都是单位利用职业便利实施，也是因为《刑法修正案（九）》已经将《刑法》第313条规定的拒不执行判决、裁定罪规定为单位犯罪，将职业禁止的规定适用于单位犯罪，既是实践需要，也有规范支撑。

四、结语

随着中国社会进入风险社会阶段，刑法越来越被视为风险管理的工具。风险社会的风险越来越呈现出隐蔽性、制度化、全球性等特征，这对企业犯罪治理提出了诸多新的挑战。一方面，因为风险产生的过程往往是合法的，所以当风险成为现实的重大损害时，企业总会"竭尽全力通过在工业中逐渐制度化的'反科学'的帮助来反驳对他们的指控"①，我们不得不面对"听任风险继续发展而无法防范"的有组织的不负责任现象。② 另一方面，风险的制度化与全球化意味着危害活动的复杂化与全球化，也意味着证明的专业化与证据收集的全球化，这使司法机关在跨国取证等方面不得不面临更多的法律与资源障碍。

正是为了应对上述挑战，英美率先提出了以"合作共治"为核心理念的企业合规制度，将预防与制裁违法行为的责任分散至企业本身。因此，虽然企业合规不可避免地存在某些缺陷，当前实践中还有需要完善的问题，尤其是合规治理的有效性判断标准尚有待讨论，但在宏观上，检察机关正在进行的企业合规试点工作对于预防企业犯罪、推进国家治理体系与治理能力现代化毫无疑问具有积极意义。

（原载于《中国刑事法杂志》2021年第5期）

---

① ［德］乌尔里希·贝克：《风险社会》，何博闻译，译林出版社2004年版，第33页。
② 张劲松：《论风险社会人造风险的政策防范》，载《天津社会科学》2010年第6期。

三、民事检察精细化发展

以民事检察理论研究服务民事检察高质量发展

冯小光[*]　衣小慧[**]

回首 2021 年，民事检察理论研究坚持以习近平法治思想为指导，及时回应民事检察关切，更加聚焦民事检察的重大理论和实践问题，为民事检察工作提供理论支撑和智力支持，着力促进理论研究与检察实践的融合发展，持续拓展出一条具有中国特色的新时代民事检察发展路径。

一、民法典实施背景下的民事诉讼精准监督

精准监督，作为新时代民事诉讼监督的基本理念，具有高度指导意义。民法典的正式实施进一步确立了民商事案件的体系化框架，为开展民事检察精准监督提供了实体法依据。实践中，如何以精准监督理念引领民事检察工作创新发展，真正做强民事检察工作，是民事检察理论研究领域的一项重要课题。

（一）精准监督的内涵结构

检察机关对于民事诉讼的法律监督要着力于选准案件、用准措施、求准效果，重点在"精准"。"精"是要注重选择在法治理念、司法活动中具有创新、进步、引领价值的典型案件，努力做到监督一件，促进解决一个领域、一个地方、一个时期司法理念、政策、导向问题；"准"是要做到案件事实认定清楚、法律适用正确，在此基础上根据案件具体情况，选择适当的监督方式。民事诉讼精准监督并未改变民事诉讼监督的本质，而是对监督标准、监督质效等提出了更高的要求。精准监督的功能在于制约法院的民事审判权、保障当事人的诉权、维护司法的公正性。

（二）精准监督的衡量标准

民事精准监督应当秉持公权监督与私权救济相结合的民事检察思维。精准

---

[*] 最高人民检察院检察委员会委员、第六检察厅厅长，中国法学会检察学研究会民事检察专业委员会常务副主任。
[**] 国家检察官学院讲师。

监督的衡量标准主要包括：案件类型选取、监督程序开展、监督方式确定、监督效果形成是否准确，以及人民群众的满意度是否达标。精准监督不仅仅是监督理念，也是监督标准，还是监督程序和监督步骤，贯穿民事诉讼检察监督的全过程和各领域。

（三）精准监督的实现路径

开展民事检察监督，要坚持法定性与必要性相结合的民事诉讼监督要求。抓住分化、分块、分类、分层、分流并厘清它们之间的相互关系，是精准开展民事检察监督的基本逻辑。通过立法完善民事（再审）检察建议的程序性规定，增加检察机关支持起诉的规范性条款，明确检察和解协议的效力，增加检察机关调查核实权的强制性、保障性规定。健全全方位公开的检察办案机制，完善案例指导制度，以法治思维推进民事检察公开听证，加强类案监督机制，坚持强基导向，构建多层次多维度的工作格局，充分运用信息化、智能化手段推进民事检察工作。采取加强全案阅卷复查、重点阅卷复查和必要的调查核实工作等方式实施对民事诉讼案件进行精准监督。以精准监督理念为引领，增强基层民事检察监督实效。针对法院审级职能定位改革给民事检察带来的影响，有论者建议检察机关加强基层民事检察力量配备与专业化建设，深化繁简分流工作机制，理顺同级监督与提请上级监督的关系。

二、民事诉讼类案监督机制

2021年4月，最高检印发《"十四五"时期检察工作发展规划》，提出探索建立类案监督机制。2021年11月最高检印发四件民事检察类案监督典型案例，以办案促办案，发挥了类案监督对制度构建的创新、引领作用，实现了案件办理政治效果、法律效果、社会效果相统一。

（一）开展民事诉讼类案监督的理论基础

类案监督存在狭义和广义之分，类案监督是一种系统性的工作范式，建议从广义的角度界定。民事类案监督应针对在基本事实、争议焦点、法律适用等方面具有相似性的民事案件在裁判尺度、裁判规则上的一致性进行检察监督。

（二）开展民事诉讼类案监督的实践价值和现实困境

与个案监督相比，类案监督可以起到"监督一类，纠正一片"的良好效果，是检察机关在新时代发挥检察职能的重要体现，对于拓宽民事检察监督范围、提升民事检察监督效果、增强民事检察监督公信力意义重大。但类案监督制度仍存在着程序启动主体及方式尚不明确，监督对象及范围缺乏法律依据，个案特殊性可能影响类案监督的精准性以及检察机关内部司法资源配置不均衡等问题。

（三）开展民事诉讼类案监督的合理路径

类案监督针对的问题源于个案，但并不是个案监督中发现问题的简单集合，而是要善于运用系统方法从典型案例中剖析发现倾向性、普遍性问题。应当发挥民事检察指导性案例类案监督引导作用，组织检察官认真学习指导性案例和典型案例，快速提高办案能力，提升监督质效。民法典的编纂体例为民事检察类案监督提供了重要指引。充分运用大数据、人工智能等现代科技手段，树立以数字化为引领的类案监督理念，建立以类案类判为纽带的信息共享机制，完善以类案监督点为核心的识别机制，构建分类分层的类案监督机制，同时，可以借助专家学者等"外脑"智力支持，运用专业领域的独有优势充分研判，为类案监督提供建设性意见参考。

三、民事检察支持起诉

检察机关支持起诉制度作为人民检察制度的重要组成部分，长期以来，为寻求诉讼救济的特殊群体提供无偿法律帮助。2021年12月23日最高检发布的第三十一批指导性案例（民事支持起诉指导性案例）是"检察为民办实事"生动实践的充分反映。

（一）支持起诉的案件范围

民事权益受到侵害的单位或者个人，经有关行政机关、社会团体等部门履职后仍未实现最低维权目标，具有起诉维权意愿，但因诉讼能力偏弱不能或不敢提起诉讼的，检察机关可以支持其向法院提起民事诉讼。关于检察机关民事支持起诉的对象和范围，结合近年来检察机关支持起诉工作的探索实践，以此来确定支持起诉的案件范围。检察机关开展的支持起诉，多针对相对弱势、困难的一方，特别是诉讼能力明显偏弱的群体。

（二）支持起诉的方式和程序规范

诉前支持是目前支持起诉最主要的工作方式，通过在诉讼前期对诉讼能力欠缺的一方当事人提供法律方面的支持，平衡当事人双方的诉讼能力来实质化解纠纷矛盾。检察机关支持起诉并非代替当事人行使诉权，不能独立启动诉讼程序。检察机关在支持起诉过程中，可以提供法律咨询、协助收集证据、提出支持起诉意见书、协调提供法律援助和出庭宣读支持起诉意见书等帮助。检察机关不宜依职权主动代替当事人调查取证，赋予检察机关在支持起诉过程中享有调查核实权的同时，也应有一定的限制。

四、民事检察和解制度

党的十九届五中全会对于社会治理中司法机关的积极参与提出了新的要求，检察机关除了承担法律监督的职能之外，还要肩负起化解社会矛盾与纠纷的责任。新时代民事检察和解制度体现了检察机关法律监督与解决纠纷双重职能，具有较好的实践价值。

（一）适用民事检察和解的案件类型

2021年8月1日起施行的《人民检察院民事诉讼监督规则》（以下简称《监督规则》）对民事检察和解制度进行了原则性的规定，理论界对于适用民事检察和解的案件类型未形成统一意见。检察机关应区分不同申诉案件的类型，针对具体情形加以判断是否可适用检察和解。

（二）民事检察和解的效力

检察和解本质属性上，检察人员只是发挥了更多的引导作用，最终权利的处分和义务的承担要由双方当事人确定。因当事人和解作出终结审查决定后，对当事人再次提出监督申请的，根据《监督规则》的规定，不予受理，检察人员应当将此风险在和解阶段告知当事人。检察和解协议以即时履行为原则，分期履行为例外。

五、民事检察听证制度

民事诉讼监督案件听证制度是新时代民事检察部门实现精准监督的重要手段。最高检党组对于充分发挥听证制度功能、做强民事检察工作提出了新的要求。

（一）听证制度的理论依据和法治意义

最高检于1999年通过的《人民检察院办理民事行政抗诉案件公开审查程序试行规则》可视为民事检察听证制度的起源。2013年最高检通过的《人民检察院民事诉讼监督规则（试行）》设专节规定了组织听证程序，标志着民事检察听证制度正式确立。

公开听证有利于转变办案方式，规范检察权的运行，提高检察办案的专业程度和司法公信力，确保检察机关精准监督，更好地行使法律监督职责，有利于化解社会矛盾，修复社会关系，有利于检察机关服务助推经济社会高质量发展。

（二）民事听证制度存在的问题

实践中检察公开听证存在以下问题：开展不广泛不平衡、公开听证案件的选取标准不明确，缺乏可操作性；听证启动程序的标准较为模糊，无权利救济程序；听证缺少风险评估机制，且公开听证的程序不完善，缺少回避程序；听证员的结构单一，选任程序尚不规范，未形成高效的听证员选任机制。

（三）民事听证制度完善建议

明确公开听证案件的选择标准，对于涉及国家秘密、个人隐私、经当事人申请确属商业秘密等案件应当采取不公开听证的方式进行。完善听证员选任机制，建立听证员库，结合案件类型、双方争点等，优先选择专业背景与案件类型相符的听证员。对涉及危险、舆情等因素综合评定后制作风险防控预案，必要时召开听前会议，了解事实和证据情况，梳理案件争议焦点，为公开听证做准备。应当充分尊重当事人的处分权，当事人自身无力委托代理人的，检察机关可以考虑在全国范围内设立基金，建立一套特色法律援助制度。建立公开听证权利救济机制，积极拓展听证方式，推动听证转为"线下+线上"的"互联网+"模式。关注听证笔录的记录和效力规则，确保真实全面记录听证过程和内容，并建议对听证评议意见作为办案参考依据的重要程度作出明确规定。

六、民事虚假诉讼检察监督

在最高检虚假诉讼监督指导性案例的指引和"五号检察建议"的带动下，全国民事虚假诉讼监督工作蓬勃开展，已成为民事检察工作的重要亮点和新的业务增长点，并由专项监督模式逐渐转变为常态化监督。

（一）虚假诉讼的概念界定

虚假诉讼在刑事方面，其概念问题已得以明确。刑法修正案（九）颁布以来，虚假诉讼行为正式入罪。而在民事领域，2015年最高法颁布实施的《关于适用〈中华人民共和国民事诉讼法〉的解释》第190条第2款正式出现了"虚假诉讼"这一表述。学者基于不同出发点对民事虚假诉讼的内涵与外延均有不同见解。关于恶意串通是不是虚假诉讼的必要条件，理论上一直存在争议。

（二）民事虚假诉讼检察监督的困境

一是案件线索发现难。由于民事虚假诉讼监督时机滞后，虚假诉讼案件系双方当事人合谋制造，具有很强的隐蔽性和形式多样化特征，且监督的智能化、信息化程度不足等原因，民事虚假诉讼监督的线索发现较难，获得案件线索的来源不畅。二是调查取证难。实践中检察机关对有关单位或个人无正当理由不配合调查取证的问题往往束手无策，导致依法履行法律监督职责受阻，究其原因在于民事检察部门调查核实权刚化的相应立法授权与配套措施保障尚不完备。三是监督效果不显著。我国当前的法律并没有建立一套有效应对民事虚假诉讼的制度，在现有的法律规范和制度下，司法裁判人员很难发现和有效惩治虚假诉讼。

（三）民事虚假诉讼检察监督完善建议

一是更新监督理念，统一法检认识，明确监督范围。针对"监督难"的问题，检察机关应致力于推动完善虚假诉讼检察监督的顶层设计，以达到从根本上解决问题的效果。有必要在民事诉讼法中进一步明确虚假诉讼的范畴，以解决司法实务中判断标准不统一的问题。要加强法院与公安机关、检察机关等部门之间的衔接，统一虚假诉讼认定标准，细化工作流程。二是建立多渠道案件线索发现机制，主动挖掘线索。精准挖掘线索，破解虚假诉讼"发现难"问题。建立虚假诉讼案件线索提级管理和线索研讨制度。与此同时，积极运用人工智能、大数据技术，研发办案辅助软件，发现虚假诉讼线索，提高发现线索的能力。三是强化调查核实效果，提升监督刚性。应当着力细化检察机关对虚假诉讼调查核实的适用程序，明确检察机关调查核实权的行使边界。要强化诉讼服务中心法治宣传主阵地功能，推送打击虚假诉讼典型案例，推动社会诚信、司法诚信体系建设，提升司法治理能力。四是强化内外联动与多部门协作，形成监督合力。检察机关内部形成合力，有助于实现职能上的互补，维护公平和正义。强化外部协作，提升信息数据共享及其他相关机关的协调配合，建立信息共享、联网查询、线索移送、案件协查等协作配合机制，减少不必要的工作阻力。

七、民事执行检察监督

最高检于2021年5月制发了第二十八批指导性案例（检察机关民事执行监督主题），为指导各地检察机关依法办理民事执行监督案件，进一步强化民事执行监督职能、提高执行监督精准度提供了思路。

（一）强化民事执行监督的方式

对倾向性问题，及时提出检察建议，促进执行规范化建设。加强对民事非诉法律文书执行中违法情形的监督，从源头上促进仲裁和公证严格依法规范进行。做好与法院衔接配合工作，积极协调法院将不当终结本次执行、消极执行等群众反映强烈的执行案件信息纳入共享平台，并加强监督。应准确厘定消极执行的内涵、外延，确立消极执行判断标准，关注责任财产执行主要环节。在执行监督的全流程中要秉持检察监督的谦抑性原则，监督时既要尊重当事人的自主权，也要充分尊重法院的执行活动。

（二）民事执行监督的调查核实权

民事执行监督调查核实权行使的司法供给与司法需求不平衡现象较为突出，检察机关应当加强此领域调查核实权的时效性。调查核实权的行使应当尊重司法规律，根据办案需要，结合《监督规则》有关规定，采取灵活的手段和方式进行，但应确保权不滥用，不损及当事人和其他利害关系人的合法权益。

八、民事审判深层违法行为的检察监督

现行《民事诉讼法》第208条第3款规定，各级检察院对审判监督程序之外的其他审判程序人员的违法行为，有权向同级法院提出检察建议。《监督规则》对审判人员违法的监督进一步进行了细化规定。

（一）深层次违法监督中调查核实权的法律属性

对于审判执行人员违法等直接危害司法秩序，造成程序不公正的情形，无论是否收到涉及有损司法程序公正的线索和相关证据，检察机关都应将司法程序合法性调查核实作为一项独立前置的工作程序，而不是案件受理审查程序的一项附带性工作。上下级检察机关可充分发挥检察一体优势，根据调查核实结论考虑如何启动监督程序。在审判行为违法监督案件中，调查核实权运用应当更为积极、扩张，效力强度上更具刚性。

（二）深层次违法监督中调查核实权的内外部衔接问题

就系统内部而言，民事检察部门应当与刑事检察部门建立审判人员违法监督一体化机制。就系统外部而言，民事检察部门应当加强与纪委、监委常规化的沟通衔接。如果审判人员的违法行为与履行审判职责无必然关系，检察机关不宜采取监督措施，可以将问题线索移送监察机关、公安机关等处理。

（三）深层次违法监督中调查核实权的法律保障问题

落实检察机关必要时调取包括副卷在内的全面调卷权，明确调查核实对象包括全部审判工作人员，对案件涉及的当事人及鉴定人、证人、翻译人等其他诉讼参与主体的违法行为也必须纳入调查核实范围，明确妨碍调查核实权行使的法律责任，构建执法司法信息共享平台，借助大数据共享机制打破信息壁垒。

九、其他制度

（一）民营经济、刑民交叉以及产权保护问题

推进民事检察在服务保障民营经济上的全方位、深层次监督，对接企业司法需求，与企业构建良性、互动的新型检企关系，为民营经济发展、民营企业转型升级提供更好的民事检察产品。党的十八大以来，党中央反复强调应加强产权保护，在涉产权保护的司法实践中，刑民交叉诉讼是一个长期存在的难点与痛点，依法、公正、准确办理刑民交叉案件，对检察机关民事检察部门在新时期实现精准监督的目标意义重大。在民事检察审查案件时，应贯彻类型化思维。对于非基于"同一事实"的刑民交叉案件中民商事案件中止审理的条件，应当具体案件具体分析。

（二）《监督规则》出台背景下的复查制度

《监督规则》的颁布实施，标志着复查制度由原来内部规范性文件规定的探索性工作正式上升为司法解释确立的一项民事检察制度。控告申诉检察部门对申请复查案件负有初核职责，初核在本质上是程序性审查，与民事检察部门的实体审查不同。民事检察复查案件时，如果查明案件实体处理结果并无不当，应予复查维持原不支持监督申请决定，但对于存在司法瑕疵的案件，可予以维持原处理决定的同时，在复查决定书中指出相关司法瑕疵。

（原载于《检察日报》2022年1月11日，第3版）

民事抗诉标准的再探讨

兰 楠[*]

检察机关作为国家法律监督机关的宪法定位，决定了民事检察不仅要对某些涉及国家利益和社会公共利益的民事违法行为进行干预，还肩负着监督审判（执行）机关行使公权力，维护国家法律统一正确实施的重要职能。[①] 一方面，检察机关的法律监督属性和立法赋予抗诉权的强制性程序效力，为检察权的介入提供了正当性基础；另一方面，由于启动抗诉一定程度上打破了民事诉讼程序的封闭性，司法节制主义必然要求法律监督应当是谦抑、节制、保持适度的。这就要求民事抗诉既是能动的，又是克制的，是契合于"切实推动政法工作高质量发展""统一民事法律适用标准"[②] 需要的。民事诉讼监督标准是抗诉标准的上位概念，法定监督方式包括抗诉和检察建议，针对生效裁判和调解书的监督方式则具体为抗诉和再审检察建议。考虑到抗诉这一监督方式的强制性程序效力、作为监督方式的代表性和实践中存在的标准争议，本文选取"抗诉标准"作为主要研究目标；再审检察建议主要适用于同级监督，具有较强的柔性和协调性，抗诉标准的明确对于再审检察建议具有较强的参考指引价值。抗诉标准又包括对生效裁判文书的抗诉标准和对调解书的抗诉标准，后者以损害国家利益、社会公共利益为标准，与前者的理解适用上有明显的区别，难点在于对损害"两益"的把握。如无特指，本文所称抗诉标准皆指向生效裁判的抗诉标准。抗诉必然引发再审，如果检察机关不能在民事抗诉标准的原则问题上取得一致，无论是对公平正义的实质追求，还是司法权威、程序安定的形式保护，都将难以实现[③]，《民事诉讼法》第207条所列举的情形相对宽泛、模糊，作为抗诉和再审事由其实是非常不明确的，无法切实提供标准或依

---

[*] 最高人民检察院第六检察厅三级高级检察官助理，法学博士。
[①] 参见韩静茹：《民事检察权的基本规律和正当性基础》，载《湖北社会科学》2018年第4期。
[②] 参见习近平：《论坚持全面依法治国》，中央文献出版社2020年版，第281页。
[③] 参见吴美来、阎强：《论民事再审案件的改判标准——以维护裁判的既判力为中心》，载《西南政法大学学报》2012年第2期。

据,究竟如何梳理确定抗诉标准?值得再次反思和探讨。

一、问题的提出——抗还是不抗

【案例一①】 甲银行与乙公司之间签订有借款合同并实际履行,丙公司以自有资产为乙公司提供抵押担保。后查明乙公司与甲银行的借款系借新还旧,而非合同载明的支付货款。丙公司主张在其不知情的情况下借新还旧改变了担保人对借款风险的预期,根据最高法《关于适用〈中华人民共和国担保法〉若干问题的解释》(以下简称《担保法解释》)第39条规定,"主合同当事人双方协议以新贷偿还旧贷,除保证人知道或者应当知道的以外,保证人不承担责任,但新贷与旧贷是同一保证人的除外"的规定,本案应当类推适用。一、二审均未支持这一主张,再审裁定也驳回丙公司的申请。丙公司向检察机关申请监督,主张《担保法解释》第39条的规定应当类推适用于抵押担保,由此,该公司在不知道且不应当知道的情况下不应承担抵押担保责任。

问题:在已查明甲银行向乙公司发放贷款系以新还旧的情况下,丙公司能否依据《担保法解释》第39条的规定不承担抵押担保责任?生效裁判未类推适用《担保法解释》第39条是否属于适用法律错误?检察机关是否应当抗诉?

观点一:《担保法解释》第39条所确立的规则同样应当适用于约定担保物权的情形。隐瞒以新还旧的事实,不仅大大增加了抵押人的风险,也是主债务人的欺诈行为;虽然第39条只规定了适用于保证担保,没有规定适用于抵押、质押担保,但是,民法通则规定的比照适用法律,实际就是类推适用,且几乎所有的法理都认为民法可以适用类推方式。类推适用的前提,是法律规定存在漏洞,需要进行填补,旨在维持法律秩序的统一性。

观点二:《担保法解释》第39条第1款在于遏制这种把还款风险转嫁给保证人的可能(或恶意),在新贷和旧贷为不同保证人的情形下,这种转嫁可能更甚。依司法解释的目的推知,以新贷还旧贷的抵押担保也应同理,从司法裁判的角度,以类推适用为宜,更契合司法解释对债权人和抵押人的平衡保护,避免任意或恶意的风险转嫁,但是,司法裁判的标准不同于抗诉的标准,抗诉应严守"原判决、裁定适用法律确有错误的"标准,应否积极类推适用

---

① 案例一和案例二均来源于最高检民事诉讼监督的真实案例,观点争议来源于专家咨询意见和案件讨论意见,均进行了抽象化、匿名化处理。

存在争议，不属于适用法律确有错误，检察机关不应抗诉。①

【案例二】 A 自然人在 B 个体工商户处陆续赊购产品，后出具欠条载明"A 欠 B 货款共计人民币叁万元，月息按贰分计算。2010 年 1 月 1 日。"此后，A 陆续多次还款 8000 元和两只鸭子。B 起诉 A 要求偿还欠款，A 以超过诉讼时效进行抗辩。一、二审认为欠条未载明还款期限，依据《合同法》第 206 条的规定，B 可以随时向 A 要求还款，A 也可以随时还款，不能认定 B 的诉讼请求超过诉讼时效。再审认为本案形成的是买卖合同关系，所争议的是拖欠货款，不应按照民间借贷规则适用《合同法》第 206 条进行裁判，适用法律与案件性质相悖，B 起诉主张权利时间距离 A 最后一次还款时间已超过诉讼时效期间，B 的诉讼请求不应得到支持。

问题：B 的诉讼请求是否超过诉讼时效？检察机关是否应当抗诉？

观点一：《合同法》第 62 条第 4 项规定，履行期限不明确的，债务人可以随时履行，债权人也可以随时要求履行，但应当给对方必要的准备时间。最高法《关于审理民事案件适用诉讼时效制度若干问题的规定》第 6 条规定，未约定履行期限的合同，依照《合同法》第 61 条、第 62 条的规定，可以确定履行期限的，诉讼时效期间从履行期限届满之日起计算；不能确定履行期限的，诉讼时效期间从债权人要求债务人履行义务的宽限期届满之日起计算，但债务人在债权人第一次向其主张权利明确表示不履行义务的，诉讼时效期间从债务人明确表示不履行义务之日起计算。本案中，依照《合同法》第 61 条、第 62 条的规定依然不能确定履行期限，且没有证据证明债务人明确表示不履行义务，不能认定 B 的诉讼请求已超过诉讼时效期间，生效裁判适用法律明显错误，检察机关应当提出抗诉。

观点二：本案诉讼标的过小，案情过于简单，已经历了一审、二审、再审，且不具有任何指导、示范意义，由最高检向最高法就两万余元的标的提出抗诉实属浪费司法资源。

两个简单的案例实际抽象于实践中大量存在的"抗还是不抗"的争议，也足以引发出对抗诉标准的再思考。案例一中，观点一和观点二都认为法律适用的正确做法是类推适用，所不同的是观点一认为生效裁判未积极进行类推适用属于适用法律错误，检察机关应当抗诉；观点二认为裁判标准不等同于抗诉

---

① 2021 年 1 月 1 日起施行的最高法《关于适用〈中华人民共和国民法典〉有关担保制度的解释》第 16 条规定，主合同当事人协议以新贷偿还旧贷，债权人请求新贷的担保人承担担保责任的，如新贷与旧贷的担保人不同，或者旧贷无担保新贷有担保的，人民法院不予支持，但是债权人有证据证明新贷的担保人提供担保时对以新贷偿还旧贷的事实知道或者应当知道的除外。这一规定已实际吸收了原《担保法解释》第 39 条的规定，将适用范围扩大到司法解释所涵盖的多种担保方式。

标准，应当从不同层面上把握二者。案例二中，观点一和观点二就时效问题亦无分歧，但观点二认为案件标的过小，案件缺乏指导或典型意义，经历一审、二审、再审之后再提出抗诉有浪费司法资源之嫌。两个案例实际提出了两类具有代表性的问题：裁判标准与抗诉标准之间有无差异，如何把握"适用法律确有错误"？违法性程度如何确定，以诉讼标的、社会效果、违法情节还是其他标准进行判断？

不仅实践中大量个案在确定抗诉标准时面临的情况非常复杂，标准不一、争议极大，更多的问题还表现在提请抗诉案件支持率低和抗诉标准的任意性上。通过对2018年和2019年某上级检察院受理的下级院提请抗诉案件办理情况进行跟踪观察①：截止到2020年12月，在该上级院办结的2018年受理的222件提请抗诉案件中，办理结果为提出抗诉的47件，提请抗诉案件支持率为21.2%；截止到2020年12月，在该上级院办结的2019年受理的99件提请抗诉案件中，办理结果为提出抗诉的23件，提请抗诉案件支持率为23.2%。提请抗诉环节是检察机关的内部办案流程，但在下级院作出提请抗诉决定后会以《通知书（告知提请抗诉用）》告知当事人，便于其掌握案件办理进度。低位徘徊的提请抗诉案件支持率暴露了上下级检察机关对同一问题的不同态度，对司法公信力会产生一定影响，也造成了息诉工作的压力。不仅如此，有的研究选择A省Q市检察院为研究样本，发现目标期间不同年份的受案数、抗诉数都存在明显波动，而相应时期法院的审判质量、民事案件数量和当事人申请监督数量并没有发生显著变化，该研究通过访谈发现导致抗诉数据波动的关键变量在于"检察院关于民行工作的政策意见和考核方式的变化"，这也较大程度暴露了部分检察院把握抗诉标准的任意性②，将影响当事人对法律监督效果的预期。

实践中大量存在的抗与不抗的争议，以及明显偏低的提请抗诉案件支持率和抗诉与否的任意性都提示我们对抗诉标准的把握仍需仔细探讨，而多方面复杂情况其实都依赖于分析民事检察的基本性质和基本立场进行回应。

---

① 在选取跟踪观察目标时着重考虑了该上级院受理、审查案件在实践中的代表性，少量提请抗诉案件支持率高位运行的地方此项数据也不超过40%。

② 参见吴英姿等：《民事抗诉实证研究》，载《国家检察官学院学报》2015年第4期。作者对全国乃至某特定省、市的抗诉数据进行过观察，注意到两个现象：一是省级院抗诉案件各项数据相对保持平稳；二是部分地市的抗诉数据有明显起伏波动。作者将原因分析为最高检对省级院的抗诉案件数量不进行考核，没有明确的抗诉数量的要求，因此省级院数据表现平稳；而地市级院的数量波动最关键的变量在于上级检察机关民行工作的政策意见和内部考核方式的变化，认为这反映出抗诉标准极大的任意性。

二、确定抗诉标准的根本出发点——对公权力的监督

民事检察的价值取向决定了确定抗诉标准的价值取向，研究抗诉标准必须回到民事检察的基本价值立场、态度和倾向。根据《宪法》第134条，检察机关"是国家的法律监督机关"。检察机关代表国家行使公权力，这是抗诉的根本制度基础。2013年，最高检发布《关于深入推进民事行政检察工作科学发展的意见》，根据这一指导意见的阐述，民事检察工作是为保障民事法律"统一正确实施而进行的法律监督，其核心是对公权力的监督"。但在具体制度构造中，检察机关基于"强化自身监督"和"避免破坏诉讼结构平衡"的考虑，仍以当事人的申请作为抗诉的前提和重要线索来源[1]，以至于一直有观点认为以当事人的申请（且通常是单方申请居多）作为抗诉的重要前提和线索来源，由此启动程序，虽然抗诉理由多数情况下不见得等同于当事人的申请监督理由，但"检察权的介入"导致再审程序的当然启动是客观存在的，加之因履行法律监督职责需要而进行的调查核实，抗诉实质上导致了"无解的公私冲突"，即便将抗诉的全部意义止于启动再审，而"顺应一方当事人的需要而开启再审，本身就是举足轻重的辅助"，将导致当事人诉讼地位平等的冲突。[2] 况且，最终决定提出抗诉本身也表明了检察机关"对一方当事人的支持，结果上总是有利于一方当事人，客观上发挥着救济当事人的功能"。[3] 这样的观点在学界也具有一定的代表性。

重申以对公权力的监督作为抗诉的根本出发点无疑是极为关键的，有助于厘清许多争议。尽管不少观点已经认识到民事抗诉是一种对公权力进行监督的程序性权力[4]，但理论和实务界的争议一直存在，且导致了实践中的观念混淆和操作不一致。重申这一根本出发点对于确定抗诉标准具有重要意义：第一，

---

[1] 根据最高检《关于深入推进民事行政检察工作科学发展的意见》表述，除损害"两益"和违法犯罪损害司法公正的情况外，一般以当事人申请作为监督的前提。防止和避免因检察监督的不当介入，破坏当事人在诉讼结构中的平衡性，进而造成对当事人诉权的不当干预。当事人申请监督和检察机关自行发现均是民事检察案件线索的重要来源。

[2] 参见许尚豪：《论监督型民事抗诉制度的回归及路线》，载《法律科学》2020年第2期。

[3] 参见杨会新：《论我国民事检察权的运行方式与功能承担》，载《法学家》2016年第6期。

[4] 参见胡卫列等：《中国特色民事行政检察的制度实践与理论探索——民事行政检察30周年综述》，载《国家检察官学院学报》2018年第6期。作者梳理认为，关于民行检察权的权力属性及职能定位，主流观点主要包括：第一，是一种专门的法律监督权，体现在主体的专门性、手段的专门性、发挥作用的专门性上。第二，是一种程序性权力，其效力主要表现为启动某一纠错程序。第三，是对公权力的监督，主要指向人民法院的审判、执行活动。第四，是一种居中监督。检察机关代表国家行使法律监督权，不代表任何一方当事人。第五，是一种事后监督。

当事人申请是民事诉讼监督案件的"线索来源"。当事人的申请与当事人之外的其他主体的控告、举报，以及检察机关在履职中发现，并列为民事诉讼监督案件的三大线索来源。作为案件线索来源，不等同于必然抗诉，不意味着民事诉讼监督的核心是对私权利的救济。以当事人申请作为案件线索来源，主要考虑到当事人深度参与民事诉讼活动，以自身对私权利关切的视角更有利于发现公权力违法的问题，当然，不可回避的是，对公权力的监督本身并不是民事法律监督的单一终极目的，终极目的仍在于维护公平正义，维护法律统一正确实施，进而保障民事诉讼程序合法运行之下应当受到保护的民事权利。第二，检察机关对抗诉案件的审查是全面审查。检察机关审查案件围绕申请人的申请监督请求、争议焦点以及发现的其他情形，对法院民事诉讼活动是否合法进行全面审查；对其他当事人的申请监督请求一并审查，远不止于关注单方监督请求。实践中，不乏双方当事人均向检察机关申请监督的情形，检察机关作出的决定也并不立足于对某一方当事人监督请求的支持或不支持。第三，检察机关调查核实不以当事人申请为前提条件。调查核实具有浓厚的职权色彩，按照《人民检察院民事诉讼监督规则》的规定，检察机关根据"履行法律监督职责的需要"，可以进行调查核实。第四，检察机关抗诉不意味着采纳和支持当事人的申请监督事由。检察机关通过对案件的全面审查、对民事诉讼活动的全面审查，认为存在法定情形的，向人民法院提出抗诉，抗诉理由完全可能并且在实践中多与当事人申请监督理由不一致或不完全一致，这也是由检察机关关注公权力行使的视角所决定的，抗诉理由必然不等同于单纯的关注实体权利义务处分。[①] 第五，对当事人实体权利的救济表现为对公权力监督的间接效果，是监督公权力、维护法律统一正确实施的应有之义。也是为了避免成为"一方当事人的代理人"影响民事诉讼各方当事人的地位平衡，检察机关不将实现和救济任何一方当事人的实体权利作为法律监督的直接目的、根本目的，但是，对权利的救济是维护法律统一正确实施的应有之义，在民事诉讼法的框架之下，事实得到依法认定，法律得到正确适用，则当事人的权利将得到救济。

民事实体法和程序法确立了一系列规则，从事实认定到法律适用，人民法院依照这些规则作出的裁判，检察机关当然应予维护；对公权力违法之下的案

---

① 在绝大多数情况下，检察机关的抗诉理由都与当事人的申请监督理由不一致或者不完全一致，分析原因大致包括以下几类：一是当事人的视角、理由多集中于对原裁判实体权利义务分配不服，这种不服本质上是一种现象的描述，而非探究现象背后是否存在违法情形，相反，检察机关与当事人视角不同，着重分析的是原裁判的权利义务分配有无法律依据，有无违法情形。二是当前依然有许多当事人向检察机关申请监督时没有聘请律师或申请法律援助，提出问题的专业能力相对受限。三是还有的申请监督理由明显是为了表达怨恨、发泄的情绪，对于认定事实和适用法律意义并不大。

件进行监督,则应当成为例外,纠正违法和维护法律统一正确实施则成为关键。以《民事诉讼法》第 207 条第 1 项"有新的证据,足以推翻原判决、裁定"为例,从实践和理论两个层面进行分析。从实践层面看,下级检察机关以新证据提请上级院抗诉的类型主要集中在:法院生效判决书;检察机关起诉书和公安机关侦查终结阶段性意见;公安机关讯问笔录;行政机关及其职能部门作出的决定书或证明文件;当事人自行委托鉴定机构作出的鉴定意见。新证据足以推翻原裁判的,属于实体抗诉事由,基于对生效裁判既判力的维护和对民事审判基本规律的尊重,应当认识到,再审审理实则将在一个与一、二审不同的层面的标准上对生效裁判进行评判,不仅限于发现客观真实,更考虑从实体上排除由于经验、学识、诉讼理念等随着时间推移而产生的对事实、法律的认识不一致对案件产生的影响。① 实践中集中存在的这四类新证据提请抗诉类型,很难与《人民检察院民事诉讼监督规则》第 78 条、最高法《关于适用〈中华人民共和国民事诉讼法〉审判监督程序若干问题的解释》第 10 条对应起来,从形成时间到证明力大小都有过于宽泛之嫌。比如,当事人自行委托的鉴定意见,往往可能由于在诉讼中未申请鉴定、鉴定材料未经各方质证、鉴定机构未经各方当事人共同选择而不能成为足以推翻原裁判的新证据;还有的案件中省级院采纳当事人提交的鉴定意见作为主要提抗理由,该鉴定意见认为"税务机关的完税证明虽然公章真实,但表述和形式均不符合完税证明通常的形式要件",所谓鉴定意见,根据《民事诉讼法》第 79 条的规定,指向的是"查明事实的专门性问题",例如可以对完税证明中公章的真实性进行鉴定,但在已确认公章真实的前提下,行政机关证明文书的表述和形式不应当是鉴定意见解决的专门性问题。以民事抗诉监督公权力来看,这些情形都很难成为应当抗诉监督的违法情形。从理论层面看,单就《民事诉讼法》第 207 条将"新的证据"规定为抗诉事由本身来看,带有明显的权利救济性,这时似乎要纠正的是错误裁判而非违法裁判;然而,对抗诉的分析还要结合《民事诉讼法》第 218 条的规定来进行,在第 218 条之下,再审程序已作为当事人申请监督的前置程序,这也就意味着检察监督的目标是"再审程序应当纠正而未纠正的新证据足以推翻原裁判的情形",这就依然回到了抗诉的监督属性;也恰好反映出立法将再审事由与抗诉事由作简单同一化处理暴露出的问题,也反映出在《民事诉讼法》第 207 条的基础上进一步分析抗诉标准的必要性,再审事由应当侧重于纠错和权利救济,抗诉事由应当侧重于监督公权力、维护法律统一正确实施。

---

① 参见吴美来、阎强:《论民事再审案件的改判标准——以维护裁判的既判力为中心》,载《西南政法大学学报》2012 年第 2 期。

三、以体现民事抗诉制度价值追求的原则指引法定抗诉事由的理解适用

《人民检察院民事诉讼监督规则》将检察机关提出抗诉的情形指向《民事诉讼法》第 207 条和第 215 条,其中第 207 条是人民法院应当再审的情形,在这个意义上应当抗诉的情形与之具有同构性,没有进行区分。关于民事诉讼监督案件的抗诉标准,有观点根据第 207 条所列举的 13 项情形归纳为"事实认定错误""法律适用错误""程序违法"和"审判人员违法"四类,并认为符合前两类情形者可以抗诉,后两类情形适于发出检察建议。从违法情形的角度概括民事抗诉标准,有便于掌握的优势,但又忽略了司法实践中相同法定情形在具体个案中的巨大差异,恐有失之过于简单、武断之嫌。有观点将审判机关或审执人员在民事诉讼中的违法行为根据违法性程度分为"重大违法""一般违法"和"轻微违法",认为对于其中违法性程度高的重大违法情形,应当抗诉,对于一般违法情形,则进一步视情况而定。[①] 有观点认为,民事检察权的行使应当遵循"比例原则""穷尽其他救济原则"和"合法性原则",即权力行使路径、手段方式协调适应,并控制可能产生的负面效应;基于检察权的谦抑性,尊重审判权的基本规律;以法律的明确授权作为权力行使依据。[②] 从违法程度和一般法律原则的角度概括民事抗诉标准,对具体的情形作了抽象,但并未充分体现民事抗诉的制度特点,由于过于宏观,会带来实践中具体适用的难题。

关于制度实践,有研究以某地级市为样本,经统计发现该市检察机关抗诉理由集中在实体问题即"事实认定错误"和"法律适用错误"方面,进而提出,抗诉案件的理由暴露出一个尴尬的局面,即抗诉令法检两院作为司法机关"实质上陷入事实认定和法律适用上的认识分歧",如果这些分歧在同样的法制背景下,在民事诉讼的司法公开、审级、陪审等制度安排之下依然无法消解,实则已经造成了对司法权威、司法公信力的伤害;此外,检察实践中抗诉标准的任意性,加之抗诉事由以实体错误为主,制度实践实际已出现了"目标置换"和"功能变异"。[③]

《民事诉讼法》第 207 条规定了应当抗诉的情形,但简单直观地对 13 项

[①] 参见徐黎明、马清:《新〈民事诉讼法〉中检察建议的适用标准与适用程序》,载《广西社会科学》2015 年第 10 期。

[②] 参见韩静茹:《民事检察制度的体系化革新》,载《国家检察官学院学报》2013 年第 3 期。

[③] 参见吴英姿等:《民事抗诉实证研究》,载《国家检察官学院学报》2015 年第 4 期。

列举情形进行逐一分析以期确定抗诉标准是无济于事的，实践呈现出的纷繁复杂的问题实在难以通过列举的方式穷尽。仍以证据为例，在第 207 条之下需要反复把握"新证据""基本事实""认定事实的主要证据""足以推翻原判决、裁定"等多重概念，不论程度、范围还是类型都存在极大的认知差异；再以"适用法律确有错误"为例，是适用法律轻微错误即应当抗诉，还是适用法律严重错误才应当抗诉，或者是适用法律错误影响当事人实体权利义务分配应当抗诉，还是适用法律错误即便不影响实体权利义务配置也应当抗诉，是适用实体法律错误应当抗诉，还是适用程序法律错误亦应当抗诉，实际操作争议空间很大。在分析抗诉本质属性的基础上提炼能够体现抗诉制度价值和实践需求的基本原则，并以此指引法定抗诉情形的理解适用是相对有效可行的路径，即构建以"原则加情形"的抗诉决定标准，具体来说，检察机关理解适用《民事诉讼法》第 207 条决定是否抗诉时应当遵循和把握三个原则：第一，监督为主、统筹救济的原则。在判断一个裁判结果监督案件是否抗诉时，侧重从监督的视角关注是否有公权力违法需要纠正，纠正该违法是否有助于维护法律的统一正确实施；民事主体的权利义务配置是否失当，首先是民事法律监督的现象和线索来源，应作为综合因素统筹考虑。监督为主的原则还意味着尊重审判规律，以及对于原审法官合理普遍地行使自由裁量权以充分的尊重。第二，程序从严、兼顾实体的原则。诉讼程序得到合法遵守、发挥应有作用是当事人实体权利赖以实现的保障，"通过正当程序实现正义"是既判力的基础，程序性规范多属于强制性规范，程序违法具有更明显的外观性和认定上的客观性。决定是否抗诉时，应当对程序性事项予以重点聚焦，对实体性事项则区分具体情况精准、慎重分析，避免陷入违法情形之外的认识分歧，避免被动地陷入双方当事人的实体权利义务之争。第三，重点把握法律适用、克制否认事实认定的原则。检察机关应当在纠正违法（而非单纯认识分歧）的视野下，对于具有类案指导、新类型指引等作用的案件法律适用问题予以重点关注，以强化抗诉的精准性、引领性和指导性，同时考虑到原审距离事实最近，原审在查明事实上具有天然的优势，诉讼监督阶段重新认定事实的难度加大、优势丧失，检察机关应当尊重审判规律、司法规律，对于否认原审事实认定保持相应的理性克制。

构建"原则加情形"的抗诉标准，是试图在决定是否抗诉时充分发挥原则和规则的各自优势、互补融合，既关注实践中千变万化的具体情形，又同时运用体现民事抗诉制度价值追求和实践需要的基本原则，不仅为确定抗诉标准提供价值指引，也实际提供分析方法和分析路径，并且相当程度上能够起到纠正抗诉标准任意性的作用，避免形式主义的局限，追求和遵循客观规律，着力实现民事法律监督工作的规范化、程序化、制度化。① 基本原则既提炼来源于第 207 条所列举的具体情形,又对具体情形的适用进行了类型化和优先劣后的区分,警惕陷入背离抗诉制度目标功能的陷阱,形成原则加情形的主客观统一。

(一) 监督为主、统筹救济的原则

1. 法律秩序与私权利

虽然学界对包括民事抗诉在内的民事检察之目的认识依然存在分歧,国家干预私权说,私权救济说,维护司法公正、司法权威和法制统一说等三种观点可能都值得商榷。国家干预私权说并未揭示抗诉之目的,仅描述检察权介入民事诉讼之现象;合法的私权利通过民事诉讼程序得到保障、救济则是司法公正、法制统一语境之下的应有之义,司法权威又建立在司法公正的基础上。民事诉讼客观上涉及国家法律统一正确实施和私权保护两种利益,民事诉讼的目的理论基本也可以归结为"维护国家法律秩序说"和"私权利保护说"。② 延伸到民事抗诉,民事抗诉来源于检察机关的法律监督职能无疑,但监督的目的并不止于监督本身,在于通过监督保障国家法律统一正确实施,在于通过维护法律的统一正确实施,维护民事诉讼秩序,进而实现在民事诉讼程序制度设计之下的各方当事人私权利的法律保护。

2. 监督与救济

就民事抗诉而言,对公权力的监督与对私权利的救济是什么关系?有观点认为二者并列,也有观点认为二者互斥。实则,一方面,救济既可以是监督的间接效果;另一方面,在民事诉讼目的论的层面说,救济也是监督的动因和目的。法律监督本身不是终极目的,在民事诉讼的框架下,民事法律监督也将回归维护法律秩序和保护私权利。民事法律保护私权利,审判机关正确适用法律则意味着合法权利应将受到保护,法律秩序得到维护和私权利受到保护是完全契合的。依申请和依职权并列为民事诉讼监督案件的来源也是对这一观点的有力印证。但监督与救济的区别也是存在的,如何把握二者的区别对确定抗诉标准可能更为重要。大量的民事裁判结果监督案件,从线索来源层面,呈现给检察官的往往是当事人由于原审"判非所愿"而在申请事由中所主张的"实体权利义务配置失当"。所谓"失当",已经包含了事实描述和价值判断两层含义,即"权利义务配置现状 + 如此配置错误或违法"了,后者此时是不确定的,检察官通过当事人呈现的线索来源,经过阅卷和必要的调查核实,需要判

---

① 参见张文显:《习近平法治思想的基本精神和核心要义》,载《东方法学》2021 年第 1 期。
② 参见宋小海:《论民事抗诉制度构造与功能的嬗变》,载《浙江社会科学》2017 年第 5 期。

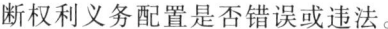

断权利义务配置是否错误或违法。

3. 审判规律和自由裁量权

监督为主的原则还意味着尊重审判规律,以及给予原审法官行使自由裁量权充分的尊重。事实本身是具有多面性的,认定案件事实只是通过认定证据和接纳常识对所发生的事实进行甄选和固定,这就决定了法律事实本身可能并不存在一个仅有的绝对正确答案。在民事诉讼程序中,一审距离事实最近,最接近当事人、接近证据,可以在庭审中近距离地观察当事人的语气、表情、神态甚至观察各方的对抗,以形成内心确信;而到了再审或诉讼监督阶段,许多案件已历时长久、事过境迁,事实重新认定的难度加大。法官在审判实践中行使自由裁量权是必需的、普遍的。法律允许法官根据具体情况进行裁量,允许其在法定幅度范围内进行裁量,法官需要根据具体情况对规则进行阐释,需要根据具体案件结合证据规则对争议事实予以认定,需要平衡不同利益冲突,等等。而自由裁量权又不是一个可以精确定量分析的标准,往往很难说30%还是40%更合理。监督公权力也意味着维护整体的司法权威,如果司法机关总是适用同样的法律规则得出不同的结论,并且否认既判力反复拉锯,只会使得当事人无所适从。①

(二)程序从严、兼顾实体的原则

民事诉讼程序对于当事人实体权利配置具有基础的保障作用,关系司法公正;诉讼程序事项"看得见",具有公示性,关乎司法权威;程序性事项的判断又相对清晰明了,不具有实体性事项那样更强的模糊性,违反法定程序是民事诉讼的"硬伤"。确定抗诉标准时应当注重区分违反法定程序性事由和实体性事由的不同,对程序性事由予以优先重点关注,做到"程序审查优先、程序把握从严",体现程序为主、兼顾实体的原则。

1. 程序正义和有限纠错

民事诉讼法第十六章规定了"审判监督程序",当事人申请再审、院长发现程序和检察机关法律监督程序均置于本章。按照通常的民事诉讼制度原理,狭义的再审程序仅指法院对原裁判案件再次审理的程序,而广义的再审程序还应当包括审查再审申请和检察机关的法律监督程序。再审程序不是民事诉讼中通常适用的程序,不是通常存在的审级,是审级制度之外的独立程序、备用程序,其功能定位在于例外情形下的纠正和补救,实质是一种需要防止普适化倾

---

① 参见林文学、吴凯敏:《民事再审审查法官行使自由裁量权的思考》,载《法律适用》2012年第11期。

向的"有限纠错"。① 既判力本身的原理在于"通过正当程序实现正义",裁判一旦生效,就必须维护既判力和稳定性,再审程序只能在维护既判力和必要的纠错机制之间寻找平衡,也就是说,只有在原审诉讼存在严重程序瑕疵无法实现正义的情况下,才能启动再审。

有观点认为,抗诉事由应当仅限于程序违法和损害"两益"②,理由在于程序性规范多属于强制性规范,任意性程度低,程序违法更具有外观性和认定的客观性。但仅仅关注程序和"两益"又将视角限缩得过于狭窄,有违监督公权力、维护法律统一正确实施的本质,在"两益"之外把对民事权利的关注完全排除在外更是有违民事诉讼程序法的价值追求。

2. 主观因素和客观因素

有观点提出,就民事生效裁判而言,错误、确有错误都是一个相对模糊和宽泛的概念,究竟何为认定的基本事实缺乏证据证明?何为适用法律确有错误?可以析分为三个层面性质截然不同的类型:一是因审判人员贪污受贿、徇私舞弊、枉法裁判的;二是因审判人员能力素质限制导致的裁判失当;三是法检认识不一致导致的分歧。对第一种情形,毫无疑问应当依法提出抗诉;对于第二种情形,原则上不应抗诉,例外情形下如损害当事人实体权利则可以抗诉;对于第三种情形认识不一致的,应当不抗诉。这种区分处理方式,有一定的参考意义,凸显了抗诉程序对于维护司法公正的外在价值,对于法官有失公正廉明的裁判案件,抗诉乃是对司法公信力的挽救。③ 但是,这种标准从划分上存在一定困难,分类是否周延和互斥恐有争议。何为审判人员能力素质限制?能力素质限制影响正当程序时是否应当抗诉?能力素质是否可能导致程序违法?能力素质限制与认识不一致如何界分?如果简单地将审判人员能力素质限制所导致的裁判失当排除在抗诉之外,过于笼统,有失慎重。进一步考虑,在这种观点之下,可供借鉴的实际是可以把导致裁判错误的因素按照主、客观因素进行区分,主观因素应当排除在启动再审的原因之外,例如事实判断、法律解释、价值取向等,能够引起再审的事由应当是程序违法、司法腐败、枉法

---

① 参见张卫平:《有限纠错——再审制度的价值》,载《法律适用》2006 年第 7 期。作者认为,一方面,再审普适化将影响裁判形式上的既判力,影响解决纠纷的效力,动摇一审中心主义,影响国外法院对我国终审裁判的承认;另一方面,有错必纠来源于实事求是的认识论观点,而不是法的观念,法律真实和客观真实存在现实差距,经历的时间越长,对案件事实的认定就越困难。我们应当认同通过程序获得的正当性,当事人有权获得法院公正的裁判,原判决只有本身欠缺使既判力正当化的根据,才能经由法定再审事由启动再审否定原判决。

② 参见许尚豪:《论监督型民事抗诉制度的回归及路线》,载《法律科学》2020 年第 2 期。

③ 参见赵钢、朱建敏:《略论民事抗诉程序价值取向的重构及其程序设计》,载《法学评论》2003 年第 6 期。

裁判等客观因素。

3. 违法裁判和错误裁判

有观点提出通过区分"违法裁判"和"错误裁判"来界定抗诉标准。认为与客观事实不符的、与法律不符的、损害当事人实体权利的生效裁判，属于"错误裁判"；违反实体法和严重违反程序法的生效裁判，属于"违法裁判"。错误裁判包含违法裁判，一个合法的裁判也可能是错误裁判，可能因为新证据的出现而被证明为错误裁判，但它依然是合法裁判。① 按照前文分析的监督为主、兼以救济的原则，民事抗诉以监督为首要目标，应当首先指向违法裁判，以督促审判机关纠正违法，维护法律统一正确实施；兼顾救济，体现对法定抗诉事由下的错误裁判提出抗诉。

通过对民事诉讼目的、民事抗诉目的的分析，以及对各种学说观点的借鉴，应当说，在《民事诉讼法》第207条之下，强化程序规则的约束作用，凸显程序对处理纠纷的保障，是把握抗诉标准的优先之所在。对实体性事项则应当进一步区分具体情况精准、慎重分析，关注实体性事项中的违法情形，避免陷入违法情形之外的认识分歧；尊重双方当事人平等地行使诉讼权利，避免被动地陷入双方当事人的实体权利义务之争。

（三）重点把握法律适用、克制否认事实认定的原则

法律适用和事实认定共同作为实体性事由，本文在第（二）项原则中已经提出应当是相对劣后于程序"硬伤"的判断标准。那么，在强调聚焦程序、程序从严之后，对实体事由又要具体情况具体分析。实体问题大致包括事实认定和法律适用，对于具有指引作用的案件法律适用事项予以积极关注、重点把握，以强化抗诉的精准性、引领性和指导性②；而对于事实认定问题则要综合实体结果、衡量抗诉价值后审慎分析，除非有充分证据证明原审查明事实明显错误，否则应对于在民事诉讼监督阶段否认原审事实认定保持理性克制。

1. 法律适用的引领导向

在司法裁判三段论中，法律是裁判的大前提，法律适用是评价司法裁判的关键性因素。抗诉案件根据《民事诉讼法》第215条有上提一级的规定，不仅体现出立法对抗诉启动再审的审慎克制态度，③ 也有利于最高检和省级院作

---

① 参见宋小海：《论民事抗诉制度构造与功能的嬗变》，载《浙江社会科学》2017年第5期。
② 参见崔玉清、林文学：《完善民事再审审查制度的思考》，载《人民检察》2013年第22期。作者就再审标准进一步认为，只要违反法定程序的情形，无须考虑判决结果是否有误，裁定再审与再审是否改判没有必然联系；对于涉及事实认定、法律适用等实体性事由的判断，应当审查原生效裁判在证据采信、事实认定、法律适用等方面是否存在影响基本事实、案件性质、裁判结果等情形。
③ 参见王亚新：《民事再审：程序的发展及其解释适用》，载《北方法学》2016年第5期。

为上级检察机关对于辖区内的政策背景、法律适用、统一抗诉尺度进行更为全面、稳妥的把握,这两级检察机关也是当前抗诉案件集中分布之所在,在这两级检察机关的层面,从纠正违法、而不陷入单纯认识分歧的视角出发,充分关注法律适用,尤其是关注类案法律适用、关注新类型案件法律适用,对于保障法律统一正确实施,对于统一司法政策、尊重社会背景的考量更有实效。法律适用是决定是否抗诉的重点关注事项,这也与最高检"精准监督"理念高度契合,关注法律适用问题,对有创新、引领价值的案件提出抗诉,发挥导向作用、对类案的指导作用。①

2. 与事实的距离和原审认定事实的优势

按照英美等国家的民事诉讼理论,不同的审判阶段通常会有一定的职能和侧重区分,比如初审应当负责解决事实问题和法律适用问题;上诉审负责重点审查法律适用问题,对事实问题也可以再补充;再审主要解决法律适用问题,并且再审的启动非常严格、比例小;到最高法已经基本排除对事实问题的审查,只审查法律适用问题。这样的制度安排主要考虑到不同审级查明事实的能力,对法律、公共政策的理解、统筹能力的区别。我国目前实行的是四级两审终审制,二审和再审法院依然需要处理事实问题,虽然受到上诉请求(再审请求)范围的限制,但是依然是一种接近全面的综合审查。在我国这样一个各级审判机关全面审查的现状下,抗诉标准反而有理由考虑更多地借鉴西方国家的思路,合理尊重原审对事实认定的优势,侧重突出诉讼监督程序对法律适用的把握和引领。关于事实认定问题,一审无论在时间还是在距离上都最接近事实和证据,一审以开庭审理为原则,而再审或诉讼监督阶段更多是书面审查或事后调查核实,并运用日常经验法则和逻辑分析进行事实认定。在没有足够充分证据证明原审事实认定有明显错误的情况下,不宜轻易否定原审的事实判断。

3. 事由成立即抗诉和确有错误再抗诉

如前文所述,在民事诉讼监督阶段,事由(情形)和标准不是完全相同的概念,事由无法完全替代抗诉标准,无法解决明确抗诉标准的全部问题。试以再审审查事由和再审改判事由类比,有观点认为启动再审审查可以是事由成立,就再审;而再审审理改判,则应当是确有错误再改判。② 在不同的事由之下,判断是否决定抗诉的标准是不相同的。有的事由,是一旦成立就应当抗

---

① 参见张军:《把实施民法典贯穿法律监督始终》,载《人民周刊》2020年第12期。
② 参见肖建国:《民事再审事由的类型化及其审查——基于解释论的思考》,载《法律适用》2013年第4期。当然,司法实践中也存在争议和不同做法,有的法院事由成立即裁定再审,有的法院认为确有错误再启动再审,启动再审比例较高的高级法院高达50%,比例较低的高级法院只有1.5%。

诉,这通常是我们所说的案件"硬伤",比如原裁判遗漏或超出诉讼请求的。遗漏诉讼请求,意味着对于当事人的部分诉讼请求未予处理,违反了不得拒绝裁判的原则;超出诉讼请求,意味着该项判决主文没有基础,当事人未提出诉讼请求,而审判机关超范围判了。如某一劳务合同纠纷案件中,某当事人既以公司项目负责人的身份对项目材料款、人工费进行确认,也以个人身份确认其本人对欠款承担连带清偿责任,法院仅判决公司承担清偿责任,对于双方约定的该当事人个人连带责任漏判了,这就属于一旦成立即应当抗诉的情形。而法律适用问题是一旦成立即抗诉还是确有错误才抗诉,是存在争议的,且有普遍适用性,有探讨的意义,有指导和引领价值。以《民事诉讼法》第 207 条第 6 项为例,如何理解和把握"原判决、裁定适用法律确有错误"?从字面来看,"适用法律确有错误"不过是"原判决、裁定确有错误"的简单展开,要用来作为一项具体的再审事由就不够明确了,无法提供更具体、能够判断是否应当抗诉的标准。[①]《人民检察院民事诉讼监督规则》第 83 条将"适用法律确有错误"界定为八种具体情形加兜底条款。在实践中,随着审判人员业务素质的不断提高,偏法律适用技术类的相对低级的错误越来越少,法律适用错误的"隐藏性"和争议性越来越强。针对具有普遍代表性的(类案的)或前沿的(新类型)法律适用问题提出抗诉,能够实现更积极的引领、指导价值,应当是上级检察机关的关注重点。

我们尝试以"原则加情形"的抗诉标准来回应本文伊始的两个案例。在案例一中以监督为主的视角审视原审生效裁判,首先不存在明显的程序违法,其次在实体方面,事实认定基本清晰,争议的焦点在于未将《担保法解释》第 39 条类推适用于本案是否属于适用法律确有错误。在民事法律领域,如存在需要填补的法律漏洞,立法与法理上均支持类推适用。从步骤来看,第一,当现有法律规定存在明显的法律漏洞需要进行填补时,应当将法律对某案件类型所作的规定,比附援引到一个法无明文但具有共通性、类似性的案件类型上;第二,应当通过对法律关系构成要件、立法本意进行分析,判断两类案件是否存在共通性、类似性。再者,类推适用应当有利于维护法律的统一正确实施,避免明显的同案不同判,损害司法权威。具体到本案是否应当类推适用《担保法解释》第 39 条。其一,法律或司法解释没有关于抵押人对于主合同双方当事人以新还旧责任承担的具体规定。其二,关于《担保法解释》第 39 条的立法目的是否应当及于抵押担保。该条有两款。第 1 款明确,主合同当事人双方协议以新贷偿还旧贷,除保证人知道或

---

① 参见张卫平:《有限纠错——再审制度的价值》,载《法律适用》2006 年第 7 期。

者应当知道的以外，保证人不承担民事责任。第 2 款规定，新贷与旧贷系同一保证人的，不适用前款的规定。这一规定前后两款旨在平衡保护保证人和债权人的利益。第 1 款更侧重于保护保证人利益，第 2 款更旨在保护债权人利益。以新还旧，客观上有把逾期还款的风险转嫁给保证人的可能（或恶意），为遏制这种风险，在保证人不知道或不应当知道的情况下，自不应由保证人承担责任；在新贷和旧贷为不同保证人的情况下，这种风险更甚，故司法解释认为不应由保证人承担民事责任；而在新贷与旧贷为同一保证人的情况下，即便无新贷，保证人也要对逾期还款的旧贷承担责任以保障债权实现，所以即便其不知以新还旧，将这种风险配置给保证人也具有合理性。通过对司法解释的目的进行分析，以新还旧的抵押担保当属同理，抵押担保法律关系在主体、内容、目的、效果等方面与保证担保的特征相近似，在以新还旧问题上并不存在性质上的差异或排除适用的需要。再者，新司法解释的修改完善也实际印证了二者的同理性。2021 年 1 月 1 日起施行的最高法《关于适用〈中华人民共和国民法典〉有关担保制度的解释》第 16 条规定，主合同当事人协议以新贷偿还旧贷，债权人请求新贷的担保人承担担保责任的，如新贷与旧贷的担保人不同，或者旧贷无担保新贷有担保的，人民法院不予支持，但是债权人有证据证明新贷的担保人提供担保时对以新贷偿还旧贷的事实知道或者应当知道的除外。这一规定已实际将原《担保法解释》第 39 条扩大到司法解释所涵盖的多种担保方式，证明了保证和抵押在以新还旧问题上的一致性。其三，如本案确系抵押人不知道或不应当知道的以新还旧，经过查询发现，本案生效裁判与最高法的相关生效判决确已呈现出同一审判机关同案不同判的矛盾。

前文所举案例二中，争议的焦点同样是法律适用问题。本案是否属于"适用时效规定确有错误的"？诉讼时效经过与否，是否具备中断情节，是否既考虑到保障合法民事权利又督促权利人及时行使权利的立法本意？本案中，双方未约定还款期限，也没有补充协议，也没有其他合同条款或交易惯例可以参照，属于履行期限不明确的情形。根据原《合同法》第 62 条第 4 项规定，履行期限不明确的，债务人可以随时履行，债权人也可以随时要求履行，但应当给对方必要的准备时间。并结合最高法《关于审理民事案件适用诉讼时效制度若干问题的规定》，诉讼时效期间从债权人要求债务人履行义务的宽限期届满之日起计算，但债务人在债权人第一次向其主张权利明确表示不履行义务的，诉讼时效期间从债务人明确表示不履行义务之日起计算。原审裁判适用法律明显错误，且诉讼时效不存在法定的幅度或具体的裁量空间。虽然本案已经历三次审理，但再审实际改变了原一、二审的意见，本案更有纠正和指引的必要。至于诉讼标的过小抗诉浪费司法资源的观点,从以对公权力监督为出发点看,纠正错误生效裁判的积极效果一定会在今后更多的"大案"中得以彰显。

民事检察制度经历了由分散、粗疏到相对系统的变化过程,在经过"实践先行、试点推进"的重要发展模式锻造之后,应该说已经形成了由宪法、民事诉讼法、人民检察院组织法、相关司法解释、"两高"会签文件等不同位阶的规范性文件组成的民事检察法律制度体系,并且为实践所证明是契合本土语境和经济社会发展的。① 2007 年和 2012 年民事诉讼法的两次修改都涉及民事抗诉制度,其中增加和细化抗诉事由、增加再审检察建议制度作为抗诉制度的补充,均体现了增强检察监督职能、规范抗诉行为、减少抗诉任意性的目标,意在维护既判力和强化法律监督之间实现平衡;增加了当事人申请抗诉和检察建议的程序规则,在防范当事人滥用诉权的同时,也意在避免法律监督权行使和审判监督权行使之间的冲突。统一抗诉标准对于实现公平公正、维护司法权威、保障程序安定都是至关重要的。

民事案件同人民群众权益联系最直接最密切,《2018—2022 年检察改革工作规划》提出要健全以"精准化"为导向的民事诉讼监督机制。精准监督要求优化监督、强化监督,避免粗放式监督,要发挥抗诉案件的纠偏、引领、指导作用。与之暗合的是监督节制主义,要求检察机关对生效裁判进行抗诉式监督应当保持理性适度,不可放任这种法律监督权的任意行使,即在维持原判和纠正错判之间,在程序监督和实体监督之间,以及在诉权救济、审判监督和检察监督之间平衡。② 检察机关履行法律监督职能要求法律监督既要谦抑节制,又要依法能动。每一个案件的抗与不抗,都要最大限度地避免随意性。在注重把握民事诉讼监督是对公权力的监督这一本质属性的基础上,构建以"原则加情形"的抗诉标准,关注公权力是否存在违法需要纠正,同时对私权利的救济做到全面衡量、统筹兼顾;把握程序从严,落实民事诉讼法以程序设计规范公权力行使、保护民事主体私权利的制度初衷,维护司法权威和司法公信力;在对实体事项认定时,在我国这样一个各级审判机关全面审查的背景下,充分关注法律适用问题,充分发挥上级检察机关尤其是最高检和省级检察院在类案、新类型案件法律适用问题上的指导、引领作用,合理尊重原审在事实认定方面的优势,在否认事实认定上保持适度的克制。

(原载于《国家检察官学院学报》2021 年第 4 期)

---

① 参见韩静茹:《民事检察权的基本规律和正当性基础》,载《湖北社会科学》2018 年第 4 期。
② 参见汤维建:《民事检察监督制度的定位》,载《国家检察官学院学报》2013 年第 2 期。

民事检察案件复查制度论要[*]

王 晓[**] 任文松[***]

2013年最高人民检察院《人民检察院民事诉讼监督规则（试行）》（已于2021年修改，以下简称《规则》）第七条规定，上级检察院对下级检察院作出的决定，有权予以撤销或者变更，发现下级检察院工作中有错误的，有权指令下级检察院纠正。2014年，最高人民检察院民事行政检察厅、控告检察厅印发的《民事行政检察厅与控告检察厅办理民事行政检察案件第二次座谈会纪要》第7条对《规则》第7条的规定予以细化，将上级检察机关监督下级检察机关作出的民事诉讼监督决定的程序称之为"复查"，并规定了具体的纠错程序。笔者对此涉及的相关问题做些思考。

一、民事检察案件复查制度的理论分析

我国宪法和人民检察院组织法规定，检察机关是国家法律监督机关。在司法实践中，检察机关享有的侦查监督权、公诉权、审判监督权、执行监督权等法定检察权能都是法律监督权的具体表现形式；检察权每一项具体的权能都体现着法律监督的实质。因而，检察权的全部权能在实质上都应当统一于法律监督权。[①] 民事检察案件复查权作为检察机关享有的权力，实质上也是法律监督权。但上级检察机关对案件进行复查，是对下级检察机关不支持监督申请的监督，同时也是对法院生效裁判的监督。民事检察复查案件中出现两个监督权，这两个监督权的性质及其相互之间的关系是民事检察复查制度必须面对及回应的问题。

---

[*] 本文系中央高校基本科研业务费专项资金资助项目（2020MS050）、北京政治文明建设研究基地项目（21zzwm006）、重庆市教委人文社科重点项目（19SKDJ001）阶段性研究成果。

[**] 华北电力大学人文与社会科学学院教授。

[***] 最高人民检察院检务督察局干部。

[①] 参见石少侠：《我国检察机关的法律监督一元论——对检察权权能的法律监督权解析》，载《法制与社会发展》2006年第5期。

一是内部监督管理关系。通常而言，检察机关以及检察官上下级之间存在以指令权、监督权、事务调取权等为主要内容的领导关系，其目的在于保证检察机关作为统一的整体执行检察职能。① 其中，上级检察机关（或检察官）有权指导或决定下级检察机关（或检察官）如何行使检察权。② 人民检察院组织法规定，上级检察机关有权指令下级检察机关纠正错误决定，或者依法撤销、变更下级检察机关的错误决定。复查案件中，上级检察机关的复查权是检察机关内部上下级领导权派生出的监督管理权，该项权力对于检察机关而言具有内部性，上级检察机关可以行使直接变更、撤销下级检察机关的错误决定等实体性权力。

二是外部法律监督关系。检察机关作为国家法律监督机关，享有对法院生效裁判的监督权。当事人认为法院生效民事裁判存在错误，按照民事诉讼法的规定可以向检察机关申请监督。检察机关认为法院生效民事裁判存在错误时，通常由同级检察机关向同级法院提出民事检察建议或者提请上级检察机关向上级法院提出抗诉。检察机关认为同级法院的生效裁判不存在错误时，则对当事人作出不予支持监督申请的决定。此时，按照复查制度的规定，如果当事人不服检察机关不支持监督申请决定，其可以向上级检察机关申请复查。在复查案件中，由于当事人第一次向检察机关申请对法院的生效裁判进行监督时，该检察机关已对同级法院的生效裁判进行了一次监督。在当事人向上级检察机关申请复查时，相当于上级检察机关对法院的生效裁判进行了再次监督。上下级检察机关的前后两次监督都是检察机关对法院生效裁判的监督，系检察机关对外行使法律监督权。

三是内外部两种监督的互动。民事检察案件复查制度，虽然内部表现为上级检察机关对下级检察机关的不予支持监督申请进行监督，但监督的过程及结果将外化为对下级法院的裁判结果的评判与监督。如果上级检察机关认为下级法院的裁判结果正确，其将作出下级法院裁判结果无误、下级检察机关不予支持监督申请正确的决定；如果上级检察机关认为下级法院的裁判存在适用法律等方面错误，将作出指令下级检察机关纠正错误等决定。无论上级检察机关作出何种决定，都将直接影响下级法院作出的生效裁判结果。如前所述，民事检察案件复查制度存在内部和外部两种监督关系。检察机关内部的纠错监督程序是外部监督程序启动的原因，如果没有内部的纠错监督程序，检察机关对外的审判监督权将无法行使。反之，如果没有对外部的审判监督权，内部的纠错监

---

① 参见孙谦主编：《中国特色社会主义检察制度》，中国检察出版社2009年版，第222页。
② 参见邓思清：《检察权研究》，北京大学出版社2007年版，第113页。

督程序价值也无从谈起。因此，民事检察案件复查制度由检察机关内部监督程序引发，对外表现为对法院审判权的监督，两种监督性质迥异，但统一于法律监督权。

二、民事检察案件复查制度的基本功能

民事检察案件复查制度虽然处于探索阶段，但该项制度在探索适用中发挥出的制度功能值得肯定。随着该制度适用的推广，其制度价值将得到进一步彰显和实现。

一是满足人民群众对公平正义日益增长的需要。公平包括程序公平、结果公平等，正义包含法律正义、社会正义等，公平正义是现代社会的基本标志。当前，我国社会的主要矛盾已经转化为人民日益增长的美好生活需要与不平衡、不充分的发展之间的矛盾。新时代，人民群众不仅对物质生活提出更高需求，对公平正义需求也日益增长。习近平总书记强调，要努力让人民群众在每一个司法案件中感受到公平正义。促进社会公平正义是政法工作的核心价值追求。从一定意义上说，公平正义是政法工作的生命线，司法机关是维护社会公平正义的最后一道防线。法谚有云，正义不仅要实现，还应当以人们看得见的方式实现。民事检察案件复查制度，能够为当事人不服法院生效裁判和下级检察机关不支持监督决定提供有效的救济渠道；同时通过法定的程序设计，能够促使当事人理性地表达诉求，在法治轨道内解决矛盾纠纷。这也是检察机关深入贯彻落实习近平法治思想，主动担当作为实现公平正义，把以人民为中心要求落到实处的具体抓手和举措。

二是有效监督下级检察机关的权力。我国检察机关上下级之间为领导关系，最高检领导地方各级检察机关和专门检察机关的工作，上级检察机关领导下级检察机关的工作。人民检察院组织法明确规定了上级检察机关对下级检察机关行使指令纠正、指定管辖、办理下级检察机关管辖案件等具体职权，以及下级检察机关的上命下从义务。上下级检察机关之间的领导关系应当首先体现在对检察办案的领导上，如果上级检察机关不对下级检察机关办案中的错误决定进行监督，不仅将影响检察机关的司法公信力，也将导致检察机关上下级领导关系落空。目前，民事检察领域中上级检察机关对下级检察机关的办案监督，主要通过备案等方式开展。《规则》第88条规定，下级检察机关作出的再审检察建议书，应当报上级检察机关备案。通常认为，备案是指依照法定程序报送有关机关，有关机关予以登记的制度。上级检察机关对下级检察机关报送的再审检察建议书等，按照规定予以登记，但不进行实质审查。因此，上级检察机关对下级检察机关办案的监督效力明显不足，且上下级检察机关之间领

导关系的体现也不充分。换言之,检察机关上下级领导关系在民事检察领域存在虚化、弱化的问题。民事检察案件复查制度,能够有效弥补民事检察领域上级检察机关对下级检察机关权力监督的不足。上级检察机关享有对下级检察机关不支持监督申请决定的复查权,有权撤销和变更下级检察机关不支持监督申请决定,不仅有效监督了下级检察机关的权力,而且强化了上下级检察机关之间的领导关系。

三是切实提升司法机关的公信力。在我国,司法机关通常是指法院和检察机关。法院、检察机关在诉讼中各司其职,相互配合、相互制约,形成了具有中国特色的二元司法体制。当事人对法院作出的错误民事生效裁判不服,不仅是对法院审判权威的质疑,也是对包括检察机关权威在内的司法权威的损害。上级检察机关对下级检察机关作出的不支持监督申请决定进行复查,对法院作出的民事生效裁判再次进行实质审查,是对法院错误民事生效裁判的再次过滤和监督,不仅是对当事人合法权益的有效维护,也是对司法权威的有力保障,非但不会影响法院审判权威,反而能够有效提升司法权威和司法公信力。

三、民事检察案件复查制度实施中应当注意的问题

民事检察案件复查制度需要投入司法资源,当前而言,检察机关办理复查案件时,应当注意以下三个方面问题:

一是注重谦抑行使。谦抑性原则肇始于刑法领域,而后逐渐演进成为一项重要的公法原则,广泛适用于其他法学领域。其核心要义在于,力求用最小的公权力获取最大的社会效益。检察权是一项单独的、典型的国家公权力,作为一项以国家强制力为后盾的、以法律监督为制度支持的国家权力,民事检察权在行使的过程中,也应当体现谦抑原则。① 从理论上而言,权力总有自我扩张的冲动,检察机关的民事检察案件复查权也有被滥用和进行自我扩展的属性,应当予以有效限制。民事检察案件复查制度的初衷在于监督纠正法院错误的生效裁判,给予当事人在制度运行中获得再次救济的机会。从当事人的角度而言,为避免浪费有限的司法资源,民事检察案件复查制度应当作为当事人的最后救济渠道。

二是注重精准监督。当事人申请复查,既可能是下级检察机关作出的不支持监督申请决定确有错误,也可能是当事人滥用申请复查的权利。为防范当事人滥用申请复查的救济途径,也为了检察机关能够及时有效地对案件进行复

---

① 参见最高人民检察院法律政策研究室:《我国民事检察的功能定位和权力边界》,载《中国法学》2013年第4期。

查，防止法院的生效民事裁判长期处于不稳定状态，检察机关在开展民事检察案件复查工作中应当坚持精准监督。一般而言，精准监督应当坚持法定性标准，即检察机关应当依据民事诉讼法等规定，审查民事裁判的合法性；同时，应当坚持必要性标准，综合考量社会效果、司法政策和社会背景等因素决定是否监督①，避免机械司法。民事检察案件复查系检察机关再次行使法律监督权，更应当坚持法定性和必要性标准。就法定性标准而言，检察机关应当将适用民事检察案件复查制度的案件范围限定于案件适用法律错误、事实认定错误及法官存在枉法裁判上，至于适用程序错误则不在启动复查制度之列。就必要性标准而言，应当将适用民事检察案件复查制度的案件范围限定在具有示范性、指导性的典型案件上，能够取得监督一案、带动一片的良好政治效果、法律效果、社会效果。

三是注重程序公正。程序公正，是指符合公正和理性要求的程序。②应将程序公正纳入司法程序的各个环节，不论是司法机关还是当事人，都必须服从基本的流程和模式，接受客观和外在的规则指引。民事检察案件复查制度虽然起步较晚，但是在办案中也应当遵从受案条件、办案期限、审查标准等一系列民事检察工作的程序规则。对于当事人而言，复查制度的程序公正是保障其获得期望结果的必要手段；对于检察机关而言，程序公正是其作出的判断具有实体公正性的基础。基于复查制度的特殊定位和基本功能，应当设计更为科学的程序，以保障该制度的有效运行，通过完善的程序机制约束当事人以及检察机关在复查中的行为。在程序启动上，应当坚持当事人申请为主，上级检察机关发现为补充。在案件受理期限上，应当为自下级检察机关作出不支持监督申请决定之日起一年内，当事人可以向上级检察机关申请复查，该期间属于不可变期间，不存在延长、中止、中断等情形。如此，可以督促当事人及时行使申请复查的权利，保障法院生效民事裁判的既判力。在程序设计上，视情况可以引入公开听证制度，通过公开听证强化检察机关复查工作的针对性、客观性和公正性。

（原载于《人民检察》2021年第9期）

---

① 参见冯小光：《以精准监督理念为指引做强民事检察工作》，载《人民检察》2019年第15期。
② 参见张智辉：《论程序公正与诉讼监督》，载《河南社会科学》2010年第6期。

四、行政检察全面深化发展

深入贯彻党中央全面深化行政检察监督新要求探索推进行政违法行为监督

杨春雷[*]

党的十九届六中全会通过的《中共中央关于党的百年奋斗重大成就和历史经验的决议》强调,确立习近平同志党中央的核心、全党的核心地位,确立习近平新时代中国特色社会主义思想的指导地位,反映了全党全军全国各族人民共同心愿,对新时代党和国家事业发展、对推进中华民族伟大复兴历史进程具有决定性意义。"两个确立"既是深刻总结党的百年奋斗、党的十八大以来伟大实践得出的重大历史结论,更是新时代党和国家事业发展、推进中华民族伟大复兴历史进程的重大实践要求。检察机关是国家法律监督机关,更是政治机关,具有鲜明的政治属性,在坚持党对检察工作的绝对领导、落实"两个维护"上担负着特殊历史使命和重大政治责任。我们要坚持以习近平新时代中国特色社会主义思想为指导,全面贯彻习近平法治思想,坚决落实党中央关于全面深化行政检察监督、探索推进行政违法行为监督的新要求,不负重托、把握机遇,以健全和完善中国特色监督体系、促进法治政府建设、推进国家治理体系和治理能力现代化的实际行动践行"两个维护",厚植党的执政基础,把党的绝对领导落得更好、更实。

一、提高政治站位,充分认识开展行政违法行为监督的重要意义

在建党百年、党绝对领导下的人民检察制度创立90周年的历史性时刻,党中央专门印发《中共中央关于加强新时代检察机关法律监督工作的意见》(以下简称《意见》),这在党的历史上是第一次,是党中央站在党和国家事业发展全局高度作出的一项重大决策,充分彰显了以习近平同志为核心的党中央深入推进全面依法治国的坚定决心、对完善党和国家监督体系特别是检察机关

---

[*] 最高人民检察院党组成员、副检察长。

法律监督工作的高度重视，是习近平法治思想在检察机关法律监督工作中的具体化，是人民检察事业发展历程中的一件大事。《意见》就加强新时代检察机关法律监督工作提出了19项明确要求，这是党中央基于我国检察机关的宪法定位，从推进全面依法治国战略高度作出的重要部署，是当前和今后一个时期加强检察工作的纲领性文件，为新时代人民检察事业的高质量发展指明了方向，提供了根本遵循。深入贯彻落实《意见》，全面深化行政检察监督，开展行政违法行为监督，对充分发挥检察机关法律监督职能作用，保障国家法律统一正确实施，建设社会主义法治国家具有重要意义。

检察机关开展行政违法行为监督，是深入贯彻习近平法治思想，落实以人民为中心的发展思想，促进法治政府建设，推进国家治理体系和治理能力现代化的重要举措。习近平总书记强调，要聚焦人民群众反映强烈的突出问题，抓紧完善权力运行监督和制约机制，坚决防止执法不严、司法不公甚至执法犯法、司法腐败。要积极回应人民群众新要求新期待，坚持问题导向、目标导向，树立辩证思维和全局观念，系统研究谋划和解决法治领域人民群众反映强烈的突出问题，不断增强人民群众获得感、幸福感、安全感，用法治保障人民安居乐业。开展行政违法行为监督，目的是发挥法律监督职能，促进行政机关严格执法、依法行政，维护宪法法律权威，维护国家利益、社会公共利益以及公民、法人或者其他组织合法权益。检察机关作为国家的法律监督机关，要深入贯彻落实习近平法治思想，紧紧抓住人民群众反映强烈的有法不依、执法不严等突出问题，切实加大对行政违法行为的法律监督力度。

检察机关开展行政违法行为监督，是党中央赋予人民检察院的重大政治责任。《意见》重申党的十八届四中全会改革举措，明确提出检察机关"在履行法律监督职责中发现行政机关违法行使职权或者不行使职权的，可以依照法律规定制发检察建议等督促其纠正"，为检察机关探索开展行政违法行为监督提供了政策依据。早在党的十八届四中全会通过的中共中央《关于全面推进依法治国若干重大问题的决定》（以下简称《决定》）中就明确指出："检察机关在履行职责中发现行政机关违法行使职权或者不行使职权的行为，应该督促其纠正。"习近平总书记在全会《决定》的说明中也指出，"行政违法行为构成刑事犯罪的毕竟是少数，更多的是乱作为、不作为。如果对这类违法行为置之不理、任其发展，一方面不可能根本扭转一些地方和部门的行政乱象，另一方面可能使一些苗头性问题演变为刑事犯罪"。中共中央、国务院印发的《法治政府建设实施纲要（2015—2020年）》也有明确要求："检察机关对在履行职责中发现的行政违法行为进行监督，行政机关应当积极配合。"党中央印发《意见》，进一步明确了检察机关的法律监督定位，对检察机关开展行政违法行为监督提出明确要求，既解决了思想认识上对检察机关能不能开展监督的顾虑，又划定了行政检察监督与其他监督的界限。我们要正确认识和把握行政违法行为监督的性质、内涵和外延，切实担负起全面深化行政检察监督的责任，积极稳妥地履行好行政违法行为监督职责。

检察机关开展行政违法行为监督，是健全和完善中国特色监督体系的重要环节。党的十九大提出，健全党和国家监督体系，构建党统一指挥、全面覆盖、权威高效的监督体系，把党内监督同国家机关监督、民主监督、司法监督、群众监督、舆论监督贯通起来，增强监督合力。党的十九届四中全会提出，坚持和完善党和国家监督体系，强化对权力运行的制约和监督。检察监督作为一种司法监督，是党和国家监督体系的重要组成部分，对制约和监督行政权力具有独特的优势和作用。一是检察监督具有专业性优势。《意见》强调开展行政违法行为监督，为做实行政检察提供了重大机遇。2018年以来，最高检党组确立"四大检察"全面协调充分发展的法律监督总体布局，提出"做实行政检察工作"的要求，明确了抓重点、强弱项、补短板的工作思路。检察机关内设机构改革之后，最高检和大多数省级检察院单设了行政检察部门，未单设行政检察部门的市县两级检察院也都有专门的行政检察办案组，违法行政行为监督职责由专业部门、专门力量承担。二是检察监督具有主动性优势。审判机关通过行政诉讼对行政行为进行监督，采取"不告不理"原则，行政诉讼程序只能被动启动。行政检察监督程序，既可以依当事人申请而启动，也可以依职权启动，具有明显的主动性优势。检察机关在履行职责中发现行政机关违法作出行政行为或者不作为，就可以启动检察监督程序，及时督促相关行政机关纠正。三是检察监督具有程序性优势。检察机关作为司法机关，对违法行政行为进行监督采用"案件化"办理，遵循必要的程序，确保每个案件建立在准确认定事实、适用法律的基础之上，以检察建议推动行政机关依法行政。检察机关要充分发挥中国特色检察监督制度的独特优势，实现与其他监督制度融合贯通，助推法治国家、法治政府、法治社会一体建设。

二、立足法律监督职能，准确把握开展行政违法行为监督的工作要求和重点

检察机关对行政违法行为进行监督，是公权力对公权力的监督。从功能和监督对象看，检察机关对在履行法律监督职责中发现的行政机关违法行使职权或者不行使职权依法进行监督，与通过行政诉讼监督促进行政机关依法行使职权，共同构成了在诉讼外和诉讼内监督行政权的"双轮驱动"。行政诉讼监督对行政权的监督为间接监督，行政违法行为监督对行政权的监督为直接监督。

为此，检察机关开展行政违法行为监督应当注意把握以下要求。

（一）坚持有限监督、协同监督原则

有限监督是指，检察机关开展行政违法行为监督，应避免对行政权和公民权利的过度干预，保持必要的谦抑，限定在合理的范围内，以规制检察权的扩张和滥用。在行政违法行为监督过程中，检察机关应尊重作为被监督对象的行政机关的职权，不代行行政权，也不代行对行政违法人员的处分权，更不代替当事人寻求权利救济。行政违法行为监督作为行政检察监督的重要组成部分，本质上是国家公权力推动的公力救济，目的在于推动行政机关依法行使职权。公力救济在权力行使中居于辅助地位，这一方面意味着行政违法行为监督不应阻碍行政权的主动性运行、不应限制行政机关工作人员主观能动性的发挥；另一方面意味着行政违法行为监督劣后于当事人主动寻求救济，对符合申请复议、提起诉讼条件的，检察机关应当依法引导公民、法人和其他组织通过行政复议、行政诉讼等方式实现权利救济。协同监督原则是指，在明确各项监督机制界限的同时，应追求各项监督机制间的有机协作和有效衔接，协力增强监督实效。检察机关开展行政违法行为监督，要坚持协同监督原则，始终坚持党委领导、主动接受人大监督、积极争取政府支持，定期向同级党委及其政法委和本级人大常委会报告行政违法行为法律监督工作情况，健全检察机关与行政机关的沟通、协调和信息反馈机制，进一步完善检察机关与监察机关的衔接机制等，实现各项监督融合贯通，形成监督合力，增强监督实效，促进行政机关依法行政。

在有限监督、协同监督的原则下，检察机关开展行政违法行为监督工作，必须科学界定行政违法行为监督的边界，对外要处理好检察权与行政权的关系、检察权与监察权的关系、检察权与当事人权利救济的关系，对内要处理好行政检察和公益诉讼检察的关系。一要明确与行政权的界限。行政违法行为监督针对行政行为的违法性开展监督，基于法律监督的程序性，不介入行政权运行过程，也不取代行政权行使。二要明确与监察权的界限。检察监督侧重对行政机关违法行使职权或者不行使职权进行监督，即主要对行政机关"单位"所做的"事"的监督；监察机关主要对所有行使公权力的公职人员履职过程中是否存在职务违法和职务犯罪行为进行监察监督，开展廉政建设和反腐败工作，侧重对公职人员个体的"人"的监督。三要明确与行政公益诉讼的界限。行政违法行为监督和行政公益诉讼均是检察机关对行政权运行的监督，凡不符合行政公益诉讼受案范围和成案条件的行政违法行为，均可由行政检察部门监督。四要明确与行政复议、行政诉讼的界限。检察机关开展行政违法行为监督，原则上不受当事人是否存在救济权的限制，但当事人已经启动行政复议或

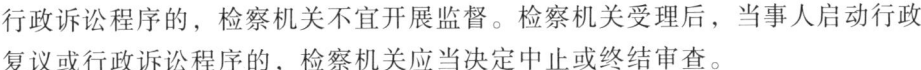

四、行政检察全面深化发展

行政诉讼程序的，检察机关不宜开展监督。检察机关受理后，当事人启动行政复议或行政诉讼程序的，检察机关应当决定中止或终结审查。

（二）坚持"在履行法律监督职责中发现"，找准监督切入点

根据《意见》规定，检察机关"在履行法律监督职责中"发现行政机关违法行使职权或者不行使职权的，可以制发检察建议等督促其纠正。这里的"履行法律监督职责"，是指履行检察机关的全部法律监督职责，不仅包括履行行政检察监督职责中发现，也包括在履行刑事检察、民事检察、公益诉讼检察等职责中发现。

检察机关对行政违法行为开展法律监督，是党中央赋予检察机关的一项新责任，既要积极履行又要审慎履行。在当前行政违法行为监督工作处于探索推进阶段，尚没有完全形成统一监督机制的情况下，为了更好地发挥检察监督职能，各级检察机关要突出监督重点，围绕党和国家工作大局寻找监督的切入点，加强对群众关注度高、关系群众切身利益、容易发生行政违法行为领域的监督，不断提高行政违法行为检察监督的社会影响力。一要围绕服务大局开展行政违法行为监督。根据党中央关于贯彻新发展理念、构建新发展格局，推进经济社会高质量发展作出的重大决策部署，确定行政违法行为监督的重点领域，特别是加强对与营商环境密切相关的市场监管、税收管理、市场准入、经营许可、安全生产监管等领域行政违法行为的监督。二要围绕司法为民开展行政违法行为监督。践行以人民为中心的发展思想，立足于行政检察监督职能，加大对民生领域，尤其是食品药品、公共卫生、自然资源、生态环境、安全生产、劳动保障、城市管理、交通运输、金融服务、教育培训、社会救济等关系群众切身利益领域行政违法行为的监督力度，加强民生司法保障，解决人民群众操心事、烦心事、揪心事，依法保障人民群众的人身权、财产权等合法权利。三要围绕社会治理开展行政违法行为监督。根据各地实际情况，有针对性地瞄准当地社会治理中的难点、堵点，与新时代新发展阶段经济、社会治理更高要求紧密结合起来，组织开展行政违法行为专项监督活动，防范和化解社会风险。同时，探索对违法的规范性文件开展监督，积极参与推进法治政府建设，在办案中实现政治效果、社会效果、法律效果相统一。

（三）坚持"双赢多赢共赢"理念，注重监督与支持并重

检察机关与行政机关在维护宪法法律权威，维护社会公平正义，维护人民群众合法权益，维护国家利益、社会公共利益上的责任是共同的、目标是高度一致的。检察机关在开展行政违法行为监督过程中，要注重监督与支持并重，追求"双赢多赢共赢"。一要主动听取行政机关的意见。检察机关开展行政违

法行为监督是一项程序性权力，与行政机关既是监督与被监督的关系，也是围绕具体行政行为与相关行政执法部门商量、探讨进而督促的过程，目的是共同履行好法定职责，共同把"以人民为中心"的要求在办案中落实到位。工作中要多沟通，注重听取行政执法部门的意见，坚决摒弃"我对你错"的对抗式监督理念，讲求监督智慧与技巧，与行政机关形成良性、互动、积极的工作关系，赢得行政机关的理解和支持，共同推动依法行政水平的提高。二要坚持恢复性司法理念。恢复性司法的目标是积极修复被破坏了的利益关系和社会关系，寻求各利益方关系的恢复与和谐，进而增强民众对国家司法、执法的认同度，有效保障社会的安定发展。因此，在行政违法行为监督工作中践行恢复性司法理念，需兼顾法律秩序维护与行政目标实现，平衡私权保障与公益维护，在查清事实、辨别是非的基础上，推动行政机关依法修复受到损害的行政法律关系。三要支持行政机关依法履职。恪守检察与行政的权力界限，坚持检察监督与有效支持并重，尊重行政机关面对具体事实开展行政执法的自由裁量权，支持行政机关全面依法履行社会管理、市场监管、公共服务等职责，通过依法、规范、理性地行使法律监督权，督促和帮助行政机关解决治理难题，维护行政执法权威，提升依法行政能力，助力国家治理体系和治理能力现代化。

（四）坚持系统观念、法治思维、强基导向，做到规范监督

坚持系统观念，是党的十九届五中全会提出的"十四五"时期经济社会发展必须遵循的原则之一。系统观念是具有基础性的思想和工作方法。习近平总书记在2021年对政法工作作出的重要指示中强调，要更加注重系统观念、法治思维、强基导向，切实推动政法工作高质量发展。开展行政违法行为监督，要认真贯彻落实习近平总书记的重要指示精神，坚持抓系统、系统抓，以法治思维指导工作开展，以行政违法行为监督破解做实基层行政检察难题。一要着眼于维护国家法律统一正确实施开展行政违法行为监督。行政机关履行职责具有公共性、连续性。开展行政违法行为监督，既要关注推动个案监督，又要以点带面推动类案监督，针对行政执法中一个时期的突出问题和一个系统的共性问题开展专项监督活动，促进一个行业、一个领域问题的集中解决，力求达到办理一案、治理一片的效果，为维护国家法律的尊严和权威、保障国家法律的统一正确实施发挥应有的作用。二要坚持依法规范监督。准确把握行政违法行为监督的范围、方式和程序，实行"案件化"办理，基于证据认定事实，基于可信的事实，适用法律、提出检察建议。严格遵守办案期限，规范线索接收、案件受理、调查核实、审核决定、督促纠正、跟踪反馈、备案审批、违纪违法犯罪线索移送等办案流程。三要以开展行政违法行为监督为契机破解做实基层行政检察难题。受行政裁判结果监督"倒三角"和法院对行政案件实行

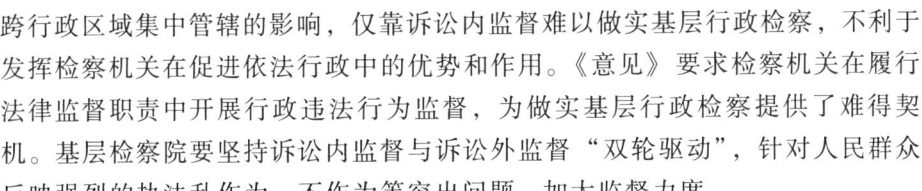

跨行政区域集中管辖的影响,仅靠诉讼内监督难以做实基层行政检察,不利于发挥检察机关在促进依法行政中的优势和作用。《意见》要求检察机关在履行法律监督职责中开展行政违法行为监督,为做实基层行政检察提供了难得契机。基层检察院要坚持诉讼内监督与诉讼外监督"双轮驱动",针对人民群众反映强烈的执法乱作为、不作为等突出问题,加大监督力度。

三、积极稳妥推进,确保行政违法行为监督实效

开展行政违法行为监督,是党中央部署的重大政治任务,各级检察机关要把贯彻落实中央《意见》与学习贯彻党的十九届六中全会精神结合起来,从政治和法治的高度,切实增强抓好抓实这项工作的政治自觉、法治自觉和检察自觉,加强组织领导,压实工作责任,强化基层基础工作,积极稳妥推进。

(一)始终坚持党委领导、自觉接受人大监督,积极争取政府和纪检监察部门支持

牢牢把握党和国家对于新时代检察监督的定位,在厘清行政检察监督与其他行政监督界限的同时,主动争取各方面的支持,营造良好环境。一要坚持党的领导。坚持党的绝对领导是中国特色社会主义最本质的特征,是检察机关推进各项工作任务的根本保证。要主动向党委及党委政法委报告开展行政违法行为监督工作情况,赢得重视、关心和支持,推动解决工作中遇到的困难和问题。同时,要把行政违法行为监督置于党和国家工作大局中谋划和推进,在服务党委政府中心工作中提升贡献度和影响力,更好地实现政治效果、社会效果与法律效果的统一。二要自觉接受人大监督。认真贯彻落实地方各级人大常委会制定的有关加强新时代检察机关法律监督工作的决定或决议,为检察机关开展行政违法行为监督创造良好的法治环境。主动向同级人大及其常委会报告行政违法行为监督工作情况,认真办理人大交办事项,积极参加人大常委会开展的专项检查、视察、调研和专题询问,注重将检察机关行政违法行为监督与人大执法检查相衔接,共同促进行政机关违法行使职权或者不行使职权问题的纠正和解决。三要积极争取政府支持。加强双方联动,建立健全信息共享、案情通报、卷宗调取、联合督办等沟通联动机制;积极争取地方政府支持,争取将行政违法行为监督工作纳入法治政府建设考核目标,形成支持检察机关依法办理行政违法行为监督案件,促进依法行政的工作合力,共同做好行政违法行为处置、问题整改、矛盾化解、诉源治理等工作。四要加强与纪检监察机关的衔接。检察机关在行政违法行为监督中发现党员涉嫌违反党纪或者公职人员涉嫌职务违法犯罪线索的,应当按照规定移送纪检监察机关依规依纪依法处理,发

挥各自职能作用,形成监督合力,增强监督实效。

(二)加强组织领导,高标准严要求开好局、起好步

开展行政违法行为监督,法律性、政策性都很强。推进行政违法行为监督工作要注重统筹谋划,明确思路举措,既加强顶层设计,又发挥地方创新精神,推动工作高质量发展。一要科学统筹精心谋划。最高检要加强与中央有关部门的沟通协调,做好行政违法行为监督的顶层设计。各省级检察院要结合本地实际,精心部署,统筹谋划,制定具体可行的实施方案,并加强对本地区工作的督促和指导。市县两级检察院要按照上级检察院部署要求,积极探索可复制、可推广的工作经验和工作举措。同时,要注重总结以往的实践经验做法。为贯彻落实党的十八届四中全会精神,检察机关前期也对行政违法行为监督工作进行了探索实践,积累了一些经验做法,要在全面汇总、梳理这些工作经验和做法的基础上,加强总结和调查研究,不断完善各项制度机制,确保规范有序推进。二要加强案例指导。在强化办案的同时,要强化和培养检察官案例意识,主动发现和积极培育典型案例和指导性案例,重视对已办结的行政违法行为监督案件的分析研究、挖掘提炼,高水平编写、主动报送典型案例,省级以上检察院要定期收集、编写、发布典型案例,充分发挥案例对行政违法行为监督工作的引领、示范和指导作用。三要强化理论研究。坚持把行政违法行为监督置于法治国家、法治政府、法治社会一体建设中思考,发挥行政检察研究基地的作用,深入研究行政违法行为监督的理论基础、职权配置和运行规律,以及行政检察对行政违法行为监督的作用空间、功能定位、切入方式等,不断完善中国特色检察理论体系,为开展行政违法行为监督和推动立法提供理论引领和支撑。

(三)强化基层基础工作,加强行政检察力量配备

开展行政违法行为监督赋予了基层行政检察更重责任,也对强化基层基础工作,加强基层检察院行政检察人员力量配备提出了更高要求。各级检察院要全面落实最高检党组关于加强新时代基层检察院建设的重要部署,加强基层组织、基础工作和基本能力建设,为开展行政违法行为监督提供有力的组织和人力、物力保障。一要加强队伍建设,提供人才保障。各地要科学测算行政违法行为监督新增工作量,提前谋划,实行人员动态管理,落实"有专人干"的基本要求,保证从事行政违法行为监督的检察人员力量。同时,要加大吸收、引进人才的力度,优化行政检察队伍结构,以适应日益发展的行政检察工作的新需求。二要加强教育培训,着力提升监督能力。最高检和各省级检察院要加大教育培训力度,既加强对行政专业知识的学习培训,通过日常学习、条线培

训、专家授课等渠道,熟悉掌握相关法律法规和专业知识,打牢专业知识基础;又注重行政违法行为监督办案实践,以案件研讨、案件讲评、岗位练兵、以赛代训等方式,不断加强行政检察业务能力建设,不断提高队伍知识化、专业化水平。三要加强现代信息手段的运用。加强智慧检务体系建设,深化全国检察机关业务应用系统的应用,及时更新完善行政违法行为监督子流程。推动行政执法与行政检察衔接平台建设,依托各地正在运行的行政执法与刑事司法衔接平台,运用大数据、人工智能、云计算等现代科技信息手段,加强对行政执法情况的分析研判,及时发现行政机关违法行使职权或者不行使职权的线索,为开展行政违法行为监督插上科技的翅膀。

(原载于《人民检察》2021年第21—22期)

夯实理论根基推进行政检察高质量发展

张相军[*]

2021年，广大理论和实务工作者以习近平法治思想为指导，落实中共中央《关于加强新时代检察机关法律监督工作的意见》（以下简称《意见》），聚焦新时代全面深化行政检察监督重大理论和实践问题，开展深入的学术研究和交流，为推动新时代行政检察高质量发展提供了有力理论支撑。

一、搭建行政检察理论研究平台

一年来，最高检加强与法学界的协作配合，凝聚全国行政检察人员力量，搭建了"4+N"行政检察理论研究平台。

一是搭建与中国法学会行政法学研究会的沟通合作平台。2021年，最高检行政检察厅与中国法学会行政法学研究会共同主办，对外经济贸易大学承办"2020年度行政检察十大典型案例评选活动"，本次评选活动搭建起了司法实务界和法学理论界深度协作的平台。

二是成立中国法学会检察学研究会行政检察专业委员会。2021年4月，行政检察专业委员会第一届理事会成立大会暨首届做实行政检察论坛在西安举行。行政检察专业委员会将发挥行政检察理论研究、学术交流、成果应用、人才汇聚的平台作用。

三是举办行政检察高质量发展论坛。2021年6月，最高检行政检察厅、武汉大学行政检察研究中心、湖北省检察院在武汉共同举办了首届行政检察高质量发展论坛。

四是依托地方行政检察研究基地加强理论研究。最高检行政检察厅推动各地检察机关与高等院校、科研院所加强合作，成立50个地方行政检察研究基地。地方行政检察研究基地结合本地实际，开展了多种学术交流和研讨活动。

在以上四个平台的基础上，最高检法律政策研究室、检察理论研究所、检

---

[*] 最高人民检察院第七检察厅厅长，中国法学会检察学研究会行政检察专业委员会常务副主任。

察日报、国家检察官学院和相关检察期刊,在重点理论和应用课题、论文发表等方面都给予了有力支持。

二、新时代行政检察理论研究的正确方向

习近平法治思想是马克思主义法学理论中国化最新成果,是习近平新时代中国特色社会主义思想的重要组成部分,是全面依法治国的根本遵循和行动指南。有学者认为,行政检察发展应以习近平法治思想为指引,激发内部驱动力。未来,行政检察应当遵循"党的领导"与"以人民为中心"的发展导向,在"立足当前"与"着眼长远"中不断加强行政检察制度与队伍建设,从而塑造具有"协同型""能动型""开放型""回应型""智慧型"等特征的新时代行政检察。

党中央《意见》是习近平法治思想在检察机关法律监督工作中的具体化。有学者指出,《意见》深刻阐明了检察机关法律监督的宪法定位、主要职能、基本任务,为新时代检察事业的创新发展提供了根本遵循,做实行政检察工作应当在始终贯彻习近平法治思想的同时,运用法治思维对目前行政检察的相关制度进行构建与完善,更好地在实现公平正义与权利救济等方面发挥积极作用。有学者指出,做实行政检察工作是一项系统工程,需要对多因素、环节和全过程予以关注。既要完善立法与构建体制机制,又要发挥典型案例的指导作用,同时采取其他配套保障措施,找准行政检察的发力点,如常态化开展行政争议实质性化解工作、加强行政检察与行政审判、行政执法等的衔接,践行精准监督理念,提升检察监督质效。

三、行政争议实质性化解的理据与实践

党中央《意见》强调,检察机关"在履行法律监督职责过程中开展行政争议实质性化解,促进案结事了"。这既是对近年来检察机关开展行政争议实质性化解工作的肯定,也为今后开展行政争议实质性化解提供了政策依据,提出了新的更高要求。2019年至2020年部署开展了"加强行政检察监督促进行政争议实质性化解"专项活动,并在2021年部署常态化开展。同时,加强行政争议实质性化解规范化、制度化建设,检察机关修订行政诉讼监督规则,将实质性化解行政争议作为检察机关办理行政诉讼监督案件的基本职责;围绕"行政争议实质性化解"主题发布最高检第三十批指导性案例,并针对其中福建姚某案反映出的问题,最高检会同最高法、公安部、民政部制定《关于妥善处理以冒名顶替或者弄虚作假的方式办理婚姻登记问题的指导意见》,推动

在全国范围内合力解决冒名登记结婚问题;制定《人民检察院开展行政争议实质性化解工作指引(试行)》,指导各级检察机关开展行政争议实质性化解工作。除此之外,最高检还发布相关典型案例60余件。加强对行政争议实质性化解问题的研究,是深入贯彻习近平法治思想的根本要求,是丰富发展新时代法律监督理论的内在要求,是做实行政检察、实现行政检察高质量发展的必然要求,能够为推动行政检察高质量发展夯实理论根基。

(一) 检察机关开展行政争议实质性化解的理据

有学者认为,行政争议实质性化解体现了实质法治的发展趋向,是实现实质法治的必然。实质法治要求良法善治,"善治"则要求政府以人为本,司法以人民为中心。如果民有冤屈而无处申冤,官民结怨而无化解途径,则无"善治"可言。行政审判围绕行政行为合法性进行审理,判决类型主要为撤销判决、确认违法判决、确认无效判决、责令重作判决等,但此种审判模式有时会忽略对当事人实质诉求的审查,检察机关在履行法律监督职能中开展行政争议实质性化解,有利于弥补行政审判的不足,增强人民群众的获得感。有学者认为,实质性化解行政争议是"做实行政检察"的必然选择,坚持实质法治思维,有效弥补行政制度、审判制度的不足,能够满足民众对人民司法的期待,实质性是行政争议化解与行政检察最稳固的连接点。行政检察监督必须树立"穿透式监督"理念,通过对行政行为合法性、行政争议的审查,在实现主观诉讼目标的同时,也有利于维护客观法秩序。有学者认为,中国行政诉讼在制度设计上是从主观诉讼角度切入,但功能上是主观诉讼与客观诉讼的结合。法的客观秩序是否归位,是否满足法定状态,是人民检察院行使法律监督权的根本理据。

(二) 行政争议实质性化解的标准

目前学界多从实体与程序两方面对行政争议实质性化解进行界定。有学者认为,行政争议实质性化解是指在实体法上,实现案结事了;在程序法上,则更多强调的是程序的封闭性、司法裁判的既判力、拘束力。实质性化解实现"案结事了政和",既有法律上的要求,也有社会效果的要求,还有国家治理现代化的要求。即从程序层面而言,行政争议经过实质性化解后没有再启动新的法律程序;从实体层面而言,相对人的行政法律关系得到了实质性处理。有学者认为,行政争议的"实质性解决"主要体现为司法审查广度上的整体性、司法审查深度上的一揽式与司法审查厚度上的可接受性,通过审查行政行为的合法性,围绕行政争议产生的基础事实和起诉人真实的诉讼目的,灵活运用多种方式对当事人的正当诉求进行一揽式解决。检察机关开展行政争议实质性化解在于对相对人进行权利救济,通过对实体法律关系进行实质处理,防止就案办案与程序空转,注重对双方争议的矛盾纠纷进行化解,维护行政相对人受到侵害的合法权益,实现权利救济功能。

(三)检察机关开展行政争议实质性化解的路径

行政检察监督要次后于行政复议与行政诉讼,因此应当对检察机关在实质性化解行政争议中处于监督性与补充性的定位予以明确。有学者认为,构建实质性化解行政争议的行政检察制度的思路是侧重实效进行综合性的创新发展。即通过提起抗诉、提出再审检察建议以纠正刻板遵循形式合法性带来的忽视实质合法性的不足;同时构建行政检察与行政程序、司法程序及替代性纠纷解决机制之间的有效衔接。检察建议是检察机关履行法律监督职能的重要方式,也是行政争议实质性化解的常用手段。有学者认为,2014年修改的行政诉讼法中确立了依法调解制度,将行政机关行使自由裁量权的案件都纳入行政调解的范围,具有开创性意义,但是其在实践中运用较少。在特殊类型的行政案件中,行政调解能够更为有效地化解行政争议,因此应当充分发挥行政调解在化解行政争议中的作用。

(四)常见类型行政争议的化解

一是法院裁定驳回起诉类案件的化解。有学者认为,违法的行政行为可能由于公定力而暂且被推定为合法,并由于不可争力而被最终确定为有效,但是,该行政行为的违法性并不一定会因此而消解。有学者认为,回避实质判断和回避实质作为的诉讼程序形式主义,是行政争议化解程序空转的机制原因。法律监督机关的定位是赋予检察机关突破法的形式主义,实质性维护法律秩序的规范基础。最高检在指导性案例中采纳了上述观点。二是关于民行交叉案件的化解。有学者认为,公私法规范交织将是今后各个部门法的新常态。在公私法共治的背景下,一揽子化解行政民事交织争议成为检察机关实质性化解行政争议的重要类型。检察机关实质性化解案件的类型包括:《行政诉讼法》第61条规定的民行交叉案件,以及虽然在第61条调整范围之外,但案件中相关的民事争议足以影响行政争议产生的、分开解决民事争议和行政争议会导致循环诉讼的、行政争议是解决民事争议前提的案件。三是关于行政非诉执行监督中"遗落之诉"的化解。行政相对人或者权利人针对行政决定虽没有提出复议、诉讼,但在非诉执行监督阶段提出其合法诉求,并向检察机关申请监督,这类行政争议即"遗落之诉"。有学者认为,建立健全"遗落之诉"的检察监督制度,通过启动检察机关的调查核实权,确认非诉阶段被申请执行人在先行的行政决定阶段的权利义务是否存在,以及采取相应措施来实现相应权利义务内容，将有助于从终局上调处纠纷，实现行政争议实质性化解。

（五）行政争议实质性化解与诉源治理

有学者认为，当前行政裁驳率居高不下，过度的形式主义、规则主义的行政争议纠纷解决机制恰恰对当事人权益的保障或者实质性争议解决设置了一定的障碍。这种障碍表现在起诉条件与诉讼要件未区分、起诉期限未进行细分、管辖制度变动太大、诉权缺乏独立性等多个方面。现代法治要求行政司法制度具备行政争议实质性化解的功效。过于偏重"形式性"的诉讼容易陷入"程序空转"的逻辑怪圈。行政诉讼应当作出主动调整，努力提升实质性化解行政争议的能力，以适应法治现代化的要求。有学者认为，诉源治理研究的缘起有三：一是立足于民事审判进行诉源治理的思考，行政审判的案件影响大，应当沿着民事审判的诉源治理进路进行思考；二是全国各地围绕诉源治理进行探索，包括非诉调解前置的分流、案后繁简分流等引起了诸多争论，行政法学研究需要予以回应；三是近两年实质性化解争议已经成为司法解释中的高频词，因此行政检察工作应当高瞻远瞩，围绕诉源治理展开工作探索。"诉源治理"一词是在深刻洞察中国司法现状后凝练而成的中国本土化表达，彰显出新时代检察机关以人民为中心、积极参与社会治理的责任担当，是新时代行政检察理念的重大变革。

四、行政检察监督推动法治政府建设的理据与实践

（一）行政检察监督推动法治政府建设的理据

行政检察发展与法治政府建设同频共振，"有为政府""有限政府""高效政府""公正政府""诚信政府"的多维进路构成了行政检察发展的外部驱动力。有学者认为，检察机关作为国家法律监督机关，揭示了其国家性、制度性、法律性的本质特征，而且作为其职权体系的逻辑起点，在法律监督体系和法律监督能力现代化的型构中处于"基础性""元权力""根权力"的地位，其质的规定性决定着其他类型化的"种权力束"。有学者指出，新时代行政检察监督范围可以分为三大类别，行政诉讼检察监督，行政判决、裁定执行和非诉执行检察监督，以及对违法行政行为的检察监督。这些均涉及对行政机关行政行为的监督，有利于促进行政机关依法行政，助推法治政府建设。

（二）行政检察监督推动法治政府建设的原则

检察机关在履行行政检察职责时需要保持谦抑性，恪守与相关权力的职权边界。有学者认为，做实行政检察应重点关注几大关系：第一，行政检察要以合法性审查作为法律监督的圭臬。符合合法性审查的诉讼活动和行政行为予以

尊重，违反的则应进行法律监督。第二，检察机关对行政行为法律监督程度应受到限制，不能僭越到行政机关的裁量范围内，应尊重行政机关的首次判断权。第三，行政检察是公权力监督公权力的制度设置，属于国家权力平衡机制，应遵循司法谦抑原则。第四，行政检察与实质性化解行政争议。实质性化解行政争议强调处理结果的可接受性，既要追求纠纷的解决，也要修复受损的社会关系。行政检察在诉讼监督阶段进行实质性化解行政争议具有一定的难度和滞后性。要实质性化解行政争议，必须将检察权介入的阶段和时机进行前移，尽可能地把社会矛盾纠纷化解于萌芽状态。有学者认为，国家治理体系和治理能力的现代化建设路径具有多样性，除顶层设计外，问题倒逼和制度磨合也是非常重要的方法。社会治理类检察建议的确立反映了检察理念与法律监督机制在新时代的主动调整。

（三）行政检察监督推动法治政府建设的路径

在个案监督的同时注重进行类案监督，从宏观层面上对某一类法律问题进行分析研究，通过类案总结行政诉讼领域中存在的突出问题、热点问题与难点问题并进行分析研判，提出解决问题的对策与建议，以白皮书或研究报告的方式将研究成果固化并提供给党委、人大与政府参考决策，不仅能够从根源上一揽子解决相关问题，更有利于促进社会治理的完善。有学者指出，在审判机关、检察机关、监察机关等的参与之下，目前行政执法外部监督的力量越来越充足，但仍存在正式监督与非正式监督之分。检察机关作为我国的法律监督机关，其根本价值在于保障法律的统一正确实施，对行政机关的行政执法行为进行监督是其应有之义，因此检察机关开展行政执法监督具有正当性，是对现行国家行政监督体系的补强与优化，有利于与其他监督方式形成合力，促进法治政府建设。

五、行政非诉执行监督的难点问题

行政非诉执行监督是检察机关一项重要的法律监督职责，目前已经成为做实行政检察主要的增长点与突破口，也受到行政检察理论研究的关注。行政非诉执行是我国执行制度的重要组成部分，既涉及法院的司法行为，又涉及行政机关的行政行为。在性质上，行政非诉执行检察监督是一种法律监督，而且是对行政非诉执行活动的合法性进行的全流程监督。检察机关通过行使法律监督权对行政机关以及法院行使权力的行为进行监督，有利于实现国家治理体系和治理能力现代化，有利于促进行政机关规范执行行为，保障当事人的合法权益。

检察机关对行政非诉执行活动进行监督应当立足于行政非诉执行申请是受理、审查、裁定和执行实施活动的基础，贯彻"穿透式监督理念"对行政机关存在的违法行使职权或者不行使职权的行为进行监督，承担起"一手托两家"的责任。行政非诉执行监督应当注重对人民法院对行政非诉执行申请的受理、审查、裁定活动的监督。比如在案件受理阶段，应当注重审查法院是否存在"应当受理而不受理"或者"应当不受理而违法受理"的情况，准确把握对行政非诉执行申请的受理条件。在审查阶段，法院对行政非诉执行申请的审查是否符合法律规定、是否遵循了法律程序，申请执行的行政行为是否存在违法情形等都属于检察机关监督的范围。在法院裁定环节，应当对人民法院是否存在应当裁定准许而不裁定、裁定内容是否违法、执行主体是否适格等方面进行审查。

（原载于《检察日报》2022年1月14日，第3版）

行政检察调查核实权的规范化运行[*]

韩成军[**]

行政检察调查核实权,是指检察机关在行政诉讼[①]监督活动中,为作出正确监督决定,实质性化解行政争议,对采用书面审查无法确认的事实,采用询问、查询、鉴定等方式收集、核实相关证据或材料的权力。检察机关行使行政检察权,作出某种决定或者其他意思表示,均需要基于一定的信息,而该信息又需要通过一定的途径和方式来收集。于是,调查核实成为必要。[②] 然而,在很长一段时间以来,行政检察监督活动中运用调查核实手段较少,甚至淹没于民事检察调查核实机制之中,基本处于一种备而不用状态,在很大程度上影响到行政检察监督效能发挥。在最高检提出"四大检察"改革后,处于薄弱地位的行政检察需要进一步做实做深。在强调"四大检察"均衡发展,全面深化行政检察监督的新时代,需要充分认识行政检察调查核实的重要意义以及行政检察调查核实的特殊性,厘清民事检察调查核实与行政检察调查核实的差异、实践运行中的问题,进而思考如何实现行政检察调查核实权运行的规范化,发挥其应有价值。

一、行政检察调查核实权的基本理论

检察监督基于查明案件相关事实的需要,天然蕴含调查核实的权力内核。当然,四大检察各自的调查核实权基于业务内涵的不同,又具有自身的特点。行政检察调查核实权的权力属性派生于检察监督权,是检察监督权的分支和具体环节,在具有调查核实权的一般属性外也具有自身个性特点以及区别于民事

---

[*] 本文系 2020 年度最高人民检察院检察理论研究重点课题"民营经济司法保护与检察职能发挥"(GJ2020B21)的阶段成果。

[**] 最高人民检察院第七检察厅二级高级检察官,法学博士。

[①] 需要强调的是,这里的行政诉讼属于广义的概念,包括审判和执行全部诉讼活动,而非仅指狭义的审判活动。因此,行政非诉执行活动也属于检察监督的范畴。

[②] 杨建顺:《推进行政检察要行使好调查核实权》,载《检察日报》2020 年 9 月 9 日。

检察调查核实权的方面。厘清行政检察调查核实的特点以及与民事检察调查核实的差异，有利于正确认识行政检察调查核实权的重要意义。

（一）行政检察调查核实权的特点

1. 调查核实内容的拓展性

行政检察监督是对行政行为、审判和执行行为的合法性进行全面监督，同时还要对明显不当的行政行为进行合理性监督，需要考量公共利益与个体利益，对行政争议进行实质性化解。在民事、行政、刑事三大法律体系中，行政法律体系最为庞杂，数量上远超其他两大法律体系，因而也决定了对行政行为检察监督的复杂性、监督任务的多样性，决定了行政检察调查核实的内容具有拓展性。如在审查以法院判决为监督对象的案件时，一审、二审、再审审判卷宗是行政检察调查核实的基础和起点。特别是一些行政诉讼监督案件可能涉及政府职能部门内部政策性规定，如征地房屋拆迁、招投标、工伤认定、社会保障等方面的相关政策，需要进行大量的调查核实工作查明行政行为所依据的相关政策、法规，进而需调阅行政执法卷宗。司法实务中，同样的情形也可能因地域不同、时间先后，或者具体行政执法者执法尺度不一而在具体操作中存在差异，如征地拆迁补偿标准、行政机关享有自由裁量权的罚款数额等。在办案中应进一步对上述地域性政策规定、相关文件内容进一步调查核实。再如，在行政非诉执行监督活动中，需要调查被执行人的财产状况、工商登记信息等；在行政争议实质性化解过程中，需要调查核实行政相对人的经济情况等，以便确定是否需要给予司法救助或协调民政救助。

2. 调查核实能力的专业性

调查核实是一项主动性的检察权能，要求履行调查核实权的办案人员具有一定的法律专业知识和调查能力。但是，行政法律体系极其庞杂，涉及的具体行政行为领域多，行政执法本身具有较强的专业性，即便作为最终裁决者的法院在审判中的自由裁量也要尽量尊重行政权的专业性。这意味着，作为监督者的检察人员，在行政检察调查核实活动中需要至少能够匹配行政执法专业性的专业能力，否则面对专业的行政执法活动监督将无所适从。特别是在一些特殊的行政检察案件中，如知识产权类行政诉讼监督案件，尤其是涉及商标、专利确权领域，要求办案人员既要具备法律专业能力，又要具备相应的技术背景，才能找准问题，全面深入调查。

3. 调查核实对象的复合性

行政检察监督中，涉及的监督案件事实相关主体包括与案件有利害关系的行政相对人、行政机关、其他利害关系人等，也包括与案件没有利害关系但掌握相关事实证据的个人或组织，如银行业金融机构，这也就决定了调查核实对

四、行政检察全面深化发展

象的复合性。实践中尤其需要行政机关的配合。行政案件中通常存在一个或几个具体行政行为,且案发时间往往比较久远,行政机关负责人、经办人往往几经更迭,调查核实需要行政机关现任负责人、行政相对人的高度配合。行政机关在作出行政强制措施、行政处罚等行政行为时,均以一定的先期事实、行政相对人的基础行为作为根据,考察行政行为的合法性需要详细审查行政行为的基础事实、程序规范等,并在对行政行为合法性、合理性考察的基础上审查原审判决、裁定,决定如何对案件提出监督意见。无论审查行政机关系统内部政策性规定还是行政机关制作的调查笔录等,都需要行政机关的高度配合。对行政行为是否合法,行政处罚、行政审批等行政相对人都具有亲历性。因此,行政相对人的参与配合对于查实行政行为的实体、程序是否正当同样具有至关重要的作用。

(二)行政、民事检察调查核实权的区别

2018年12月,最高检进行了内设机构改革,适应人民群众司法需求,设立了专门的民事检察、行政检察和公益诉讼检察机构。但地方各级检察机关囿于内设机构和人员编制的限制,不少地方民事检察、行政检察和公益诉讼检察机构未能单设。据2020年11月不完全统计,市级检察院共设385个行政检察部门,其中单设104个,民事、行政二合一设置139个,行政、公益诉讼二合一设置102个,民事、行政、公益诉讼三合一设置40个;单设占比27.01%,二合一设置占比62.60%(其中民事、行政二合一占比36.10%,行政、公益诉讼二合一占比26.49%),民事、行政、公益诉讼三合一设置占比10.39%。基层检察院共设3037个行政检察部门(部分派出院未设行政检察部门),其中民事、行政二合一设置270个,行政、公益诉讼二合一设置202个,行政、控申二合一设置1个,民事、行政、公益诉讼三合一设置2304个,四合一及以上设置260个;二合一设置占比15.58%(民事、行政二合一8.90%,行政、公益诉讼二合一占比6.65%,行政、控申二合一占比0.03%),民事、行政、公益诉讼三合一设置占比75.86%,四合一及以上设置占比8.56%。在案件办理上,绝大多数部门实行轮案制。这意味着大多数行政检察干警同时要办理多种类型的案件,特别是民事案件。民事监督与行政监督要求检察官采取不同的监督思维和方法,而从诉讼原理来看,行政诉讼与民事诉讼的性质、特点和运行原理均不相同。其中最本质的区别在于,民事法律关系的主体处于平等地位,而行政法律关系的主体地位则不具有平等属性,由此导致民事诉讼检察监督与行政诉讼检察监督具有不同的运行原理。① 整体来看，行政检察和民事检察一样，都是对人民法院诉讼活动的监督，且调查核实工作都兼具发现审判违法、执行违法线索的职能，但两类检察监督所立足的诉讼制度本身存在原理和构造的差异，导致行政检察与民事检察中的调查核实权存在诸多不同。厘清这些差异，对于构建适合行政检察调查核实权的运行机制具有重要的意义。

1. 从行政监督职能来看，行政检察职能的扩展反向要求调查核实更加广泛、深入

在司法实务中，行政检察比民事检察更为广泛地参与社会治理。因此，加强穿透式监督助推国家治理体系现代化的职能作用，对行政检察监督的调查核实工作提出了更高要求。既要审查行政审判活动，又要审查行政执法行为；既要审查行政行为的合法性问题，又要审查行政行为是否合理、程序是否正当等问题。实践中，行政检察监督工作往往需要将调查核实的范围扩张到以原案件为基点辐射到的所有行政管理领域。

2. 调查核实目的不同

基于最大限度地尊重法院民事自由裁量权和裁判既判力，维护司法权威的目的，民事诉讼监督基本都是依申请进行，只有需要发出检察建议或提出抗诉时才需要调查核实。因此，民事检察调查核实的目的在于查明案件是否存在应当启动再审的法定情形，以及不需要启动再审但需要纠正法院司法人员违法行为的情形。民事诉讼是平等主体之间的诉讼，当事人不服法院判决、裁定的救济也更主要依靠当事人自己举证，即遵循"谁主张谁举证"的原则。民事检察调查核实仅是补充而非主导，否则极有可能导致当事人通过寻求检察监督程序将自身举证责任转嫁于检察机关。因此，民事检察调查核实的目的是限定的。而行政检察具有"一手托两家"的目的，需要穿透式监督，调查核实的目的既要针对被监督主体的合法性、合理性问题是否需要发出检察建议、提出抗诉，还需要针对实质性化解行政争议、促进社会治理等问题。基于举证责任由被告承担的原则，对于行政相对人申请监督的行政诉讼案件，检察机关作出审查决定更加需要通过自身调查核实，而不像民事诉讼监督中的调查核实仅是对当事人举证能力的补充；在依职权监督的情况下，行政检察调查核实更是处于主导、决定性地位。因此，相比民事检察调查核实，行政检察调查核实的目的更加广泛。从化解矛盾纠纷来看，调查了解当事人的根本诉求有助于实质性化解行政争议。检察机关应坚持从创新国家、社会治理角度出发，从发扬枫桥经验、积极化解矛盾出发，从延伸检察职能、融入社会治理出发，有针对性地

---

① 邵明：《民事争讼程序基本原理论》，载《法学家》2008年第2期。

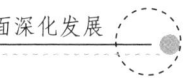

依法开展调查核实工作。透过法律诉求,直击当事人的实质诉求(实质诉求与诉讼诉求之间往往存在差异,如征地拆迁案件中当事人的实体诉求是对房屋进行拆迁补偿,但诉讼诉求则可能是撤销上级政府对下级政府的行政批复或要求判决确认违法),了解双方当事人的利益底线,促成双方达成合法、自愿、可行的实质性化解方案,才能使行政争议在法治轨道内得到彻底、有效、妥善的实质性化解。

3. 调查核实的内容不同

民事诉讼中,实行谁主张谁举证以及优势证据标准原则,当事人应当对自己的请求或抗辩提供相应证据,法官需要综合评价双方的证据,判断证据盖然性并据此支持盖然性高的一方。因此,就民事检察监督而言,检察官在作出是否支持监督申请的决策过程中,必要时需要对原被告双方请求、抗辩的理由和证据进行调查核实,综合作出监督决定。而在行政诉讼中,原告提出行政行为不合法,请求撤销、变更等诉讼主张后,举证责任由被告承担,被告应当对行政行为合法性举证证明,原告不承担证明责任。法官在审查行政行为是否合法、正当后作出裁判,不需要综合评判双方证据优势。因此,就行政检察监督而言,检察官在作出是否支持监督申请的决策过程中,重点是围绕被告抗辩的理由和证据进行调查核实,以判断法官作出的合法性判断是否正确。通过上述分析,可见民事诉讼与行政诉讼中举证责任以及证据标准的不同,导致法官审查的内容不同,作出裁判的方法也不同。这也就决定了民事检察监督调查核实与行政检察监督调查核实在内容上的差异性。

(三)行政检察调查核实权的重要意义

履行调查核实权要解决的是是否应当启动监督措施的问题,即通过调查核实,查明监督案件事实以及与监督案件办理相关的事实①,进而作出正确的监督决定。对个案而言,行政检察监督是通过公权监督实现私权救济的过程(当然,并非仅仅如此,如行政非诉执行监督,实际还涉及保障法律的统一正确实施,如督促行政机关依法履职、监督法院执行到位,以确保行政权威、司法权威得到落实),检察机关对个案裁判结果的判断基础在于通过收集、审查判断、甄别证据真伪发现案件事实,行使行政检察监督权。因此,行政检察调查核实是个案监督工作的基础,是行政相对人表达诉求和补充法院卷宗外相关案件事实的重要途径,关系到案件办理的质量和效果,以及实质性化解行政争议工作的正常开展。进入检察环节的行政争议通常都具有疑难、复杂以及争议

---

① 如需要实质性化解行政争议的案件,要重点调查核实申请监督人的家庭经济状况、社会关系等案外事实情况。

历时较长的特点,而且很大一部分行政争议是由于"程序空转"所引发。检察机关要促进实质性化解行政争议,前提就要查明争议事实、化解的现实条件和影响因素等情况,而上述情况很多时候单纯通过书面审查不能完全掌握,还需要运用穿透式监督理念,强化调查核实,通过主动调查核实来查明。因此,调查核实在检察机关促进行政争议实质性化解中具有重要的基础性、先决性地位,直接影响到行政争议最终能否成功实质性化解。此外,通过调查核实发现、促进解决深层次社会问题,亦是正确充分行使行政检察权力的必经之路。①

二、行政检察调查核实权运行中存在的问题

(一) 调查核实理念存在偏差

在实务办案中,部分案件承办人对行政检察调查核实权的重要作用和意义认识不足,把其等同于民事调查核实,止步于就案办案,或因办案时间、法律效力、程序保障等问题不愿意甚至害怕开展调查核实工作。仅对当事人提供的材料和法院卷宗进行书面审查,而对案件的关键事实、证据,通过书面审查难以认定的,没有做到主动依职权调查核实。没有深入调查,就难以实现穿透式监督。在办理行政申请监督案件中仅书面审查原审法院判决、裁定结果的合法性,如原审法院驳回起诉并无不当即决定不支持,造成检法两家"程序空转",而忽略审查行政行为的合法性、合理性以及查清行政相对人的实质诉求,从而引发更多的诉讼、信访,造成对司法资源的浪费,同时也背离了检察机关法律监督属性。

(二) 法律依据供给不充分

现行法律、法规和司法解释对检察机关的调查核实权仅有一些零散规定。行政诉讼法和最高法《关于适用〈中华人民共和国行政诉讼法〉的解释》均没有具体规定,在行政诉讼部分法律适用参照民事诉讼法律的大背景下,民事诉讼法中赋予了检察机关在办理民事申请监督案件中的调查核实职权。《人民检察院组织法》第21条第1款规定:"人民检察院行使本法第二十条规定的法律监督职权,可以进行调查核实,并依法提出抗诉、纠正意见、检察建议。"最高法、最高检《关于对民事审判活动与行政诉讼实行法律监督的若干意见(试行)》第3条也对人民检察院行使调查活动的范围进行了规定。新修订的《人民检察院行政诉讼监督规则》(以下简称《行政诉讼监督规则》)第

---

① 参见张相军等:《论"穿透式"行政检察监督》,载《人民检察》2021年第10期。

四章第二节规定了行政检察调查核实权的范围、方式等,很大程度上弥补了过去规范性依据不足的问题,但其仅是检察机关制定的司法解释,法律位阶仍然较低,相比民事诉讼法中对民事检察调查核实权的明文规定,可以说行政检察调查核实权在立法保障上仍有较大空间。

实践中,行政检察监督中能不能向法院调查核实目前尚存在争议。《民事诉讼法》第210条规定:"人民检察院因履行法律监督职责提出检察建议或者抗诉的需要,可以向当事人或者案外人调查核实有关情况。"最高法、最高检《关于对民事审判活动与行政诉讼实行法律监督的若干意见(试行)》第3条规定:"人民检察院对于已经发生法律效力的判决、裁定、调解,有下列情形之一的,可以向当事人或者案外人调查核实……"从上述规定看,都没有明文规定可以向法院调查核实。那么,检察机关可以向当事人或案外人调查核实有关情况,法院是否属于当事人?实践中有检察机关对法院发出调查函,法院拒绝回复,理由是法院认为自己不属于当事人,检察机关不能对其行使调查核实权。《行政诉讼监督规则》第58条规定:"人民检察院因履行法律监督职责的需要,有下列情形之一的,可以向当事人或者案外人调查核实有关情况……"第59条规定:"人民检察院通过阅卷以及调查核实难以认定有关事实的,可以听取人民法院相关审判、执行人员的意见,全面了解案件审判、执行的相关事实和理由。""向相关审判、执行人员了解有关情况,听取意见"是否属于调查核实范畴?从以上规定看,《行政诉讼监督规则》将调查核实与对法院人员的了解情况、听取意见进行了区分,据此表明不能对法院行使调查核实权。此外,"听取意见,了解情况"仅仅是模糊的规定,没有具体的程序规范,而且仅是规定于检察机关的司法解释,指向的是检察权,对法院的约束力如何尚有待观察,以往实践表明审判机关不配合情形并不少见。因此,可以看出不管是法律还是司法解释,都未明确检察机关能否对法院进行调查核实。然而,实践中很多行政监督案件需要向法院调查核实相关情况,囿于上述立法现状,影响了检察机关查明案件事实,尚需立法进一步明确。

(三)强制性手段缺乏

从1982年通过民事诉讼审理行政案件始,随着社会法治意识的增强以及行政诉讼立法、司法的不断完善,行政机关的应诉率不断提高,行政机关举证责任的承担模式决定了其在法院审判环节的积极举证以避免败诉的风险。与法院审理环节不同的是,申请检察监督的案件绝大部分生效判决已经判决行政机关胜诉。在此种情况下,行政机关基于生效裁判的心理预期,对行政检察的重视度往往不够,检察机关在向某些行政机关调查核实过程中,对方往往不积极配合,拒绝提供或所提供材料不全面的情况时有发生,在向当事人或案外人调查核实过程中,亦存在经依法通知后拒不接受询问或是以各种理由推脱的情况。

《行政诉讼监督规则》第 60 条第 3 款规定:"人民检察院调查核实,不得采取限制人身自由和查封、扣押、冻结财产等强制性措施。"在被调查人拒绝配合时,《行政诉讼监督规则》第 67 条规定了可以"提出检察建议、必要时通报同级政府、监察机关、移送违纪违法犯罪线索"。实践中,面对不配合的绝大部分是采用提出检察建议方式,但检察建议这样一种柔性的措施作为拒绝配合的保障手段,在实践中不足以制止、惩罚拒不配合检察机关调查核实的行为。这一保障力度与法院调查权的保障力度相比相差甚远。如《民事诉讼法》第 67 条规定,人民法院有权向有关单位和个人调查取证,有关单位和个人不得拒绝;第 114 条规定,有义务协助调查的有关单位拒绝或者妨碍人民法院调查取证的,人民法院除责令其履行协助义务外,并可以予以罚款,对单位主要负责人或者直接责任人员可以予以拘留,并可以向监察机关或者有关单位提出予以纪律处分的司法建议。正是由于调查核实权在维持法律监督权和审判权之平衡、当事人权利之平等以及维持行政检察权的合理运行中的关键作用,法律规定的后续保障措施就显得尤为必要,刚性保障措施的缺乏导致行政检察监督过程中调查核实措施的效果不能得到充分有效的发挥。

(四)证据效力有争议

对于检察机关所调取的证据效力,理论和实务界存在一定的争议和讨论。《行政诉讼监督规则》第 100 条规定,检察人员出席再审法庭对依职权调查的证据予以出示和说明,其仅是在回应人民检察院是否具有举证、质证的职责基础上做出的,而对于该部分证据的效力问题并未进行明确规定。言下之意,由人民法院决定是否依法采纳。此外,对于该证据是否应该经过质证、能否适用非法证据排除规则等问题也意见不一。

三、行政检察调查核实权运行规范化路径

(一)树立能动式调查核实理念

思想是行动的先导。检察人员应坚持法治思维和法治方式,进一步转变观念,从促进国家和社会治理的角度对全案进行审查调查,发扬枫桥经验,积极调查核实,发现并解决国家和社会治理中存在的问题。要聚焦"信访不信法"顽症,充分认识行政检察调查核实在全面深化行政检察监督中的重要作用,加强调查核实,厘清行政争议,促进案结事了政和。在书面审查的基础上,坚持走出去,全面深入地向当事人、法院、行政机关和其他相关单位、人员了解案

四、行政检察全面深化发展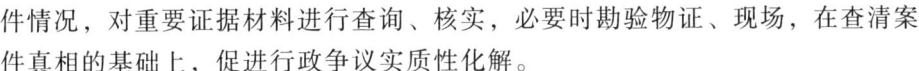

件情况,对重要证据材料进行查询、核实,必要时勘验物证、现场,在查清案件真相的基础上,促进行政争议实质性化解。

(二) 明确调查核实原则

1. 关联性原则

检察机关调查核实的范围应当限于与行政监督案件存在关联为限,不能超越必要限度,打破行政诉讼两造诉讼模式。需要指出的是,"与案件存在关联"应作广义解释,即检察机关在办理行政检察案件调查核实时,原则上应围绕行政诉讼审判和执行行为的合法性、行政行为的合法性与合理性问题进行,但出于延伸检察职能,督促依法履职,促进社会治理,维护社会和谐稳定等目的,关联性原则应辐射到案件合法性、合理性关联到的事项。如出于救助化解矛盾,需要调查核实行政相对人本身的经济状况;出于做好心理疏导、协同化解等实质性化解矛盾,需要调查核实行政相对人的心理状况、社会关系等;出于督促行政机关积极申请变更、追加被执行人以确保行政非诉案件得到有效执行,需要调查本案是否存在需要变更、追加的情形;等等。以上种种情形与判断相关被监督主体的行为合法性、合理性并无直接关系,但却是与案件有关联的,是在判断合法性、合理性问题时,出于延伸检察职能,实现法律效果和社会效果、政治效果相统一所必要的调查核实事项。

2. 客观性原则

检察官具有客观义务已经为现代各国尤其是大陆法系国家所普遍认可,我国作为大陆法系检察制度的传承者亦不例外。所谓检察官客观义务,主要是指检察官作为法律的捍卫者,负有确保法律实施客观、公正的义务,以维护法律的权威和尊严。正是因为这种客观义务,使得检察官有别于案件任何一方当事人。《检察官法》第5条明确规定,检察官履职应当秉持客观公正立场。实践中,对检察官客观义务主要强调在刑事诉讼中,不能够仅站在控诉者角色去审查办理案件,也要站在守护法律统一正确实施的角度,监督侦查行为、审判行为是否合法。在行政检察中,检察机关不处于原告(类似刑事案件的控方)的角色,因而对检察官客观义务强调较少,但并不意味着检察官客观义务仅存于刑事案件办理中。行使行政检察调查核实权,本身就是为了保障行政检察案件办理的客观公正,体现检察官客观义务。在具体行使调查核实权时,同样要遵循客观性原则。具体到行政检察调查核实上,既要调查核实有利于监督申请人的证据,也要调查核实不利于监督申请人的证据,从而确保自己作出客观公正的监督结论。在调查核实对象上,要客观听取行政机关、行政相对人作为利益相关者的意见,不能主观想当然偏听偏信某一方,以确保调查核实结论的客观准确性;检察官调查核实立场上,应当保持客观中立,避免当事人化,即不能异化为行政机关和行政相对人任何一方。要坚守法律监督者角色，确保国家法律的统一正确实施，维护法律权威。检察机关是国家的法律监督机关，对所办行政检察案件应当从确保法律统一正确实施，实现法律权威的高度，全面审查案件中是否存在违法或法律未充分、有效落实的情形，特别是在非全面调查不足以获取相关证据进而了解事实全貌，或案件始终未能实质性审理，出现程序空转时，应当对可能存在上述情形的事实进行全面调查，尤其是对依申请监督案件的审查不能仅限于不告不理，而应着眼于案件事实的全面查明，对整个案件的事实认定、法律适用、法律程序等进行调查，力争实现行政争议的实质性解决。

3. 及时性原则

根据一般证据法原理，部分证据种类具有易变、毁损、灭失的风险，这在行政诉讼监督案件中体现更加明显。行政诉讼监督案件往往历时久远，行政争议历经一审、二审、再审，时间跨度往往几年、十几年甚至几十年，案涉现场往往已不复存在，行政机关负责人、经办人基本更换，相关法律法规、行政规章变化很大。实践中，如一些申诉到检察机关的土地行政纠纷案件，认定执法行为合法性、合理性的相关证据通常存在毁损、变动或灭失，如房屋倒塌或拆除、四至变动、经办人去世、证人下落不明、书证遗失等。因此，行政检察调查核实案件事实或与案件有关的情况时，应当遵循及时性原则，以免丧失取证良机。

4. 必要性原则

检察权属于一种程序性权力，不能对当事人争议作出实体性、终局性裁判；相比之下，审判权属于实体性权力，可对当事人争议作出实体性、终局性裁判。因此，根据诉讼原理，在行政诉讼审判权的行使原则上需要遵循庭审公开、法官居中听审、双方当事人当庭对抗等原则，即主要通过开庭审理来查明事实进而作出裁判实现定分止争，书面审查属于例外情形。然而，由于检察权的程序性权力特点，无论是刑事、民事还是行政检察，检察权的行使都主要是通过书面审查侦查机关、当事人提供的各类材料，以此为基础作出是否批捕、起诉、是否支持监督申请等决定，在作出这些决定过程中对一些事实认为侦查机关、当事人提交材料还不明晰的，可以自行调查核实清楚或者要求侦查机关、当事人进一步补充。因此，检察权行使主要通过书面审查方式，调查核实为例外、补充。在行政检察监督中，原则上是以书面审查为主，主动调查核实为辅，两者相结合，调查核实仅在检察官认为有必要时进行，即应遵循必要性原则。这既是检察权权力属性决定的，同时也是囿于行政检察人力资源有限性。

（三）明确调查范围

行政检察既要监督司法行为和行政行为，又要促进行政争议实质性化解。不管是生效裁判、裁定、调解书监督还是执行监督以及进行行政争议实质性化解，其面对的主体总体可以分为三类：一是法院，二是行政机关，三是行政相对人。行政检察调查核实范围也可以依据三类主体大致进行分类。《行政诉讼法》第101条规定了包括检察机关对行政生效裁判和执行监督在内的相关内容，该法没有规定的适用民事诉讼法的相关规定。因此，根据行政诉讼法、民事诉讼法、行政诉讼监督规则等法律、司法解释，结合行政检察办案实践，可以从以下几个方面对行政检察调查核实的范围类型化：

1. 对法院调查核实的范围

对法院的行政检察监督包括行政生效判决、裁定、调解书监督、行政审判程序中审判人员违法行为监督和执行监督。行政诉讼法、《行政诉讼监督规则》等法律、司法解释，对上述监督的情形进行了较明确的列举。如《行政诉讼法》第93条规定，检察机关对于法院已经发生法律效力的判决、裁定有本法第91条①规定情形之一，或者发现调解书损害国家利益、社会公共利益的，应当提出抗诉；对审判监督程序以外的其他审判程序中审判人员的违法行为，有权向同级人民法院提出检察建议。《行政诉讼监督规则》第88条至第97条，进一步细化了检察机关应当提出抗诉、再审检察建议或检察建议的监督情形。这些条款详细规定了对法院行政审判和执行行为的监督情形和方式，检察官在审查办案中行使调查核实权时应当围绕这些监督点进行，不能超越，否则有违法监督嫌疑。

2. 对行政行为调查核实的范围

目前，行政诉讼法没有对检察机关应当监督行政行为哪些情形作出明确规定，仅有作为司法解释的《行政诉讼监督规则》第119条第2款、《人民检察院检察建议工作规定》第3条、第11条规定检察机关可以对有关单位和部门提出改进工作、完善治理的检察建议，当然就包括对行政机关。理论界有观点指出，检察机关在监督过程中发现行政机关有违法行为和违法不作为的情形，可直接对相应行政机关提出检察建议。② 2021年6月15日中共中央《关于加

---

① 第91条规定的情形包括："（一）不予立案或者驳回起诉确有错误的；（二）有新的证据，足以推翻原判决、裁定的；（三）原判决、裁定认定事实的主要证据不足、未经质证或者系伪造的；（四）原判决、裁定适用法律、法规确有错误的；（五）违反法律规定的诉讼程序，可能影响公正审判的；（六）原判决、裁定遗漏诉讼请求的；（七）据以作出原判决、裁定的法律文书被撤销或者变更的；（八）审判人员在审理该案件时有贪污受贿、徇私舞弊、枉法裁判行为的。"

② 姜明安：《论新时代中国特色行政检察》，载《国家检察官学院学报》2020年第4期。

强新时代检察机关法律监督工作的意见》提出，要全面深化行政检察监督。检察机关行政检察部门在履行法律监督职责中发现行政机关违法行使职权或者不行使职权的，可以依照法律规定制发检察建议等督促其纠正。目前，行政检察实践也主要是依据上述《行政诉讼监督规则》《人民检察院检察建议工作规定》对行政机关进行监督，提出检察建议。根据行政法理论，行政机关在作出行政行为时应遵守合法性、合理性等原则。基于检察机关法律监督者角色，在穿透式监督理念下，行政行为的合法性、合理性当然也成为行政检察监督的情形。① 此外，出于监督法律统一实施的目的，对于行政机关履职不到位的行为也需要监督。如行政非诉执行案件中，根据最高法相关司法解释，存在多种可以申请变更、追加被执行人的情形，一些行政机关出于不知晓法律规定等原因而没有申请变更、追加，导致执行无法到位。此时，检察机关就应当积极调查核实本案是否存在法定可申请变更、追加情形，对于存在可申请变更、追加情形而行政机关未向法院申请的，应当向行政机关提出检察建议督促履职。因此，检察官在办理案件中，应围绕上述范围进行调查核实，真正实现"一手托两家"监督效果，促进依法行政，推进国家治理体系和治理能力现代化。

3. 对行政相对人调查核实范围

行政相对人不服行政行为提起行政诉讼，其不履行行政决定导致行政机关提起行政非诉执行申请。因此，无论是行政生效判决、裁定、调解书监督、行政审判程序中审判人员违法行为监督还是执行监督，行政相对人作为案情知悉者，其都是重要的调查对象。对行政相对人调查核实，主要是针对其提出的监督申请事项。

此外，行政机关、行政相对人作为当事人，在检察环节提交的新证据，检察机关也有必要对其真实性、合法性、关联性进行调查核实，以便作出正确的监督决定。在促进行政争议实质性化解时，如有和解、调解可能的，还需要调查了解当事人的内心诉求、顾虑等；有帮扶救济可能的，还需要调查核实行政相对人的经济、家庭情况等；需要多方合力化解的，就需要调查核实行政相对人的社会关系、相关案外人意见等。

当然，需要明确的是，上述阐述的范围并非每个个案中都必须调查核实的内容，是否需要调查核实还需要检察官在个案中依据具体情况加以把握。

---

① 当然，这里的合法性、合理性又需要结合具体的部门法加以判断，如土地管理法、行政强制法、行政处罚法等。

（四）科学设置调查程序

1. 启动程序——突出调查核实权启动的主动性

遵循司法实践的规律，如上所述，行政检察中调查核实权的启动应当遵循有限、中立的原则，检察机关原则上只要因履行法律监督职责的需要，均可以行使调查核实权。在行政检察调查核实权的启动上，设计路径仍然为依申请和依职权，但因行政检察审查行政行为合法性、合理性等需要，检察机关在操作中宜持更加主动的办案态度。

2. 调查程序——着重调查核实权的检察主导性

在调查程序中，对于依申请采取调查核实措施的，检察机关需要调查的事项不限于当事人申请的范畴；对于检察机关依职权采取调查核实措施的，由检察机关根据办案需要在符合关联性原则的前提下自主决定是否进行调查核实及调查核实的范围、对象、措施。

3. 调查方式——突出调查核实方式运用的多样性

根据《行政诉讼监督规则》第60条的规定，检察官可以采取调查核实的方式包括："（一）查询、调取、复制相关证据材料；（二）询问当事人、有关知情人员或者其他相关人员；（三）咨询专业人员、相关部门或者行业协会等对专门问题的意见；（四）委托鉴定、评估、审计；（五）勘验物证、现场；（六）查明案件事实所需要采取的其他措施。"第一种到第五种方式已经在实践中广为运用，在此不再赘述。需要指出的是，近年来兴起采用听证的方式进行调查核实，但实践应用还比较少。《行政诉讼监督规则》将听证作为单独一节加以规定，但从第68条的规定看，事实认定方面存在较大争议的可以进行听证，可见听证也具有调查核实的功能。检察听证工作是在新时代背景下，检察机关积极践行以人民为中心的发展思想，更好地满足人民群众知情权、参与权和监督权的重要举措，也是检察机关不断探索增强司法公信力的有益实践。听证是指国家机关作出决定之前，给利害关系人提供发表意见、提出证据的机会，对特定事项进行质证、辩驳，其实质是听取利害关系人的意见。① 双方当事人是原审的亲历者，又是利害关系人，均到场对争议焦点进行辩论，是调查核实的直接切入点。行政检察监督案件听证不仅有利于保障行政相对人的请求权和参与权，增强行政检察监督的透明度，也是实现检察调查核实权的重要路径和形式。在诸多调查核实方式中，选择哪种调查核实方式，应当由检察官结合不同的案情、不同的证据种类，以有利于查清待证事实为标准灵

---

① 王玄玮、谭赟：《民事检察听证制度的适用及完善》，载《人民检察》2020年第12期。

活把握所用方式即可。当然,调查核实不得采取限制人身自由和查封、扣押、冻结财产等强制性措施。

(五) 强化调查核实保障措施

1. 规定妨碍调查核实的不利后果

近年来,检察机关进行调查核实时行政机关不积极配合的情况时有发生。有的是因为担心日常工作中存在疏忽,如提供的信息有误怕承担法律风险;有的是因为认知能力不足而不知道该不该协助,进而不积极协助或干脆不协助。因此,调查核实权作用的充分发挥有赖于相应的强制保障措施的建立,相关法律或司法解释应参照拒绝或妨碍法院调查取证的相关规定,同样赋予检察机关相应的强制权,《民事诉讼法》第114条规定了对于拒绝或者妨碍人民法院调查取证的行为,法院除了可以责令有关单位和个人履行协助义务外,还可以予以罚款和拘留,较之《行政诉讼监督规则》第67条规定的"人民检察院调查核实,有关单位和个人应当配合。拒绝或者妨碍人民检察院调查核实的,人民检察院可以向有关单位或者其上级主管机关提出检察建议,责令纠正,必要时可以通报同级政府、监察机关;涉嫌违纪违法犯罪的,依照规定移送有关机关处理"要更具威慑力,如此规定必将有利于调查核实权的顺利行使和增加检察监督权的权威性。当然,对于行政机关不配合调查核实的,除需要立法上明确规定制裁措施外,当前现实中在有必要的情况下,检察机关可以提请同级党委、人大进行协调、监督,或者提请上级检察院向其同级行政机关通报相关情况,由上级行政机关督促下级配合调查核实。

2. 确立调阅审判正副卷宗以及执行卷宗机制

从实践看,法院内部审判和执行分为不同部门,对同一个案件调取审判卷宗不一定能调取到执行卷宗。如果调卷函上仅标明审判卷宗,法院档案室通常不允许调取执行卷;反之,仅标明执行卷宗的,也不允许调取审判卷。上述现象的原因在于法院内部对审判和执行均是作狭义解释,而非将审判等同于审判机关之广义解释。检察机关办理行政诉讼监督案件的目的在于对行政诉讼活动实行法律监督,而审判卷宗是行政诉讼活动的全程记录,当事人自认等诉讼行为均在原审卷宗中有直观的记载和反映,因此审判卷宗对于诉讼监督案件办理的重要性是不言而喻的。在检察实务中,审阅原审卷宗不仅是办理裁判结果监督案件的必经之路,也是行政审判违法监督、裁判执行监督和行政非诉执行监督等案件的重要线索来源之一。

2010年最高法办公厅、最高检办公厅《关于调阅诉讼卷宗有关问题的通知》规定,人民检察院在办理抗诉案件时可以调阅人民法院的诉讼卷宗,该通知并未对检察机关是否能调取副卷进行明文规定。但《人民法院诉讼文书立卷归档办法》《人民法院执行文书立卷归档办法》对正、副卷分别订立的做法进行了制度层面的规定，并在相关的工作讲话、通知、保密纪律中将"副卷一律不对外公开"作为一项工作原则。副卷中包括承办人的审查报告，有关本案的内部请示及批复、合议庭评议案件笔录、审判委员会讨论案件记录等。因此，在司法实务中，法院只将审判正卷出借，检察人员办理案件时不能查阅审判副卷成为一项工作惯例。但事实上，全面掌握案情、找准审判人员的裁判逻辑及考量因素对于办理行政监督案件至关重要，对副卷的调阅有助于检察人员做出更加科学的处理结果。2020年8月27日召开的"抓实业绩考评、深化检察改革、全面推进检察事业高质量发展"电视电话会议提出要加快落实正卷、副卷一并调阅制度，部分地方已先行先试形成了相应机制。例如，河南省高级人民法院、河南省人民检察院签订的《关于规范省检察院调阅全省法院已生效民事行政案件卷宗工作的办法（试行）》已对检察机关调阅行政案件正、副卷进行了规定，建议尽快在更高层级的司法解释或"两高"会签相应文件中将该制度在全国范围内落实。

3. 明确所调取证据的效力归属

这里首先要明确检察机关调查核实收集的证据既包括证明案件事实本身真伪的相关证据，其中包括当事人未能发现的能够推翻原判决、裁定的新证据，也包括证明审判和执行行为本身是否合法的相关证据。对这些调查核实所获的证据，其效力涉及下述三个方面。

一是对检察机关而言，其效力如何。行政检察监督的正确性依赖于检察官对在案证据的科学审查判断和法律的正确适用，因此，检察机关调查核实所获的新证据直接成为自身作出监督决定的依据，包括不支持监督申请、提出抗诉、发出再审检察建议等。需要指出的是，最高法《关于行政诉讼证据若干问题的规定》第52条规定的"新的证据"① 类别仅是对当事人向法院申请再审时的新证据要求，检察机关调查核实中收集的证据的确不属于该条所指的新证据，但并不妨碍检察机关依据这些证据提出抗诉。《行政诉讼法》第93条明确规定了检察机关只要发现法院判决、裁定具备该法第91条所列8种情形的都应当提出抗诉，并未限定检察机关抗诉的证据种类。事实上，检察机关提出抗诉前调查核实收集相关证据是题中之义。

---

① 第52条规定："本规定第五十条和第五十一条中的'新的证据'是指以下证据：（一）在一审程序中应当准予延期提供而未获准许的证据；（二）当事人在一审程序中依法申请调取而未获准许或者未取得，人民法院在第二审程序中调取的证据；（三）原告或者第三人提供的在举证期限届满后发现的证据。"

二是对于检察机关提出抗诉或发出再审检察建议引发法院再审后，再审过程中当事人能否采用该证据来支持自己的主张。当事人如果认为检察机关收集的某些证据能够支持其主张的，应当允许其向法庭提出作为证据使用，将监督证据用作诉讼证据。从法理上讲，检察机关调查核实所获的证据被当事人知悉后，于其而言也是属于新发现的证据，如果不允许其作为自己的主张依据，有违公平正义理念，且检察监督本身就具有救济的意蕴。当然，对于检察机关调查核实取得证据的使用，应参照《行政诉讼法》第40条对法院调取证据的规定，"不得为证明行政行为的合法性调取被告作出行政行为时未收集的证据"，但可以作为证明行政行为违法的证据。根据行政法理论，行政行为作出的前提应当是收集充分的证据，以做到事实清楚，同时做到程序合法。因此，行政机关在行政行为作出后不得再收集证据以证明其具有合法性，但对行政行为违法性的判断证据，则有时候需要事后去收集，检察机关调查核实的证据当然可以用于证明行政行为违法的证据。

三是对于法院而言，能否直接作为定案依据。显然，基于证据裁判原则，检察机关所调取的证据并不能直接成为法院定案证据，也不能直接等同于法院依职权取得的证据。当然，检察机关作为法律监督机关，在遵循法定理由、按照法定程序调取的相关证据，其合法性、真实性更容易为裁判者认可。此外，需要强调的是，检察机关通过调查核实收集新证据，并据此向法院提出抗诉、检察建议或向行政机关提出检察建议，如果被监督机关对监督意见所依据的新证据提出异议的，检察机关应当对该新证据的"三性"予以说明。

（原载于《国家检察官学院学报》2021年第5期）

五、公益诉讼检察积极稳妥发展

论法律监督与公益代表

——兼论检察机关在公益诉讼中的主体地位

谢鹏程*

2017年习近平总书记在致第二十二届国际检察官联合会年会暨会员代表大会的贺信中指出：检察官作为公共利益的代表，肩负着重要责任；中国检察机关是国家的法律监督机关，承担惩治和预防犯罪、对诉讼活动进行监督等职责，是保护国家利益和社会公共利益的一支重要力量。① 检察机关既是法律监督机关又是公益代表，既要提起公益诉讼又要对公益诉讼进行法律监督。法律监督与公益代表之间是什么关系以及这种关系对于检察机关在公益诉讼中的主体地位有何种决定作用？这既是一个检察基础理论问题，也是一个影响检察公益诉讼制度建设和工作发展的实务问题。

2018年3月颁布的最高法、最高检《关于检察公益诉讼案件适用法律若干问题的解释》有意避开"公诉人"和"抗诉"概念，而规定了人民检察院以"公益诉讼起诉人"身份"提起公益诉讼"和"上诉"职能，造成了检察机关在公益诉讼中主体地位的模糊甚至贬损。② 其主要原因就是没有从理论上厘清检察机关作为国家法律监督机关代表公益和维护公益的特点，割裂了检察机关的公益代表与法律监督的内在联系。

一、检察机关的公益代表身份

（一）公益的法律意义

公益，即"公共利益"的简称，一般是指国家利益和社会公共利益。爱

---

* 最高人民检察院检察理论研究所所长、研究员，法学博士。

① 《习近平致信祝贺第二十二届国际检察官联合会年会暨会员代表大会召开》，新华社2017年9月11日电。

② 参见陈光中等：《中国现代司法制度》，北京大学出版社2020年版，第674—676页。

尔维修说："无论在道德问题上，还是在认识问题上，都是个人利益支配着个人的判断，公共利益支配着国家的判断。"① 国家的目的就是最大程度地促进公共利益，实现社会"最大多数人的最大幸福"（边沁语）。公共利益是全部公权力运行的出发点（凯尔森语）。"但是到底什么是公共利益，却没有哪个国家的法律有明确的规定。这是由公共利益'利益内容'的不确定和'受益对象'的不确定所决定的。"② 从古代的亚里士多德到近代的霍尔巴赫、边沁，乃至现代的庞德等思想家都试图给公共利益下定义，但他们取得的成功都是有限的。英国的经济学家哈耶克对公共利益提出了一种独特的见解：公共利益只能定义为一种抽象的秩序。"作为一个整体，它不指向任何特定的具体目标，而是仅仅提供最佳渠道，使无论哪个成员都可以将自己的知识用于自己的目的。"③ 马克思深刻地指出，公共利益的实质是作为彼此分工的个人之间的相互依存关系。④ 通俗地说，利益是社会化的需要，公共利益就是能够满足一定范围内不特定多数主体需要的好处或者资源。⑤

国家利益是公益的组成部分。美国社会法学派代表人物罗斯科·庞德认为，法律体系之下的公共利益主要包括两个方面内容：一是作为法人的国家利益，包括国格和财产。国格指国家完整、行动自由、荣誉或尊严；财产指政治组织作为一个财产实体的请求权，以集体目的而取得和持有。二是作为社会利益监护者的国家利益。社会利益是从社会生活的角度考虑，被归结为社会集团的需求、要求和请求，以社会生活的名义提出。社会利益包括公共安全、社会制度安全、公共道德、保护社会资源、公共发展、个人生活。⑥

公益是不特定多数人的利益，也可能同时是少数人或个别人的直接利益。对于公共利益的主体范围，我们可以从社区层面来理解，可以从地方行政区域来理解，也可以从全国范围来理解，当然还可以从人类命运共同体来理解。不同层次的公共利益之间和公共利益与个别利益之间既有差异性，也有一致性。⑦ 公益是任何人的，但不必是所有人的利益。公益是不特定多数人的，但

---

① 北京大学哲学系外国哲学史教研室编译：《十八世纪法国哲学》，商务印书馆1963年版，第456—457页。

② 黄学贤：《公共利益界定的基本要素及应用》，载《法学》2004年第10期。

③ ［英］哈耶克：《经济、科学与政治——哈耶克思想精粹》，冯克利译，江苏人民出版社2000年版，第393页。

④ 参见《马克思恩格斯全集》（第3卷），人民出版社1960年版，第37页。

⑤ 胡建淼、邢益精：《公共利益概念透析》，载《法学》2004年第10期。

⑥ 参见［美］罗斯科·庞德：《法理学》（第3卷），廖德宇译，法律出版社2007年版，第180—240页。

⑦ 参见邵烨：《公共管理中的公共利益分析与研究》，载《中外企业家》2019年第27期。

不排除同时是少数人或个别人的利益。特定区域内大多数人的利益就是公益，相对地，特定区域内少数人的利益就是私益，或称个别利益。公共利益是那些不属于个人权利而个人从中受益的利益。① 不同公共利益之间有差异，也可能有冲突。在同一个公益标的上可能同时存在几个相互矛盾的、内容不同的价值标准，德国学者克莱曾提出了处理公益冲突的原则，即按价值标准的最优先次序进行选择。②

公益概念是典型的不确定性法律概念。从宪法、法律到法规都有大量的公益条款，但是它们大多数是抽象的、有待推定或者界定的。概括而言，公益条款有五种形态或者类型：一是作为行为的动机。法律上的表述往往是"为了公共利益的需要"或"为了维护公共利益"。二是作为行为的目的。法律上的表述常常是"为了公共利益的目的"。三是作为行为的基础。法律上的表述通常是"根据公共利益的需要"。四是作为行为的前提、条件或者标准，譬如，以是否符合公共利益作为司法判决的前提或者标准。五是作为对行为加以限制的理由，或者作为行为的合法性标准。法律上的表述经常是"不得损害公共利益"。譬如，在民法中公共利益是民事法律行为合法有效的底线之一。公益和正义一样，既是法律的根源性、正当性依据，也是法律在不明确时的补白性、阐释性理由。

（二）公益代表

谁有资格代表公益？从历史上和理论上回答这个问题，比较复杂。在这里，我们把它作为一个法律问题来看待，相对容易一些。

自古以来，国家机关是代表公益的无可争议的主体。德国著名宪法学者汉斯·彼得斯认为，实现公共利益是国家责无旁贷的绝对任务。③ 所有的国家行为包括立法、行政和司法都将公益作为其行为合法性的理由以及行为的动机。④ 笼统地说，公共组织都是代表公益的主体。国家机关作为人类社会最强、最大、最主要的公共组织，当然地担负起实现和保护公共利益的职责。⑤ 在我国，国家机关有国家权力机关、行政机关、监察机关、审判机关、检察机

---

① 参见［英］杰瑞米·侯德：《阿什沃斯刑事原理》，时延安、史蔚译，中国法制出版社2019年版，前言。
② 参见陈新民：《德国公法学基础理论》（上卷），法律出版社2010年版，第255页。关于如何确定价值标准的次序，克莱提出，要以人类的生存关系为最重要的判断标准。最优先次序的价值必须是量最广（受益人最多）和质最高（生活依赖强度最高）的价值。
③ 参见陈新民：《德国公法学基础理论》（上卷），法律出版社2010年版，第238页。
④ 参见陈新民：《德国公法学基础理论》（上卷），法律出版社2010年版，第229页。
⑤ 参见高志宏：《公共利益的独立性及当代表达》，载《学术界》2013年第11期。

关和军事机关等六种。它们大致可以分为两类：一是立法机关，二是执法机关。执法机关主要有行政机关、审判机关、监督机关和军事机关等。它们都代表公益，同时，它们所代表的公益既有重合，又有交叉，也有所不同。

国家权力机关包括全国人民代表大会和地方各级人民代表大会代表公益，主要履行立法和监督执法等职责。一方面，地方国家权力机关因立法权有限而制订规则较少，工作重点一般放在执法监督上。另一方面，各级国家权力机关因其行使权力的会议形式和会期限制而难以监督日常执法，其监督的频率、程度和覆盖面有限，这就使执法监督的专门化成为必要。

行政机关包括国务院和地方各级人民政府代表公益，主要履行执行法律和国家权力机关的决议等职责。行政机关是我国执法体制的主干，承担大量的国家管理和社会治理职能，既有积极的公益保护功能即创设和增进公益，又有消极的公益保护功能即制止和惩治有害公益的行为。行政机关承担的公益职责繁重、任务庞杂，既要受到人大监督又要受到监察监督和检察监督。[①]

审判机关包括最高法、地方各级人民法院和专门人民法院代表公益，主要履行审理案件的职责，促进和保障公益在个案中的实现。审判机关以司法的方式决定公益，可以通过程序性审判来实现，也可以通过实体性审判来实现。一方面公益条款是审判机关进行价值判断的基础，另一方面审判机关是公益价值的最后决定者。审判以法官的智慧来配合和审查立法，发现、填充和适用公益条款的内容，从而使公民、法人和社会组织确认公益条款的内涵和价值。

监察机关和检察机关作为国家的监督机关代表公益，主要职责是监督公共权力的运行，防治权力的滥用和腐败。监督者与被监督者所代表的公益是相同的，所不同的是对履行职责的行为是否符合公益的认识和评价。被监督者可以是机关，也可以是公职人员；被监督的行为可以是违纪行为，也可以是违法甚至犯罪行为。监督就是要督促纠正违法行为和损害公益的行为。

军事机关作为国家的武装力量代表公益，主要履行国防职责。其代表的公益主要是国家安全和社会秩序。武装力量是一个相对封闭又比较完整的体系，地方国家机关和社会主要为其提供保障和支持，以维护国防利益。

虽然国家机关是公益的主要代表，但是至少从封建社会后期各种行会的兴起开始，国家机关就不是公益的唯一代表。在现代国家治理体系中，公共利益的代表者呈现出多主体、多中心、多层次的趋势，非政府组织、非营利组织、

---

① 参见李梦侠：《多重逻辑视角下的公共利益实现机制——以基层食品安全执法为例》，载《求索》2020年第1期。

私营企业、公民组织、社区组织以及国际组织都可能因法律授权而成为公益代表。①

（三）检察机关的公益代表身份

检察机关是国家机构的组成部分，天然地具备代表公益的资格，因而不是因为法律赋予检察机关提起公益诉讼的权力之后才具有的新资格。当然，检察机关提起公益诉讼的职能进一步彰显了检察机关的公益代表身份和责任。检察机关的公益代表的资格与其他国家机关和社会公益组织相比，有自身特点，与其法律监督性质和国家公诉机关的法定职权密切联系。

检察机关的公益代表身份既是天然的，也是法定的。从检察机关的天然的公益代表身份来看，与其他国家机关一样，即以实现公益为基本目的。从其法定性看，检察机关的公益代表身份主要体现为国家公诉人身份和法律监督职责。检察机关作为法律监督机关代表国家利益和公共利益监督执法活动，以保障法律的统一正确实施。松冈义正认为："检事制度发其源于法国……就法国言，检事初为国王之代理者参与诉讼，以图国王之利益为其职务（西历十四世纪）。至于现今，为国家之机关参与民刑事案件，以图公益为其职务。"② 在英国《皇家检察官准则》中，"公共利益"是决定是否起诉的两个检验标准之一，即证据标准和公共利益标准。在不成文法国家里，公益标准与法律标准相比更为突出；在成文法国家，法律标准相对更为突出，公益标准往往隐含其中。实质上，在所有国家里，公益标准和法律标准都是执法机关在执法办案中必须考虑的两个基本标准。

检察机关代表国家保护公益。检察机关的公益代表身份既具有执法的性质，也具有对公权力的监督性质。与社会公益组织的公益代表身份相比，检察机关作为国家的公诉机关和法律监督机关，其诉讼活动具有一定的强制力和法律效力，对其他公权力主体的执法活动和诉讼活动具有法律监督职责。譬如，行政公益诉讼的诉前检察建议实质上是直接的对行政执法的法律监督。因此，检察机关的公诉不仅具有追诉违法和犯罪的诉讼功能，而且具有维护司法公正和保护公益的保障功能。检察职能在保护公益的程序安排中可以被后置或者作后盾，但不应被贬损。

---

① 参见张方华：《国家利益与公共利益的达成》，载《中共福建省委党校学报》2019年第5期。
② ［日］冈田朝太郎、松冈义正等口授：《检察制度》，郑言笔述，蒋士宜编纂，陈颐点校，中国政法大学出版社2003年版，第89—90页。

二、检察机关的法律监督与公益代表的关系

法律监督是检察机关的本质属性和根本职能，是宪法和法律规定的检察机关在国家机构体系中的基本定位。公益代表是检察机关作为国家机关的天然资格和重要责任。检察机关是通过公诉、纠正违法和检察建议等法律监督职能维护公益的重要力量。法律监督和公益代表是检察机关的双重身份、双重角色和双重责任，内在地统一于检察机关，形成了检察机关区别于其他国家机关的基本特征。形象地说，公益代表是检察机关的底色，法律监督是检察机关的特色。

（一）公益代表是基本属性而法律监督是本质属性

如前所述，所有的国家机关都是公益代表。检察机关天然地具备公益代表的资格，因而公益代表是检察机关的基本属性而不是特有资格或者本质属性。在公益诉讼中，检察机关和其他法律规定的机关和组织都有权提起公益诉讼，但是，只有检察机关作为国家公诉机关提起的公益诉讼可以称为"公诉"。

检察机关是国家的法律监督机关。这是宪法对检察机关的基本定位。法律监督是检察机关区别于其他国家机关的本质属性，也是检察机关的根本职能。检察机关所行使的各项职权包括侦查、公诉、诉讼监督、检察建议等，归根结底都是法律监督职能的具体体现。检察机关提起的公益诉讼是公诉的一种，是公诉职能在公益诉讼领域的体现。2017年民事诉讼法和行政诉讼法赋予检察机关提起公益诉讼的权力，只是进一步彰显了检察机关的公益代表属性，充实了法律监督职能的内容。

检察机关代表公益提起公诉是世界各国的通例。但细究起来，我国检察机关提起的公诉有两个特点：一是检察机关在国家机构中是单独设置的，独立于政府和法院，因而可以对政府提起公诉，而大多数西方国家的检察机关隶属于政府，可以代表政府提起公诉而不可能对政府提起公诉。二是检察机关作为法律监督机关除了通过提起公诉发挥制约和监督作用外，还可以在诉前和诉中对审判权和行政权进行制约和监督，如提出检察建议、纠正违法、抗诉等。这是中国特色社会主义检察制度的特有内容。正如刘艺教授所言："由检察机关提起公益诉讼，即借助法律监督机关将传统行政领域的公益保护手段延展到司法领域，通过司法程序实现保护公益的目的。将我国公益诉讼制度与客观诉讼机制结合起来，又开创了一种包含公益司法保护内涵的法律监督方式。检察机关提起公益诉讼并非只是行使诉权，更是履行由法律明确授予的职责；而且这项公益诉权的基础并非像有学者提到的作为救济权的请求权，也并非源自因公益国家所有或者独占属性而产生的权利所有人救济权，而是与法律监督权有紧密

关联、具有独立意义的公益诉权。"① 有的学者习惯于用私诉、自诉和普通公益诉讼的观念来看待检察公益诉讼,难以理解检察公益诉讼的公诉与监督的双重功能、双重属性,认为监督会打破所谓的诉讼结构平衡,因而与公诉不可兼得。其实,公益代表是检察机关作为国家机关的天然资格,也是检察机关提起公诉的通例,与其在刑事诉讼中提起公诉一样,公诉既有追诉犯罪的功能又有监督违法犯罪行为包括审判行为的功能。这恰恰是通过检察机关的公诉来替代自诉或者私诉,更加有效地追诉违法犯罪,保障司法公正的需要。西方国家检察机关的职能是公诉主导型的,监督往往隐含在公诉职能之中或者作为公诉职能的延伸(如监督刑罚执行)。② 与此不同,我国检察机关的职能是法律监督主导型的,公诉职能从属于法律监督,是法律监督的实现方式之一。公益代表与法律监督的结合决定了中国特色社会主义检察制度的性质和内容,也构成了我国诉讼制度和司法制度的中国特色和社会主义的重要内容。

(二)法律监督与公益代表的结合决定了我国检察公益诉讼制度的基本走向

2014年党的十八届四中全会通过的《中共中央关于全面推进依法治国若干重大问题的决定》提出:"探索建立检察机关提起公益诉讼制度。"习近平总书记在党的十八届四中全会上强调,由检察机关提起公益诉讼,有利于优化司法职权配置、完善行政诉讼制度,也有利于推进法治政府建设。2015年5月,习近平总书记主持中央全面深化改革领导小组第十二次会议,会议强调党的十八届四中全会提出探索建立检察机关提起公益诉讼制度,目的是充分发挥检察机关法律监督职能作用,促进依法行政、严格执法,维护宪法法律权威,维护社会公平正义,维护国家和社会公共利益。这些部署和论述阐明了建立检察公益诉讼制度的目的和意义,也确定了中国特色社会主义检察公益诉讼制度的基本走向。③

检察公益诉讼制度的建立是一项重大改革任务,也是检察机关维护国家利益和社会公共利益的重大举措。我们必须从党和国家工作大局出发来研究、设计和完善检察公益诉讼制度,使之体现社会主义政治制度、司法制度和诉讼制度的中国特色,而不能简单地套用民事诉讼和行政诉讼制度,更不能从部门主

---

① 刘艺:《检察公益诉讼败诉案件中的客观诉讼法理》,载《行政法学研究》2020年第6期。
② 虽然在法国,检察官作为公共利益的代言人,不仅在诉讼领域担任法律守护者的角色,也在行政管理领域忠实履行监督者的职责。参见施鹏鹏:《法国检察监督:公共利益最后屏障》,载《检察日报》2014年10月14日。
③ 参见曹建明:《深入学习贯彻习近平总书记重要指示精神,发展完善中国特色社会主义公益司法保护制度》,载《学习时报》2017年9月29日。

义出发来设计或者影响公益诉讼制度。行政公益诉讼实质上是司法权对行政权的制约和监督。① 检察机关提起公益诉讼是在民事诉讼法、行政诉讼法中镶嵌的一种特殊的诉讼制度,是检察机关行使法律监督权的新方式。"《行政诉讼法》第 25 条第 4 款规定的行政公益诉讼被告为'负有监督管理职责的行政机关',这与《行政诉讼法》第 26 条规定的'作出行政行为的行政机关'的被告资格有所不同。从理论上讲,行政公益诉讼的被告范围比普通行政诉讼的被告范围更宽泛。"② 这种制度设计恰恰反映了检察机关作为国家的法律监督机关提起公益诉讼的特点,即通过行政公诉实现对行政权的监督。在民事公益诉讼中,"法律规定的机关和有关组织"提起的公益诉讼与检察机关提起的民事公诉,在诉权的性质、内容和行使方式及其效力等方面都是不同的。中国特色社会主义检察公益诉讼制度的基本特点是,提起公益诉讼的检察机关既是代表公益和维护公益的公诉机关又是法律监督机关。其他机关和有关组织提起的公益诉讼既不能称为公诉,也不具有法律监督的性质和功能。法律监督与公益代表的结合决定了我国检察公益诉讼制度的形态和特色。

(三)法律监督与公益代表的结合凸显了检察公益诉讼的客观诉讼性质

公益诉讼制度虽然可以追溯到古罗马法,但是它作为现代诉讼制度直到 20 世纪才建立和发展起来。相比自诉制度,公益诉讼具有三个特点:一是起诉人代表公益并以维护公益为诉讼的目的,与案件没有直接利害关系。二是被告的不法行为侵害了国家利益和社会公共利益,公益诉讼本身具有较强的社会性和公共性,甚至影响相关政策的走向。三是在诉讼请求中不仅具有停止侵害、损害赔偿等内容,而且可以具有惩罚性赔偿、预防侵害的内容,体现了公益诉讼不仅具有定分止争的功能,而且具有突出的一般预防功能。

在西方国家,公益诉讼有检察官提起的公诉与"私人检察官"③ 提起的公益诉讼之分。如在美国,法律允许公众或者非政府组织作为私人检察官提起公益诉讼,在这种公益诉讼中,公众或非政府组织被假定为政府执行机关的角色。④ 私人检察官提起的公益诉讼有两个特点:第一,私人检察官提起的公益诉讼是社会组织和个人的权利并不是法定义务。而检察官提起的公诉既是检察机关的权力,又是国家机关的职责。第二,私人检察官提起的公益诉讼,承担

---

① 参见曹建明:《深入学习贯彻习近平总书记重要指示精神,发展完善中国特色社会主义公益司法保护制度》,载《学习时报》2017 年 9 月 29 日。
② 刘艺:《检察公益败诉案件中的客观诉讼法理》,载《行政法学研究》2020 年第 6 期。
③ 参见刘艺:《美国私人检察诉讼演变及其对我国的启示》,载《行政法学研究》2017 年第 5 期。
④ 参见郑少华:《试论美国环境法中非政府组织的法律地位》,载《法学评论》2005 年第 3 期。

责任的主体可以是国家、社会组织或者企业。私人检察官制度表明，公民和社会组织可以提起公益诉讼以维护国家利益和社会公共利益，但是这是一种权利而不是义务。

法国法学家莱昂·狄骥将行政诉讼分为主观诉讼与客观诉讼两种类型。所谓主观诉讼，是指以保护起诉人个人的权利和利益为目的的诉讼；而客观诉讼则是指以维护客观的法律秩序和保障执法活动的合法性而与起诉人个人的权利和利益无关的诉讼。① 主观诉讼的经典结构是"谁依据何种法律规范得向谁主张何种权利"②；客观诉讼的经典结构是"公益代表依据法律向损害公益者主张保护公益"。按照客观诉讼理论，我国的检察公益诉讼包括民事公诉和行政公诉，都符合客观诉讼的特征。

检察公益诉讼具有突出的客观诉讼属性。它不仅是国家公诉机关提起的公诉，而且具有对行政权进行监督的功能和性质。然而，由于认识上和立法上的局限，我国的公益诉讼制度借居于民事诉讼和行政诉讼之中，而现行的民事诉讼制度和行政诉讼制度都是以保护私益为出发点而形成的主观诉讼制度，难以系统地体现公益诉讼的特点及其在程序上的要求。正如刘艺教授所言，"除了起诉条件的特殊性、起诉期限、审理期限未明确之外，现有诉讼类型主要以主观权利保护为目的，而不以维护客观秩序的权威和统一为目的，致使检察机关提起诉讼只能以确认违法判决为主，很难实现制度意义"③。公益诉权实质上有两种类型，一种是普通公益诉权，追求的只是公益的恢复和维护；另一种是检察公益诉权，追求的不仅是公益的恢复和维护，而且要监督保障公权力的依法运行。公益法律争议是公益诉权构造的重要基点。在此基点上构建的公益诉讼程序应该充分反映解决两种类型的公益法律争议的不同需要和特点。因此，有必要探索出一条公益诉讼程序发展的道路。在这个意义上说，要建立健全我国的公益诉讼制度，必须通过专门立法构建独立于民事诉讼法和行政诉讼法之外的"公益诉讼法"。这是中国特色社会主义公益诉讼制度的独特性和先进性的要求和表现。

三、检察机关在公益诉讼中的主体地位

检察机关在公益诉讼中的地位既是通过一系列权利和义务、权力和责任的

---

① 参见马立群：《主观诉讼与客观诉讼辨析——以法国、日本行政诉讼为中心的考察》，载《中山大学法律评论》2010年第2期。

② 参见王泽鉴：《法律思维与民法实例——请求权基础理论体系》，中国政法大学出版社2001年版，第50页。

③ 刘艺：《检察公益诉讼败诉案件中的客观诉讼法原理》，载《行政法学研究》2020年第6期。

设置来体现的,也是通过一些概念来反映的。"民事公益诉讼""行政公益诉讼""公益诉讼起诉人""上诉"等都是有关司法解释创造来规定检察公益诉讼制度的重要概念。它们直接关系到或者设定了检察机关在公益诉讼中的主体地位。因此,我们不妨通过对这些概念的辨析来研究检察机关在公益诉讼中的主体地位。

(一)"民事公益诉讼""行政公益诉讼"还是"民事公诉""行政公诉"

2018年最高法、最高检《关于检察公益诉讼案件适用法律若干问题的解释》主要是由"民事公益诉讼"和"行政公益诉讼"两个部分构成的,但是,其中规定的内容都是检察机关提起公益诉讼的程序问题,并不涉及其他"法律规定的机关和有关组织"提起公益诉讼的程序问题。这显然是有意回避或者模糊检察机关与公民、法人和其他组织提起公益诉讼的差别。

检察机关具有公益代表和法律监督双重身份,检察机关作为国家公诉机关提起的诉讼都属于公诉的范畴,包括刑事公诉、民事公诉和行政公诉。该司法解释不采用"民事公诉"和"行政公诉"概念,从内容上看,它导致了检察机关的法律监督角色和职责的缺失,降低了检察机关在公益诉讼中应有的诉讼地位。从立法技术上看,它导致了检察公益诉讼与普通公益诉讼的混同,不利于发挥检察机关的法律监督作用。从司法实践看,它导致了检察公益诉讼受制于被告、其他公益诉讼主体和审判机关以及调查取证、鉴定等主客观条件,难以提起诉讼,更难以胜诉。如果确认检察机关提起公益诉讼分别为民事公诉和行政公诉,那么检察机关的取证能力和起诉能力都会得到加强,办案的数量、质量和效果都会有效提升。

(二)"公益诉讼起诉人"还是"公诉人"

2014年党的十八届四中全会决定和2015年全国人民代表大会常务委员会《关于授权最高人民检察院在部分地区开展公益诉讼试点工作的决定》(以下简称《试点决定》)都有人民检察院"提起公益诉讼"的概念。然而,2017年的全国人民代表大会常务委员会《关于修改〈中华人民共和国民事诉讼法〉和〈中华人民共和国行政诉讼法〉的决定》中使用的是"提起诉讼"概念,而没有继续采用"提起公益诉讼"概念。这实际上是沿用了民事诉讼法和行政诉讼法的表述惯例,把"公益诉讼"并入"诉讼"以统一表述。这虽然不准确,但有其合理性。但2018年的最高法、最高检《关于检察公益诉讼案件适用法律若干问题的解释》不仅延用了"提起公益诉讼"概念,而且还明确规定"人民检察院以公益诉讼起诉人身份提起公益诉讼"。该司法解释不采用现行法律上的标准表述而在《试点决定》中的旧概念"公益诉讼人"的基础上创造出一个新概念"公益诉讼起诉人",既没有反映民事诉讼法和行政诉讼法的表述惯例,也没有反映检察机关与其他主体提起公益诉讼的差别。现成的"公诉人"概念弃而不用,采用指代不明确的"公益诉讼起诉人"概念,这显然是否定人民检察院提起"公益诉讼"的特殊性,刻意将检察机关的诉讼地位向原告身份挤压。

我们不妨先观察一下刑事诉讼法的有关规定。第114条规定:"对于自诉案件,被害人有权向人民法院直接起诉。被害人死亡或者丧失行为能力的,被害人的法定代理人、近亲属有权向人民法院起诉。人民法院应当依法受理。"第169条规定:"凡需要提起公诉的案件,一律由人民检察院审查决定。"可以看出,当事人的权利是"向人民法院起诉",而人民检察院的权力是"提起公诉",而且在刑事诉讼法中使用了十几处均无错位的表述,从来没有用"人民检察院向人民法院起诉"或者"人民检察院提起诉讼"来指代"人民检察院提起公诉"。这说明刑事诉讼法在用词上是比较严谨的,当事人只能"起诉",人民检察院则为"提起公诉"。

民事诉讼法和行政诉讼法都规定,公民、法人或者其他组织可以向人民法院提起诉讼。从公益诉讼的角度看,有权对损害公益的行为提起民事公益诉讼的有"法律规定的机关和有关组织",包括人民检察院①;而且,有权对损害公益的行政行为提起行政公益诉讼的只有检察机关。在民事诉讼法和行政诉讼法中,在适用"提起诉讼"概念上,对私诉和公诉未加区分,对原告和公益诉讼起诉人也没有区别对待。这是立法处于起步阶段的局限。如前所述,公益诉权的内容与普通诉权的内容是不同的。私诉与公诉以及原告、公益诉讼起诉人与公诉人在诉讼权利义务的设置和程序安排上都是不同的。主体身份的模糊至少是立法不精细、用词不严谨和逻辑不清晰的表现。

检察公益诉讼包括民事公诉和行政公诉,是公益诉讼的特殊形态。刑事诉讼的起诉有公诉与自诉之分,民事诉讼和行政诉讼的起诉有私诉、普通公益诉讼和检察公益诉讼之别。自诉和私诉都是基于个体利益而提起的诉讼,是保护私权的法律手段;普通公益诉讼和检察公益诉讼都是基于国家利益和公共利益

---

① 2012年8月31日第十一届全国人民代表大会常务委员会第二十八次会议通过的《关于修改〈中华人民共和国民事诉讼法〉的决定》第9条规定:"增加一条,作为第五十五条:'对污染环境、侵害众多消费者合法权益等损害社会公共利益的行为,法律规定的机关和有关组织可以向人民法院提起诉讼。'"当时,许多人以为"法律规定的机关"包括检察机关,但是,权威人士解读说,这不包括检察机关。直到2017年6月27日第十二届全国人民代表大会常务委员会第二十八次会议通过《全国人民代表大会常务委员会关于修改〈中华人民共和国民事诉讼法〉和〈中华人民共和国行政诉讼法〉的决定》,才明确规定人民检察院有权提起公益诉讼。至此,"法律规定的机关"当然包括检察机关。

而提起诉讼，是维护公益的法律手段；检察公益诉讼与普通公益诉讼的相比，不仅以国家机关身份代表和维护公益，而且负有监督公权力运行的责任。从三大诉讼的角度来说，在刑事诉讼中，实行公诉为主、自诉为补充，甚至在某些国家里实行公诉垄断；在民事诉讼和行政诉讼中，则实行私诉为主，公益诉讼和公诉为补充，甚至公诉缺位。这是因为在民事法律关系和私诉中，法律更强调当事人意思自治。普通公益诉讼是一种介于私诉与公诉之间的诉讼，具有客观诉讼的性质；而检察公益诉讼则是典型的客观诉讼，而且以国家法律监督机关的身份提起诉讼并对诉讼进行法律监督[1]，具有更加突出的客观诉讼性质和公法特点。因此，检察公益诉讼是一种特殊形态的公益诉讼即公诉。首先，检察机关与公益诉讼案件没有利害关系，不是原告。[2] 因此，在公益诉讼中，检察机关不能以原告身份提起和参与诉讼。其次，检察机关是公诉机关和法律监督机关，而不是普通的起诉人。"检察机关天生与'公诉'有密不可分的关系。从世界范围看，没有哪个国家的检察机关不具有公诉职能，也没有哪个国家的公诉职能不是由检察官去行使。"[3] 检察机关提起的公益诉讼应当分别称为民事公诉、行政公诉。这是检察机关作为公益代表和法律监督机关的内在要求，也是公益诉讼规律的必然反映。以民事公诉和行政公诉替代民事公益诉讼和行政公益诉讼，突出公诉特色，是因为"公诉权包括审判请求权、私诉替代性权力、公益代表性权力和审判范围限制性权力"[4]。这对检察机关在公益诉讼中的起诉权和监督权的完善具有基础性理论意义。

公诉人是检察机关代表公益起诉的特定身份。从理论上说，公益诉讼可以是任何组织和个人依法对侵害国家利益或者社会公共利益的行为向法院提起的诉讼。[5] 根据我国民事诉讼法，公益诉讼起诉人有法律规定的机关和有关组织。人民检察院是国家的法律监督机关，而且是以代表国家利益和社会公共利

---

[1] 2012年8月31日第十一届全国人民代表大会常务委员会第二十八次会议通过的《关于修改〈中华人民共和国民事诉讼法〉的决定》第2条规定："将第十四条修改为：'人民检察院有权对民事诉讼实行法律监督。'"现行《行政诉讼法》第11条也规定："人民检察院有权对行政诉讼实行法律监督。"这表明，检察机关对民事诉讼和行政诉讼，包括民事公益诉讼和行政公益诉讼，都有法律监督权。

[2] 参见《民事诉讼法》第119条第1款规定："原告是与本案有直接利害关系的公民、法人和其他组织"。《行政诉讼法》第25条规定："行政行为的相对人以及其他与行政行为有利害关系的公民、法人或者其他组织，有权提起诉讼。"

[3] 参见韩流：《被害人当事人地位的根据与限度——公诉程序中被害人诉权问题研究》，北京大学出版社2010年版，第102页。

[4] 周长军：《公诉权的概念新释与权能分析》，载《烟台大学学报（哲学社会科学版）》2016年第6期。

[5] 参见韩志红、阮大强：《新型诉讼——经济公益诉讼的理论与实践》，法律出版社1999年版，序。

益提起诉讼为职责的公诉机关。刑事诉讼中的"公诉人"身份比较好地体现了检察机关的这种诉讼主体和法律监督双重角色和地位,在检察公益诉讼制度中应当采用同样的概念和立场。

检察机关是国家的公诉机关。公诉人是检察机关和检察官在世界各国的共同身份,也是其在各种诉讼中的共同身份。从检察制度的历史发展来看,在西方封建社会的后期,英、法、俄等国的检察官是效力于皇室的国王代理人。那时在检察官身上我们仍然可以或多或少地看到他们服务于公益的影子。英国的检察官有着双重身份:国王代理人和普通律师。法国的检察官承担着代表国家保障一般公益,并有对于寡妇孤儿予以特别保护的责任。当封建专制时代结束,步入民主宪政时代之后,随着主权在民思想的传播和广泛接受,检察官的公益代表的身份日益彰显。[①] 现代国家普遍地将检察官定义为"公诉人",检察官除了在刑事诉讼中代表国家利益和社会公共利益实行公诉以外,法律还赋予检察官在民事诉讼和行政诉讼中代表国家利益和社会公共利益实行公诉包括提起诉讼或支持起诉,使其参与法律的执行,担负维护国家利益和社会公共利益的职能。

(三)"上诉"还是"抗诉"

上诉是当事人的权利,抗诉是检察机关的权力。这些在我国的刑事诉讼、民事诉讼和行政诉讼中都是十分明确的概念。然而,在2018年最高法、最高检《关于检察公益诉讼案件适用法律若干问题的解释》中,这两个概念的区别消失了,检察机关和当事人一样享有"上诉"的权利。为什么会出现这种规定呢?实质上,这是检察理论准备不足,民事公诉理论和行政公诉理论基础薄弱乃至匮乏的必然结果。

早在2015年学术界关于检察机关在公益诉讼中的主体地位就有三种主张:一是公诉人说,多为检察人员所持有[②];二是公益代表人说,多为学者所持有;三是原告人说,多为审判人员所持有。[③] 公益代表人说不能把检察机关与其他诉讼主体区分开来,忽视了检察机关的法律监督属性。原告人说不能把检察机关与原告区分开来,不符合现行的民事诉讼法和行政诉讼法中的原告概

[①] 参见温辉:《检察官:从国王代理人到公共利益代表》,《广西大学学报(哲学社会科学版)》2007年第3期。

[②] 胡卫列、田凯:《检察机关提起行政公益诉讼试点情况研究》,载《行政法学研究》2017年第2期。该文认为,检察机关在行政公益诉讼的称谓,叫"行政公诉人"更合适,启动二审叫"抗诉"也更为合适。

[③] 参见姜涛:《检察机关提起行政公益诉讼制度:一个中国问题的思考》,载《政法论坛》2015年第6期。

念，也违背公益诉讼的宗旨。显然，公益代表人说和原告人说都是错误的理论观点，只有公诉人说是合理的，也是合法的。

为什么有些学者和审判人员反对公诉人说呢？代表性的理由是："如果采取公诉人学说，检察机关实际上处于与行使审判权的法院平等的法律地位，这就必然使公益诉讼的诉讼结构难以继续保持行政诉讼结构应有的平衡对称状况。在我国目前仍将检察机关定位于国家法律监督者的状况下，如果赋予检察机关提起行政公益诉讼的权利，必然导致由此而提起的公益诉讼的诉讼结构，因检察机关所具有的原告与法律监督者的双重身份，而背离行政诉讼结构的正常规律，从而呈现出严重失衡的状态。"[1] 这一理由的实质是，如果确认检察机关的公益代表和法律监督双重身份，那就会打破行政诉讼和民事诉讼结构的平衡。这种所谓的平衡实际上就是原告与被告平等对抗而审判机关居其上或者其中来裁判。在普通的民事诉讼和行政诉讼中，这是一般诉讼模式，但是，公益诉讼超越了私益，也超越了这种一般诉讼模式，必须在程序设置和诉讼主体权利义务配置上作出不同的安排，从而形成一种特殊的公益诉讼模式。因此，打破一般诉讼模式，进入公益诉讼模式是必然的选择。相反，坚持用一般诉讼模式来处理公益诉讼案件，那才是违背公益诉讼规律的、故步自封的、狭隘的观点。同时，正如在刑事诉讼中一样，检察监督只是一种保障机制，而不会打破诉讼结构平衡。人们对法国检察官的监督权从来没有什么非议。实际上，"依《司法组织法典》及《刑事诉讼法典》（1958年）的相关规定，法国检察机关享有极为广泛的监督权，既包括诉讼内监督，也包括诉讼外监督，被法国学术界誉为'公共利益的最后屏障'"[2]。

在检察公益诉讼的有关司法解释中，将检察机关的"抗诉"权力改为"上诉"权利是错误的，是"原告人说"的延伸和应用。我们应当正本清源，恢复检察机关在民事公诉和行政公诉中的公诉人身份和抗诉权力，从而保障检察机关有效地发挥保护公益，监督违法行为的法律监督职能。

（原载于《国家检察官学院学报》2021年第1期）

---

[1] 杨秀清：《我国检察机关提起公益诉讼的正当性质疑》，载《南京师大学报》（社会科学版）2006年第6期。

[2] 参见施鹏鹏：《法国检察监督：公共利益最后屏障》，载《检察日报》2014年10月14日。

公益诉讼检察在实务与理论深度融合中的新发展

胡卫列[*]　孙森森[**]

公益诉讼检察是一项全新的司法制度，也是一项成长性很强的检察职能。自 2017 年全面建立以来，公益诉讼检察实践发展迅速，推动了公益诉讼检察理论研究的发展，各项相关配套制度也随之逐步建立。2021 年是公益诉讼检察快速发展的一年，在实践探索、制度建设和理论研究方面均取得了长足发展。

一、公益诉讼检察理论与实务研究基本概况

公益诉讼检察实践探索为理论研究提供了丰富素材，促进了理论发展；理论研究积极回应实践中的新问题，为实践发展提供了指引。公益诉讼检察实践探索形成的经验和理论研究达成的共识又为制度构建提供了坚实基础。总体上看，公益诉讼检察实践探索、理论研究和制度建设紧密结合，相互促进，共同推动了公益诉讼检察的健康发展。

（一）公益诉讼检察实践新发展

公益诉讼检察实践探索的新发展主要体现在三个方面：一是办案数量持续上升，保持稳定规模。检察公益诉讼全面实施以来，全国检察机关 2018 年全年立案 11.3 万件，2019 年全年立案 12.7 万件，2020 年全年立案 15.1 万件。2021 年的 1 月至 11 月立案 15.2 万件，同比增加 1.3 万件。二是办案领域和范围不断拓展。随着相关法律制定和修改，检察公益诉讼法定办案领域已经由 4 个增至 9 个。在扎实办好法定领域案件的同时，全国检察机关按照党的十九届四中全会拓展公益诉讼案件范围的要求和"积极、稳妥"的原则开展了一些新领域的探索，包括无障碍环境建设、妇女和残疾人权益保护、反不正当竞

---

[*] 最高人民检察院检察委员会委员、第八检察厅厅长，中国法学会检察学研究会公益诉讼检察专委员会常务副主任。

[**] 最高人民检察院第八检察厅检察官助理。

争、知识产权等,都取得了良好效果。三是案件结构稳中有变。从2021年1月至11月数据分析来看,案件结构整体上保持稳定的同时,也有一些变化。案件类型方面,行政公益诉讼占比88%,仍旧是办案的主要类型,但同比下降2个百分点。与此同时,民事公益诉讼占比有所上升。案件领域方面,生态环境和自然资源领域是办案的主要领域,占比52%,但同比下降3个百分点;新领域案件同比上升8个百分点,是检察公益诉讼办案的重要增长点。案件起诉方面,民事公益诉讼案件占比91%,是起诉案件的主体,民事公益诉讼起诉案件中刑事附带民事公益诉讼起诉案件占比85.7%,同比下降2.7个百分点。四是办案质效和规范化的注重和加强。2021年全国检察机关开展了"为民办实事、破解老大难"公益诉讼质量提升年专项活动,公益诉讼办案质量不断提升。最高检和省级检察院通过加大自办案件力度,办理了一批重大典型案件,发挥案件办理对下指导和引领示范作用,推动了公益损害问题的解决和案件办理的规范化建设。

(二)公益诉讼检察制度建设新发展

2021年是公益诉讼检察制度规范建设的重要年份,制度规范方面得到充实和加强。一是法律方面。2021年通过的军人地位和权益保障法、安全生产法和个人信息保护法都增设了关于公益诉讼的条款。值得注意的是,前两部法律采用了一个新的立法表述,针对损害公共利益的行为主体,可以根据民事诉讼法和行政诉讼法相关规定提起公益诉讼。易言之,在法律条文中一并解决了提起民事公益诉讼及行政公益诉讼的法律依据和相关适用程序问题。《个人信息保护法》第70条规定个人信息保护公益诉讼的诉讼主体,首次将检察机关放在了消费者组织和有关组织之前。有观点认为,该条规定中公益诉讼诉权顺位是检察机关—消费者组织—有关组织,不同于《民事诉讼法》第58条的规定。[①] 二是司法解释方面。配合民法典实施,2020年底修订的最高法、最高检《关于检察公益诉讼案件适用法律若干问题的解释》于2021年初施行,为检察公益诉讼工作贯彻民法典提供了制度保障。最高检颁布了《人民检察院公益诉讼办案规则》,检察公益诉讼在办案流程机制构建和规范方面迈出了一大步。此外,2021年最高检还发布了以公益诉讼检察工作为主题的第二十九批指导性案例,为相关案件办理提供了重要指引。三是地方性法规方面。2022年又有2个省级人大常委会就检察公益诉讼出台专项决定,截至目前已有26个省级人大常委会就检察公益诉讼出台专项决定,其中23个是专门关于公益

---

① 参见张陈果:《个人信息保护救济机制的比较法分析与解释论展开》,载《苏州大学学报(法学版)》2021年第4期。

诉讼的专项决定，3个是加强检察机关法律监督的决定中包含对检察公益诉讼的规定。这些地方性法规为检察工作实践提供了重要规范依据和指引。

（三）公益诉讼检察理论研究新发展

公益诉讼检察理论研究进一步丰富和深化，总体上呈现出三个方面的特点：一是公益诉讼检察理论研究和实践探索高度融合。公益诉讼检察实践探索中的问题和需求在理论研究之中得到了回应。如关于惩罚性赔偿在检察公益诉讼中的适用，行政公益诉讼中不履行法定职责的认定等难点问题，均成为公益诉讼检察理论研究重点问题。二是公益诉讼检察理论研究主题丰富多元。不仅有基础理论问题，还涉及相关制度建设问题，以及具体法律条文的理解适用问题，覆盖到了公益诉讼检察实践探索的主要领域。三是公益诉讼检察理论研究更加细化和深入。随着检察公益诉讼制度的正式确立，研究主题由检察公益诉讼制度建立的必要性和正当性，转向了检察公益诉讼实践如何开展，相关制度如何构建。尤其关注公益诉讼检察实践中出现的新问题、新现象以及相关制度完善问题。

二、公益诉讼检察理论与实务研究若干重点问题梳理

2021年公益诉讼检察在实践探索、制度建设、理论研究方面都有新发展，限于篇幅，本文主要针对其中的重点问题进行盘点。

（一）公益诉讼检察基础理论

公益诉讼检察基础理论研究在推动公益诉讼检察发展方面发挥着重要的支撑作用，一是检察公益诉权建构。有论者认为传统行政诉讼朝着主观诉讼方向发展的诉权理论已经从诉权实体化、私法化和主观化角度束缚了检察公益诉权的合理建构。为了推动检察公益诉讼制度的深化发展，应当厘清公益诉权的构成要素，从主体、权责以及受案范围等维度夯实公益诉权基础。还应强化公益诉权的正当性，突出其客观诉权性质，并在现代实质诉讼法的立场上加强公益诉权建设。① 还有论者对行政机关的环境民事公益诉权进行了探讨。② 二是检察机关在公益诉讼中的地位。有论者认为，检察机关是代表国家维护公益的法律监督机关，具有法律监督和公益代表的双重属性、双重角色和双重责任。公益代表是其作为国家机关的基本属性和底色，法律监督是其本质属性和特色。

---

① 参见刘艺：《检察公益诉讼的诉权迷思与理论重构》，载《当代法学》2021年第4期。
② 参见肖峰：《论我国行政机关环境公益诉权配置的困境与优化》，载《中国行政管理》2021年第3期。

检察公益诉讼的客观诉讼性质,包括民事公诉和行政公诉,是公益诉讼的特殊形态。① 三是公益诉讼立法。有论者认为,我国公益诉讼法律规定不足,需要法律层面的专门立法加以补充完善。相关立法在内容上应加强与管制法的内在关联,协调与管制执法的顺位关系,理顺检察机关诉讼与社会组织诉讼、检察行政公益诉讼与检察民事公益诉讼的关系,强化公众参与,进行类型化构建。在模式上应构建"综合法+单行法"体系,遵循先具体、后一般的立法顺序。②

公益诉讼检察基础理论研究还涉及支持起诉③、公益诉讼制度体系化④、环境公益诉讼中环境权的实现⑤等议题。

（二）行政公益诉讼相关问题

行政公益诉讼是检察公益诉讼的核心,也一直是检察公益诉讼研究的重点内容。2021年有关行政公益诉讼议题涉及多个方面。

关于行政公益诉讼类型化。有论者认为,行政公益诉讼存在两个目标：一是恢复被侵害的国家利益或社会公共利益；二是维护客观法秩序。因此存在两种诉讼构造：一种是围绕权利或者利益主张及公法争议展开（主观公益诉讼）；另一种是以行政机关行使权力或不作为的合法性争议为中心展开（客观公益诉讼）。从检察机关的法律监督职能和我国特有的整体运作模式看,建构客观公益诉讼应成为行政公益诉讼的主要发展方向,诉讼目标是维护客观法秩序,保护秩序公益。⑥

行政公益诉讼是一种典型的督促履职之诉,对行政机关不履行法定职责认定贯穿于诉前程序和诉讼程序,也是争议最大的问题之一。主要分歧体现在认定标准上。有论者认为应采用"行为标准","依法履职"的基本含义是行政机关依照法律规定履行职责,基于行政诉讼法确立的合法性审查原则,公益是否受到侵害并不必然影响对行为合法性的审查,公益损害的结果问题不是审查范围。⑦ 有论者则认为需要综合考量,对危险防止型环境行政不作为案件的司

---

① 参见谢鹏程：《论法律监督与公益代表——兼论检察机关在公益诉讼中的主体地位》,载《国家检察官学院学报》2021年第1期。
② 参见巩固：《公益诉讼的属性及立法完善》,载《国家检察官学院学报》2021年第6期。
③ 参见汤维建、王德良：《论公益诉讼中的支持起诉》,载《理论探索》2021年第2期。
④ 参见颜运秋：《中国特色公益诉讼制度体系化构建》,载《甘肃社会科学》2021年第3期。
⑤ 参见陈学敏：《环境公益诉讼视域下环境权的属性及其实现》,载《兰州学刊》2021年第7期。
⑥ 参见薛刚凌：《行政公益诉讼类型化发展研究——以主观诉讼和客观诉讼的划分为视角》,载《国家检察官学院学报》2021年第2期。
⑦ 参见李瑰华：《行政公益诉讼中行政机关"依法履职"的认定》,载《行政法学研究》2021年第5期。

法审查标准,需要考量主体要素、主观要素、行为要素与因果关系要素等。① 还有论者认为,应针对不同类型确立不同标准:针对怠于或违法履行监管职责的,应采用行政行为是否合法的单一标准;针对不完全履行履行监管职责的,应采用行为标准和结果标准相结合的复合性标准,并且在此基础上区分行为和结果的权重;当行政机关履行监管职责,但仍存在侵害结果的,应在复合性标准的基础上,综合考虑履行行为的勤勉和充分程度,考量行为规律和客观不能的合理性。② 2021年最高检发布的第112号指导性案例"江苏省睢宁县人民检察院督促处置危险废物行政公益诉讼案"明确了刑事附带民事公益诉讼案件中,公安机关调查取证完成后,犯罪嫌疑人无力处置污染物,行政机关又不履行代处置义务的,属于不依法履行法定职责,检察机关应当督促其依法履职。

关于行政公益诉讼管辖,有论者认为,行政公益诉讼的管辖图景出现行政机关、检察机关、法院管辖区域"两分离""三分离"以及"更加复杂分离"等异常复杂情况。现行行政公益诉讼管辖制度已经探索出多类型集中管辖、单类型集中管辖、跨区划公益诉讼案件"多类型"管辖等多种管辖模式。当前行政公益诉讼管辖改革应遵循司法权属中央事权原则,跨区划管辖原则,兼顾经济、效率与合理原则以及法检审级区划基本协调原则,并在"定""提""集""补"四个方面推进改革步伐与统筹具体方略。③

关于行政公益诉讼是否有起诉期限、如何确定起诉期限,存在"无期限说""普通期限说""特殊期限说"三种观点。有论者认为,基于公益诉权及时行使、法律关系及时稳定和公共利益及时保护等要求,行政公益诉讼应受起诉期限约束。应以检察机关收到行政机关回函或逾期不回函之日为起算点,推导适用现有一般起诉期限、最长起诉期限及扣除、延长等规定。④

关于证明责任,有讨论认为,行政公益诉讼仍应坚持被告证明行政行为合法性这一"谁主张、谁举证"的一般证明责任分配规则。⑤ 也有论者认为,环境行政公益诉讼作为行政诉讼的重要组成部分,其举证责任分配方式不便重

---

① 参见李清宇:《危险防止型环境行政不作为的审查标准研究》,载《法律适用》2021年第9期。
② 参见胡婧:《行政监督管理职责公益诉讼检察监督的限度分析》,载《河北法学》2021年第10期。
③ 参见刘艺:《行政公益诉讼管辖机制的实践探索与理论反思》,载《国家检察官学院学报》2021年第4期。
④ 参见张昊天:《行政公益诉讼起诉期限问题研究》,载《清华法学》2021年第3期。
⑤ 参见牛正浩、高世宁:《行政公益诉讼的证明责任与证明标准——以全国法院1610份裁判文书为分析样本》,载《人民司法》2021年第4期。

构，而应在现有行政诉讼框架下进行解构与补充。①

此外，关于行政公益诉讼的议题还涉及磋商程序②、诉前程序司法化③、检察建议援用④，以及行政公益诉讼的诉讼请求⑤、判决方式⑥、执行⑦、败诉案件分析⑧等。

（三）办案领域和范围的拓展

党的第十九届四中全会中明确提出拓展公益诉讼案件范围，检察机关一直将其作为检察公益诉讼的重点工作推进。2021年6月印发的《中共中央关于加强新时代检察机关法律监督工作的意见》也要求积极稳妥拓展公益诉讼案件范围，包括要拓展安全生产、公共卫生、妇女和残疾人权益保护、个人信息保护、文物和文化遗产保护等领域的公益诉讼案件。2021年最高检发布的第114号指导性案例"江西省上饶市人民检察院诉张某某等三人故意损毁三清山巨蟒峰民事公益诉讼案"，明确了破坏自然遗迹和风景名胜的行为，属于"破坏生态环境和资源保护"的公益诉讼案件范围，这也是关于办案领域和范围拓展的指引。

办案领域和范围的拓展一直是检察公益诉讼发展的重要引擎。随着几部法律的制定和修改，检察公益诉讼法定办案领域和范围扩大至9个，2021年增加了军人地位和权益保障、安全生产和个人信息保护3个领域。尤其是个人信息保护法增设了个人信息保护公益诉讼制度，促使该领域成为实践探索和理论研究的热点领域。以个人信息保护法出台为分界点，之前的研究主要是对个人信息保护领域引入公益诉讼制度的必要性和可行性进行探讨，以及对实践探索的介绍，之后主要是就个人信息保护检察公益诉讼相关法律条文理解适用和开展路径进行探讨。有关法律条文理解与适用方面，有观点认为，《个人信息保

---

① 参见于涵：《环境行政公益诉讼举证责任分配之反思与修构》，载《西北民族大学学报（哲学社会科学版）》2021年第5期。

② 参见杨惠嘉：《行政公益诉讼中的磋商程序研究》，载《暨南学报（哲学社会科学版）》2021年第5期。

③ 参见赵德金、张源：《行政公益诉讼诉前程序司法化改良》，载《社科纵横》2021年第5期。

④ 参见关保英：《行政公益诉讼中检察建议援用法律研究》，载《法学评论》2021年第2期。

⑤ 参见李爱年等：《检察机关提起环境民事公益诉讼之诉讼请求研究》，载《湖南大学学报（社会科学版）》2021年第5期。

⑥ 参见夏云娇、朱张丹：《环境行政公益诉讼履行判决的检视及其完善》，载《湖北社会科学》2021年第10期。

⑦ 参见樊天雪：《环境行政公益诉讼执行的困境与对策》，载《内蒙古农业大学学报（社会科学版）》2021年第4期。

⑧ 参见夏云娇：《行政公益诉讼检察机关败诉案件检视及省思》，载《河南财经政法大学学报》2021年第5期。

护法》第 70 条和 2017 年《民事诉讼法》第 55 条（现为《民事诉讼法》第 58 条）构成特别规范和一般规范的关系，应优先适用。① 提起个人信息保护公益诉讼，需要同时满足违法处理个人信息与侵害众多个人的信息权益的条件。个人信息保护公益诉讼不影响受害人提起私益诉讼维护其自身利益，个人信息保护公益诉讼的启动无须个人信息私益诉讼前置。侵权人承担个人信息保护公益诉讼的法律责任不影响其承担相应的刑事与行政法律责任。② 还有观点认为，具体适用路径可通过完善检察公益诉讼诉前、诉中程序，赋予检察机关调查取证权，适用过错推定责任原则实现举证责任倒置，采取建立检察机关与行政机关之间证据、信息共享的双向互动机制等方式将检察公益诉讼适用范围拓宽至个人信息保护领域。③

办案领域和范围的进一步拓展，还体现在对法定办案领域内涵解释的拓展上。根据《环境保护法》第 2 条的规定，自然遗迹、人文遗迹、风景名胜区也属于环境保护法的范围。将文物解释为"人文遗迹"，进而实现环境公益诉讼对文物的保护，就是这种思路的应用。不过，以环境公益诉讼保护文物的司法路径，也引发文物保护公益诉讼是否属于环境公益诉讼的争议。有论者认为，环境概念内涵上无法容纳"文物"，二者在不可移动文物和人文遗迹存在重合的地方，但文物概念内涵丰富，除了不可移动文物，可移动文物、历史文化名城（街区、村镇）和非物质文化遗产也涵盖在内。借助环境公益诉讼是因为独立的文物公益诉讼制度的缺位，但也主要是对不可移动文物的保护，并不能实现对文物资源的全方位保护，应从立法、司法两个方面完善文物公益诉讼制度。④ 同样有论者认为，环境公益诉讼制度只能保护文物的环境审美价值，无法对更为重要的文化遗产价值进行"跨界"保护，有必要建立专门的文物保护公益诉讼制度。⑤

2021 年以来，检察机关除了加大传统环境污染问题办案力度之外，对一些新类型的环境污染也开展了环境公益诉讼工作，如针对光污染问题开展的检

---

① 参见张陈果：《个人信息保护救济机制的比较法分析与解释论展开》，载《苏州大学学报（法学版）》2021 年第 4 期。
② 参见张新宝、赖成宇：《个人信息保护公益诉讼制度的理解与适用》，载《国家检察官学院学报》2021 年第 5 期。
③ 参见张龙、徐文瑶：《个人信息保护领域检察公益诉讼的适用》，载《河南财经政法大学学报》2021 年第 4 期。
④ 参见陈冬：《文物保护公益诉讼与环境公益诉讼之辨析》，载《政法论丛》2021 年第 2 期。
⑤ 参见杨朝霞：《环境公益诉讼制度的诉因检视：从解释论到立法论》，载《中国政法大学学报》2021 年第 5 期。

察公益诉讼就是其中的典型。① 这种在传统法定办案领域内办理的新类型案件，也属于办案领域和范围的拓展。

除了以上领域外，还有论者分析了劳动工时权益保障②、反垄断③、知识产权④等领域开展检察公益诉讼的正当性和必要性，并对相关工作的开展情况作了介绍。

（四）海洋生态环境公益诉讼相关问题

海洋生态环境公益诉讼是 2021 年讨论的热点，主要集中在对《海洋环境保护法》第 89 条第 2 款的理解和适用上。关于《海洋环境保护法》第 89 条第 2 款规定的原告主体资格问题，存在不同解释。有论者认为，该条规定有效排除了检察机关和其他环境社会组织提起海洋环境公益诉讼的原告主体资格。⑤ 有论者则持相反意见，认为该条并非海洋环境民事公益诉讼适格原告的特别规定，而是补充性规定。其适格原告的确定应遵循民事诉讼法、环境保护法及其司法解释中确定的一般规则。海洋环境行政监督管理部门、社会组织、检察机关均可作为适格原告。在出现海洋环境污染、生态资源破坏时，应形成海洋环境监督管理部门为主导，社会组织为补充，检察机关侧重司法监督的原告顺位。⑥

关于《海洋环境保护法》第 89 条第 2 款规定的诉讼性质问题，存在不同认识。一种观点认为，该条规定的"行使海洋环境监督管理权的部门"所提起的诉讼兼具普通诉讼和公益诉讼的双重性质。⑦ 对此，有更为细化的观点认为，海洋环境污染、生态破坏造成国家重大损失时，行政主体进行损害索赔的权源应当进行细分，行政主体作为国家所有权主体的代表和作为环境公益的代表提起损害赔偿时应该区别对待。一是对海洋水产资源或海域造成破坏给国家造成重大损失而由海洋环境监督管理权部门提起的损害赔偿，其性质为私益诉讼；二是对破坏海洋生态、海洋保护区所造成的损失，其损害的对象为海洋生

---

① 参见易小斌、徐衍：《光污染防治中的检察公益诉讼担当》，载《检察日报》2021 年 12 月 23 日，第 7 版。

② 参见纪闻：《"996"背景下劳动工时检察公益诉讼的正当基础与功能定位》，载《人民检察》2021 年第 16 期。

③ 参见张钦昱：《数字经济反垄断规制的嬗变》，载《社会科学》2021 年第 10 期。

④ 参见马一德：《知识产权检察保护制度论纲》，载《知识产权》2021 年第 8 期。

⑤ 参见杨华：《海洋环境公益诉讼原告主体论》，载《法商研究》2021 年第 3 期。

⑥ 参见张晓萍、郑鹏：《海洋环境民事公益诉讼适格原告的确定》，载《海南大学学报人文社会科学版》2021 年第 1 期。

⑦ 杨华：《海洋环境公益诉讼原告主体论》，载《法商研究》2021 年第 3 期。

态利益,损害赔偿的性质为环境公益救济。① 另一种观点则认为,该条规定在性质上属于生态环境损害赔偿制度的一部分,海洋环境公益诉讼不必专门作出规定,遵循民事诉讼法等规定即可。②

(五) 刑事附带民事公益诉讼相关问题

关于刑事附带民事公益诉讼是否需要发布诉前公告的问题,有观点认为,为了提高诉讼效率、节约司法资源,刑事附带民事公益诉讼中无须规定诉前公告程序。③ 关于审理顺序,有论者认为,应是刑事案件和公益诉讼案件并行交错而不是"先刑后民"④。有论者更进一步认为,"先民后刑"的审理顺序有助于公益的有效保护。⑤

关于刑事附带民事公益诉讼和私益诉讼的关系上,有论者认为,从实体要件、诉讼效能、程序建构方面出发,将二者合并审理有必要性和正当性,并且建议司法解释对此作出规定。⑥ 关于刑事附带民事公益诉讼的范围上,有论者认为,根据《刑事诉讼法》第 101 条之规定,应将"国家财产与集体财产"受到侵犯的情形纳入其中。⑦ 此外,还有论者专门针对检察民事公益诉讼的"刑事化"现象作出分析,认为应通过改变固有的工作思维和工作方法,降低其级别管辖标准、强化证据收集手段、明确证明标准以及附带民事公益诉讼案件范围等途径消解该问题。⑧

(六) 公益诉讼检察调查核实权

《人民检察院公益诉讼办案规则》对检察公益诉讼中调查取证的方式、程序、范围和保障等作出了较为系统的规定,与已出台的省级人大常委会有关检

---

① 参见谢玲:《海洋生态损害国家索赔与环境公益诉讼之适用冲突与协调》,载《环境保护》2021 年第 19 期。

② 参见王秀卫:《海洋生态环境损害赔偿制度立法进路研究》,载《华东政法大学学报》2021 年第 1 期。

③ 参见汤维建:《刑事附带民事公益诉讼研究》,载《上海政法学院学报(法治论丛)》2021 年第 6 期。周新:《刑事附带民事公益诉讼研究》,载《中国刑事法杂志》2021 年第 3 期。

④ 参见汤维建:《刑事附带民事公益诉讼研究》,载《上海政法学院学报(法治论丛)》2021 年第 6 期。

⑤ 参见庄玮:《刑事附带民事公益诉讼制度理论与实践问题研究》,载《中国应用法学》2021 年第 4 期。

⑥ 参见蔡虹、王瑞祺:《刑事附带民事公私益诉讼并审的程序展开》,载《海南大学学报(人文社会科学版)》2021 年第 6 期。

⑦ 参见高星阁:《论刑事附带民事公益诉讼的程序实现》,载《新疆社会科学》2021 年第 3 期。

⑧ 参见张嘉军:《论检察民事公益诉讼的"刑事化"及其消解》,载《河南财经政法大学学报》2021 年第 3 期。

察公益诉讼的决定共同为检察公益诉讼调查取证提供了规范指引。

目前，对公益诉讼检察调查核实权的研究主要集中在性质、强制性保障、运行流程等方面。关于强制性保障，有论者认为，保障行政公益诉讼中调查核实权的行使，应明确行政机关以及相关当事人法律上的配合调查义务，在例外情形下才适用强制措施。① 关于性质，有论者认为检察机关是专门的法律监督机关，决定了调查核实权应界定为有限的法律监督权。调查核实权以《人民检察院组织法》第 21 条为全部规范依据，是行政公益诉权的派生性权力，调查的范围应限于核实公益诉讼案件相关情况。② 有论者对调查核实权的启动、内容、方式、程度等运行展开了分析论证，调查核实权的启动限于诉前阶段；核实的内容应该聚焦于行为违法性判断上，而不是利益损失大小上；公益诉讼调查核实的方式无须直接强制性，调查核实权是法律监督权的自然延伸，法律监督权本身不具有直接强制性，而为之服务的调查核实权理应不得配置直接强制性方式；在不同诉讼程序的不同阶段调查核实程度不同。③ 此外，还有论者分析了检察公益诉讼中调查核实权的独特性，并对强化调查思维的必要性和实现路径作了详细论述。④

（七）惩罚性赔偿在公益诉讼中的适用

为落实 2019 年中共中央、国务院《关于深化改革加强食品安全工作的意见》关于探索建立食品安全民事公益诉讼惩罚性赔偿制度的要求，2021 年 3 月最高检与最高法、农业农村部等联合印发了《探索建立食品安全民事公益诉讼惩罚性赔偿制度座谈会会议纪要》，积极支持地方执法、司法部门稳步推进食品安全民事公益诉讼惩罚性赔偿实践探索。

惩罚性赔偿在公益诉讼中的适用，一直是研究的重点和难点问题。尽管检察公益诉讼实践中惩罚性赔偿请求已经得到大部分法院的支持，但理论上的分歧依旧很大。持肯定论者认为，私人惩罚性赔偿与公益诉讼惩罚性赔偿在功能上不同，前者在于激励消费者发现并制止违法行为，而后者在于惩罚与威慑。

---

① 参见徐涛：《论行政公益诉讼中检察机关的调查措施》，载《黑龙江政法管理干部学院学报》2021 年第 2 期。

② 参见周海源：《行政公益诉讼中检察机关调查核实权的界定》，载《安徽师范大学学报（人文社会科学版）》2021 年第 5 期。

③ 参见曹翊群、徐本鑫：《公益诉讼检察调查核实权的实践进路与规则优化》，载《浙江理工大学学报（社会科学版）》2021 年第 6 期。

④ 参见易小斌、孙森森：《检察公益诉讼办案应当强化调查思维》，载《检察日报》2021 年 8 月 12 日，第 7 版。

二者同时存在，并不会发生重复赔偿的问题，且有利于制度功能的实现。① 持反对意见者认为，在环境民事公益诉讼中适用惩罚性赔偿缺乏法律依据，且会造成重复性惩罚，惩罚性赔偿尚不适宜纳入环境民事公益诉讼之中。② 也有论者在现实与理论之间态度矛盾：一方面认为允许公益诉讼起诉人提出惩罚性赔偿请求，存在现实必要性；另一方面又认为民事实体法规定的惩罚性赔偿请求权专属于受害消费者，检察机关及省级以上消费者协会尚且缺乏向被告主张惩罚性赔偿的请求权基础。③

关于惩罚性赔偿金与刑事罚金、行政罚款能否并列适用存在不同认识：一种观点认为，当检察机关提起民事公益诉讼时，其请求的惩罚性赔偿不具有民事补偿性，而具有刑事惩罚性，应受到一事不再罚原则的限制，与罚金不能并列适用④；另一种观点则认为，检察公益诉讼中惩罚性赔偿金与刑事罚金、行政罚款可以同时存在。三者之间是否可以相互抵扣也存在分歧：持肯定意见者认为，三者都具有惩罚与威慑的功能，相互抵扣不会发生惩罚不足的问题⑤；持反对意见者则认为民事惩罚性赔偿金、刑事罚金、行政罚款三者的性质不同，相互抵扣没有法律依据。⑥

（八）检察公益诉讼与生态环境损害赔偿诉讼衔接

检察公益诉讼与其他诉讼之间的衔接问题历来是研究的重点，从理论研究和实践探索的关注度来看，主要集中在检察公益诉讼与生态环境赔偿诉讼的衔接这一议题上。二者都是为生态环境损害救济设立的制度。关于二者关系存在三种学说："顺位说""合并说""范围说"。

一是"顺位说"。关于二者的顺位关系，有两种观点：一种是生态环境损害赔偿诉讼优先于民事公益诉讼⑦；另一种则相反。前者目前是主流观点，但采取的标准存在分歧。有论者认为，应以有无实际损害结果发生为区分标准，

---

① 参见杨会新：《公益诉讼惩罚性赔偿问题研究》，载《比较法研究》2021年第4期。
② 参见王树义、龚雄艳：《环境侵权惩罚性赔偿争议问题研究》，载《河北法学》2021年第10期。
③ 参见黄忠顺、刘宏林：《论检察机关提起惩罚性赔偿消费公益诉讼的谦抑性》，载《河北法学》2021年第9期。
④ 参见王承堂：《论惩罚性赔偿与罚金的司法适用关系》，载《法学》2021年第10期。
⑤ 参见杨会新：《公益诉讼惩罚性赔偿问题研究》，载《比较法研究》2021年第4期。
⑥ 参见唐守东：《食品安全民事公益诉讼惩罚性赔偿制度的实践检视与完善路径》，载《湖南行政学院学报》2021年第3期。
⑦ 参见彭中遥：《论生态环境损害赔偿诉讼与环境公益诉讼之衔接》，载《重庆大学学报（社会科学版）》2021年第3期；吕梦醒：《生态环境损害多元救济机制之衔接研究》，载《比较法研究》2021年第1期。

环境民事公益诉讼制度应以预防性为主要功能定位,而救济性作用则由生态环境损害赔偿诉讼承担。① 有论者则认为,应从治理效果的角度,以生态损害的程度为标准,加强各个程序之间协同。②《人民检察院公益诉讼办案规则》第96条对此也作出了规定,如果社会公共利益仍然处于受损害状态,而生态环境损害赔偿权利人未启动生态环境损害赔偿程序,或者经过磋商未达成一致,赔偿权利人又不提起诉讼的,检察机关应当提起民事公益诉讼。二是"合并说"。有论者认为,在民法典明确规定生态环境损害索赔权的背景下,应对生态环境损害赔偿制度与环境公益诉讼制度进行整体结构整合,形成"生态环境损害赔偿磋商优先,生态环境损害赔偿诉讼与环境公益诉讼合并审理,检察机关提起公益诉讼作为监督和补充"的模式。③ 三是"范围说"。有论者认为,生态环境损害赔偿诉讼与环境民事公益诉讼之间高度相似,本质上是一种竞合冲突。要完全实现区分"两诉"关系的目的,应从适用范围上进行界分,从源头上避免和减少冲突现象的发生。④ 值得注意的是,有论者还对生态环境公益诉讼损害赔偿资金的管理现状和问题专门进行了实证研究,并提出了完善的路径。⑤

三、公益诉讼检察理论与实务研究展望

公益诉讼检察理论研究应围绕解决实践问题,构建中国特色公益诉讼检察制度展开。下一步需要深化研究的问题主要涉及三个方面:一是基础理论方面,包括检察权与行政权、检察机关法律监督与公益诉讼等关系问题;检察机关提起行政公益诉讼的目的、诉权、诉讼模式及类型化、与民事公益诉讼关系等;特别是诉前程序与诉讼的关系、诉前程序的独立性问题以及法治化构建等。二是实务研究方面,包括检察机关行政公益诉讼中调查取证的定位、程序保障及其对举证责任等诉讼程序规则的影响;检察机关在公益诉讼中的地位,

---

① 参见任洋:《反思与重构:行政机关在环境民事公益诉讼中的定位》,载《安徽大学学报(哲学社会科学版)》2021年第5期;李义松、刘永丽:《我国环境公益诉讼制度现状检视及路径优化》,载《南京社会科学》2021年第1期。

② 参见张翔:《关注治理效果:环境公益诉讼制度发展新动向》,载《江西社会科学》2021年第1期。

③ 参见冯汝:《生态环境损害赔偿制度与环境公益诉讼制度的关系》,载《大连理工大学学报(社会科学版)》2021年第5期。

④ 参见李树训:《生态环境损害赔偿诉讼与环境民事公益诉讼竞合的第三重解法》,载《中国地质大学学报(社会科学版)》2021年第5期。

⑤ 参见张红霞、张晶:《生态环境损害赔偿金管理的实证研究》,载《中国检察官》2021年10月(司法实务版)。

尤其是在一审、二审、再审案件中不同检察机关的诉讼地位；检察公益诉讼与其他诉讼衔接；惩罚性赔偿在公益诉讼中适用，尤其是消费民事公益诉讼中惩罚性赔偿的适用；检察公益诉讼新领域探索的规律和边界等。三是制度构建方面，包括公益诉讼立法模式，应采用单独立法模式，还是修改行政诉讼法和民事诉讼法的模式；公益诉讼立法内容及步骤；检察公益诉讼办案规范建设；检察公益诉讼跨行政区划协作机制；检察公益诉讼中检察机关与行政机关、监察机关、法院的协作配合机制等。

（原载于《检察日报》2022年1月12日，第3版）

行政公益诉讼类型化发展研究

——以主观诉讼和客观诉讼划分为视角[*]

薛刚凌^{**}

诉讼类型化是诉讼制度走向成熟的标志,也是诉讼制度完善发展的重要手段。诉讼类型由诉讼目标与诉讼构造构成。不同类型的诉讼,目标定位不同,争议性质各异,决定了当事人资格、审理对象、审查强度、裁判方式及效力以及法官权力等巨大差距,因而需要将各种诉讼要素有机整合,通过合理的诉讼构造成就诉讼目标。类型化的实质就是通过不断的诉讼形态格式化,实现当事人起诉与法院裁判的规范化运作。[①] 在行政诉讼中,类型化发展尤其重要,因为行政诉讼的争点多元,关系复杂,需要在诉讼目标上做出选择。在行政公益诉讼中,类型化问题同样重要。但由于行政公益诉讼制度设计基础分类不清,类型化意识缺位,造成实践运行的偏差。本文将从理论和实践层面对行政公益诉讼的基础分类进行探讨分析,并对行政公益诉讼的类型化发展提出基本构想。

一、行政公益诉讼类型的困惑

行政公益诉讼制度是人民检察院代表国家行使法律监督权,对行政机关的违法行为或不作为进行监督,提出检察建议及提起公益诉讼的制度。自建立至今5年多来,行政公益诉讼日益为社会认可,发挥了重要的监督作用。仅2019年,全国检察机关共立案办理行政案件119787件,进入诉前程序103076

---

* 本文系国家社科基金研究专项项目"国家治理模式改革与依法治国研究"(17VZL010)的阶段性研究成果。

** 华南师范大学政府改革与法治建设研究院院长、教授。

① 章志远:《行政诉讼类型构造研究》,法律出版社2007年版,第22页。

件，提起行政公益诉讼 568 件①，有效保护了国家利益和社会公共利益。但由于在制度设计上缺乏对主观诉讼和客观诉讼的基础分类，给实践带来许多困惑。

（一）行政公益诉讼类型的法律规定

行政公益诉讼制度的建立源于党的十八届四中全会。2014 年 10 月中共十八届四中全会决议《中共中央关于全面推进依法治国若干重大问题的决定》提出"探索建立检察机关提起公益诉讼制度"。2015 年 7 月 2 日，最高检发布了《检察机关提起公益诉讼试点方案》（以下简称《试点方案》），行政公益诉讼进入试点探索阶段。《试点方案》规定检察机关在履行职责中发现生态环境和资源保护、国有资产保护、国有土地使用权出让等领域负有监督管理职责的行政机关违法行使职权或者不作为，造成国家和社会公共利益受到侵害，公民、法人和其他社会组织没有也无法提起诉讼的，可以向人民法院提起行政公益诉讼。2015 年 12 月 16 日，最高检颁布了《检察机关提起公益诉讼试点工作实施办法》（以下简称《实施办法》），延续了《试点方案》的核心内容。行政公益诉讼设置了诉前程序和诉讼程序两个环节，诉前程序通过检察建议发挥了很好的作用。"2019 年发出的 103076 件诉前检察建议回复整改率为 87.5%，绝大多数问题在诉前得以解决，以最小司法投入获得最佳社会效果。"② 经过诉前程序仍不能实现目标的，才进入诉讼阶段。

行政公益诉讼制度的创设主要是为了保护特定领域的公共利益，以弥补行政诉讼制度的不足。行政诉讼制度赋予相对人诉权，以保护自己的合法权益，而当公共利益受到侵害时，由于相对人缺位，无法纠正违法行为，行政公益诉讼授权国家检察机关来启动监督程序。行政公益诉讼在设立初期，突出要保护国家和社会公共利益，但没有规定秩序公益与特定领域公共利益哪个更为优先，尤其是当两者不可兼得时要选择哪种公共利益。最初的行政公益诉讼制度设计没有对行政公益诉讼进行基础分类，行政公益诉讼究竟是主观诉讼还是客观诉讼，并不清晰。

2017 年 7 月 1 日，新修订的行政诉讼法生效，行政公益诉讼制度正式建立。《行政诉讼法》第 25 条第 4 款规定："人民检察院在履行职责中发现生态环境和资源保护、食品药品安全、国有财产保护、国有土地使用权出让等领域

---

① 参见《2019 年全国检察机关主要办案数据》，载最高人民检察院网站，https：//www.spp.gov.cn/spp/xwfbh/wsfbt/202006/t20200602_463796.shtml#1，2021 年 2 月 2 日访问。

② 张军：《2020 年最高人民检察院工作报告》，载正义网，http：//www.jcrb.com/xztpd/ZT2020/202004/2020LH/BGQJD/ZGJBG20/BGQW20/202005/t20200525_2161395.html，2020 年 5 月 25 日访问。

负有监督管理职责的行政机关违法行使职权或者不作为，致使国家利益或者社会公共利益受到侵害的，应当向行政机关提出检察建议。督促其依法履行职责。行政机关不依法履行职责的，人民检察院依法向人民法院提起诉讼。"2018年3月2日，最高法、最高检《关于检察公益诉讼案件适用法律若干问题的解释》（以下简称《两高解释》）对行政公益诉讼的原则及特殊程序等问题作了明确规定。至此，行政公益诉讼的制度框架初步建构完成。

行政公益诉讼入法后本需要遵循行政诉讼法的规定，按照行政诉讼的制度设计，行政诉讼重在对行政行为的合法性进行审查和裁判，因此，行政公益诉讼也应偏重客观诉讼，需要侧重于对行政机关是否履行职责以及履职行为的合法性进行审查和裁判，但《两高解释》第21条和第22条仍然规定对特定领域国家或社会公共利益的保护，更重视受损权利的恢复，倾向主观诉讼。行政公益诉讼究竟应当设计为主观诉讼还是客观诉讼，变得更加含糊。

（二）行政公益诉讼类型的现实困惑

行政诉讼法规定当相对人的合法权益受到侵害时可以提起行政诉讼，启动对行政行为的合法性审查，进而纠正违法行政，但相对人是否真正受到损害以及损害多少，并不是受理案件的必要条件。① 而与行政诉讼不同的是，行政公益诉讼的起诉条件明显高于行政诉讼，行政公益诉讼的提起以公共利益受损害为条件。《试点方案》规定无论是提起诉前督促程序还是进入诉讼环节，都必须先固定公共利益受损害的证据材料。

在行政案件审理过程中，法官也主要围绕行政行为是否合法进行审查，并不对原告主张的合法权益进行实质审查。只有在行政赔偿诉讼中，才会对受害人的受损利益进行详细调查。而在行政公益诉讼中，特定领域的公共利益是否受到损害成为审查的重要内容，受损利益是否得到恢复也成为判断行政机关是否履行职责的重要标准。② 这种基调影响到整个行政公益诉讼的整体运行，也造成了部分案件审理的偏差，安宁市人民检察院诉安宁市文化和旅游局行政公益诉讼案［（2020）云7101行初18号，以下称第18号案］就是一个典型的案例。

查阅该行政判决，可以看出整个诉讼程序分成四个阶段③：第一，安宁市

---

① 法院最近的判决也开始引入德国的权利保护理论，强调原告要具有可保护的权利。参见刘某某诉张家港市人民政府行政复议案，最高人民法院（2017）最高法行申第169号行政裁定书。

② 参见《检察机关提起公益诉讼试点方案》，最高人民检察院2015年7月2日发布。

③ 参见安宁市人民检察院诉安宁市文化和旅游局案，云南昆明铁路运输法院行政判决书，（2020）云7101行初18号。

人民检察院在履行职责中发现本市市级文物保护单位松花阁常年失修，损毁严重，而负有监督管理职责的市文化和旅游局没有依法履行对松花阁的监管责任。在初步固定证据后，于2019年9月25日向市文化和旅游局发出了检察建议书，督促其依法履行职责。第二，尽管有证据证明被告在诉前程序前就已经在积极履行职责，但因为修缮经费没有审批到位，无法及时修缮，在诉前程序中，被告也做了积极努力，但检察机关认为被告在诉前程序确定的法定期限内仍没有消除松花阁的危险情形和对其进行修护保护，受损害状况依然存在，故发动了诉讼程序。第三，在诉讼中，被告行政机关主张并举证自己自1998年以来一直在积极履行职责，只是苦于专项修缮费用未审批到位，导致修缮工作迟延。法院也基本认可了被告所做的履职努力，但认为被告依法负有对文物的保护、监督和管理的职责并不能因文物修缮经费拨付不足而消除。最后作出了责令被告继续履行职责的判决。第四，法院判决责令被告及时采取必要措施排除松花阁本体倒塌危险以及在合理的期限内依法履行对松花阁修复的法定职责。这两项履行判决都涉及经费的落实，如果没有经费的支持，很难想象判决能够被忠实履行。

第18号案并不是一个孤案。青海省西宁市湟中区军事设施保护公益诉讼案也是把重点放在受损公共利益的修复，却绕过了对客观法秩序的考虑，损害了秩序公益。① 该案中针对军事设施附近农民私搭乱建损害军事设施的行为，西宁市湟中区检察院以湟中区自然资源局为监督对象，发出了检察建议，纠正违法，保护了国防利益，但却忽略了秩序公益。按照《军事设施保护法》第3条的规定，保护军事设施是各级人民政府和军事机关的共同职责。设有军事设施的地方，有关军事机关和县级以上地方人民政府应当建立军地军事设施保护协调机制，相互配合，监督、检查军事设施的保护工作。从维护客观法秩序的角度看，应该监督有关军事机关和湟中区人民政府有没有建立协调机制，是否共同履行了保护军事设施的职责。当然，湟中区人民政府接收到有关侵害军事设施的信息后，可以指令湟中区自然资源局或其他部门配合履行职责。而本案关注的是国防利益是否得到保护，对应建构的客观法律秩序没有给予足够重视。

从公开信息查到的2019年行政公益诉讼案件的裁判书文本来看，近72%的法院判决都是要求行政机关依法履行职责，许多案件指向的是受损害的公共

---

① 对案件的介绍和评述参见刘艺、邱奕夫：《2019年度十大检察公益诉讼优秀案例介绍与评析》，载微信公众号"法治政府研究院"，2020年7月27日。

利益没有得到恢复，而不是公法秩序受到破坏。①

行政公益诉讼实践在类型方面带给我们许多困惑：行政公益诉讼是以行政行为的合法性审查为核心还是以恢复受损公共利益为重点？行政公益诉讼是否需要基础分类？行政公益诉讼有无必要进行主观诉讼和客观诉讼的基础分类？行政公益诉讼究竟是主观诉讼还是客观诉讼？行政公益诉讼应该如何进行类型化的发展？这些都需要从理论和实践进行分析讨论。

二、行政公益诉讼基础分类的理论探讨

讨论行政公益诉讼的基础分类，要从行政诉讼的分类开始。关于行政诉讼的类型划分，有很多研究②，但其中基础分类，即以诉讼目的及诉讼构造为标准的类型划分最为重要。遗憾的是，我国自1989年制定行政诉讼法以来，基础分类问题一直没有在理论上得到足够重视，造成了实践中的误区。

（一）主观诉讼与客观诉讼

行政诉讼制度是从民事诉讼发展而来。民事诉讼都是基于主观权利请求启动，影响主观权利的民事上的事实或行为具有相对性，仅对双方当事人产生作用，因此，法院审查围绕着当事人之间的争议展开，判决与诉讼请求直接关联，指向权利救济。因此，民事诉讼从性质上分析，就是主观诉讼。

相比之下，行政诉讼的诉讼标的及争议具有双重性，引发争议的行政行为除了影响具体相对人外，还具有对世的效力，涉及客观法秩序。在行政诉讼中，存在两条主线，形成两种构造：一条主线围绕着主观权利和公法争议展开。起诉人的权利是否受到侵害，其权利是否属于法律保护的范畴，权利侵害是否由行政机关行使权力的行为或不作为引起，行政机关的行为或不作为是否违法，行政机关应否承担责任，如何为受害的原告提供救济。这种诉讼构造侧重于对个人公权利的保护。另一条主线围绕着行政行为的合法性争议展开。起诉人诉请审查的行政机关的行为或不作为是否违法，是否构成对客观法秩序的破坏，如何恢复被侵害的客观法秩序，从而确保客观法秩序的预期性和安定性。这种构造强调对客观法秩序的维护，也就是秩序公益。

行政诉讼存在的公权利救济和维护秩序公益双重目标，有时两者是重合的，如相对人请求撤销违法的行政处罚，如果法院作出撤销判决，既是对被破

---

① 在中国裁判文书网中，以"检察院诉"为关键词，检索2019年的行政案件，得到检察行政公益诉讼相关判决书171篇。其中确认违法判决96篇，撤销判决5篇，履行判决124篇，变更判决0篇，驳回诉讼请求7篇。

② 章志远：《行政诉讼类型构造研究》，法律出版社2007年版，第8—13页。

坏的客观法秩序的恢复，同时也救济了相对人，保护了个人权利。但有时公权利救济和维护秩序公益并不重合或不完全重合。如行政机关征收相对人的房屋，因补偿款协商不成，行政机关违法将相对人的房屋拆除，相对人请求赔偿损害。行政机关辩称按标准给予相对人的补偿款已经提存，因相对人拒绝沟通，为不影响公共项目进程，才不得已拆除，愿意按标准付给补偿款。这里就有两个选择，一是请求法院确认行政机关的拆除行为违法，给予否定性的评价，以恢复原有秩序；二是相对人主张赔偿，恢复其受损害的权利。前一个请求带有客观诉讼的性质，后一个请求则是主观诉讼。

总体而言，划分主观诉讼与客观诉讼的标准是诉讼目标和诉讼构造。主观诉讼以救济权利为目标，诉讼构造侧重于主观权利和损害争议的审查和裁判；而客观诉讼则以秩序公益为导向，诉讼构造以行政机关行政行为的合法性审查和裁判为宗旨。两者区别见表1。

表1 主观诉讼与客观诉讼的主要特征

主要特征	主观诉讼	客观诉讼
主要目的	保护个人主观公权利	维护客观法秩序
原告资格	主观权利受影响的相对人	认为受行政行为不利影响的相对人
审查对象	权利主张及合法性争议	行政行为的合法性
裁判内容	解决权利争议	判定行政行为是否合法
判决效力	约束当事人，无对世效力	约束当事人，有对世效力

同样，行政公益诉讼存在两个目标，恢复被侵害的国家利益或者社会公共利益和维护客观法秩序。也存在两种诉讼构造，一种是围绕着权利或利益主张及公法争议展开，另一种是以行政机关行使权力或不作为的合法性争议为中心开展。前者可称为主观公益诉讼，后者则为客观公益诉讼。只不过主观公益诉讼针对的是特定领域的公共利益，如《行政诉讼法》第25条列举的四类国家利益或者社会公共利益，包括环境利益、财产利益、安全利益等，客观公益诉讼针对的是秩序公益。行政公益诉讼以主观诉讼为主还是以客观诉讼为重，决定了其诉讼目标和功能作用，也决定了行政公益诉讼的发展方向。

(二) 基础分类的外国法渊源

我国行政诉讼制度移植自国外，其主观诉讼与客观诉讼的分类也是从国外继受而来。对客观诉讼和主观诉讼讨论较多的是大陆法系国家，而且不同国家选择了不同的诉讼类型构造，并各有偏重。在行政诉讼的发源地法国，行政诉讼有主观诉讼和客观诉讼两种基础类型,对于违反客观的法律规则、法律地位所提起的诉讼是客观诉讼,对违反主观的法律规则、法律地位提起的诉讼是主观诉讼。① 狄骥是客观法理论的集大成者,他从社会学视角出发,认为法律规则来源于社会,通过国家意志形成,体现了公共利益,独立于个人的权利之外。② 行政机关的行政行为违反法律,就是对客观法秩序的破坏,侵害的是秩序公益。③ 原告启动的行政诉讼,既有主观诉讼,也有客观诉讼。如果提起行政合同或行政赔偿诉讼,则是主观诉讼,如果提起越权之诉,则是客观诉讼。④ 主观诉讼侧重于个人权利保护,当事人起诉条件严格,需要律师代理,诉讼费用高,而客观诉讼着眼于秩序公益,当事人资格宽松,不用律师代理,诉讼费用低廉。⑤ 与法国不同,德国的行政诉讼制度经过主观诉讼的南德方案与客观诉讼的北德方案的博弈,最终选择了主观诉讼的模式,保护个人权利成为行政诉讼的核心目标。⑥ 选择主观诉讼的理由是个人提起行政诉讼的目的主要是为了保护自己的公法权利,公民个人不是公共利益的适格"卫士",行政法院也不是评价公共利益的适当机构。⑦ 作为例外,德国行政诉讼中的规范审查之诉属于客观诉讼的范畴。⑧ 德国《行政法院法》第40条第1款规定:"在联邦法律没有明确规定有其他法院管辖的情况下,所有非宪法性的公法争议由行政法院管辖。州法律也可以规定州法适用范围内的公法争议由其他法院管辖。"⑨ 在主观诉讼的框架下,德国的行政诉讼与民事诉讼极为相似,与民事诉讼相同,行政诉讼分为形成之诉、给付之诉和确认之诉。此三分法源自民事诉讼法,并规定在德国《行政法院法》第43条。⑩ 其原告资格判断所用的

---

① 赵宏:《保护规范理论的历史嬗变与司法适用》,载《法学家》2019年第2期。
② [法]狄骥:《公法的变迁》,郑戈译,商务印书馆2016年版,第68—72页。
③ 刘艺:《构建行政公益诉讼的客观诉讼机制》,载《法学研究》2018年第3期。
④ 王名扬:《法国行政法》,北京大学出版社2016年版,第520—521页。
⑤ 王名扬:《法国行政法》,北京大学出版社2016年版,第522页。
⑥ 刘飞:《德国公法权利救济制度》,北京大学出版社2009年版,第45页。作为例外,德国行政诉讼中的规范审查之诉属于客观诉讼的范畴。
⑦ 刘飞:《德国公法权利救济制度》,北京大学出版社2009年版,第82页。
⑧ 德国的公法秩序维护更多依赖于宪法诉讼。换言之,德国的宪法诉讼更多为公法上的客观诉讼。客观法秩序的维护主要通过宪法诉讼完成。机构争议、联邦争议、规范审查等都属于宪法诉讼的范畴。虽然个人基于权利救济也可以提起宪法诉讼,但宪法诉讼设置的目的不是救济个人,而是维护客观法律秩序。
⑨ 参见德国《行政法院法》第40条。
⑩ 刘飞:《德国公法权利救济制度》,北京大学出版社2016年版,第45页。

"主观公权利与保护规范理论",也有民事诉讼的痕迹,① 被告可以反诉,当事人之间也可以和解。② 德国的主观行政诉讼模式被日本移植,日本的行政诉讼以主观诉讼为主,以客观诉讼为补充。日本行政诉讼中的抗告诉讼和当事人诉讼都属于主观诉讼,而机关之诉及民众诉讼则归于客观诉讼的范畴。③ 客观诉讼需要法律的特定规定才能提起。④

在海洋法系国家,由于遵循司法惯例,司法审查(行政诉讼)的类型不是人为创设,但司法实践中主观诉讼和客观诉讼的分界依然十分明显。英国的普通救济程序如禁止令和宣告令非常类似于民事诉讼,侧重保护个人权利,特别救济或公法救济则是为了公法秩序。值得注意的是,在英国的普通救济中,检察长可以出借自己的名字供私人提起诉讼,实质上保护的是公共利益,把对个人权利的救济延伸到了对公共利益的保护。⑤ 公法救济中的调卷令和禁令的基本目标是通过防止越权和滥用权力,维护客观法秩序,而不是最终确定私人权利。⑥ 行政机关也可以请求公法救济上的强制令,用来命令另一个行政机关做某事。⑦ 美国的司法审查继受了英国的普通救济制度和特别救济制度,但又发展出法定司法审查的路径,而后者偏向于客观诉讼,主要对行政行为的合法性进行审查。如1914年《联邦贸易委员会组织法》规定"任何个人、合伙人或公司,被委员会命令停止使用某种竞争方法地或行为地,或该个人、合伙人或公司的居所或营业所所在地的上诉法院,提出书面申诉,请求法院审查并撤销这个命令"。⑧

上述国家都存在主观诉讼与客观诉讼之分,大陆法系国家更多是制度选择的结果,而海洋法系国家则由历史惯例形成。后者虽学术上没有主观诉讼和客观诉讼之分,但普通法救济接近主观诉讼,而特别救济和法定救济则偏重于客观诉讼。

(三)几个学术观点的商榷

我国行政诉讼没有严格的基础分类,具体制度设计上存在"主观诉讼、

---

① 赵宏:《主观公权利、行政诉权与保护规范理论》,载《行政法学研究》2020年第2期;赵宏:《保护规范理论的历史嬗变与司法适用》,载《法学家》2019年第2期。
② 德国《行政法院法》第89条、第106条。
③ 马立群:《主观诉讼与客观诉讼辨析——以法国、日本行政诉讼为中心的考察》,载《中山大学法律评论》2010年第2期;参见〔日〕盐野宏:《行政法》,杨建顺译,法律出版社1999年版,第430页。
④ 参见〔日〕盐野宏:《行政法》,杨建顺译,法律出版社1999年版,第431页。
⑤ 参见〔日〕盐野宏:《行政法》,杨建顺译,法律出版社1999年版,第257页。
⑥ 〔英〕威廉·韦德:《行政法》,徐炳等译,中国大百科全书出版社1997年版,第390页。
⑦ 〔英〕威廉·韦德:《行政法》,徐炳等译,中国大百科全书出版社1997年版,第272页。
⑧ 转引自王名扬:《美国行政法》,北京大学出版社2016年版,第422—423页。

客观裁判"的"诉"与"审"分离的状况，呈现出主观目标、客观构造的含混状况。① 就实际运作而言，行政诉讼强调对被诉行政行为的合法性审查，以客观诉讼为主。② 但在学术界，许多学者只是简单认为行政诉讼的原告是相对人，为保护自己的权利起诉，因而具有主观诉讼的性质，而检察机关为公共利益启动行政公益诉讼自然就属于客观诉讼的范畴。③ 造成这种模糊认识的根源是缺乏对行政诉讼基础分类标准的深入研究，对行政诉讼构造缺乏准确把握。

早就有学者提出"完整的行政诉讼制度，应当有对公民、法人或其他组织合法权益的救济，也应当有对国家和公共利益的保护。这在理论上表现为行政诉讼是主观诉讼和客观诉讼的统一体。"④ 也有学者参照法国的诉讼实践归纳出客观诉讼的三个特征，即以保护公共利益为固有目的、原告的利益要与公共利益关联及其判决类型以恢复和保护代表公益的客观法秩序为导向，继而认为我国行政公益诉讼具有明显的客观诉讼特征，并主张从受案范围、审理规则及判决类型等方面完善其客观诉讼机制。⑤ 还有学者认为我国行政诉讼以救济相对人为核心，属于主观诉讼性质，但公共利益的保护缺位，因而主张借鉴日本的客观诉讼即机关诉讼和民众诉讼，通过客观诉讼设计来发展我国行政公益诉讼。⑥ 从这些观点可以看出有不少模糊认识，值得商榷。

第一，凡是相对人提起的行政诉讼都是主观诉讼，而代表国家利益和社会公共利益的检察机关提起行政诉讼就必定是客观诉讼。这种认识着眼于起诉人的身份，而忽略了诉讼的目的和构造。如前所述，决定主观诉讼还是客观诉讼的不在于谁启动诉讼，而在于诉讼目标与诉讼构造。如果以起诉人为标准，就难以解释为什么同样是个人诉请撤销行政机关的命令，在法国为客观诉讼，而在德国就是主观诉讼。在英国，个人既可能启动具有主观诉讼性质的普通法救济程序，请求法院颁发具有救济主观权利的普通令状，也有可能发起具有客观诉讼的特别法救济程序，请求法院颁发纠正违法行为的公法救济令状。⑦ 在普

---

① 薛刚凌：《行政诉讼法修订基本问题之思考》，载《中国法学》2014年第3期；薛刚凌、杨欣：《论我国行政诉讼构造："主观诉讼"抑或"客观诉讼"?》，载《行政法学研究》2013年第4期。
② 梁凤云：《行政诉讼法修改的若干理论前提——从客观诉讼和主观诉讼的角度》，载《法律适用》2006年第5期。
③ 湛中乐：《环境公益诉讼的发展路径》，载《国家检察官学报》2017年第2期。
④ 于安：《行政诉讼的公益诉讼与客观诉讼问题》，载《法学》2001年第5期。
⑤ 刘艺：《构建行政公益诉讼的客观诉讼机制》，载《法学研究》2018年第3期。
⑥ 林莉红、马立群：《作为客观诉讼的行政公益诉讼》，载《行政法学研究》2011年第4期。
⑦ [英]威廉·韦德：《行政法》，徐炳等译，中国大百科全书出版社1997年版，第233页、274页。

通法救济中，个人还可以借用检察长的名义提请诉讼。① 可见，以起诉人为标准划分主观诉讼和客观诉讼，而不重点考虑诉讼目的和诉讼构造，是对行政诉讼基础分类的错误认识。

第二，保护公共利益的行政诉讼就一定是客观诉讼。这里混淆了行政诉讼中的两种公共利益：一种是秩序公益，另一种是特定领域的公共利益。秩序公益是指客观法秩序维护所体现的公共利益。国家有权机关制定的法律规则构成客观法秩序，是法治的基础。维护客观法秩序包含了四个方面的要求。一是要求这些规则科学理性，尊重人权，体现公共利益，符合公平正义等法治内在精神。二是这些客观规则在运行中发现漏洞时，可以通过法律适用解释予以填补，以确保客观法秩序的有效运行。当然，如果法律规则明显落后于时代或出现重大缺陷，需要通过立法来改革或修补。三是这些规则构成的系统应当完整、严谨，不得相互冲突。如果出现冲突，通过司法路径予以解决。四是破坏客观法秩序的行为都应该得到纠正。这些法律规则为社会提供行为预期和安定保障，如果可以随意破坏，法律秩序将荡然无存，法治将变成一句空话。可见，秩序公益十分重要，是依法治国和法治建设的基础。特定领域的公共利益指秩序公益以外的国家利益或者社会公共利益，包括涉及不特定人的权利如生命安全、环境权利、财产权利等，也包括利益，如基础设施、文化遗产和社会环境等带来的物质和精神享受。这些国家利益和社会公共利益类似于个人的权利和利益，只不过具有整体利益的特点，权利主体为国家和集体。特定领域的公共利益有时表现在物理空间上，如堆放垃圾影响河道泄洪，有时则与物理空间无关，如税务机关不作为导致部分纳税人不交税或少交税，导致税收总量减少，既造成对履行纳税人的税负比例加大，也影响政府征税任务的完成。追求秩序公益属于客观诉讼的性质，而对特定领域公共利益的保护则归于主观诉讼的范畴。

第三，我国的行政诉讼是主观诉讼，行政公益诉讼是客观诉讼。这种认识与实践有很大偏差。总体上，我国现行行政诉讼法确立的是一种客观诉讼制度，法院仅就被诉行政公权力行为的合法性进行审查，不能针对原告的诉讼请求作出判决。② 我国行政诉讼法特别强调对个人权利的救济，但诉讼构造上却以行政行为的合法性审查为核心，偏重于客观诉讼，呈现出一种内错裂状

---

① ［英］威廉·韦德：《行政法》，徐炳等译，中国大百科全书出版社1997年版，第258页。
② 梁凤云：《行政诉讼法修改的若干理论前提——从客观诉讼和主观诉讼的角度》，载《法律适用》2006年第5期。

态。① 2015年修订后的行政诉讼法虽然强调要从实质上解决行政争议②，但诉讼构造并没有太大调整。至今，我国行政诉讼主要是客观诉讼，但行政赔偿诉讼和行政协议诉讼具有主观诉讼的性质。至于行政公益诉讼是否为客观诉讼，并不确定，这取决于具体的诉讼构造。如果诉讼目的为维护秩序公益，法院以审查行政行为的合法性为核心，则为客观诉讼；如果以保护特定领域的公共利益为目标，法院以特定领域的公共利益是否受到损害、如何恢复为核心展开审理和裁判，则成为主观诉讼。

也有学者认为，我国的主观诉讼和客观诉讼划分标准不同，把相对人起诉归为主观诉讼，把为公共利益起诉视为客观诉讼，实际上就变成了行政诉讼与行政公益诉讼的代名词，缺乏学术与实践意义。

三、行政公益诉讼类型的实践分析

行政公益诉讼与行政诉讼一样，也面临着主观诉讼或客观诉讼的选择，如果主观客观不分，诉讼构造与诉讼目标不匹配，就会带来许多乱象。

（一）诉讼类型的制度设计

虽然学界认为我国行政公益诉讼应建构客观诉讼机制③，但实践中似乎并没有遵循这一思路。从行政公益诉讼试点开始，就十分强调对行政违法作为或不作为造成损害的救济，突出特定领域公共利益的保护。无论是《试点方案》还是《实施办法》都强调对特定领域的公共利益的保护。在制度设计上，呈现出明显的主观诉讼特征：第一，行政公益诉讼的目的是保护特定领域的公共利益。"要紧紧抓住公益这个核心，重点是对生态环境和资源保护、国有资产保护、国有土地使用权出让、食品药品安全等领域造成国家和社会公共利益受到侵害的案件提起民事公益诉讼或行政公益诉讼，更好地维护国家利益和人民利益。"④ 这里的公共利益是环境利益、财产利益和食品安全，而不是秩序公益。第二，检察机关作为行政公益诉讼的起诉人，虽然不同于为自己利益而起诉的行政相对人，但为特定领域的公共利益起诉，是公共利益的代表。第三，虽然《实施办法》没有对审理对象和规则作出明确规定，但设置诉前程序和

---

① 薛刚凌、杨欣：《论我国行政诉讼构造："主观诉讼"抑或"客观诉讼"?》，载《行政法学研究》2013年第4期。

② 《行政诉讼法》第1条增加规定"解决行政争议"为立法目的。

③ 刘艺：《德国公法权利救济制度》，北京大学出版社2009年版。

④ 参见《中央全面深化改革领导小组第十二次会议召开》，载中国政府网，http://www.gov.cn/xinwen/2015-05/05/content_2857332.htm，2021年2月2日访问。

诉讼程序的目的都是为了使受损害的公共利益得到恢复。特定的公共利益是否受到损害，是否得到恢复，行政机关是否履行了职责，都是审查和裁判的核心。第四，行政公益诉讼的判决多为确认行政机关的不作为违法和继续履行职责，以确保被损害的公共利益能够得到恢复。从制度设计来看，行政公益诉讼接近国家赔偿诉讼，只不过是强调通过行政机关履行职责来达到恢复受损害公共利益的目的。行政公益诉讼进入行政诉讼法的规定后，虽然法院审查的核心是行政机关是否依法履行职责，似乎转向了客观诉讼，追求秩序公益，但由于对受损公共利益恢复标准把握不准，结果还是具有浓厚的主观诉讼痕迹。

（二）诉讼类型的实践运行

行政公益诉讼的实际运行包括四个阶段：第一阶段为立案调查阶段。检察机关在履行职责过程中，发现在生态环境和资源保护、食品药品安全、国有财产保护、国有土地使用权出让四个领域存在国家利益或者社会公共利益受损害的情况，而这损害可能由负有监督管理职责的行政机关不依法履行职责造成，可以进行立案调查。在调查阶段，检察机关可以依法收集证据，尤其需要收集行政机关违法行使职权或者不作为的证据以及国家利益或者社会公共利益受损害的证据。第二阶段为诉前阶段。按照《两高解释》的规定，"行政机关应当在收到检察建议书之日起两个月内依法履行职责，并书面回复人民检察院。出现国家利益或者社会公共利益损害继续扩大等紧急情形的，行政机关应当在十五日内书面回复"。在收到行政机关的回复后，检察机关需要审查清楚行政机关是否确实负有相关的职责，该职责是否已经完全履行，受损害的国家利益和社会公共利益是否仍处于被损害状态。然后决定是否发动诉讼程序。第三阶段为诉讼阶段。检察机关向法院提起诉讼，除行政公益诉讼起诉书，还需要提交行政机关仍不履行职责或者纠正违法行为的证明材料。法院主要按照行政诉讼法的规定，要对行政机关是否履行职责进行审查，并分别情况作出裁判。至于行政机关履行职责的标准是什么，似乎不很清晰。实践中，有些案件将受损公共利益的修复与否作为履行职责的判断标准，如果已经修复就认为履行了职责，没有完成修复就是没有履行职责，而不考虑其是主观不努力还是客观不能。第四阶段为执行阶段。完整的行政公益诉讼制度离不开裁判的执行。如果行政公益诉讼的裁判不能付诸实施，就会丧失其应有权威。遗憾的是，自行政公益诉讼试点以来，没有对执行阶段给予应有关注。由于没有特别规定，只能适用行政诉讼法的相关条文。而行政诉讼法执行部分的规定是否完全适用行政公益诉讼，没有明确规定。行政公益诉讼的实践运行流程见图1。

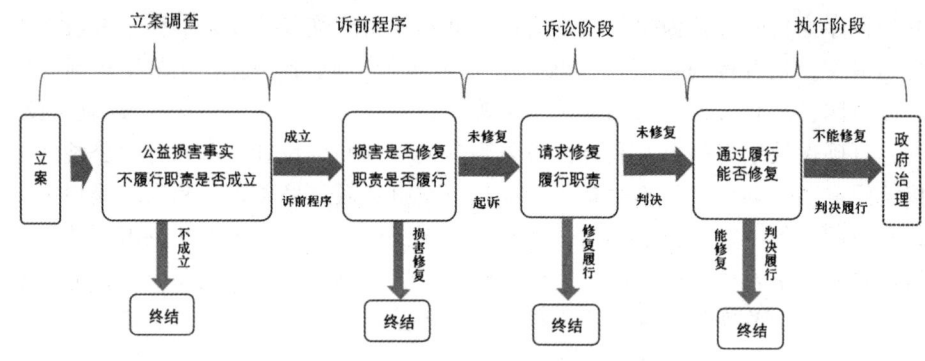

图 1　行政公益诉讼流程

按照行政诉讼法的规定，行政公益诉讼的启动必须满足两个条件，即行政机关违法行使职权或者不作为和致使国家利益或者社会公共利益受到侵害。经诉前程序仍不依法履行职责的，进入诉讼程序。诉前程序结束时可能出现三种情况：第一种是行政机关履行了法定职责，受损的公共利益得到恢复；第二种是行政机关履行了法定职责，受损的公共利益没有得到恢复；第三种是行政机关没有履行法定职责，受损的公共利益没有得到恢复。第一种情况终结程序，第三种必定起诉，关键是第二种情况出现时，是否提起公益诉讼？行政机关是否履行职责与受损公共利益的恢复并不是完全对应关系，受损公共利益的恢复往往更加复杂，还涉及政府的治理职责。例如，造成环境污染的原因十分复杂，有历史遗留问题、有技术难题、也有认知欠缺等。有时即使环境主管部门严格依法管理，也难以确保受损环境的完全恢复，如许多城市的雾霾治理，需要政府承担更多的治理职责，投入更多的财力和人力支持，也涉及其他部门的配合。① 因此，当行政主管部门履行了法定职责，而受损公共利益仍没有得到恢复的情况下，如果以维护秩序公益为目标，就不再提起公益诉讼，如果以受损公共利益的恢复为宗旨，就要提起公益诉讼。实践中有部分案件采用的是后一种路径，前面分析的第 18 号案就是一个典型的案例。

(三) 类型模糊带来的突出问题

行政公益诉讼制度设计对基础分类的忽视以及行政公益诉讼实践摇摆于主观诉讼和客观诉讼之间，引发许多问题。

其一，把行政公益诉讼的目的定位于被损公共利益的修复，淡化了维护秩序公益的目标。如前所述的第 18 号案和青海省西宁市湟中区军事设施保护公

---

① 《环境保护法》第 6 条、第 8 条、第 9 条规定了政府的治理职责。

益诉讼案都把重点放在受损公共利益的修复上，却绕过了对客观法秩序的考虑，损害了秩序公益。行政公益诉讼以被损公共利益的修复为核心，容易把行政机关是否依法履行职责放到从属的位置上。此外，以被损公共利益的修复为起诉目标，也极大限缩了行政公益诉讼案件的来源和范围。

其二，为了实现对被损公共利益的修复，需要把"法定职责"与被损公共利益的修复目标捆绑，否则无法实现诉讼目的。对"法定职责"的解释不是以法律规定为标准而是以被损公共利益是否修复为依据，结果导致了对"法定职责"的扩大解释。以第18号案为例，突出问题是没有对客观法秩序从法律上进行整体解读。《文物保护法》第8条规定："国务院文物行政部门主管全国文物保护工作。地方各级人民政府负责本行政区域内的文物保护工作。县级以上地方人民政府承担文物保护工作的部门对本行政区域内的文物保护实施监督管理。县级以上人民政府有关行政部门在各自的职责范围内，负责有关的文物保护工作。"该法第9条、第10条规定各级人民政府要重视文物保护，确保文物安全，县级以上人民政府应当将文物保护事业纳入本级国民经济和社会发展规划，所需经费列入本级财政预算。从这些规定看出，文物保护的规划、项目安排和经费筹措等属于地方各级人民政府的职责，文物保护的具体事宜以及监督管理等主要由文物保护工作部门负责，其他部门在各自的职责范围内负责文物保护工作。但第18号案把文物保护尤其是文物加固和修缮认定为文物保护部门的主要职责，偏离了法律原意。① 如果把加固和修缮认定为文物保护单位的法定职责，在没有经费保障的情况下，事实上也面临着履行困难。当经费保障与法定职责不匹配的情况下，如果强行要求行政机关履行职责，实际上就背离了法治的理性要求。这种对"法定职责"的扩大解释在环境生态案件中尤为明显。② 扩大对"法定职责"的解释，让不具备手段和能力的行政机关履行职责，不仅无法实现履责的目标，反而是对客观法秩序的肢解，损害了秩序公益。

其三，部分履行判决实际指向政府的治理决定权，与现行的地方组织法制度产生冲突。当被告依法履行职责仍不能实现被损公共利益修复的情况下，如果要求被诉行政机关继续履行法定职责，就会走进政府的治理范畴。前述的文物修缮职责主要为政府职责，政府如果不拨付款项，文物保护管理机关无法进

---

① 《文物保护法》（2017年修正）第7—10条、第16条等条文的规定体现了整体性运作，政府及有关部门共同承担文物保护的职责。

② 合肥市庐阳区人民检察院诉合肥市排水管理办公室（以下简称合肥市排管办）不履行法定职责案，合肥市庐阳区人民法院（2018）皖0103行初159号行政判决书；合肥市中级人民法院二审（2019）皖01行终281号行政判决书。

行修缮。许多环保案件也面临同样的情况，没有政府的项目安排和经费支持，环保执法部门自身无法实现履行判决设定的义务。更进一步说，按照我国宪法和地方组织法的规定①，各级地方经费预算属于同级地方人大的权力，如何安排经费使用要通过人大同意，除非是来自上级政府或行政机关的专项经费支持，因此，治理项目及经费问题不宜太多由检察机关或法院决定，除非是危及生命安全和可持续发展等特别领域，必须优先考虑损害治理和恢复。由于我国行政机关的法定职责与经费保障存在很大差距，经济欠发达地区尤其突出，因此需要审慎考虑。法治要求理性，但现实却需要妥协，因为资源有限，理想和现实之间有很大距离。

其四，部分履行判决执行困难。由于部分受损公共利益的修复属于政府的治理职责，需要政府的作为才能完成，而政府没有进入诉讼，也不是履行判决的直接义务人，因此，当政府不履行职责或者政府也没有能力完成治理目标的情况下，履行判决最终将无法实现。

实践中"法定职责"的标准含糊也与立法、行政和司法的理解不同有关。立法上对行政机关的法定职责规定比较原则，而且对完成职责的人、财、物手段没有规定，而我国的行政体制遵循的是整体主义的模式，许多法定职责要在政府的统一领导下完成，项目、经费等资源都由政府掌控，因此，涉及治理职责就不可避免地进入到政府的权力责任范畴。而到了司法，往往严格解释"职责法定"，与我国的管理体制不相吻合，如果一味要求行政机关独立完成，就可能造成履行不能，行政裁判空转。当然，从行政公益诉讼的目标来看，这些体制、机制和法律规则上的不足，都是行政公益诉讼要推进完善的地方，即推动客观法秩序的理性建构。

四、行政公益诉讼的类型发展构想

如何走出行政公益诉讼的困境，解决实践运行中的不足，仍需要从行政公益诉讼类型的合理设计着手，在充分考虑各种影响因素的基础上，重新确立行政公益诉讼类型的发展方向。

（一）类型建构的影响因素

行政公益诉讼的类型发展虽在很大程度上取决于决策者的选择，如德国在经历了一段时间的博弈后，最后确立了主观诉讼模式。② 但诉讼类型的选择还

---

① 参见《地方各级人民代表大会和地方各级人民政府组织法》第8条。
② 刘飞：《德国公法权利救济制度》，北京大学出版社2009年版，第45页。

受制于诉讼发起者的法律地位、国家治理模式、客观法秩序建构的完整性等多种客观因素。就我国而言,影响类型构造发展的客观因素有如下几个方面:

第一,检察机关的职能定位。由检察机关启动和推进的行政公益诉讼,其类型选择自然受到检察机关职能定位的影响。《宪法》第 134 条规定检察院为法律监督机关,行使国家的法律监督职能。但法律监督职能的内涵外延一直处在调整发展之中,公益诉讼也是检察院法律监督职能的拓展。新修订的人民检察院组织法和检察官法都规定了检察院的公益诉讼职能。《人民检察院组织法》第 20 条规定人民检察院可以依据法律规定提起公益诉讼,《检察官法》第 7 条明确检察官的职责之一是开展公益诉讼工作。具体在行政公益诉讼中,检察机关如何履行法律监督职能,观点不一。检察机关在行政公益诉讼中究竟应当履行法律监督职能还是保护特定领域的公共利益?[1] 法律监督是对法律实施进行的监督,其目的是纠正违法,维护客观法秩序。[2] 从检察机关的法律监督职能来看,行政公益诉讼应该侧重于客观诉讼,维护秩序公益。同时当重大的国家利益或者社会公共利益受到侵害而行政机关没有尽到职责时,保护这些公共利益也是法治的基本要求,督促行政机关包括政府在内履行特定职责,也属于法律监督的范畴。当然,在更多时候,维护秩序公益和保护特定领域的公共利益是重合的。

第二,中国特有的国家治理模式。由我国的社会主义性质所决定,政府除了要履行对外管理职能外,还承担着整体建设和运作的重大任务,以实现整体利益。改革开放以来,一方面,随着市场经济和法治建设的推进,个人的独立地位得到肯定,个人的自由空间和权利快速扩展,激发了社会的创新活力,推动了国家的转型和发展。另一方面,政府作为公共资源的托管人,需要就整体发展谋篇布局,需要通过合理的资源配置培育新的经济增长点,促进竞争和创新。实践中十分活跃的行政区划制度(包括各类经济区和国家级新区建设)[3]、公共基础设施建设制度、国有企业制度以及政府直接经营制度等,形成了一套整体运营制度,包括上游的公共资源配置和下游的政府经营。几十年来,行政诉讼以规范外部管理为核心,重构了个人与政府的平等关系,促进了个人的自由发展,保护了个人的合法权益,政府在外部管理中侵害特定公共利益的也已经为行政公益诉讼所关注,但政府整体运营还没有全面纳入司法监督的范围。

---

[1] 潘剑锋、郑含博:《行政公益诉讼制度目的检视》,载《国家检察官学院学报》2020 年第 2 期。

[2] 参见秦前红:《两种"法律监督"的概念分野与行政检察监督之归位》,载《东方法学》2018 年第 1 期。

[3] 参见薛刚凌:《规范行政区划管理 推进国家治理体系现代化》,载《光明日报》2018 年 11 月 5 日。

从有效控制行政权和建设法治政府的要求来看，政府所有行使权力或履行职责的行为都需要受到监督，可以采用行政公益诉讼，填补对政府整体运营行为的监督空白。我国独有的国家治理模式决定了行政公益诉讼发展的广阔前景。①

第三，行政客观法秩序的完整建构。行政公益诉讼与行政诉讼应该互相补充和相互支持，形成一个无缝隙的整体。我国行政诉讼制度虽然强调对个人权利的救济，然而审查裁判的重点是行政行为的合法性，带有浓厚的客观诉讼特征，维护了秩序公益，有利于客观法秩序的建构。但行政诉讼需要相对人起诉才能启动，当行政机关的外部管理行为侵害国家利益或者社会公共利益没有相对人起诉的，或者行政机关实施整体运营行为违法但没有具体相对人时，可以授权检察机关启动行政公益诉讼，纠正违法，建构完整统一的客观法秩序。

综合考虑以上各个影响要素，行政公益诉讼应在完善主观行政公益诉讼的同时，更重视客观行政公益诉讼的拓展。

（二）主观行政公益诉讼的完善

行政公益诉讼的实践运行一直以受损公共利益的修复为核心，采用的是主观诉讼的模式，虽然取得了明显成效，成为国家治理的重要创新手段，但由于主观诉讼类型所追求的目标和构造的限制，制约了行政公益诉讼的发展。但主观行政公益诉讼仍有重要的价值，尤其是事关重大问题如国防利益、生命安全、可持续发展等，需要采用主观行政公益诉讼类型予以保护。通过检察机关的介入，可以监督行政机关依法行政，也可以督促政府优先完成这些治理项目，以实现国家利益和社会公共利益。

主观公益诉讼的完善需要注意以下问题：第一，诉讼目的是针对特定领域的被损公共利益的修复，保护特定领域的公共利益，虽然同时也要维护秩序公益，但首要目标是保护特定领域的公共利益。第二，受案范围应采用重大及必要的标准，如涉及生命安全的泄洪通道损害或被阻碍，必须尽快清除。第三，诉前程序围绕着被损利益的修复进行。当然，也要纠正行政违法，维护秩序公益。第四，诉讼程序中法院主要审查具体领域的公益损害是否实际发生，损害是否因行政机关违法行使职权或不作为造成，要围绕着损害修复进行。如果行政机关纠正违法或继续履行职责能够达到损害修复目的，可直接判决行政机关履行职责。如果被损利益修复需要政府履行治理职责才能完成的，需要追加政府作为共同被告，通过政府的治理确保受损利益的修复。第五，加强后续的判决履行监督，以确保被损公共利益修复目标的达成。

---

① 倪洪涛：《行政公益诉讼、社会主义及其他》，载《法学评论》2014年第4期。

（三）客观行政公益诉讼的拓展

行政公益诉讼应以客观诉讼类型为发展方向，以纠正行政违法，维护客观法秩序为目标。如前所述，无论是检察机关的职能定位还是从我国社会主义公有制延伸出的整体运营模式和行政客观法秩序的完整建构，都决定了客观诉讼更符合行政公益诉讼的本质要求，因此，有必要推动客观行政公益诉讼类型的发展。

关于客观公益诉讼类型的目的和构造，可考虑如下：首先，诉讼目的是通过监督行政机关依法行政，纠正违法行政，包括违法行使职权和不作为，以确保客观法秩序不受侵害，追求秩序公益。其次，诉讼范围包括政府整体运营行为，也包括政府外部管理中侵害不特定人利益的行为或不作为，前者如国有企业管理、政府投资、土地和矿产等资源出让以及政府招商引资等，后者如对环境污染不作为等。再次，诉前程序的启动以检察机关认为行政机关有违法行使职权或者不作为就可以，不以实际损害已经发生为条件。行政公益诉讼的目的在于纠正行政机关的违法行为或不作为。复次，案件的审理重心是行政机关是否违法行使职权或不作为，而不是受损的公共利益是否完全修复。最后，案件的裁判，包括诉前决定需要对行政机关的行为或不作为是否违法作出认定，或撤销其行为以及责令行政机关履行职责等。

至于客观公益诉讼的受案范围，需要循序渐进，逐步放宽。可以拓展行政诉讼法规定的四个领域，将法条中的"等"理解为"等外等"。青海省西宁市城东区公共卫生安全公益诉讼案（2019 年）探索了公共卫生领域的行政公益诉讼，将对公共卫生领域的不作为纳入到行政公益诉讼范围，取得了很好的效果。① 对起诉条件，取消已发生实际损害的要求，因为行政违法本身就是对秩序公益的侵害，不需要增加在特定领域公共利益确实受损的证据。至于审查对象，客观公益诉讼以行政机关是否合法行政为主要审查内容，要改变目前以损害是否发生和损害如何救济为重的审查模式，这里重点要对行政机关的职责进行准确的理解和定位，尤其要把行政机关放到政府的系统中去分析其所处的位置，其能发挥的作用，而不能以损害没有恢复反推行政机关没有履行职责，也不能混淆执法监管职责和治理职责。否则，即使作出判决，也不具有可执行性。法院判决不可执行，既有损法院判决的权威，也难以达到修复受损公共利益的目标。

---

① 青海省西宁市城东区公共卫生安全公益诉讼案（2019 年），参见青海省久治县人民检察院网站，http：//www.qh.jcy.gov.cn/jiuzhixy/jcyw2/3336.jhtml，2021 年 2 月 3 日访问。

五、行政公益诉讼类型发展的配套问题

行政公益诉讼类型的发展需要制度改进完善，也需要理论支持和配套措施的保障。

（一）拓展理论研究

行政公益诉讼的发展遵循的是一条功能建构主义的路径，理论指导十分重要。以往学界特别重视行政公益诉讼的必要性和制度设计方面的探讨，但缺乏对行政公益诉讼的基础分类进行深入研究。行政公益诉讼的类型建构依赖其具体构造。诉讼构造是实现诉讼目标的手段，包括启动行政公益诉讼的时间、被告确立、审查对象、审查标准、审查强度、裁判方式及执行程序等。不同的行政公益诉讼类型有不同的诉讼构造要求。不同的诉讼构造，尤其是检察机关与法院审查的重心及强度，决定了预设目标能否实现。此外，还需要进一步研究行政公益诉讼的功能定位及理论基础，影响行政公益诉讼类型发展的主要因素，也需要对国外的相关理论和制度进行对比分析，以服务我国行政公益诉讼类型化的发展。

对行政公益诉讼基础分类的选择，要充分考虑我国的国家治理模式，要把行政公益诉讼放置国家治理的宏观框架下探讨。与西方国家强调自由主义不同，我国在改革中形成了整体与个体并重的国家治理模式。政府除了外部管理外，还承担着整体运营的行政任务。社会主义公有制决定了政府成为公共资源的托管人，政府需要进行资源配置和参与经营以实现整体利益，呈现出"大公共行政"的特征。除了外部行政管理权外，政府还具有重要的资源配置权和经营权。目前，对政府的整体运营研究缺乏，整体运营包括哪些权力、哪些行为、哪些手段都有待于全面探讨。实践中存在一些问题，如最近媒体曝光的贵州独山县为了政绩工程，不顾自身条件，欠下400亿元巨额债务①，说明政府整体运营缺乏规制。地方政府整体运营的权力集中，利益巨大，而且缺乏具体相对人，长期处在行政诉讼的监督之外，其他的监督制约作用也很有限，结果导致政府违法经营一再发生，这也是独山县债务积累到400亿元才被发现的原因。我国特有的治理模式尤其需要拓展客观行政公益诉讼。但如何实现对政府运营的有效监督，还需要加强研究。

---

① 《中国纪检监察报》刊发贵州省纪委监委梳理的典型案例汇编，其中披露，为了政绩，潘志立不认真落实党中央关于打赢脱贫攻坚战的决策部署，罔顾独山县每年财政收入不足10个亿的实际，盲目举债近2亿元打造"天下第一水司楼""世界最高琉璃陶建筑"等形象工程、政绩工程。他被免职时，独山县债务高达400多亿元，绝大多数融资成本超过10%。

(二) 与行政诉讼制度的整合

行政公益诉讼独辟蹊径,探索出监督行政的新路径,与行政诉讼一道,构成对行政权运行的完整制约。见图 2。

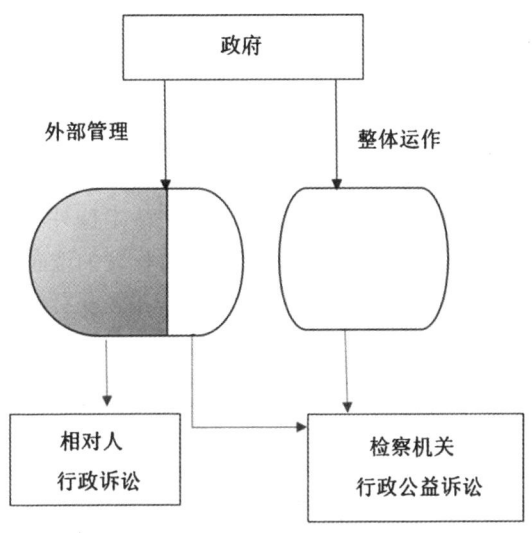

图 2 行政公益诉讼流程

就近期而言,行政公益诉讼需要注重与行政诉讼的对接。在法律上,行政诉讼虽然没有主观诉讼和客观诉讼的明确划分,但事实上存在客观诉讼和主观诉讼两种类型。相对人提起的行政诉讼主要属于客观诉讼的范畴,只要相对人认为利益受到影响就具有原告资格,而且整个案件的审理和裁判都是围绕着被诉行政行为是否违法,而不是指向相对人的权利主张。相对人提起的行政协议诉讼和行政赔偿诉讼则归于主观诉讼的范围。因此,客观行政公益诉讼需要和行政诉讼对接,以促进行政客观法秩序的完整有效运行和不断完善,维护秩序公益,而主观行政公益诉讼则需要更多与行政赔偿诉讼及行政协议诉讼对接,要确保特别领域被损公共利益的修复,尤其在涉及生命安全和国家重大利益方面,政府要优先履行治理职责。

从长远看,行政公益诉讼需要和传统行政诉讼制度一起共同建立完整的具有中国特色的行政诉讼制度,将政府外部管理和整体运营行为全部纳入行政诉讼的监督范围。这里不局限于行政公益诉讼类型与行政诉讼类型的整合,而是要统筹考虑行政诉讼制度的整体设计,包括诉讼目标和具体的诉讼构造。行政公益诉讼与传统行政诉讼具有互补性,可以填补政府整体运营行为法律监督之不足。从完整行政诉讼制度的建构来说,也存在客观诉讼和主观诉讼之分,前者侧重于整个的行政客观法秩序,而后者涉及个人公权利的救济以及特定领域的公共利益的保护。当然,这是一个复杂宏大的工程,也是提升国家治理体系和治理能力现代化的必然选择,也需要大规模的修法才能完成。

(三)检察制度的配套改革

行政公益诉讼是检察机关法律监督职能的拓展,涉及检察权与行政权及审判权三者的关系,即通过法律监督制约行政权,包括通过诉前程序和提起诉讼来纠正行政违法。为促进行政公益诉讼类型化的发展,对行政权进行有效监督,需要拓展检察机关对行政权实施法律监督的路径和方式。除了更加明确检察机关在客观公益诉讼和主观公益诉讼的不同法律定位外,需要在获取行政权的运行信息和监督行政机关履行判决方面做更大程度的改革。

第一,明确检察机关在两类诉讼中的职责。在客观行政公益诉讼中,检察机关主要的职责是纠正行政违法,维护客观法秩序,保护秩序公益。同时,通过诉讼,发现客观法规则体系中存在的问题,并建立相关渠道,反映至有立法权的权力机关或政府,促进客观法秩序的合理建构。在主观公益诉讼中,检察机关的核心任务是保护国家利益和社会公共利益。当然,也要在现行的客观法秩序的框架下,督促行政机关依法行政,并在行政机关自身无法独立完成修复任务时,需要把政府增加到诉讼程序,促使政府优先考虑对特定领域公共利益的保护,强调政府的优先治理职责。

第二,拓展检察机关获取行政权运行信息的手段。目前,制约行政公益诉讼的突出问题之一是案件来源有限。[①] 从维护客观法秩序的角度考虑,可将线索来源延伸到行政机关对外发布的各种信息,包括规范性文件、重大决定等,也可以通过社会渠道提供信息。另外,从保护特定领域公共利益的任务出发,在法定范围内的重大公共利益受损,也可以通过多元渠道获取信息。

第三,加强检察机关在裁判履行过程中的监督职责。可以考虑规定行政公益诉讼裁判履行过程中检察机关的督促权,裁判中的义务人定期向检察机关和法院报告履行情况、迟延理由和补救措施,以确保被破坏的客观法秩序的恢复和特定领域国家利益和社会公共利益的补救。

结语

行政公益诉讼作为国家治理体系的重要构成部分,从试点开始就得到了中

---

① 参见胡卫列、田凯:《检察机关提起行政公益诉讼试点情况研究》,载《行政法学研究》2017年第2期。

央的决策支持和社会的高度关注。① 5 年多来，经过不断探索实践，其制度框架基本形成，在生态环境和资源保护、食品药品安全、国有财产保护和国有土地使用权出让等领域办理了一大批有影响的案件，取得了明显成效，纠正了行政机关违法行使职权的行为和不作为，保护了国家利益和社会公共利益。② 然而，由于行政公益诉讼制度设计基础分类的缺位及实践运行的偏差，带来了两方面的问题：一是与检察机关法律监督职能相关的客观公益诉讼没有得到高度重视，秩序公益始终没有成为行政公益诉讼的核心目的；二是诉讼实践呈现出浓厚的主观诉讼特征，偏重于被损公共利益的修复，延伸到政府的治理范畴，造成了审判与执行的难度。实践中为了达到受损利益修复的目标，导致了对"法定职责"的扩大解释，只有被损公共利益完全修复，法定职责才算履行完毕。

党的十九届四中全会明确提出要拓展行政公益诉讼的范围，完善环境公益诉讼制度。作为一种中国特色的国家治理手段，行政公益诉讼进入到一个新的发展阶段，从行政诉讼类型的角度来重新定位行政公益诉讼十分重要。审视和检讨以往的诉讼制度实践，从检察机关的法律监督职能和我国特有的整体运作模式来看，建构客观公益诉讼应成为行政公益诉讼的主要发展方向，诉讼的目标是维护客观法秩序，保护秩序公益。同时调整和完善主观公益诉讼，当涉及国防利益、生命安全和可持续发展等重大国家利益和社会公共利益受到侵害时，检察机关也可以提起补救请求之诉，保护这些特别利益。

当然，行政公益诉讼类型化的的发展需要从理论层面达成共识，包括对诉讼类型的精细化研究，也需要进一步整合行政诉讼和行政公益诉讼，打造具有中国特色的完整的行政诉讼制度，同时也要审视检察机关在行政诉讼中的功能定位，找准与法律监督职能相匹配的发展方向，并完善检察制度，为行政公益诉讼类型化的发展提供理论和制度支持。

（原载于《国家检察官学院学报》2021 年第 2 期）

---

① 参见胡卫列：《国家治理视野下的公益诉讼检察制度》，载《国家检察官学院学报》2020 年第 2 期。
② 《检察公益诉讼全面实施三年办理案件 31 万余件》，载最高人民检察院网站，https：//www.spp.gov.cn/spp/xwfbh/wsfbh/202007/t20200708_472509.shtml，2020 年 2 月 3 日访问。

行政公益诉讼中检察建议援用法律研究*

关保英**

2017年修订的行政诉讼法第25条正式以法律的形式确立了公益诉讼制度,其中规定检察机关在公益诉讼中有权对行政机关提出检察建议,这使得检察建议成了一个正式的法律行为。而在行政公益诉讼试点期间,诸多公益诉讼的案件检察机关都向行政机关提出了检察建议。① 检察建议在行政公益诉讼的实践中还存在这样、那样的问题,最为突出的问题是行政公益诉讼中检察建议的法律属性还不够明显,尤其在法律的援用中还存在不充分、不完整、不规范等弊端。本文基于《行政诉讼法》第25条有关检察建议的规定,试对公益诉讼中检察建议援用法律问题作较为系统的研究。

一、问题的提出

行政公益诉讼已经被行政诉讼法所确认,它已经成为我国行政诉讼的基本构成。在行政法治实践中,有关公益诉讼的案件也越来越多,而通过行政诉前程序就已经结案的案件占有绝对的比重。有学者指出:"在检察机关提起公益诉讼试点过程中,各地检察机关严格履行诉前程序,共办理行政公益诉讼诉前程序案件3763件,督促行政机关主动纠正行政违法行为或者依法履行职责2838件。通过诉前程序,75.4%的行政机关主动纠正了行政违法行为,充分

---

* 本文为2017年度教育部哲学社会科学研究重大课题攻关项目"新时期改革与法治关系实证研究"(项目批准号:17JZD004)部分研究成果、"上海市高原学科(行政法)""中央财政支持地方高校建设专项(行政法)"资助项目的阶段性成果。

** 上海政法学院教授。

① 《人民检察院提起公益诉讼试点工作实施办法》(已失效)第37条规定:"人民检察院对审查终结的行政公益诉讼案件,应当区分情况作出下列决定:(一)终结审查;(二)提出检察建议;(三)提起行政公益诉讼。"该规定表明检察机关是否提出检察建议并不是行政公益诉讼的必经程序,但是在行政公益诉讼的实践中,检察机关向行政机关提出检察建议的情形是比较普遍的。通过检察建议让行政机关自行纠正违法或者不当的行为是一个比较好的制度设计,而且诸多案件也在检察建议作出后得到了解决。

发挥了诉前程序及时解决问题、有效节约司法资源的优势。"① 诉前程序的启动是基于检察机关的检察建议，换言之，一个公益行政诉讼案件的存在同时意味着一个检察建议的存在。这在公益诉讼试点期间表现的非常突出。各地在行政公益诉讼的试点期间都发生了一系列公益诉讼的案件，与这些案件同步，公益诉讼的检察建议也同时起着应起的作用。深论之，行政公益诉讼的检察建议已经成为行政公益诉讼的法定程序和必经程序，检察建议的大量存在已经不可逆转。然而检察建议究竟应当符合什么样的条件，具备什么样的标准，达到什么样的规范性，至少在我国实在法中还是一个空缺。笔者研读了公益诉讼试点期间以及行政诉讼法确立公益诉讼之后的相关案例、相关公益诉讼中的检察建议，发现这些检察建议在法律援用中存在较为严重的不规范问题，可从下列方面予以佐证。

（一）检察建议政策导向偏多

我国行政公益诉讼制度的建立是在我国对依法治国做出顶层设计时提出来的②，这便使得行政公益诉讼从它产生的那一天起就应当是一个法律行为，因为它是我国法治体系的有机构成部分，是我国法治新进程中的新的制度设计、新的规范构型。然而，正因为行政公益诉讼存在于我国依法治国的顶层设计中，便给人们一种错觉，似乎该制度的价值属性大于它的规范属性，包括检察机关在内，更多论者从法治理念的角度，从法治政策的角度来认知公益诉讼。该认知也渗入到了行政公益诉讼的诸环节之中，检察建议作为行政公益诉讼的前置性环节，首先受到了政策导向的影响。诸多检察建议在行文中都强调有关的政策精神，例如有检察建议或者相对一部分检察建议都强调检察机关在检察活动中"专项活动"的性质，这样的措词很容易让人联想到检察机关所实施的检察行为是在相关政策的导向下实施的，而这样的检察建议传递给行政机关的信息不是行政法治，而是行政政策。还有检察建议就明确提出："为进一步加强我市畜禽养殖业污染整治，防治水污染，保障人民群众身体健康，我院民事行政检察部门联合你局环境监察大队对辖区内生猪养殖环境污染问题进行了多次现场调查。"③ 该行文没有任何法律依据，不具备任何法律上的规范性，它具有明显的政策导向。检察建议可以在政策导向下作出，甚至检察建议也可

---

① 田凯等：《人民检察院提起公益诉讼立法研究》，中国检察出版社2017年版，第105页。
② 中共中央《关于全面推进依法治国若干重大问题的决定》规定："检察机关在履行职责中发现行政机关违法行使职权或者不行使职权的行为，应该督促其纠正。探索建立检察机关提起公益诉讼制度。"参见《中共中央关于全面推进依法治国若干重大问题的决定》，人民出版社2014年版，第22页。
③ 连州市人民检察院检察建议书，[连检民（行）行政违监〔2015〕44188200001号]。

以体现一定的政策精神，但是这些政策精神必须外化于法律，外化于行政法原则和行政法规范。易言之，检察建议中应当通过援用法律规范或者具体法律条文的方式实现对政策的体现，非常直接地将政策的内容写入检察建议是不利于行政公益诉讼的法治化的。而问题在于，在我国行政公益诉讼中检察建议不能够从政策的偏向中抽离出来，已经成为目前检察建议中的不可忽视的弊病。

（二）检察建议就事论事偏多

检察建议作为行政公益诉讼的有机构成部分，它应当契合行政诉讼法的目标，契合行政诉讼制度的运作逻辑，契合司法审查的质的规定性。毋庸置疑，我国行政诉讼制度是一个制度体系，行政诉讼的制度体系所体现的是司法对行政的约束。有学者就指出："我们视司法审查为一种程序，并试图对其表现作一评价。基于上述目的，我们假定司法审查具有两个主要功能：首先，同一般意义的法院一样，它是昭雪冤屈的制度；其次，至少在红灯理论者看来，它是控制政府和行政机关的制度。"① 这表明，司法权和行政权通过行政诉讼制度形成了一种理性的关系形式，检察建议是这种理性关系形式的契合点，同时检察建议也必须理性地体现司法权固有的特性，那就是它的稳定性、规范性、连续性和可预知性。检察建议是由诉讼逻辑所框定的，而不是由行政逻辑所框定的，任何一个检察建议都应当有着厚实的理论根据、法律依据和事实依据，都应当成为一个相对完整的体系，哪怕这种体系还处在微观层面上。但是目前检察建议大多都是就事论事式的，诸多检察建议非常碎片化，对行政机关所倡导的内容也极其具体和个别，这也许从操作层面上讲是可取的，但它完全背离了检察建议作为法律行为的精神。

例如，有检察建议就有这样的规定："1. 建设事故应急池，并确保已建成的污水处理设施和污水资源化利用项目正常运行。2. 彻底实现厂区清污分流；按照防扬散、防流失、防渗漏"三防"措施的相关要求对初期雨水塘、废水收集池、浮渣场、猪粪临时堆场等进行防渗处理，避免二次污染；猪粪及时清运至有机肥车间进行加工处理，日产日清。3. 定期检测七里湾龙潭地下水出水水质，切实保证大树营村第三村民小组饮用水。督促辖区环保部门定期开展周边水质监测，及时发现并消除安全隐患。"② 该检察建议所涉及的内容比行政机关行政执法中采取的执法行为还要具体，还要个别化，这样的检察建议与公益诉讼所体现的法治价值很难予以一致。这是检察建议在当下存在的又一个严重问题。

---

① ［英］卡罗尔·哈洛等：《法律与行政》（下卷），杨伟东等译，商务印书馆2004年版，第974页。
② 昆明市官渡区人民检察院检察建议书［官检民行公建〔2016〕1号］。

（三）检察建议中性化的劝诫偏多

检察建议在名称上看似乎是非常柔和的，因为作为一种建议，被建议者既可以予以采纳，也可以不予以采纳，这在法言法语之外作出解读是不会有异议的。而行政诉讼制度所确立的检察建议中的"建议"则不可以与日常用语中的"建议"相对等，也就是说，行政公益诉讼中的检察建议，检察机关对行政机关所提出的主张，所提出的改进措施，所提出的对行政权的规范化行使并不是柔性的，而是刚性的。一方面，检察建议不是检察机关在检察工作中的工作建议，而是在实施法律规范时形成的具有法律内容的主张，具有法律内容的倡导，它对于行政主体而言具有法律上的约束力，而不是一种既可以采纳，又可以不采纳的自由选项。另一方面，检察建议是正式的法律行为，其作为一种文本出现是法律文本，而不是法律之外的政策性的文本或者工作交流性的文本。因此，检察建议绝对不可以中性化，不可以给行政机关一种模棱两可的选项，甚至不可以给行政机关有任何选项，它要求行政机关应当这样为之而不应当那样为之等。而在行政公益诉讼的实践中，一些检察建议则具有明显的中性化的倾向，它表现出来的不是检察机关的掷地有声，而是其与行政机关的讨价还价。有些检察建议对行政主体仅仅是一种劝诫，就是劝说行政主体可以这样为之，而不是强制要求行政主体必须这样为之。例如，有检察建议就有这样的行文："你局对本辖区环境保护工作实施统一监督管理职责，应对靖远县羊肉市场污染祖厉河及黄河水体一事会同相关单位进行全面有效的处置。"① 该检察建议要求某环保局对违法行为的处置似乎是可以选择的，因为它使用的是"应"而不是"应当"这样的措词。有些检察建议对行政机关实施行政行为的强度远远不够，例如有检察建议要求："督促你局切实履行国有土地监管职责，加大土地出让金追缴力度，对润业房地产公司拖欠土地出让金及滞纳金的行为，依法向法院提起民事诉讼，避免国有资产遭受损失。"② 其中所使用的"督促"是值得商榷的，因为进入公益诉讼程序之后，检察机关与行政机关之间就是严格的法律关系，严格的诉权主体与被告之间的关系，而不是简单的监督与被监督的关系。总体而言，当下的检察建议在行文力度上和检察机关所采取的举措上都是相对柔和的，这就淡化了检察建议的约束力和强制性。

（四）检察建议工作总结偏多

检察建议究竟是内部行为还是外部行为是必须予以澄清的，我们可以从理

---

① 甘肃省白银市靖远县人民检察院检察建议书［靖检民（行）行政违监〔2016〕62042100005 号］。
② 嘉峪关市人民检察院检察检察建议书［嘉检民（行）行政违监〔2015〕62020000019 号］。

论上将检察建议视为检察机关的内部行为，因为检察建议常常是检察机关在工作过程中所形成的。我们还可以将检察建议视为外部行为，就是检察机关所做出的、能够发生外部效力的行为。检察建议作为内部行为，无论从理论上还是在实践上讲都是不能成立的，因为检察建议发生在检察机关和行政机关之间，检察机关做出检察建议的过程虽然是在检察系统内部进行的，但它并不影响该行为作为外部行为的属性。换言之，检察建议是一种严格的、具有外部属性的行为。但是在行政公益诉讼的实践中，诸多检察建议被检察机关写成了检察系统的内部工作总结，有检察建议就明确指出检察人员在工作中"发现"①，其非常清楚地将检察建议视为检察机关的内部工作，有些检察建议所涉及的内容则是对行政系统的作为或者不作为的工作总结。如有检察建议就写道："你局是国土资源管理部门，应按规定向受让人催收土地出让的全部价款，但你局未及时督促立新依法缴纳土地出让金及违约金，存在怠于履职。土地受让收入是政府非税收入的重要组成部分，非税收入又是财政收入的重要组成部分。你局怠于向受让人收取土地出让金的行为，致使国有土地使用权收入流失，国家财政收入减少，损害了国家利益。"② 这实质上是对行政机关相关工作的总结。无论检察建议在于总结检察机关的工作还是侧重于总结行政机关的工作，都是不可取的。作为工作总结，它更多的是内部行为，更多的是检察机关与行政机关的法外联系，而不是检察机关对行政机关在法律上所作的诉求和约束。

检察建议中上列四个方面的问题倾向淡化了检察建议的约束力，而这些问题都是形式方面的，从实质上讲，则在于检察建议没有很好地援用法律，它们是援用法律不到位所产生的必然结果。

二、行政公益诉讼中检察建议援用法律的正当性

检察建议援用法律有着充分的理论依据和实践依据，它应当得到法律理论的充分支持。目前，我国行政公益诉讼中检察建议援用法律既存在不充分的问题，又存在认知模糊的问题。在笔者看来问题的关键在于，我们对检察建议与法律规范的关系没有充分的认知，与法律制度的关系没有充分的认知。由于行政公益诉讼在我国推行的时间相对较晚，而行政公益诉讼的试点期也仅仅两年

---

① 湖北省石首市人民检察院检察检察建议书［石检行公建〔2016〕03号］。
② 湖北省石首市人民检察院检察检察建议书［石检行公建〔2016〕03号］。

时间①，行政公益诉讼诸多的理论和实践问题我们还没有达到相对成熟的地步。那么，行政公益诉讼中检察建议援用法律究竟有哪些理论依据，有哪些法律上的正当性呢？笔者试从下列方面予以讨论。

（一）以检察建议作为法定程序论之

在行政诉讼法确立行政公益诉讼时，明确提出了检察机关的检察建议问题。行政诉讼法有关公益行政诉讼的规定只有一个条款，是相当单薄的，甚至行政公益诉讼试点期间相比也是非常单薄的。在试点期间，最高检以及地方检察机关对公益诉讼的检察建议都做了相应的规定，有些规定所涉及的内容已经比较完整了。②而随着试点工作的结束，在试点期间的、有关公益诉讼的司法规范性文件都已经丧失了法律效力，而行政诉讼法通过一个概括规定将检察建议的内容作了概括性的处理，这就使检察建议在行政公益诉讼的实践中会有这样和那样的解读。有些解读可能会与行政诉讼的精神相一致，有些解读则可能悖反行政诉讼的精神，例如，检察建议在一些检察机关作出时就下意识地把它当成了检察机关与行政机关简单的工作关系，而没有从程序理性的高度认知检察建议。行政诉讼法对检察建议的处理的概括性并没有降低检察建议作为法定程序的事实，在法理学上出现本身就是法的组成部分："程序既是法律的一个组成部分，也是法律体系的一个组成部分。"③ 检察建议符合法定程序的固有含义，它从表面上看，所构建的是在行政公益诉讼过程中检察机关与行政机关的带有协商性的关系形式。然而，检察建议是公益诉讼中的法定程序，虽然该程序可能会在进入人民法院的司法审查之前就已经结束，但不可否认的是该程序是严格的法律程序，它是公益诉讼整个程序过程中的程序之一。检察建议作为程序的法定性就必然要求检察机关在检察建议中要援用法律，要通过行政实体法或者通过行政程序法支持它的程序属性，支持它作为程序的法定性。法律程序作为检察建议的本质属性框定了检察建议的相关形式和实质的内容，过多地在检察建议中渗入政策，渗入工作总结，就必然使检察建议去程序化，去法定化。我们也注意到，有些检察建议在行文中援用了相关的实体法，例如：

---

① 2015年12月16日最高检通过了《人民检察院提起公益诉讼试点工作实施办法》，自发布之日起施行。公益诉讼的试点工作便由此而开始，到2017年6月27日行政诉讼法的修改将公益诉讼写入，意味着公益诉讼的全面推开，试点工作也宣告结束。

② 参见《检察机关提起公益诉讼试点方案》《江苏省人民检察院关于提起公益诉讼试点工作的实施方案》《福建省人民检察院关于提起公益诉讼试点工作的实施方案》《山东省人民检察院关于提起公益诉讼试点工作的实施方案》。

③ [英]戴维·M.沃克：《牛津法律大辞典》，北京社会与科技发展研究所译，光明日报出版社1988年版，第521页。

"根据《中华人民共和国水污染防治法》第 22 条、第 75 条第 2 款、《中华人民共和国环境保护法》第 63 条第 3 项、《全国人民代表大会常务委员会关于授权最高人民检察院在部分地区开展公益诉讼试点工作的决定》和《人民检察院提起公益诉讼试点工作实施办法》第 40 条的规定，向你单位提出如下检察建议。"① 有些检察建议也援用了相应的程序法，例如："根据《人民检察院民事诉讼监督规则（试行）》第 112 条的规定，向你单位提出如下检察建议。"② 检察建议作为法定程序通过援用实体法和程序法给予支持，是合乎法治理性的。

（二）以检察建议作为法律行为论之

检察建议是由检察机关实施的，它通常有比较完整的内容，但这还不是问题的关键，关键在于检察建议有具体的实施主体，有具体的对象，更有具体的行为过程。目前的检察建议都是由检察机关以建议书的方式作出的，它常常冠以法律文书的名称和编号，它作为法律文书是其形式要件，而从它的行为属性上讲则属于检察机关所实施的检察行为，具有行为的属性。而作为检察行为究竟属于检察机关内部的事实行为呢？还是属于外部的法律行为呢？毫无疑问，检察建议不属于前者，而属于后者。正如上述，检察建议的形成是检察机关通过内部的行为而完成的，它的最终走向则是外部化。该行为外部化以后就属于法律上的行为，而不是简单的事实行为。整个检察建议所体现的是检察机关与行政机关之间的关系，是作为司法当事人的检察权与行政权的关系，是作为司法主体的行为方式与行政主体的行为方式的一种连接，这样的连接绝对不是一种简单的工作关系。很多检察机关在检察建议中常常将检察机关与行政机关的关系处理成工作关系，例如有检察建议规定："……2. 将现有堆积在祖厉河道旁的废弃物进行清理。3. 增强环境保护责任意识，督促我县屠宰企业做好无污染作业保护环境。"③ 在笔者看来，这样的处理是欠妥当的，因为它淡化了检察建议实施中二主体之间通过司法权连接的客观事实。检察建议作为法律行为有着充分的法律依据，有着充分的实在法上的依据，作为法律行为当然应当依法而为之。质言之，整个检察建议无论是从启动还是从所涉及的实体内容都应当通过法律确认该行为的法律性质，有检察建议就非常好的处理了这个问题，例如："根据《中华人民共和国环境保护法》第 10 条第 1 款规定，施秉县环境保护局负有管理本行政区域内环境保护监督工作职责，施秉县牛大场镇

---

① 安徽省定远县人民检察院检察建议书［定检行建〔2016〕1 号］。
② 白城市人民检察院检察建议书［白检民（行）行政违监〔2016〕22080000002 号］。
③ 甘肃省白银市靖远县人民检察院检察建议书［靖检民（行）行政违监〔2016〕62042100005 号］。

石桥村干冒砂场、罗家屯砂场未办理环境影响评估报告手续仍进行非法开采的行为，违反了《中华人民共和国环境保护法》第 19 条的相关规定，施秉县环境保护局作为本县环境监督管理职能部门，应该依法进行制止和处罚。"① 在我国行政公益诉讼的实践中，像这样的通过法律规范支持检察建议作为法律行为的案例并不多见。总而言之，检察建议作为法律行为的性质是毋庸置疑的，既然是一种严格的法律行为，整个行为过程都应当与法律规范紧密的联系在一起，其援用法律就必然是一种正当逻辑。

（三）以检察建议解决法律问题论之

检察建议与我国行政公益诉讼诸范畴紧密的联系在一起，我国目前的行政公益诉讼对公益的界定和确定是有限度的，它并没有将所有的公共利益都纳入到行政公益诉讼中来，仅仅选择了若干敏感的、公众普遍关注的公益的范畴，如生态环境和资源保护、食品药品安全、国有财产保护、国有土地使用权出让等领域。② 在笔者看来，我国目前的行政公益诉讼有着强烈的问题意识，就是根据行政法治实践中存在的问题来针对性的解决公众关注的问题。那么，行政公益诉讼所涉及的这些问题究竟是什么性质的问题呢？我们可以说这些问题具有浓厚的行政色彩，是行政性的问题，我们还可以说这些问题是社会性的问题，因为它是公众所关注的社会热点，我们还可以说这些问题与当下的社会治理联系在一起，是社会治理机制中的问题，等等。但是，我们要强调的是行政公益诉讼所涉及的每一个标的、每一个案件、每一个应当由行政机关解决的问题都是法律问题，它们都以相应的行政法规范为依据，是由行政法规范所带出来的问题。换句话说，是由行政主体违法的或者不当的行政行为引出来的问题。例如，行政主体没有对环境违法事件进行有效的处罚，没有对相对人的行政许可行为进行有效的后续监督等。这些由行政主体以作为的形式出现的或者以不作为的形式出现的都是法律行为的表现，他都会被贴上行政法的标签。检察建议责成行政主体解决这样和那样的问题都应当有充分的法律依据，检察建议权是行政诉讼法赋予检察机关的，而该权力的每一步的运作都必须以法律规范为依据，受法律规范的调控。它对行政行为的矫正也罢，监督也罢，责令改正也罢，都是在法律规范的支持下而为之的。说到底，它或者是要解决环境

---

① 施秉县人民检察院检察建议书［施检行建〔2016〕14 号］。
② 行政公益诉讼的范围无论在试点期间还是行政诉讼法中都作了列举规定，就是将其限定在特定的公共利益领域。但笔者注意到，行政诉讼法在列举了若干范畴之后用了一个"等"，在学界关于法律上"等"的解读有"等内"和"等外"之说，笔者认为，随着我国公益诉讼的不断深入，我们对公益诉讼范围"等"的解读应当选择"等外"而不是"等内"。也就是说，可以将公益诉讼的范围从列举的诸事项扩展到其他方方面面。

方面的法律问题,或者是要解决国有资产方面的法律问题,或者是要解决食品药品安全方面的法律问题。有一个错误的认知我们必须要予以纠正,那就是检察机关所针对的是行政机关的工作。从本质上讲,检察建议所针对的是行政机关实施法律的状态,所以在行政公益诉讼中检察机关只有通过完整的、细密的援用法律,才能够使所要解决的法律问题真正落地。

(四) 以检察建议产生法律效果论之

检察建议是检察机关以司法文书的形式发送给行政机关的,检察建议究竟有什么样的效力呢?在笔者看来,它是检察机关对行政机关的一种法律监督,一种法律约束,在通常情况下,检察建议的内容行政机关都会予以采纳。例如,有检察建议发给行政机关之后,行政机关就按照检察建议的内容做了认真整改:"收到检察建议后,兴平市政府及住房和城乡建设局高度重视,一是采取临时措施购买水泵将地表污水抽干。二是为完善兴平市'南排水工程'建设拨付 20 余万元专项整改资金,完成了过街预埋套管和管道的铺设,打通了西立交桥处管道封堵的井口,安装离心泵将污水排入附近的化工区人工湿地。7 月 13 日,西安铁路运输检察院邀请宝鸡工务段技术人员及官庄村村委会干部对整改现场进行回访。经实地查看,污水对附近村庄群众生活、周边生态环境及铁路运营安全的影响已经消除,案件办理取得了显著的法律效果和社会效果。"[①] 由此可见,检察建议的内容是必须付诸实施的,而行政主体也不折不扣的对待检察建议中的具体要求,这就使检察建议改变了行政执法的过程和行政执法的效果。从这个角度讲,检察建议是会产生实体上的法律效力的。当然,行政机关也有可能选择对检察建议作另一种处置,即或者部分接受或者不予以接受。而在行政公益诉讼试点期间,如果行政机关不接受检察建议便有可能导致检察机关实施后续行为,就是将行政机关以被告的身份起诉到人民法院。这虽然没有产生行政实体法上的效果,但在法律程序上将检察建议不予实施的状况置于了一个更高的法律层面,就是将不予接受检察建议的行政机关推向了被告席。其所产生的程序法上的效力便是不证自明的。当检察机关作出检察建议时就应当充分考虑检察建议在实体法上和在程序法上的效力问题,如实体法或程序法的适用,这是检察建议援用法律正当性的又一佐证。

三、行政公益诉讼中检察建议援用法律的范畴

行政诉讼法对行政案件审理的法律依据作了规定,其将法律、行政法规、

---

① 陕西省兴平市住房和城乡建设局不依法履行职责案,参见最高人民检察院民事行政检察厅编:《检察机关提起公益诉讼实践与探索》,中国检察出版社 2017 年版,第 210—211 页。

地方性法规等由立法法所确立的诸法律渊源都规定为行政诉讼案件审理的依据，政府规章则作为参照。在行政公益诉讼中，检察机关究竟应当援用什么样的法律，如何选择法律依据则是需要予以确定的问题。行政公益诉讼是行政诉讼的特殊形态，也是行政诉讼制度的有机构成，所以检察建议援用法律实质上是对法律依据的选择，是对行政诉讼案件处理依据的选择，该选择当然应当遵循行政诉讼法的基本规定。换言之，检察建议所选择援用的法律应当包括法律、行政法规、地方性法规等，而地方政府规章不能直接予以援用，尤其不能直接作为确认行政行为违法的依据，这是检察建议援用法律范畴的大原则。如果我们将行政法治实践中检察建议援用法律的范畴予以具体处理的化，那么下列范畴是主要方面。

（一）援用程序法与援用实体法

在行政公益诉讼中检察机关对公益的维护是检察行为的出发点，而该行为的行为对象是行政主体及其行政行为。行政主体的行政行为分为程序合法和实体合法两个基本范畴，有关程序合法有学者这样解读："一个是狭义的，即依法办事；另一个是广义的，即除依法外，还应有一套确认的规范或原则借以保证广泛的行政权（自由裁量权）不被滥用。"① 有关实体合法有学者解读为："实质意义的法治国家，乃是'社会的法治国'，进一步要求以实现正义理念为内容之国家，亦即国家任务不仅是保障人民的自由权利，更必须创造于社会正义与积极实现人民基本权利之各种条件，以追求公平合理的人类生活。"② 检察机关对行政主体在公益执法中行为的监督也自然而然的分为对其程序合法性的监督和对其实体合法性的监督，检察建议所涉及的法律内容便存在于实体规则和程序规则之下。从检察建议援用法律的状况看，目前援用实体法的较为普遍，如施秉县人民检察院检察建议书就援用了《森林法》第18条，《贵州省林地管理条例》第23条、第24条等，其所涉及的都是行政机关在实体上的法律职责。③ 相比之下，检察建议中援用程序法的情形则相对较少，在试点期间诸多的援用如果涉及程序规则的话，基本上是《人民检察院提起公益诉讼试点工作实施办法》，检察机关通过援用该办法第40条的规定予以证明自己的检察建议权，这在程序援用上是比较粗略的。程序性的援用除了有关司法程序规则的援用之外，也可以援用行政程序规则，如行政处罚的程序规则、行政强制的程序规则等。笔者注意到，有些检察建议书是针对行政机关在环境保护

---

① 龚祥瑞：《比较宪法与行政法》，法律出版社2003年版，第305—307页。
② 翁岳生编：《行政法》（上册），中国法制出版社2009年版，第183—185页。
③ 施秉县人民检察院检察建议书［施检行建〔2016〕15号］。

等领域实施行政处罚行为不妥当或者不及时而提出检察建议的,但在这些检察建议中,基本上没有援用行政处罚法有关行政处罚程序的规定。在行政执法实践中,程序违法和实体违法具有同样的危害性,所以检察建议在充分援用实体法的同时,也要充分援用程序法。

(二)援用上位法与援用下位法

上位法与下位法在立法法中是有明确的概念界定和位次上的区隔的。所谓上位法是指相对于下位法而言位次相对较高的法律规范。与之相对,下位法则是指与上位法相比位次相对较低的法律规范。严格地讲,它们应当是一个层级化的有序排列,也就是说,它们存在相邻上下位法之间的关系,如地方性法规的上位法包括法律、行政法规等,而它的相邻上位法则是行政法规。我国立法关于上下位法相邻关系所做的规定相对比较模糊,所以在法治实践中常常会出现同一事项在两个不同层级的上位法之间都有规定的情形,这就阻滞了上下位法之间的相邻关系。检察建议援用法律也会受到这种相邻上位法关系相对模糊的困扰,例如,一个县级检察院在有关行政违法的检察建议中究竟应当如何援用法律、如何处理上下位法之间的关系就是一个实践中存在困惑的问题。以射阳县人民检察院对射阳县环境保护局有关环境执法的检察建议为例,其就涉及环境保护法、水污染防治法的规定,也涉及《排污费征收标准管理办法》以及该省的地方性法规的相关规定,检察机关究竟如何援用则是必须处理的问题。[①] 笔者认为,有关地方行政机关的违法行为如果发生违法行为的状况与地方法治关系密切,检察机关援用作为下位法的地方性法规便是比较妥当的,如果在援用中能够合理的处理上位法与下位法的关系则更好。作为地方行政执法若存在不当,检察建议都直接援用上位法或者直接援用法律以及行政法规是否必要则是值得探讨的。如果相应的地方性法规对该范畴的违法行为作了更加切合地方实际的规定而且没有违背上位法的情形,这时援用下位法则更加节省法律成本。当然,援用上位法和下位法的处理技术还需要进一步在法律上予以规范。

(三)援用公法与援用私法

在行政公益诉讼试点期间,我们在制度设计上将行政公益诉讼与民事公益诉讼作了区分,建构了两套公益诉讼的制度体系。[②] 该建构当然有着法理上的科学依据和制度层面上的现实性,但是我们不能因为有这样的区分就将行政公

---

① 射阳县人民检察院检察建议书〔射检民(行)行政监〔2015〕32092400005号〕。
② 在试点期间,公益诉讼被设计为民事公益诉讼和行政公益诉讼两个不同的公益诉讼制度。参见《人民检察院提起公益诉讼试点实施办法》第1条和第28条。

益诉讼中公法与私法完全的予以对立，不能用这个结论而认为行政公益诉讼所涉及的仅是公法问题，而与私法没有关联。恰恰相反，在现代公法体系中相关私法的原理、相关私法的原则、相关私法的规则都被广泛的引入到公法中来，私法对公法的渗入已经不可逆转："私法对自由裁量决策的控制在很多方面与司法审查基于同样的原则。"[1] 例如，弗里曼在《合作治理与新行政法》一书中就非常深刻的讨论了私法在解决公法问题中的作用，它有这样的论断："公共部门设立私法人的法律行为原则上适用有关特定组织形式的私法规范。"[2]公共利益在当代社会机制中常常是公与私交织在一起的，例如，行政主体通过发包的方式将有关的公共事务交由私方主体去完成，这样的公私合作在我国已经非常普遍了。[3] 这就使有关公益方面的行政违法可能不仅仅是公权范畴的问题，不仅仅是公法范畴的问题，检察机关的检察建议要根据行政主体在公益保障中的具体情形而选择法律的援用。在绝大多数情况下，援用公法是没有问题的，但在有些情形下检察建议应援用私法，例如对民法通则有关契约内容的援用也符合行政执法的实际状况。因此，检察建议要将援用公法与援用私法做同等价值的处理。近年来，我国在有关公用事业的经营中实施了特许经营的制度，通过特许经营行政系统将有关的公用事业交给了私方当事人进行经营，如《青海省市政公用事业特许经营管理条例》第 2 条规定："本条例所称市政公用事业特许经营，是指政府按照有关法律、法规的规定，通过市场竞争机制选择市政公用事业投资者或者经营者，明确其在一定期限和范围内经营某项市政公用事业产品或者提供某项服务的制度。"第 3 条规定："本省行政区域内下列实施特许经营的市政公用事业项目，适用本条例：（一）供水、供气、集中供热；（二）污水、垃圾处理；（三）道路、桥涵、广场、路灯、管线共用通道、园林等公用设施的养护；（四）其他由省人民政府建设行政部门负责指导和监督的特许经营项目。"这涉及一定范围内的公共利益，而它的经营主体则是私方当事人，而相关权利和义务的确定并不完全依据公法原则，尤其行政主体与私方当事人所形成的权利义务关系大多基于民事法律关系中的对等原则和契约精神，如果在特许经营中有阻滞公共利益的情形，检察建议便不可以仅仅援用公法的内容。随着我国公私合作在行政法治中的深入，有关公共利益中公

---

[1] ［英］道恩·奥利弗：《共同价值与公私划分》，时磊译，中国人民大学出版社 2017 年版，第 11 页。

[2] ［德］汉斯·J. 沃尔夫等：《行政法》（第 3 卷），高家伟译，商务印书馆 2007 年版，第 443 页。

[3] 参见《政府和社会资本合作（PPP）综合信息平台运行规程》《PPP 物有所值评价指引（试行）》。

法与私法的交织就会越来越普遍，检察建议如何科学的援用私法的内容就成为必须处理的问题。

(四) 援用一般法与援用部门管理法

笔者注意到，目前我国检察建议中有关"行政六法"的援用是非常少的。"行政六法"包括行政许可法、行政处罚法、行政强制法、行政复议法、行政诉讼法和国家赔偿法，它们构成了我国规范政府行为的基本的行政法体系，从行政程序到行政救济对行政行为做了全面覆盖①，基本上构成了行政执法的基本程序规则和救济规则。在检察建议中是否要援用"行政六法"的内容，在笔者看来应当作出肯定的回答。因为行政机关的行政行为如果都能够与"行政六法"所规定的原则或者具体规范相契合，那么行政违法将少之又少。换言之，公共利益维护中的行政违法，或多或少都与行政主体违反"行政六法"有着直接或者间接的关系。以此而论，检察建议都应当首先从"行政六法"中找到行政行为违法的依据、行政行为不当的依据。如在环境行政处罚中，行政主体如果处罚太轻或者处罚不作为，那就必然违反了行政处罚法的规定。但是，在行政公益诉讼的实践中，诸多检察建议都没有很好地援用"行政六法"。令人奇怪的是，有些检察建议将"行政六法"置于一旁而直接援用宪法："根据《中华人民共和国宪法》《中华人民共和国民事诉讼法》《人民检察院组织法》……"②，这显然是不妥当的。检察建议疏于援用"行政六法"实质上是对行政一般法的忽视，从更深层次上考量，疏于援用"行政六法"从一个侧面反映出检察机关对行政法治精神的认知还有所缺失。与"行政六法"相对应的是部门法的援用，尤其部门行政管理法的援用，相比之下，此一范畴的援用情况较好。诸多检察建议都援用了有关的部门行政管理法，如环境保护法、矿产资源法、水污染防治法、土地管理法等，有些也充分援用了地方有关部门管理法的规定，如省矿产资源管理条例、省林地管理条例等。部门法的援用与行政一般法的援用及其关系的处理并不是一个简单的法律上的技术问题，而它从深层次上能够反映出检察建议的法治品味，反映出检察建议是否能够长效化的运作。还有一个问题似乎应当予以引起注意，即诸多检察建议对行政规范性文件的援

---

① 应当说明的是，我国有关行政程序法对行政行为的规定具有非常明显的选择性。目前，仅仅规定了行政许可、行政处罚和行政强制三个范畴的行政行为，而其他行政行为则没有对应的行政程序规则予以规定，这需要制定一部统一的行政程序法对行政行为作出全覆盖。

② 高密市人民检察院检察建议书［密检民（行）行政违监〔2015〕37078500007号］。

用,如前述案件中有检察建议援用《靖远县环境保护监督管理责任规定》①,有检察建议援用《射阳县畜禽养殖污染防治管理办法》,由县政府或者县政府职能部门制定的行政规范性文件在检察建议中予以援用既缺乏法律上的依据,也缺乏严谨性。正如上述,依据行政诉讼法的规定,规章也仅仅在行政诉讼案件中处于予以"参照"的地位,所以以这些规范性文件来给行政机关设定义务是不够严谨的。

四、行政公益诉讼中检察建议援用法律的技术进路

检察建议援用法律至少有下列方面的法治价值:一是通过援用法律使检察建议依法启动,这在有些检察建议中就有所体现。② 检察建议的启动是检察建议程序的开始,检察机关之所以能够开启该程序肯定能够有法律上的依据,在检察建议书的开篇就应当写入该建议启动的法律依据。二是通过援用法律使检察建议都是依法作出的,而不是以检察机关的工作需要作出的。目前,一些检察建议的法属性之所以不浓,就在于在这个检察建议中充满了检察机关对工作的总结而不是对法律问题的解决。三是通过援用法律使检察建议凸显法律内容和法治精神。正如上述,目前检察建议有的有政策导向,有的是一种劝诫,有的就事论事,有的则是工作总结。这就使一个严肃的检察建议被淡化为一个法外的问题,通过援用法律则可以矫正该问题。四是通过援用法律使检察建议最终能产生法律效果。检察机关做出检察建议目的是要对行政违法行为进行矫正,对行政不当行为进行矫正,对行政不作为进行矫正,等等。而检察机关与行政机关所发生的因检察建议引起的关系是严格的公对公的关系,是严格的法律关系。在这个关系中,检察建议是具有单方面性的,就好像行政法关系中行政主体对行政相对人具有单方面性一样。而我们知道,法律关系中的单方面性是一方主体对另一方主体的单向约束。检察机关通过检察建议就是要约束行政上的违法或者不当,这是检察建议的基本的法治价值,因此检察机关很好的援用便是提升公益诉讼质量的必由之路。那么,检察机关如何有效地援用法律呢?笔者试提出下列技术进路。

(一) 自觉性援用

有学者指出:"司法机构位于法律程序的核心"。③ 该论断对传统法律理论中有关司法的被动性与消极性做了修正和升华,与之相适应的则是司法主动性

---

① 甘肃省白银市靖远县人民检察院检察建议书〔靖检民(行)行政违监〔2016〕62042100005 号〕。
② 参见高密市人民检察院检察建议书〔密检民(行)行政违监〔2015〕37078500007 号〕。
③ 〔英〕雷蒙德·瓦克斯:《法律》,殷源源译,译林出版社 2016 年版,第 86 页。

的当代法治精神。所谓司法主动性是指，包括司法审查在内的整个司法权已经不仅仅扮演着不告不理的角色，已经不仅仅按以前相对消极和被动的逻辑行事，而是要积极的介入到法治过程中来，通过司法的积极介入或者用以排解纠纷，或者用以解决争端，或者用以惩恶扬善等。一定意义上讲，行政公益诉讼制度的构建与司法主动性的当下理念是相契合的。之所以这样说，是因为在公益诉讼中检察机关不仅仅因为纠纷的出现才介入到司法行为中来，它提起公益诉讼并不以纠纷的产生和存在为前提，而是以社会公共利益是否得到保障为前提。"公益诉讼在很大程度上突破了对个人社会角色的理解，不再视公民为为自己利益而斗争的个体，而是强调公民在政治社会中的积极参与。它也突破了对司法职能的狭隘理解，不再视司法为解决纠纷、维护秩序的消极机构，而重视司法在整个社会治理中的能动作用。"① 公益诉讼的这种新的司法逻辑给检察机关在公益诉讼中的行为方式提出了非常高的要求，它要求检察机关要自觉地、主动地发现行政违法案件。在行政公益诉讼中案件线索和案件来源是不可忽视的一个问题，而检察机关通过自己主动的行为方式发现案件的线索是公益诉讼案件的重要来源，同时检察机关除了在案件来源等方面具有主动性之外，更要主动地对待法律，对法律的援用就应当自觉地、下意识地为之。而目前公益诉讼的检察建议中检察机关具有案件启动和案件推进的主动性和自觉性，但在法律援用上这样的主动性则是相对失缺的。基于此，笔者认为，检察建议中援用法律，检察机关必须树立自觉援用的意识，要自觉地将检察建议的工作属性转化为法律属性，将检察建议的工作文本转化为法律文本，自觉援用是检察建议援用法律是否理性的决定因素。②

（二）具体性援用

每一个司法案件都是法律规范与案件事实的具体结合，换言之，法律规范的规定在具体的司法案件中是个别化的、具体化的，这也是司法行为的本质特征之一，也是司法行为区别于立法行为、行政行为的标志。有学者就深刻地指出："司法权的第一特征，表现在所有国家都是对案件进行裁判。要使法院发挥作用，就得有争讼的案件。要使法官进行裁判，就得有提交审查的诉讼案

---

① 何海波：《行政诉讼法》，法律出版社2016年版，第203页。
② 我们注意到，在试点期间，最高检对检察机关提起公益诉讼、履行法治职能是有所要求的。《检察机关提起公益诉讼试点方案》就有这样的规定："坚持检察机关职能定位，把握提起公益诉讼的条件、范围和程序，既强化对公共利益的保护，又严格行使检察权"。这实质上在法治理念上对检察机关在检察过程中自觉维护法律尊严是有所期待的，这当然包括检察建议中检察机关对法律规范的自觉援用。

件。"① 公益诉讼当然也不例外,它都由一个一个的具体案件构成,每一个公益诉讼都针对一个特定的案件,都涉及一个具体的法律行为。检察建议作为公益诉讼的首要环节,它也应当受制于案件的具体性和特定性。在检察建议书中,检察机关应当将每一个法律规范的援用具体化。笔者注意到,有些检察建议在援用中的具体化特征是非常明显的,其援用内容常常具体到某一法条,例如施秉县人民检察院对施秉县国土资源局的检察建议中就有这样具体的规定:"本院认为,根据《贵州省矿产资源管理条例》第7条第1款规定,施秉县国土资源局负有管理本行政区域内矿产资源勘查、开采和地质环境保护的监督职责,施秉县牛大场镇石桥村干冒砂场、罗家屯砂场无证非法采砂的行为,违反了《中华人民共和国矿产资源法》第3条、《贵州省矿产资源管理条例》第3条的相关规定,破坏了我县生态自然环境,施秉县国土资源局作为本县地质矿产管理职能部门,应该依法进行制止和处罚,但由于措施不力,监管不到位,怠于履职使无证非法采矿、采砂行为屡禁不止。"② 该援用在具体性方面就是相对规范的,而有些检察建议中的法律援用则较为抽象,例如某检察建议就有这样的抽象援用:"本院认为,保护环境是国家的基本国策,依照《中华人民共和国环境保护法》《江苏省农业生态环境保护条例》等法律法规的规定,你委负有在职责范围内对农业生态环境的保护和监管职责。"③ 这种相对抽象的援用可能使被建议部门无所适从,原因在于被提出检察建议的行政机关并不够通过该检察建议认识到自己行为不合法性之所在。检察建议的应重点关注于能够解决具体问题,能够纠正具体的行政违法行为,因此检察建议中的任何一个条文引用都应当相对具体。笔者注意到,在目前的检察建议中有关案件事实的内容是相对确定的,有些甚至涉及了具体的数量,如有检察建议就在案件事实上有这样的具体内容:"2014年5月9日,你局与某某房地产公司分别签订了编号为(2014)GT-020、(2014)GT-021的两份《国有建设用地使用权出让合同》合同约定,某某房地产公司通过出让方式,取得坐落于嘉峪关市南市区宗地编号为(2014)GT-020、(2014)GT-021面积分别为69990m^2的国有建设用地使用权。该两宗地的国有土地使用权出让价款分别为80488500元、83988000元,每平方米人民币分别为1150元、1200元,出让期限均为40年。"④ 与案件事实这种相对具体的援用相比,法律规范上的援用的具体性则

---

① [法]托克维尔:《论美国的民主》,董果良译,商务印书馆1988年版,第110—111页。
② 施秉县人民检察院检察建议书[施检行建〔2016〕13号]。
③ 射阳县人民检察院检察建议书[射检民(行)行政监〔2015〕32092400005号]。
④ 嘉峪关市人民检察院检察建议书[嘉检民(行)行政违监〔2015〕62020000019号]。

应当有所提升，也许检察建议可以帮助行政机关对其工作进行总结并予以改进，但我们必须将检察建议放置在司法审查这个大的范畴中进行考量。正如上述，司法案件的具体性自然而然的要求检察建议中的法律援用应做到具体，我国检察建议在此方面提升的空间非常大。

（三）针对性援用

检察机关在每一个公益诉讼案件中都要具有行为上的针对性，那么检察建议中有关法律的援用也要强调援用的针对性。一定意义上讲，检察建议援用中的针对性与具体性是相辅相成的，但是针对性有着自己独特的内涵。检察建议要针对行政机关在某一个案件中的违法或者不当，同时还要针对行政主体在公益方面所存在的具有普遍性的问题。例如，在公益诉讼中表现比较突出的就有行政不作为，就有行政行为受制于经济因素的考量等。也就是说，公益诉讼中，违法行为的主要表现是行政不作为或者行政执法中的地方保护，当这些问题成为执法中的常态时，它就不仅仅是一个个案。所以，检察机关在检察建议中要针对性地解决行政机关的执法价值、执法理念，进而达到执法行为普遍规范化的目的。有些检察建议在此方面已经有所尝试，如北京市通州区人民检察院对北京市通州区城市管理综合执法监督局的检察建议就有这样的内容："你局在日常执法工作中应加大对施工扬尘、道路遗撒、露天焚烧等各类扬尘违法行为的执法力度，做到及时发现、及时处理，通过依法履行处罚职责，切实保护大气环境，促进城市副中心建设的各项建设工程实现绿色文明施工。"[①] 其具有明显的针对性，就是通过该案件让行政机关树立文明执法和环境保护意识。

（四）推演性援用

我国属于成文法国家，司法机关在案件处理中的逻辑推演也相对简单。然而，近年来问题则发生了一定的变化，要求司法机关在案件处理中，一方面要考虑先前处理的案件，最高法和最高检的指导性案例的推出就是例证；另一方面，要求司法机关在案件处理中不能简单地作出司法结论，而应当有一定的司法推理，包括从法律规范出发和先前的法律案例出发，经过若干环节的理性推演再得出理性的司法结论。检察建议是一种司法行为，检察建议书也是司法文书，检察建议的内容要让行政机关能够予以接受，其自然应当包括检察机关对行政机关的法律论证，只有通过严密的法律论证，行政机关才更愿意主动地接受司法建议的内容。上面已经指出，目前的司法建议中相关的法律推演相对较

---

① 北京市通州区人民检察院检察建议书［京通检行建〔2016〕0002号］。

少，即便在检察建议书中引用了具体的法律条文，这些条文在法理上是如何推演出来的，检察机关鲜有说明。有检察建议有这样的表述："本案中，某某化工有限公司在生产经营过程中，未按环评批复要求，在厂区西南侧私设排污口，将废水排入盐化工业园区泄洪渠，同时利用办公楼西侧一渗坑排放水污染物，其行为污染环境。环境保护部门应加强环境保护政策、法律法规知识的宣传和教育，及时巡查，发现破坏环境的违法行为要及时予以查处，采取措施予以恢复。为了防治水污染环境，保障人体健康，维护生态安全，促进定远县经济社会可持续发展，根据《中华人民共和国水污染防治法》第 22 条、第 75 条第 2 款、《中华人民共和国环境保护法》第 63 条第 3 项、《全国人民代表大会常务委员会关于授权最高人民检察院在部分地区开展公益诉讼试点工作的决定》和《人民检察院提起公益诉讼试点工作实施办法》第 40 条的规定，向你单位提出如下检察建议。"[1] 该检察建议尽管也阐释了行政机关应当履行责任的法律缘由，但还谈不上是具体的法律推演。从今后检察建议的发展趋势看，有关法理上的逻辑推演应当引起重视，检察机关援用一个法律条文要将其来龙去脉有所交代，应将该法律条文所涉及的法理有所交代，这样行政主体在接受检察建议时便心服口服。

(原载于《法学评论》2021 年第 2 期)

---

[1] 安徽省定远县人民检察院检察建议书［定检行建〔2016〕1 号］。

行政公益诉讼起诉期限问题研究

张昊天*

修改后的行政诉讼法确立了检察机关提起行政公益诉讼制度,最高法、最高检《关于检察公益诉讼案件适用法律若干问题的解释》(以下简称《公益诉讼解释》)进一步完善了制度构造,为司法办案提供更明确指引。然而,制度定立并未终结相关争议。有学者就观察到,现有法律规范没有规定检察机关在提出检察建议之后什么期限内应该起诉,这在现实中就会导致时间上的拖延和公益不能及时救济的问题,例如在锦屏县检察院诉锦屏县环境保护局不履行法定职责案中,锦屏县检察院就先后3次提出检察建议,自首次提出检察建议直至最后起诉,历时16个月之久。[①] 作为连接检察办案和法院审判的"门槛性"问题,检察机关提起行政公益诉讼是否有起诉期限、如何确定起诉期限,理论上多有讨论但尚未得到系统论证,规范上未予明确司法实践中也不统一。

一、一个检视——众说纷纭的行政公益诉讼起诉期限问题

行政诉讼法及相关司法解释规定了公民、法人或者其他组织提起普通行政诉讼的起诉期限,而对检察机关提起的行政公益诉讼能否适用却未置可否。下文通过检索梳理人民法院对行政公益诉讼起诉期限进行论述的司法案例[②]及理论观点,集中审视有关行政公益诉讼起诉期限的分歧问题。

(一)适用现有规定或从中推导

现有法律规范果真没有规定行政公益诉讼起诉期限吗?"普通期限说"对此持否定态度。这种观点的立场是,行政诉讼法及相关司法解释已经明确规定

---

* 北京市人民检察院检察官助理,机关团委书记。

① 参见沈岿:《检察机关在行政公益诉讼中的请求权和政治责任》,载《中国法律评论》2017年第5期。

② 以"检察机关""公益诉讼""起诉期限"为关键词在中国裁判文书网上检索行政案件,显示2017年43件、2018年11件、2019年22件、2020年14件,2021年4月26日检索。

了起诉期限，行政公益诉讼应当予以遵循，直接适用或推导适用现有起算点、期间等要素。如有学者提出，根据《行政诉讼法》第46条，行政公益诉讼的一般起诉期限应为6个月；特殊起诉期限可以根据最高法《关于执行〈中华人民共和国行政诉讼法〉若干问题的解释》（以下简称《适用行诉解释》）第41—43条分别予以确定。① 也有法院裁判明确指出，"行政公益诉讼案件系行政诉讼案件的一种，受行政诉讼法及相关司法解释的调整，并遵循行政诉讼诸如起诉条件、起诉期限等诉讼制度的一般规定及司法解释有关行政公益诉讼起诉条件的特别规定"。② 至于具体适用哪一法律条款、又如何计算，"普通期限说"也走向了分叉路。

行政诉讼法规定的一般起诉期限是6个月，但检察机关并非行政行为的相对方，对于适用"知道或应当知道作出行政行为之日"作为起算点还是另行确定新的起算点，存在不同看法。有学者认为，根据《行政诉讼法》第25条、第46条及《人民检察院提起公益诉讼试点工作实施办法》（以下简称《试点工作办法》）第40条，检察机关应当在发出检察建议满1个月（《公益诉讼解释》修改为2个月或15日）之日起6个月提起行政公益诉讼。③ 司法实践中，有的法院认为应从检察机关通过调查发现行政机关未依法履行法定职责的行为，致使国家利益或者社会公共利益受到侵害之日起，计算6个月起诉期限④；有的法院认为应当自检察机关收到行政机关对检察建议的书面回复之日起，计算6个月起诉期限⑤；有的法院则认为，应依照《行政诉讼法》第47条第1款和《适用行诉解释》第66条的规定，在提出检察建议后给予行政机关2个月的履职期限，在该期限届满后计算6个月的起诉期限⑥；还有的法院推导适用司法解释关于特别期限的规定，认为应当以检察机关发现行政机关怠于履职行为之日⑦，或以检察机关提出检察建议之日起，计算最长不超过2年

---

① 参见杨解君、李俊宏：《公益诉讼试点的若干重大实践问题探讨》，载《行政法学研究》2016年第4期。司法解释修改后，特殊起诉期限被规定在最高法《关于适用〈中华人民共和国行政诉讼法〉的解释》第64—66条。
② 吉林省延吉市人民法院（2017）吉2401行初字第44号行政判决书。
③ 参见马怀德：《新时代行政公益诉讼制度的发展与实践》，载《人民论坛·学术前沿》2019年第5期。
④ 江苏省淮安市中级人民法院（2018）苏08行终字第102号行政判决书。
⑤ 参见甘肃省天水市秦州区人民法院（2017）甘0502行初字第6号行政判决书；陕西省礼泉县人民法院（2017）陕0425行再字第1号行政判决书。
⑥ 参见四川省绵阳市三台县人民法院（2019）川0722行初字第14号行政裁定书。
⑦ 参见江苏省徐州铁路运输法院（2017）苏8601行初字第1419号行政判决书；广东省高级人民法院（2018）粤行申字第1020号行政裁定书。

(《适用行诉解释》修改为 1 年）的起诉期限①。

(二）法律没有规定且无法准用

与"普通期限说"不同，一些观点并不认为现有法律规范可以解决行政公益诉讼起诉期限的问题。最有代表性的是"无期限说"。该说认为，行政公益诉讼不受普通行政诉讼起诉期限的限制，只要经过检察机关提出检察建议的诉前程序，行政机关在法定期限内未依法履行职责，国家利益或者社会公共利益仍处于受侵害状态，检察机关可随时提起诉讼。②对此，有的法院直接援引《公益诉讼解释》第 21 条规定，认为行政公益诉讼只要符合该条规定的起诉条件即可提起，不受起诉期限限制。③有的法院则认为，现有起诉期限规定的起诉人不包含作为行政公益诉讼起诉人的检察机关，在否定适用现行起诉期限规定的同时，也强调检察机关行使法律监督职能应当连续、及时。④还有一种"特殊期限说"的观点是，行政公益诉讼应当考虑到公益保护的特殊性，设置不同于普通行政诉讼的特殊起诉期限。有学者认为，行政公益诉讼没有一般的起诉期限规定，建议行政公益诉讼案件的起诉期限可以适用《行政诉讼法》第 46 条第 2 款规定的 20 年或者 5 年的最长保护期限。⑤还有来自一些检察机关的声音，有的提出行政公益诉讼起诉期限可以是 2 年⑥，有的提出可以借鉴环境损害赔偿诉讼时效的 3 年⑦，有的提出可以是 4 年或者更长⑧。

由上观之，关于行政公益诉讼起诉期限问题的争论，可以呈现出"普通期限说""无期限说""特殊期限说"这样较为清晰的谱系脉络。理论分歧的

---

① 参见广东省韶关市中级人民法院（2017）粤 02 行终字第 153 号行政判决书；广东省高级人民法院（2018）粤行申字第 1020 号行政裁定书；吉林省榆树市人民法院（2018）吉 0182 行初字第 41 号行政判决书。

② 参见江苏省常州市武进区人民法院（2017）苏 0412 行初字第 118 号行政判决书；江苏省建湖县人民法院（2017）苏 0925 行初字第 268 号行政判决书；贵州省遵义市中级人民法院（2017）黔 03 行终字第 291 号行政判决书；广东省韶关市中级人民法院（2017）粤 02 行终字第 168、169、170、171、172、173、174、175、176 号行政判决书；安徽省当涂县人民法院（2018）皖 0521 行初字第 39 号行政判决书；枣庄市山亭区人民法院（2018）鲁 0406 行初字第 36 号行政判决书；湖北省嘉鱼县人民法院（2019）鄂 1221 行初字第 17 号行政判决书。

③ 山西省阳泉市郊区人民法院（2018）晋 0311 行初字第 48 号行政判决书。

④ 湖北省钟祥市人民法院（2019）鄂 0881 行初字第 60、61 号行政判决书。

⑤ 参见刘艺：《检察行政公益诉讼起诉期限适用规则研判——评湖北省钟祥市人民检察院诉钟祥市人民防空办公室不全面履行职责案》，载《中国法律评论》2020 年第 5 期。

⑥ 参见赵智慧：《检察机关提起公益诉讼期限该如何确定》，载《检察日报》2018 年 4 月 8 日，第 3 版。

⑦ 参见高宗祥：《行政公益诉讼制度施行疑难探讨》，载《人民检察》2016 年第 10 期。

⑧ 参见巩富文、杨辉：《我国检察机关提起公益诉讼制度研究》，载《人民检察》2015 年第 5 期。

根源在于，没有对行政公益诉讼应否设置起诉期限的问题进行更深层次的挖掘，以及缺少对起算点、期间等要素予以必要且充分的论证。而司法实践的主要问题是：一方面，检察机关、人民法院在提起诉讼和受理审查阶段可能对起诉期限产生不同认识，导致案件在立案、审理时受阻；另一方面，人民法院在审查认定行政公益诉讼起诉期限时不能统一适用法律，特别是面对被诉行政机关以此为由提出抗辩或者上诉时，难以给出说服力强的解释。因此，申言行政公益诉讼起诉期限的问题，可以被描述为三个层次：首先，检察机关提起行政公益诉讼是否应当设置起诉期限；其次，如果应当设置期限，行政公益诉讼是否可以直接适用现有普通行政诉讼起诉期限法律规定；最后，如果不能直接适用现有规定，行政公益诉讼又当如何设置特殊的起诉期限或如何推导适用现有规定。以下分述之。

二、行政公益诉讼应受起诉期限约束

从规范层面上看，行政公益诉讼条款（《行政诉讼法》第 25 条第 4 款）被规定在行政诉讼法"诉讼参加人"一章，按照"当事人在行政诉讼中的法律地位平等"原则，仍当遵循包括起诉期限在内的现行行政诉讼制度规定。《公益诉讼解释》第 26 条明确，"本解释未规定的其他事项，适用民事诉讼法、行政诉讼法以及相关司法解释的规定"。最高法对此的解释是，《公益诉讼解释》是在民事诉讼法、行政诉讼法框架下对于检察公益诉讼案件具体程序所做的特别规定，其中没有明确规定的事项，适用民事诉讼法、行政诉讼法以及相关司法解释的规定。① 实际上，行政公益诉讼遵循普通行政诉讼一般原则和规定的理念，并非修法后才产生的，而是自检察公益诉讼试点工作以来一以贯之的。② 这可以作为法律上否定"无期限说""特殊期限说"的依据，也为"普通期限说"提供了规范基础。同时，对行政公益诉讼起诉期限必要性的考察，还需从起诉期限和行政公益诉讼制度特殊性出发，把握以下方面的

---

① 参见江必新：《认真贯彻落实民事诉讼法、行政诉讼法规定全面推进检察公益诉讼审判工作——〈最高人民法院、最高人民检察院关于检察公益诉讼案件适用法律若干问题的解释〉的理解与适用》，载《人民法院报》2018 年 3 月 5 日，第 3 版。
② 全国人大常委会在授权最高人民检察院开展公益诉讼试点工作时明确要求，"试点工作应当稳妥有序，遵循相关诉讼制度的原则"。最高检制定的《检察机关提起公益诉讼试点方案》规定，"根据民事诉讼法、行政诉讼法等法律的有关规定和全国人大常委会的授权决定，确保试点在法律框架和授权范围内开展，维护法制的统一和权威"；"提起公益诉讼，试点方案没有规定的，适用民事诉讼法、行政诉讼法及相关司法解释的规定"。该办法第 56 条也明确，"本办法未规定的，分别适用民事诉讼法、行政诉讼法以及相关司法解释的规定"。

理据。

(一) 起诉期限制度价值和"三及时"之必要

起诉期限本质上属于时效制度范畴，后者在刑事、民事、行政领域设置目的和功能价值有所不同。国家刑罚权之所以会罹于追诉时效，最为根本的原因还是在于随着时间流逝施以刑罚的必要性减弱了。① 民事诉讼时效则是恪守"法律不保护躺在权利上睡大觉的人"，促进权利人及时行使权利，维护交易秩序和安全。而基于请求权和形成权体系分野，我国民事法律设置了诉讼时效和除斥期间两种时效制度。相较而言，民事诉讼时效是实体规则，超过诉讼时效意味着丧失胜诉权，只是法院不得主动审查；行政起诉期限是程序规则，涉及的是诉权问题，超过起诉期限法院要驳回起诉，且不存在中止、中断的问题，这一点类似于民事诉讼的除斥期间。从消灭时效角度来理解起诉期限，权利人怠于行使权利经过法定期间，其公力救济权归于消灭。消灭时效缘起于罗马法中的裁判官制度，当事人经过一定期限不起诉则丧失诉权和实体权利，这实质上是为了应对裁判官一年执政期限及履职而产生的权宜工具。随着社会发展和时效制度变迁，其正当性基础也在发生变化，更多向维持一定的法律关系、节约司法资源等公益性目的倾斜。

普通行政诉讼起诉期限的意义主要在于，基于法的安定性原则和行政行为公定力理论，督促行政相对人正确、及时地行使诉权，防止其对诉权的滥用；同时有利于提高行政机关的执法效率，构筑稳定的行政法律关系，维护行政秩序。如此看来，行政公益诉讼同样具有督促诉权及时行使、促进行政法律关系及时稳定的效用，而其特殊意义更在于，通过检察监督促进行政机关依法、正确、及时地履行法定职责，以实现受损的国家利益和社会公共利益及时得以恢复。因此，结合起诉期限制度价值，检察机关提起行政公益诉讼应当把握"三及时"必要，即公益诉权及时行使、法律关系及时稳定和公共利益及时保护。所谓"及时"，《辞海》解释为"逢时；得到有利时机""抓紧时机"。② 检察机关在必要期限内提起行政公益诉讼，除了能够抓紧时机通过行使公益诉权来驱使行政法律关系早日稳定外，其意义更在于促进受损公益得以恢复，避免失去公益保护的有利时机。目前全国检察机关每年办理行政公益诉讼案件数

---

① 基于刑罚目的的考量，理论对此有"特殊预防说""一般预防说""报应说"三种学说，此外还有考虑到加速原则（Beschleunigungsmaxime）、证据材料"保质期"等事由的解说。参见王志坤：《论"不受追诉期限的限制"》，载《国家检察官学院学报》2014年第6期。

② 《辞海》（缩印本），上海辞书出版社2010年版，第839页。

已近14万件①，面对如此大规模公益可能或已经受损的案件，若无起诉期限约束势必难以及时发挥行政公益诉讼制度功能。

（二）检察权与行政权所代表"公益"之权衡

行政公益诉讼本质上关涉到检察权与行政权的关系问题。在我国，行政机关通常被认为是第一顺位的公益保护者和代表人，行政执法在公益保护方面具有优先性。检察机关作为法律拟制提起行政公益诉讼的唯一主体，同样肩负着"公益代表人"的重要责任。在维护国家利益和社会公共利益上，行政机关和检察机关行使职权的出发点和侧重点虽有所不同，但目标都是一致的，都是为了将体现人民意志的法律付诸实施，达到保护国家利益和社会公共利益的目的。② 检察机关与行政机关不是单纯的监督与被监督、起诉与被起诉关系，更多还是要发挥检察权对行政权的督促、补充作用，推动实现公益保护和依法行政。具体到行政公益诉讼制度构造，检察权的谦抑性和补充性至少可以体现在：检察机关应严格把握"履行职责中发现"公益诉讼案件线索，不搞一般监督和任意诉讼；案件范围不宜过宽，应与国家利益或者社会公共利益密切相关，对"等外等"的拓展要经充分论证且为相关法律明确规定；提起行政公益诉讼前，应当经过诉前程序；提起行政公益诉讼应尊重行政成熟性原则，给行政机关自主纠错留下合理空间；应在一定起诉期限内提起行政公益诉讼；提起行政公益诉讼后、人民法院裁判前，如果行政机关纠正违法行为或依法履职使得诉讼请求得以实现的，检察机关可以撤回起诉或变更诉讼请求。

行政行为公定力理论认为，行政行为作出后即被推定为有效，除非在重大明显违法情形下该行为可以被依法变更或撤销外，即便是行政行为存在瑕疵，这种行为也因其具有公定力而被行政相对人所服膺。换言之，在行政行为作出后，行政行为所确定的权利义务关系就应趋于稳定，非有"迫切需要"不能打破。行政公益诉讼制度的出发点即在于，为维护国家利益和社会公共利益的迫切需要，可以通过检察机关起诉来变更或督促履行行政行为。而为了平衡这种关系以及尽快实现公益保护的迫切需要，有必要设置相应的起诉期限。

（三）大陆法系客观诉讼起诉期限立法之通例

行政公益诉讼是极具我国本土特色的制度设计，事实上承担着与大陆法系

---

① 参见《2021年最高人民检察院工作报告》。
② 徐日丹、贾阳：《依法履职稳步推进公益诉讼试点工作——最高人民检察院相关负责人解读〈检察机关提起公益诉讼试点方案〉》，载最高人民检察院网站，2015年7月3日，http：//www.spp.gov.cn/zdgz/201507/t20150703_100708.shtml，2021年5月16日访问。

客观诉讼相似的使命。客观诉讼是在大陆法系国家和地区被广泛研究并在诉讼实践中得以运用的,如德国的利他团体诉讼、法国的反越权行为诉讼以及日本的民众诉讼和机关诉讼等,通过提起这些诉讼,实际上扮演了公共利益和客观法律秩序的"守护者"。由于不同国家和地区有其特殊的制度基础和立法背景,客观诉讼在具体设计和运行上也存在差异。从本质上说,我国行政诉讼法仍然是权利救济的"保权法"。虽然普通行政诉讼也具有一定的公益性,可能会在一定程度上达到客观诉讼的效果,如行政相对人提请行政诉讼促进行政机关积极履职,进而达到了维护公益的结果,或者说促进依法积极履职本身就是对公共利益的保障,这可以被理解为"效果上的公益诉讼"[①] 或者"自益形式的公益诉讼"[②]。但整体而论,行政公益诉讼与普通行政诉讼具有不同的理论基础,表现出明显的客观诉讼特征,应当把握其与主观诉讼的联结和边界,在客观诉讼维度上进行通盘设计和精细构建。

除法律特别规定或有特殊情况外,客观诉讼准用普通行政诉讼的起诉期限,这是域外立法通例。法国的反越权诉讼是起诉人针对政府部门含有决定的文件而诉请撤销的诉讼,其起诉期限通常是2个月,自受到起诉的法规送达或公布之日算起,特殊情况下可以延长。[③] 日本的民众诉讼和机关诉讼作为客观诉讼,与作为主观诉讼的抗告诉讼和当事人诉讼一并,被类型化在行政案件诉讼法的规定之中。民众诉讼和机关诉讼不属于"法律上的争讼",只因法律特别要求公正的法院的判断,要求通过诉讼程序来解决问题,即"在法律有规定时,限于法律的规定,可以提起"(《行政案件诉讼法》第42条)。[④] 民众诉讼和机关诉讼准用抗告诉讼的相关规定,但排除了法令有特别规定等特别起诉期限的适用,故而其起诉期限只能是6个月或1年,即"自知道有处分或裁决之日起经过六个月"或"自处分或裁决之日起经过一年"(《行政案件诉讼

[①] 行政诉讼并不以追求公共利益的保障为直接目标,而是突出追求个人利益的保护,但是,在这个过程中却间接地收到了保障公共利益的效果,即"维护和监督行政机关依法行使行政职权",推进行政主体依法行政。在这层意义上,可以说任何一个行政诉讼都是公益诉讼。参见杨建顺:《〈行政诉讼法〉的修改与行政公益诉讼》,载《法律适用》2012年第11期。

[②] 自益形式的公益诉讼案件的典型特征是个人受害也即群体受害,群体受害则个人亦受害,适用领域主要是消费者权益保护、环境污染、公共服务等。参见林莉红、马立群:《作为客观诉讼的行政公益诉讼》,载《行政法学研究》2011年第4期。

[③] 参见[法]让·里韦罗、让·瓦利纳:《法国行政法》,商务印书馆2008年版,第799页、第836—838页。

[④] 参见[日]盐野宏:《行政救济法》,杨建顺译,北京大学出版社2008年版,第179—182页;[日]市桥克哉、榊原秀训等:《日本现行行政法》,田林等译,法律出版社2017年版,第284—285页。

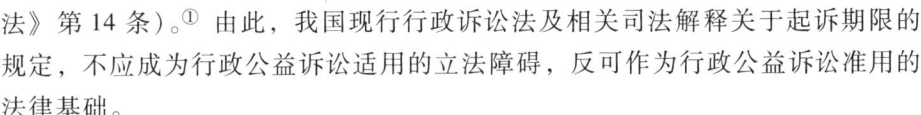

法》第 14 条）。① 由此，我国现行行政诉讼法及相关司法解释关于起诉期限的规定，不应成为行政公益诉讼适用的立法障碍，反可作为行政公益诉讼准用的法律基础。

三、行政公益诉讼起诉期限与现有法律规范不契合

按被诉行政行为类型划分，行政诉讼法设定了作为类行政诉讼和不作为类行政诉讼两种不同的起诉期限计算（起算）规则。同样，行政公益诉讼也可以分为作为类和不作为类两种。前者面对的情况是，行政机关虽然作出了行政行为，但是存在违法履职或履职不到位，导致受损公益未能得以恢复；后者面对的情况则是，行政机关对侵害公益的行为怠于履职或不履职，导致受损公益"无人问津"。

（一）作为类行政公益诉讼起诉期限

《行政诉讼法》第46条第1款规定："公民、法人或者其他组织直接向人民法院提起诉讼的，应当自知道或者应当知道作出行政行为之日起六个月内提出。法律另有规定的除外。"《适用行诉解释》对此作了补充规定，即在未告知起诉期限的情况下，从知道或者应当知道起诉期限之日起计算，但从知道或者应当知道该行政行为内容之日起最长不得超过1年（第64条第1款）；在不知道行政机关作出行政行为内容的情况下，从知道或者应当知道该行政行为内容之日起计算，但不得超过5年或20年的最长起诉期限（第65条）。可见，抛开最长起诉期限不论，法律对作为类行政诉讼起诉期限设置了三个起算点：第一个是"知道或者应当知道作出行政行为之日"，第二个是"知道或者应当知道起诉期限之日"，第三个是"知道或者应当知道行政行为内容之日"。从立法原理看，"知道或者应当知道"更多考虑到行政相对人行使权利的可能性，法律设定的是一种主观主义起算点。从条文表述和立法逻辑看，第二个和第三个起算点应当作为第一个起算点的补充解释，以是否知道行政行为内容为

---

① 日本《行政案件诉讼法》第40条第1款："法令中有起诉期间规定的当事人诉讼，除非其他法令有特别规定，有正当理由的，即使在该期间经过后，仍可提出。"第43条："一、在民众诉讼或机关诉讼中，请求撤销处分或裁决时，除第9条及第10条规定外，准用与撤销诉讼有关的规定。二、在民众诉讼或机关诉讼中，请求确认处分或裁决无效，除第36条规定处，准用与确认无效等之诉有关的规定。三、在民众诉讼或机关诉讼中，有关前两款规定的诉讼以外者，除第39条及第40条规定外，准用与当事人诉讼有关的规定。"

标准进行了区分。①

检察机关由于不是行政相对人,不作为行政决定书的被送达方,因此在办理行政公益诉讼案件时,一般都不会是第一时间发现或知道行政行为作出,更多是通过控告申诉、刑事检察、诉讼监督等"履行职责中发现",实际有的案件与行政作为或行政相对人知情相比是非常滞后的。能够作为行政公益诉讼线索或符合立案条件的,是检察机关认为可能存在行政机关违法行使职权或不作为导致国家利益或者社会公共利益受到侵害,但与"知道行政行为内容"标准还有差距,故不宜以发现线索或检察机关立案作为行政公益诉讼起诉期限的起算点,且这是检察办案的内部程序,无法让公众监督和信服。实践中,检察机关办理公益诉讼案件有相当一部分来自刑事检察等部门的移送线索。有的行政机关由此提出抗辩称,检察机关在办理刑事案件或提起公诉时就早已"知道或者应当知道",应以此起算检察机关提起行政公益诉讼的起诉期限。② 这显然是不符合逻辑和现实的。刑事案件与公益诉讼案件性质不同且在检察机关分属不同的内设机构办理,具有不同的价值取向、办案思路和专业要求,即使是刑事检察部门办理了涉及相关行政违法导致公益受损的刑事案件,也不能当然认为行政公益诉讼起诉期限就开始计算了。③

(二)不作为类行政公益诉讼起诉期限

《行政诉讼法》第47条第1款规定:"公民、法人或者其他组织申请行政机关履行保护其人身权、财产权等合法权益的法定职责,行政机关在接到申请之日起两个月内不履行的,公民、法人或者其他组织可以向人民法院提起诉讼。法律、法规对行政机关履行职责的期限另有规定的,从其规定。"《适用行诉解释》第66条规定:"公民、法人或者其他组织依照行政诉讼法第四十七条第一款的规定,对行政机关不履行法定职责提起诉讼的,应当在行政机关履行法定职责期限届满之日起六个月内提出。"法律规定不作为类行政诉讼起诉期限的起算点是"行政机关履行法定职责期限届满之日",即在行政机关接

---

① "知道行政行为内容"不仅包括相对人知道行政机关已经作出行政行为,还要使相对人知道其作出行政行为的具体内容,包括认定的事实、理由、法律依据和处理内容等。参见梁凤云:《新行政诉讼法讲义》,人民法院出版社2015年版,第265页。

② 参见广东省韶关市中级人民法院(2017)粤02行终字第153号行政判决书;湖北省宜昌市西陵区人民法院(2017)鄂0502行初字第1号行政判决书。

③ 在湖北省宜昌市西陵区人民法院(2017)鄂0502行初字第1号行政判决书中,法院提出了类似思路:"本案中,公安机关于2015年10月27日立案侦办的是溜子湾公司非法占用林地的刑事案件,其内容、案件性质和侦办部门均不同于本案。2016年5月12日,利川市人民检察院案管办将本案线索移送至该院民事行政检察部,但移送案件线索并不表明必然起诉。"

到申请履职之日起 2 个月后开始计算 6 个月的起诉期限。这是一种客观主义起算点，有利于实现起诉期限制度追求经济效率、法的安定性等价值目标。

对于不作为类行政公益诉讼能否适用上述规定，有两种不同的理解：第一种理解为，上述规定是基于行政机关不作为对行政相对人产生的不利影响，后者可以申请行政机关依法履行职责进而保护自己的合法权益。而检察机关提起行政公益诉讼不是维护自身利益，不存在"申请行政机关履行保护其人身权、财产权等合法权益的法定职责"的适用条件。第二种理解为，虽然在行政公益诉讼中没有"申请履职"，但是存在作为"督促履职"的诉前程序，可以将提出检察建议"督促履职"视作"申请履职"，且《公益诉讼解释》同样规定了"2 个月"（紧急情形下是"15 日"）行政机关依法履行职责并书面回复的期限。即便如此准用，问题在于，如果行政机关在收到检察建议后仍然不履职的，是否应在诉前程序期限届满之日起计算起诉期限；如果在法定期限内回函的，是否应以回函之日起计算起诉期限；如果已经开始履行职责或履职完毕但没有回函的，又当如何起算起诉期限。上述第一个问题的关键在于如何认定行政机关是否履职或整改；后两个问题似乎又陷入了作为类行政公益诉讼起诉期限的逻辑旋涡。

（三）与普通行政诉讼起诉期限的差异

"检察机关提起行政公益诉讼"作为一个条款被规定在行政诉讼法之中，证明其实质上仍属于行政诉讼制度范畴，只是法律拟制了检察机关作为特殊起诉主体，通俗而言就是在"民告官"之外又多了"官告官"。由于既不是行政行为的相对方，又因自身没有人身权、财产权等可申请行政机关履行法定职责予以保护的必要，检察机关难以"直接"知道行政作为或者不作为导致了公共利益受到损害。因此，"游走"在规范和实践之间发现，行政公益诉讼难以适用现有起诉期限规定的首要问题，也即与普通行政诉讼起诉期限最大的差异之处，不在于检察机关应在多长时间内提起诉讼，而在于如何确定起诉期限的起算点。从前述已经梳理的法院裁判文书来看，有的认为应当从检察机关调查发现之日起算，有的认为应当从检察机关提出检察建议之日起算，有的认为应当从检察机关收到行政机关对检察建议的书面回复之日起算，还有的认为应当从检察建议回复期限届满之日或发现行政机关怠于履职行为之日起算，等等。其次，即便是能够明确一个起算点，行政公益诉讼是适用 6 个月的一般起诉期限，还是适用 1 年的特殊起诉期限，又能否适用 5 年和 20 年的最长起诉期限，司法实践尺度和考量各异。再者，行政诉讼法关于起诉期限扣除和延长的规定在行政公益诉讼中能否适用，如果可以，有什么特殊条件；如果不行，又能否适用中止和中断。整体来看，现行的行政诉讼法及相关司法解释主要是围绕

"民告官"的普通行政诉讼所作的制度建构,从法律解释和司法适用的维度,行政公益诉讼与普通行政诉讼起诉期限存在诸多差异和分歧。诉讼两造均可以依据现行法律规定作有利于自己的解释和主张,甚至拿出对自己有利的裁判观点进行抗辩,这就会导致各说各话、标准不一,司法机关很难给予有效且充分的回应,一定程度上折损了行政公益诉讼制度价值和司法权威。

四、行政公益诉讼起诉期限设计思路

行政公益诉讼相较普通行政诉讼应当具有特殊性,这是理论研究、制度设计和司法实践的共识。行政公益诉讼具有特别的程序设计,即在提起诉讼前必须经过诉前程序,给予行政机关自我补救的机会,在督促依法行政、受损公益得以恢复的情况下,检察机关便因实现了诉讼目的而不再起诉。可以借鉴我国台湾地区公益诉讼"书面叙明程序",从诉前程序入手设计起诉期限,打通适用现有规定的逻辑链条。

(一)"书面叙明程序"规则借鉴

我国台湾地区无公益诉讼的专门规定,公益诉讼被规定于多部规范性文件之中。我国台湾地区"行政诉讼法"第9条作为公益诉讼的总纲性条款,规定了"人民为维护公益,就无关自己权利及法律上利益之事项,对于行政机关之违法行为,得提起行政诉讼。但以法律有特别规定者为限"。梳理发现,我国台湾地区环保、专利等领域的规范均有允许就维护公益而提起行政诉讼的特别规定,人民或者团体依此等规定和"行政诉讼法"第9条即享有提起行政(公益)诉讼的诉权。如我国台湾地区"环境基本法"第34条规定:"各级政府疏于执行时,人民或者公益团体得依法律规定以主管机关为被告,向行政法院提起诉讼。""废弃物清理法"第72条第1项规定:"公私场所违反本法或依本法授权订定之相关命令,而主管机关疏于执行时,受害人民或公益团体得叙明疏于执行之具体内容,以书面告知主管机关。主管机关于书面告知送达之日起六十日内仍未依法执行者,受害人民或公益团体得以该主管机关为被告,对其怠于执行职务之行为,直接向高等行政法院提起诉讼,请求判令其执行。"受害人民或公益团体依此条文提起诉讼应归于课予义务诉讼("行政诉讼法"第5条),法律以"书面叙明程序"作为诉愿代替程序("诉愿法"第1条但书),即60日期限届满后可以直接提起行政诉讼,不用另行诉愿;至于起诉期限,则应适用"行政诉讼法"第106条第4项规定,为60日期限届满

后的 2 个月，最长不超过 3 年。① 这种以"书面叙明程序"期限届满之日起计算并适用普通行政诉讼起诉期限的规定，是我国台湾地区环保领域公益诉讼通例，为我国大陆地区行政公益诉讼起诉期限设计提供了有益参照和借鉴。②

反观现行行政诉讼法及相关司法解释规定，无论是作为类还是不作为类行政诉讼，设置起诉期限的基本立场是：第一，基于行政行为外部性特点，始于行政行为的对外作出，而并非以内部行政行为或过程性行政行为为基准；第二，基于利害关系理论，应当存在与行政行为具有利害关系的相对人；第三，对于行政不作为的，还应当给予行政机关履行法定职责一定的宽限期，宽限期过后才开始计算。由于行政公益诉讼本质上属于客观诉讼，检察机关与公共利益也不存在利害关系，故以"外部性""宽限期"比照行政公益诉讼发现，诉前程序与之类同。诉前程序是检察机关办理行政公益诉讼案件"外部化"的起点，也是检察权与行政权"交互"的开端，立足起诉期限制度原理并借鉴"书面叙明程序"相关规则，以诉前程序节点统辖作为类和不作为类行政公益诉讼起诉期限的起算点，具有确实的可行性。

（二）行政公益诉讼相关期限厘清

从实践层面来看，检察机关提起行政公益诉讼除了要遵循内部办案程序规定外，还要着重考量行政机关是否整改、行政相对人是否救济等方面因素。因此，在设计行政公益诉讼起诉期限时，有必要厘清其与相关期限的关系。

1. 检察机关办案期限

这是《试点工作办法》对检察机关办理行政公益诉讼案件提出的明确要求。根据《试点工作办法》第 37、38、53 条规定，对于行政公益诉讼案件，检察机关应自立案之日起 3 个月（拟终结审查、提出检察建议）或 6 个月（拟提起行政公益诉讼）内办结；上级检察机关审查批准下级检察机关提起行政公益诉讼的，应自收到案件请示之日起 1 个月内办结；有特殊情况经检察长批准可以延长。这样规定主要是考虑到制度探索初期，检察机关办案需要规范性要求和指引，以确保制度的良好运行和试点工作顺利推进。在行政公益诉讼

---

① 我国台湾地区"行政诉讼法"第 5 条第 1 项："人民因中央或地方机关对其依法申请之案件，于法令所定期间内应作为而不作为，认为其权利或法律上利益受损害者，经依诉愿程序后，得向行政法院提起请求该机关应为行政处分或应为特定内容之行政处分之诉讼。"第 106 条第 4 项："不经诉愿程序即得提起第五条第一项之诉讼者，于应作为期间届满后，始得为之。但于期间届满后，已逾三年者，不得提起。"

② 类似规定，可见我国台湾地区"空气污染防治法"第 81 条第 1 项、"水污染防治法"第 72 条第 1 项、"土壤及地下水污染整治法"第 54 条第 1 项和第 2 项、"环境影响评估法"第 23 条第 8 项、"海洋污染防治法"第 59 条第 1 项，等等。

中，检察机关不仅是司法办案机关还是诉讼发起主体,类比刑事检察业务,刑事诉讼法就明确规定了检察机关提起刑事公诉的"审查起诉期限"。仅明确检察机关的办案期限,只能是作为试点工作期间的变通之计和权宜之法。起诉期限解决的是导致公益受损的行政违法行为或不作为在什么时间可诉的问题,与办案期限并非等同概念,更不能以办案期限代替起诉期限的制度价值。

2. 行政机关整改期限

此处的整改期限是指行政机关在收到检察建议书后依法履职完毕的期限。有观点认为,"整改期限"就等同于2个月或15日的"诉前程序期限"(或称回函期限)。这种理解存在误读和偏差,既不符合行政成熟原则,也有悖于司法办案实际。判断行政机关是否整改到位应坚持"行政穷尽原则"。即对行政机关不依法履行法定职责的判断和认定,应以法律规定的行政机关法定职责为依据,对照行政机关的执法权力清单和责任清单,以是否全面运用或者穷尽法律法规和规范性文件规定的行政监管手段制止违法行为,国家利益或者社会公共利益是否得到了有效保护为标准。[1] 一般而言,行政机关只要开始依法履职,检察机关就暂不会起诉,即便超过诉前程序期限国家利益或者社会公共利益暂时仍处于受侵害状态,也可寄望于依法施行的、较司法程序更加低成本高效率的行政程序来消除侵害。[2] 例如,行政机关按照检察建议要求立即启动了行政程序乃至作出行政处罚,但如果行政相对人仍不遵守(如只缴纳罚款而怠于履行恢复受损公益的法定义务),没有强制执行权的行政机关还将申请人民法院强制执行,这个期限也是整改所必要的。可见,行政机关整改期限不能够为诉前程序期限所涵摄,在诉前程序期限内也可能超出。

3. 行政相对人救济期限

这涉及公益救济与私益救济是否相冲突的问题。检察机关在行政公益诉讼中承担的是法律规定的任意诉讼担当,这就意味着行政公益诉讼具有不同于普通行政诉讼的特性。行政公益诉讼不等于公民诉讼,其功能并不局限于权利救济,由检察机关提起行政公益诉讼也不会侵蚀其他适格主体的诉权。[3] 修改后

---

[1] 陕西省宝鸡市环境保护局凤翔分局不全面履职案,最高人民检察院指导案例49号(2018年)。

[2] 笔者认为,根据《行政诉讼法》第25条第4款、《公益诉讼解释》第21条规定,检察机关提起行政公益诉讼需同时考虑"行政违法性"(行政机关违法行使职权或者不作为)、"公益侵害性"(国家利益或者社会公共利益受到侵害)及二者之间的因果关系,这些一并构成了行政公益诉讼"诉"的基础。即使行政机关按照检察建议要求依法启动了履职程序并回函,甚至已作出了相应的行政处罚,也并不因此消除被诉风险,检察机关还要考虑行政执行、公益恢复等情况进行综合评判。

[3] 参见刘艺:《准确理解和把握公益、诉讼、试点概念的内涵》,载《检察日报》2015年10月23日,第3版。

行政诉讼法除在第 25 条与普通行政诉讼并列规定行政公益诉讼外,还删除了《试点工作办法》中"公民、法人和其他社会组织由于没有直接利害关系,没有也无法提起诉讼的"这一前提条件,实际上就是基于行政公益诉讼与普通行政诉讼"诉的利益"不同,明确二者是可以并行不悖的。不可否认的是,行政公益诉讼会对法的安定性和行政行为公定力产生挑战,进而可能影响行政效率或行政行为所业已确定的权利义务关系。实践中的通常做法是,当行政相对人可以提出行政诉讼或行政复议保护其合法权益时,检察机关暂不僭越私益救济而提起行政公益诉讼,甚至都不会启动诉前程序;待行政相对人救济期限经过,检察机关方才对行政公益诉讼的成案性、可诉性进行评估。

(三)"普通期限说"建构及逻辑

由于行政公益诉讼的特殊性和坚持检察建议的先行要求,检察机关提起行政公益诉讼的起诉期限计算应当不同于传统行政案件。[①] 对行政公益诉讼起诉期限的精细化设计可以采取这样一种思路,即遵循起诉期限制度原理和法律的体系性特征,坚持"普通期限说",推导适用现有法律对一般起诉期限、最长起诉期限、起诉期限的扣除和延长等各个要素的规定。

1. 一般起诉期限及其起算点

行政公益诉讼适用普通行政诉讼 6 个月的一般起诉期限,不仅符合客观诉讼的立法通例,也符合法律的体系性特征,使行政诉讼法律制度得以自洽。同时,借鉴我国台湾地区公益诉讼"书面叙明程序"规则,采用客观主义起算点,以法定期限内检察机关收到行政机关书面回复之日或逾期不回复之日起计算起诉期限。如此,既能统辖现行法律规定各种不同的起算点,也能避免主观主义起算点削弱"三及时"的制度价值。具体而言,检察机关提起行政公益诉讼,应当自收到行政机关在法定期限内的书面回函之日起,计算 6 个月起诉期限;行政机关经过诉前程序不回函的,应当自诉前程序 2 个月(出现国家利益或者社会公共利益损害继续扩大等紧急情形时为 15 日)期限届满之日起,计算 6 个月起诉期限。

2. 最长起诉期限适用及其例外

检察机关提起行政公益诉讼,应遵循《行政诉讼法》第 46 条第 2 款规定 20 年或 5 年的最长起诉期限。从法律规定理解来看,最长起诉期限从行政行为作出之日起计算,这应当是一个客观主义起算点和不变期间。鉴于行政公益诉讼制度的特殊价值,检察机关提起诉讼除要评价行政机关是否违法行政外,

---

① 参见耿宝建、金诚轩:《审理行政公益诉讼案件的几个问题——由山东省庆云县人民检察院诉县环境保护局行政不作为案引发的思考》,载《人民司法·案例》2017 年第 11 期。

还要考虑公益受损情况、恢复的必要性和可行性等，故今后立法可以作出在最为严格条件下突破最长起诉期限的规定，如出现国家利益或者社会公共利益受到重大侵害、损害后果可能继续扩大等紧急情形的，检察机关提起行政公益诉讼可以不受最长起诉期限约束。

3. 扣除、延长及其效力

《行政诉讼法》第 48 条第 1 款、第 2 款分别规定了起诉期限扣除和延长制度。二者的区别在于，扣除制度是法定的，存在不可抗力等客观原因耽误的时间不计算在起诉期限内，无须申请和经人民法院准许；延长制度是酌定的，是因非客观原因而耽误起诉期限，应在障碍消除后向人民法院申请，是否准许由人民法院决定。检察机关提起行政公益诉讼，如果存在不可抗力及其他不属于自身原因耽误起诉期限等特殊情况，当然适用扣除、延长相关规定。但实践中存在的一些特殊情况也需要予以明确，如存在《行政强制法》第 39 条规定行政机关中止执行法定事由的，中止执行期限应从起诉期限中扣除；存在需要通过行政非诉执行来实现公益保护情形的，可以将行政机关依法作出行政决定到执行实施的这段期限，从起诉期限中扣除；存在季节、气候等条件限制，要求行政机关立即完全履职的客观环境可能不成熟等特殊情形的，也可以适用起诉期限扣除规定。① 此外，从起诉期限扣除、检察一体化等制度原理看，不宜以检察机关办理行政公益诉讼案件需内部审批或上级层批等为由而主张起诉期限扣除。②

4. 不能适用中止、中断

虽然理论上对于行政诉讼是适用起诉期限还是诉讼时效存在一定争议，行政审判实践也不乏对二者的混用，但从规范层面来看，行政诉讼应适用起诉期限且为不变期间，具有除斥期间性质，不适用中止、中断。

民事法律上诉讼时效中止制度的理论基础是"客观不能"，与起诉期限的扣除事由类似。诉讼时效中断制度的理论基础是"同意履行"，即义务人同意履行的允诺使权利人产生了信赖，权利人因此没有及时提起诉讼；中断的效力是，已经经过的诉讼时效全部归于无效，自中断条件消除之日起，诉讼时效重新计算。检察机关通过检察建议督促行政机关履职并得到回函承诺，能否构成行政法律上起诉期限的中断？笔者认为，在现行起诉期限制度框架内，该情况

---

① 四川省绵阳市中级人民法院（2019）川 07 行终字第 104 号行政裁定书。
② 在安徽省宣城市中级人民法院（2019）皖 18 行终字第 154、155、157、162、163、164 号行政判决书中，法院指出，"逐级层报制度系基于行政公益诉讼制度的建立需要，由最高人民检察院规定，故前述逐级层报审批期间有别于公民、法人或其他组织可自由行使诉权的期间，不应计入起诉期限。扣除泾县检察院向上层报审批之期间，本案并未超过六个月的法定起诉期限"。

不能构成因"同意履行"而中断时效的理由,而是构成检察办案外部化和起诉期限起算的基础。实际上,行政诉讼法之所以用起诉期限的概念就是为了区别于民法上的诉讼时效;二者在理论基础上有共通之处,但却是两种独立制度。① 目前只有最高法《关于审理行政协议案件若干问题的规定》第25条规定"对行政机关不依法履行、未按照约定履行行政协议提起诉讼的,参照民事法律规范关于诉讼时效的规定",可能存在中止、中断的问题。因此,行政公益诉讼起诉期限应当在现有行政法律规定和起诉期限理论范畴内讨论,不能突破行政法律制度径行适用民事诉讼时效规定。

5. 排除起诉期限的情形

民事法律对特定类型请求权规定了不适用诉讼时效的情形(《民法典》第196条、第995条),而行政法律并没有明确何种情形下不适用起诉期限。大陆法系国家和地区均将"重大且明显违法"作为无效行政行为的标准,如德国行政程序法上的"明显瑕疵说"认为,在行政行为具有重大且明显瑕疵的情况下,不再适用法的安定性原则,而应当适用实质的正当性原则。② 我国司法实践也普遍认为,对于存在行政行为实施主体不具有行政主体资格或没有法律规范依据、行政行为内容客观上不可能实施等"重大且明显违法"情形的,因该行政行为自始无效、当然无效,当事人提起确认无效之诉不受起诉期限限制。③ 因此,如果致使国家利益或者社会公共利益受到侵害的行政行为属于"重大且明显违法",检察机关提起行政公益诉讼便不再受起诉期限的限制。

五、结语

行政公益诉讼主要是督促之诉、效率之诉,设置起诉期限与其制度定位无不契合。倘若超过起诉期限而国家利益或者社会公共利益仍处于受侵害状态,在无法通过提起行政公益诉讼实现公益保护的情况下,仍可以回归诉前程序的引导、督促,发挥检察机关和行政机关协同治理作用,确保公益保护的"国家队"不缺位。总体来看,作为我国司法改革举措法治化过程的成功范例,行政公益诉讼制度当前仍处于初创阶段,但"初创"不能够"粗放",亟须对这一中国特色社会主义司法制度进行体系化设计和精细化完善。笔者立足行政

---

① 参见信春鹰主编:《中华人民共和国行政诉讼法释义》,法律出版社2014年版,第127页。
② 参见最高人民法院行政审判庭编著:《最高人民法院行政诉讼法司法解释理解与适用(上)》,人民法院出版社2018年版,第458—460页。
③ 参见最高人民法院(2016)最高法行申字第2233号行政裁定书;最高人民法院(2018)最高法行申字第2496号行政裁定书等。

公益诉讼的客观诉讼特性,对行政公益诉讼起诉期限应否设置、如何设置等问题进行了剖析,在遵循行政诉讼制度基本原理和检察权、行政权、审判权运行规律的前提下,比照域外一些国家和地区立法例和我国司法实践,提供了一种设计思路。期冀引发理论与实务界共鸣,从更加符合诉讼规律和司法实际的角度,进一步完善起诉期限等相关内容,更好发挥行政公益诉讼在维护公共利益、促进依法行政等方面的制度功效。

(原载于《清华法学》2021 年第 3 期)

行政公益诉讼中行政机关"依法履职"的认定[*]

李瑰华[**]

在行政公益诉讼诉前和诉讼程序中,如何认定行政机关是否"依法履职",这个法学界看似常识性的命题却呈现出一定的复杂性。由于监督和被监督的不同立场,加之在公益诉讼改革快速推进中制度供给难以全面及时跟进等因素,实践中检察机关、行政机关在"依法履职"认定上常常各持己见。尽管法律明确规定检察建议提出后行政机关不"依法履职"是检察机关提起行政公益诉讼的基本条件,但行政机关常常认为自己已经依法履行了监管职责;而检察机关却认为行政机关虽然履行了职责,但公共利益还未完全恢复,故而提起诉讼。[①] 由此导致在行政公益诉讼程序中,行政机关是否"依法履职"依然是大量行政公益诉讼案件的主要争议焦点和审理难点。对行政机关是否"依法履职"的认识分歧不仅容易使诉讼请求、判决内容泛化,而且容易导致检察机关进行法律监督要求行政机关履职的边界不清。"检察机关在督促履职过程中,在诉前检察建议和起诉诉求中,不再仅仅限于泛泛要求行政机关继续履职或者要求法院确认违法,而是进一步要求涉事污染企业停业或者生态环境主管部门代替污染企业治理污染物(代为处置),甚至还有 10 起案例中检察

---

[*] 本文系陕西省社会科学基金项目"检察机关提起行政公益诉讼研究"(项目编号:2017F007)、陕西省教育厅重点项目"陕西省推进行政公益诉讼重点难点问题研究"(项目编号:20JY064)研究成果。

[**] 西北政法大学检察公益诉讼研究中心教授。

① 根据《检察机关行政公益诉讼案件办案指南(试行)》的规定,"行政机关虽回复采纳检察建议并采取整改措施,但实际上行动迟缓、敷衍应付、没有作为的;行政机关仅部分纠正行政违法行为的;行政机关虽采取了履职措施,但履职仍不完全、不充分,无法达到监管目的,且没有进一步行使其他监管权等情形"属于行政机关未依法履行职责。"行动迟缓""敷衍应对""不完全"等语词说明检察机关内部也缺乏相对清晰的法律上的认定标准,"没有作为的""无法达到监管目的"等表述反映了检察机关对公益恢复的重视。

机关要求生态环境主管部门修复生态环境。"① 司法实践迫切需要法院对如何认定"依法履职"作出适当选择,也迫切需要学界对此作出进一步的理论回应。② 本文试就当下学界有关"依法履职"的认定标准存在的争议、"依法履职"的基本语义、认定标准之间的关系、标准背后的法理依据、审判中心主义视角下认定标准如何选择等基本问题进行分析和厘清,期望为司法实践提供一些理论参考。

一、认定标准之争

学界对如何认定"依法履职",主要形成以下两种观点③:第一种观点主张适用"行为标准"。该标准是从肯定层面主张"依法履职",意指行政机关将法定职责落到实处,在法律所规定的监管措施已经穷尽的情况下,国家利益或社会公共利益受侵害的状态即使未消除,也应被认定为"依法履职"。金涛等认为:行政法律规范通常会对行政机关在某个公益保护领域的监督管理职责予以规定,并明确对违法行为应当采取的行政处罚措施。所以,行为上判断行政机关是否"依法履职"是有法可依且具有可行性的。④ 李明超等认为:"履行职责"判断涉及被告在个案中具体有哪些职责,将其与被告履职情况逐一对应,判断是否构成不履行法定职责。⑤ 刘卫先等认为:环境监管部门能证明不存在不履行或怠于履行其监督管理职责的主观故意,客观方面已合法穷尽了各种行政管理措施,即使受损的环境资源在检察建议规定时间内没有得到全面

---

① 王惠、于家富:《2018 年我国环境行政公益诉讼案例的实证研究》,载《环境保护》2019 年第 15 期。

② 最高法、最高检《关于检察公益诉讼案件适用法律若干问题的解释》第 25 条只是规定了对被诉行政行为沿袭传统行政诉讼合法性审查标准,并不能就此得出无须建构"依法履职"认定标准的结论。在诉前程序中检察机关认为已构成违法或不作为,督促其依法履行职责,此处的"依法履职"是指行政机关对违法行为或不作为行为进行的纠正行为,与被诉的行政行为有所区别,依然有必要探讨"履行职责"的认定标准。

③ 也有个别观点主张,建立健全诉前履职认定分类处遇模式,即以结果标准为主、行为标准次之、附条件审查标准作为补充的多元化认定标准,充分激发行政公益诉讼检察监督的内生功效。这实际是一种折中,强调具体情况灵活适用,总体上采取个案式的分析思路。刘学涛、潘昆仑:《行政公益诉讼中诉前程序职责履行的认定标准》,载《中共山西省委党校学报》2020 年第 3 期。

④ 金涛、吴如巧:《检察行政公益诉讼制度的公正性检视》,载《重庆大学学报(社会科学版)》2020 年第 4 期。

⑤ 李明超、王家跃:《行政公益诉讼制度运行的实效性考察——以 713 份裁判文书为分析样本》,载《时代法学》2020 年第 3 期。

恢复，也不应被认为环境资源行政主管机关存在违法不作为。①

第二种观点主张适用"结果标准"。该标准是从否定层面对行政机关未（全面）依法履行职责进行认定，主张只要未消除国家利益或社会公共利益受侵害的状态，不"依法履职"就应该被认定。王万华针对诉前程序中的不依法履职问题提出：是否切实纠正违法行为，关键要看行政机关的整改行动和实际效果。如果行政机关未依法完全履行应有职责，国家利益和社会公共利益仍然处于受侵害状态，行政公益诉讼的提起条件就已具备。② 沈开举等认为：行政机关不依法履职的总标准是行政机关未能通过纠正违法使国家利益或社会公共利益受侵害的状态得以消除。③ 耿宝建等认为：被提出检察建议的行政机关对违法行为不进行纠正或者不履行法定职责，致使国家利益和社会公共利益仍处于受侵害状态，检察机关可以提起行政公益诉讼。④ 该种观点虽是把国家利益和社会公共利益还处于受侵害状态与不"依法履职"作为并行关系阐释，其更倾向于将国家利益和社会公共利益还处于受侵害状态作为提起行政公益诉讼的必要条件。

学界对"依法履职"认定标准的讨论为后续深入研究奠定了坚实基础。"行为标准""结果标准"虽各有优势，但是却陷入了顾此失彼的两难境地。"在行政机关是否全面履行作为义务之判断方面。行为基准强调一种'穷尽说'，它具有可监测、可量化等显性优势，也存在不当激励和难以实现诉讼目的等弊端。结果基准强调'实质说'，它虽然契合了诉讼目的的实现，但却存在着忽视自然、社会等不确定变量、不当加重行政机关负担等弊端。"⑤ 本文认为，基于现有理论和制度框架，审判中心主义视角下认定标准的选择还需从以下维度进行考量：一是要进一步澄清"依法履职"的基本语义；二是要分析厘清"行为标准"和"结果标准"之间的关系；三是要检讨标准背后的法理依据。认定标准的选择适用应充分考虑与"依法履职"基本语义的符合度、与标准之间关系的协调度以及标准背后法理依据与现行法律体系的契合度。

---

① 刘卫先、张帆：《环境行政公益诉讼中行政主管机关不作为违法及其裁判的实证研究》，载《苏州大学学报（法学版）》2020年第2期。
② 王万华：《完善检察机关提起行政公益诉讼制度的若干问题》，载《法学杂志》2018年第1期。
③ 沈开举、邢昕：《检察机关提起行政公益诉讼诉前程序实证研究》，载《行政法学研究》2017年第5期。
④ 耿宝建、金诚轩：《审理行政公益诉讼案件的几个问题——由山东省庆云县人民检察院诉县环境保护局行政不作为案引发的思考》，载《人民司法·案例》2017年第11期。
⑤ 王清军：《环境行政公益诉讼中行政不作为的审查基准》，载《清华法学》2020年第2期。

二、"行为标准":"依法履职"之基本语义

"依法履职"的基本语义应是指行政机关依照法律的规定履行职责。结合行政法治原则,所谓"依法履职",一方面旨在强调行政机关所履行职责的依据是法律规定而不是诸如道德等其他性质规范或长官意志,另一方面意在体现结合实际情况对法律规定的具体落实。可见,法律的规定是判断"依法履职"的规范基础,行政机关是否"依法履职"实质上是一种法律实施层面上的事实认定。将"依法履职"放在行政公益诉讼制度框架下进行透视,对全面深刻认识"依法履职"的内涵有所启示。

第一,裁判机关适用"行为标准"对行政机关违法行使职权或不作为进行审查。违法行使职权或不作为是检察机关对行政机关提出检察建议的基础,也是需要法院审理查明的主要事实之一。违法行使职权或不作为实质上也是一种不"依法履职"的行为。可见,有两个不"依法履职"的情形存在于行政公益诉讼之中。不过,作为诉的事实基础的不依法履职如何认定,在实践中争议并不大。目前,法律对此种不"依法履职"的认定标准是明确统一的。最高法、最高检《关于检察公益诉讼案件适用法律若干问题的解释》(以下简称《检察公益诉讼解释》)第 25 条规定法院可以针对特定情形作出五种类型判决,一方面体现了对《行政诉讼法》第 6 条所规定的合法性审查原则的坚持,另一方面也遵循了《行政诉讼法》第 69 条、第 70 条、第 72 条、第 74 条、第 75 条、第 76 条、第 77 条规定的有关合法性审查的标准。同时从法律上确立了对行政机关违法行使职权或不作为的认定标准。合法性审查的内容就是按照法律规定的职责逐个对照审查,国家利益或社会公共利益是否受侵害是另外需要证明的案件事实。可见,国家利益或社会公共利益是否受侵害并不必然影响对行为合法性本身的审查,属于典型的"行为标准"。

第二,"依法履职"在于具体落实相关行政法律规定和依法纠正行政机关违法行使职权或不作为。故此,判断有无依法纠正自然也应适用"行为标准"。尽管理论界对行政公益诉讼立法目的到底是维护公益还是监督行政机关还存在较大分歧,① 但是需要承认的是,违法行使职权或不作为是判断行政机关"依法履职"的前提,如果不存在这一前提,即使国家利益或社会公共利益受到侵害,也难以谈及需要判断是否"依法履职"的问题。行政公益诉讼

---

① 潘剑锋、郑含博:《行政公益诉讼制度目的检视》,载《国家检察官学院学报》2020 年第 2 期。

的"依法履职"应是依法纠正行政机关违法行使职权或不作为。①《检察公益诉讼解释》第25条甚至还规定了审判权进行依法纠正的几种类型：撤销（包含部分撤销）、确认违法或无效、变更被诉行政行为、责令行政机关采取补救措施、责令重新作出行政行为、履行法定职责等。尽管纠正类型没有清晰昭示"依法履职"的具体内涵，但是可以依此明确两点：一是尽管诉前程序中行政机关在法定期限内未回复检察机关的程序行为会直接导致检察机关提起行政公益诉讼的后果产生，但其实质上是对检察建议的回复告知行为，并不属于严格意义上的未"依法履职"；二是纠正行政机关违法行使职权或不作为就是落实相关行政法律规范的要求，属于法律实施层面的事实认定，其基本内涵中难以推导出应包含国家利益或社会公共利益受侵害状态的消除。按照前述认定标准的内涵阐释，"行为标准"的内容与"依法履职"之基本语义具有内在的一致性。

三、因果关系："行为标准"和"结果标准"

有关"行为标准"和"结果标准"之间的关系，已有学者开始关注。张旭勇认为：一方面，行政机关依法全面充分履行法定职责是基础和前提，受侵害的国家利益或社会公共利益得以恢复是目标和后果，从内涵来看二者是一种递进关系，不存在纯粹的结果标准，因此，那种兼采行为和结果的双重标准实质是结果标准；另一方面，当行政机关没有全面充分履行法定职责而使得国家利益或社会公共利益受侵害的状态持续，致使法院以此判定行政机关"不依法履行职责"的，属于行为标准，在外延上呈现出相互排斥的关系。② 此种观点在分析有无全面充分履行法定职责与国家利益或社会公共利益受侵害状态是否持续之间逻辑关系的基础上阐释"依法履职"的认定标准，有陷入循环论证的嫌疑。实际上，这种循环论证是由于将是否"全面充分履行法定职责"与"国家或社会公共利益能否得以恢复"割裂起来对待造成的。而两种认定标准之所以不同的核心恰是国家利益或社会公共利益保护是否属于法定职责的范围。故而，此种关系论下依然没有清晰揭示认定标准之间的关系问题。

要认识和把握"行为标准"和"结果标准"二者关系，应回归到《行政

---

① 《检察公益诉讼解释》第24条规定："在行政公益诉讼案件审理过程中，被告纠正违法行为或者依法履行职责而使人民检察院的诉讼请求全部实现，人民检察院撤回起诉的，人民法院应当裁定准许。"

② 张旭勇：《行政公益诉讼中"不依法履行职责"的认定》，载《浙江社会科学》2020年第1期。

诉讼法》第 25 条第 4 款所规定的"因果关系"的语境中加以分析。根据第 25 条第 4 款之规定,行政机关违法行使职权或不作为致使国家利益或社会公共利益受到侵害的,人民检察院提出检察建议,进而提起行政公益诉讼。从"致使"这一用语表述来看,行政机关违法行使职权或不作为与国家利益或社会公共利益受侵害之间存在因果关系。行政公益诉讼实践中"依法履职"认定的复杂性很大程度源于"因果关系"本身的复杂与多义①,"致使"二字的丰富内涵一定程度上导致司法案例呈现出扑朔迷离之态,尤其是在历史欠账较多的环境保护领域案件中。

如果这种"致使"关系被认为是一种必然的因果关系,那么国家利益或社会公共利益受到的侵害能否得以消除与行政机关违法行使职权或不作为能否得以纠正实质是同频共振的关系。在此类型案件中,政府对结果的追求属于法定职责范围,即"结果标准"被"行为标准"所包含,适用"行为标准"抑或"结果标准"对案件处理没有实质性差异。例如,在南雄市人民检察院诉南雄市财政局、南雄市畜牧兽医水产局不履行法定职责行政纠纷一案②中,审查焦点是南雄市财政局、南雄市畜牧兽医水产局是否具有依法追回第三人领取的涉案国家专项补贴资金 30 万元的法定职责。法院认定南雄市财政局具有追回款项的法定职责。故此,一般情况下,该案"依法履职"必然会使国家利益受损状态得以消除。"行为标准"和"结果标准"的选择变得不再有区别意义。

如果这种"致使"关系不属于必然因果关系,"行为标准"和"结果标准"的选择适用就会变得必要和困难。例如,在重庆市荣昌区人民检察院诉古昌镇政府履行职责案件③中,根据相关法律规定,古昌镇政府在畜禽养殖污染防治中有现场检查、制止以及向县级环保部门报告的职责,并无实施处罚等职权。在此种地方各级政府都负有环保职责,且县级环保部门承担主要监管职责的体系下,古昌镇政府的行为与环境受侵害之间的因果关系就显得不够充分

---

① 因果关系在不同学科有不同的含义。在法律领域,因果关系是判定责任承担最通常的理由和根据。因果关系的种类复杂,包括直接因果关系和间接因果关系、事实因果关系和法律因果关系等。本文的因果关系是讨论一个行为与一个结果之间的关系,即行政机关违法行使职权或不作为与国家利益或社会公共利益的损害之间的关系。文中"必然因果关系"是指,排除不可抗力等正当事由外,行政机关违法行使职权或不作为是造成国家利益或社会公共利益损失的直接原因,也即国家利益或社公共利益实现属于行政机关的法定职责范围。

② 广东省韶关市武江区人民法院(2017)粤 0203 行初字第 51 号行政判决书。

③ 在该案中,法院判决在承认县级环境保护部门具有主要环境监管职责的情况下,认为古昌镇政府的违法监管行为导致环境受侵害,理由值得商榷。重庆市江津区人民法院(2017)渝 0116 行初字第 227 号行政判决书。

和必然。在此种情况下，古昌镇政府认为其已经履行了法定职责，但检察院却认为环境受侵害仍处于持续状态。此种分歧一定程度是出在因果关系的认定上，而不是"依法履职"的认定标准选择问题。对于此种类型案件，在未充分考量因果关系的基础上，如果一味地追求所谓的"结果标准"，极容易让败诉的行政机关无所适从，让真正的责任主体没有受到追究。

而区分"行为标准"与"结果标准"试金石式的问题是，当行政机关已经依法穷尽了监管措施，但是国家利益或社会公共利益受侵害状态未消除是否构成不"依法履职"？回归到前述"因果关系"的语境下，如果是必然的因果关系，穷尽监管措施与国家利益或社会公共利益受侵害状态未消除就不可能同时并存。否则，与必然因果关系的成立就会产生内在矛盾和冲突。司法实践中，当出现利害关系人死亡、破产等情形时可能会出现例外。但这种情况属于法律上的不可抗力或正当事由等，不宜认定属于行政机关不依法履职造成国家利益或社会公共利益的侵害。正如在司法裁判执行不能的案件中，不应依此认定执行法院不依法履职导致了权益受损，更不宜就此将权益实现的义务主体转化为执行法院。这种因果关系语境下，"行为标准"和"结果标准"的选择是一个伪命题。"行为标准"和"结果标准"分歧的实质在于阐释的角度不同：前者从肯定角度，后者从否定角度。不考虑外因的话，这种因果关系语境下的"行为标准"和"结果标准"具有内容上的一致性，单独意义上的"结果标准"或者说与"行为标准"相对立的"结果标准"是不存在的。基于此，前述张旭勇所认为的递进关系实质上是一种因果关系，排斥关系是从否定角度对不"依法履职"的阐释。

因此，区分"行为标准"与"结果标准"试金石式的问题只可能在不属于必然因果关系的情形下出现。从损害发生的多因性来看，此种情形下还坚持"结果标准"，不仅有违客观事实发生的机理，而且可能使真正的侵权主体逍遥法外，客观上存在法律监督越界的风险；也容易导致将政府及部门所承担的一般性治理责任迁移到个案的法律监督中加以实现。行政公益诉讼案件中多数属于怠于履职类的不作为案件，较之"作为"案件，其因果关系更加具有特殊性和复杂性。故此，"结果标准"的理论正当性和合法性显得不够充分。

四、法理依据："职权法定"抑或"实现公益保护目的"

法院选择适用"行为标准"还是"结果标准"，必须充分检讨两种认定标准背后的法理依据，在系统阐释和比较各自正当性基础上作出相对理性的判断，以确保理论体系、制度的内部和谐，促进政府监管与司法监督之间的法制统一。

主张适用"行为标准"的主要理由是职权法定原则。公益诉讼着力点应是监督法律得以正确实施,这是由检察机关法律监督权的本质决定的。监督者和被监督者如果不统一到法律规定上而是统一到权益实现状态上,监督权则会产生滥用的可能;也有违行政法律制度的刚性和可期待性。作为现代行政法的一个基本原则,职权法定原则要求行政机关的职权应是法律授予的,措施手段是法定的,行使权力必须遵循法定的程序。不能要求行政机关违法行政而去一味追求公共利益保护的效果。对于检察机关而言,通过行政公益诉讼督促行政机关履行法定职责必须在行政法治框架内进行。[1] 基于行政机关是国家利益和社会公共利益的第一顺位捍卫者,因此,在行政公益诉讼诉前和诉讼程序中,检察机关应以督促在公益保护领域负有监管职责的行政机关依法行政为目的,而不是直接追求保护公共利益的实体结果。[2]

"实现公益保护目的"是主张适用"结果标准"的主要理由。主张适用"结果标准"的论据中体现着以下逻辑:启动行政公益诉讼的目的在于维护公共利益,使受损的国家利益或社会公共利益解除受侵害状态。因此,止步诉前程序、终结行政公益诉讼程序的必要条件是国家利益或社会公共利益受侵害状态已经得到解除。[3] 有学者提出在行政公益诉讼中引入赔偿金等侵权责任承担形式也是基于"实现公益保护目的"的理念。行政机关在诉讼过程中纠正了违法行为或依法履行了职责,此时只要国家利益或社会公共利益仍然处于被侵害状态并客观上存在损害后果,检察机关就可以在请求法院判决确认行政行为违法的同时主张"损害赔偿",否则,那些被侵害的公共利益并未因此次行政公益诉讼而得到补偿。[4] 然而,行政公益诉讼与行政私益诉讼之"有权利必有救济"的一般逻辑存在质的不同。行政公益诉讼作为客观之诉,更侧重于对客观秩序的维护和避免"公地悲剧"的再产生等。正如有学者指出,在生态环境行政公益诉讼中,强调生态修复作为实现公共利益的唯一途径本身值得商榷,对直接侵害的第三人给予惩罚也是实现公共利益的方式。[5]

"行为标准"还是"结果标准"的选择实质关系到法院对行政机关职责的

---

[1] 张旭勇:《行政公益诉讼中"不依法履行职责"的认定》,载《浙江社会科学》2020年第1期。

[2] 潘剑锋、郑含博:《行政公益诉讼制度目的检视》,载《国家检察官学院学报》2020年第2期。

[3] 王万华:《完善检察机关提起行政公益诉讼制度的若干问题》,载《法学杂志》2018年第1期。

[4] 朱全宝:《检察机关提起环境行政公益诉讼:试点检视与制度完善》,载《法学杂志》2017年第8期。

[5] 该观点是受到林莉红教授在"中国法学会行政法学研究会行政诉讼专业委员会换届大会暨第二届'国家治理现代化与行政诉讼制度的完善'研讨会"(2020年12月)上发言的启发。在此,特别致谢武汉大学法学院林莉红教授。

判断。职责范围判断应以现行法律规定为基础，否则，对特定行政机关不具有法律上的可预见性，可能会对行政机关依法行政造成一定冲击。以水污染防治为例，县级以上地方各级政府是负有维护水污染方面公共利益的主体①，而具有特定监管职责的行政机关往往是行政公益诉讼起诉的对象。公共利益维护的制度设计是针对整体意义上的政府机关而言的。将此种维护国家利益或社会公共利益的宏观职责限定为特定机关职责本身也不尽合理，这在一定程度上与"因果关系"如何认定有内在联系。因此，尽管《行政诉讼法》第25条作了"致使侵害"的规定，但是如果在所有类型案件中过度地强调国家利益或社会公共利益要得到有效的保护，实质是将本应代表公共利益的行政机关视为直接侵权主体。然而，问题的关键在于，行政机关往往并不是直接侵权主体，"致使"指的应是一种"保护不力"意义上的因果关系，而将"保护不力"的宏观职责归于某个特定机关的理论根据和法律依据并不充分。

五、穷尽监管措施："行为标准"之要义

从与"依法履职"基本语义的符合度、"行为标准""结果标准"二者关系的协调度、法理依据与现行法律体系制度的契合度来看，"行为标准"相对更为妥当。当然，主张"行为标准"不是说案件处理中不考虑公益受侵害的消除问题。"公益保护"始终是行政公益诉讼的立法目的所在，是行政公益诉讼的制度初心。司法实践中，鲜见行政机关自始至终完全不履行任何法定职责的案件。多数案件起源于行政机关、检察机关对是否全面充分履行职责存在分歧。有关行政机关职责事项的法律依据模糊、行政机关之间职责交叉、冲突的情形会长期存在，行政执法水平参差不齐、历史遗留的一些特殊问题等仍会继续困扰行政公益诉讼案件的具体处理。关于"行为标准""结果标准"选择适用的讨论体现了时代转换视野下政府职能职责的准确定位，也是对检察机关法律监督角色的理论和现实反思。如果单从结果角度判断行政机关是否依法履行了法定职责，就会在一定程度上忽视我国公共事务管理中条块分割的动态行政实践。具体到行政公益诉讼案件的审理，法院相对理性的选择是，从国家利益或社会公共利益保护最大化角度出发，以事实为根据，以法律为准绳，审查和认定行政机关是否穷尽了监管措施，考量行政机关是否依法全面纠正了违法行为或不作为行为。

---

① 《水污染防治法》（2017年第二次修正）第4条规定："县级以上人民政府应当将水环境保护工作纳入国民经济和社会发展规划。地方各级人民政府对本行政区域的水环境质量负责，应当及时采取措施防治水污染。"

"行为标准"强调的是不以国家利益或社会公共利益受侵害状态得以消除为必要条件。主张穷尽监管措施的背后是强调在国家利益或社会公共利益保护最大化的情况下对依法行政客观法秩序的维护。行政机关是否穷尽监管措施的主要参照系是法律所规定的行政机关的具体职责职权。需要承认的是,实践中"依法履职"的"职"之内涵并不局限于"法"的范围,行政规范性文件、三定方案、行政允诺等可能会产生"职责",甚至是常理也会产生职责,但这都不应影响到对穷尽监管措施的标准确立。或许"穷尽"这一不确定概念的含义需要通过一个又一个司法案例加以诠释。① 文首中有关诉讼请求、判决内容泛化以及法律监督风险的担忧,通过适用"行为标准",在裁判理由部分具体阐释"行为标准"的内容达至体现判决主旨,不仅符合司法谦抑,而且利于有效降低和避免法律监督越界的风险。

随着行政诉讼类型化的逐步发展,行政公益诉讼的诉讼目标、诉讼构造、审理规则及判决类型会相应越发完善和精细。长远来看,或许行政公益诉讼类型化才是根本解决行政机关"依法履职"认定困难的有效途径。有学者提出,"审视和检讨以往的诉讼制度实践,从检察机关的法律监督职能和我国特有的整体运作模式来看,建构客观公益诉讼应成为行政公益诉讼的主要发展方向,诉讼的目标是维护客观法秩序,保护秩序公益。同时调整和完善主观公益诉讼,当涉及国防利益、生命安全和可持续发展等重大国家利益和社会公共利益受到侵害时,检察机关也可以提起补救请求之诉,保护这些特别利益"②。类型化视野下"依法履职"得以回归"行为标准"的原本含义,同时能够兼顾"结果标准"中国家利益或社会公共利益的维护。

(原载于《行政法学研究》2021 年第 5 期)

---

① 在最高检挂牌督办的陕西省略阳县人民检察院督促整治尾矿库安全隐患行政公益诉讼案件中,争议焦点为被告略阳县应急管理局对原略阳县某某沟尾矿库的治理是否依法全面履行了监督管理职责。法院援引了《尾矿库安全监督管理规定》第 35 条的规定——"安全生产监督管理部门应当加强对尾矿库生产经营单位安全生产的监督检查,对检查中发现的事故隐患和违法违规生产行为,依法作出处理"——认定被告虽积极采取措施,但安全隐患依然存在,法定职责未全面履行。法院在罗列相关法律规定的基础上,充分阐释了被告未全面履职的理由,本案看似追求"结果",而实质是适用"行为标准",对"穷尽"进行诠释的典型案例之一。陕西省略阳县人民法院(2020)陕 0727 行初字第 1 号行政判决书。

② 薛刚凌:《行政公益诉讼类型化发展研究——以主观诉讼和客观诉讼划分为视角》,载《国家检察官学院学报》2021 年第 2 期。

公益诉讼惩罚性赔偿问题研究[*]

杨会新[**]

随着消费公益诉讼实践的发展，惩罚性赔偿成为消费公益诉讼中最为重要的诉讼请求。自 2014 年我国消费者权益保护法赋予中国消费者协会和省级消费者协会消费民事公益诉讼主体资格以来，截至 2020 年 4 月，全国消协组织共提起消费民事公益诉讼 17 起，[①] 其中请求惩罚性赔偿的案件 7 起，[②] 惩罚性赔偿占案件总数近半。在检察机关提起的民事公益诉讼中，92% 以上为刑事附带民事公益诉讼形式。[③] 这些案件中，由于刑事司法程序的介入，侵害消费者权益的违法行为早已停止，不作为之诉失去作用的空间。最高检基于办案效果的考虑，要求原则上不能只就赔礼道歉提起诉讼。在检察机关提起的消费公益诉讼中，惩罚性赔偿成为最重要的诉讼请求。

但在法律依据层面，公益诉讼惩罚性赔偿面临实体法与程序法的双重障碍。在实体法方面，消费者权益保护法、食品安全法等规定的惩罚性赔偿请求权专属于消费者，《民法典》第 179 条更是明确了惩罚性赔偿法定原则，即"法律规定惩罚性赔偿的，依其规定"。民事赔偿以填补损失为原则，以法律明确规定适用惩罚性赔偿为例外。因而，在法律没有明确规定的情况下，检察机关与消费者协会并不享有惩罚性赔偿请求权。在程序法方面，现有法律和司

---

[*] 本文系最高人民检察院检察理论研究课题"民事公益诉讼惩罚性赔偿制度研究"（GJ2021C41）的阶段性成果。

[**] 国家检察官学院教授，法学博士。

[①] 参见中国消费者协会《关于印发〈消费者协会消费民事公益诉讼工作导则（试行）〉的通知》。

[②] 包括广东省消费者委员会起诉的生产销售病、死猪肉案 1 例，广东省消费者委员会起诉的生产销售假盐案 4 例，四川省保护消费者权益委员会起诉的销售假冒注册商标商品案 1 例，安徽省消费者权益保护委员会起诉的销售假酒案 1 例。

[③] 92% 的比例是根据以下数据计算得来，"自 2017 年 7 月 1 日公益诉讼检察工作全面推开至 2019 年 10 月，起诉案件中，刑事附带民事公益诉讼占 77.82%，民事公益诉讼占 6.52%，行政公益诉讼占 15.66%"。参见《最高人民检察院关于开展公益诉讼检察工作情况的报告——2019 年 10 月 23 日在第十三届全国人民代表大会常务委员会第十四次会议上》，载中国人大网，http://www.npc.gov.cn/npc/c30834/201910/936842f8649a4f088a1bf6709479580e.shtml，2020 年 6 月 1 日访问。

法解释没有明确规定消费公益诉讼原告有权要求被告承担损害赔偿责任,换言之,法律没有将惩罚性赔偿的诉讼实施权授予检察机关或消费者协会。因而,检察机关与消费者协会也不能以法定诉讼担当人的身份代替受害消费者行使惩罚性赔偿请求权。在早期的司法实践中,即有法院据此驳回了消费者协会提出的惩罚性赔偿诉讼请求。①

2019年5月20日,中共中央、国务院发布《关于深化改革加强食品安全工作的意见》(以下简称《食品安全工作意见》),要求"探索建立食品安全民事公益诉讼惩罚性赔偿制度"。这一政策的出台,基本消解了能否在公益诉讼中请求惩罚性赔偿的实践争议,绝大多数惩罚性赔偿获得法院支持。但作为一项探索性制度,司法实践呈现出多元化样态,惩罚性赔偿金的计算、归属、是否与刑事罚金折抵,以及公益诉讼惩罚性赔偿之后消费者个人还能否请求惩罚性赔偿等,尚未形成共识,并由此引发惩罚适当性和执行可能性等方面的问题。在这些实践问题的背后,是对公益诉讼惩罚性赔偿的制度功能、公益诉讼惩罚性赔偿请求权来源的认识不一,未能厘清公益诉讼惩罚性赔偿请求权与私人惩罚性赔偿请求权之间的关系。为此,本文拟在实践观察的基础上,对公益诉讼惩罚性赔偿的功能定位与权利来源进行初步探讨,以期对实践发展和制度完善有所助益。

一、公益诉讼惩罚性赔偿制度实践观察

在进行实践观察之前,有必要设定讨论的理论框架,以提供相对清晰的观察路径。理论上,公益诉讼惩罚性赔偿请求权的来源有两种可能的途径:一是来源于私人惩罚性赔偿请求权,是私人惩罚性赔偿请求权的集合行使,可称为集合行使模式;二是私人惩罚性赔偿请求权之外的一项新设权利,可称为新设权利模式。惩罚性赔偿请求权的来源不同,直接影响着惩罚性赔偿金的计算规则及其分配。具体而言,在集合行使模式下,由于是对私人惩罚性赔偿请求权的集合行使,公益诉讼惩罚性赔偿金应遵循私人惩罚性赔偿金的计算规则,并向消费者分配,至于因客观原因导致的难以分配,则属于另一层面的问题。此时赔偿金具有纯民事性质,在同时判处刑事罚金的情况下,不应与刑事罚金折抵。在新设权利模式下,则可根据公益诉讼惩罚性赔偿的功能、性质等确定赔偿金及其归属,无须受制于私人惩罚性赔偿金的计算规则。需要说明的是,绝大多数案件的起诉书和判决书未阐明公益诉讼惩罚性赔偿请求权的权利来源,

---

① 深圳市中级人民法院(2017)粤03民初547号民事判决书。

而是直接将《消费者权益保护法》第 55 条第 1 款、《食品安全法》第 148 条第 2 款作为实体法依据。但也有少数案件展示了对权利来源的司法认识和立场，为我们提供了宝贵的观察样本。

（一）集合行使模式的实践观察：广州市中级人民法院系列食盐案

2017 年 10 月，广东省消费者委员会（以下简称广东消委会）就贩卖假盐行为提起 4 例公益诉讼，请求 10 倍惩罚性赔偿。广州市中级人民法院于 2018 年先后作出判决，惩罚性赔偿的诉讼请求得到支持。①

1. 惩罚性赔偿金的计算方法

上述 4 例案件均以刑事诉讼中查明的违法销售总额为基数，乘以食品安全法规定的 10 倍来计算惩罚性赔偿金，基本遵循了个人惩罚性赔偿金的计算方法。根据《食品安全法》第 148 条、《消费者权益保护法》第 55 条，惩罚性赔偿金的计算基数有支付价款和所受损失两种，另外还规定了小额损害的最低赔偿标准。鉴于受害消费者所受损失千差万别，在公益诉讼中按照所受损失来计算惩罚性赔偿金是不现实的。而若要按照小额损害的最低赔偿标准计算的话，则需要证明哪些消费者符合这一标准，这显然也会陷入证明困境。因此，实践中多以查明的经营者违法销售总额作为基数，乘以食品安全法规定的 10 倍或者消费者权益保护法规定的 3 倍予以计算。考虑到分别计算消费者购买商品的价款不可行，且销售总额与消费者支付价款的总额在客观上是等值的，因此，以销售总额进行概括计算可视为遵循了个人惩罚性赔偿金的计算方法。

2. 惩罚性赔偿金的归属

在惩罚性赔偿金的归属上，上述 4 例案件体现出的审判思路是：赔偿金归属于受害消费者，对于消费者放弃领取的部分，则转化为无主财产上缴国库。广东消委会请求由广州市中级人民法院托管惩罚性赔偿金并向受害消费者发放，诉讼时效届满仍没有发放完毕的惩罚性赔偿金才上缴国库。这即是认为公益诉讼惩罚性赔偿请求权来自消费者个人，是私人请求权的集合行使，赔偿金应归属于受害消费者并向消费者分配，对于消费者放弃领取的部分转化为无主财产上缴国库。但根据生活习惯，广州市中级人民法院判决认为："原告虽主张追缴的民事惩罚性赔偿金应在消费者诉讼时效届满后再上缴国库，广大善良的消费者不会因为购买一包食盐而保存购买凭证及其外包装，以备日后诉讼之用。可以想见，至今没有消费者提起民事私益诉讼，今后也不会有。且在消费者的诉讼时效均不完全相同且不确定的情形下，本院认为将民事惩罚性赔偿金

---

① 参见广东省广州市中级人民法院（2017）粤 01 民初 384 号、385 号、386 号、387 号民事判决书。

直接上缴国库,更符合实际情况。"① 由此可见,在公益诉讼惩罚性赔偿请求权的来源及赔偿金归属上,广东消委会和广州市中级人民法院的意见是一致的,均认为公益诉讼惩罚性赔偿请求权来源于消费者个人惩罚性赔偿请求权,赔偿金应归属于消费者,对于消费者放弃领取的部分转化为无主财产上缴国库。只不过法院基于不会有消费者提起私益诉讼的判断,认为无须等待诉讼时效届满,而判决直接上缴国库。

3. 是否与刑事罚金相折抵

广州市中级人民法院认为,在惩罚性赔偿金上缴国库的情况下,其与刑事罚金、行政罚款具有同质性,相互间应予折抵。"根据《中华人民共和国行政处罚法》和其他法律、行政法规和司法解释的有关规定,性质相同的金钱罚,即行政罚款和刑事罚金竞合时,一般采用轻罚在重罚中折抵的原则处理,以体现惩罚的谦抑,避免惩罚的过度。惩罚性赔偿金与行政罚款、刑事罚金同属惩罚性债权,只不过前者是私法债权,后两者是公法债权。"在民事惩罚性赔偿金上缴国库的情况下,"民事惩罚性赔偿金的性质发生转化,将事实上与行政罚款、刑事罚金类似,应参照行政罚款与刑事罚金竞合时相同的处理原则裁断"。②

需要说明的是,在上述案例中,赔偿金的归属与性质均发生了转化。原本应归属于消费者的赔偿金,因消费者不会起诉并认领,而转化为无主财产,进而只能上缴国库。而上缴国库客观上使得赔偿金具有了与刑事罚金、行政罚款同样的惩罚功能,彼此应予以折抵。因此,尽管系列食盐案判决以消费者权利的集合行使作为逻辑主线,但在赔偿金的性质与归属上,已经与集合行使模式大相径庭,而趋同于新设权利模式。

当然,实践中也有案件较为彻底地贯彻了集合行使模式。在浙江省缙云县人民检察院办理的陈某某生产、销售不符合安全标准的食品刑事附带民事公益诉讼案中,早餐店店主陈某某非法添加"甜蜜素"制作红糖馒头并销售,销售金额达2000余元。缙云县人民检察院请求判令陈某某支付馒头销售金额10倍的赔偿金20000元,法院支持该诉讼请求,判决陈某某向缙云县人民检察院支付赔偿金20000元,由缙云县人民检察院纳入公益基金依法管理。刑事部分同时判决罚金5000元,不与赔偿金折抵。③ 判决之后,缙云县人民检察院考

---

① 广东省广州市中级人民法院(2017)粤01民初384号、385号、386号、387号民事判决书。
② 广东省广州市中级人民法院(2017)粤01民初384号、385号、387号民事判决书。持相同观点的还有广东省广州市中级人民法院(2017)粤01民初343号、383号民事判决书,广州市荔湾区人民法院(2019)粤0103刑初178号、1158号刑事附带民事判决书。
③ 浙江省缙云县人民法院(2018)浙1122刑初225号刑事附带民事判决书。

虑到早餐店在壶滨初中附近，该校学生为主要消费者，遂决定将赔偿金以发放营养餐的形式补偿壶滨初中的学生，营养餐发放物品为价值4345元的牛奶和价值15655元的苹果。① 该案不仅遵循了个人惩罚性赔偿金的计算规则，保持了赔偿金相对于刑事罚金的独立性，而且通过替代性的方式，对赔偿金进行了实际分配。该案中的消费者具有相对的集中性，且向学生发放营养餐契合了关爱未成年人的社会主流观念，有利于消解其他消费者（如附近居民）对分配方案的质疑，这些都为该案实际分配赔偿金提供了可能。

（二）新设权利模式的实践观察：杭州互联网法院减肥胶囊案

李某、刘某通过网络销售不合格减肥胶囊，杭州市拱墅区人民检察院经履行诉前公告程序后，向杭州互联网法院提起民事公益诉讼，请求判令两被告共同支付10倍惩罚性赔偿金610400元，获法院支持。②

1. 惩罚性赔偿金的计算

在惩罚性赔偿金的计算上，上述案例"借用"了个人惩罚性赔偿金的计算方法。杭州互联网法院提炼的规则要旨认为，经营者生产、销售不符合食品安全标准的食品，既会对购买、消费该食品的特定消费者群体个人造成私益权利的侵害，也会对不特定社会主体的公共利益、公共秩序等造成损害。公益诉讼赔偿请求所涉及的损失是社会消费领域集合性、公益性的利益损失，具有抽象性和不可分性，这种公益损失与特定消费者群体的私益无关。③ 在此理念指导下，杭州互联网法院在计算赔偿数额时将有销售记录的部分排除在外，仅以已售出但无销售记录的数量作为基数。"从理论上而言，销售对象难以确定并不必然得出侵害对象不特定性的结论，但从现实层面而言，难以确定特定身份的消费者，出于理性的漠不关心、记忆模糊、没有利益受损的认识、没有保存证据、信息不对称等种种因素，往往成为沉默的受害者，现实中此种身份不能确定的众多消费者必然转化成为不特定多数消费者。"④ 在目前法律对消费领域公共利益损失金额计算未作出明确规定的情况下，可以参照适用惩罚性赔偿的规定，以实现对违法经营者的惩戒和震慑。⑤ 依此观点，公益诉讼惩罚性赔

---

① 杨维立：《吃"问题馒头"赔营养餐，是公益诉讼赔偿金分配创新》，载微信公众号"新京报评论"，2019年3月1日。
② 参见杭州互联网法院（2019）浙0192民初5464号民事判决书。
③ 余建华、吴巍：《"微商"贩卖"三无"减肥胶囊被判赔偿61万》，载中国法院网，https：//www.chinacourt.org/article/detail/2019/09/id/4443413.shtml，2020年5月8日访问。
④ 参见杭州互联网法院（2019）浙0192民初5464号民事判决书。
⑤ 余建华、吴巍：《"微商"贩卖"三无"减肥胶囊被判赔偿61万》，载中国法院网，https：//www.chinacourt.org/article/detail/2019/09/id/4443413.shtml，2020年5月8日访问。

偿请求权是独立于私人请求权之外的，其所救济的是与私人利益无关的抽象的公共利益，只是因计算标准的缺失而"借用"了私人惩罚性赔偿的计算规则。

2. 惩罚性赔偿金的归属

杭州互联网法院认为，惩罚性赔偿金应纳入消费公益基金账户，但因未设立该账户，赔偿金暂上缴国库保管。判决认为，民事公益诉讼是为保护社会公共利益而提起，诉讼利益也归于社会公共利益，公益诉讼起诉人代表消费领域公共利益提起诉讼，诉讼所获赔偿款亦应归于消费公益领域，直接服务于消费领域公共利益，故本案赔偿款本应直接进入依法成立的特定的消费公益基金，专门用于消费者公共利益的维护等公益活动，但鉴于本案公益诉讼起诉人未能向本院就前述特定的消费公益基金是否已经成立等情况予以具体说明，赔偿款无法直接确定进入特定的消费公益基金，故本案赔偿款可由公益诉讼起诉人代领后，暂上缴国库保管。① 而在设立了消费公益基金账户的地区，惩罚性赔偿金则直接纳入该基金账户。如在苏州市虎丘区人民检察院诉陈某、陈德某生产、销售不符合安全标准的食品刑事附带民事公益诉讼中，法院判决二被告"向苏州市虎丘区消费公益金账户交付赔偿款二万一千元"。②

3. 是否与刑事罚金折抵

实践中，多数案件以刑事附带民事公益诉讼的形式提起，或者在刑事诉讼后另行提起民事公益诉讼，因此，在民事公益诉讼中需对惩罚性赔偿金是否折抵刑事罚金作出判决。但该案中，民事公益诉讼判决之时，刑事诉讼尚在进行中，故公益诉讼判决中未涉及是否折抵的问题。在后来的刑事判决中，杭州市拱墅区人民法院判决二人犯销售有毒、有害食品罪，判处有期徒刑的同时，分别并处罚金 10 万元和 2 万元，未将刑事罚金与惩罚性赔偿金折抵。③

通过以上分析可以发现，上述系列食盐案与减肥胶囊案大致分别遵循了集合行使模式与新设权利模式的逻辑主线，但又基于特定的案情有所变通。如新设权利模式下的减肥胶囊案，由于公益诉讼惩罚性赔偿法律依据的缺失，而借用了个人惩罚性赔偿金的计算规则。但其权利来源的独立性，决定了赔偿金的计算并不必然受到 10 倍或 3 倍的约束，而具有根据制度功能与目的、案件具

---

① 参见杭州互联网法院（2019）浙 0192 民初 5464 号民事判决书。
② 苏州市虎丘区人民检察院联合虎丘区人民法院、区市场监督管理局、区财政局出台了《苏州市虎丘区消费公益金管理暂行办法》，设立了消费公益金账户，专项用于管理食品药品安全领域公益诉讼案件中对消费者进行损害赔付的资金，并明确了使用和管理的相关制度。参见石玉英等：《充分履行公益诉讼检察职能维护舌尖上的安全》，载正义网，http：//news.jcrb.com/xwjj/201907/t20190712_2023327.html，2020 年 10 月 10 日访问。
③ 参加杭州市拱墅区人民法院（2019）浙 0105 刑初 160 号刑事判决书。

体情况灵活确定惩罚性赔偿金的可能性。再如集合行使模式下的食盐案，基于现实操作方面的困难——受害消费者缺乏积极性、受害人与受害数额难以确定，而未向消费者分配赔偿金。在英美法系国家，针对赔偿金的分配形成了灵活、简便的分配方法，包括个别性估算方法和整体性估算方法等，使得向消费者分配赔偿金成为可能。① 而在网络购物情况下，借助第三方交易平台收集销售记录并向消费者分配赔偿金，更是完全可以实现的。此时需要讨论的便是，消费者是否可以从公益诉讼中获得惩罚性赔偿金、是否具有正当性基础的问题。实践探索为集合行使模式和新设权利模式提供了基本参考，作为理论研究，需剔除可能的变量，从更为一般性的意义上对两种模式进行考察。

集合行使模式和新设权利模式，是从权利来源上厘清公益诉讼惩罚性赔偿与私人惩罚性赔偿的关系。与此同时，尚需要从功能定位上对二者的关系予以厘清，这反过来也将影响到权利来源模式的选择。为此，下文将首先讨论公益诉讼惩罚性赔偿与私人惩罚性赔偿的功能定位，在此基础上对两种权利来源模式予以具体分析。

二、公益诉讼惩罚性赔偿与私人惩罚性赔偿的功能分化

（一）私人惩罚性赔偿的功能：发现并制止违法行为

作为借鉴自美国法的制度，我国的惩罚性赔偿通常也被认为具有惩罚与威慑的功能。通说认为，惩罚和威慑是私人惩罚性赔偿的主要功能，即"为了惩罚被告的不可容忍的行为并遏制被告及其他人在将来做出类似行为"。② 而消费者获得超额赔偿，是实现惩罚与威慑功能的需要。但通过对比中美两国惩罚性赔偿在数额确定因素、案件类型两方面的差异，可以发现，无论从制度设计还是实际效果看，我国惩罚性赔偿制度的惩罚与威慑的功能都尚未完全发挥。

1. 确定惩罚性赔偿金数额的因素不同

美国惩罚性赔偿金的数额，是对被告行为全部整体不法性的评价。在美国传统上，惩罚性赔偿金的数额由事实判定者——陪审团来确定，原则上陪审团享有不受限制的裁量权。为防止因陪审团的裁量缺乏客观标准导致恣意或惩罚过度，联邦最高法院和部分州开始制定惩罚性赔偿金额的考量因素，作为对陪

---

① 参见王福华：《如何向集团赔偿——以集团诉讼中的赔偿估算和分配为中心》，载《法律科学》2009年第1期。

② 张新宝、李倩：《惩罚性赔偿的立法选择》，载《清华法学》2009年第4期；王利明：《惩罚性赔偿研究》，载《中国社会科学》2000年第4期。

审团的指引,并以此对陪审团确定的金额进行司法审查。较具共性的考量因素包括:被告不法行为的非难程度与其获利可能性、原告受害之性质与程度、被告财务状况、被告遭受其他处罚的可能性等。其中作为重要考量因素的被告不法行为的非难程度及获利可能性,是指整体的可非难性及其获利,也即法院在计算该案的惩罚性赔偿数额时,并非单纯地考量"损害该案原告"的不法行为,而是包括"损害他案原告在内"的不法行为,甚至是以"整体全部"的不法行为,来作为该案不法行为可非难性程度审酌上的对象与内容。① 这是因为,如果仅对损害该案原告的不法行为可非难性程度进行评价,并据此作出该案的惩罚性赔偿金额,当既存的或潜在的其他受害人未提起惩罚性赔偿金诉讼请求时,被告仍可获得不法行为的利益,不仅无法达成对不法行为的有效遏制,而且有放纵不法行为之嫌。② 因此,美国法院对系争案件的惩罚性赔偿金数额的计算,采取的是"全部整体不法性",而非"个别报应不法性"。③

从 BMW of North America, Inc. v. Gore 案(以下简称"BMW案")中,可以看到美国法院对"整体不法性"的遵循。该案是联邦最高法院第一次以惩罚性赔偿金额过高而发回重审的案件,但最终的赔偿金数额仍然体现了对"整体不法性"的惩罚。戈尔医生于1990年以4万美元的价格购买了一辆宝马轿车,后发现该车在销售前因淋酸雨而被重新喷漆,遂以被欺诈为由诉至阿拉巴马州的法院。陪审团审理时了解到,该车因重新喷漆而贬值10%,即4000美元,北美宝马公司在全美销售了此类汽车共计983辆,其中阿拉巴马州14辆。在确认宝马公司的欺诈行为后,陪审团裁决被告支付补偿性赔偿金4000美元、惩罚性赔偿金400万美元。初审法院确认了这一裁决。在上诉审中,阿拉巴马州最高法院将惩罚性赔偿减为200万美元,主要原因是认为不能将该州以外的行为计入惩罚性赔偿的计算之中。该案上诉至联邦最高法院后,联邦最高法院认为惩罚性赔偿数额过于巨大而违反了《宪法》第14修正案的正当程序条款,因此撤销并发回重审。后阿拉巴马州最高法院在重审该案时,将惩罚性赔偿从200万美元调整为5万美元。而按照该院 Cook 大法官的协同意见,应当将惩罚性赔偿金调整为56000美元(事实上,联邦最高法院在判决中也曾提及这一意见),即该州14起此类宝马汽车欺诈销售案乘以每起4000

---

① 戴志杰:《美国法上大规模瑕疵产品的多重惩罚性赔偿责任研究》,载《辅仁法学》2015年第50期。

② 戴志杰:《美国法上大规模瑕疵产品的多重惩罚性赔偿责任研究》,载《辅仁法学》2015年第50期;陈聪富:《美国法上之惩罚性赔偿金制度》,载《台大法学论丛》第31卷第5期。

③ 戴志杰:《美国法上大规模瑕疵产品的多重惩罚性赔偿责任研究》,载《辅仁法学》2015年第50期。

美元的损失。①

美国联邦最高法院也曾提出"数额比例性",即惩罚性赔偿金应与补偿性赔偿金保持一定比例。但这将使惩罚性赔偿金扮演了填补损失的功能,而与惩罚和威慑相去甚远。②同时,主张惩罚性赔偿金应与补偿性赔偿金保持一定比例的观点,在惩罚性赔偿金体系的历史上具有非常浅薄的根基,也并不能形成实质性约束。③联邦最高法院所谓的"数额比例性"仅是作为初审或上诉审法院审查该裁决额是否过高的一种考量因素,而非作为陪审团裁决该数额时的绝对限制。且联邦最高法院在BMW案以及Compbell案中指出并重申"被告行为的可非难性程度"乃是判断该赔偿金裁决额是否合理的最重要指标。因此,"数额比例性"仅供裁决后数额过高之司法审查所用,而不可本末倒置地将其理解为应提早利用在陪审团裁决该赔偿金数额时的审理阶段,以避免无法依据个案情状作出相称的赔偿金数额。④

反观我国惩罚性赔偿金数额,其反映的则是对被告行为"个别报应不法性"的评价。无论消费者权益保护法还是食品安全法,均以消费者支付的价款或者受到的损失作为惩罚性赔偿的基数,乘以固定的倍数。因此,我国惩罚性赔偿金仅是对特定个案中被告违法行为的惩罚,属于典型的"个别报应不法性"。当赔偿倍数低于胜诉概率的倒数时,违法者仍将有利可图。而在分散性损害中,因损害数额小,多数受害者基于诉讼成本与收益的考量会选择理性的冷漠,甚至根本不知晓受到伤害,希望通过多倍赔偿达到制裁违法者的目的是不现实的。

2. 适用惩罚性赔偿的案件类型不同

在美国,适用惩罚性赔偿频率最高的是故意伤害案件(斗殴、攻击等)、诽谤和金融侵权案件(欺诈、保险、雇佣、不动产、合同和商业交易以及消费销售)。根据兰德公司的调查报告,在所有涉及殴打、蓄意攻击和非法拘禁且原告胜诉的判决中,有31.8%的判决适用惩罚性赔偿金,在涉及诽谤的案件中,有29.8%的判决适用惩罚性赔偿金,而整体民事诉讼案件只有16.7%

---

① See BMW of North America, Inc. v. Gore, 701 So. 2d 507, 516 (Ala. 1997). 转引自李友根:《论多倍赔偿的基数确定——最高人民法院第17号指导案例研究》,载《南京大学学报(哲学·人文科学·社会科学)》2015年第1期。

② 陈聪富:《美国法上之惩罚性赔偿金制度》,载《台大法学论丛》第31卷第5期。

③ [美]安东尼·J. 塞博克:《美国的惩罚性赔偿金》,载[奥]赫尔穆特·考茨欧、[奥]瓦内萨·威尔科克斯主编:《惩罚性赔偿金:普通法与大陆法的视角》,窦海阳译,中国法制出版社2012年,第244页。

④ 戴志杰:《美国法上大规模瑕疵产品的多重惩罚性赔偿责任研究》,载《辅仁法学》2015年第50期。

的原告获得惩罚性赔偿。而因重大过失的人身伤害、产品责任或者医疗事故在适用惩罚性赔偿的频率中只扮演很小的角色。①

与美国相反,我国惩罚性赔偿的适用范围则主要为消费者权益保护、产品责任、食品安全领域,后来拓展至知识产权、生态环境侵权等领域。如果说惩罚性赔偿是对"不可容忍的行为"的惩罚与威慑,那么人身伤害、侮辱诽谤类案件的恶性程度无疑更高、危害更大,更具有惩罚性赔偿的必要性。我国法律为何选择恶性程度相对不大的领域实行惩罚性赔偿呢?其原因大致有二:

一是消费类案件个人受损数额通常较小,提起诉讼得不偿失,只有给予额外的赔偿才能激励消费者维权,制裁违法行为。而对于人身伤害类案件,受害人通常具有自我救济的积极性,无须在制度上予以额外的激励即能达成对违法行为的处理。二是消费类案件中违法行为造成的损害呈扩散性、多发性,在行政机关资源配备不足的情况下,一方面难以应对多发的违法行为,另一方面也会将有限的执法力量向损害严重的领域倾斜。对此,发动广大消费者参与治理无疑是一个思路。参与消费者权益保护法制定的河山老师在一篇文章中阐明了惩罚性赔偿制度的初衷。他指出:"改革开放以来,我国市场经济得以迅猛发展,但伪劣商品、劣质服务也像霉菌一样在滋长、蔓延,任你'微服私访'、曝光,任你查封、没收、焚毁,它却屡禁不止,愈演愈烈,严重地侵蚀着我国的市场,损害着消费者的权益……我国政府对这些市场经济中出现的丑恶现象也曾给予打击,然而多是扬汤止沸,收效未见显著,伪劣商品的霉菌难以扼杀。""我国民间流传着'缺一赔十'的俗语,少一两补一斤,这是人民群众对缺斤短两、克扣消费者行为做斗争的结晶。这一经验升华为理论即是惩罚性赔偿原则,可谓根治伪假商品的灵丹妙药……将'缺一赔十'惩罚性赔偿的法律武器交给广大消费者,动员亿万群众与伪假商品做斗争,并使之得以实惠,就能对伪假商品形成'老鼠过街,人人喊打'的局面,使其无处藏身。"②

由此可见,我国惩罚性赔偿制度的首要目的与功能是激励消费者起诉。由于公共资源的限制,公共执法难以对所有不法行为予以规制,客观需要私人执法予以补充。而且,与公共执法相比,私人执法具有及时、低成本发现违法的优势。当然,制度本身也希望通过消费者诉讼达到惩罚、威慑违法行为的目的,但遗憾的是,由于赔偿数额体现的是对"个别不法性"的评价,导致赔

---

① [美]安东尼·J. 塞博克:《美国的惩罚性赔偿金》,载[奥]赫尔穆特·考茨欧、[奥]瓦内萨·威尔科克斯主编:《惩罚性赔偿金:普通法与大陆法的视角》,窦海阳译,中国法制出版社2012年,第195—196页。

② 河山:《论缺一赔十的惩罚性赔偿思想》,载《法律适用》1993年第8期。

偿数额偏低，而赔偿数额的限制又消减了消费者诉讼的热情。赔偿数额与起诉数量的"双低"决定了私人诉讼中的惩罚性赔偿无从承担惩罚与威慑的功能，这已为实践所证实。

私人惩罚性赔偿功能的厘清，也为消费者获得超额赔偿提供了正当性基础。在惩罚与威慑的功能之下，消费者获得超出其损失的额外赔偿被认为赋予了私人制裁违法并获利的权利。在坚守公法、私法二分的法律体系中，惩罚性力量是由国家垄断的，私人获得惩罚性力量是不被认可的，这也是大陆法系国家抵制惩罚性赔偿制度的重要原因之一，也与我国的法治传统不符。如果从发现并制止违法行为的角度理解惩罚性赔偿制度，原告能够获得超出其损失的额外赔偿，是对其私人执法的经济激励。换言之，法律赋予消费者以惩罚性赔偿请求权，意在通过经济激励鼓励发挥私人执法的功能，以弥补公共执法的不足，消费者获得超额赔偿的正当性在于其发现并制止违法行为。

（二）公益诉讼惩罚性赔偿的功能：惩罚与威慑

如前所述，消费者个人惩罚性赔偿诉讼无从发挥惩罚与威慑的功能。职业打假人尽管具有诉讼积极性，但职业打假以能否胜诉和获利作为案件的选择标准，很多非实质性影响食品药品安全的案件成为职业打假的目标，这不仅无益于食药安全的提升，还浪费了执法与司法资源。为此，司法政策从鼓励转向了明显的限制。最高法《关于审理食品药品纠纷案件适用法律若干问题的规定》（法释〔2013〕28号）明确支持"知假买假"。① 但随着知假买假呈商业化、规模化发展，最高法开始反思对知假买假的鼓励性政策，坦承该司法解释"产生于地沟油、三聚氰胺奶粉、毒胶囊等一系列重大食品、药品安全事件频繁曝出，群众对食药安全问题反映强烈的大背景之下，是基于特殊背景下的特殊政策考量"，表示"考虑食药安全问题的特殊性及现有司法解释和司法实践的具体情况，我们认为目前可以考虑在除购买食品、药品之外的情形，逐步限制职业打假人的牟利性打假行为"。②

公益诉讼惩罚性赔偿正是在这种背景下产生的。该制度不仅可以通过启动追诉程序，弥补消费者诉讼动力不足的问题，而且可以避免职业打假的弊端。检察机关和消费者协会作为官方、半官方的机关和组织，受到政治负责机制的

---

① 最高法《关于审理食品药品纠纷案件适用法律若干问题的规定》第3条规定："因食品、药品质量问题发生纠纷，购买者向生产者、销售者主张权利。生产者、销售者以购买者明知食品、药品存在质量问题而仍然购买为理由而进行抗辩的，人民法院不予支持。"

② 参见《最高人民法院办公厅对国家工商行政管理总局办公厅的答复意见》（〔2017〕181号法办函）。

约束，会倾向于集中有限资源处理那些真正重要的问题，避免采取缺乏实质正当性的行动。而职业打假人无须向政治系统负责，其会选择更容易获得赔偿收入的对象提起诉讼，而不是根据违法行为的严重性选择"惩罚"目标。①

惩罚与威慑是公益诉讼惩罚性赔偿的预设功能。在《食品安全工作意见》中，"探索建立食品安全民事公益诉讼惩罚性赔偿制度"即是作为"严厉打击违法犯罪""实行最严厉的处罚"的措施之一而提出的。这也表明，中央与国家层面已经认识到消费者个人惩罚性赔偿在惩罚与威慑方面的不足，而不得不另外探索新的制度。在最高检、最高法等"七部门"印发的《探索建立食品安全民事公益诉讼惩罚性赔偿制度座谈会会议纪要》中，进一步明确了公益诉讼惩罚性赔偿制度"惩罚、遏制和预防严重不法行为"的功能定位。实践中，公益诉讼惩罚性赔偿金以查明的违法经营者生产、销售总额作为基数，是对侵权行为"全部整体不法性"的评价，而非个人惩罚性赔偿诉讼中的"个别报应不法性"。因而，其所具有的惩罚被告的违法行为并预防相同或类似行为再度发生的功能得以凸显，而不具有第一时间发现和制止违法行为的优势。因此，公益诉讼中的惩罚性赔偿并不是私人惩罚性赔偿的简单相加，二者在制度功能、制度优势方面发生了分化。

公益诉讼惩罚性赔偿的制度功能，以及与此相关的个人获得惩罚性赔偿金的正当性、惩罚的适当性等，在不同的权利来源模式中具有不同的面向，面临着不同的问题，同时也检验着权利来源模式的可行性。

三、集合行使模式的技术难题与逻辑悖论

在集合行使模式下，公益诉讼中的惩罚性赔偿请求权仍归属于消费者，检察机关或者消费者协会作为形式当事人参与诉讼，其诉讼实施权来自消费者权利的让渡。具体有三种方式：第一种是依消费者意愿个别性让渡请求权或诉讼实施权；第二种是"默示加入"或"选择退出"，消费者无须个别授权，公益诉讼起诉人即可概括性取得诉讼实施权，除非消费者声明退出；第三种是依法律规定直接取得诉讼实施权，即法定诉讼担当。三种方式均面临着技术难题甚至逻辑悖论。

（一）依消费者意愿个别性让渡请求权或诉讼实施权

依消费者让与的是诉讼实施权还是以授予诉讼实施权为目的而转让债权请

---

① 职业打假人无须向政治系统负责，其会选择更容易获得赔偿收入的对象提起诉讼，而不是根据违法行为的严重性选择"惩罚"目标。参加赵鹏：《惩罚性赔偿的行政法反思》，载《法学研究》2019年第1期。

求权,在学理上区分为任意诉讼担当与诉讼信托。但无论何者,均须由消费者个别性授权。我国台湾地区"消费者保护法"即采取了此方式,其第 50 条规定,"消费者保护团体对于同一之原因事件,致使众多消费者受害时,得受让二十人以上消费者损害赔偿请求权后,以自己之名义,提起诉讼"。该规定充分尊重了当事人处分权与程序选择权,但也存在以下问题:

一是难以形成大规模诉讼,导致惩罚与威慑目的落空。对于小额分散性损害而言,消费者并无授权的积极性,甚至对于自己是否受害都不知情,再加上购物凭证等证据的缺失,能否有效授权亦是突出的问题。这必然影响诉讼规模与赔偿数额,进而无法发挥惩罚、威慑功能。我国台湾地区的实践表明,在"消费者权益法"颁布的 20 余年中,依第 50 条由消保团体起诉并获裁判的仅有 10 件。早期的案件均为重大损害(个人请求金额高于 10 万元),且受害当事人范围较小而容易特定。晚近案例类型虽有所变化,受害消费者遍及各地且人数众多,但个人请求赔偿金额也在 2 万元以上。[①]

二是影响纠纷解决的效率。以我国台湾地区 2013 年大统油品案为例,受害消费者遍及台湾,台湾消保协会在行政主管部门消费者保护委员会的协助下公告,由消费者先于 2013 年 10 月至 11 月底至各县市消费者服务中心受理窗口提出求偿登记,并让与损害赔偿请求权,而后由台湾消保协会于 2014 年 4 月 3 日向彰化地方法院提起团体诉讼。参与本案团体诉讼的消费者共 3772 人,由于人数庞大,起诉前的前置作业(整理名册)即长达数月。[②]

三是消费者获得超额赔偿的正当性存疑,并可能因此导致后续赔偿无法到位。前已述及,消费者获得超额赔偿是对其发现并制止违法行为的鼓励或奖励,单单将赔偿请求权或者诉讼实施权让渡给消费者团体,是否足以获得超额赔偿?我国台湾地区已有相关案例,消费团体在受让消费者请求权的情况下,提起惩罚性赔偿诉讼并获得法院支持。从加大对违法经营者的惩罚力度看,似乎并无反对的理由。但在经营者责任财产有限的情况下,在前的惩罚性赔偿可能导致后续的补偿性赔偿金难以到位,这将引发消费者之间的不公平。

四是能否为我国公益诉讼制度所容纳存疑。在最高法《关于审理消费民事公益诉讼案件适用法律若干问题的解释》的制定过程中,最高法"遵循立法本意并征求立法机关意见,将消费领域的社会公共利益界定为人数众多且不

---

① 沈冠伶:《消费者团体诉讼之再建构:以扩散型损害及集团权利为中心》,载《台大法学论丛》2015 年第 44 卷。

② 沈冠伶:《消费者团体诉讼之再建构:以扩散型损害及集团权利为中心》,载《台大法学论丛》2015 年第 44 卷。

特定的消费者共同利益并予以类型化,以规范法官的自由裁量权"。① 如果将消费公益诉讼的救济对象限定为不特定多数消费者利益的话,诉讼信托和任意诉讼担当均无从适用公益诉讼,因为消费者一旦授权就被特定化,不再符合"不特定多数"的要求。这一观点也被部分司法实践所遵循。在杭州互联网法院审理的减肥胶囊案件中,通过网络销售且有销售记录的被排除在外,判决被告就"已向市场进行销售但未保留销售记录且难以确定销售对象的产品销售金额承担惩罚性赔偿责任"。②

我国实践中,无论检察机关还是消费者协会提起的诉讼,均未采取消费者让渡诉讼实施权的方式,说明对该方式的局限性有着较为充分的认识。

(二)法定诉讼担当和"默示加入"

从理论上讲,法定诉讼担当和"默示加入"两种方式下,诉讼实施权的来源不同,前者来源于法律的直接授权,后者来源于消费者的让渡,但在实际效果上二者并无差异。由于二者均无须消费者的个别性授权,与"选择加入"方式相比,解决了诉讼效率不高与诉讼规模不大的问题。与此同时,也会引发以下问题:

一是惩罚的适当性问题。诉讼实施权无论是基于法律授权还是"默示加入"而取得,其背后的实体权利仍是消费者的惩罚性赔偿请求权。因此,在计算赔偿金数额时,仍应按照个人惩罚性赔偿金的计算规则进行。为缓解逐一计算消费者支付价款的困难,可以将查明的违法销售金额认定为支付价款总额,以此为基数乘以10倍或3倍。10倍或3倍的赔偿倍数是基于消费者个人诉讼而设定的,在起诉数量有限的情况下,不会发生过度惩罚的问题。但在公益诉讼中,赔偿的基数转换为消费者支付价款的总额或者经营者的销售总额,在此前提下再予以3倍或10倍的赔偿,惩罚的适当性问题则会凸显。实践探索中,通过降低惩罚性赔偿金的计算基数来变相规避对个人惩罚性赔偿金计算方法的适用,即体现出对惩罚适当性的疑虑。广东省陆丰市人民检察院办理的施某富生产、销售毒豆芽公益诉讼一案中,在刑事判决书认定被告人4年来连续生产、销售有毒、有害豆芽的情况下,检察机关仍仅以查获当日的豆芽价值

---

① 罗书臻:《积极稳妥推进消费民事公益诉讼构建和谐公平诚信消费市场秩序——最高人民法院民一庭负责人就消费民事公益诉讼司法解释答记者问》,载《人民法院报》2016年4月26日,第3版。
② 参见杭州互联网法院(2019)浙0192民初5464号民事判决书。该判决认为,对众多难以确定具体身份的消费者权益造成的损害,可视为已转化为对不特定公共利益的损害,应承担相应公共利益损害的赔偿责任。虽然从理论上而言,销售对象难以确定并不必然得出侵害对象不特定性的结论,但从现实层面而言,此种身份不能确定的众多消费者必然转化成为不特定多数消费者。

9477元作为10倍惩罚性赔偿的基数,并获得法院支持。① 该案表面上适用了个人惩罚性赔偿金的计算方法,但通过极大地降低赔偿基数,实际上是对个人惩罚性赔偿金计算方法的规避。究其原因,很大程度上是基于对惩罚适当性的考虑。如果以4年的生产销售总额计算,惩罚性赔偿金将高达800万元。而据被告人供述,生产销售豆芽4年来共获利6万元左右。实践中就低计算销售金额的情形颇为多见,在销售单价高低不一的情形,检察机关多以最低单价计算销售金额。这一方面可以降低证明难度,另一方面也体现出对惩罚过度的担忧。

二是高额赔偿金难以执行。与过度惩罚密切相关的是难以执行的问题。在上述系列食盐案中,其中三起案件因被告无可供执行的财产而终结执行②,一起因惩罚性赔偿金低于刑事罚金而无须支付。③ 执行难的问题在检察公益诉讼中同样存在,在笔者的访谈中,多地检察官表示,10倍惩罚性赔偿面临难以执行的问题,希望降低赔偿倍数。

三是案件适用范围受限。在大规模损害案件中,受害人数多且每个受害人的损失数额大,受害人通常具有诉讼的积极性,而通过法定诉讼担当或"默示加入"直接剥夺受害人的诉讼实施权,程序正当性明显不足。如果区分小额分散损害与大规模损害,小额分散损害适用法定诉讼担当或"默示加入",大规模损害适用意定诉讼担当,有利于部分问题的缓解。但小额分散损害的法定诉讼担当或"默示加入",依然面临惩罚过度的问题;而大额损害的意定诉讼担当,除了效率问题外,也难融于公益诉讼制度之中,更适宜通过代表人诉讼制度予以解决。

四是是否向消费者分配赔偿金成为不解难题。既然惩罚性赔偿请求权仍归属于消费者,胜诉赔偿金就应向消费者分配,尤其在越来越多的网络购物案件中,向消费者分配赔偿金不再不可能。④ 但与此同时,消费者获得超额赔偿的正当性在于其发现并制止违法行为,仅仅受到损害而未采取任何措施的话,则不应获得惩罚性赔偿金。如果说在诉讼信托和任意诉讼担当中,消费者尚通过

---

① 参见广东省陆丰市人民法院(2018)粤1581刑初398号刑事附带民事判决书。

② 广东省广州市中级人民法院(2019)粤01执2861号执行裁定书,广东省广州市中级人民法院(2019)粤01执2862号执行裁定书,广东省广州市中级人民法院(2019)粤01执3136号执行裁定书。

③ 广东省广州市人民法院(2017)粤01民初386号民事判决书。

④ 实践中已经出现向消费者实际分配惩罚性赔偿金的案例。四川省犍为县某火锅店因收集废弃油脂加料熬制火锅底料销售给顾客食用,被判10倍惩罚性赔偿。消费者可通过微信小程序上传身份信息、消费凭证(微信、支付宝消费记录截图、收银小票、发票照片等),经审核后发放赔偿金。参见《全国首例!164名消费者拿到检察机关公益诉讼惩罚性赔偿金了!》,载犍为县市场监督管理局微信公众号,2021年7月2日。

让渡行为对制裁违法行为作出了贡献的话,在法定诉讼担当和"默示加入"模式下,多数消费者甚至不知道自身权益受到侵害,其获得惩罚性赔偿金的正当性荡然无存。如此就产生了逻辑悖论:依请求权的来源,赔偿金应向消费者分配,但消费者获得赔偿金却缺乏正当性根据。依照权利集合模式的思路,公益诉讼惩罚性赔偿相当于多个私人惩罚性赔偿的叠加。但公益诉讼惩罚性赔偿与私人惩罚性赔偿属于不同的制度,具有不同的功能,叠加之后只能顾此失彼。如在消费者个别授权方式中,较多地遵循了个人惩罚性赔偿制度的运行机理,却制约了惩罚功能的发挥;而在依法律让渡或者"默示加入"方式中,惩罚功能得以发挥,却引发了惩罚的适当性、赔偿金的归属等操作难题和逻辑悖论。

四、新设权利模式的可行性分析

在新设权利模式下,需要法律为检察机关和消费者协会创设惩罚性赔偿请求权,或者由国家保有实体请求权,而将对应的诉讼实施权授予检察机关和消费者协会。无论哪种方式,都需要在消费者的私人惩罚性赔偿请求权之外,另外创设一个惩罚性赔偿请求权。

(一)新设权利模式的可行性

1. 不会发生重复赔偿

新设权利模式意味着针对同一违法行为,可能存在两个惩罚性赔偿请求权。由此带来的最大的质疑是,经营者面临重复支付惩罚性赔偿金的风险,有学者据此反对重复设置惩罚性赔偿请求权。[①]

但如前所述,消费者之所以有权获得超过其自身损失的赔偿,是对其私人执法的经济激励或奖励。换言之,在消费者对违法行为采取措施之前,其仅享有补偿性赔偿请求权,其是否现实地享有惩罚性赔偿请求权,取决于其是否发现并制止违法行为。如果消费者没有发现违法行为并通过诉讼等方式予以制止,其自然不应获得奖励,否则就是对不劳而获的认可,违背基本的正义分配规则。

在两项惩罚性赔偿请求权并存的情况下,如果公益诉讼惩罚性赔偿先行启动,表明违法行为已被发现并采取措施,客观上使私人执法成为不必要。已被公益诉讼所涵盖的违法行为,消费者不能再据此请求惩罚性赔偿。之前已经向消费者支付的惩罚性赔偿金,或者消费者在公益诉讼之前已经启动的惩罚性赔

---

① 黄忠顺:《惩罚性赔偿消费公益诉讼研究》,载《中国法学》2020年第1期。

偿,可从公益诉讼惩罚性赔偿金中扣除。通常而言,公益诉讼较之个人诉讼具有滞后性,私人惩罚性赔偿仍得发挥其及时、低成本发现违法行为的功能,而公益诉讼惩罚性赔偿发挥惩罚、威慑功能。如此,两项惩罚性赔偿请求权并存,不仅不会发生经营者重复支付的问题,而且各自优势得以互补。

在杭州互联网法院减肥胶囊案中,判决将有销售记录的部分排除在外,仅以已售出但无销售记录的数量作为基数计算惩罚性赔偿金,并无必要。随着公益诉讼的提起,违法行为已经被发现和制止,消费者发现和制止违法行为的必要性已经不存在,也就丧失了获得超额赔偿的正当性。当然,这并不影响消费者获得补偿性赔偿。

2. 有利于实现过罚相当

当前实践中,同类案件不同处理的情况较为突出,有的案件被提起刑事附带民事公益诉讼并请求惩罚性赔偿,而类似案件则仅被提起刑事诉讼,呈现出要么不罚要么 10 倍罚的畸轻畸重现象。其中很重要的原因在于检察官对 10 倍赔偿可能导致过度惩罚的担忧,而法律又未授权对赔偿倍数或赔偿数额进行自由裁量。另行设权使公益诉讼惩罚性赔偿脱离私人惩罚性赔偿的拘束,能够根据案件具体情况确定赔偿数额,从而可以更为灵活地发挥惩罚与威慑的功能。实践中已有法院进行了有益的探索。在吴某某销售未经国家药监部门批准"云南特产祖传苗药"案中,检察机关请求被告人吴某某支付惩罚性赔偿金 82800 元(按销售额的 3 倍计算)。法院认定被告的行为构成欺诈,但"综合考虑其行为方式、欺诈情节、销售金额等因素",酌定赔偿款以 35000 元为宜。① 该案中法官完全摆脱了个人惩罚性赔偿金计算方法的束缚,转而综合多种因素酌情确定赔偿数额。

惩罚性赔偿金的裁量因素大致可包括两类:一是违法情形,包括销售数额、获益数额、造成损失的大小;二是执行可能性,即综合考虑侵权者的财产状况。② 最高法院在《关于适用财产刑若干问题的规定》中,即规定了刑事罚金的考量因素,"人民法院应当根据犯罪情节,如违法所得数额、造成损失的大小等,并综合考虑犯罪分子缴纳罚金的能力,依法判处罚金"。日后,公益诉讼惩罚性赔偿可在借鉴刑事罚金的基础上,总结实践经验,逐步明确惩罚性赔偿金额的考量因素,为司法实践提供指引。

---

① 江苏省无锡市惠山区人民法院(2018)苏 0206 刑初 590 号刑事附带民事判决书。
② 徐全兵:《稳妥推进民事公益诉讼惩罚性赔偿实践探索》,载《检察日报》2020 年 11 月 9 日,第 3 版。

(二) 新设权利模式的具体运作

1. 惩罚性赔偿金的归属

目前，惩罚性赔偿金的管理模式大概有三种：上缴国库，检察院或法院托管，设立基金。① 相比较而言，设立基金一方面可以实现惩罚与威慑的功能，同时可以专项用于消费者保护工作，与公益诉讼制度最为契合。目前部分地区设立了专用财政帐户或基金，但在基金的用途方面规定不一。一种是规定用于公益诉讼办案和公益修复。如《佛山市公益诉讼专项资金使用管理办法（试行）》规定，公益诉讼专项资金主要用于提起环境保护、食药安全等领域公益诉讼所需支出的调查取证、鉴定评估等费用，但已由办案经费予以保障的除外，同时还可用于修复受到损害的国家利益和公共利益。另一种则是规定消费者可从中支取赔偿金。如《江苏省消费民事公益诉讼赔偿金管理暂行办法》规定，公益诉讼惩罚性赔偿金纳入民事公益诉讼赔偿金代管账户，消费者提交相应材料即可申领赔偿金。② 类似的还有《晋江市消费者权益保护公益赔偿资金管理规定（试行）》《温州市洞头区食药安全领域公益损害赔偿资金管理暂行办法》。在新设权利模式下，公益诉讼惩罚性赔偿金并非来自消费者的个人惩罚性赔偿请求权，因而，消费者不得从中支取惩罚性赔偿金。但对于被告再无财产承担补偿性赔偿责任的，消费者可申请从基金中支取补偿性赔偿金。

2. 与行政罚款、刑事罚金相抵扣

一方面，从功能性质上看，惩罚性赔偿金应与刑事罚金或行政罚款相抵扣。在惩罚与威慑的功能之下，公益诉讼惩罚性赔偿金与刑事罚金、行政罚款一样，都具有惩罚贪利性违法行为的属性，客观上具有同质性。《行政处罚法》第35条明确了行政罚款和刑事罚金竞合时的处理规则，即"违法行为构成犯罪，人民法院判处罚金时，行政机关已经给予当事人罚款的，应当折抵相应罚金"。对于性质相同的金钱罚，采用轻罚在重罚中折抵的原则处理，体现了惩罚的谦抑，避免惩罚的过度。这一原则也应适用于惩罚性赔偿金，即当惩罚性赔偿金与刑事罚金或行政罚款并存时，采用轻罚在重罚中折抵的原则。

从惩罚的充分性上看，三者亦应抵扣。有学者提出不同观点，认为对于食品安全违法行为这类逐利型的违法犯罪行为，对其加重财产性处罚，加重其违

---

① 时磊：《检察公益诉讼办案中存在的主要问题和解决路径》，载《中国检察官》2020年第15期。

② 根据《江苏省消费民事公益诉讼赔偿金管理暂行办法》的规定，公益诉讼惩罚性赔偿金除向消费者支付外，还可用于消费民事公益诉讼案件所需的专家论证咨询费、检验费、鉴定费、律师费、证人出庭作证的合理费用，负责赔偿金申领、审核、发放等具体事项的独立第三方的运作费用以及其他合理支出，保护消费者公共利益产生的其他合理支出。

法成本，能够有效遏制此类违法犯罪行为的发生，进而认为行政罚款不宜折抵罚金。① 照此观点，惩罚性赔偿金亦不应与行政罚款或刑事罚金折抵。该观点的担忧在于，单处罚款或者罚金不足以对食品违法行为形成有效遏制。但从法律规定看，无论行政罚款还是刑事罚金，都为遏制食品安全违法行为提供了较为充足的制度保障。我国 2015 年修订后的食品安全法大幅提高了行政处罚力度，其中罚款以违法生产经营的食品货值为标准，区分不同违法行为，最低为违法生产经营的食品货值的 5 倍，最高可达 30 倍，且罚款与没收违法所得并处。② 2011 年《刑法修正案（八）》将食品安全犯罪的罚金由"销售金额 50% 以上 2 倍以下罚金"修改为无限额罚金。随后，最高法和最高检发布的《关于办理危害食品安全刑事案件适用法律若干问题的解释》（自 2013 年 5 月 4 日起施行）第 17 条进一步明确了罚金的最低数额标准，"一般应当依法判处生产、销售金额二倍以上的罚金"。因此，无论是行政罚款还是刑事罚金，都足以从经济上制裁被告人，相互抵扣不会发生惩罚不足的问题。此时可能会有公益诉讼惩罚性赔偿制度空间的疑问，这个问题涉及食品安全的形势与政策，也与当前不同法律责任的层次模糊相关，笔者将另行撰文讨论。

五、结语

公益诉讼作为一项新制度，惩罚性赔偿作为有异于大陆法传统的外来制度，二者叠加所引发的理论问题和实践问题均已显现。作为理论研究，其中较为根本的是要厘清公益诉讼惩罚性赔偿与既有责任体系的关系，包括公益诉讼惩罚性赔偿与私人惩罚性赔偿的关系，公益诉讼惩罚性赔偿与刑事罚金、行政罚款的关系。本文认为，一方面，将公益诉讼惩罚性赔偿的功能定位于惩罚与威慑，目的在于弥补特定领域刑事罚金和行政罚款的不足。另一方面，在私人惩罚性赔偿请求权之外，另行设立公益诉讼惩罚性赔偿请求权，使公益诉讼惩罚性赔偿摆脱个人惩罚性赔偿的束缚，有利于在"过罚相当"的基础上发挥惩罚与威慑功能。

（原载于《比较法研究》2021 年第 4 期）

---

① 舒洪水：《论我国食品安全犯罪行刑衔接制度之建构》，载《华东政法大学学报》2016 年第 3 期。

② 参见《食品安全法》第 123 条、第 125 条。

个人信息保护公益诉讼制度的理解与适用

张新宝** 赖成宇***

引言

2021年8月20日我国颁布的《个人信息保护法》第70条规定:"个人信息处理者违反本法规定处理个人信息,侵害众多个人的权益的,人民检察院、法律规定的消费者组织和由国家网信部门确定的组织可以依法向人民法院提起诉讼。"本条规定确立了个人信息保护公益诉讼制度,为规范非法处理个人信息侵害众多个人权益的行为提供公益诉讼法律依据。但是法律条文本身仅作出了原则性规定,与既有的消费者保护公益诉讼、环境生态保护公益诉讼制度的规定相比较为简略,对于个人信息保护公益诉讼主体的范围、适用的条件及相关法律责任等问题还需要进行研究和阐释,以利于正确理解和适用。由于个人信息保护公益诉讼制度并未在《民事诉讼法》第58条的不完全列举规定中,是否属于该条"等"的范围,还需要做进一步的解释。最高检发布《关于贯彻执行个人信息保护法推进个人信息保护公益诉讼检察工作的通知》指出:"加强个人信息公益保护,是贯彻落实习近平法治思想,推进国家治理,强化法律监督的必然要求,要深刻领会个人信息保护法设置公益诉讼条款的重要意义,进一步增强检察履职的责任感和紧迫感,切实加大办案力度,推动公益诉讼条款落地落实。"因此,本文主要立足于法律条文与相关司法解释的规定,对该制度进行解释论证,为个人信息保护公益诉讼条款落地落实提供必要理论支撑。

---

* 本文为国家社科基金重大项目"民法在建设职责明确、依法行政的政府治理体系中的作用研究"(21ZDA050)阶段性成果。
** 中国人民大学民商事法律科学研究中心研究员、法学院教授。
*** 中国人民大学法学院博士研究生。

一、建立个人信息保护公益诉讼制度强化个人信息保护

（一）个人信息私益救济的局限性

中国互联网协会公布的《中国网民权益保护调查报告（2021）》显示："近一年来，因个人信息泄露、垃圾信息、诈骗信息等原因，导致网民总体损失约805亿元。82.3%的网民亲身感受到了由于个人信息泄露对日常生活造成的影响。"① 进入信息化社会，公民个人信息安全面临前所未有的挑战，一方面，人工智能、算法技术的开发和广泛应用使得侵害个人信息的行为更具隐蔽性，个人难以察觉权利受损；另一方面，诉讼成本高昂、举证困难使个人维权受阻。面对大规模侵害个人信息侵权行为，传统私益诉讼难以全面保护个人信息权益。

（二）个人信息公法保护的局限性

个人信息公法保护主要包括行政法保护与刑法保护。② 侵权规模大、损害后果严重的情形，行政和刑事法律责任是保护个人之个人信息权益的强有力手段。但是，行政法与刑法的谦抑性理念要求侵害行为必须是造成严重后果，通常情况下，大规模侵害个人信息的损害后果并不严重，难以达到启动公法保护程序的要求。在大规模侵害个人信息案件中，尽管受害人数众多，单个受害人受到的损害却很小，难以达到法律要求的造成严重后果，因此公力救济功能的发挥就很有限。即便侵害个人信息的行为造成比较恶劣的后果，构成行政处罚或刑事责任，也达不到从社会层面救济受害人的效果，因为承担行政或者刑事责任的罚金通常是上缴国家。如此，这些逐案裁判的传统方法以及可资适用的实体法原则，主要立足于"矫正正义"的个人主义哲学，无力应对这类大规模信息侵权的挑战。③

（三）我国建立个人信息保护公益诉讼制度符合国际立法趋势

比较法上，鉴于侵害个人信息具有大规模、损害轻微的特点，欧盟、美

---

① 参见《中国网民权益保护调查报告（2021）》，载中国互联网协会网，https：//www.isc.org.cn/account/TopSearch.html? searchtext，2021年6月18日访问。

② 参见《个人信息保护法》第66条、第67条等；《刑法》第253条第1款。

③ ［英］约翰·弗莱明：《美国侵权程序法》，陈铭宇、唐超译，北京大学出版社2020年版，第222页。

国①、韩国②等国家和我国台湾地区③在私益诉讼之外，分别形成了各具特色的民事公益诉讼模式，④用以解决互联网环境下个人信息被大规模非法盗取利用等问题。以素来有着"最严格的个人信息保护规则"之称的欧盟《一般个人信息保护条例》（GDPR）为例，该条例第 80 条第 2 款规定：依法设立的、以公共利益为法定目标并且活跃于保护数据主体权利与自由领域的非营利性机构、组织或协会，如果认为数据主体基于本条例而享有的权利因为个人数据处理行为而遭受侵害的，其有权不经数据主体授权依照第 77 条（向监管机构投诉的权利）规定向该成员国有权监管机构提出投诉，并行使第 78 条（针对监管机构的有效司法救济权）、第 79 条（针对数据控制者或处理者的有效司法救济权）所赋予的权利。⑤可见，个人信息保护公益诉讼制是一个具有广泛国际共识性的制度。鉴于此，我国学者此前纷纷呼吁在大规模的个人信息侵害事件中，可以尝试构建个人信息保护公益诉讼制度来解决实践中的难题。⑥

《个人信息保护法》第 70 条规定个人信息保护公益诉讼制度回应了社会需求，与世界法治潮流相符合、吸收了法学研究的最新成果，着力于强化个人信息保护。

（四）个人信息保护公益诉讼制度与其他公益诉讼制度的共通性

我国《民事诉讼法》第 58 条第 1 款规定："对污染环境、侵害众多消费者合法权益等损害社会公共利益的行为，法律规定的机关和有关组织可以向人民法院提起诉讼。"从规定内容上看，我国民事诉讼法通过不完全列举的方式

---

① 如美国《金融服务现代化法》《网络隐私保护法》《销售电话消费者保护法》等相关规定。

② 韩国《个人信息保护法》第 51 条规定：属于下列各项的团体，在个人信息处理者拒绝进行集团纷争调解或不认可集团纷争调解结果的情形下，可以向法院提出请求禁止或停止权利侵害的诉讼。

③ 我国台湾地区"个人资料保护法"第 34 条：对于同一原因事实造成多数当事人权利受侵害之事件，财团法人或公益社团法人经受有损害之当事人二十人以上以书面授与诉讼实施权者，得以自己之名义，提起损害赔偿诉讼。当事人得于言词辩论终结前以书面撤回诉讼实施权之授与，并通知法院。

④ 参见肖建国：《民事公益诉讼的基本模式研究——以中、美、德三国为中心的比较法考察》，《中国法学》2007 年第 5 期。

⑤ 高富平：《个人数据保护和利用国际规则》，法律出版社 2018 年版，第 30 页。

⑥ 如张新宝、葛鑫：《个人信息保护法（专家建议稿）》第 77 条：各省、自治区、直辖市设立的个人信息保护组织、消费者协会等法律规定的机关和有关组织对侵害众多个人信息依法得到保护的权利的行为，可以向人民法院提起诉讼。人民检察院在履行职责过程中发现侵害众多个人信息依法得到保护的权利的行为，在没有前款规定的机关和组织或者前款规定的机关和组织不提起诉讼的情况下，可以向人民法院提起诉讼。参见张新宝、葛鑫：《个人信息保护法（专家建议稿）及立法理由书》，中国人民大学出版社 2021 年版，第 231—232 页。相关论述还可参见王利明：《论个人信息权的法律保护——以个人信息权与隐私权的界分为中心》，载《现代法学》2013 年第 4 期；杨立新：《私法保护个人信息存在的问题及对策》，载《社会科学战线》2021 年第 1 期；丁晓东：《个人信息私法保护的困境与出路》，载《法学研究》2018 年第 6 期。

将污染环境、侵害众多消费者合法权益,这两类具有损害社会公共利益的典型侵权行为列入公益诉讼的起诉范围。在两种典型的公益诉讼类型后,则以"等"字为公益诉讼范围的扩大预留制度空间。通过对我国环境公益诉讼与消费者公益诉讼制度特点进行对比可以发现,环境公益诉讼中的受害人主要是不特定的多数人,而消费者公益诉讼的受害人主要是特定的多数人。具体来说,在侵害众多消费者的案件中,受害人大多是某类商品或者服务的购买者或者使用者,受害人的具体范围是可以确定的,具有特定性。我国《民事诉讼法》第58条第1款将特定的多数消费者受到侵害也视为公共利益受到侵害,因此众多人受到侵害可以视为公共利益受到侵害,而无所谓受害人是否不特定。后来建立的英雄烈士人格权保护与未成年人权益保护公益诉讼制度也证实了这一点,即后两类公益诉讼案件中的受害人也是具有特定性的人群。在大规模侵害个人信息案件中,受侵害的是众多特定的人,这就能很好地理解个人信息保护公益诉讼属于《民事诉讼法》第58条第1款规定中"等"的内容,即个人信息保护公益诉讼在《民事诉讼法》第58条管辖事项内,与其他公益诉讼制度具有共通性。此外,个人信息保护公益诉讼在保护的具体对象上还与其他公益诉讼存在共通性(如图1所示),即个人信息保护公益诉讼制度、消费者保护公益诉讼制度以及未成年人权益保护公益诉讼制度存在一些交叉地带,交叉的内容是与个人信息保护相关的内容。既然保护对象存在共通性,那么规则的构建也会具有一定的共通性。也就是说,在解释个人信息保护公益诉讼制度规则时,也可以利用制度的共通性更好地解释个人信息保护公益诉讼制度。

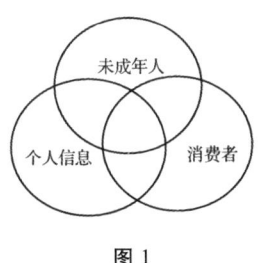

图1

二、提起个人信息保护公益诉讼的条件

(一)违法处理个人信息

《个人信息保护法》第70条规定,个人信息处理者"违反本法规定处理个人信息"是相关主体提起个人信息保护公益诉讼的条件之一。"本法"指个人信息保护法。需要指出的是,其他一些法律对违法处理个人信息的行为也有

规定，如网络安全法、电子商务法、消费者权益保护法、未成年人权益保护法等，但是这些违法处理个人信息的行为均被个人信息保护法的相关规定所吸收。因此，法律规定"违反本法规定处理个人信息"对违法行为之概括是周延的，无须检索是否违反其他法律规定处理个人信息的情形。

个人信息保护法对个人信息处理者违法处理个人信息的行为作了全面的列举，覆盖了处理个人信息的各个环节。归纳而言，处理个人信息主要包括事前、事中、事后三个环节。在事前环节，个人信息处理者违法处理个人信息的行为主要包括：在处理个人信息前，个人信息处理者未获得个人或者其监护人的明确同意（第13条、第14条、第27条）；特殊情况下，个人信息处理者处理敏感个人信息未取得个人或者其监护人的单独同意或者书面同意（第29条、第31条第1款）；个人明确拒绝信息处理者处理个人信息时，个人信息处理者拒绝提供产品或者服务，且处理个人信息并不属于提供该产品或者服务所必需（第16条）；个人信息处理者未以显著方式、清晰易懂的语言向个人如实告知个人信息的处理目的、方式、种类、保存期限等相关事项（第17条第1款、第30条）；应向个人公开处理个人信息的规则而未公开的（第17条第2款、第31条第2款）；当涉及处理敏感个人信息、利用个人信息进行自动化决策等对个人有重大影响的个人信息处理活动时，个人信息处理者未在事前进行风险评估（第55条）；提供基础性互联网平台服务、用户数量巨大、业务类型复杂的个人信息处理者，未制定平台内规则（第58条第2款）。

在事中环节，个人信息处理者违法处理个人信息的行为主要包括：个人信息处理者利用个人信息进行自动化决策时，对个人实行不合理的价格差别对待，也就是"大数据杀熟"（第24条第1款）；通过自动化决策方式进行商业营销、信息推送，未能提供不针对个人特征的选项或者未能向个人提供拒绝的方式（第24条第2款）；当个人提出要求时，个人信息处理者未能对使用自动化决策对个人造成的影响后果予以说明（第24条第3款）；个人信息处理者处理个人信息时未能确保个人信息的准确性与完整性，当个人请求更正、补充其个人信息的，个人信息处理者未能对其个人信息予以核实并及时更正、补充（第8条、第46条）；个人信息处理者向他人分享个人信息的，未取得个人的单独同意（第23条、第25条）；提供基础性互联网平台服务、用户数量巨大、业务类型复杂的个人信息处理者，未建立主要由外部成员组成的独立机构，对个人信息处理活动进行监督（第58条第1款）；未及时停止为严重违反法律、行政法规处理个人信息的平台内的产品或者服务提供者提供服务（第58条第3款）；未定期发布个人信息保护社会责任报告，未接受社会监督（第58条第4款）；未采取必要措施保障所处理的个人信息的安全，未能防止未经授权的访问以及个人信息泄露或者被窃取、篡改、删除（第9条、第51条、第57条）。

在事后环节，个人信息处理者违法处理个人信息的行为主要包括：个人信息处理者保存个人信息的期限超出处理目的所必要的最短时间（第19条、第21条）；处理个人信息达到国家网信部门规定数量后，个人信息处理者未指定负责人对处理活动以及采取的保护措施等进行监督（第52条第1款）；未公开前款规定的负责人的联系方式，也未将负责人的具体信息报送至履行个人信息保护职责的部门备案（第52条第2款）；个人信息处理者未定期对其个人信息处理活动情况进行合规审计（第54条）；当处理目的已实现或者为实现处理目的不再必要、个人信息处理者停止提供产品或者服务，或者保存期限已届满等条件成就时，个人信息处理者未主动删除个人信息（第47条）；个人信息处理者未建立个人行使权利的申请受理和处理机制，拒绝个人行使权利的请求的，未说明理由（第50条）。

也就是说，个人信息处理者一旦在收集、存储、使用、加工、传输、提供、公开等任一环节存在上述违法处理个人信息，侵害众多个人的权益的行为，相关主体有权依据《民事诉讼法》第58条、《个人信息保护法》第70条的规定提起个人信息保护公益诉讼。

（二）侵害众多个人的信息权益

侵害众多个人的信息权益是个人信息保护公益诉讼制度设计的重要出发点。关于"众多"的含义，2020年最高人民法院《关于适用〈中华人民共和国民事诉讼法〉的解释》（以下简称《民事诉讼法司法解释》）对《民事诉讼法》中很多条款里的"众多"都进行了细化，例如对《民事诉讼法》第53条、第54条和第199条规定中的"众多"都进行了细化规定[1]，但唯独未对《民事诉讼法》第55条规定中的"众多"作出解释。从《民事诉讼法》第55条的立法本质来看，该条实际上是对社会公共利益的保护。由于公共利益高度抽象性与多样性的特点，无法穷尽，更无法一一列举，所以《民事诉讼法司法解释》并未对公共利益进行解释，而是保留《民事诉讼法》第58条开放列举的方式定义公共利益的内涵，实践中多由法院运用法律解释方法于个案中加以具体化。[2] 但是这又容易引发新的问题，即在缺乏法律明确规定的情况

---

[1] 《民事诉讼法司法解释》第75条规定："民事诉讼法第五十三条、第五十四条和第一百九十九条规定的人数众多，一般指十人以上。"

[2] 参见杜乐其：《消费公益诉讼制度的局限及其矫正——〈中华人民共和国消费者权益保护法〉第47条之评析》，载《理论月刊》2014年第10期。

下,单纯依靠法官运用法律解释方法对案件予以释明,会过度扩大法官的自由裁量范围,不利于案件的公正审判。鉴于《个人信息保护法》第70条、《民事诉讼法》第585条并未对"众多"作出具体的规定,那么"众多"具体需要达到多少受害人,才能达到提起个人信息保护公益诉讼的要求,之后将由最高人民法院出具相关司法解释或者由国家网信部门出台相关文件予以确定。

有权作出解释的机关在确定众多受害人时,可以考虑以下因素:

其一,可以参考消费者权益保护公益诉讼的启动标准。《消费者权益保护法》第47条规定:"对侵害众多消费者合法权益的行为,中国消费者协会以及在省、自治区、直辖市设立的消费者协会,可以向人民法院提起诉讼。"对于侵害众多消费者合法权益的行为的理解,当前理论界存在两种主要的观点。一种观点认为,只要被侵害合法权益的消费者人数"众多",消费者团体即具备提起公益诉讼条件①;持此观点的学者还提出了具体量化的标准,他们认为如果被侵害合法权益的消费者达到200人以上,就构成了侵害众多消费者合法权益,可以作为公益诉讼受理。② 另一种观点则认为,判断消费者团体是否具备提起公益诉讼的条件,不仅应以被侵害合法权益的消费者是否"众多"作为形式标准,而且应以"损害社会公共利益"作为实质标准。③ 持此观点的学者主要从立法目的的角度来解释"众多"的含义,他们认为公益诉讼的立法目的是为了防止社会公共利益受到损害,人数"众多"不过是社会公共利益认定的形式标准。也就是说,在把握消费者团体提起公益诉讼的条件时,应从是否体现社会公共利益的角度来理解"众多消费者",不能简单以人数作为标准。④ 两种观点争议的焦点在于是否应该对"众多"进行量化,后一种观点由于更契合公益利益抽象化的特点,因此成为了主流学说观点,该观点也对司法实践产生了直接影响。从司法实践看,在大多数案件中,法官在认定被告是否侵害了众多消费者合法权益时,并未对受害人的人数进行量化。因为在消费者保护公益诉讼案件中,对消费者人群进行量化是极其困难并且不切实际的。大多数公益诉讼案件中的保护对象不仅包括受到实际侵害特定的消费者或者商品

---

① 参见江必新:《〈中华人民共和国民事诉讼法〉修改条文解读与应用》,法律出版社2012年版,第74页。
② (上海)消费公益诉讼程序研究课题组:《关于提起消费公益诉讼若干问题的意见》,系中消协消费维权公益诉讼及有关问题研讨会交流论文。转引自吴光荣、赵刚:《消费者团体提起公益诉讼基本问题研究》,载《法律适用》2015年第5期。
③ 最高人民法院民事诉讼法修改研究小组:《〈中华人民共和国民事诉讼法〉修改条文理解与适用》,人民法院出版社2012年版,第93页。
④ 吴光荣、赵刚:《消费者团体提起公益诉讼基本问题研究》,载《法律适用》2015年第5期。

使用者，还包括了潜在的不特定的受害人群。这些潜在的受害人群分布的广泛性及不特定性使得对其量化几乎成为不可能。因此，法官在认定被告的行为是否构成对众多消费者合法权益的侵害时，通常会结合消费者的分布情况、实际受害人数、潜在不特定的受害人群等因素综合考虑，采用抽象的认定方式认定被告是否侵害众多不特定的人群的合法权益。[1] 例如，在"张某、安徽省消费者权益保护委员会侵权责任纠纷案"中，安徽省滁州市中级人民法院认为刑事判决认定被告销售对象有9人，但9名假酒购买者将购买的假酒用于宴请他人，消费者既包括假酒购买者，也包括假酒饮用者，人数具有众多不特定性，因此认定被告的行为已经侵害了众多消费者合法权益。又如，在"四川省保护消费者权益委员会、闫某、唐某等侵权责任纠纷案"中，四川省成都市中级人民法院认为被告伪造知名品牌鞋类、服装在20多家商超以特卖方式进行销售，虽有销售记录，但难以确定具体销售对象名称，客观上已难以对全部受侵害主体进行特定化，故本案中消费者的损害具有分散性、不特定性。[2] 可见，在消费者保护公益诉讼领域，判断是否侵害众多消费者合法权益，并不是简单从文意上作人数"众多"的理解，而是综合考虑各方面客观因素，从是否体现社会公共利益的角度来认定消费者公益诉讼的起诉条件。

其二，可以参考比较法上的经验。比较法上，大多设立个人信息保护公益诉讼的国家和地区都将侵害受害人数众多作为提起公益诉讼的重要要件之一。如美国《联邦民事诉讼规则》第23条a项规定了提起集团诉讼的四项前提之一项便是"集团人数众多，以至于所有集团成员共同进行诉讼成为不可能。"又如我国台湾地区"个人资料保护法"第34条规定"对于同一原因事实造成多数当事人权利受侵害之事件，财团法人或公益社团法人经受有损害之当事人二十人以上以书面授与诉讼实施权者，得以自己之名义，提起损害赔偿诉讼"。可见，侵害众多受害人信息权益成为个人信息保护公益诉讼的提起要件在国内外已经形成共识。在如何定义众多受害人上，大多数国家采用的是抽象方式，即认为众多是指不特定的受害公众群体。但也有少数国家认为对于"众多"的含义，应该明确规定具体的受害人人数，一方面是为司法裁判确定明确依据，另一方面是禁止滥诉浪费司法资源。但是，此种方式容易忽略个人信息保护公益诉讼案件的特殊性，在实施过程中遇到了重重困难。实践中侵害个人信息往往涉及信息类型与数量繁多，单个人可能被侵害的信息数量和种类又不尽一致，因此不宜仅从人数上界定量化标准。这也是大多数设立个人信息

---

[1] 参见安徽省滁州市中级人民法院（2021）皖11民终20号民事判决书。
[2] 参见四川省成都市中级人民法院（2019）川01民初5508号民事判决书。

保护公益诉讼的国家更倾向于从抽象的角度定义众多受害人的原因。

总之，有权作出解释的机关在确定个人信息保护公益诉讼中"众多"含义时，不妨参考消费者权益保护公益诉讼的启动标准及比较法上的经验来对其含义予以具体化，以此为司法实践提供明确的裁判依据。值得注意的是，2021年8月最高检下发《关于贯彻执行个人信息保护法推进个人信息保护公益诉讼检察工作的通知》指出："各级检察机关在履行公益诉讼检察职责时应当突出重点、从严把握以下方面：生物识别、宗教信仰、特殊身份、医疗健康、金融账号、行踪轨迹等敏感个人信息应当严格保护；儿童、妇女、残疾人、老年人、军人等特殊群体的个人信息需要特别保护；教育、医疗、就业、养老、消费等重点领域处理的个人信息，以及处理100万人以上的大规模个人信息应当重点保护；对因时间、空间等联结形成的特定对象的个人信息加强精准保护。"该通知为实践中检察机关办理公益诉讼案件提供必要的指引。同时，该通知也为实践中司法机关正确把握"侵害众多个人的信息权益"释放出重要信号。即在判断个人信息处理者是否实施侵害众多个人的信息权益时，还应当着重考虑是否涉及侵害敏感的、特殊群体的、重点领域的、达到100万人以上大规模的个人信息以及因时间、空间等联结形成的特定对象的个人信息等因素。

三、个人信息保护公益诉讼中的主体

《个人信息保护法》第70条明确了个人信息保护公益诉讼的适格主体。即在大规模侵害个人信息权益的案件中，具有起诉资格的主体是人民检察院、法律规定的消费者组织和由国家网信部门确定的组织；被起诉主体是违法处理个人信息的个人信息处理者。但是本条对个人信息保护公益诉讼的适格主体只是做了概括性、指引性的规定，正确适用本条规定还需要进一步厘清和明确这些主体范围。

（一）适格的起诉主体

1. 人民检察院

《中共中央关于加强新时代检察机关法律监督工作的意见》指出："积极稳妥推进公益诉讼检察，就要积极稳妥拓展公益诉讼案件范围，探索办理安全生产、公共卫生、妇女及残疾人权益保护、个人信息保护、文物和文化遗产保护等领域公益损害案件，总结实践经验，完善相关立法。"新时期，检察机关坚持以习近平新时代中国特色社会主义思想为指导，认真贯彻中共中央部署和全国人大常委会授权决定，现已在探索拓展个人信息保护公益诉讼方面取得了

巨大成效。实践中，本文检索到有关个人信息保护公益诉讼案件为191例①，人民检察院作为这类型案件起诉主体为179例，占比高达94%。从案件的裁判结果来看，法院的判决基本是完全支持检察院的诉讼请求，仅有个别案件是人民检察院与被告调解结案。② 在"实践先行，立法紧跟其后"的情境下，检察机关成为个人信息民事公益诉讼的主要起诉主体，并在司法实践中取得良好的实施效果。之所以如此，一方面，检察机关代表社会公共利益，当众多社会公民个人信息遭受损害时，检察机关提起公益诉讼，属于依法履行职责。另一方面，检察机关熟悉诉讼程序，有专业人员且具备充裕的资源，相比其他机关、组织和个人更有诉讼能力。③ 基于此，2021年8月颁布个人信息保护法将人民检察院作为个人信息保护公益诉讼的起诉主体之一以法律的形式固定下来，为实践中个人信息保护公益诉讼提供直接的法律依据。

比较法上也有许多国家赋予检察机关提起公益诉讼的职能。如《法国民事诉讼法》规定："于法律规定之情形，检察院代表社会"，"除法律有特别规定之情形外，在事实妨害公共秩序时，检察院得为维护公共秩序，进行诉讼"。《德国民事诉讼法》规定，检察机关作为社会公共利益的代表，对涉及国家、社会公共利益的重大案件可提起民事诉讼。④ 可见，检察机关代表公共利益，作为个人信息保护公益诉讼的起诉主体，不仅具有客观必然性，也具有相当的合法性。⑤

2. 法律规定的消费者组织

在个人信息保护法立法过程中，关于消费者组织是否能被认定为个人信息保护公益诉讼起诉主体存在较多争议。此前提交全国人民代表大会常务委员会审议的所有《个人信息保护法（草案）》中均未出现将消费者组织列为起诉主体的规定，但是后来公布的个人信息保护法还是采纳了中国消费者协会与部分专家的建议，明确规定"法律规定的消费者组织"可以对违法处理个人信息侵害众多个人权益的行为提起诉讼。

---

① 本文在北大法宝搜索工具栏中输入"个人信息""公益诉讼"两个关键字，检索出涉及个人信息的公益诉讼案件为191例，该数据获取时间截至2021年8月21日。

② 在"浙江省杭州市余杭区人民检察院诉某网络科技有限公司侵害公民个人信息民事公益诉讼案"中，浙江省杭州市余杭区人民检察院与被告调解结案。

③ 参见别涛：《环境民事公诉及其进展》，载《环境保护》2004年第4期；蔡彦敏：《中国环境民事公益诉讼的检察担当》，载《中外法学》2011年第1期；吕忠梅：《环境司法理性不能止于"天价"赔偿：泰州环境公益诉讼案评析》，载《中国法学》2016年第3期。

④ 参见孙佑海：《对修改后的〈民事诉讼法〉中公益诉讼制度的理解》，载《法学杂志》2012年第12期。

⑤ 相关立法是指《民事诉讼法》第55条，《行政诉讼法》第25条第4款的规定。

将消费者组织确定为个人信息保护公益诉讼起诉主体存在以下解释路径：其一，作为合法成立且长期从事消费者权益保护的公益组织，保护消费者个人信息权益是消费者组织的职责之一，即履行保护消费者个人信息权益本就是其份内之事。《消费者权益保护法》第47条规定了消费者组织提起公益诉讼的权利，对该条文进行解释，消费者组织当然就具有提起个人信息公益诉讼的资格。其二，在现有的公益诉讼体系之下，部分消费者协会的公益诉讼起诉权已经获得了相关单行法的认可①，司法实践中也释放出了消费者组织提起个人信息保护公益诉讼的积极信号。例如在"江苏省消费者权益保护委员会与北京百度网讯科技有限公司侵权纠纷案"中②，江苏省消费者权益保护委员会作为本案的起诉主体，针对北京百度网讯科技有限公司利用App权限违法获取用户个人信息的行为，向江苏省南京市中级人民法院提起个人信息保护公益诉讼。在该案审理过程中，北京百度网讯科技有限公司向江苏省消费者权益保护委员会提交了整改方案，撤销了App中部分敏感权限，优化了权限获取的方式并对有关权限的获取目的进行说明。目前上述整改已在更新后的App中生效，涉案App已基本符合法律法规对于个人信息保护的要求。可见，消费者组织作为个人信息保护公益诉讼的起诉主体已经具备一定的实践基础。此外，赋予消费者组织在个人信息保护公益诉讼中的起诉主体资格，还可以实现与消费者权益保护法中有关消费者保护公益诉讼规则的衔接，实现法律体系内在的协调性。

结合《消费者权益保护法》第47条的规定，有权提起个人信息保护公益诉讼的消费者保护组织是指"中国消费者协会以及在省、自治区、直辖市设立的消费者协会"。之所以将消费者组织级别限定在省级以上，原因在于侵害个人信息的案件往往波及范围较广，案件较为复杂，社会影响力较大，由有较高级别的消费者组织进行起诉能发挥协会统筹的优势。从专业能力看，省级以上消费者组织专业能力更强，作为个人信息保护公益诉讼中的起诉主体更为妥当。此外，保持法律体系内在的协调性也是立法机关在本次立法过程中的重要考虑因素。

3. 由国家网信部门确定的组织

依据《个人信息保护法》第70条的规定，由国家网信部门确定的组织也可以成为个人信息保护公益诉讼的起诉主体。通过社会组织来执行个人信息保护具有天然的优势：较之公权监管，其成本更低；较之私人维权，其更集中有

---

① 参见董储超：《论风险社会视域下个人信息保护公益诉讼的优化进路》，载《学术探索》2020年第12期。

② 参见江苏省南京市中级人民法院（2018）苏01民初1号民事裁定书。

力，因此以社会组织执行来补充公权监管、私人维权，符合功能适当原则。①但是现有规定过于简略，有必要进一步细化。

细化个人信息保护公益诉讼中的有关组织的具体范围和认定标准，一方面是为了对相关组织范围进行必要限制，避免多种组织同时起诉造成滥诉，浪费司法资源；另一方面更是为了避免在实践环节中增加对有关组织的辨识成本。在界定个人信息保护公益诉讼中有关组织的具体范围和认定标准时，不妨借鉴已有的类似法律规定。目前环境保护法对符合环境保护公益诉讼条件的社会组织作了较为详细的认定。尽管个人信息保护公益诉讼与环境公益诉讼中的有关组织职能会有所不同，但是这并不妨碍认定两类组织的共通性。因为不管是在个人信息保护公益诉讼中的有关组织还是环境保护公益诉讼中的有关组织，它们的共通目标是保护社会公共利益，因此在性质上，它们都需要具备价值中立性，即非营利性；在保护能力上，需满足一定的形式要件，具体表现为具备一定的组织规模、具备承担风险基本能力；此外，还要在履行责任的业务能力和专业水平上与其他社会组织区别开来。因此在如何细化个人信息保护公益诉讼中有关组织范围这个问题上，可以参照《环境保护法》第58条的规定。②

比较法上，一些国家和我国部分地区为了避免发生滥诉，对公益诉讼（国外多称为"集体诉讼"或者"集团诉讼"）组织的资格作出了明确规定。例如，欧盟GDPR第80条第1款规定："对按照成员国国内法依法设立、以公共利益为法定目标并且活跃于保护数据主体权利与自由领域的非营利性机构、组织或协会，数据主体有权委托其代表自己提出投诉。"又如韩国《个人信息保护法》第51条规定了两类组织可以提起公益诉讼。第一类是在公平交易委员会登记、平时以促进权利增进为目的、团体的定员为1000名以上、登记后经过3年的组织。第二类是最近3年以上有相应的活动实绩的、团体的组成人员为5000名以上的、在中央行政机关登记的非营利民间团体。③再如我国台湾地区"个人资料保护法"第32条对公益社团法人的规定是：社团法人之社员人数达一百人、保护个人资料事项于其章程所定目的范围内（具备个人信息保护的专业能力）、许可设立3年以上。

---

① 参见王锡锌、彭錞：《个人信息保护法律体系的宪法基础》，载《清华法学》2021年第3期。
② 《环境保护法》第58条规定："对污染环境、破坏生态，损害社会公共利益的行为，符合下列条件的社会组织可以向人民法院提起诉讼：（一）依法在设区的市级以上人民政府民政部门登记；（二）专门从事环境保护公益活动连续五年以上且无违法记录。符合前款规定的社会组织向人民法院提起诉讼，人民法院应当依法受理。提起诉讼的社会组织不得通过诉讼牟取经济利益。"
③ 参见康花花：《韩国〈个人信息保护法〉的主要特色及对中国的立法启示》，载《延边大学学报》2012年第4期。

通过归纳对比国内外法律对社会组织的定义，总结出公益诉讼中的社会组织需要具备三个主要特征：其一是这类组织不以营利为目的，具有公益性；其二是这些组织是长期从事相关公益活动且聚积一定数量的专业人才，能较好地开展公益活动的专业性组织；其三是具有合法开展公益活动的主体身份，这使它区别于各种非法组织。① 本文认为，对个人信息保护公益诉讼中社会组织的认定，可以参照上述标准，即需要具备以下要件：（1）依法在设区的市级以上人民政府民政部门登记；（2）专门从事个人信息保护公益活动连续5年以上且无违法记录。（3）经由国家网信部门认定并公布。同时具备这些条件的非营利性组织可以向人民法院提起个人信息保护公益诉讼。当然，在提起公益诉讼的过程中，社会组织不得通过诉讼牟取任何经济利益。在认定程序上，本文认为需要由省级以上的网信部门来制定具体的认定标准，并及时向社会公布明确的社会组织名单。关于社会组织的具体类型，本文倾向于将从事个人信息研究保护的专业机构或者学术研究机构列为保护个人信息的社会组织。从事个人信息研究保护的专业机构，如中国法学会网络信息法学会、网络信息研究院；从事个人信息研究保护的学术机构，比如北京大学信息化与信息管理研究中心，清华大学网络科学与网络空间研究院、中国人民大学网络空间发展与战略研究院、未来法治研究院等各所高校里专门从事个人信息保护的科研机构。这两类专门从事个人信息保护研究的机构，具有较高的信息技术监测与保护能力，拥有众多专业技术人员，能较好地履行保护个人信息的任务。

4. 不适格起诉主体

（1）履行个人信息保护职责的部门。在制定个人信息保护法的过程中，一审稿及二审稿都将履行个人信息保护职责的部门列入起诉主体的范围内，但是考虑到履行个人信息保护职责的部门主体身份的特殊性，在三审稿中将其删除掉了，后来颁布的个人信息保护法保留了三审稿的规定。履行个人信息保护职责的部门不宜代表公共利益提起个人信息保护公益诉讼。② 一方面，是因为法律已经赋予了这些行政机构行使行政处罚的权利，行政管理手段与司法途径相比，通过行政管理手段能达到有效、有力地遏制侵害个人信息的违法行为的作用，自然就不必再提起公益诉讼。另一方面，如果履行个人信息保护职责的部门在实践中既是个人信息的管理者，享有行政处罚权，同时又是公共利益的

---

① 参见别涛：《环境公益诉讼立法的新起点——〈民诉法〉修改之评析与〈环保法〉修改之建议》，载《法学评论》2013年第1期。

② 国家网信部门及具有法律、行政法规授权个人信息保护和监督管理职能的主管部门，这些主管部门包括工业和信息化部、公安部、国家市场监管总局、中国人民银行等。

代表者，可以提起公益诉讼，那么两种不同的身份交织在一起难免有叠床架屋之嫌，还会造成行政资源的浪费。况且行使处罚权保护个人信息安全本就是这些行政机构基本职责，过分强调和突出行政机关启动公益诉讼的作用，容易造成行政机关的角色错位。此外，现行已经规定了公益诉讼规则的单行法如消费者权益保护法、环境保护法同样未赋予行政机关提起公益诉讼的主体资格，这其中的职能重叠问题正是立法者的重要考量因素，因此行政机关并不具备提起公益诉讼的先验性。尽管，行政机关不宜代表公共利益提起个人信息保护公益诉讼，但行政机关还是可以在个人信息保护公益诉讼中发挥支持起诉的作用，即通过提供相关法律咨询、提交书面意见、协助调查取证等方式支持人民检察院、相关社会组织依法提起个人信息保护公益诉讼。

（2）个人。有学者提出，除了人民检察院、有关组织可以提起个人信息保护公益诉讼外，在很多国家个人也具有代表他人提起公益诉讼的资格，并且起诉主体的多元化成为了近现代民事公益诉讼的一个重要趋势。① 至于公民个人，本文认为不宜成为个人信息保护公益诉讼的适格起诉主体。一方面，人性的本能中天然含有对自身利益的最大化追逐②，因而很难确保诉讼的公益性。另一方面，公民个人在收集、调查证据、担负诉讼成本和专业素养等方面均存在一定弱势，个人作为公益诉讼起诉主体不具备客观可行性。公众在一定程度上确实能发挥低成本，高效率的社会监督优势，但是这种潜在的优势并不足以抵消个人提起公益诉讼的弊端，因此并不可取。尽管个人不能代表公共利益提起个人信息保护公益诉讼，但是在实践中依然可以发挥个人的力量推动公益诉讼活动，例如个人可以向有关机关或者组织检举、投诉侵害个人信息的违法行为，或者提供基础性材料请求人民检察院或者相应的组织提起公益诉讼。

（二）适格的被告

从《个人信息保护法》的规定看，个人信息保护公益诉讼的适格被告是指违反该法处理个人信息、侵害众多个人权益的个人信息处理者。对于个人信息处理者的含义，《个人信息保护法》第73条第1款给出的定义是："在个人信息处理活动中自主决定处理目的、处理方式的组织、个人。"结合《个人信息保护法》第70条规定来看，法律并没有限制被告的范围，而是规定了所有个人信息处理者都可以成为适格被告。但是从个人信息保护公益诉讼的本质来

---

① 参见孙佑海：《对修改后的〈民事诉讼法〉中公益诉讼制度的理解》，载《法学杂志》2012年第12期。

② 参见马金芳：《通过私益的公益保护——以公益慈善立法中的公益定位为视角》，载《政法论坛》2016年第3期。

看，个人信息保护公益诉讼主要解决侵害众多受害人个人信息权益的问题，而通常符合侵权要件的是具有大量个人信息处理需求和能力的头部（大型）企业。例如美国谷歌公司曾因未经用户同意将用户个人信息透露给第三方，侵犯了众多用户隐私，于2010年遭集体诉讼；苹果公司因涉嫌以违法的形式收集用户个人信息并出售第三方，遭到美国波士顿的多名用户发起集体诉讼；Facebook因其使用的面部识别技术违反了伊利诺伊州的《生物信息隐私法案》（BIPA）而面临集体诉讼；万豪旗下的喜达屋酒店曾因泄露3.39亿客人开房信息，仅在2018年就受到个人和律所提起至少2起集体诉讼，索赔超过百亿美元。及至国内，我国开始探索个人信息保护公益诉讼的时间较短，个人信息保护公益诉讼案件还较少，但是从已有的个人信息保护公益诉讼案件来看，个人信息保护公益诉讼案件主要发生在物流快递、装饰装修、医疗、教育、网络科技等领域，这些涉诉被告无一例外都是各领域的知名头部企业。从国内与国外的实践经验来看，大规模侵害个人信息权益案件中的被告通常是某些领域内的头部企业，因此，个人信息保护公益诉讼中的被告大多数情况下应该是指大型企业。需要注意的是，我国个人信息保护法并未对被告类型或者规模加以区分，在认定被告时也不应将中小规模企业排除在外。从目前既有的公益诉讼实践来看，部分中小企业存在合规性较差的问题，这部分企业如果存在违法处理个人信息，大规模侵害个人信息权益以致于损害了社会公共利益的情形，相关主体也可以对其提起个人信息保护公益诉讼。

个人信息保护法规定的被告范围仅限于相关组织和个人，国家行政机关不宜成为个人信息保护公益诉讼的适格被告。国家行政机关也是处理个人信息的重要主体之一，在处理个人信息时也可能侵害公民的个人信息权益，但是针对国家行政机关作为或者不作为侵害众多个人信息权益的，个人信息保护法及相关法律已经规定了公益诉讼外的解决路径。如《个人信息保护法》第68条规定："国家机关不履行本法规定的个人信息保护义务的，由其上级机关或者履行个人信息保护职责的部门责令改正；对直接负责的主管人员和其他直接责任人员依法给予处分。履行个人信息保护职责的部门的工作人员玩忽职守、滥用职权、徇私舞弊，尚不构成犯罪的，依法给予处分。"此外，包括《民法典》第1039条，《刑法》第253条第2款、第4款，《行政诉讼法》第25条第4款，《网络安全法》第72条、第73条，《电子商务法》第87条，《消费者权益保护法》第61条等，都对国家行政机关违法侵害公民个人信息权益设置了相应的法律责任。需要指出的是，《行政诉讼法》第25条第4款规定："人民检察院在履行职责中发现生态环境和资源保护、食品药品安全、国有财产保护、国有土地使用权出让等领域负有监督管理职责的行政机关违法行使职权或者不作为，致使国家利益或者社会公共利益受到侵害的，应当向行政机关提出检察建议，督促其依法履行职责。行政机关不依法履行职责的，人民检察院依法向人民法院提起诉讼。"本款为行政机关违法行使职权或者不作为，致使国家利益或者社会公共利益受到侵害的情形，设置了行政公益诉讼制度。行政机关存在上述违法或者不作为行为就需要受到《行政诉讼法》第25条第4款的约束，即由人民检察院对其提出检察建议或者提起诉讼的方式来解决。适用《行政诉讼法》第25条第4款存在前置条件，由于个人信息保护法中并未提及类似的前置条件，因此行政机关违法行使职权或者不作为不适用《个人信息保护法》第70条的规定。也就是说，在个人信息保护领域，应当理解为法律仅规定了民事公益诉讼，没有规定行政公益诉讼。对于行政机关大规模侵权行为，目前我国已存在特别的法律规则对其进行有效的制约，就应该遵从原有特别的解决路径，而不宜突破现有的行政法规则。

四、个人信息保护公益诉讼法律责任

《个人信息保护法》第70条并没有规定法律责任，本文认为公益诉讼的法律责任既应包括赔偿相关主体提起公益诉讼支出的必要费用，同时也应包括履行法律规定的满足受害人的相关权利的其他义务。

（一）损害赔偿

在个人信息保护公益诉讼中，由于不涉及具体的受害人，损害赔偿并不是主要的法律责任。也不涉及精神损害赔偿，因为精神损害赔偿一定是针对个人的损害填补，受害人可以通过私益诉讼来解决。个人信息保护公益诉讼中的损害赔偿的内容主要是对起诉主体提起公益诉讼的合理支出费用的赔偿，具体可以参照消费者公益诉讼的规定予以明确。① 即个人信息保护公益诉讼的损害赔偿项目内容主要为：律师费、调查取证费、鉴定费、专家咨询费、交通费等必要合理支出费用。从成本效益的角度考虑，潜在的适格起诉主体或许会放弃提起个人信息保护公益诉讼，为了鼓励更多相关主体通过诉讼促进公共利益，适格起诉主体提起公益诉讼的经济负担的转移就成了合乎逻辑的经济刺激选择，并且公益诉讼经济负担的转移在环境保护、消费者保护公益诉讼领域已经积累

---

① 最高法《关于审理消费民事公益诉讼案件适用法律若干问题的解释》第17条规定，原告为停止侵害、排除妨碍、消除危险采取合理预防、处置措施而发生的费用，请求被告承担的，人民法院应依法予以支持。第18条规定，原告及其诉讼代理人对侵权行为进行调查、取证的合理费用、鉴定费用、合理的律师代理费用，人民法院可根据实际情况予以相应支持。

了丰富的实践经验。① 可以说，通过转移负担的方式，减轻适格的起诉主体在提起个人信息保护公益诉讼中所面临的经济压力，有利于充分调动相关主体开展公益诉讼活动的积极性，也符合当前的现实需要。

（二）强制履行法律规定的其他义务

在个人信息保护公益诉讼中败诉的被告方，除了应承担损害赔偿责任外，还应当强制履行起诉主体请求的个人信息保护法规定的义务。如强制删除相关个人信息的义务、强制准许查阅、复制相关个人信息的义务、强制更正、补充相关个人信息的义务、强制解释说明其处理个人信息规则的义务、强制采取必要措施确保个人信息安全的义务、强制定期进行合规审计的义务等。除了上述法律规定的强制义务外，实践中还总结出其他强制义务。从节选最高人民检察院发布的 8 件公益诉讼典型案例来看（如表1），败诉的被告方承担的其他强制义务主要包括：登报赔礼道歉、关闭网站、注销涉案 App、采取隐匿化技术处理等措施保护个人信息以及对存在的问题逐一开展对照整改及优化等。

表 1

序号	案名	承担责任方式
1	杨某杰侵犯公民个人信息刑事附带民事公益诉讼案	在省级媒体上向众多被侵权的社会公众赔礼道歉
2	杭州下城区检察院诉孙某个人信息保护民事公益诉讼案	赔偿损失并向社会公众刊发赔礼道歉声明
3	杭州余杭区检察院诉某网络科技公司侵害个人信息案	删除违法收集个人信息；公开赔礼道歉；承诺今后违反协议约定，将自愿支付 50 万元违约金用于公益支出
4	保定市检察院诉李某侵害消费者个人信息和权益民事公益诉讼案	支付三倍惩罚性赔偿金，删除所有非法持有的公民个人信息数据，在国家级媒体上公开赔礼道歉
5	上海市宝山区检察院诉韩某某等人侵犯公民个人信息刑事附带民事公益诉讼案	赔偿损失、关闭"数迈网"网站、注销买卖公民个人信息所用 QQ 号码、删除保存个人信息数据、向社会公众赔礼道歉

---

① 参见高琪：《环境民事公益诉讼的律师费用转移负担规则：美国蓝本与中国借鉴》，载《中国地质大学学报》2016 年第 6 期。

五、公益诉讼检察积极稳妥发展

续表

序号	案名	承担责任方式
6	安顺市西秀区检察院诉熊某某等人侵犯公民个人信息案	删除所有非法获取的公民个人信息；支付赔偿金；在国家级媒体上公开赔礼道歉
7	广东省广宁县检察院诉谭某某等人侵犯公民个人信息刑事附带民事公益诉讼案	解散用于收集、买卖公民个人信息的微信群，删除保存在微信的公民个人信息数据，在媒体上赔礼道歉
8	浙江省诸暨市房地产、装修行业侵犯消费者个人信息保护公益诉讼案	诸暨市建设局及装修装饰行业协会（工作函），针对相关问题逐一开展对照整改及优化等工作

关于履行责任产生的费用以及验收评估费用，应该由败诉被告方自己承担。如在"杭州市余杭区人民检察院诉某网络科技有限公司侵害公民个人信息民事公益诉讼案"中，双方达成调解协议后，余杭区院引入第三方代表评估，由网信部门认可的检测机构对整改情况进行合规检测，确保调解协议执行到位。对于法院引入第三方评估机构发生的费用也应该列入履行费用之中，由败诉被告方承担。败诉被告方拒绝履行或者怠于履行相关义务的，具有个人信息保护职能的人民检察院或者相关公益组织可以代为履行，代为履行所发生的费用最终应该由败诉的被告方承担。

（三）个人信息保护公益诉讼不适用惩罚性赔偿

在个人信息保护法起草过程中，有些学者提出了个人信息保护公益诉讼中应该增加惩罚性赔偿的建议，理由是一般的损害赔偿责任并不能预防和威慑大规模侵害个人信息行为，也不能填补受害人因此而受到的损害。个人信息保护公益诉讼中惩罚性赔偿在司法实务中已经得到肯定。例如，在"河北省保定市人民检察院诉李某侵害消费者个人信息和权益民事公益诉讼案"中，法院依法判令被告李某支付三倍惩罚性赔偿金共计人民币 166.3815 万元。此案是我国在个人公益诉讼中适用惩罚性赔偿规则的第一案，被认为是具有典型创新型案件。因此，在制定个人信息保护法的过程中，应该将司法成果用法律形式固定下来。

本文认为这一观点缺乏事实与法律依据。首先，惩罚性赔偿的严厉性高于一般损害赔偿责任，《民法典》第 179 条对其适用进行了严格限制，即适用惩罚性赔偿需要有法律的明确规定，学理解释上不宜突破。依据法律规定，目前惩罚性赔偿仅能在特定类型的案件中提起,如仅能在消费者、环境生态、知识产权保护领域的案件中适用,须受诉讼担当原理的严格限制,并要经由严格的程序安排,因此惩罚性赔偿的规定可适用范围非常有限。① 个人信息保护公益诉讼案件中的起诉人若是主张这类赔偿,在现行法律中找不到依据,属于无法可依。②

其次,我国现有法律关于惩罚性赔偿的规定,是以私益诉讼为规制对象,并不适用于公益诉讼领域。在私益诉讼中适用惩罚性赔偿金制度是为了达到鼓励受害人积极维权、遏制侵权人的效果。具体来说,在大多数侵害消费者权益或者污染环境破坏生态的案件中,受害人众多,且多数受害人受到损失小,加之诉讼成本高,受害人缺乏提起诉讼的动力,侵权人得以逃脱责任,并继续实施侵权行为。为了鼓励受害人积极维权,并以较低社会成本发现并惩处违法者,立法者创设了惩罚性赔偿金制度。但是在公益诉讼中,由人民检察院或者相关组织代为起诉,就不存在受害人起诉困难的问题,并且公益诉讼同样能起到遏制侵权人的效果,因此我国并未在公益诉讼领域里引入惩罚性赔偿金制度。此种做法与比较法上的经验相类似。对于能否在公益诉讼中适用惩罚性赔偿金制度的问题,大陆法系国家持否定态度。理由是,在存在或者应当存在多个受害人的情况下,适用惩罚性赔偿金制度可能会造成分配上的混乱,尤其在无法确定有多少原告时,针对这些原告如何确定具体数额也是一个棘手的问题。③ 即使是在英美法系国家,惩罚性赔偿金制度在集体诉讼中的适用也是被严格限制的。因为惩罚性赔偿金很大程度上是为了抚慰受害人由此受到的精神损害,而在受害人不特定的集体诉讼中,惩罚性赔偿金制度就难以发挥其抚慰功能。这也是为什么在英国,代表人诉讼(集团诉讼)中一般不适用惩罚性赔偿。④ 因此,惩罚性赔偿金制度主要适用于私益诉讼领域,在个人信息保护公益诉讼领域适用惩罚性赔偿金制度并未有可寻先例。

复次,尽管目前已有检察机关在个人信息保护公益诉讼案件中提出惩罚性赔偿的诉讼请求,并获得法院的支持,但检察机关并非受害的消费者或者受害

---

① 参见肖建国、刘东:《公民个人提起民事公益诉讼的原告资格辨析》,载《学习论坛》2014年第3期。

② 参见《消费者权益保护法》第55条、《食品安全法》第148条第2款。转引自李浩:《民事公益诉讼起诉主体的变迁》,载《江海学刊》2020年第1期。

③ 参见[奥地利]海尔姆特·库齐奥:《侵权责任法的基本问题》(第一卷),朱岩译,北京大学出版社2020年版,第55—56页。

④ 参见王玉辉:《论日本消费者团体诉讼的限定性适用》,载《河南师范大学学报》2012年第5期。

的消费者的直接利害关系人,公益诉讼起诉人请求惩罚性赔偿是否有正当的法理基础值得进一步讨论,并且针对这些惩罚性赔偿金的归属如何确定也会是一个棘手的问题。

最后,如果允许在个人信息保护公益诉讼中适用惩罚性赔偿金,那么被告就有可能因为实施一个违法行为受到多次惩罚。当前,个人信息保护公益诉讼案件主要是经过刑事立案审判后再提起的附带性民事公益诉讼案件。在北大法宝上检索到有关个人信息保护公益诉讼案件为191例,其中刑事附带民事公益诉讼案件为171例,行政附带民事公益诉讼案件为1例,也就是说,在个人信息保护公益诉讼案件中,此前约90%的被告都是被追究过相应的刑事责任或者行政责任,如果在附带的民事公益诉讼中再次对被告科以严格的惩罚,则会造成对被告罚过其当。信息社会,数据的运用与保护这两辆马车应该是并驾齐驱,不可偏废其一。对数据的保护如果超过必要的限度则会戳伤技术开发与创新者的积极性。Facebook 泄露数据案中,美国联邦贸易委员会与 Facebook 达成的和解协议表明保护个人信息的同时也要兼顾企业的发展,要为企业生存、发展、创新腾出合理的空间。因此,本文认为个人信息保护公益诉讼中不宜适用惩罚性赔偿。

值得注意的是,由于我国当前已规定了保护个人信息的多种维权途径,既包括个人信息私益诉讼,也包括刑事制裁与行政处罚,因此不能指望公益诉讼的法律责任能够解决所有问题,它主要着眼于解决社会公益方面的问题。

五、个人信息保护公益诉讼与其他法律责任的关系

(一) 个人信息保护公益诉讼与私益诉讼的关系

1. 个人信息保护公益诉讼并不影响私益诉讼当事人维护自身利益

有学者提出:"从根本上讲,一切诉讼无不以对公益的保护为目的,公益诉讼不过是传统私益诉讼对公益保护的深化,两者在本质上具有一致性。"① 又有持类似观点的学者提出,如果个人信息公共利益的实现足以预防或者救济私人利益,那么是否另行提起个人信息私益诉讼的利益就不复存在了。应该看到,个人信息保护公益诉讼的法律效果并不等于私益诉讼的法律效果的总和。个人信息保护公益诉讼与私益诉讼在其所要保护的实体利益和程序利益,在制度设计上都有着不同的表现。②

---

① 王太高:《论行政公益诉讼》,载《法学研究》2002 年第 5 期。
② 参见段厚省:《环境民事公益诉讼基本理论思考》,载《中外法学》2016 年第 4 期。

首先，两者的实体利益存在巨大差异。个人信息保护公益诉讼当事人行使权利需要受到严格的限制。在个人信息保护公益诉讼中，适格的起诉主体不能随意放弃或者变更自己的诉讼请求，不能随意通过调解或者和解解决纷争，这些行为都受到审判权的严格监督。与此不同的是，个人信息保护私益诉讼则强调当事人对私益的处分自由，原告可以任意处分自己的权利。之所以如此，是因为民事权利的客体利益归属特定主体，为其所独享，故权利人可依其意志自由处分，不受他人干涉。① 个人信息保护公益诉讼的利益归属于众多被侵害信息权益的主体，并非个人信息保护公益诉讼中的起诉主体。因此，作为代为起诉的主体不能作出不利于公益诉讼案件中受害人的决定，其行使权利需要受到严格的法律限制。其次，两者有着不同的程序利益。具体而言，个人信息保护公益诉讼在程序构造上体现出较强的职权主义特征，此与我国个人信息保护私益诉讼在程序构造上有着明显不同。在个人信息保护公益诉讼领域，审判权会深度介入，协助起诉主体调查取证。而在个人信息保护私益诉讼领域，则是强调对两造双方程序利益的平等保护，两造之间的平衡不被轻易打破。② 最后，两者的差异性还体现在制度的设计目的上。个人信息保护公益诉讼之目的在于保护社会公众的信息利益，具有整体性。而个人信息保护私益诉讼的目的在于调整平等民事主体之间因信息权益而产生的法律纠纷。

综上，两种诉讼在构造上差异，意味着个人信息保护公益诉讼并不能抵消个人信息保护私益诉讼存在的合理性。此外，个人信息保护公益诉讼效果只能起到防御作用，即公共的个人信息合法权益可能不再遭受损害，但却不能使具体受害人的损害得到完全的填补，因此个人信息保护公益诉讼的救济是不完全救济，此时个人信息保护私益诉讼仍有并行的必要性。

2. 个人信息保护公益诉讼的启动无须个人信息保护私益诉讼前置

既然个人信息保护公益诉讼并不影响私益诉讼当事人维护自身利益，那么两者的程序启动顺序是否有先后之分？2020 年最高法《关于适用〈中华人民共和国民事诉讼法〉的解释》第 288 条规定："人民法院受理公益诉讼案件，不影响同一侵权行为的受害人根据民事诉讼法第一百一十九条规定提起诉讼。"从文义上理解，公益诉讼与对应的私益诉讼并没有明确的先后顺序要求。但是从既有的公益诉讼实施效果来看，不同的公益诉讼领域有着不同的制度安排。在消费者与环境公益诉讼领域中，公益诉讼与私益诉讼程序的启动并

---

① 参见易军：《私人自治与私法品性》，载《法学研究》2012 年第 3 期。
② 参见段厚省：《环境民事公益诉讼基本理论思考》，载《中外法学》2016 年第 4 期。

没有严格的先后顺序。① 与此不同的是，在英雄烈士人格权保护领域与未成年人权益保护领域，均出现了将私益诉讼前置的安排（如表2所示）。私益诉讼程序的前置安排，使绝大多数问题可能在检察机关诉前得以解决，极大地节约诉讼成本，可以说私益诉讼程序的前置实现了以最小司法投入获得最佳社会效果。

表2

公益诉讼领域	规范文件	涉及私益诉讼前置相关内容②	涉及私益诉讼前置的分析
英雄烈士人格权保护领域	英雄烈士保护法	第25条第2款：英雄烈士没有近亲属或者近亲属不提起诉讼的，检察机关依法对侵害英雄烈士的姓名、肖像、名誉、荣誉，损害社会公共利益的行为向人民法院提起诉讼	本条第2款明确规定私益诉讼前置。只有在具有起诉资格的公民不起诉的前提下，检察院才能代表社会公共利益提起公益诉讼
	最高法、最高检《关于检察公益诉讼案件适用法律若干问题的解释》	第13条：人民检察院拟提起公益诉讼的，应当依法公告，公告期间为30日。公告期满，法律规定的机关和有关组织、英雄烈士等的近亲属不提起诉讼的，人民检察院可以向人民法院提起诉讼	要求检察机关履行了相关公告义务，保障私益诉讼的前置
		第14条：人民检察院提起民事公益诉讼应当提交已经履行公告程序、征询英雄烈士等的近亲属意见的证明材料	
未成年人权益保护领域	未成年人权益保护法	第106条：未成年人合法权益受到侵犯，相关组织和个人未代为提起诉讼的，人民检察院可以督促、支持其提起诉讼；涉及公共利益的，人民检察院有权提起公益诉讼	参见私益诉讼前置的明确规定

---

① 参见肖建国、黄忠顺：《环境公益诉讼基本问题研究》，载《法律适用》2013年第12期。
② 因部分法条过长，笔者已做简化处理。

通过对上述不同的公益诉讼类型进行比较分析，发现适用私益诉讼程序的前置安排的两类公益诉讼案件具有鲜明的特点。在起诉主体方面，英雄烈士人格权保护与未成年人权益保护公益诉讼案件中，具有优先起诉资格的主体往往与案件的受害人（英雄烈士、未成年人）存在特殊情感联系，这些主体与检察院相比，更具维护英雄烈士光荣形象与未成年人合法权益的情感诉求及诉讼动力。① 再从案件的特征来看，英雄烈士人格权保护类型的案件通常不涉及受害人分布广、单个人损失小的问题，且受害人的近亲属或者监护人通常容易被确认。相比较而言，个人信息保护公益诉讼制度的出现正是为了回应受害人众多且受害人怠于起诉的现状。因此，在大规模侵害个人信息权益的案件中，关于个人信息保护公益诉讼的启动程序，不宜参照上述私益诉讼前置的规定，即个人信息保护公益诉讼的程序启动无须个人信息私益诉讼前置。

（二）个人信息保护公益诉讼不影响侵权人承担刑事与行政责任

侵权人侵害个人信息权益有可能同时引发多种法律后果，谓之法律责任聚合。出现法律责任聚合的情况下，侵权人如何来承担责任？对此，《民法典》第187条规定："民事主体因同一行为应当承担民事责任、行政责任和刑事责任的，承担行政责任或者刑事责任不影响承担民事责任；民事主体的财产不足以支付的，优先用于承担民事责任。"② 根据行为人侵害的法益不同，行为人需要承担不同的责任。关于承担责任的先后顺序，依据私权优先原则，侵权人在就同一行为应当承担民事责任和刑事责任、行政责任，侵权人的财产不足以支付的情况下，就需要优先实现民事责任请求权。③ 在个人信息诉讼案件中，只有当侵权人是个人、组织时才有可能会发生法律责任的聚合问题，当侵权人是行政机关时，由于主体的性质决定了行政机关承担的法律后果只可能是行政处罚，因此不存在责任聚合的问题。

结论

个人信息保护公益诉讼制度适应了大数据时代信息化发展需求，对于维护

---

① 参见刘颖：《〈民法总则〉中英雄烈士条款的解释论研究》，载《法律科学》2018年第2期；黄忠顺：《英烈权益诉讼中的诉讼实施权配置问题研究——兼论保护英雄烈士人格利益的路径抉择》，载《西南政法大学学报》2018年第4期；赵信会、祝文莉：《未成年人权益的检察保护——以检察机关提起国家监护诉讼为例》，载《中国青年社会科学》2017年第1期。

② 《个人信息保护法》第71条也作出了规定，"违反本法规定，构成违反治安管理行为的，依法给予治安管理处罚；构成犯罪的，依法追究刑事责任。"

③ 关于私权优先的具体论述可参见杨立新：《论侵权请求权的优先权保障》，载《法学家》2010年第2期。

公民个人信息权益,规范个人信息处理活动,促进个人信息合理利用具有重要意义。2021年颁布的个人信息保护法对个人信息保护公益诉讼制度已经做了原则性的规定,本文主要立足于法律条文与相关司法解释的规定,对该制度进行解释论证,为该制度的正确适用提供必要理论支撑。个人信息保护公益诉讼的起诉条件,需要同时满足违法处个人信息与侵害众多个人的信息权益。人民检察院、法律规定的消费者组织和由国家网信部门确定的组织有权提起个人信息保护公益诉讼。对于国家网信部门确定的组织的认定标准,可以类推适用《环境保护法》第58条规定。关于法律责任,公益诉讼的法律责任既应包括赔偿相关主体提起公益诉讼支出的必要费用,同时也应包括履行法律规定的满足受害人的相关权利的其他义务。个人信息保护公益诉讼不适用惩罚性赔偿。在个人信息保护公益诉讼与其他法律责任的关系上,个人信息保护公益诉讼不影响私益诉讼当事人维护自身利益,个人信息保护公益诉讼的启动无须个人信息私益诉讼前置。侵权人承担个人信息保护公益诉讼的法律后果不影响其承担其他法律责任。依据私权优先原则,侵权人在就同一行为应当承担民事、刑事和行政责任时,侵权人的财产不足以支付的情况下,需要优先承担民事责任。

个人信息保护公益诉讼制度从试点探索再到固化为法律的过程,体现了司法能动在个人信息保护领域的有益探索。当然,对个人信息保护的探索不应止步于此,未来理论与实务界应展开双向合作,更积极探索保护个人信息的方式,以此回应社会大众的殷切期盼。

(原载于《国家检察官学院学报》2021年第5期)

刑事附带民事公益诉讼研究[*]

周 新[**]

在党的十八届四中全会明确提出探索建立检察机关提起公益诉讼制度后，经过最高检的试点和民事诉讼法的修改变动，检察机关成为推动公益诉讼发展的重要力量。然而，在早期，检察机关提起公益诉讼的类型通常只包含行政公益诉讼和民事公益诉讼两种类型。2016年底，最高检印发的《关于深入开展公益诉讼试点工作有关问题的意见》首次提出刑事附带民事公益诉讼这一新类型的公益诉讼。之后，刑事附带民事公益诉讼便得到发展，成为公益诉讼中的重要类型。2018年3月2日，最高法、最高检联合发布《关于检察公益诉讼案件适用法律若干问题的解释》（以下简称《公益诉讼解释》）第20条规定："人民检察院对破坏生态环境和资源保护、食品药品安全领域侵害众多消费者合法权益……等损害社会公共利益的犯罪行为提起刑事公诉时，可以向人民法院一并提起附带民事公益诉讼，由人民法院同一审判组织审理。人民检察院提起的刑事附带民事公益诉讼案件由审理刑事案件的人民法院管辖。"该解释"一条两款"之规定为刑事附带民事公益诉讼提供了规范根据。然而，刑事附带民事公益诉讼自产生以来便争议不断，学界对刑事附带民事诉讼的独立性、制度的衔接配合以及程序的运作等诸多问题争论激烈，实务界也有适用之困惑。有鉴于此，笔者结合刑事附带民事公益诉讼的最新实践，提炼学界和实务界争议问题的焦点，辨析制度运行的法理基础，以期丰富刑事附带民事公益诉讼的理论基础，进而为检察机关全面履行刑事附带民事公益诉讼职能提供充分的智力支持。

---

[*] 本文系2020年国家社科基金年度一般项目"国家治理现代化视域下公诉模式转型研究"（项目编号：20BFX088）的研究成果。感谢广东省广州市花都区人民检察院龙碧霞检察官在本文写作过程中提供的实务案例与修改意见。

[**] 广东外语外贸大学法学院教授，广东刑事检察研究基地研究人员。

一、刑事附带民事公益诉讼的独立性

刑事附带民事公益诉讼自诞生以来,在司法实务中呈现出迅猛发展的势头。例如,2018 年,全国检察机关提起公益诉讼 3228 件,其中,行政公益诉讼占 18.2%,民事公益诉讼占 5.1%,而刑事附带民事公益诉讼占 76.7%。① 与刑事附带民事公益诉讼的异军突起相比,学界和实务界对刑事附带民事公益诉讼是否有必要单独设置存在不同认识。有观点认为,民事公益诉讼和刑事诉讼目的竞合,与人民检察院提起附带民事诉讼的制度竞合,附带民事诉讼和民事公益诉讼的标的不同,人民检察院提起附带民事诉讼的主体不适格,因此,刑事附带民事公益诉讼没有单独存在的必要。② 也有观点赞同刑事附带民事公益诉讼的单独设置,并主张将刑事附带民事公益诉讼纳入刑事诉讼法之中。在这种观点看来,附带民事公益诉讼具有惩罚和预防犯罪、节约司法资源等价值,刑事附带民事诉讼无法为刑事附带民事公益诉讼提供有效的程序框架,刑事附带民事公益诉讼具有破解取证难等优势。③ 其实,刑事附带民事公益诉讼在本质上属于一种民事公益诉讼,是民事公益诉讼和刑事诉讼相结合的产物④,这种结合是基于诉讼的便利性。可以说,民事公益诉讼本身并不排斥刑事附带民事公益诉讼的存在。刑事附带民事公益诉讼的独立性在很大程度上取决于其是否能够从刑事诉讼和刑事附带民事诉讼中分离出来。

(一)刑事附带民事公益诉讼和刑事诉讼的区分

刑事附带民事公益诉讼和刑事诉讼的关系,在本质上是民事公益诉讼和刑事诉讼的关系。有学者认为,刑事诉讼和民事公益诉讼在目的上是竞合的。民事公益诉讼的目的,在于对一个未达到犯罪标准的侵害公共利益的行为,以民事公益诉讼的方式对该不法行为予以制裁。当该不法侵害行为构成犯罪时,民事公益诉讼和刑事诉讼的目的就会产生竞合,民事公益诉讼所保护的公共利益

---

① 参见刘嫚:《最高检检察长张军:公益诉讼需"调结构"重点监督政府部门行政执法不到位致公共利益受损问题》,载搜狐网,https://www.sohu.com/a/289626748_161795,2020 年 9 月 9 日访问。

② 参见程龙:《刑事附带民事公益诉讼之否定》,载《北方法学》2018 年第 6 期。

③ 参见谢小剑:《刑事附带民事公益诉讼:制度创新与实践突围——以 207 份裁判文书为样本》,载《中国刑事法杂志》2019 年第 5 期。

④ 至于刑事附带民事公益诉讼到底是哪两种制度结合的产物,学界存在不同认识。有学者认为,刑事附带民事公益诉讼是刑事附带民事诉讼和民事公益诉讼相结合的产物。参见姜保忠、姜新平:《检察机关提起刑事附带民事公益诉讼问题研究——基于 150 份法院裁判文书的分析》,载《河南财经政法大学学报》2019 年第 2 期。

被刑事诉讼所保护的法益吸收，民事公益诉讼的目的就被刑事诉讼的目的所吸收和涵盖，这种情况下没有提起民事公益诉讼的必要。① 这种观点否认了当不法行为构成犯罪时提起民事公益诉讼的必要，也否定了提起刑事附带民事公益诉讼的必要。

尽管当侵犯公共利益的不法行为同时也构成犯罪时，民事公益诉讼和刑事诉讼发生了竞合，但这种竞合并不意味着刑事诉讼将民事公益诉讼全部吸收，排斥民事公益诉讼的存在。上述否定民事公益诉讼单独存在的观点既误解了民事公益诉讼存在的目的，同时也混淆了民事责任和刑事责任的区别。应该说，民事公益诉讼的主要目的不是制裁。将民事公益诉讼的目的界定为制裁实际上是一种不当认识。尽管民事公益诉讼所保护的利益不再是私益，而是公益，但这并不能改变民事公益诉讼的民事诉讼本质，其所处理的仍旧是民事主体之间的权利义务关系问题，即不法行为和所受损害之间的关系问题。这种法律关系所解决的仍旧是填补损害的问题，只是与民事诉讼受损主体特定相比，民事公益诉讼中受损害的主体为不特定的主体，并且当损害发生时，有对应的机关和组织承担维护不特定利益的责任。

民事公益诉讼中的民事责任和刑事责任也是有区别的，民事责任在一定意义上起到了补充刑事责任的作用。在责任承担问题上，民事责任坚持有损害才有赔偿，不存在未遂情形；民事责任对责任的判断依据是行为的可非难性，与刑事责任的承担需要考虑可非难性有无和程度有所不同；民事责任的目的在于填补损害，与刑事责任的制裁性不同；民事责任直接保护被害人的利益，而刑事责任则是透过刑事制裁对被害人进行间接的保护。可见，尽管民事公益诉讼在内容上有其特殊之处，但其实质仍旧未能脱离民事诉讼的范畴。民事责任和刑事责任差异显著，以刑事责任取代民事责任，甚至是否定民事责任，是混淆了不同性质责任的功能。即便是法益相同，也并不意味着刑事诉讼可以吸收和涵盖民事公益诉讼。刑事诉讼和民事公益诉讼区分的目的就在于提供不同的责任方式，解决不同的目的追求。例如，企业向地下排放污染物质，导致地下水系遭受破坏，影响了周边居民的饮用水安全。该企业的行为不仅涉及污染环境罪，同时也对当地的饮用水安全造成了损害。如果仅追究该企业的污染环境罪，那么，所受侵害的赔偿问题则得不到解决。实际上，对于这种情形，一方面，要通过追究污染环境罪来制裁犯罪行为；另一方面，也要通过民事诉讼或者民事公益诉讼的形式来填补不法侵害行为所造成的损害。也就是说，同一行为并不排斥承担多种性质不同的责任形式，包括刑事责任、民事责任，以及行

---

① 参见程龙：《刑事附带民事公益诉讼之否定》，载《北方法学》2018 年第 6 期。

政责任。

（二）刑事附带民事诉讼和刑事附带民事公益诉讼的区分

《刑事诉讼法》第 101 条第 2 款规定："如果是国家财产、集体财产遭受损失的，人民检察院在提起公诉的时候，可以提起附带民事诉讼。"有观点认为，当公共利益遭受侵害的时候，可以以此为依据提起附带民事诉讼，没有必要单独设置刑事附带民事公益诉讼制度。① 这就涉及附带民事诉讼和附带民事公益诉讼的关系问题。这种观点是对"国家财产、集体财产"进行了扩张解读，将"公共利益"和"国家财产""集体财产"相等同。这一问题也暴露出"公共利益"和"国家财产""集体财产"的区分，以及刑事附带民事诉讼和刑事附带民事公益诉讼的区分所在。如果不能将"公共利益"和"国家财产""集体财产"相区分，不仅无法厘清刑事附带民事诉讼和刑事附带民事公益诉讼的界限，也使刑事附带民事公益诉讼有无单独设置的必要成为疑问。

关于公共利益的范围，存在两层含义说和三层含义说两种理论。两层含义说认为，公共利益包括社会公共利益和国家利益两层含义。其中，社会公共利益是指社会全部或部分成员所享有的利益。② 三层含义说则认为，公共利益包括国家利益，不特定多数人的利益，以及需要特殊保护的利益。其中，国家利益包括国有财产，需要特殊保护的利益一般是指老年人、未成年人、残疾人等特殊群体的利益。③ 笔者认为，从法律的角度来看，应当区分公共利益和国家利益的界限，否则制度界限也将不清晰。无论两层含义说、还是三层含义说，都关注到了公共利益内容的丰富性，但就制度建设而言，不同学说的不同内涵存在不同的特点，对制度的要求也并不统一。因此，有必要将不特定多数人的利益即狭义的公共利益和国家利益相区分。从本质上来看，公共利益的核心是不特定主体的利益，具有主体的不特定性，而国家利益的主体是特定的，即国家。当国家利益遭受损失的时候，国家是受偿主体，而当公共利益遭受损失的时候，并没有一个特定的受偿主体，只能是由法律规定的特定机关、组织或者个人代为受偿。可见，公共利益和国家利益这两者不等同，不能将两者相互混淆。④《刑事诉讼法》第 101 条规定了"国家财产""集体财产"遭受损失的情形，这里的"国家财产""集体财产"属于国家利益或集体利益，主体都是特定的，与公共利益有明显区别。可以说，从公共利益和国家利益的区别来

---

① 参见程龙：《刑事附带民事公益诉讼之否定》，载《北方法学》2018 年第 6 期。
② 参见颜运秋：《公益诉讼法律制度研究》，法律出版社 2008 年版，第 26—27 页。
③ 参见韩波：《公益诉讼制度的力量组合》，载《当代法学》2013 年第 1 期。
④ 参见张卫平：《民事公益诉讼原则的制度化及其实施研究》，载《清华法学》2013 年第 4 期。

看,该条文,很难将主体不特定的公共利益囊括进来。由此可见,《刑事诉讼法》第 101 条规定的附带民事诉讼制度不能成为附带民事公益诉讼的根据。这意味着,附带民事公益诉讼不仅有设置的必要,而且需要在刑事诉讼法中明确其规范依据。①

此外,基于公共利益和国家利益的不同,两者的保护方式也并不相同。考察附带民事诉讼制度可以发现,附带民事诉讼制度解决的是受到不法行为侵害的特定主体的损害填补问题。尽管有时候这些主体人数很多,但这些主体均为特定的。即便是在国家财产、集体财产遭受损害的情况下,即便国家、集体均为抽象的概念,但至少其主体是特定的,附带民事诉讼所解决的也是特定主体的损害填补问题。而附带民事公益诉讼所解决的是不特定多数人的利益问题。当不法行为所侵犯的是不特定多数人的利益时,才会出现直接关系主体启动诉讼程序予以维护的困难,需要赋予超越直接关系的特定机关、组织或者个人以诉权,由这些特定机关、组织或者个人依照特定的程序、制度和规则来实现保护社会公共利益的目的。② 可见,附带民事公益诉讼和附带民事诉讼是可以区分开来的,并且两者在具体制度设计上也存在诸多区别。例如,附带民事诉讼遵从处分原则,但附带民事公益诉讼则不能适用该原则。③ 当然,需要注意的是,在一起刑事案件中,附带民事公益诉讼和附带民事诉讼也可能并存。当刑事不法行为的受害者既有明确的主体,也有不同的主体时,他们既可以提起附带民事诉讼,也可以提起附带民事公益诉讼。

综上,公共利益和国家利益是是不完全相同的,两者的保护方式也并不相同,对于国家利益,通常由附带民事诉讼加以救济,而对于公共利益,则通常应当由附带民事公益诉讼加以解决,因此附带民事公益诉讼有独立存在的必要。

二、刑事附带民事公益诉讼的起诉主体

确认刑事附带民事公益诉讼主体,不仅有利于解决刑事诉讼公诉人与民事公益诉讼起诉主体资格的冲突、融合和衔接问题,而且有利于明确刑事诉讼与民事公益诉讼在刑事附带民事公益诉讼中的主辅关系,以及妥善解决两种程序

---

① 参见谢小剑:《刑事附带民事公益诉讼:制度创新与实践突围——以 207 份裁判文书为样本》,载《中国刑事法杂志》2019 年第 5 期。
② 参见张卫平:《民事公益诉讼原则的制度化及其实施研究》,载《清华法学》2013 年第 4 期。
③ 参见谢小剑:《刑事附带民事公益诉讼:制度创新与实践突围——以 207 份裁判文书为样本》,载《中国刑事法杂志》2019 年第 5 期。

的冲突、融合和衔接问题。刑事诉讼的公诉人是检察机关,而民事公益诉讼中具有起诉资格的主体除了检察机关之外,根据《民事诉讼法》第58条之规定,还有"法律规定的机关和有关组织"。加之,《民事诉讼法》第58条对民事公益诉讼起诉主体的优先顺位予以明确,要求检察机关"在没有前款规定的机关和组织,或者前款规定机关和组织不提起诉讼的情况下,可以向人民法院提起诉讼",确定了"法律规定的机关和有关组织"在民事公益诉讼起诉主体上的优先顺位,引发刑事附带民事公益诉讼起诉主体选择及顺位确定的争议。

(一) 刑事附带民事诉讼起诉主体辨析

关于刑事附带民事公益诉讼起诉主体,目前学界和实务界主要有两种观点。一种观点认为,刑事附带民事诉讼的起诉主体应当划分为刑事诉讼的起诉主体和民事公益诉讼的起诉主体两个部分。[①] 检察机关负责刑事部分的起诉,附带民事公益诉讼的起诉主体应当全同于单一的民事公益诉讼,并且承认法律规定的机关和有关组织的优先顺位。[②] 2019年9月9日,最高法、最高检联合发布的《关于人民检察院提起刑事附带民事公益诉讼应否履行诉前公告程序问题的批复》(以下简称《批复》)也体现了上述观点。[③] 该观点的主要理由有二:一是保护民事公益诉讼起诉主体的诉权;二是认为"法律规定的机关和有关组织"较之于检察机关而言,专业性更强,能够更好地发挥附带民事公益诉讼的效果,维护公共利益。[④] 然而,在该观点推崇的模式中,刑事附带民事公益诉讼是两个起诉主体针对同一被告分别提起诉讼,最终在同一个审判程序中进行的诉讼模式,其实质将刑事附带民事公益诉讼简单割裂成刑事诉讼和民事公益诉讼两个部分,不仅忽视刑事附带民事公益诉讼程序的独立价值,

---

[①] 参见王瑞祺:《刑事附带民事公益诉讼客观范围研究》,载《南方法学》2019年第5期。

[②] 参见杨雅妮:《刑事附带民事公益诉讼诉前程序研究》,载《青海社会科学》2019年第6期。

[③] 《关于人民检察院提起刑事附带民事公益诉讼应否履行诉前公告程序问题的批复》的具体批示为:"人民检察院提起刑事附带民事公益诉讼,应履行诉前公告程序。对于未履行诉前公告程序的,人民法院应当进行释明,告知人民检察院公告后再行提起诉讼。因人民检察院履行诉前公告程序,可能影响相关刑事案件审理期限的,人民检察院可以另行提起民事公益诉讼。"该批示虽然未明确表示要将刑事诉讼和附带民事公益诉讼的起诉主体要区别开来,但根据最高人民检察院在其官方微信上发布的说明,再次重申检察机关应当依照《民事诉讼法》第55条和《公益诉讼解释》第13条之规定履行公告程序,并且在"法律规定的机关和有关组织不提起诉讼"的情况下,"人民检察院可以向人民法院提起诉讼"。由此可见,"两高"希望将刑事诉讼和附带的民事公益诉讼起诉主体相区别。参见最高人民检察院官方微信:《定了!人民检察院提起刑事附带民事公益诉讼应履行诉前公告程序》,2019年12月6日发布。

[④] 参见吕忠梅:《环境公益诉讼辨析》,载《法商研究》2008年第6期。

也容易造成诉讼程序适用的混乱、起诉主体的混乱,形成两个起诉主体对一个被告主体的失衡局面,降低诉讼效率,引发诉讼风险。①

另一种观点则认为,检察机关应当成为刑事附带民事公益诉讼的唯一起诉主体。② 笔者亦赞成该观点。笔者认为,刑事附带民事公益诉讼是刑事诉讼和民事公益诉讼的有机结合。何为"有机",从表面上来看,是两类诉讼程序在同一审判程序中审理,背后的内涵是两类诉讼程序之间共性的保留和差异性的协调,包括诉讼主体的选择、证明标准的判断、程序适用的协调等各个方面。而检察机关兼具刑事诉讼公诉人和民事公益诉讼起诉人双重身份,能够成为协调和融合两类诉讼程序的桥梁,并且打破检察机关在民事公益诉讼中"兜底性"起诉的限制。③

(二)检察机关应当成为唯一起诉主体

检察机关在刑事诉讼和民事公益诉讼中的双重起诉身份,为其成为刑事附带民事公益诉讼起诉主体提供可能。而将其作为刑事附带民事公益诉讼的唯一起诉主体,则是基于诉讼规范、诉讼能力、刑事附带民事公益诉讼的诉讼效率和效果等多重因素进行全面衡量的结果。

1. 基于主体资格的考虑

公益诉讼与其他诉讼程序不同,起诉主体需要法律明确授权。在刑事附带民事公益诉讼中,检察机关区别于单一民事公益诉讼中"法律规定的机关和有关组织",在现行的法律框架内,是唯一能够代表国家就涉嫌犯罪的行为提起公诉的主体,因此,理应成为刑事附带民事公益诉讼中唯一的起诉主体。④ 同样,在民事公益诉讼中,因起诉主体无须提起公诉,不受限于刑事诉讼程序,故可以根据《民事诉讼法》第58条之规定,明确起诉主体和起诉主体的优先序位。

---

① 例如在2020年8月31日深圳市第六届人大常委会通过的全国首部生态环境公益诉讼地方立法《深圳经济特区生态环境公益诉讼规定》第8条就明确规定"对跨部门、跨领域、跨区域的重大生态环境民事公益诉讼案件以及生态环境刑事附带民事公益诉讼案件,人民检察院可以直接提起诉讼"。"直接提起诉讼",是对诉前必须履行公告程序的突破,抑或对人民检察院作为刑事附带民事公益诉讼起诉主体的肯定。

② 参见谢小剑:《刑事附带民事公益诉讼:制度创新与实践突围——以207份裁判文书为样本》,载《中国刑事法杂志》2019年第5期。

③ 参见石晓波、梅傲寒:《检察机关提起刑事附带民事公益诉讼制度的检视与完善》,载《政法论丛》2019年第6期。

④ 参见周伟:《湖北省利川市人民检察院诉吴明安等人生产销售不符合安全标准食品刑事附带民事公益诉讼案》,载《中国检察官》2018年第7期。

2. 基于诉讼能力的考虑

检察机关作为法律监督机关，既有业务精湛的检察官队伍，又有国家强有力的支持，与公安机关、人民法院在长期的司法实践中也已经形成较为稳定的诉讼经验，能够充分运用公安机关的侦查成果，也能够熟悉人民法院在案件审判过程中的审理重点和法律适用，相较于"法律规定的机关和有关组织"而言，检察机关能够与侵犯公共利益者形成更加有力的对抗。① 这也解释了为什么在民事公益诉讼司法实践中，即使有其他民事公益诉讼起诉主体愿意提起诉讼，但为了强化原告的诉讼能力，上述"法律规定的机关和有关组织"依然选择委托检察机关以诉讼代理人的身份参与诉讼。② 此外，有学者就民事公益诉讼的案件来源进行分析，发现大多数案件的线索就来源于检察机关的办案或者履行法律监督职能的过程中。③ 而检察机关内部各业务部门的沟通协作、信息共享、线索移送，也更为便捷高效。④

3. 基于诉讼效率的考虑

"司法活动本身不产生社会财富，相反会消耗社会资源。只有合理设计司法制度和程序，才能既不损害公平正义目标的实现，又能降低司法活动所耗费的社会资源。"⑤ 将民事公益诉讼的全部起诉主体引入至刑事附带民事公益诉讼中，要想保证诉讼程序的顺利推进，一是要求作为刑事诉讼公诉人的检察机关要按照《公益诉讼解释》的要求进行为期30天的公告，寻找合适的起诉主体；二是要求检察机关与民事公益诉讼其他起诉主体共享信息，以免因信息不对等造成对侵权行为的判断不到位⑥；三是要求检察机关与民事公益诉讼其他起诉主体在同一个审判程序中同时出庭，分别就刑事诉讼、民事公益诉讼发表诉讼意见。

---

① 参见曹建军：《论检察公益调查核实权的强制性》，载《国家检察官学院学报》2020年第2期。

② 参见马作鹏：《甄贞委员：公益诉讼不是检察院一家的事，需统筹社会各方力量》，载澎湃新闻网，https://www.thepaper.cn/newsDetail_forward_7581071，2020年9月8日访问。

③ 审查起诉污染环境、危害视频药品安全等刑事犯罪、处理控告举报材料和民事行政案件的监督都是重要的线索来源，甚至连参与中央环保督查以及环境保护或食品药品安全领域的专项监督活动也能为检察机关提起公益诉讼提供线索。例如最高人民检察院公布的第13批三个公益诉讼指导案例中，就有2个为检察机关在参与中央环保督查时发现的。参见刘辉：《检察公益诉讼的实践观察》，载《法治现代化研究》2020年第1期。

④ 参见龙婧婧：《检察机关提起刑事附带民事公益诉讼的探索与发展》，载《河南财经政法大学学报》2019年第2期。

⑤ 肖巍鹏：《刑事附带民事公益诉讼制度功能价值探析》，载《中国检察官》2019年第2期。

⑥ 参见顾顺生、朱文鑫：《刑事附带民事公益诉讼诉前公告程序的可操作性须增强》，载《人民检察》2019年第23期。

对于前述第一个要求,刑事案件的审查起诉期限为一个月,公告期也为一个月,为了保证诉讼程序的同步推进,即便是在检察机关立案之时立刻发出公告,在审查起诉阶段,或者法院立案审理阶段也需要为"法律规定的机关和有关组织"留出充足且必要的准备起诉的时间,如此,容易造成诉讼迟延,不仅无法发挥刑事附带民事公益诉讼在效率上的优势,反而降低诉讼效率。对于前述第二个要求,"刑证民用"固然能够提升民事公益诉讼部分在证据收集方面的效率,但是,因附带的民事公益诉讼具有相对的独立性,其独立适用的民事诉讼的高度盖然性证明标准要低于刑事诉讼排除合理怀疑的证明标准,所以通常情况下,民事侵权行为所需要的证据材料要多于刑事诉讼部分的证据材料,需要"法律规定的机关和有关组织"在公安机关收集的证据之外收集民事公益诉讼部分的证据,有较大的难度,且需要留足证据收集、固定的时间,不利于刑事附带民事公益诉讼整体高效、有序的推进。① 对于前述第三个要求,则违背了平等对抗的诉讼模式。无论是刑事诉讼中的控辩双方,还是民事公益诉讼中的原被告,都是"一对一"的模式。就同一行为主体的同一行为,由不同的起诉主体在同一审判程序中分别提起诉讼,则会破坏诉讼双方的平等模式,出现"二对一"的情况,使得被追诉人或者民事公益诉讼被告主体在诉讼中处于明显弱势的地位,打破天平的平衡,并且出现两个起诉主体是否需要分别发表起诉意见、是否需要针对每一个起诉主体独立制作判决书等司法实务困扰。

4. 基于诉讼效果的考虑

检察机关作为起诉主体能够达到最优的诉讼效果。一是刑民交叉运用融洽。对于主动承担民事责任的被追诉人,检察机关在刑事诉讼过程中可适用认罪认罚从宽制度,在量刑上予以优惠。由检察机关作为起诉主体,可以统一把握刑民交叉的分寸,以量刑优惠为激励,鼓励被追诉人在审查起诉阶段及时修复公共利益、承担赔偿责任,最大限度地减少损失、弥补侵害,同时,还可以增加被追诉人在审查起诉阶段主动认罪认罚的可能性。二是教育惩治效果更加显著。一方面,检察机关作为法律监督机关的身份,使其无论在审查起诉阶段、法庭审理阶段还是执行监督阶段,较之于"法律规定的机关和有关组织"而言,能够起到更强的威慑力;另一方面,由于检察机关既不涉及任何私人利益,又非行政保护力量,完全代表国家行使权力,不会出现以权谋私等对公共利益造成二次侵害的可能性,也无须考虑诉讼激励机制,加上刑民责任双重制

---

① 参见周浩:《刑事与附带民事公益诉讼事实认定差异的司法处断》,载《中国检察官》2019年第5期。

裁，形成追责合力，能够最大程度地教育、惩戒被追诉人，维护公共利益。三是便于诉讼模式的优化。刑事附带民事公益诉讼作为一种相对新颖的诉讼形态，目前还处于探索发展阶段，需要在司法实务部门的实践中，不断改进，不断完善。公安机关、检察机关与人民法院作为法律共同体，在政策理解力和法律把握力上更加接近，更容易达成共识，有助于形成更适应于司法需求，更顺应发展趋势的刑事附带民事公益诉讼模式。①

（三）检察机关与其他民事公益诉讼主体的关系

明确检察机关在刑事附带民事公益诉讼中的唯一起诉主体地位，取消诉前对其他民事公益诉讼起诉主体的公告程序，这不代表完全否定"法律规定的机关和有关组织"在刑事附带民事公益诉讼中的价值。国家行政部门、社会团体或者个人在刑事附带民事公益诉讼中，在推动诉讼程序、及时修复损失、填补损害等方面仍然能够发挥重要的作用。对于"法律规定的机关"来说，检察机关在审查起诉的同时，依据《行政诉讼法》第25条第4款之规定，可以向诉讼所涉及的行政机关"提出检察建议，督促其依法履行职责。行政机关不依法履行职责的，人民检察院依法向人民法院提起诉讼"，倒逼该行政机关及时组织力量对公共利益进行修复，最大程度地减少损失。② 同时，上述机关也是刑事附带民事公益诉讼的重要线索来源③；社会团体、个人因其在所在领域的专业性，可以作为检察机关的专业顾问或者成立公益诉讼专家库，以"有专门知识的人"身份参与诉讼，弥补检察机关在专业领域的知识空缺④，形成以检察机关为起诉主体，其他民事公益诉讼起诉主体共同参与的刑事附带民事公益诉讼领域的多元公共利益保护群体，实现诉讼效果与社会效果的双赢。2019年初，最高检会同生态环境部以及国家发展和改革委员会等九个部委联合签署的《关于在检察公益诉讼中加强协作配合依法打好污染防治攻坚战的意见》，已经就环境公益诉讼案件的线索移送、信息共享、研判机制从中央层面初建框架，下一步可扩展至其他公益诉讼领域，并且细化操作规范。

---

① 参见汤维建：《论检察机关提起民事公益诉讼》，载《中国司法》2010年第1期。
② 参见尹吉：《刑事附带民事公益诉讼案件的法律适用》，载《人民检察》2018年第10期。
③ 然而司法实践中，几乎没有案件是通过环保、国土、农业、林业、卫生监督、食品药品监督部门等"法律规定的机关"向检察机关提供案件线索。虽然目前已经建立了行政执法与刑事司法衔接平台，但是信息的不全面、更新速度慢、精准度不足等因素制约着平台功能的发挥，有待下一步攻克。参见甘肃省人民检察院课题组：《检察机关刑事附带民事公益诉讼制度研究》，载《中国检察官》2019年第2期。
④ 参见卞建林、谢澍：《刑事附带民事公益诉讼的实践探索》，载《中国法律评论》2020年第5期。

三、刑事附带民事公益诉讼的被告主体

刑事附带民事公益诉讼中涉单位犯罪、集体犯罪、共同犯罪的情况较多，且刑事诉讼与民事公益诉讼在证明标准、责任承担等方面存在较大差异，故在司法实践中，如何在单位犯罪、集体犯罪、共同犯罪中准确把握各个主体的行为性质，确认刑事附带民事公益诉讼被告主体，成为实务操作难点。笔者认为，刑事附带民事公益诉讼被告主体问题的明确，关键在于解决刑事附带民事公益诉讼中民事部分的被告是否要和刑事部分的被告人同一的问题，即被追究刑事责任的被告人（以下简称有刑责被告）是否必然追究民事责任，没有被追究刑事责任的被告人（以下简称无刑责被告），但其行为构成民事侵权的，是否应该一并审理。

（一）刑事附带民事公益诉讼被告主体确定的"三种模式"

当前学术界对刑事附带民事公益诉讼的探讨，主要从实务层面就具体操作提出建议，但鲜有学术界的理论辨析。以刑事附带民事公益诉讼中被告主体的责任承担为划分依据，可将刑事附带民事公益诉讼被告主体的确认分为全同模式、包含模式、交叉模式三种操作模式。

1. 全同模式

全同模式，是指刑事部分的被告人与民事部分的被告完全等同。在这一模式下，随着刑事诉讼的推进，被追诉人及时承担的民事责任将在一定程度吸收刑事责任。被追诉人以主动承担民事责任为从宽量刑的"筹码"，促进其主动认罪认罚，也能够保证附带民事公益诉讼部分的裁判结果能够提前实现，公共利益得到及时有效的维护。①

2. 包含模式

包含模式根据刑事附带民事公益诉讼中刑事诉讼与民事公益诉讼的主体与附带关系，细分为以被追诉人确定刑事附带民事公益诉讼被告主体，即"刑主民辅"模式，和以民事公益诉讼被告确定刑事附带民事公益诉讼被告主体，即"民主刑辅"模式。"刑主民辅"模式，以被追诉人确定刑事附带民事公益诉讼的被告主体，即检察机关在审查起诉时，仅针对涉嫌刑事犯罪的被追诉人提起公诉，并对被追诉人中侵犯公共利益，构成民事侵权的行为人一并提起诉讼。但在同一事件中，若有行为人的行为因侵犯公共利益构成民事侵权，但是经检察机关依法审查认为不构成犯罪的，则非刑事附带民事公益诉讼的被告主

---

① 参见刘加良：《刑事附带民事公益诉讼的困局与出路》，载《政治与法律》2019年第10期。

体，应当就其民事侵权部分，单独由民事公益诉讼的起诉主体另案提起诉讼。"民主刑辅"模式则以民事公益诉讼确定刑事附带民事公益诉讼的被告主体，即在同一事件中，检察机关除了对有刑责被告提起公诉，对于行为因侵犯公共利益而构成民事侵权的所有行为人，一并在刑事附带民事公益诉讼中进行审理。该观点援引最高法《关于适用〈中华人民共和国刑事诉讼法〉的解释》（以下简称《高法解释》）第180条之规定，认为"附带民事诉讼中依法负有赔偿责任的人包括刑事被告人以及未被追究刑事责任的其他共同侵害人"，即附带于刑事诉讼程序审理的民事诉讼被告不限于刑事诉讼被追诉人，而附带民事公益诉讼作为附带民事诉讼的下位概念，也应适用该规定。①

3. 交叉模式

交叉模式，是指只有行为既达到刑事犯罪的追诉标准，又构成民事侵权的行为主体，才能成为刑事附带民事公益诉讼的被告主体。在交叉模式下，在同一事件中，行为触犯刑法构成犯罪，但不构成民事侵权的行为人不属于刑事附带民事公益诉讼的被告主体。

（二）刑事附带民事公益诉讼被告主体辨析

通常情况下，同一行为人之同一行为，既触犯了刑法，又侵犯了公共利益，构成民事侵权，那么该行为人系刑事附带民事公益诉讼的被告，当然适用全同模式。然而全同模式无法涵盖刑事诉讼被追诉人与民事公益诉讼被告不一致的情况。在单位犯罪、集体犯罪、共同犯罪等犯罪情态下，在同一事件中，因刑事诉讼与民事公益诉讼在证明标准、责任承担等方面的差异，难以避免出现刑事诉讼被追诉人与民事公益诉讼被告不一致的情况，此时，就需要探讨交叉模式或者包含模式的选择与适用。

刑事附带民事公益诉讼的主要优势在于节约司法资源、提高办案质量、惩戒修复并举，因此，笔者认为确定刑事附带民事公益诉讼的被告主体范围应当把握两个原则：一是最大程度实现诉讼效果；二是最大程度节约司法资源。诉讼效果包括诉讼流程的顺畅、公共利益的最大程度维护和积极的社会影响力等方面。节约司法资源则主要从诉讼时效和诉讼中需要耗费的人力、财力和其他诉讼资源方面考虑。

综合考虑上述两个原则，在刑事诉讼被追诉人与民事公益诉讼被告主体不同一的情况下，交叉模式和"民主刑辅"模式均存在一定弊端。以"交叉模式"确定刑事附带民事公益诉讼的被告主体将导致在同一事件中，行为不触

---

① 参见卢恩波：《附带民事公益诉讼不能适用刑事诉讼证明标准》，载《检察日报》2018年5月2日，第3版。

犯刑法但侵犯公共利益，构成民事侵权的行为人或者行为触犯刑法但不构成民事侵权的行为人均不属于刑事附带民事公益诉讼的被告主体，均需要另行起诉。如此，对于行为仅构成民事侵权的无刑责被告而言，因有其他民事公益诉讼起诉主体提起诉讼，且该侵权行为人人身自由没有受到限制，因此另行起诉对诉讼效果和侵权行为人的保护上均不会产生消极影响，具有一定的合理性。但对于检察机关而言，对于侦查终结移送审查起诉的犯罪嫌疑人，先需要进行初步分析，判断其行为是否侵犯公共利益，构成民事侵权，再就侵犯公共利益，构成民事侵权的犯罪嫌疑人提起刑事附带民事公益诉讼，就不构成民事侵权的犯罪嫌疑人单独提起诉讼，如此，一方面重复流程，增加了检察机关的工作压力，影响了诉讼效率，另一方面对于人民法院而言，就同一事实进行重复审判，造成诉累，亦是司法资源的无端浪费。① "民主刑辅"模式，则将刑事附带民事公益诉讼的被告主体范围无限扩大，要求检察机关在公安机关侦查范围之外，就仅构成民事侵权的行为主体展开调查、收集证据，如此，在拖延诉讼效率的同时，极大增加了检察机关的工作负担，亦有违刑事附带民事公益诉讼的效率价值。

笔者认为，刑事附带民事公益诉讼应当以刑事诉讼被追诉人确定民事公益诉讼的被告主体，即"刑主民辅"模式最为妥当，理由有三：一是诉讼流程顺畅。公安机关侦查终结，将案卷材料移送检察机关。检察机关在审查案卷的过程中，立足于公安机关收集的材料与线索，针对其中涉及侵犯公共利益，构成民事侵权的行为，"主动围绕公益是否受损、受损程度及金额、因果关系、责任主体、赔偿能力等方面开展与刑事侦查相对独立的调查取证活动"②，与侦查机关移交的案卷材料一同审核，一并提起诉讼。如此，较之于刑事诉讼与民事公益诉讼分别起诉而言，既提高了诉讼效率，又能保证民事公益诉讼部分证据收集的专业性、高效性，动线合理，确保办案质量。同时，能够有效避免出现刑民事实认定矛盾的情况，确保社会价值和公共政策适用的一致性、一贯性和逻辑性。③ 反之，将所有无刑责主体列入刑事附带民事公益诉讼的被告范围，需要检察机关就无刑责主体，按照不同于公安机关的取证标准另行取证，

---

① 参见李爽：《论刑事附带民事诉讼制度的立法完善——寻求利益平衡的途径》，载《中国人民公安大学学报（社会科学版）》2012年第1期。

② 彭劲荣：《办理刑事附带民事公益诉讼须关注四个重点》，载《人民检察》2020年第7期。

③ 参见胡志伟、张志灯：《论刑事附带环境民事公益诉讼规则的建构路径——以"两高"司法解释原则性规定为视角的实践展开》，载《司法体制综合配套改革与刑事审判问题研究》，人民法院出版社2019年版，第1659页。

在检察机关调查核实权有限、审查起诉时间有限的情况下，并不妥当。① 二是刑民交叉互利。以刑事诉讼被追诉人确定被告主体，激励刑事诉讼被追诉人及时、主动承担民事责任，换取"从宽"处罚，一方面能够激励被追诉人在"从宽"政策下，主动认罪认罚；另一方面，也有利于公共利益的及时修复，填补损害。诚然学界有"以钱减刑"之顾虑，但根据《高法解释》规定，追缴、退赔等主动承担民事责任的方式，本身就是从宽的因素，并不排除刑事责任的承担。并且，有"从宽"幅度的限制，以从宽的"小让利"，换来被追诉人主动认罪认罚，及时修复损失、填补损害，推动诉讼程序的有序进行，有助于实现诉讼效率和社会效果之双赢。而"民主刑辅"模式，对于无刑责主体，因其无"从宽"之需求，反而会在其民事责任最小化目的的驱动下，推诿责任，拒不配合。② 三是平衡其他起诉主体。对于无刑责主体，以民事公益诉讼另行起诉，保障了"法律规定的机关和有关组织"的诉讼权利，亦明确了刑事附带民事公益诉讼与民事公益诉讼的适用界限。

简单来说，在刑事附带民事公益诉讼中，对于行为同时触犯刑事、民事法律的行为主体，由检察机关统一起诉，由法院统一审判；对于行为构成犯罪，但未侵犯公共利益，不构成民事侵权的行为人，仅就其犯罪行为提起诉讼，作出裁判；对于不构成犯罪，但行为侵犯公共利益构成侵权的行为人，则应当根据民事公益诉讼的相关规定，另行提起诉讼。③ 然而，在适用过程中，还需要考虑检察机关撤诉、审判后确认无罪这两种特殊情形下诉讼程序的适用和被告主体的判断。对于检察机关撤回起诉的案件，就其附带提起的民事公益诉讼，可以调解结案，不宜调解或者经调解不能达成调解协议的，因其未就案件进行实体审理，受案法院应当驳回起诉，由民事公益诉讼起诉主体另行起诉。对于法院作出无罪判决的，因该案无论是刑事部分还是民事公益诉讼部分均已依法

---

① 参见樊华中：《检察公益诉讼的调查核实权研究——基于目的主义视角》，载《中国政法大学学报》2019年第3期。
② 参见刘加良：《刑事附带民事公益诉讼的困局与出路》，载《政治与法律》2019年第10期。
③ 虽然当前尚无规范性文件明确"刑主民辅"的包含模式，但笔者通过走访、调研发现，以刑事部分确定刑事附带民事公益诉讼被告主体已然成为实务部门的共识。例如，在食品安全案件中，要想提起刑事附带民事公益诉讼，前提条件是该案件要达到刑事立案的标准，即食品安全刑事附带民事公益诉讼的案件限于《刑法》第143条规定的生产、销售不符合安全标准的食品罪和第144条规定的生产、销售有毒、有害食品罪。这就意味着，在同一案件中，只有行为触犯了刑法的行为人，才有可能成为刑事附带民事公益诉讼的被告主体，而行为不触犯刑法，但构成民事侵权的行为人，不属于刑事附带民事公益诉讼的被告主体，需要另行起诉。参见李桂明：《论食品安全刑事附带民事公益诉讼起诉条件》，载《中国检察官》2018年第11期。

审理，人民法院应当就民事公益诉讼部分一并作出裁判。①

四、刑事附带民事公益诉讼的责任承担

刑事责任的承担包括主刑，和罚金、剥夺政治权利、没收财产、驱逐出境等四类附加刑，其目的除了惩罚犯罪，更重要的是"维护一个稳定的社会秩序和实现社会的可持续发展"，这也是"修复性司法"的要求。② 民事责任包括要求停止侵害、消除危险、赔偿损失、赔礼道歉等，强调利益的平衡。刑事附带民事公益诉讼的责任承担是刑事责任与民事责任承担的有机结合，既包括两种价值的融合，在具体实务处理中，也要求刑事附带民事公益诉讼的被告主体根据其行为性质，承担相应的刑事责任与民事责任。从目前司法实践的情况来看，由于检察机关作为刑事附带民事公益诉讼起诉主体的特殊性，刑事附带民事公益诉讼被告主体存在限制人身自由的可能性以及刑事罚金刑与惩罚性赔偿的相似性，刑民交叉责任认定困难，其中争议问题主要集中在以下三个方面。

（一）应急处置费

应急处置费，是指公共利益遭受损失时，有关部门为了保护公共利益，在判决作出之前提前支付的费用。关于应急处置费，当前的争议点主要有二：一是应急处置费非直接损失，是否可以要求被告主体承担该部分费用；二是应急处置费的出资方往往是行政主管部门，检察机关是否有权在刑事附带民事公益诉讼中，一并就应急处置费提出请求？有观点认为对公共利益的应急处置本来就是有关行政主管部门的责任，并且上述部门也有专门的财政资金支持，无须被告主体就该部分费用承担责任。③ 笔者认为，有关行政主管部门的责任范围、财政支持并不能成为规避刑事附带民事公益诉讼被告主体承担民事责任的理由。最高法《关于审理环境民事公益诉讼案件适用法律若干问题的解释》第19条第2款明确规定："原告为停止侵害、排除妨碍、消除危险采取合理预防、处置措施而发生的费用，请求被告承担的，人民法院可以依法予以支持。"该规定虽然未出现"应急处置"字眼，但"合理预防、处置措施"就包括应急处置之意。并且，被告主体是否需要承担应急处置费，关键在于确定该部分费用所作用的对象是否与被告主体的侵权行为具有直接因果关系。若该部

---

① 参见张昌明：《刑事附带民事公益诉讼模式初探》，载《上海法学研究》2019年第20卷。
② 参见樊崇义、白秀峰：《关于检察机关提起公益诉讼的几点思考》，载《法学杂志》2017年第5期。
③ 参见王辉：《刑事附带民事公益诉讼若干实务问题探讨》，务实App直播课程文稿。

分费用是用于应急处置因被告主体的直接侵权行为造成的损失，那么该部分费用可视为被告主体需承担赔偿责任的提前支付，应当由该被告主体承担。反之，若该部分费用非应急处置因被告主体的直接侵权行为造成的损失，则该部分费用由有关行政主管部门承担。

至于检察机关是否有权利在刑事附带民事公益诉讼中就应急处置费提出请求，笔者认为，需要由被告主体承担的应急处置费，检察机关可以在刑事附带民事公益诉讼中一并提出，无须由有关行政主管部门单独就该笔费用向法院另行起诉。但是，由于检察机关并非直接受害主体，且公共利益针对的是不特定的多数人，检察机关不享有对该笔费用的"处分权"。① 因此，建议分类建立民事公益诉讼专用账户，执行款或者其他相关费用可打入该专用账户内，用于统筹支付判决后需要支付的修复、赔偿等费用和已经提前支出的应急处置费、鉴定费、律师费等费用。②

(二) 防御型侵权责任

停止侵害、排除妨害、消除危险与返还财产、恢复原状、赔偿损失、赔礼道歉等方式一样系民事侵权责任的法定承担方式。然而在刑事附带民事公益诉讼中，是否可以提起停止侵害、排除妨害、消除危险等防御型侵权责任，存在争议。有观点认为在刑事附带民事公益诉讼中，被追诉人的犯罪行为因逮捕而终止，不宜提起防御型侵权责任，只能提出赔礼道歉、赔偿损失、恢复原状等请求。③ 有观点援引《刑事诉讼法》第101条第2款对刑事附带民事诉讼赔偿范围之规定，认为赔偿范围仅限于"财产损失"，任何非财产损失均不包括在赔偿范围之内。④ 上述两类观点，前者将被追诉人等同于监禁中的被追诉人，忽视了判决前采取取保候审、监视居住的被追诉人的人身自由权尚未被完全剥夺，也忽视了单位犯罪、集体犯罪中可能存在的相关涉案自然人未被采取强制措施之情形。后者，则将刑事附带民事公益诉讼与刑事附带民事诉讼在责任承担上等同，忽视了刑事附带民事公益诉讼的独立价值。

最高法、最高检均出台文件明确民事公益诉讼的责任承担，例如《关于深入开展公益诉讼试点工作有关问题的意见》第4条明确指出"对于食品药品安全领域侵害众多消费者合法权益的案件，如果食品药品仍处于流通中，对

---

① 参见晁岳强：《人民检察院在刑事附带民事诉讼中的法律地位》，载《山东审判》2013年第6期。
② 参见张源：《持续发力完善刑事附带民事公益诉讼规则》，载《检察日报》2019年6月2日，第3版。
③ 参见刘艺：《刑事附带民事公益诉讼的协同问题研究》，载《中国刑事法杂志》2019年第5期。
④ 参见程龙：《刑事附带民事公益诉讼之否定》，载《北方法学》2018年第6期。

不特定的多数人造成侵害危险的,检察机关可以在履行诉前程序后提起民事公益诉讼,可以提出请求被告停止侵害、排除妨碍、消除危险、赔礼道歉等诉讼请求",并未将停止侵害、排除妨碍、消除危险等防御型侵权责任排除在外,从规范性层面,防御型侵权责任可以作为刑事附带民事公益诉讼的责任承担方式。从实际作用角度来看,可以被追诉人的人身自由是否被剥夺为判断依据,对于人身自由尚未剥夺,或者受到限制但不影响其正常生产、生活的被追诉人,要求其承担停止侵害、排除妨碍、消除危险等防御型侵权责任,反之,则无提请之必要,可请求将排除妨碍、消除危险之费用转化为相应的包括但不限于惩罚性赔偿在内的费用,交由相关行政主管部门或者其他有资质、有能力的机构承担相应的修复、补偿工作。此外,若判决之后,刑事附带民事公益诉讼的被告主体继续实施侵害行为,则可就其新的侵权行为,重新提起诉讼。

(三)惩罚性赔偿

惩罚性赔偿,是指被告主体在对公共利益造成直接损失进行补偿外,额外支付的赔偿费用,既包括对已经造成损失的赔偿,也包括对未来可能造成损失的提前支付。在刑事附带民事公益诉讼中,涉及惩罚性赔偿的争议有二:一是惩罚性赔偿是否可以与行政赔偿、罚金刑并存;二是检察机关是否可以提起惩罚性赔偿。对于前者,有观点认为,行政处罚与罚金刑均为直接损失以外的处罚,都是"对被告人的经济制裁"[1],刑事附带民事公益诉讼被告主体已经承担行政处罚或者被判处罚金刑之后再让其承担惩罚性赔偿,违反"一事不再罚"原则,惩罚性赔偿与行政处罚、罚金刑不能并存。[2] 也有观点认为,惩罚性赔偿与行政处罚、罚金刑可以并存。行政处罚与罚金刑属于责罚,而惩罚性赔偿的实质还是对侵权行为的补偿,根据《侵权责任法》第4条之规定,可以与行政处罚或者刑事处罚并存。[3]

最高检《关于加大食药领域公益诉讼案件办理力度的通知》中明确指出,"对于食药领域的民事公益诉讼案件,可以探索提出惩罚性赔偿的诉讼请求,增加违法行为人的违法成本,从根本上遏制食药领域侵害社会公共利益的违法行为",肯定了惩罚性赔偿在民事公益诉讼领域的惩戒、警示作用。笔者认为,惩罚性赔偿在刑事附带民事公益诉讼中亦为重要且必要的,可以与行政处

---

[1] 参见何艳敏、胡巧绒:《检察机关提起刑事附带民事公益诉讼的若干问题》,载《人民检察》2019年第18期。

[2] 参见赵辉:《检察机关提起刑事附带民事公益诉讼难点问题探究》,载《中国检察官》2019年第16期。

[3] 参见刘开俊、张源:《刑事附带民事公益诉讼发展的实践路径——以甘肃省开展"刑事附带民事公益诉讼"专项活动为视角》,载《中国检察官》2019年第9期。

罚或者刑事处罚并存。惩罚性赔偿在刑事附带民事公益诉讼中的作用主要体现在三个方面：一是惩罚、警示作用；二是可以折抵部分无法进行量化的损害修复与赔偿费用，弥补直接计算补偿数额难以达到的完全赔偿之目的；三是可用于充缴公益诉讼专项资金，用于支付应急处置费、修复整改费用，以及后续可能出现的尚未统计到的被害人的赔偿费用等。① 对于第一点作用，惩罚性赔偿与行政处罚、刑事处罚共通，作用上具有重合性，但是第二、第三点作用则是惩罚性赔偿在刑事附带民事公益诉讼中所独有且不可替代的作用，也是惩罚性赔偿区别于行政处罚、刑事处罚之关键，印证了惩罚性赔偿的定性系具有"惩罚性"特征的"赔偿"方式，可以与行政处罚、刑事处罚共同适用。至于惩罚性赔偿的确定标准，例如对于涉及食品药品安全的惩罚性赔偿标准是否可以按照销售额的3至10倍进行赔偿等问题，可以在明确惩罚性赔偿的浮动范围内，根据侵害程度、侵害范围、主观过错、实际支出等情况，明确惩罚性赔偿请求的具体适用情形。

对于第二个争议，检察机关是不是提起惩罚性赔偿的适格主体，与应急处置费的争议点相似，也存在两种观点：第一种观点认为，惩罚性赔偿的请求权归属于被侵权人，检察机关既无支付费用，也无遭受损失，不具有提起惩罚性赔偿的请求权；第二种观点则认为，公益诉讼具有替代性和补充性，"检察机关作为公共利益的代表"，能够保护不特定被侵权人的合法权益，理应成为提起惩罚性赔偿的适格主体。② 笔者认同观点二之论述。惩罚性赔偿的立法本意既包括保护被侵权人的权益，也包括对侵权人的制裁。既然《民事诉讼法》第58条明确赋予检察机关代表不特定的被侵权人提起公益诉讼的资格，那么，在惩罚性赔偿的提起上，检察机关理应成为适格主体。如此，为检察机关收缴侵权人因侵权行为获得的不法收益提供依据，也能对侵权人产生警示和威慑的作用。③

---

① 当前的赔偿金管理办法一共有两种模式，一种模式是将赔偿金赔付至财政局非税专用账户，由相关责任单位实施，检察机关负责监督；另一种模式是将赔偿款付至法院执行专用账户，并通知相关专业单位协助执行，检察机关负责监督执行。笔者更倾向于前者。参见周伟：《湖北省利川市人民检察院诉吴明安等人生产销售不符合安全标准食品刑事附带民事公益诉讼案》，载《中国检察官》2018年第14期。

② 参见周伟：《湖北省利川市人民检察院诉吴明安等人生产销售不符合安全标准食品刑事附带民事公益诉讼案》，载《中国检察官》2018年第7期。

③ 参见刘文晖：《惩罚性赔偿能否成为公益诉讼利剑》，载《检察日报》2018年5月23日，第5版。

五、刑事附带民事公益诉讼的其他问题

明确刑事附带民事公益诉讼刑主民辅关系，有助于理顺刑事附带民事公益诉讼在管辖、公告、庭审程序、审判组织确认等方面的实务难点。同时，刑事附带民事公益诉讼的特殊性也对判后执行提出了更高的要求。对此，笔者主要围绕当前尚未明确但实务中确实存在争议的若干问题展开分析。

（一）管辖

刑事附带民事公益诉讼区别于民事公益诉讼，由基层检察院提起的，应当根据刑事诉讼法对管辖的规定，由基层法院审理。由基层法院审理刑事附带民事公益诉讼案件，一方面能够充分发挥基层检察院在检察官数量、案件数量上的优势，丰富刑事附带民事公益诉讼的案件线索来源；另一方面也能有效激发基层检察院和法院的积极性，释放办案活力。若基层检察院撤回起诉，则民事公益诉讼部分根据 2020 年最高人民法院《关于适用〈中华人民共和国民事诉讼法〉的解释》第 285 条之规定，按照民事公益诉讼的管辖原则进行，由基层检察院将案卷材料移交至上一级检察院，再由上一级检察院向同级法院提起民事公益诉讼，或者由其他民事公益诉讼起诉主体向侵权行为地或者被告住所地的中级人民法院另行起诉。由地（市）级检察院提起的刑事附带民事公益诉讼由同级法院审理。

（二）公告程序

刑事附带民事公益诉讼的公告程序不同于民事公益诉讼的公告程序。民事公益诉讼的公告目的在于告知相关起诉主体提起诉讼，而刑事附带民事公益诉讼已经明确检察机关作为刑事附带民事公益诉讼唯一起诉主体，其诉讼主体地位不存在任何前置或者附加条件，无须其他民事公益诉讼起诉主体提起诉讼，也无须以告知起诉主体提起诉讼为由履行公告程序。① 如此，一方面，节省了等待"法律规定的机关和有关组织"提起诉讼的时间，与刑事附带民事公益诉讼的效率价值相统一②；另一方面，直接明确刑事附带民事公益诉讼无须公告，也有效解决了司法实践中，部分地区为了形式完整，对全部案件进行先行公告的"无奈之举"③。甚至为了避免可能出现的程序瑕疵，检察机关在刑事

---

① 参见田雯娟：《刑事附带环境民事公益诉讼的实践与反思》，载《兰州学刊》2019 年第 9 期。
② 参见鲁杨：《完善刑事附带民事公益诉讼程序》，载《人民检察》2018 年第 10 期。
③ 在笔者对基层检察院进行走访调研的过程中，部分检察官反映，对于刑事附带民事公益诉讼是否应当先行公告问题，各地检察院、法院并未达成一致意见，但就公告必要性而言，多数检察官、法官持否定态度。

附带民事公益诉讼中要求"法律规定的机关和有关组织"出具放弃民事公益诉讼权利的说明书、委托检察院提起公益诉讼的委托书等"变通"处理的情形,增加了检察人员的工作负担。① 然而,无须告知民事公益诉讼其他起诉主体,并不意味着刑事附带民事公益诉讼无需履行公告程序。相反,检察机关在办理案件过程,应当向社会公众发出公告,督促被侵权人积极主张权利,申报损失数额,为惩罚性赔偿金的计算和被侵权人赔偿金额的申请提供依据。② 如此,在不违背《批复》内容的情况下,也有助于刑事附带民事公益诉讼程序的高效运行和社会效果的充分实现。

(三)审判组织

根据《人民陪审员法》第16条规定,人民法院审判的根据民事诉讼法、行政诉讼法提起的第一审公益诉讼案件,由人民陪审员和法官组成7人合议庭进行审理。然而在刑事附带民事公益诉讼的司法实践中,各地法院多数严格按照人民陪审员法之规定由7人合议庭审理的情况,③ 但也存在3人合议庭审判的情况。④ 笔者认为,刑事附带民事公益诉讼因涉及社会公共利益,具有较为广泛的社会影响力,加之面临刑民交叉等复杂情形,因而,应当组成七7人合议庭按照一审普通程序审理。同时,在不涉及国家秘密、商业秘密和个人隐私的前提下,应当全程公开庭审过程,为"法律规定的机关和有关组织"就不构成犯罪,但侵犯公共利益,需要承担民事责任却尚未受到民事追责的行为人单独提起民事公益诉讼提供线索,也为警示和教育社会公众发挥典型案例的引导和规范作用。

(四)公共利益修复

受到侵害的公共利益的修复是刑事附带民事公益诉讼案件直通人民群众的"最后一公里",是人民群众对司法最直观感受的来源,也是司法社会效果最集中的体现,受到社会广泛关注。为保障公共利益及时修复到位、填补损害,

---

① 例如在(2018)豫0403刑初10号杨士荣非法采矿案中,"平顶山市卫东区蒲城街道办事处任寨村委会的证明和委托书,证明该村委会不具备相关法律知识,委托平顶山市卫东区人民检察院提起民事公益诉讼"。
② 参见张源:《持续发力完善刑事附带民事公益诉讼规则》,载《检察日报》2019年6月2日,第3版。
③ 例如(2020)冀0824刑初105号李某某滥伐林木案;(2020)陕7101刑初21号龙某某非法狩猎案;(2020)苏0281刑初1433号龚某某生产、销售有毒、有害食品案;(2020)湘0581刑初223号毛某某非法捕捞水产品案;(2020)鄂0822刑初112号赵某某滥伐林木案等。
④ 例如(2020)冀0636刑初71号附带民事公益诉讼被告人杨某某生产、销售有毒、有害食品案;(2020)鲁1625刑初137号王某某生产、销售有毒、有害食品案等。

应当根据案件所涉及的公共利益类型，探索建立由行政机关、检察机关、社会组织等多方共同参与的多元公共利益修复模式。行政机关应当统筹使用执行款和财政专项补助资金，统一修复、弥补受损公共利益；检察机关应当充分发挥监督职能，尤其是社会性的非诉讼监督，及时跟进公共利益的修复进程；社会组织和个人，则需充分发挥社会监督作用。同时，对于经过审判，尚未依据裁判要求，停止侵害、排除妨碍、消除危险而继续实施的侵犯社会公共利益之行为的，可以就新的侵权行为重新提起诉讼。

（原载于《中国刑事法杂志》2021年第3期）

六、检察改革扎实稳步发展

新时代未成年人检察理论研究新进展

那艳芳[*]

2021年,在民法典、《刑法修正案(十一)》、未成年人保护法、预防未成年人犯罪法等多部重要立法施行与不断发展中,未检实践为理论研究提供了丰富的养料。未检理论研究以习近平法治思想为指导,围绕更加充分履行法律监督职能、主动融入"五大保护",关注未成年人检察工作高质量发展,积极推进检察机关支持起诉、督促监护、未成年人公益诉讼检察等新兴业务发展,呈现出一种持续深化与繁荣发展的态势,为中国特色社会主义未检制度发展完善作出了重要的理论贡献。

一、"两法"的修订实施与未检工作发展前行

2021年6月1日,未成年人保护法、预防未成年人犯罪法(以下简称"两法")正式施行。检察机关近年探索的强制报告、入职查询等制度正式为国家立法所吸收,"两法"赋予了未成年人检察在未成年人国家保护大格局中的特殊职责和更重任务。

(一)"两法"实施与更加充分履行法律监督职能

修订后"两法"明确了检察机关对涉及未成年人的诉讼活动、未成年人重新犯罪预防工作等开展法律监督的职责。有学者指出,检察机关是国家法律监督机关,修订后的未成年人保护法赋予检察机关在践行国家亲权理念、保证国家最终责任落地方面以重任。有学者指出,顺应新时代要求,修订后"两法"进一步赋权检察机关,强化了检察机关监督职能。检察机关应当充分认识到修订后的未成年人保护法赋予检察机关在未保工作新体制中的角色,深入研究和尽快形成担当未保工作监督职能的基本模式。应当进一步拓宽检察机关履职范围和方式、完善检察机关法律监督体系。聚焦贯彻落实"两法",检察

---

[*] 最高人民检察院第九检察厅厅长,中国法学会检察学研究会未成年人检察专业委员会常务副主任。

机关下发了学习贯彻"两法"专门通知,召开全国检察机关贯彻落实"两法"座谈会,研究有效检察举措,积极履行好新形势下未成年人检察工作的各项职责。

(二)以未检履职办案主动融入"五大保护"

针对修订后"两法"赋予检察机关的更重责任,最高人民检察院党组和张军检察长明确提出主动融入"五大保护",通过检察履职最大限度推动家庭保护、学校保护、社会保护、网络保护、政府保护落地见效。2021年,最高检会同全国妇联、中国关工委联合印发《关于在办理涉未成年人案件中全面开展家庭教育指导工作的意见》并发布典型案例。围绕家庭保护,有观点认为,加强家庭教育是预防和减少未成年人犯罪的关键,应当积极探索开展亲职教育工作。通过分类施策、分类落实,实现困境未成年人家庭教育保障体系的精准化、制度化构建。应当建立包含家庭监护监督、家庭支持服务和服刑/戒毒人员重返家庭服务的三重服务体系。围绕学校保护,有研究提出,要逐步推进以学校为中心构建我国未成年人性权益保护法律责任体系。还要从完善身份保障、程序步骤、教育培训等方面,更好完善教师履行强制报告工作程序。2021年,检察机关持续推进"一号检察建议"、强制报告、入职查询等制度落实。有研究认为,强制报告制度的引入有力破解了侵害未成年人案件"隐蔽性高""发现难"的顽疾。下一步应当细化强制报告的主体驱动、报告内容、责任规制、协调联动。围绕政府保护,有学者指出只有民政与检察双引擎齐发力,通过多部门衔接互助,实现未成年人保护大格局有效运转、行稳致远。

没有社会支持体系就没有真正的未成年人司法。有学者从涉案未成年人诉讼需求、未成年被害人司法综合救助、涉罪未成年人帮教矫治、早期犯罪干预以及全面综合保护的视角,提出完善社会支持体系的基本框架。还有学者建议,建立司法与福利融合机制,完善从司法系统向福利系统的分流路径。在技术路径方面,有学者指出,从指标体系、精算量表、流程管理及社会支持四个方面逐步建立健全符合本土实际情况的未成年人风险/需求评估体系。还有学者提出,应当进一步梳理未成年人司法社会工作服务需求、制定服务清单、出台服务标准。围绕网络保护,相关研究重点对未成年人保护法网络保护的立法意义和立法内容进行阐释。还关注了数字信息时代未成年人个人信息保护的职责、义务和立法建议、机制等问题。

二、《刑法修正案(十一)》对未检工作的要求

《刑法修正案(十一)》降低刑事责任年龄,增加特殊职责人员性侵犯罪,

修改奸淫幼女罪、猥亵儿童罪等都与未检工作紧密相关。张军检察长指出，涉罪未成年人捕与不捕、诉与不诉，始终受到全社会高度关注。既关系涉案未成年人的教育和改造效果，也对社会、学校、家庭产生影响。因此，我们既要从"成人惩罚司法"向"未成年人恢复性司法"转变，也要从简单强调宽缓化处理向精准帮教与依法惩治并重转变，更加积极研究落实修法精神。

(一) 降低部分刑事责任年龄

近年来，一些未满十四周岁未成年人故意杀人等重大恶性案件，引起社会关注和舆论广泛讨论。关于是否降低刑事责任年龄，未成年人法学及相关学科产生了否定说、恶意补足年龄的折中说以及肯定说的激烈争论。法律适用的相关理论研究主要集中在调整刑事责任年龄目的与需要、法律衔接、司法实践认定等。有学者从刑罚论视角、预防性刑法观等刑法研究视角论证了立法修正的正当性依据。也有学者认为，需要在维护未成年人权益最大化原则的基础上继续强化对未成年人合法权益的保护，以确保未成年人保护法充分发挥对未成年人的保障作用。对于报请核准追诉的案件，有学者认为，经"最高人民检察院核准"的价值意蕴在于使"犯故意杀人、故意伤害罪"的最低刑龄由刚性模式转向弹性模式，实质审查低龄儿童是否具有刑事责任能力和基本受审能力。有研究指出，从一般预防论和特殊预防论出发均要求对低龄未成年人谨慎追究刑事责任，须综合权衡行为人的辨识能力、控制能力及罪责程度等因素后再决定是否核准追究刑事责任。还有研究对核准追诉"情节恶劣"要件的认定标准、具体把握、限制裁量权提出法律适用建议。在《刑法修正案（十一）》立法调整以后，对检察机关来说，应当严格落实修法精神，在遵循"个别下调"立法原意、回应民众舆情诉求和未成年人司法矫治理念之间保持平衡，力争取得最大公约数。更要着眼构建预防为先、溯源治理的长效机制，继续探索罪错未成年人临界预防、保护处分等工作模式，推动建立分级干预、阶梯式教育矫治体系。

(二) 依法从严惩治性侵未成年人犯罪

此次刑法修正将近些年性侵未成年人案件理论研究成果和司法保护实践经验有效吸收，从三个方面加大了对性侵未成年人犯罪的惩治力度。对负有照护职责人员性侵罪等新罪名，相关研究从性自主与身心健康的法益保护、犯罪构成要件、既遂标准以及与其他罪名区别等角度进行实质解读。有研究认为，增设新罪有助于填补实务中特定未成年女性未陷入"明显难以反抗"境地时遭受性侵害的处罚漏洞。也有观点强调，从被害人权利保护与行为人人权保障角度都需要对本罪进行限制解释。应当通过善意、合理解释刑法条款，缓和条款过于刚性带来的罪刑失衡风险。

三、走向实质化发展的未成年人刑事检察理论研究

刑事检察是未成年人检察部门最基础、最核心的业务。2012年刑事诉讼法修改以来，社会调查、附条件不起诉、犯罪记录封存等制度始终是未检理论研究的重点内容。2021年在"两法"细化和规范司法保护背景下，结合少捕慎诉慎押刑事司法政策和未检司法实践，相关研究呈现出新的发展趋势。

（一）少捕慎诉慎押刑事司法政策与未检工作

2021年，党中央将少捕慎诉慎押正式确立为我国刑事司法政策。对于未检工作来说，在以往较好的工作基础上，应当强化政策适用的"三个自觉"。有论者指出，这一刑事司法政策引领下的未成年人检察工作迎来新的发展契机，对涉案未成年人强制措施的适用和审查应当从严把握。通过强化拘留适用的内部制约和外部监督机制以及完善审前羁押替代措施等途径，最大限度地减少未成年人刑事拘留措施的适用。通过确立附条件不捕制度、改革合适成年人选任制度等多条措施解决危险性评估的实质化需求与形式化现实之间的矛盾。地方检察机关通过实证分析，提出健全未成年人社区矫正配套细则、强化未成年人社区矫正检察监督等措施建议。

（二）促进实质化落实未成年人刑事案件诉讼程序

2021年，越来越多的研究从传统的制度建构转向未成年人刑事诉讼特殊制度的本质属性研究，以及更加关注未成年人刑事案件诉讼程序实施的质量问题。比如，长期以来学界对社会调查的性质、功能与定位存在诸多争议。有学者从报告内容特定化、主体专业化、审查认证规范化方面论证了社会调查报告作为证据的资格和类型归属。有研究建议，增加成长经历重大事项、朋辈交往项、对涉罪行为主观认知项等，强化帮教条件中相关调查内容的可操作性。2021年3月，最高检就涉罪未成年人附条件不起诉主题发布第二十七批指导性案例，司法实务部门权威解读再次强调帮教考察缺乏个性化和针对性的问题，明确要求查明未成年人需要矫正的"矫治点"，设置个性化附带条件。有学者从合适成年人选任制度设置初衷和目的反思该制度适用实践形式化倾向日趋严重，进而主张以家庭模式理论根据进行正当性解释，以多方主体共同参与讯问为核心进行制度重构。对于犯罪记录封存制度在实践运行中存在适用范围不清等问题，有研究建议以一种体系化的视角对制度进行正当化改造和衔接机制完善。

（三）推进未成年人罪错行为教育与矫治

对罪错未成年人处遇和专门教育也是预防未成年人犯罪法修订和施行的重点内容。相关研究聚焦专门教育专门学校的法律规范、实践概念、风险防控转移、与传统学校关系等内容。有学者分析了专门学校设置缺乏，接受对象范围具有含混性、普通教育转回程序中未成年人主体性参与的缺乏以及未成年人专门教育去标签化措施的欠缺等现实困难。对此，有学者指出，专门矫治教育作为针对触法未成年人的新型保护处分措施，应遵循最有利于未成年人原则的价值取向、以促进触法未成年人顺利复归社会为根本目标。有论者建议，应当将专门学校的功能定位为转化罪错未成年人的专门机构，与未成年人分级处遇相结合，重构专门教育处遇措施的组合设置，体现分级干预。值得关注的是，在以往临界预防、罪错未成年人分级处遇理论研究的基础上，有学者与地方检察机关合作，开展以"四分法"处置模式为基础的未成年人罪错行为矫治"地方实践"的积极探索。

（四）强化未成年被害人平等保护

在未成年被害人保护救助的综合性研究方面，有学者立足惩治和预防侵害未成年被害人犯罪的域内外立法和实践进行比较和分析，就未成年被害人人身安全临时性约束措施、被害人询问程序、被害人作证方式、被害人保护救济等相关内容提出了完善措施。有学者指出，未成年被害人保护制度的中国特色和改革方向应当确立多部门联动的综合保护工作模式、推动办案机关与社会组织的专业化建设、完善未成年被害人权利保障的具体规定。从检察系统的研究成果看，对性侵儿童案件被害人陈述的审查判断、完善被害人陈述的取证程序、构建以儿童陈述为核心的证据审查体系以及性侵未成年被害人精神损害赔偿的制度建构等方面都有新的进展。

四、与未检新业务相向前行的理论发展

2021年，全国检察机关全面推开未成年人检察业务统一集中办理以后，呈现有序、规范、创新发展的良好态势。与办案业务发展相映照，检察机关支持起诉、督促监护、未成年人公益诉讼检察等问题也成为2021年未检理论研究的新兴热点。

（一）未成年人监护监督问题研究

全面推开未成年人检察业务统一集中办理以后，检察机关积极开展涉及未成年人监护、收养等人身权益和未成年人抚养费、接受赠与、遗产继承等财产权益的民事案件审判监督和当事人为未成年人的行政案件的审判监督，确保未

成年人得到妥善监护照料、未成年人人身财产权益得到有效司法保护。有学者指出，民事案件涉诉未成年人、遭受监护侵害（缺失）的未成年人、事实无人抚养的困境未成年人等未成年人司法制度扩展，未成年人民事权益受到前所未有的重视。2021年，未成年人民事行政检察业务研究当中，监护监督问题尤为引人注目。检察机关履行法律监督职责，在监护问题上可以通过建议相关机关提起撤销监护权诉讼、制发"督促监护令"等方式，对未成年人监护人的监护履职情况予以监督。2021年，检察机关全面推广"督促监护令"，1月至11月支持起诉、建议撤销监护人资格651件，是2020年的1.26倍。有研究认为，检察机关作为国家法律监督机关，参与到未成年人监护监督考察制度中，既契合了未成年人监护监督考察的制度需求，也延伸了检察机关监督法律正确实施的职能发挥。各方面研究都很关注检察机关督促监护令的实践运行。有研究建议，因案施策分别制发"指导型""建议型"以及"强制型"督促监护令。有学者认为，督促监护令作用的发挥，需积极引入社会力量开展社会调查及监护辅助工作，探索建立社会化监护监督格局。在诉讼程序优化方面，有学者认为，刑事附带民事诉讼可以同时解决监护侵害案件中的犯罪认定与撤销监护人资格，提出监护侵害案件刑民程序合一的制度调整。在实体保护方面，有学者指出，安置难、安置的有效性检验以及可持续性都是需要面对和解决的问题。

（二）迅速发展中的未成年人公益诉讼研究

新修订的《未成年人保护法》第106条规定的特别立法，体现与成人司法相比更加宽泛和特殊保护的立法目标，极大推动了未成年人公益诉讼业务的司法实践探索和理论研究热情。2021年前11个月，办理未成年人公益诉讼案件2300多件，超过2018年至2020年案件量的总和。有论者认为，未成年人保护法修订对未检工作具有重大意义，该法实施后，未检部门不仅要关注未成年人权益受到侵害的个案，也要更加关注未成年人的整体权益问题，通过公益诉讼等各种方式去帮助更多未成年人获得上述福祉。

作为一项新兴业务，未成年人公益诉讼检察理论研究与办案实践相互促进。针对浙江省杭州市余杭区检察院诉北京某科技有限公司侵犯儿童个人信息权益民事公益诉讼案，学者集中发表案例点评，阐释典型意义、指导司法实践。针对未成年人网络保护、个人信息保护这一热点问题，有研究提出，未成年人个人信息案件中"公共利益侵害性"的判断要在符合"不特定多数人利益"基本标准的前提下予以规范性判断，使"公共利益"从抽象、一般性判断走向具体、明确的规范判断，为检察公益诉讼的启动提供相对明确的判断依据。

在制度建设的基础理论研究方面，有学者提出，应当采取合法角度下的泛化理解，探索更合理的实践路径。按照认识层面与实践层面双重解读，明确公共利益受侵害的判断标准和起诉对象，把握"众多"核心原则、权利救济后置原则、促进共同保护原则，在概括授权的法定范围内，重点就危害不特定多数未成年人的食品药品安全、环境安全、受教育权利、游戏权益、网络权益等领域开展公益诉讼，以点带面推动专项治理，构建未成年人保护的新格局。

五、从检察视角推进中国特色未成年人司法制度发展

最高检副检察长孙谦撰文指出，长期以来我国未成年人司法制度的构建思维停留在成人司法的例外规定层面，脱胎于刑事司法体系的未成年人司法制度仍存在诸多困境，有必要深入开展对未成年人法学基础理论、未成年人司法法学以及域外未成年人法学的深入研究，进一步推动未成年人司法制度的完善。回归实务视角，检察履职贯穿未成年人司法保护全过程，近年未检专门机构体系化建设、业务发展改革创新进一步得到理论研究的肯定。有学者指出，从当前的法理基础与国内相关经验探索方面看，检察机关在未成年人司法建设中居于重要位置。事实上，未检"法律监督权"角色已经具化为国家公诉人、国家监护人、权利保护官等多重角色。

六、结语与展望

最高检常务副检察长童建明指出，未成年人检察作为一项相对年轻的检察业务，加强规范化建设，显得更为重要和紧迫。理念是行动的先导、理论是实践的指南，加强新时代未检综合司法保护工作，必须加强未检工作的理论研究。可喜的是，过去一年，未检理论研究取得诸多富有特色的理论探索成果，在促进完善中国特色社会主义未检制度的同时，也为整个未成年人法学研究逐步摆脱附属性作出了重要贡献。但我们也应当看到存在的问题：一是理论研究对新时代未检工作全面深入发展引领不够充分，相关研究情况延续了近年来司法实践适度先行、理论研究稍后努力跟进的整体态势。二是相关研究存在片段化、零散性特点，应用层面研究较多，缺乏系统的理论建构与基本原理的深入探求，对如何更好统筹发挥"四大检察"职能对未成年人司法保护的研究有待深入，尚未从检察机关法律监督属性深入阐发未检在中国特色社会主义未成年人司法制度中的准确定位，等等。

2022年，检察机关开展未检理论研究要始终坚持以习近平新时代中国特色社会主义思想为指导，全面贯彻习近平法治思想，按照中共中央《关于加

强新时代检察机关法律监督工作的意见》的要求和最有利于未成年人原则，以课题指引为参照，主动关注、深入研究未成年人检察工作的重大理论问题，敢于探索，勇于创新，推动建立成熟定型的中国特色社会主义未成年人检察制度，为未成年人健康成长提供特殊、优先、全面、综合的坚强司法保障贡献理论力量。

（原载于《检察日报》2022年1月17日，第3版）

以理论研究服务引领案件管理实践

申国军[*]

2021年，检察机关案件管理研究以习近平法治思想为指导，贯彻落实党的十九届六中全会精神，按照中国法学会检察学研究会案件管理专业委员会要求，紧紧围绕案件管理基础理论、重要机制、重点难点问题展开，研究成果稳中有进，研究观点创新实用，初步改变案管理论研究基础薄弱、成果偏少的问题，理论服务、引领案件管理实践的效果逐步显现。

一、案件管理基础理论研究

（一）关于案件管理部门的职能定位

有论者提出，案管部门是检察业务工作中枢，要贯通上下左右、有效联络各方，推动案件管理工作从局部管理向系统管理、从直线型管理向立体化管理、从个案管理向业务治理的提升。有论者认为，在检察机关案件管理体系中，检察长和检察委员会宏观业务管理是统领、是核心，其他部门的管理都是通过不同的方式落实这一管理要求，案管部门是落实检察长和检委会宏观业务管理要求的枢纽部门。有研究者表示，案管部门在内部制约监督机制中的作用是专司和集中统一监管，作为业务管理的枢纽，不是简单的中转，应当充分发挥业务管理的主导作用。有论者提出，案件管理部门是检察业务信息数据中心，是检察长与检察官之间双向信息沟通纽带，是检察机关与社会内外互动的窗口，在检察业务治理体系中处于枢纽地位。

（二）关于案件管理的主责主业

有论者提出，案件管理职责较为繁杂，概括起来就是两个方面：监督管理和服务保障。要把监督管理作为立身之本，加强对司法办案的程序监督、实体监督和数据监督，努力把监督管理做成强项、做成精品。要把服务保障作为成

---

[*] 最高人民检察院案件管理办公室主任，中国法学会检察学研究会案件管理专业委员会常务副主任。

事之要,凡事想在前、预在前、做在前,最大限度地服务院领导指导办案、决策监督,服务办案人员减轻工作负担,服务诉讼参与人行使合法权利,服务人民群众知情、参与、监督办案。有研究者提出,要合理考虑内设机构改革后案管部门的业务特点和力量配备,科学划分不同层级检察院的工作侧重点,立足监管资源统一行使、监管工作一体运行,探索构建省、市、县三级检察院管理分级、一体推进的案管工作体系,基层检察院要发挥案管工作的主体作用,市级检察院要发挥案管工作的主抓作用,省级检察院要发挥案管工作的主导作用。

(三)关于案件管理的工作理念

有论者提出,要树立科学管理、能动管理、智能管理的工作理念。要树立科学管理的理念,管理行为要符合办案规律、符合管理规律、符合工作实际,把最终是不是提高了办案质效作为验证管理优劣的标准。要树立能动管理的理念,主动适应检察工作大局,适应司法办案需要,不固守自己的"一亩三分地",自觉主动地开展监督和服务工作。要树立智能管理的理念,把"智慧案管"建设作为破解案管部门任务重、人员少难题的治本之策,从根本上提高案管工作质效。有观点认为,在案件管理工作中要践行双赢多赢共赢的理念,妥善处理好单独管理和业务管理枢纽、监督与服务、宏观管理与微观管理、严格监督与尊重检察官办案自主权、单向监督与双向协商、案管部门工作成效与办案部门工作成效、对内监督与对外监督、人工管理与信息化管理、精细化管理与便捷化管理、内部监督与引入外部监督等关系,与其他管理部门、办案部门形成管理合力,共同提升检察机关办案质效。有论者表示,现代治理很重要的特征在于:监督管理与服务交合相融,管理寓于服务之中,服务包容、吸纳管理;服务过程就是管理过程,二者融为一体;让被管理者不仅没有被监管之感,而且产生接受服务之感,从而解除被管理者内心的不接受、不愉悦。检察业务管理必须实现由"监管"向"服务"模式转型,使检察官乐于接受、配合和支持管理工作。

二、以"案-件比"为核心的案件质量主要评价指标研究

(一)关于"案-件比"评价指标的意义

有论者表示,"案-件比"管理指标的提出和落实,在宏观上,能够使整个检察监督、司法办案质效一目了然;在微观上,能够引领检察官追求办案的最佳质效,最大限度地减少因工作粗疏导致的办案环节增加、办案时间延长等问题。有观点提出,脱离实体问题、程序反复甚至空转也是一个严重问题。"案-件比"工作机制,纠正了这个问题,努力做到程序不反复、少折腾,最

大限度地减少人为增加的"件",是在更高层次上追求程序公正与实体公正相统一。有论者提出,"案-件比"的指导意义是通过对数据的汇总计算,全面掌握影响当事人司法评价、体现司法机关办案效率和质量的审查处理活动情况,从而发现某些办案环节的增减变化,以此进一步探究其增加的必要性。做到这一点,就要倒逼检察官将本职工作做到极致化,从而有利于通过"案-件比"体系实现办案质量量化控制的设计目标。

(二) 关于"案-件比"评价指标的适用

有论者提出,"案-件比"是检察监督办案科学管理的核心指标,深化应用的关键是实事求是,防止"一刀切"。对于一些"案-件比"已经优化下来的地区,重在保持合理区间,不能违反司法规律、盲目追求更低。有观点提出,对"案-件比"这一量化指标不能作机械解读。首先,"案-件比"不是评价检察案件质量的唯一标准。诚然,检察办案质量的优劣可以反映在"案-件比"中,但并不是说"案-件比"高低就直接等同于检察办案质量优劣。其次,"案-件比"的优化是一个循序渐进的过程。实施过程不宜一味求快,而是要做到蹄疾步稳。多做纵向时间轴上的监控,少做横向的"数据攀比",真正把案件质量评价指标体系的程序督导作用落到实处。有论者提出,为避免"案-件比"指标体系在运行过程中出现异化,在推动指标体系的落实过程中,需要平衡单个指标与指标体系的关系,发挥"案-件比"指标的协同作用;平衡指标统一化与标准差异化的关系,确立差异化的评价基准;平衡整体质效与个体责任的关系,完善指标评价与个案评查的衔接;平衡指标数据与办案实效的关系,实现数据管理到实质管理的进阶。

三、业务数据分析研判会商研究

(一) 关于业务数据分析研判会商的机制

有论者提出,分析研判关键在"商",案管部门牵头,涉及的业务部门也是主责,要积极主动参与进来,推动形成业务数据提醒、分析、会商机制,以及会商意见部署与反馈、业务数据发布与解读等分析研判会商机制。有论者提出,检察机关已经基本形成了集业务数据提醒、业务数据分析、业务数据会商、会商意见部署与反馈、业务数据发布与解读等"五位一体"的业务数据分析研判会商机制。有观点认为,单个检察院内的业务数据分析研判会商是该项工作的基础模型,也是研判会商的最通常形态,此外还要建立上下级检察机关的业务数据分析研判会商工作联动机制、跨区域检察院间的业务数据分析研判会商工作协作机制、检察机关和系统外的业务数据分析研判会商合作机制。

也有观点认为,综合业务数据分析研判会商是一项全院的工作,其责任主体是所在的检察院。

(二)关于业务数据分析研判会商的方法

有研究者提出,更好地开展会商,需要在转变方式方法上下功夫,需要深化"一个机制"、把握好"两种方法"、坚持"三个突出"、做到"四个有"。"一个机制",即业务数据提醒、业务数据分析、业务数据会商、会商意见部署与反馈、业务数据对外发布和解读"五位一体"的业务数据分析研判会商工作机制;"两种方法"是指从观点到数据证明的方法和从数据分析到总结观点的方法;"三个突出"是指突出业务部门、突出地方办案、突出个罪情况;"四个有"是指有观点、有数据支撑、有典型案例、有原因分析。有观点提出,专题业务数据分析主要可从时间维度、空间维度、业务进程维度、业务活动其他维度、案件性质或类型维度等方面开展。

四、业务数据管理研究

(一)关于业务数据管理的主体和对象

有论者提出,案件管理部门是检察业务数据的主管部门。检察官助理、书记员对录入的信息依据本人职责承担相应责任,检察官承担指导、审核责任和最终责任。业务数据管理的对象包括检察业务统计数据以及可产生该数据的相关案件信息,还有基于大数据理念和方法对全国检察业务应用系统以及检察机关其他相关信息化系统、平台的信息、数据等进行采集、加工后形成的检察业务数据。有论者表示,检察业务数据管理工作不仅仅是案件管理部门的工作,应当树立"检察大业务数据管理"理念,全院全员重视数据管理工作,对业务数据实行网格化管理,形成管理合力。有观点提出,业务流程中的案卡项填录及填录背后的办案活动,是检察业务数据监管的主要对象。数据填录的责任主体是案件承办人,但作为检察业务数据的主管部门,案管部门是数据监管第一责任人的定位应当坚守。

(二)关于业务数据管理的方法

有论者提出,要把数据填录作为司法办案责任的一部分,及时、完整、准确录入各种案件信息,持续加强业务数据的日常审核、专项核查和通报,确保业务数据可靠、可用。有观点提出,检察机关应引导一线办案检察官树立填录案卡信息就是办案的理念,熟悉案卡项目,清楚案卡含义,认真填录每一项案卡信息,把好数据源头关;应建立完善的业务数据核查制度,坚持日常核查与专项检查相结合,发现填录不实的案卡信息,及时修正,把紧数据出口关;应加强业务数据分析,通过分析发现与实际不符或者异常的业务数据,及时跟踪反馈,并积极听取业务部门意见,把实数据反馈关;要将数据质量纳入检察机关业绩考核和案件质量评查工作中进行评价,问题严重的,要分清责任,严肃问责,把严数据追责关。

五、案件质量评查研究

(一)关于案件质量评查的主体和对象

有论者提出,唯有履行案件管理职责的案件管理部门适合作为评查主体。案件质量评查具有较强的专业性,属于专门的办案监督工作。案件管理部门集中行使案件质量评查职权,有利于推动评查模式优化,促进提升检察办案内部监督实效。有观点提出,案件质量评查的对象是"已办结"的案件,包括应结而结、案结而诉未结、案结而事未结三种情形。案件虽已在检察机关办结,但诉讼程序还在继续,此时,案件质量评查的对象是诉讼程序终结的案件,仅在检察机关办结并不能进入案件质量评查程序。有论者提出,质量评查作为检察机关的一项业务活动,其主体主要是检察机关案件管理部门,评查案件的类型包含检察机关所有业务。

(二)关于案件质量评查的程序

有论者提出,要统一案件质量评查,办结的每一起案件,原则上都要进行质量评查,普通案件主要通过信息化手段开展评查,重点案件要全覆盖评查,探索开展异地交叉评查,院领导办理的案件主要由上级院评查,提升评查公信力和效果。有研究者提出,从评查流程来看,案件质量评查主要包括选案、审查、拟评、评定与反馈、纠正等基本程序。案件质量评查工作的发展可以概括为"八化":组织机构专门化、评审案件全面化、评查频次常态化、评查程序规范化、评定等次标准化、评查队伍专业化、评查手段智能化、结果运用考核化。有论者提出,构建案件质量异地评查机制,在省级检察院的统一组织下,集中案件管理部门的检察官,各市按罪名对他市所办案件开展专业化评查,定期进行总结、分析、讲评,对疑难复杂案件问题邀请检察业务专家参与评判。

六、案件流程监控研究

有论者提出,要统一案件流程监控,把人工监控和智能监控结合起来,制定"四大检察"流程监控要点,完善常态化流程监控预警、提醒和定期通报督促制度,实现对办案程序的全面、实时、动态监督。有论者表示,可以根据违法情形所违反的法律、法规位阶的高低确定是否属于发出流程监控通知书的情形。譬如，违反刑事诉讼法《人民检察院刑事诉讼规则》等相关规定的行为应当发出流程监控通知书，而案卡填录、文书制作不规范等情形不作为流程监控通知书的评价标准，而是进行口头提示。同时，要降低发出流程监控通知书对检察官晋升的影响。有论者提出，应当推行"流程监控上提一级与交叉监控"工作机制。上级院可以依赖系统直接对下级院办理的案件进行流程监控。下级院对于流程监控中发现的"违规办案情况严重"的经调查办结后，由上级流程监控员复核并决定是否"通报"和业绩考核是否"一票否决"。对于专项流程监控，可以采取"交叉监控"的方法，同级检察机关循环交叉检查以减少内部监督的阻力。

七、人民监督员工作制度研究

（一）关于人民监督员工作的价值

有论者提出，我国人民监督员制度不能简单套用只监督公诉权的模式，而是要让所有检察权都受到同样的监督。有论者表示，检察机关履行法律监督职能，同时接受人大、政协及社会各方面的监督，起到了很好的监督作用，但受监督方式、信息不对称等因素影响，也存在需要进一步强化监督质效的问题。而人民监督员制度经过多年的探索与实践，逐渐摸索出一系列行之有效的做法，可以实现对检察机关在办案活动中可能出现的违法违规行为的有效监督，维护司法公正，提高检察公信力。有论者提出，人民监督员来自人民、代表人民的身份认同与检察官客观公正专业的办案理念、举措形成优势互补，更容易做好对当事人的释法说理工作，促进矛盾纠纷的妥善处理，达到最终的案结事了人和，使人民检察的"人民性"得到充分体现。

（二）人民监督员工作的优化举措

有论者提出，人民监督员工作要实现各级检察院、各项检察业务"全覆盖"，不仅刑事案件要接受监督，行政、民事、公益诉讼案件也要积极邀请人民监督员监督。要丰富监督形式，综合采取邀请参与公开听证、巡回检察、案件质量评查、检察开放日等各种方式，提升监督效果。要充分尊重人民监督员的意见，切实保障人民监督员的知情权、参与权和监督权。有研究者提出，要加强与司法行政机关的配合，建立健全人民监督员工作联席会议制度和人民监督员履职情况反馈机制，对邀请人民监督员参与检察机关监督的事项提前办理，给司法行政部门预留一定的时间，确保抽选的人民监督员能够按时参加检察机关的监督活动。在具体参加听证的方式和程序上，人民监督员应当成为听证员,与检察人员坐在相同的席位上一起听取各方意见。在这一程序上,人民监督员具有双重身份:他们既是审查、听证程序中的听取他人意见者,即听证员;又是决定程序中的意见发表者和检察人员听取意见的来源。

八、智慧案管研究

(一)关于"智慧案管"的基本思路

有论者认为,"智慧案管"的工程定位为"智慧检务"工程的重要组成部分。"智慧案管"的原则是深度融合、适度超前、注重实用。"智慧案管"以数据驱动作为核心,将原有的流程驱动、文书驱动的检察业务系统设计思路调整并升级为数据驱动,实现检察业务"数据"的归类整合、统一应用。"智慧案管"的技术支撑是数据集成,即把一些孤立的数据或信息通过技术方式集中在一起,并且产生联系,从而构成一个有机整体的过程。"智慧案管"的建设目标是建成一个案件管理的智能化体系。有论者提出,新形势下检察法律文书改革思路,需要以检察业务应用系统为载体,将有关联的文书和案卡项进行整体的梳理和搭配,理清"谁是生产者,谁是消费者"的关系,将案卡和文书信息整理合并为案件信息一次性填录,如此能够大幅度减少办案人员"多头填录"的重复劳动,提升数据质量和系统运行效率,大大提高案件信息数据挖掘和智能分析的便捷化程度。

(二)关于"智慧案管"的实现路径

有论者认为,"智慧案管"要坚持全国检察机关上下统一的一体化建设模式,开发利用"一案一号"承载的一号到底和知识图谱功能,升级完善现有的数据统计、电子卷宗、涉案财物管理系统,协助开展政法机关协同办案和数据共享模式下的检察办案体系建设、刑事案件涉案财物跨部门集中管理条件下的收送案体系建设、移动办案条件下的检察办案体系改进、全国检察业务应用系统2.0的再次升级,建设自动化的流程监控系统、人工智能案件质量评查系统、知识化的业务数据监管系统、全息化的案件信息公开系统、实时动态的全业务需求管理系统等"五位一体"的新时代案件管理监督制约系统。有人提出,要从最大限度科学化、智能化、人性化满足检察办案和管理需求的视角出发,融入人工智能和大数据等现代信息技术,遵循"数据化—标签化—关联化—智能化—人性化"的驱动逻辑,将案管部门的服务职能由服务办案各个环节拓展至服务办案检察官个人成长,推进案件管理体系和管理能力现代化。

(原载于《检察日报》2022年1月19日,第3版)

异地异级调用检察官制度的法理分析

张建伟*

异地异级调用检察官的做法,在检察机关自侦领域并未引起外界关注。但是在公诉领域则有所不同。近年来,异地异级调用检察官到庭公诉的案件有所增加,一旦进入多方参与、诉讼对抗的空间,这一做法就可能因辩护律师提出异议而遭遇挑战,使得这种异议在诉讼外得以公开,于是这一争议问题就进入了公众视野,开始为法律界所注意。例如,内蒙古自治区王某明案成讼之后,随着诉讼进程的推进和律师不断发起的挑战,吸引了社会一般民众与法律界部分学者和实务部门的人员的高度关注。此案几经波折,本由包头市的法院审理,后经由内蒙古自治区高级人民法院指定管辖,转到乌海市的法院审理,审判人员和检察人员因此重新组合,其中检察人员的调用问题,因辩护方公开质疑而备受关注。新的公诉人团队是一个18人组成的群体,这18人来自内蒙古自治区三级院的检察人员,包括来自自治区人民检察院的检察官。只是与网上笼统的说法不同的是,这个公诉团队并非18名检察人员均为公诉人,其中9名为到庭公诉的检察官,另有9名为检察官助理。易言之,担任公诉人角色的实际是9人。

司法实践中,在不同司法辖区调用检察官以及在不同级别检察机关调用检察官的做法,原不多见,正因为过去这类案件数量较少,一旦做起来就容易引起辩护律师的警觉与异议。这些异议,大体围绕检察官的地域属性,即各自司法辖区的对应性和刑事诉讼的管辖制度两个方面展开,质疑者认为异地异级调用检察官到庭公诉的做法有损司法公正,甚至提出其"违宪"和违背人民代表大会选举、任命制度。如有律师提出异地异级调用检察官的相关司法解释违宪、没有上位法依据,尤其动摇了我国人民当家作主的人民代表大会制度。这种批评是相当尖锐的。笔者认为,检察系统内,检察官能否跨司法辖区和司法层级履行职务,是检察体制中一个值得探讨的问题。未经授权进行异地异级作

---

* 清华大学法学院教授、博士研究生导师。

业,当然是不允许的。但是在上级检察机关调用下进行异地异级履行职务,到底有无法理依据,是否违反宪法和法律,并且对于司法公正是否产生损害结果,应当从法理与制度以及实践角度加以分析,给出答案。

一、异地异级调用检察官办案的法律依据及其体制根源

有论者质疑认为,异地异级调用检察官的做法和相应的司法解释没有上位法依据。[①] 其实,这一说法是错误的,在我国,异地异级调用检察官的做法有着明确的法律依据,其合法性毋庸置疑。异地异级调用检察官的上位法依据是《人民检察院组织法》第24条第1款第4项规定:"可以统一调用辖区的检察人员办理案件。"该条规定的是上级人民检察院对下级人民检察院行使的职权,共分4项,除统一调用检察官之外,还规定了其他3项具体职权:认为下级人民检察院的决定错误的,指令下级人民检察院纠正,或者依法撤销、变更;可以对下级人民检察院管辖的案件指定管辖;可以办理下级人民检察院管辖的案件。这一制度的设定,植根于我国宪法确定的检察机关上下级领导关系,也体现了检察体制的特殊性即检察一体化原则。[②] 检察机关上下级领导关系是我国宪法规定的检察体制,检察一体化原则虽无我国法律明确规定,却是一项公认的法理原则。检察一体化原则,也是检察体制的基本原理,是许多国家,尤其是大陆法系国家建构检察体制的依据。检察官行使检察权,反映的是国家意志,"为了防止在行使检察权中失误,正确反映国家意志,作为一个整体更有效地发挥检察机能,检察官的组织化是必不可少的。也就是说,检察官的组织要既保持检察官的独立性,又能建立起适当的监督体制和发挥效率并考虑到检察工作中的分工与合作"[③]。由此建立起与其职能相适应的组织原则,检察一体化原则就是检察组织的建构原则。

检察一体化原则对检察机关内部关系的调整发挥指导作用,主要体现为两个方面:其一,各级检察机关作为一个不可分割的整体而存在,每个检察机关和检察官的活动是整个检察机关和检察官全体活动的组成部分,各级检察机关和全体检察官相互协调、配合,形成一体;其二,上下级检察机关和检察官之间存在着上命下从关系,下级检察机关和检察官在履行职权时承担遵从上级检

[①] 干卫东就《人民检察院刑事诉讼规则》第9条第2款的商榷文,载微信公众号"刑辩社",2020年11月29日。

[②] 又称"检察同一体原则"或者"检察一体原则"。

[③] [日]法务省刑事局编:《日本检察讲义》,杨磊、张仁等译,中国检察出版社1990年版,第19页。

察机关和检察官命令的义务，上级检察机关和检察官负有监督、指挥下级检察机关的责任。例如，我国台湾地区采行大陆法系司法制度，检察机关遵行一体化原则，全体"检察官基于有机的组织，为一体的活动"，如蔡墩铭教授所言："检察权之行使以不可分为原则，为使得检察权之行使发挥更大之效果，在检察行政事务方面，自检察总长以下各级法院检察官①，遂形成上命下从之阶层，且有统一之组织，俾在职务上得为全部一体之活动……检察官紧密联络，以便寻找犯人，另在起诉便宜主义之下，对于犯人是否予以起诉，亦有予以统一之必要。由于采检察一体原则之关系，检察官遇有紧急情形，自可在管辖区域外，执行其职务，即令不属其管辖之案件，也应分别通知或移送该管检察官侦查，且在未移送或通知前，仍应按其急迫情形，为事实上和法律上必要之处分。又检察官起诉后如有更易者，不影响起诉之效力，此外无管辖权法院之检察官向法院起诉后，该法院谕知管辖错误之判决，只要将该案件移送于有管辖权法院即可，不必重新起诉，即承认以前之起诉有效。"②林俊益就检察一体化原则指出，其内部关系包括：在下对上的关系中，"下级检察官应服从指挥监督长官之命令"；在上对下的关系中，"上级长官对下级检察官有指挥监督之职权，有'职务承继权'（检察总长、检察长得亲自处理其指挥监督之检察官之事务）及'职务移转权'（检察总长、检察长得将所辖检察官之事务移转于其所指挥监督之其他检察官处理之）"。③就其外部关系言之，检察机关遵循"不可分原则"。④

在检察一体化原则的上述内涵中，有一项内容值得注意：检察官被视为一体，他们可以互相代替履行职务。根据检察官的一体化和不可分割的原则，在同一案件中，两名检察官相继参加刑事庭审以及数名检察官介入同一案件，或公诉书上签名人与出庭审判的不是同一人，都不影响诉讼程序的合法性。这一原理对于上级检察机关异地异级调用检察官办理同一案件，包括审查起诉和出席法庭审判活动，也是适用的。

首先，异地异级调用检察官符合检察机关的体制特性。由于检察机关实行一体化原则，在组织特性上，检察人员具有不可分性，因此在上命下从的领导或者指挥监督体制内，在必要时进行人员调用。尽管我国法律并没有以文字形式明确将检察同一体列为一项法定原则，但是我国宪法确立的人民检察院领导

---

① 我国台湾地区实现审检分立后，检察官不再配置于法院。——笔者注
② 蔡墩铭：《刑事诉讼法论》（增订五版），五南出版股份有限公司2002年版，第85—86页。
③ 林俊益：《刑事诉讼法概论》（上），新学林出版股份有限公司2009年版，第83页。
④ 林俊益：《刑事诉讼法概论》（上），新学林出版股份有限公司2009年版，第84页。

体制与检察一体化原则是相通的,可以说检察一体化原则中塑造的检察机关指令—服从关系的中国式描述就是领导体制。不仅如此,我国检察机关对于检察一体化原则也明确表示认同并以此作为完善检察体制的依据。① 检察同一体这一法理原则已经用于指导我国相关立法、司法解释和司法实践。《人民检察院刑事诉讼规则》第9条体现了宪法关于检察机关上下级关系的规定,重申了检察机关领导体制,其第1款规定的是最高检对地方各级人民检察院的领导、上级检察机关对下级检察机关的领导、检察长对人民检察院的统一领导;其第2款将《人民检察院组织法》第24条规定具体化:"上级人民检察院可以依法统一调用辖区的检察人员办理案件,调用的决定应当以书面形式作出。被调用的检察官可以代表办理案件的人民检察院履行出庭支持公诉等各项检察职责。"对于这一规定,检察机关明确指出其法理依据是检察一体原则。最高检孙谦副检察长撰文指出:"检察一体化原则,主要用于厘清检察机关内部上下级之间的关系,即最高人民检察院领导地方人民检察院的工作,上级人民检察院领导下级人民检察院的工作;各级人民检察院和检察官履行职务应当相互配合、互相协作,对于重大案件和复杂案件可以互相承继、转移和代理。检察一体化是世界上多数国家和地区检察机关的通例,符合检察机关行使职能的需要。"② 他特别指出:正是为了落实检察机关上下级领导关系,《人民检察院组织法》第24条规定了"可以统一调用辖区的检察人员办理案件"。③

其次,其他国家和地区在探讨检察一体化原则时,未明列异地异级调用检察官的内容。究其原因,笔者认为,在许多国家或者地区,这种调用检察官的做法并不常见或者无争议,未必为制度创立者及其研究者意计所及。另外,这种检察官人员调用在一些国家和地区并没有体制障碍,不会成为一个争议问题,如我国台湾地区针对贪腐案件成立的"特侦组",其组成人员就是由不同地域、不同级别的检察署中调用的检察官组成的。若说这是为了满足侦查需要,那么,如果控诉中有此特殊需要,进行这种调用也是无疑问的。易言之,是否调用异地异级检察官进行公诉活动,取决于司法中的特殊需要。例如,在国际司法活动中,无论法官和检察官都有异域(甚至异国)调用的现象,如远东国际军事法庭审判中的法官和检察官由不同国家派出的法官、检察官组成合议庭和检察组。如果在一个国家内的司法审判,基于特殊需要,进行类似调

---

① 参见童建明、万春主编:《〈人民检察院刑事诉讼规则〉条文释义》,中国检察出版社2020年版,第12页。
② 孙谦:《检察:法律守护人——以刑事法律监督为基点》,中国检察出版社2019年版,第40页。
③ 孙谦:《检察:法律守护人——以刑事法律监督为基点》,中国检察出版社2019年版,第41页。

用，也并无不可，我国1980年底、1981年初最高人民法院特别法庭和最高人民检察院特别检察厅的组成人员就不限于本院人员。例如，特别检察厅的厅长是最高检检察长黄火青，副厅长是最高检副检察长喻屏，另一副厅长是人民解放军总政治部副主任史进前，检察员中的图们在总政治部工作，可见特别检察厅组成人员并非都是最高检工作人员。特别法庭庭长是最高法院长江华，副庭长是最高法副院长曾汉周和人民解放军总政治部副总参谋长伍修权，审判员中还有费孝通。特别法庭组成人员也不是都来自最高人民法院。① 特殊案件如此，普通案件基于办案实际需要，也不应排除异地异级调用检察官的做法。

最后，从一些相似的制度和做法，可以看出在检察一体化原则下异地异级调用检察官的做法并无疑义。林钰雄教授曾言："在'其他未经立法明文规范'的情形，冲突的权衡，必须透过法学方法，探究"建构系争规定的原理、原则，乃至于宪法的基本价值，才能定夺。② 依此观之，各国立法，未必能够面面俱到地将法律原则的适用具体加以规定，一些隐含的制度和做法可以举重以明轻加以确定。例如，英国检察机关允许在非检察官中任命一些人员代表本检察署进行起诉，1985年《犯罪起诉法》第5条规定：检察长在任何时候都可任命不是检察官的人代表本检察署起诉，这些人应当是法庭外律师或者作为公共机构职员的专门律师，他们被任命后可以"提起或接管和进行由检察长指定的刑事诉讼"，"由检察长指派进行诉讼的任何人应拥有检察官的同等权力，但必须按检察官的指示行使赋予他的权力"。③ 一些国家的检察机关能够从体制外任命特定人员代表本检察机关进行刑事诉讼，则异地异级调用检察官的做法，其正当性可以依举重明轻的原理加以确定。总之，异地异级调用检察官的做法与检察机关体制特性的契合关系是毋庸置疑的。

二、检察官选举任命制度及其地域依附性

有论者批评，根据《人民检察院刑事诉讼规则》第9条第2款的规定，上级检察机关可以随意调动检察人员跨区异地办案，甚至代表跨区的检察机关出庭支持公诉，那么，检察机关检察员以上职务需经同级人民代表大会选举或任命的制度就形同虚设。④ 这种观点，出发点是检察官应具有严格的地域依附

---

① 参见最高人民法院研究室编：《中华人民共和国最高人民法院特别法庭审判林彪江青反革命集团案主犯纪实》，法律出版社1982年版，第1—2页。
② 林钰雄：《刑事诉讼法》（上册），元照出版有限公司总经销2015年版，第13页。
③ 王克主编：《世界各国检察组织法选编》，中国社会科学出版社1994年版，第434页。
④ 干卫东就《人民检察院刑事诉讼规则》第九条第二款的商榷文，载微信公众号"刑辩社"，2020年11月29日。

性，其依据就是地方各级检察机关的检察长和检察官由同级人民代表大会选举或其常务委员会任命的制度。仔细分析，会发现这种观点经不起推敲：首先，被调用检察人员若以检察官身份参与办案，需要事先取得其所属检察机关同级人民代表大会选举或其常委会任命的身份资格，这种选举和任命并没有被规避；其次，调用检察官，是因个案而临时调用，随着案件结束，被调用检察官仍然回归各自的检察院，并未打破检察官原有的"地域依附性"，不存在虚化选举和任命制度的问题，因此，不能说同级人民代表大会选举或任命的制度形同虚设。

那么，检察官是否应具有严格的地域依附性呢？对于这一问题，有必要进一步分析。反对检察官异地异级履行职务的观点，与反对者对检察官的国家属性与地方属性的认知有密切关系，即将地方人民代表大会常委会任免的检察官认定为隶属于地方的司法官员，由此形成其所属司法机关与检察官有明确而严格的对应关系的判断，认为检察官不能超越自己所在的司法机关相应的司法辖区履行职务。的确，就司法实践情况来说，地方各级检察机关配置的检察官，通常只在自己辖区内履行职务，如果因办案需要，要跨辖区履行职务，异地办案，就需要其他辖区内检察机关提供配合。但是这种执法状况，是否排斥检察官在上级机关统一部署下跨地域跨级别就个案履行职务，依这种方式履行职务的正当性和合法性是否存在疑问而定，需要深究。

我国检察官和法官一样，任命制度依托于人民代表大会及其常委会制度。《检察官法》第18条根据《宪法》第101条、第138条规定，规定了检察官由人民代表大会选举、罢免或其常委会任免制度，包括：最高检检察长由全国人民代表大会选举和罢免，副检察长、检察委员会委员和检察员，由检察长提请全国人民代表大会常务委员会任免；地方各级人民检察院检察长由本级人民代表大会选举和罢免，副检察长、检察委员会委员和检察员，由检察长提请本级人民代表大会常务委员会任免；地方各级人民检察院检察长的任免，须报上一级人民检察院检察长提请本级人民代表大会常务委员会批准。我国各级人民检察院由同级人民代表大会产生并向其负责，检察长有明确的任期限制。对于这种不同级别、不同类别的检察机关由其相应的人大选举或其常委会任命所属的检察官的制度，不可仅以表面形式就得出"除了最高人民检察院的检察官以外，检察官都是地方官员"的判断，这是一个认识上的误区。

我国地方各级人民检察院的检察官，统一行使国家授予的司法权，遵从全国适用的法律，其身份属性既具有地域性，也具有超地域性。从各地各级人民代表大会及其常委会选举、任命来说，具有地域性；但是，从司法权的国家属性和司法活动依据的统一性来说，检察官职业具有超地域性，即检察官并不是地方司法官，应当属于"共和国检察官"。

　　世界上许多国家，检察官属于国家官员，并非地方官员：在共和国，检察官属于共和国检察官；在王国，检察官代表国王，称为"皇家检察官"。检察官自法国产生以来，最初的检察官代表的是国王，法国早期的检察官代表国王处理诉讼事务，就此成为现代检察制度的起源。当王国不复存在，检察官就代表国家行使公诉权。在君主立宪国家，检察官可能被确定为国王的代理人，如英国的检察官至今称为"皇家检察官"，在不那么严格意义上，可以借用"普天之下，莫非王土"来描述检察官的地域属性，各地履行检察职务的都是代表英王指控犯罪的皇家检察官，并非地方官员。在共和国，检察官不再代表国王而代表国家，因此法庭上的检察官一般称为"国家公诉人"。我国的检察官，在法庭上称"国家公诉人"，其代表国家提起公诉的特性十分清楚，检察官行使的检察权力属性具有"国家事权"的性质，是毫无疑问的。

　　当然，也有国家由于特定体制或者历史原因，检察官中存在地方官员的角色定位。如美国有两大司法系统，联邦与州有着不同的司法体系，互不隶属。何家弘教授指出："美国的检察体制具有'三级双轨、相互独立'的特点。所谓'三级'，是指美国的检察机关建立在联邦、州和市这三个'政府'级别上。所谓'双轨'，是指美国的检察职能分别由联邦检察系统和地方检察系统行使，二者平行，互不干扰。而且所有的检察机关无论'级别'高低和规模大小，都是相互独立的。换言之，在联邦、州和市检察机关之间没有隶属关系，甚至也没有监督和指导的关系。"[①] 检察官往往属于地方官员，由地方选举产生，这是由美国地方分权制度产生的一种安排。这种地方分权与美国的历史地理有关：地广人稀的地理人文环境造成强有力的地方政府制度，这种制度适合18世纪末和19世纪初基本属于农业性质的美国生活和经济。在美国社会，更多依赖于迅速而独立地解决地方问题的政府功能。在司法权和半司法权上实行地方分权是美国的法律传统，这是检察官通常具有地方属性的原因，美国在1830年至1850年民主浪潮中确立了检察官的地方民选制度。美国检察机关的人事权有很高的灵活性，检察官可以聘请律师担任检察官或者检察官助理，便是基于实际需要而灵活变通的表现。

　　与美国一样，德国是联邦制国家，存在联邦和州两套互不隶属的检察系统。此外，在德国，有一套地方检察体系，"除了联邦总检察院，德国各州拥有总检察院和州检察院。"与之相应，在德国，有"地方检察官"的称谓："'地方检察官'的名称于1877年第一次出现在德国《法院组织法》中，现在

---

　　① 李雪慧主编：《域外检察》，中国检察出版社2016年版，第219页。

德国大多数州，地方检察官就设置在州检察院内，是州检察院的组成人员。州检察院内的州检察官一般直接被称为'检察官。"值得注意的是，"地方检察官"与"州检察官"是不同概念，两者都是直接办理案件的人员，有的检察院将两者混编在一起，有的将地方检察官集中安排在一个部门。他们都要服从上级的命令，但他们之间具有各自独立的法定职责，只有在一些重大案件中，地方检察官作为州检察官的助手，才听命于州检察官的指令。设置"地方检察官"有特定目的："设置地方检察官这种特殊形态检察人员的目的是减轻州检察官的工作压力，以便后者将精力投入到中等程度以上乃至重大疑难案件的侦诉中去，此外，引入地方检察官体系还可大大节省财政开支。"①

显然，我国检察体制与美国、德国检察制度存在差异，我国并不存在中央与地方在司法方面的分权，其司法体系具有完整、统一的性质，检察官也不分国家检察官和地方检察官，皆属于国家司法官的性质。这一属性构成检察官异地异级履行职务的前提之一。检察官由地方人民代表大会及其常委会任免的制度，有其原因：便于地方人民代表大会及其常委会了解情况、考察其任职条件，也便于监督。因此实行各级人民代表大会产生各级人民检察院和人民法院并且后者受前者监督的制度，乃是为了人民监督的方便。实际上，检察官的司法资格的标准是统一的。我国实行统一法律资格考试制度，在法律规定的任命条件方面实行统一标准，不存在不同地方的检察官有差异较大的任命标准，尽管老少边穷地区的司法考试资格要求一度有所放宽，但是在特定司法辖区履行职务的持有司法考试资格 C 证的检察官，是国家基于特定需要采取变通做法而产生的，不等于各地可以自行确定不同地区检察官任职的法律资格。

在当前仍然由地方人民代表大会选举及常委会任命检察官的制度下，如何认识这一任命制度与检察官作为国家官员的属性的关系？笔者认为，由地方各级人民代表大会常委会任命检察官的做法，可以理解为一种职权代理性质，即地方各级人民代表大会常委会代理最高权力机关行使任免权，一旦任命为司法官以后，该司法官即具有国家官员的性质，代表国家行使审判权和检察权，检察官即取得共和国检察官身份，因此虽然由地方任命，但司法官属于国家官员而非地方官员。②

可作为对比的是，我国的行政官员属于国家官员，其行政行为具有统一的国家治理意义，但是与司法官不同的是，地方政府的行政官员毕竟日常处理的

---

① 李雪慧主编：《域外检察》，中国检察出版社 2016 年版，第 18 页。
② 笔者曾求教于宪法学家韩大元教授，他认为地方各级人民代表大会常委会任命法官、检察官的做法，是代理性质的任命，选举产生的法官、检察官不等于地方官员。

是地方事务，有不少行政事务还依据地方性法规进行处理，其行政行为对于全国性的法律的依附性不如司法机关。因此，基于各地行政官员的行政行为与检察官按照严格的法律依附性办理案件的司法行为存在一定差别，其行政行为针对的事务有不少属于地方事权范畴，其地域依附性明显高于司法官员。

毋庸讳言，我国司法的实际状况之一，是司法官的属地化。不但学者长期忽视这一问题，司法机关长此以往，也视为当然。在许多人的意识中，司法官除了最高人民法院、最高人民检察院所属法官、检察官以外，都属于地方官员，与行政人员并无二致。这种将司法官属地化的观念，基于司法官选任制度和不同司法辖区的划分，忽略了司法官身份应当摆脱地域依附性的实际需要，不利于从整体上把握司法官群体的特性。司法实践因司法官属地化受到影响。司法官的地域依附性是地方主义的体制原因，司法机关听命于地方权力部门，司法官正是这种地方主义服从关系的单元。具体观察可见：司法机关的经费来源于地方政府的财政部门，办案场所也由地方政府安排，司法人员亲属就业、子女入学等切身利益都与地方政府给予的待遇、提供的条件挂钩，这一状况"势必要比个案的不公正对整个司法公正的破坏更为严重"，"国家统一的司法权被分割为地方的司法权，法律不再具有权威性"。①

我国的司法改革已经注意到司法机关缺乏整体独立和司法官属地化的弊端，试图从司法机关人财物摆脱地方控制入手，解决司法领域的地方保护主义的问题。其中司法官的人事权统一由省级行使的改革内容，就是为明确检察官作为共和国检察官的角色定位走出的第一步。可惜的是，当前这一步因各种牵绊还没有稳稳落地，司法官在组织人事上省级统管与地方人大及其常委会选举、任命司法官究竟是什么关系尚未厘清，导致司法官属地化问题还没有得到完全解决，只是在观念上已经动摇了司法官的地域附属性观念。司法机关打破地域附属性（行政区划附属性），是通过跨行政区划司法机关的设置来取得突破的。笔者认为，异地异级调用检察官也是一种突破，有利于弱化检察官属地化观念，向"共和国检察官"方向塑造检察官角色，使之回归应有的角色特征，是有积极作用的。由于公诉团队的检察官来自不同级别和不同地域，这就获得了不受某一地域非司法因素影响的可能性，有利于打破地方的不当控制与非法干预，破除办案的阻力，对于某些案件来说，这是获得个案司法公正的组织条件。

笔者认为，理想的司法官任免制度，应以全国人民代表大会常委会统一任

---

① 上海市法官协会编著：《司法改革——大陆法系与普通法系司法管理研究》，上海市法官协会1999年自印本，第373—374页。

免为佳,这一制度更能匹配司法官作为国家官员而非地方官员的属性,也有利于强化其独立性,摆脱地方主义的羁绊。笔者期待未来全国新任法官、检察官都由全国人民代表大会常委会统一任免。在这一制度未臻理想之前,应当培育司法官的非属地化意识,不以地方人民代表大会及其常委会任免制度为限,不将司法官视为地方官员。这一意识的培育,有利于国家司法的统一性,也有利于消除地方主义的影响。

总之,检察官的身份属性是共和国检察官,并非地方官员,检察机关异地异级调用检察官,有利于打破司法官属地化的固有思维,也有利于破除司法的地方主义,是值得肯定的一项司法制度。遗憾的是,一些批评者尚未认识到异地异级调派检察官在去属地化及其超越地方主义方面具有积极意义。

三、诉讼对抗性增强与优化公诉力量的司法需要

人民检察院异地异级调用检察官的做法有其特定的司法需要,体现为两个方面:一是侦查方面,在检察机关办理侦查案件的时候,集中优势力量,是实现高水平、高质量完成侦查任务的有效办法,因此在国家监察体制改革之前,检察机关作为反贪污贿赂案件和反渎职侵权案件的侦查机关,根据侦查需要,为优化组合办案力量,会进行侦查人员的随案调用,这一做法,至今仍可沿用;二是公诉方面,在诉讼攻防逐渐增强的刑事庭审阶段,检察机关为了应对来自辩护一方的有力挑战,采取异地异级调用检察官的做法。另外,在将公诉案件进行诉的拆分之时,为了保障诉讼效率,也有异地异级调用检察人员之举。

就第一种情形而言,检察机关调用精兵强将进行侦查的做法,与公安机关在侦查中组织优势侦查力量以及纪检监察机关借调检察官协助办案一样,都旨在满足调查或侦查办案实际需要。如果不允许这样的调用,则不利于优质、高效地查明案件事实、推进办案进程。就第二种情形而言,检察机关对公诉团队进行优化配置,是为了加强公诉能力,或者节约司法资源(避免案件拆分之后新配置办案人重头再来一遍审查起诉)。对于这种情形,辩护律师担心诉讼对方能力增强,欲加以阻止,于是在一些案件审理中,辩护律师就这一做法提出质疑,提出检察机关异地异级调用检察官的做法有损司法公正。对于检察官异地异级办案的质疑,理由之一是这种做法导致诉讼结构失衡。如有人对包头王某明案变更审理地后检察机关新组建的公诉人团队提出质疑,认为有18位"检察官"支持公诉,检方以如此多的人力资源来指控犯罪,效率固然高,但有损公正,尤其是有内蒙古自治区人民检察院的检察官参加公诉人团队出庭支

持公诉的做法，会导致控审失衡，因此有违程序正义。①

理想模型的诉讼结构是法官居中居上，与控辩双方保持等距离，控辩双方地位平等、权利对等。对于异级调用检察官的做法，有论者认为有害于这一诉讼结构，提出具体意见：一是损害控辩双方平等原则，管辖法院的确定，贯彻的是法律平等原则的要求，法定法官原则也是控辩双方"武器平等"的前提。与民事诉讼不同的是，刑事诉讼中控辩双方的地位不平等，且其身份不可转换。特别是在公诉案件中，控方是代表国家权力的人民检察院。为了实现控辩有效对抗，双方武器平等就显得尤为必要和重要。二是损害法院的主体地位，管辖权的确定要实现的目标是维护审判主体的独立地位，以此杜绝行政势力通过操控管辖权来干预司法的机会。质疑者提出，内蒙古自治区人民检察院调兵遣将甚至派出本院检察官亲自上阵，这种公诉人团队实际上架空了管辖制度，内蒙古自治区人民检察院在审判中具有操纵司法的地位，法官就成了"前台木偶"。在内蒙古自治区人民检察院任职的检察官与内蒙古其他市级、区级检察院任职的检察官组成的公诉团队面前，作为区级法院的乌海市乌达区人民法院来组织审判，就形成了控审失衡，控方群体中有的公诉人层级高于审理此案法院的法官，造成法庭权力结构不对称，影响法官客观、公正审判。②

笔者认为，这两个质疑都不能成立。其一，控辩双方武器平等原则是指在职权和诉讼权利配置方面进行平等设计，保障双方攻击和防御的"武器"（即职权与诉讼权利）大体相当，并不是指双方人数大体一致，也不是指双方诉讼水平、办案经验和职务高低也须一致或者相当。异地异级调用检察官的做法，无关乎"武器平等"原则，异地异级调用的检察官在诉讼地位上仍然保持与辩护方平等，诉讼权利不会因这一调用而有所扩张，法定权利也不可能因公诉人群体组织结构的不同而有所不同。至于有质疑者提到的"身份不可转换"，调用检察官的做法与身份转换扯不上关系——公诉人并没有因此一做法转换为其他诉讼角色。其二，上级检察院调兵遣将甚至派出本院检察官上阵参与公诉人团队，只是公诉方的人员结构的调整，属于人员内部配置问题，新的公诉人团队进行诉讼活动和开展法律监督，代表的是与承审法院对应的检察院，并不代表上级检察院。换句话说，提起公诉的检察机关与审理案件的审判机关具有级别上的对应关系，法庭上公诉人无论是来自哪一级、哪一地的检察

---

① 参见《请给内蒙古高院一个吹哨的机会》，载微信公众号"银河法治传说"，2021年1月7日。
② 该论者还提出异议说："目前的司法实践中，面对可能的管辖问题，公检法三机关之间常常事先协商，唯独被告方缺位。在尚未承认当事人管辖异议权的制度下，依法确定管辖权是排除检察机关此方面特权的唯一途径。"这一说法与调用检察官无关，不予赘述。参见《请给内蒙古高院一个吹哨的机会》，载微信公众号"银河法治传说"，2021年1月7日。

官,其原属机关并未取代具体办理案件的检察机关,并不能架空管辖制度。那种认为上级检察院调整自己的公诉团队就操纵了法院审判的逻辑,显然不通。

检察机关与法院并无领导关系,上级检察机关对于下级法院无控制权,也不必然具有权力的影响力。审判人员对于来自检察机关上级院的检察官不需要有畏惧。检察机关对审判的法律监督权受法律规范,针对法定情形,以法定方式行使,只要审判不违反法律,法律监督不会启动纠正机制。何况,法律监督在审判人员意识中的强化,对审判公正来说未尝不是一件好事。笔者认为,质疑者真正担心的,是检察机关公诉能力的优化,给辩护带来压力。对于异地异级调派检察官的做法,质疑者往往是辩护律师,这一点耐人寻味。辩护律师在诉讼中有着自己特定的利益追求,他们疑虑的是检察方公诉能力增强,为辩护方取得预期的结果增加难度。一些律师从自身利益着想,希望控诉方的公诉能力保持低水平状态,也希望在共同犯罪案件中辩护律师比公诉人在人数上占有优势,这种心态使其当然不愿意接受异地异级调用检察官办案的做法,也无法公允看待公诉方对自己履行控诉职能人员进行优化配置的做法。

在包头审理王某明案件时,辩护方具有人数上的优势,辩护律师利用这种群体优势,让人数明显不如自己的公诉人难以招架,在人数较多的辩护人争先发言中,形单影只的公诉人应接不暇。在这一过程中,检察官助理在本方处于明显劣势的情况下插话和发言,导致辩护人指责其"违法"。同样,在律师人多势众且活跃度很高的情况下,主持庭审的审判长一人难抑众口,其他合议庭成员不得不帮助其维持法庭秩序,这又引发辩护律师指责其"违法"。① 因此,转至乌海市进行公诉的检察机关明显吸取了王某明案件在包头开庭时的教训,强化了公诉团队的人员配置,所要实现的,恰恰是质疑者心目中理解的那种"武器平等"原则。

在诉讼结构失衡的质疑理由之外,还有一种程序方面的技术性理由被提出来,质疑者称异地异级调用检察官的做法,违反地域管辖与级别管辖的规定——论者认为检察官具有严格的地域依附性与审级依附性,跨地域和跨审级办理案件,就突破了地域限制和审级限制,有违程序的正当性。

对于这一质疑,需要联系地域管辖制度和级别管辖制度设置的缘由进行分析。在管辖制度中,有关检察机关与公安机关、监察机关、审判机关的受理案件权限,属于职能管辖(亦称事物管辖的范畴),显而易见,在审判阶段检察机关异地异级调用检察官的做法与这一管辖类型无关。其他两种主要的管辖类

---

① 参见张建伟:《包头案律师列出的十五大违法现象随感》,载侯欣一主编:《法律与伦理》,社会科学文献出版社2021年版,第91页。

型，一是地域管辖，二是级别管辖，都属于审判管辖。对于案件起诉到哪一地区、哪一级别的法院以及哪一个具体法院有着较为严格而且明确的规定。地域管辖主要解决的是一个案件的审判籍问题，不同地域的审判机关，哪一个对于正要起诉的案件有审理权力和职责，必须加以明确，才好顺利推进诉讼进程。级别管辖主要解决一起案件该由哪一级别的审判机关作为第一审级受理的问题。检察机关按照法院的管辖制度确定自己的管辖权，侦查与调查中的管辖与审判和起诉相比可以具有灵活性。这里的管辖，是以机关为主体设置的，并非以检察官为主体。只有法官的地域、级别的依附性有特殊意义，因此，才有"法定法官原则"。

地域管辖、级别管辖的上位原则为"法定法官原则"，即"何等案件由何位法官承办之问题，必须事先以抽象的、一般的法律明定，不能等待具体的个案发生后才委诸个别处理，否则，司法行政只要控制少数的法官，再令其承办重要敏感案件，则法官独立性原则也成空谈。为达到上述的要求，刑事诉讼法或法院组织法中必须尽可能明确规范法官的事务、土地等管辖规定及事务分配规则"。① 由此可见，法定法官原则的主要功能之一是为了防止以指定法官以及调用法官的办法操控审判权，不允许为了实现某一预期中特定的裁判结果而将案件委诸受操控的法官。因此，严格遵守地域管辖、级别管辖并实行随机分案的办法，是有合理性和必要性的。但是，公诉与审判存在明显差异，公诉是启动审判程序的活动，具有建立诉讼系属关系、划定审判范围等效力，在审判中不具有裁判性和终局性，其遵守客观义务固然重要，而作为控诉者的检察官不具有与法官相同的中立性，是由检察官的诉讼职能特性决定的。

确定管辖是以办案机关为单位，并不是以办案人员为单位的，易言之，只要办案机关是按照管辖原则确定的，被调用的办案人员代表的是该机关办理案件，并不违反管辖原则。如果省级检察院的检察官被指派代表下级检察院履行诉讼职责，下级检察院作为符合管辖规定的检察院并不因此有所改变。因此，检察机关与审判机关一一对应，只要起诉时检察机关按照这种对应关系进行诉讼活动即可。尽管检察系统内受指派代表这一机关进行诉讼活动的，通常是配置在该机关内的检察官，但是上级检察院基于特殊需要进行调用，也非法理所不容。

如若不然——我们假设前述质疑者的观点成立——那么，即使公安机关的侦查人员并非各级人民代表大会常务委员会任免，其仍然专属于特定的公安机关，该公安机关又属于由同级人民代表大会产生的政府的部门之一，而公安机

---

① 林钰雄：《刑事诉讼法》（上册），元照出版有限公司2015年版，第112页。

关各有管辖分工，即参照审判管辖来确定自己的管辖，那么上级公安机关统一部署侦查人员异地异级办案也面临同样不被允许的问题，为侦查所需的统一调用侦查人员也就无法实现。显然，这与检察官异地异级调用的逻辑是一致的。易言之，如果侦查基于实际需要可以调用侦查人员，公诉基于实际需要就不能进行公诉人员的调用，这种观点似无足够理据。

检察机关这种调用制度，与律师异地办案有共同之处。律师执业虽然由各地司法厅局注册，但是他们并不囿于注册地而可以依法异地执业，这就使一些案件因知名度较高的律师介入而明显增强了辩护一方的辩护能力。律师法规定的律师执业制度，采用地方司法厅局注册的做法，同时规定律师可以异地执业，律师可以由此提升辩护力量，检察机关为何就不能根据需要调用辖区内办案能力强的检察官形成优质团队办案呢？如果对于检察官调用的做法要加以禁止，那么同样的逻辑也可适用于律师执业，质疑者是否也应主张对律师的地域执业范围加以限制，要求其仅在注册地执业呢？

四、检察系统内监督制约关系中的检察官调用

检察官异地异级调用，是否影响检察体制内的监督，这一问题值得研究。检察机关的监督有两个指向：一是外向监督，依据是我国《宪法》第129条，即宪法确定的法律监督职能，监督的指向是公安机关、人民法院等外在于检察机关的公权力机关；二是内向监督，依据是《宪法》第132条第2款，即最高人民检察院领导地方各级人民检察院和专门人民检察院，上级人民检察院领导下级人民检察院。这种上对下的领导关系，当然包含着上级人民检察院对于下级人民检察院的监督职能。

异地异级调用检察官，是上级人民检察院对下级人民检察院的领导表现之一。异地异级调用检察官属于人事调用权，这一权力的性质属于司法行政性质的权力。上级人民检察院对于下级人民检察院的领导，不仅体现为检察政策方针方面的领导，以及对于检察业务方面的指导，而且体现为组织人事方面的领导。如果没有组织人事的领导，上级人民检察院对下级人民检察院的领导显然是不完整的，与上级人民法院对下级人民法院的监督关系也就不易区分了。检察机关及其办案人员的监督，在检察体系内有两个来源：一是上级人民检察院对下级人民检察院的监督，具体表现为上级检察人员对下级检察人员的监督；二是人民检察院对于本院所属检察人员的监督，也不外乎本院上位者对下位者的监督。这种监督，都是人对人的纵向监督，都是指令——服从关系中上对下的监督。

异地异级调用检察官，既存在上级检察机关的检察官或者检察官助理调用

到下级检察机关并代表下级检察机关办案的情形，也存在下级检察机关的检察官或者检察官助理调用到上级检察机关并代表上级检察机关办案的情形。对于这两种情形，容易引起监督被弱化的疑虑的是以下几点：一是上级检察机关的检察官或者检察官助理调用到下级检察机关并代表下级检察机关办案，下级检察机关对于来自上级检察机关的办案人员难以监督，尤其是上级检察机关的检察官或者检察官助理的职级较高的时候，更容易形成监督缺位。二是上级检察机关的检察官或者检察官助理调用到下级检察机关，上级检察机关对调用的检察官或者检察官助理难以监督，因为他们所属正是上级机关，对于本院人员的监督不像对下级院人员那么有力度，容易形同虚设。三是上级检察机关本有对下级检察机关的监督职能，下级检察机关办案的人员正是来自上级检察机关的检察官或者检察官助理，上级院对下级院的监督因缺乏超然性而难以落实。

在笔者看来，这种对于监督的疑虑是不必要的。检察系统内的监督是组织化行为，表现为人对人的具体监督，只要存在上位者，就可能存在监督行为。上级检察机关的检察官或者检察官助理调用到下级检察机关并代表下级检察机关办案，其办案行为不会因此产生监督缺位，原因是：首先，下级检察机关对于来自上级检察机关的办案人员有进行监督的直接信息来源，有发挥监督职能的第一手资料，这是下级检察机关以组织形式对具体办案的上级检察机关的办案人员进行监督的优势，即使该办案人员来自上级机关，也无法对抗组织化的监督；其次，即使存在上级检察机关的检察官或者检察官助理的职级较高的情况，下级检察机关在具体行使监督权方面存在一定障碍，如惩戒权应在上级检察机关而非下级检察机关，下级检察机关仍可将监督信息上报上级检察机关，由上级检察机关对作为监督对象的检察官和检察官助理行使惩戒权；最后，上级检察机关对于本院所属检察官或者检察官助理下派调用办案，正如对于他们在本院办案一样进行监督，并不存在因调用而监督缺位的问题，唯一不足的是相关信息往往出自下级检察机关。不过，如果说下级检察机关对于来自上级检察机关的检察官和检察官助理存在敬畏和袒护，上级检察机关仍可主动发挥监督职能，其监督的信息来源是多元的，有来自检察体系内部，也有来自检察体系外部，如人民法院、公安机关和当事人等提供检察机关办案人员不正当行使检察权的行为信息，有监督的信息来源就有了具体监督行为的前提条件。

此外，上级检察机关与下级检察机关不存在法院上下级的审级鸿沟，不存在上级检察机关的检察官不能到下级检察机关办案的审级约束。正如有的论者指出的那样："与审判机关相比较，检察机关的上下级之间是领导和被领导关系，上级检察机关有权指挥下级检察机关的活动，有权在事前、事后改变或者撤销下级的计划、决定。而审判机关上下级不是领导关系，而是依照诉讼程序进行审判监督的关系，上级法院无权在事先指挥下级法院的审判活动。"① 正因如此，上下级法院应当严格遵守审级制度，上级法院对于下级法院审理的案件不应进行事先干预。即使上级检察院和下级检察院存在一定的层级界限，异地异级调用检察官，既没有打破这种层级界限，也没有打破上级检察机关与下级检察机关的领导格局，上级检察机关对下级检察机关的监督不会受到影响，因此，对于监督缺位的担忧是不必要的。

不仅如此，异地异级调用辖区内的检察人员，上级检察机关往往要研究需要进行这种调用的案件，办理这种案件的谨慎度会加强，同时也会加强对于调用的人员的监督，甚至领导到下级院办案的现场予以监督和指导。实践证明，上级检察机关对下级检察机关的办案人员的监督、包括对上级院调派的检察官的监督不是弱化而是强化了。有人或许会问：上级检察机关预先研究需要进行人员调用的案件，是否会形成先入之见，并导致下级检察机关办案自主性的弱化甚至丧失？笔者认为不必有此疑虑。检察机关上下级不存在法院上下级存在的禁止"上定下审"的审级约束，上级机关对下级机关下达办案指令，正是检察机关领导体制不同于审判机关监督体制之处，因此阻绝上级检察机关预先研究下级检察机关办理的案件，既不符合司法实践中的实际情况和需要，也找不到法律和法理依据。检察机关对于案件的认识和判断，无论来自办理该案的检察机关还是其上级检察机关，都需要经过法院的审理和判决，没有法院的认可和采纳，检察机关的意见只是公诉方意见，不会自动转化为国家承认的司法判决，人民法院的审判构成了对检察机关办案的制约。

人们常常夸大或者过分倚重检察系统内上下级机关的监督和同一机关内不同部门之间的制约，这种人盯人式的监督方式借助的是层级制度，也就是那种高度行政化的管控体制。过度依赖这种体制，容易忽视刑事诉讼机制内的制约。刑事诉讼法为实现司法公正，设定了控辩审三方的诉讼构造内的制约机制，也设定了公安机关通过复议复核对于人民检察院不批准逮捕和不起诉的制约机制，同时设定了诉讼当事人和其他诉讼参与人通过控告、申诉对于检察机关的制约，这些诉讼机制内的制约如果能够有效发挥作用，可以在一定程度上替代或者促进检察体系内的监督与制约。异地异级调用检察官的做法，不会妨碍刑事诉讼程序内的制约机制，也不会对司法公正产生机制性的不利影响。

如果辩护方发现异地异级调用的检察官有违纪违法问题，可以通过至少五种途径实现制约：一是发挥诉讼内制约机制，以刑事诉讼法规定的手段维护自身权益和司法公正；二是向上级检察院甚至最高检察院提出申诉控告；三是向

---

① 王桂五主编：《中华人民共和国检察制度研究》，法律出版社1991年版，第192页。

纪检监察部门进行控告、举报；四是向政法委员会、人大及其常委会反映相关情况；五是借助媒体进行曝光，实现诉诸舆论的监督效果。易言之，上级检察院的监督只是多种救济手段中的一种，并非唯一手段，只要辩护方提高警惕，发现问题，可以寻求不同救济手段实现公正。

需要指出的是，在我国司法体制尚有模糊地带或者盲点的情况下，对于检察官接受调用异地异级办理案件，有一些技术性的问题需要解决：其一，下级检察机关的检察官能否代表上级人民检察院并以"检察官"名义办理案件，而不是仅以"检察官助理"的身份参与案件的办理？其二，上级检察机关的检察官代表下级人民检察院是否需要下级检察机关的检察长指派？其三，办案中的指令回避应当由谁作出决定？

《人民检察院刑事诉讼规则》在修订过程中，检察实践部门提出，应当对调用检察官制度适用的案件范围、程序以及被调用检察官的职责作出规定。按照《人民检察院刑事诉讼规则》第9条第2款规定："调用的决定应当以书面形式作出。被调用的检察官可以代表办理案件的人民检察院履行出庭支持公诉等各项检察职责。"这一规定对调用的检察官异地异级办案的身份归属加以明确，使检察官作为国家公诉人而非地方官员的身份属性得以凸显。从这一规定可以看出以下几点：其一，对于调用上级检察院的检察官到下级检察院办案还是调用下级检察院的检察官到上级检察院办案，没有限制，同属调任，具有双向关系，"既包括调用本院的检察人员到辖区的下级人民检察院办理案件，也包括调用辖区的下级人民检察院的检察人员到本院或者辖区的其他下级人民检察院办理案件"。① 其二，不仅存在内部关系，即发生内部委任的效力，而且存在对外关系，即发生外部委任的效力，也就是说，被调用的检察官办理案件既可能是内部事务，也可能是外部事务。其三，无论下派还是上调，被调用的检察官均可代表办理案件的检察机关履行职务，这包含上级检察院的检察官代表下级检察机关办案和下级检察机关的检察官代表上级检察机关办案。其四，被调用的检察官承办的检察事务，不仅包括公诉事务，而且包括其他检察事务，即"被调用的检察官可以代表办理案件的人民检察院履行'出庭支持公诉等'检察职责，意味着被调用的检察官可以代表办理案件的人民检察院履行出庭支持公诉等各项检察职责，因为这里还有一个'等'字。实际上被调用到某一检察院的检察官与该院的检察官在履职上没有实质差别，该院的检察

---

① 童建明、万春主编：《〈人民检察院刑事诉讼规则〉条文释义》，中国检察出版社2020年版，第12页。

官能够从事的工作,被调用的检察官也都能做"。①

由此,第一个需要澄清的问题可以获得清晰的答案。《人民检察院刑事诉讼规则》第9条第2款可以理解为:下级检察机关的检察官可以代表上级检察机关并以"检察官"名义办理案件,不需要降格以"检察官助理"的身份参与办案。对于这一情形,检察机关予以诠释:"调用检察人员的决定书应当明确被调用检察人员的法律身份和办理案件的职责权限,被调用的检察人员属于员额检察官的,根据办案需要可以代表承办案件的人民检察院以检察官的身份履行该案件出席法庭支持公诉等检察职责。"② 这里提到的调用检察人员的决定书应当明确被调用检察人员的法律身份和办理案件的职责权限,因为调用的不仅可能是检察官,而且可能是检察辅助人员。

在程序上,下级人民检察院需要调用其他人民检察院的检察人员办理案件的,应当报请上级人民检察院作出决定。上级人民检察院调用检察人员,应当以书面形式作出决定,分别送达承办案件的人民检察院和被调用检察人员所在的人民检察院。③ 然而,这一决定属于检察系统内部调用检察官的决定,该决定书是否发生对外效力,尚不明确。另外,代表办案的人民检察院履行出庭支持公诉等检察职责,是否应由该院检察长进行指派,也需要进一步明确。对此,笔者认为,应当选择以下两种做法作出规范:一是上级人民检察院调用检察官的决定书,具有对内效力,指派检察官进行出庭支持公诉等,应当根据人民检察院诉讼规范,另外出具派员出席法庭通知书并向人民法院送达,以明确被调用的检察官代表特定检察院参与审判活动的资格;需要作出说明的,可以根据上级人民检察院调用决定书说明异地异级调用指派的情况。二是上级人民检察院调用检察官的决定书,具有对外效力,在代表办理案件的人民检察院履行检察职责时,以决定书为指派检察官进行出庭支持公诉等的依据,为此该决定书应当向人民法院移送,以明确被调用的检察官代表检察院参与审判活动的资格,需要代表检察院参与其他诉讼活动的,第一次履行职务时也应向其他机关送达调用决定书。在以上两种做法中,如果没有明确以哪一种做法作为实践做法,笔者认为,应当以第一种做法开展诉讼活动为宜。在司法实践中,曾经出现过上级检察机关决定将共同犯罪案件拆分并指派本院检察官代表下级检察

---

① 童建明、万春主编:《〈人民检察院刑事诉讼规则〉条文释义》,中国检察出版社2020年版,第12页。
② 童建明、万春主编:《〈人民检察院刑事诉讼规则〉条文释义》,中国检察出版社2020年版,第13页。
③ 童建明、万春主编:《〈人民检察院刑事诉讼规则〉条文释义》,中国检察出版社2020年版,第13页。

机关履行提起公诉等检察职责，下级人民检察院特别任命该检察官为本院的"助理检察员"并指派其出庭支持公诉，这就出现了下级检察机关任命上级检察机关具有检察官身份的检察人员为下级人民检察院"助理检察员"的现象。下级检察机关的司法辖区包含在上级检察机关的司法辖区之内，上级检察机关的检察官履行职务的通常范围包含下级检察机关的司法辖区，在这个范围内有履行职务的资格，到辖区内下级检察机关并代表其履行职务反而没有了检察官资格，并不适当。很显然，这一临时、就低任命的做法也无必要。好在2019年4月23日第十三届全国人民代表大会常务委员会第十次会议修订的检察官法已经取消了"助理检察员"的称谓，临时任命"助理检察员"已经不再有法律依据。

办案中的指令回避由谁作出决定，也是一个需要解决的问题。笔者认为，应当以案件所属为判断依据。异地异级调用检察官，这些检察官代表的是案件所属的检察院，应以实际办案机关的检察长或者检察委员会为回避的决定机关；如为同级检察机关的检察长代表办案检察机关履行职务，应当由实际办案机关的检察委员会作为回避的决定机关；如有上级检察机关的检察长被调用到下级办案的特殊情况，可以由调派他的上级检察机关的检察长或者检察委员会决定其是否回避。对于这些技术性问题，有必要通过最高人民检察院修订《人民检察院刑事诉讼规则》或者制定专门指导异地异级调派检察官的规范来加以解决，为检察机关实际办案提供执行依据。

总之，异地异级调用检察官办案，是司法实践中一个有争议的问题，由这一问题产生的需要澄清的观点值得认真分析。笔者认为，这一做法有着法律依据和实际需求，并无违宪之虞，也无损于人民代表大会选举、任命制度，符合检察体制特性和检察官身份属性。人民检察院调用精兵强将组成公诉团队承担控诉职能，与辩护方优选国内能言善辩的律师组成辩护团队一样，属于一方人员配置的范畴，目的是增强举证和辩论能力，提高公诉水平，不妨碍程序法设定的诉讼原则、制度与规则以及辩护方各种诉讼权利的行使，也没有为控诉方增添法定权力以外的任何特殊权力。因此，笔者认为，此举并无程序公正方面的问题，也不损害法律职业伦理，未改变诉讼结构。

（原载于《政治与法律》2021年第9期）

社会治理类检察建议的特征分析与体系完善[*]

刘 艺[**]

2019年《人民检察院检察建议工作规定》（以下简称2019年《工作规定》）将社会治理类检察建议列为五种检察建议之一。社会治理类检察建议正式成为一项重要的检察工作。这绝非简单的术语变化，而是国家治理体系和治理能力现代化、法治国家、法治政府、法治社会一体化建设以及新时代检察制度改革等多种因素综合作用的结果。任何制度演变都要经历从稳态到动态再进入新稳态的过程，而新的秩序稳态需具备主客观方面的条件。检察建议虽已形成五种形态并举的格局，但相关机制仍需磨合，理论建构也需进一步完善。社会治理类检察建议的确立是新时代检察制度发展的一个缩影，其面临的挑战也是法律监督工作的典型课题。在现有体制下，"四大检察"[①] 部门都可制发社会治理类检察建议，这种明显超越业务组织架构的安排，其依据与合理性亟须进一步阐明。作为法律监督机关，如何在传统办案的基础上将国家治理的手段延展到社会治理领域，快速提升法律监督的质效，挖掘检察建议的制度资源，并推动检察建议体系的完善，是当前亟须回应的问题。孔子认为识人需"视其所以，观其所由，察其所安"[②]，制度评价也宜全面考量其起因、方式和价值追求。深入梳理社会治理类检察建议的确立依据、社会治理特征以及体系建构发展脉络，不仅有助于加深对检察建议的理性认识，更有利于见微知著地理解检察制度在新时代的发展方向。

---

[*] 本文为四川省广安市检察官协会、广安市前锋区人民检察院委托"行政执法检察监督理论与实践"课题和北京市社科联重点项目"京津冀府际协同执法机制研究"（19FXB000Z5）的阶段性成果。

[**] 中国政法大学法治政府研究院教授。

[①] 张军检察长在2019年1月17日全国检察长会上提出"刑事检察""民事检察""行政检察""公益诉讼检察"四大检察职能。2021年6月15日发布的《中共中央关于加强新时代检察机关法律监督工作的意见》也将"四大检察"写入其中。

[②] （宋）朱熹：《四书章句集注》，中华书局出版社2011年版，第57—58页。

一、社会治理类检察建议的确立

社会治理类检察建议的确立是多种变革共同作用下涌现出来的制度现象。之所以说是"涌现",是因为其出现并不完全是有意设计的结果,而是复杂秩序演变后的新稳态。国家治理体系和治理能力的现代化建设路径具有多样性,除顶层设计外,问题倒逼和制度磨合也是非常重要的方法。社会治理类检察建议成为独立的工作手段,本身就是复杂制度演变的结果。但毋庸置疑,社会治理类检察建议的确立反映了检察理念与法律监督机制在新时代的主动调整。

(一)理念确立

社会治理类检察建议的确立依据首先是理念层面的革新。只有当"治理"成为检察建议的统领性理念时,社会治理类检察建议才有相对独立的可能性,而这一过程至少经历了三个不同的发展阶段。

1. 基于一般监督的检察建议

检察建议最早源自我国检察机关的一般监督职权。列宁提出的一般监督原则,是苏联检察机关维护全境内统一的社会主义法制,保护苏联公民权益不受任何侵犯的基本原则。① 我党在革命根据地时期就借鉴了苏联检察制度。1949年《中央人民政府组织法》确立了人民检察署的一般监督原则。1950年1月,最高人民检察署李六如副检察长在《检察制度纲要》一书中将"法律监督"分为"司法监督"和"一般监督"两项内容。"一般监督"是指检察机关代表国家、维护国家和人民的权益,检查政府的法律法令决议政策等之严格执行。② 一般监督将检察机关的监督对象涵盖至国家机关、国家机关工作人员和全体公民,③ 范围十分广泛。有学者指出那个时期的法律监督核心是一般监督。④ 然而,1954年人民检察院组织法规定了三种监督方式:建议书、提请书和抗议书。⑤ 事实上,这一时期的工作重心是镇压反革命,检察机关运用提请

---

① 参见[苏]В.Г.列别金斯基:《苏维埃检察院及其在一般监督方面的活动》,陈华星、张学进译,法律出版社1957年版,第3页。
② 李六如:《检察制度纲要》,载闵钐编:《中国检察史资料选编》,中国检察出版社2008年版,第829页。
③ 王桂五:《王桂五论检察》,中国检察出版社2008年版,第179页。
④ 黄明涛:《法律监督机关——宪法上人民检察院性质条款的规范意义》,载《清华法学》2020年第4期。
⑤ 参见1954年《检察院组织法》第8条、第15条、第16条。部门和地方各级国家机关的决议、命令和措施违法,有权提出"抗议";地方各级检察院如发现本级国家机关的决议、命令和措施违法,有权"要求纠正",如不被接受,则应报告上一级检察院向监督对象的上一级机关提出"抗议"。

书、抗议书的情形十分普遍；而代表一般监督的建议书在 1954—1957 年只有零星实践。所谓"建议书"主要用于对本级国家机关或者部门执行法律法令等提出纠正意见。根据《辞海》中"建议"是指"提出意见供别人参考"的解释，"建议书"似乎不具有强制力。然而，1954 年《人民检察院组织法》第 8 条第 4 款规定，"对于人民检察院的要求或者抗议，有关国家机关必须负责处理和答复"。这里的"要求"包括纠正违法的检察建议书。使用"建议书"这样平和的表述，可能是为了消解检察机关以"监督者"自居的特权思想，并避免检察机关不从政策和全面情况出发孤立地就案办案。① "建议"意味着检察机关需与相关部门团结合作，秉持从实际出发、实事求是、依靠群众的基本态度。② 需要指出的是，当时的"建议书"并非检察机关司法监督职能的延伸，而是基于一般监督的办案手段。③ 在 1957 年的政治运动中，法律监督，特别是一般监督工作受到批判。关于"一般监督"的概念歧义、制度选择等问题都成为政治批判的中心问题。④ 其后基于一般监督的检察建议锐减。

2. 基于社会治安综合治理的检察建议

1979 年人民检察院组织法颁布之后，检察机关的职能主要集中在刑事检察领域。⑤ 1981 年，中共中央提出以"打防结合，预防为主"的社会治安综合治理方针。检察建议成为检察机关积极参加"社会治安综合治理"的主要方式之一。但这项活动只是检察机关办案职责的延伸并非法定职权。办理"严打"案件之后检察机关通常会制发检察建议。制发对象是涉案的机关、企业事业类单位；建议的内容是帮助发案单位在思想教育、安全保卫、经营管理

---

① 参见《加强检察工作保障国家建设》，《人民日报》1954 年 5 月 21 日社论，载冯钐、薛伟宏编著：《共和国检察历史片断》，中国检察出版社 2009 年版，第 84 页。

② 参见《加强检察工作保障国家建设》，《人民日报》1954 年 5 月 21 日社论，载冯钐、薛伟宏编著：《共和国检察历史片断》，中国检察出版社 2009 年版。

③ 除了建议书，行政检察部门还可以使用抗议书。例如 1954 年《人民检察院组织法》第 8 条第 1 款、第 2 款规定，最高人民检察院发现国务院所属各部门和地方各级国家机关的决议、命令和措施违法的时候，有权提出抗议。地方各级人民检察院发现本级国家机关的决议、命令和措施违法的时候，有权要求纠正；如果要求不被接受，应当报告上一级人民检察院向它的上一级机关提出抗议。地方各级人民检察院发现国务院所属各部门和上级地方国家机关的决议、命令和措施违法的时候，应当报告上级人民检察院处理。

④ 《关于一般监督问题的争论及其经验教训》，载王桂五：《王桂五论检察》，中国检察出版社 2008 年版，第 188 页。该文最初收录于王桂五：《当代中国的检察制度》，中国社会科学出版社 1988 年版。

⑤ 参见 1950 年 7 月 27 日中央人民政府政务院政治法律委员会副主任兼中央人民政府法制委员会主任陈绍禹在第一届全国司法会议上《关于目前司法工作的几个问题》的讲话。

和规章制度等方面采取措施弥补漏洞、健全制度以防止犯罪再次发生。① 这类检察建议具有很强的外部效益,可扩大案件的社会效果,也能补救办案中发现的制度漏洞,发挥预防犯罪的作用。1988 年最高人民检察院工作报告中指出,检察建议促使 300 多个濒临倒闭的企业摆脱困境,帮助 1400 多个企业扭亏为盈②,从而全面肯定检察建议的有效性③。有研究指出,这类源于刑事检察职责并产生案外效果的检察建议(不同于诉讼程序中的检察建议)是对一般监督的检察建议的再造。④ 而之后出现的再审检察建议则只在诉讼程序中发挥监督作用。随着刑事诉讼法的修订,行政诉讼法、民事诉讼法的出台与修订,检察机关发现行使侦查权的公安机关、行使审判权的人民法院在诉讼活动中存在具体的违法行为或者存在普遍性、倾向性违法问题以及其他重大隐患时,可在审判活动结束后向人民法院制发检察建议(包括再审检察建议),或者向公安机关、看守所、监狱以及其他机关提出纠正违法的建议。⑤ 不同于再审或者纠正违法检察建议,社会治安综合治理类检察建议通常是向公安机关等行政管理部门或者涉案企事业单位制发,目的是推动行政管理部门加强监管或者督促企事业单位纠正违法违规行为。比如,人民检察院通常在办理"黄赌毒"犯罪、危险驾驶和交通肇事犯罪、非法行医犯罪、金融放贷犯罪等刑事案件之后,针对其中暴露的治安、交通运输、公共卫生、金融(包括银行贷款审查)等监管问题会向各行政主管部门或者涉案企事业单位制发检察建议。

3. 基于社会治理的检察建议

随着时代变迁,检察建议的基本理念逐渐转向国家治理(包括社会治理)。党的十八大提出依法治国新十六字方针,即"科学立法、严格执法、公正司法、全民守法"。与旧"十六字方针"相比,"全民守法"第一次被纳入了全面依法治国范畴。党的十八届三中全会作出的《中共中央关于全面深化

---

① 参见《最高人民检察院工作报告——1982 年 12 月 6 日在第五届全国人民代表大会第五次会议上》,载最高人民检察院编:《最高人民检察院工作报告汇编(1979—2018)》,中国检察出版社 2018 年版,第 20 页。

② 《最高人民检察院工作报告——1988 年 4 月 1 日在第七届全国人民代表大会第一次会议上》,载最高人民检察院编:《最高人民检察院工作报告汇编(1979—2018)》,中国检察出版社 2018 年版,第 62—63 页。

③ 黄文艺、魏鹏:《国家治理现代化视野下检察建议制度研究》,载《社会科学战线》2020 年第 11 期。

④ 参见姜伟、杨隽:《检察建议法制化的历史、现实和比较》,载《政治与法律》2010 年第 10 期。

⑤ 参见《最高人民检察院工作报告——1987 年 4 月 6 日在第六届全国人民代表大会第五次会议上》,载最高人民检察院编:《最高人民检察院工作报告汇编(1979—2018)》,中国检察出版社 2018 年版,第 54 页。

改革若干重大问题的决定》首次使用了"社会治理"概念，其本意是多元主体共同参与型的治理。党的十九届四中全会《中共中央关于坚持和完善中国特色社会主义制度 推进国家治理体系和治理能力现代化若干重大问题的决定》提出了"完善党委领导、政府负责、民主协商、社会协同、公众参与、法治保障、科技支撑的社会治理体系，建设人人有责、人人尽责、人人享有的社会治理共同体"。① 以上这些理念的提出，为2019年《工作规定》提出"社会治理类检察建议"提供了坚实的理念依据。

中文的"社会"最早指春秋社日迎赛土神的集会、村民集会等，是一个与"国家"相对独立的空间，如《旧唐书·玄宗纪》曰"礼部奏请千秋节休假三日，及村闾社会"。② 广义的"社会"涵盖家、国，如梁启超指出："先圣曰，国之本在家。又曰：家齐而后国治。盖在此种社会之下，诚哉舍家族外无所以为团也。"③ 明清之后，"社会"一词通常指志趣相同者结合的团体，比如民间的秘密结社；实则指许多人在很多方面进行合作。可见"社会"就是一个"合作体系"。而社会主义的"社会"是以国家与社会发展有利作为目标和衡量标准，"社会治理是社会建设的重大任务，是国家治理的重要内容"。④

我国的社会治理理念与西方的"新治理"不同。前者是人民共建、共治、共享的"人人有责、人人尽责、人人享有"的公共治理。⑤ "创新社会治理，要以最广大人民根本利益为根本坐标，从人民群众最关心最直接最现实的利益问题入手。"⑥ "社会治理"中的"社会"是与经济、政治、文化等并列的概念⑦，社会治理的共同体是由各级党委政府、不同领域的社会群体或组织、不同阶层的社会公众等多元主体组成的。在西方语境中治理理论一直都有去国家化和社会中心主义的特征。但第三次治理浪潮之后，人们普遍认同社会治理离不开国家的积极规划和有效参与；单凭社会力量很难承担制度设计、利益协调

---

① 本书编写组编：《〈中共中央关于坚持和完善中国特色社会主义制度 推进国家治理体系和治理能力现代化若干重大问题的决定〉辅导读本》，人民出版社2019年版，第30页。
② （后晋）刘昫等撰：《旧唐书·玄宗上》（本纪第八），中华书局1975年版，第195页。
③ 梁启超：《新民说》，辽宁人民出版社1994年版，第208页。
④ 《让老百姓过上好日子——关于改善民生和创新社会治理》，载《人民日报》2016年5月6日，第9版。
⑤ 《推进中国上海自由贸易试验区建设加强和创新特大城市社会治理》，载《人民日报》2014年3月6日，第1版。
⑥ 中共中央文献研究室编：《习近平关于社会主义社会建设论述摘编》，中央文献出版社2017年版，第129页。
⑦ 参见窦玉沛：《从社会管理到社会治理：理论和实践的重大创新》，载《行政管理改革》2014年第4期。

的重任,而且很可能陷入协商失败的境地。① 所以,中西理论界事实上都认同比较理想的状态是国家承担起制度设计的责任,各方共同参与全面维护社会自治。② 我国的社会治理主体不仅包括各级政府及其职能部门,也包括立法机关、审判机关和检察机关等国家机构。其中,检察机关作为法律监督机关,可以比审判机关更为积极主动地加入社会治理网状结构,借助检察建议发挥社会治理功效。社会治理关系到政府(包括各类国家机关)、市场与社会的重新定位。检察机关秉持"以人民为中心"的理念,从多角度发力,主动承担社会治理职能。检察公益诉讼无疑是检察机关发挥治理功能的典型代表。作为国家治理体系和治理能力现代化的重要组成内容,检察公益诉讼是富含治理内涵的司法机制。③ 检察公益诉讼的治理特征不仅有国家治理特征,也具有社会治理意味。随着检察公益诉讼制度治理功效的显现,刑事检察部门、民事检察部门也在"人人有责"的治理理念指引下,抓住办案中发现的社会治理线索,将传统办案职能延展到社会治理空间,及时制发了一批社会治理类检察建议,而受到了各方的高度重视。办案部门制发的社会治理类检察建议不仅体现了共建、共治、共享的特征,还抓住了我国治理理念中政府主导的特征而重点向各级政府和行政监管部门制发。此种办案态势最终促成了社会治理类检察建议之确立。但检察机关各个办案部门以这种方式参与社会治理的结构和范围仍需审视。

(二)架构确立

2018年10月26日第十三届全国人民代表大会常务委员会第六次会议通过的《人民检察院组织法》正式将检察建议列为检察机关行使法律监督职权的手段之一。④ 随后2019年《工作规定》将检察建议分为五大类:再审检察建议、纠正违法检察建议、公益诉讼检察建议、社会治理检察建议和其他检察建议。显然,2019年《工作规定》不再以对象、适用范围为标准,而是以检

---

① 参见陈亮:《西方治理理论的反思及中国国家治理现代化的经验借鉴》,载《内蒙古社会科学》2015年第6期。
② 参见刘艺:《论国家治理体系下的检察公益诉讼》,载《中国法学》2020年第2期。
③ 参见刘艺:《论国家治理体系下的检察公益诉讼》,载《中国法学》2020年第2期。
④ 其中,第21条规定:"人民检察院行使本法第二十条规定的法律监督职权,可以进行调查核实,并依法提出抗诉、纠正意见、检察建议。有关单位应当予以配合,并及时采纳纠正意见、检察建议的情况书面回复人民检察院。抗诉、纠正意见、检察建议的适用范围及其程序,依照法律有关规定。"

察机关内设机构①为主，辅以检察业务类型为标准来划分检察建议。此划分标准并不具有理论的周延性，然而这种分类逻辑的不周延性却更加凸显了社会治理类检察建议在现有检察业务架构中的全覆盖性。

"四大检察"业务中的刑事检察监督、民事检察监督、行政检察监督（包括公益诉讼检察监督）的履职过程和职责体系较相似，其业务主要集中在公诉（提起公益诉讼）、诉讼监督、侦查（执法）监督以及执行监督等环节。根据2019年《工作规定》第9条、第10条的规定，纠正违法检察建议与公益诉讼检察建议由对诉讼活动进行监督的部门和公益诉讼检察部门分别行使。事实上，公益诉讼检察建议②也可分为让行政机关纠正违法的检察建议（针对违法行政行为）与督促行政机关履职的检察建议（针对行政不作为）。与普通纠正违法检察建议主要监督诉讼主体不同，这类纠正违法检察建议针对的是行政执法活动，也可以统称为行政违法监督类检察建议。但2019年《工作规定》却未将其归为第9条的纠正违法检察建议，而是依据检察建议制发主体和制发阶段称其公益诉讼检察建议。再如，对行政非诉执行案件监督既可以由行政检察部门也可由公益诉讼检察部门行使。公益诉讼检察部门与行政检察部门的职权划分标准正是以行政过程中的行政程序阶段与司法程序阶段进行区分。但我国有大量行政活动是既要借助行政程序也需借助司法程序才能完成的。以行政非诉执行案件为例。除了少数行政部门有自行强制执行的权力，其他行政机关作出的行政决定都需要借助司法程序去完成执行的"最后一公里"。而行政诉讼检察部门既对审判活动进行监督，也对进入司法程序的行政执行活动进行监督。公益诉讼检察部门既监督行政行为的全过程，若行政行为未执行也要求对未进入或者已进入司法程序的执行活动进行监督。由此可见，行政检察部门与公益诉讼检察部门的监督业务存在阶段性重叠，两部门就可能会针对同类行政违法行为分别制发检察建议，自然也会出现某些检察建议是该归为公益诉讼检察建议还是纠正违法类检察建议之类的区分问题。因此，受限于检察机关内部业务划分标准来确定检察建议类型，不利于将同类型检察建议进行统一归类。而且细分就可知，公益诉讼检察建议与纠正违法检察建议、社会治理类检察建

---

① 有学者指出是以按程序内外作为划分标准。程序内检察建议是指监督类（再审检察建议、纠正违法检察建议）和诉讼类（公益诉讼检察建议）检察建议，程序外的检察建议是指社会治理检察建议。参见王志坤：《正确把握和运用各种类型的检察建议》，载京检在线，https://ishare.ifeng.com/c/s/7pbliutuewn，2021年4月7日访问。

② 根据《工作规定》第10条规定的公益诉讼检察建议实则是指行政公益诉讼诉前检察建议，并不指民事公益诉讼的诉前公告。本文也将"公益诉讼检察建议"与"行政公益诉讼诉前检察建议"等同。

议存在范围、对象和内容的重叠；但因检察建议按部门进行划分反而不易区分不同类型检察建议的本质属性。

虽然理论上不够周延，社会治理类检察建议毕竟在现有检察建议体系中获得了稳定的定位。实际上，由于检察建议广泛覆盖各种性质检察业务的各个阶段，试图通过一套僵化的概念框架对其进行周全描述也是不可能的。只有秉持动态与综合的视角，才能全面把握社会治理类检察建议关涉的各种主体、程序和资源，并对其进行更有效率的架构定位。

（三）概念确立

"社会治理类检察建议"是2019年《工作规定》首创的概念。① 此类检察建议并不仅限行政检察部门（包括公益诉讼检察部门）制发，也可以由其他检察业务部门制发。这类检察建议超越了前述"以检察机关内设机构为主，以检察业务类型为辅"的划分标准，明显增加了检察建议体系描述的难度，还增加了概念界定的难度。2019年《工作规定》并未对社会治理类检察建议进行明确界定。从该规定第11条可知：第一，社会治理类检察建议的制发对象是涉案单位、行业主管部门、相关部门。第二，社会治理类检察建议的适用范围是人民检察院"在办理案件中"发现可以向有关单位和部门提出"改进工作、完善治理"的建议。第三，社会治理类检察建议制发的情形主要包括，涉案单位在预防违法犯罪方面制度不健全、不落实，管理不完善，存在违法犯罪隐患，需要及时消除的；一定时期某类违法犯罪案件多发、频发，或者已发生的案件暴露出明显的管理监督漏洞，需要督促行业主管部门加强和改进管理监督工作的；涉及一定群体的民间纠纷问题突出，可能导致发生群体性事件或者恶性案件，需要督促相关部门完善风险预警防范措施，加强调解疏导工作的；相关单位或者部门不依法及时履行职责，致使个人或者组织合法权益受到损害或者存在损害危险，需要及时整改消除的；需要给予有关涉案人员、责任人员或者组织行政处罚、政务处分、行业惩戒，或者需要追究有关责任人员的司法责任的及其他需要提出检察建议的情形。于是，现有的社会治理检察建议可分为三类：针对履行检察职责中发现预防违法犯罪方面制度不健全、不落实、管理不完善需要及时清除或者纠错的建议；弥补管理漏洞、完善风险预警与加强调解疏导工作的整改建议；给予有关涉案人员、责任人员或者组织行政处罚、政务处分、行政惩戒或者追究司法责任的处置建议。综合上述实质性的描述，可将社会治理类检察建议形式性地界定为：检察机关各业务部门在办案

---

① 参见2019年《人民检察院检察建议工作规定》第5条、第11条。

中发现线索后制发的，覆盖广泛对象的，旨在完善制度、改进管理和处置人员的，具有社会治理功能的检察建议的总称。

二、社会治理类检察建议的特征分析

社会治理类检察建议的特征分析事关其功能的有效发挥。社会治理检察建议特征分析无法回避"社会治理"概念的梳理。但社会治理是一个具有复杂学术史背景且原生于西方社会的概念。因此，我国社会治理的具体含义无法通过学术概念史的梳理得以澄清，而要诉诸"治理"在中国语境下具有的特殊制度内涵。党和国家的重要文件对社会治理进行了多层次的阐述。综合看来，在当前中国语境下，社会治理是在执政党领导下，由政府主导并负责，多种主体共同参与，协同全面管理社会公共事务、供给优质公共服务产品、共同维护社会秩序、化解社会矛盾和纠纷、满足社会公共利益需要的活动。检察建议工作需要特别注意社会治理的主导、协同、全面等特征。深入理解这些特征，可以更有针对性地思考社会治理类检察建议的完善问题。

（一）主导性

正如上文所论，政府在社会治理中的主导性并没有准确的界定。社会治理的"政府主导性"只是一种宏观、抽象的描述。基于社会治理是国家治理的组成部分，可将"政府主导"理解为借助政府传统职能延伸到社会治理领域的客观现象。当然，法治国家、法治政府与法治社会一体化建设的重点之一也是让政府瘦身，将属于社会的职能让予社会。所以，政府传统职能并不是直接作用于社会治理领域而是借助"软性"职能发挥社会治理功能。因此，从检察机关传统办案职能中挖掘出可以推动社会治理的线索并制发社会治理类检察建议则属于法律监督机关"软性"职能发挥社会治理作用的方式之一。

此轮司法改革之前，许多学者都认为我国检察权的本质不是法律监督而是公诉权，甚至认为法律监督是一个伪命题。[1] 随着新时代行政检察制度的全面重建，学者提出两种"法律监督"概念，即围绕"公共行政"展开的行政检察与围绕"司法裁判"展开的诉讼监督。[2] 作为法律监督机关，检察机关行使诉讼监督权、刑事公诉权（包括侦查监督权）、提起公益诉讼职权等，都会在机关与机关之间形成监督与被监督关系。这样的格局符合我国宪法创设检察机

---

[1] 参见陈迎新：《检察权及其监督》，载柳经纬主编：《厦门大学法律评论》（第5辑），厦门大学出版社2003年版，第149—189页。

[2] 参见秦前红：《两种"法律监督"的概念分野与行政检察监督之归位》，载《东方法学》2018年第1期。

关的初衷：打造一种针对公权力违法的制约力量、纠偏力量。① 但就检察机关现在的人员和组织架构而言，并不适宜开展对国家机构、社会组织、国家工作人员和全体公民的"一般监督"，而应只限于履职中发现的线索，以完善面向"公共行政"的行政检察体系为目标。而社会治理类检察建议正是助推社会治理的良方。笔者对最高人民检察院于 2020 年 8 月 5 日公布的 2019 年度全国检察机关 12 份社会治理类优秀检察建议进行分析发现：12 份检察建议中有 10 份②是制发给基层政府或者其派出机关以及行政主管部门的，其中上海市人民检察院就互联网应用商店对收录软件个人信息保护未履行管理责任问题向某网络科技有限公司制发检察建议和江苏省灌南县人民检察院就货运 App 监管问题向某科技有限公司制发检察建议③，虽然针对企业合规问题，实则也是涉及行政监管不力的问题；另外 2 份是制发给行业协会④和国有企业⑤的。这些优秀社会治理类检察建议监督公共行政的特征非常明显。

　　以往检察机关只以办案作为主业，认为制发检察建议是额外任务，因而对制发社会治理类检察建议并不热衷。而社会治理类检察建议不仅需要检察机关积极而为，还要求检察机关有能力主导社会治理活动。当然，这里的"主导性"并不表现在社会治理事务的执行或实现层面，而在于检察机关能够准确把握社会治理领域的各种法律关系，厘清法律义务主体，行使法律监督职权指导、督促相关主体完善社会治理。为了破除检察机关积极履行职责的制度障碍，首先，需要化解办案与制发检察建议之间存在的冲突。可将社会治理类检察建议纳入绩效考核范围，但需要区分诉讼监督类检察建议与由其他案件办理延伸出来的社会治理类检察建议的差异，进行分别统计与计分。其次，可根据社会治理类检察建议制发对象的不同，分别由不同的检察机关制发。比如针对行政监管部门制发的社会治理类检察建议，可以交由熟悉行政监管业务的行政

---

①　《彭真传》（第 2 卷），中央文献出版社 2012 年版，第 875 页。

②　其中上海市闵行区人民检察院就新开盘小区物业管理问题分别向某物业公司、某街道办事处和房管部门制发了检察建议。参见"2019 年度全国检察机关社会治理类优秀检察建议"，载最高人民检察院网站，https://www.spp.gov.cn/spp/yxjcjy/index.shtml，2021 年 1 月 21 日访问。

③　参见"上海市人民检察院就互联网应用商店对收录软件个人信息保护未履行管理责任问题向某网络科技有限公司制发检察建议"和"江苏省灌南县人民检察院就货运 App 监管问题向某科技有限公司制发检察建议"，载最高人民检察院网站，https://www.spp.gov.cn/spp/yxjcjy/index.shtml，2021 年 1 月 21 日访问。

④　参见"北京市人民检察院就艺术品评奖和会员发展方面的管理漏洞向某联合会制发检察建议"，载最高人民检察院网站，https://www.spp.gov.cn/spp/yxjcjy/index.shtml，2021 年 1 月 21 日访问。

⑤　参见"吉林省吉林市人民检察院就企业管理漏洞向某集团公司制发检察建议"，载最高人民检察院网站，https://www.spp.gov.cn/spp/yxjcjy/index.shtml，2021 年 1 月 21 日访问。

检察部门（包括公益诉讼检察部门）集中行使。特别是在行刑制裁一体化背景下，行政检察部门（包括公益诉讼检察部门）既可以监督刑事司法与行政执法的衔接，也可以监督行政执法活动，更应该加强与刑事检察的合作，跟进刑事办案中发现的社会治理线索。而且行政检察部门（包括公益诉讼检察部门）可以全面贯彻社会治理类检察建议的立案、调查、审查、制发、回复以及跟踪回访等流程，体现检察机关的主导性。而针对企业合规的检察建议，则可由各个办案部门直接制发。

（二）协同性

社会治理类检察建议应体现社会治理的协同性特征。与社会管理不同，社会治理强调各种主体参与下的"共治"。在西方语境下，共治特指政府与社会主体共同参与的治理，尤其强调原本与政府处于对立地位的社会组织和公民个人参与治理。但在我国语境下，不必过于强调社会主体参与的决定性意义。由于政府与社会公共利益的高度一致性，"共建共治共享的社会治理格局"不仅能够容纳社会主体与政府共同治理的意涵，也能涵盖各种政府机关和机构之间协同共治的意义。因此，社会治理类检察建议体现协同性特征至少包含以下内容：检察机关内部刑事司法与行政执法监督的协同；检察机关与其他机关、人员之间协同；行政执法检察监督与其他检察业务的协同。

1. 刑事司法与行政执法监督的协同

社会治理类检察建议的线索大多来自刑事司法领域以及其与行政执法衔接领域。这两个领域关涉众多业务部门、多种手段和复杂程序。做好刑事司法与行政执法监督的协同不仅需要妥善处理行刑衔接，还需有效利用刑事司法的资源。刑事检察中之所以能发现行政管理漏洞，是源于刑事犯罪与行政违法一体化制裁体系的内部结构。新中国成立后，1957年发布的《治安管理处罚条例》采取治安处罚与刑罚分立的二元格局，但并未充分重视衔接问题。行政处罚法与刑法如何衔接一直存在较大的制度空隙，实践中行政机关以罚代刑、刑事司法机关只刑不罚的现象较为普遍。"两法衔接平台"试图解决行政执法部门如何向司法部门移送案件的问题，却并未涉及每个刑事罪名如何与相对应的行政处罚相衔接的标准问题。可见，"两法衔接平台"的最初设计受制于刑事制裁与行政处罚非此即彼的单向思维，忽视行政处罚与刑事制裁在单独发展的背景下，各自具有不同的优势。两者之间不仅应双向衔接更应协同推进。从理论上讲，刑事制裁与行政执法之间至少存在三种情形的衔接：互为替代、并列适用（同类制裁吸收、异类制裁并处）、附条件先后适用。这几种衔接情形只有第一种情形是单向衔接，其他两种都需要刑事司法、行政执法与行政检察共同协同。实践中，虽然检察机关、公安机关与相关行政部门已建立了食药、知识产权类的"两法衔接平台",但仍未建构起刑事司法与所有的行政监管部门的业务衔接平台,毕章我国有二十多个行政监管部门。为此,党的十八届四中全会决议提出完善行政诉讼监督制度和探索检察机关提起公益诉讼等三项行政检察监督方面的改革举措。正是在这样的背景下,行政执法检察监督理应被纳入依法治国的整体框架中,特别是在进行资源配置的行政审批和涉及较大裁量空间的行政处罚领域,行政监管的确极易发生犯罪,因而既需要加强司法监督,更需要加强检察监督,特别是刑事检察监督与行政检察监督的协同。

2. 检察机关与其他机关、人员的协同

社会治理是一项系统工程,不仅要求检察系统内部协同,也需要检察机关与行政机关协同,更需要公民、法人和其他组织等社会主体的积极回应。我国传统上是个行政大国,行政管理的权威性和集中性是我国行政管理体制的明显特征。因此,强化行政监督一直以来都是我国行政管理体制改革面临的迫切课题。随着改革进入深水区,需要革新既有的社会治理模式,走向一种宪法主导下多元共治的社会治理形态。党的十八届三中、四中全会决定也表达了执政党希望通过司法治理推动社会变革,化解社会矛盾,实现国家治理体系与治理能力现代化的愿望;明确司法在维护社会公平正义、实现法治建设目标中的重要作用。在此转型过程中,司法治理作为对政府规制和立法治理的一种有益补充手段被纳入社会治理网络之中。检察机关应积极推进政府治理,通过监督行政机关依法行使职权、保障依法行政来推动政府治理优化。基层治理是社会治理的薄弱环节,检察机关可以帮助基层组织填补重点领域、行业基层治理空白的困境,为其提供支撑与指导。检察机关应该高度关注群众反映强烈、社会高度关注的问题,借助社会治理类检察建议维护民生诉求,与民众共同形成监督合力。

3. 行政执法检察监督与其他检察业务的衔接

行政执法检察监督与其他检察业务也存在衔接问题。为了解决检察建议分散管理、各自为政带来的问题,多数检察院都由法律政策研究部门和业务部门对检察建议工作进行统一管理,实行统一编号、统一签发,并指定专人审核把关检察建议内容,实现流程监控、分类统计、法律审核等环节的协同运行。但是,只有最高人民检察院、省级和大部分(分)州市级检察院设置研究室,大部分基层检察院都没有研究室,而且研究室的工作人员并不一定熟悉行政执法业务和社会治理事务。行政执法检察监督与刑事检察有天然的联系。而刑事检察部门对社会治理并不熟悉,可将相关线索移送行政检察部门。比如荣县人民检察院在2019年2月办理荣县公安局提请批准逮捕犯罪嫌疑人杨某涉嫌盗窃犯罪一案过程中,发现犯罪嫌疑人杨某于2016年在强制隔离戒毒期间曾经自首盗窃罪，被判处有期徒刑 7 个月。在 2017 年 6 月刑罚执行完毕后，未被继续执行剩余强制隔离戒毒期，处于脱管状态。2019 年 1 月杨某再次因吸食毒品被强制隔离戒毒两年，在强制隔离戒毒期间杨某又自首其在 2017 年脱管期间实施了盗窃行为，存在再次逃避强制隔离戒毒的可能。① 根据 2011 年《戒毒条例》的规定，我国强制隔离戒毒法定年限划分为两个阶段：公安机关决定执行强制隔离戒毒措施后，吸毒成瘾人员在隶属于公安机关的强制隔离戒毒场所执行最低 3—6 个月、最长不超过 12 个月的强制隔离戒毒之后，再由公安机关移送到司法行政机关的强制隔离戒毒场所继续执行剩余的强制隔离戒毒期限。因此，公安机关对于强制隔离戒毒以及社会戒毒都有监管职责。而检察机关在办理刑事案件发现公安机关存在怠于履行监管职责时，将案件移送给行政检察部门制发了社会治理类检察建议。针对这类行政强制措施，很难通过行政诉讼或者刑事执行去监督。因为强制戒毒人员通常不会因公安机关怠于行使监管职责而提起诉讼。而"自愿戒毒""社区戒毒""强制戒毒"三级戒毒监管框架，需要公安机关对社区戒毒与强制戒毒之间依法履行职责，也需要第三方检察机关监督其履行职责。因强制戒毒属于行政强制措施，所以这类建议无疑属于党的十八届四中全会决议提出的行政强制检察监督机制。但根据 2019 年《检察建议工作规定》则属社会治理类检察建议。

（三）全面性

社会治理是对社会公共事务的全面管理和服务。社会治理的全面性体现在检察业务上就是其广泛覆盖各业务部门的管理范围。正因为如此，"四大检察"业务部门都有权制发社会治理类检察建议。具体而言，包含以下这些形态：

首先，检察行政公益诉讼的诉前检察建议制发的对象除了生态环境、自然资源、市场监督管理部门之外，还包括园林、农业、文物、工业与信息化等部门。而民事公益诉讼的诉前公告是针对享有诉权的其他民事公益诉讼诉权主体，目的是激发社会组织积极行使诉权。

其次，除了公益诉讼检察部门，其他检察业务部门在具体办案中发现的问题也可制发社会治理类检察建议。比如，在乡村小学任班主任的齐某对多名女童实施奸淫、猥亵案中，未成年检察部门发现学生教育和学校管理等方面存在问题，以最高人民检察院的名义向教育部发出了"第一号检察建议"。这是新

---

① 参见"四川省荣县人民检察院就涉刑强制隔离戒毒人员监管问题向公安机关制发检察建议"（荣检建〔2019〕1 号），载最高人民检察院网站，https://www.spp.gov.cn/spp/xwfbh/wsfbt/202008/t20200805_475448.shtml#9，2021 年 1 月 21 日访问。

中国检察历史上以最高检名义发出的第一份检察建议，也是一份社会治理类检察建议。① 之后有关社会治理类的"三号检察建议"②"四号检察建议"③ 相继制发，产生了良好的治理效果。这些社会治理类检察建议是检察机关发挥法律监督职能参与社会治理的措施。如今，检察建议制发的对象已经超出了社会治安综合治理的管理部门，还包括教育行政管理部门、财政金融管理部门、住房建设部门等与检察业务甚至司法业务关系并不十分密切的管理部门。④ 这恰恰说明，检察建议这种柔性监督方式的确非常适合用于社会治理的全领域，也表明检察职能已经与国家治理、社会治理紧密地结合起来。

最后，社会治理类检察建议多向基层治理组织制发。当前我国正处于社会转型期和全面深化改革期，各种矛盾或冲突冲击原有社会结构，处于社会结构低层的基层治理难度不断加大。社会治理的四个重点难点问题中三个都跟基层治理有关，即社会治安防控、城乡社区治理、社会矛盾化解。因此，社会治理类检察建议制发具有非常明显地向基层"下沉"的倾向。

综上所述，现有社会治理类检察建议已经具备横向领域与纵向层级的全面性。

三、社会治理类检察建议之体系完善

此处说的"体系"并不是指一套僵化的组织或规范框架，而是希望通过理论反思，对检察建议形成系统性把握，从整体出发对其工作机制和工作方法进行合理安排。换句话说，体系完善是为了更好整合现有观念和制度资源，以便充分发挥社会治理类检察建议的应有功能。由于社会治理类检察建议"悬浮"于现有检察部门架构之上，每个检察业务部门都能制发社会治理类检察

---

① 一号检察建议的起因是2013年9月23日，某市中级法院认定齐某犯强奸罪、猥亵儿童罪，对其决定执行死刑，缓期二年执行。2016年1月20日，某省高级法院改判，决定对齐某执行有期徒刑十年。2017年3月3日，最高检向最高法提出抗诉。最后最高院审理采纳了最高检的全部抗诉意见，改判齐某无期徒刑。但该案揭示了学校在未成年人性侵害方面的制度漏洞，因此最高检向教育部制发了一号检察建议。建议内容为进一步健全完善预防性侵害的制度机制，加强对校园预防性侵害相关制度落实情况的监督检查，依法严肃处理有关违法违纪人员。参见刘亚：《齐某强奸案：引发"一号检察建议"》，载《方圆》2019年第1期。

② "三号检察建议"是2019年最高检针对金融违法犯罪对金融安全、社会稳定造成的影响，聚焦金融防范化解工作，向中央财经委发送的检察建议。

③ "四号检察建议"是最高检发给住房和城乡建设部的，同时抄送工业和信息化部、公安部、司法部、交通运输部、国家广播电视总局、国家能源局等相关单位的第三份社会治理类检察建议。参见元明、蔡燕南：《如何制发社会治理类检察建议》，载《检察日报》2021年2月8日，第3版。

④ 元明、蔡燕南：《如何制发社会治理类检察建议》，载《检察日报》2021年2月8日，第3版。

建议，其跨部门特性反而搅乱了社会治理类检察建议的属性，也很难让社会治理类检察建议的立案、调查、制发、回复到跟踪回访的全流程办案体系予以统一确立。而体系的统一性是社会治理类检察建议体系具有合理性的前提。当然，社会治理类检察建议的体系势必是以功能为主导（而非以组织架构或规范结构为主导）的，富于灵活性且不断磨合完善的体系。这种功能性、动态发展性、统一性的体系之完善要紧扣其社会治理的功能性特征进行思考。

（一）增强主导性

如前所述，社会治理类检察建议体现主导性特征主要是克服能力层面的问题。为了增强检察机关对社会治理的主导性，社会治理类检察建议的机制和方法的调整中需要提升检察建议制发的专业性、针对性和有效性。

1. 提高专业性

2019年10月最高检制发的《人民检察院检察建议督促落实统管工作办法》落实了最高检党组把检察建议"做成刚性、做到刚性"的指示精神，明确对检察建议的案件化办理流程、督促落实、被建议单位的救济以及对检察建议工作的监督管理等内容进行了规范。可见，检察建议的刚性与其规范性紧密相关。但工作规范性的前提是有充分的知识储备。社会治理不仅需要有法律知识还需要有管理学、政治学等知识。知识作为人类智慧的结晶，具有一定的学术价值；但知识作为一种劳动资料，更具有使用价值与交换价值。通常，检察官在办理具体案件中能发现很多管理疏漏，形成只有在司法阶段才能发现的知识。而司法阶段的知识与行政专业知识、社会治理知识并不一定相通。只有检察机关与行政机关进行知识交换，才可能推动司法知识不断演化。但在高度专业分工的前提下，这种知识交换可能会产生负面效果。比如检察机关使用司法知识去指导社会治理，可能无法提供专业性的指导。若知识交换的双方没有形成共识或者充分吸纳各种因素，反而增加了知识交换的成本。比如许多社会治理类检察建议对发现的问题描述不够精准，习惯用"管理不到位""制度不完善""责任心不强"等模糊笼统的公式化表述，并不能指出存在问题或者制度漏洞的本质，理据比较简单粗糙，缺乏实定法的支撑或者不了解实践的困境；甚至改进措施的针对性不强，让收到建议的单位无所适从。

为了提高检察建议的专业性，可从以下几个方面改进：（1）减少基于个案制发的检察建议，多基于类案制发检察建议。个案检察建议多以解决个别问题为目标，不利于发现一段时间内具有普遍性的问题，并对其倾向进行综合分析。从效果上来看，类案建议更有利于对社会热点、民生诉求等问题作出及时关注和准确回应。（2）建议内容更加明确、具体。比如同一类案件中若涉及多个行政部门的管理制度完善问题，应该梳理出各个被建议单位的职责，提出具体且有针对性的建议，切勿制发内容完全相同的检察建议，否则很难产生实际效果。①（3）不要囿于办案习惯来考量社会治理问题；更不能因为考核指标的要求，制发凑数的检察建议。（4）严格遵循要求，切勿混淆检察建议类型。2019年，最高检印发的《人民检察院检察建议法律文书格式样本》对检察建议从封面到内容格式都进行了规范。但实践中检察建议的文号还是经常被随意删除，致使检察建议的文号无法衔接，或者文号重复生成，造成统计困难；或者文书号与检察实际内容不一致，造成类型混乱。比如"四大检察"部门经常将检察建议书、纠正违法通知书、检察意见、补充侦查提纲、行政公益诉讼诉前检察建议、民事公益诉讼诉前公告、社会治理类检察建议等各种类型的检察建议进行混用。例如，某市人民检察院就互联网应用商店对收录软件个人的信息保护问题未履行管理责任，向某科技有限公司制发的检察建议本应属于社会治理类检察建议，却被列为公益诉讼类检察建议。该市人民检察院就某应用商店内部分 App 违法收集、使用、处置用户信息的问题，分别向有关 App 的开发运营企业和应用商店运营商某网络科技有限公司制发了检察建议书，要求前者向 App 用户提供明确获取权限的种类、目的和范围，依法完善用户协议和隐私政策，加强用户个人信息保护等工作；要求后者针对检察建议的内容及时作出整改，更新并提高应用商店软件收录标准，制定更加严格的用户个人信息保护政策，及时排查应用商店内收录的 App，对于违规 App 采取暂停、下架处理的措施，并通知 App 运营方整改。②而针对后者的检察建议属于平台监管的公法义务，应属于行政公益诉讼诉前检察建议。但当时个人信息保护领域并非《行政诉讼法》第 25 条第 4 款规定的提起行政公益诉讼的受案范围，而本案办理时该市人大常委会尚未发布加强检察公益诉讼的决定。即检察机关未获授权办理这类公益诉讼案件，所以不应归为行政公益诉讼诉前检察建议。最后，即便作为社会治理类检察建议，该市检察机关更应向该市网信部门、市场监管部门和工业与信息化监管部门一并制发检察建议，才符合社会治理类检察建议统一性的要求。

---

① 比如，某基层人民检察院就县辖区内存在大量流浪狗的情况，以几乎相同的文本分别向县农牧和科技局、城镇管理局、公安局及中心镇镇人民政府制发检察建议。但是这些检察建议的内容几乎完全相同，均是"建议你局（你单位）依法履行管理职责，对辖区内流浪狗采取相应措施进行处理"。被建议单位虽然都回复了检察机关，但回复内容同样十分笼统。

② 参见《上海市人民检察院就互联网应用商店对收录软件个人信息保护未履行管理责任问题向某网络科技有限公司制发检察建议》（沪检建〔2019〕3 号），载最高人民检察院网站，https://www.spp.gov.cn/spp/xwfbh/wsfbt/202008/t20200805_475448.shtml#4，2021 年 1 月 21 日访问。

2. 提高针对性

首先,检察建议所依据的法律法规和规章制度应有针对性。实践中,有些检察机关没有查实建议所依据的法律法规和规章制度,对相关的规范缺乏体系性的认知,也无法厘清法条中"职能"与实务中的"职能"之差异,反而被建议单位指出检察建议存在一些问题并引用其他规定逐条反驳。可见,在没有充分调查并找到症结的前提下去制发检察建议,会被嘲为"外行"建议"内行",反而产生极大的负面效果。其次,建议对象应该有针对性。例如在崇州市某镇村委会主任祝某纠集罗某、陈某等11人寻衅滋事、故意伤害、故意毁坏财物案中,该团伙使用暴力手段破坏治安秩序、扰乱经济秩序、破坏基层组织建设,牟取征地拆迁、工程承揽、砂石资源等领域非法利益,崇州市人民检察院于2019年10月23日向案发地镇政府制发了检察建议[①],建议镇政府:一是向纵深推进扫黑除恶专项斗争;二是积极开展工程建设领域专项整治;三是加强对村(社区)两委成员的监督管理;四是推进农村社会治安防控体系建设;五是加强流动人口管理服务和法治宣传教育。但乡镇政府对于建议中提及的各项职能只有参与权、建议权而无决策权、决定权。社会治理防控体系由公安机关组织实施,在引导、调动基层镇政府与基层自治组织参与群防群控体系还缺乏激励机制。而且基层人民政府只是受委托承担流动人口的计划生育管理服务工作,而不包括对所有流动人口的管理服务工作,而法治宣传教育等职责遵循"谁执法,谁普法"原则,应由各行政主管部门承担。以上这些管理工作,基层人民政府和自治组织可能受县级人民政府委托行使,但法律责任都应该由委托的行政主管机关承担。至于工程建设监管职权,无论是招投标、现场监管或者工程款的财务审批,基层镇政府与基层自治组织并无承担的资格。根据2020年向街道办事处和乡镇人民政府下放部分执法权以实现综合执法的改革精神,下放到乡镇人民政府的执法权包括施工现场管理、违法建设处罚等职责;但也并不包括工程建设领域的执法权。检察机关如果只监督基层政府和自治组织,而不直接监督县级人民政府及其职能部门,显然混淆了两级基层政府在政治体制和管理体制中的定位。课予乡镇人民政府和基层自治组织额外的行政任务,更是打乱了行政管理的条块格局。该案若能向县级以上人民政府及其职能部门(比如公安机关)制发检察建议,则更能体现"谁有权,谁负责"的原则,也抓住了基层治理的"元治理"环节。

---

① 参见"四川省崇州市人民检察院就基层治理问题向某镇政府制发检察建议"(崇检建〔2019〕5号),"2019年度全国检察机关社会治理类优秀检察建议",载最高人民检察院网站,https://www.spp.gov.cn/spp/xwfbh/wsfbt/202008/t20200805_475448.shtml#10,2021年1月21日访问。

3. 提高有效性

首先,由专门部门对检察建议的回复及整改进行跟踪。近年来,检察建议制发量较大,但被建议机关的整体回复率却较低。虽然检察建议并非一种问责机制,但毕竟具有柔性监督的性质。回复率低说明检察建议效力不高。为了提高检察建议的有效性,需要在检察建议发出之后,由专门的部门对检察建议的回复及整改进行跟踪,需要制发检察建议的部门进一步采取询问、走访、交流、会商、召开联席会议等方式督促落实。若检察建议未得到回复,应该调查被建议机关不回复的原因。若被建议单位有法定理由无法落实检察建议,则需要撤回检察建议或者撤销检察建议;若被建议机关存在整改困难,则需要与其一起查找原因共同解决;对被建议单位无正当理由不予整改或者整改不到位的,可以将相关情况报告上级人民检察院,通报被建议单位的上级机关、行政主管部门或者行业自律组织等,必要时可以报告同级党委、人大,通报同级政府、纪检监察机关。其次,在规范性文件中正式确定检察建议的送达程序。即便是根据 2019 年《工作规定》采取宣告送达和抄送等制度,也会因被建议单位不同意而让宣告送达程序无法启动。如何将宣告送达和抄送制在法律、法规中予以正式确定,是当下急需解决的问题。最后,检察机关应该多针对行政监管部门制发检察建议,更利于提升检察建议的质效。我国是行政管理大国,有强大的行政执法力量。检察机关应该充分借助行政执法的力量来实现社会治理。行政机关是社会治理的元治理环节,抓住这个环节就抓住了治理结构中的原动力。① 例如灌南县人民检察院在办理张某等污染环境案件中,发现在物流运输中存在无资质货车车主利用"运满满"App 下单运输危险废物的情况。检察机关向 App 运营商江苏某科技有限公司制发了检察建议,包括三方面内容:一是进一步强化内部的安全监督管理;二是建立对"运满满"App 运输安全事故的及时处理机制;三是强化对"运满满"App 使用人的安全培训。② 但是,以上这些检察建议的内容直接向江苏省工业与信息化管理部门和市场监管部门制发更适合。因为对 App 的监管职责由工业与信息化管理部门承担,而且 App 涉及市场交易活动,市场监管部门也需介入。涉及危废物品运输还需生态环境部门和应急管理部门审批。但因 App 是新兴运营手段,相关管理部门之间尚未形成监管合力,导致相关 App 运行中存在大量安全风险。因此,

---

① B. Guy Peters, Governance as Political Theory, in David Levi – Faur (ed.), Oxford Handbook of Governance, Oxford University Press, 2012, p. 21 – 22.

② 参见"江苏省灌南县人民检察院就货运 App 监管问题向某科技有限公司制发检察建议"(灌检建〔2019〕1 号),载最高人民检察院网站,https://www.spp.gov.cn/spp/xwfbh/wsfbt/202008/t20200805_ 475448. shtml#6,2021 年 1 月 21 日访问。

本案虽是个案，却反映了普遍性的制度漏洞。针对此类案件，制发类案检察建议比个案检察建议更佳，而且制发给所有的行政监管部门比制发给涉案企业效果更佳。虽然帮助企业提升治理能力也属社会治理的范畴，但检察机关的法律监督还应首先考虑发挥填补行业监管制度盲区或弥补监管不力的功能。

（二）加强协同性

1. 部门协同

在 2019 年《工作规定》确定的业务流程中，检察官起草的检察建议报送检察长前，应当由法律政策研究部门对必要性、合法性、说理性等进行审核。但基层检察院的研究部门设在综合业务部门，根本无力承担这部分职权。因此，对于基层检察机关而言，将检察建议的"三性"审核一律交由研究室并不合适。社会治理领域承担监管职责的行政管理部门众多且业务繁杂，要让检察机关各业务部门都熟悉行政管制理论与实务并不切合实际。比如针对非法侵占、转让、买卖土地、违法建设等违反土地等资源管理与规划建设的问题，要了解自然资源、城市规划、城市管理等部门的职责与管理机制；而针对非法采砂、采矿、滥伐林木等危害河道安全、破坏环境的问题，要了解水利、海事、林业等部门的职责与管理机制；针对恶势力操纵殡葬行业的问题，要了解民政部门的职责与管理机制等。大部分检察官并不具备这样广阔的知识背景和充裕的办案时间。社会治理类检察建议的制发容易成为一种负担。与此同时，行政检察部门（包括公益诉讼检察部门）的业务量却往往处于不饱和状态。可将针对行政机关或者法律、法规、规章授权的公法主体制发社会治理检察建议的相关职责划归行政检察部门（包括公益诉讼检察部门），由这些部门组成办案组形成统一意见后报检委会审议，则无须研究室单独进行"三性"审核。这样规定既与行政检察部门（包括公益诉讼检察部门）的专业对口，也有助于强化行政检察部门作为检察机关与行政机关法治对标的枢纽作用。

2. 程序协同

社会治理类检察建议的线索来自各个检察部门。为了解决检察建议分散管理带来的问题，多数检察院都对检察建议工作进行了统一管理，实行统一编号、统一签发，并指定专人审核把关检察建议内容，实现流程监控、分类统计、法律审核等环节的协同运行。若将针对行政机关、法律法规规章授权的组织的社会治理类检察建议交由行政检察部门（包括公益诉讼检察部门）统一登记备案并办理，既可以完善办理的全流程，也能确保发挥独立作用。因为基层的行政检察部门（包括公益诉讼检察部门）存在业务量不饱和的问题，把每份社会治理类检察建议当成一个案件来办理，将移送来的线索进行分类、筛选立案、调查核实、负责"三性"审查、制作发送、跟踪回访等。其中跟踪回访社会治理类检察建议的落实,还可将回复、落实等情况通报给各级人民代表大会常务委员会,并完成最后的备案、结案归档等工作。这样的办案流程既可以激发检察官的办案热情,也能通过案件评查提升检察官的能力。而针对企事业单位制发的合规类社会治理检察建议,可由各办案部门形成统一意见,提交检委会审议同意后,由检察长统一制发。但应有与行政检察部门(包括公益诉讼检察部门)的相关程序衔接,反之亦然。

3. 业务协同

针对行政机关、法律法规规章授权的组织制发和针对企业合规制发的两类社会治理类检察建议应与其他检察建议的业务区分开来。社会治理类检察建议与再审检察建议、纠正违法检察建议书既有区别也有联系。后两类建议不属于社会治理类检察建议的原因主要有三:第一,该两类检察建议制发的对象是法院以及公安机关、看守所、监狱等其他司法行政机关。第二,该两类检察建议是在诉讼过程(包括执行过程)中制发的,并非在诉讼程序之外制发。第三,该两类检察建议是基于传统的诉讼监督职能而制发。而这两类也有差别,前者是基于抗诉权,后者是基于诉讼中人民检察院对公安机关、人民法院和执行机构的诉讼监督职权而制发。严格来说,对上述机关的监督并非完全与社会治理无关。但根据法律规定,公益诉讼检察部门制发的社会治理类检察建议应针对行政机关、有公共管理职责的社会团体、行业组织等,而刑事检察部门制发的社会治理类检察建议应该主要针对公民(包括个体工商户)、企事业单位。故行政公益诉讼诉前检察建议与社会治理类检察建议之间存在部分差异和部分重合。当公益诉讼检察部门对受案范围之外的其他行政监管部门、企事业单位制发社会治理类检察建议时,显然不是在行使公益诉讼职权而是社会治理类检察建议职权。虽然这些单位通常是因为负有公法义务,才被检察机关纳入社会治理类检察建议的监督范围。

(三)落实全面性

如前文所述,目前社会治理类检察建议工作的全面性在纵向和横向都得到了较好的实现,问题主要集中在如何实现刑事检察与行政检察有效衔接方面。我国行刑制裁一体化的格局在清末宪制改革时确立,即重罪归入刑律,"轻罪"交由治安管理行政部门执行。新中国成立之后,无论是《治安管理处罚条例》还是治安管理处罚法,与刑法的制定与修改并不同步,两种制裁机制之间的间隙越来越大。2001年始,"两法衔接"问题的重要性逐渐凸显,虽经多年改进但问题仍然存在。随着新时代行政检察改革的深入,行政检察机制对行刑衔接机制的促进作用有目共睹。基于此,行政检察部门(包括公益诉讼检察部门)应主动承担起与刑事检察部门的对接工作,主动在其各类工作中

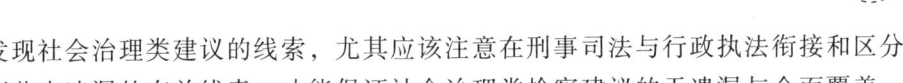

发现社会治理类建议的线索,尤其应该注意在刑事司法与行政执法衔接和区分环节中遗漏的有关线索,才能保证社会治理类检察建议的无遗漏与全面覆盖。

1. 在"行刑二元格局"中明确制发社会治理类检察建议的情形

从行刑衔接立法层面的问题看,仍是刑事责任与行政责任"二选一"的规范局面,如刑事诉讼法规定了无罪不诉①而撤案且需要追究行政责任而移送回行政机关的原则性情形。2021年修订的行政处罚法也只确立了单向性预防原则,即禁止构成犯罪的违法行为以行政处罚代替刑事处罚。虽然理论上关于"构成犯罪"与"尚未构成犯罪"的标准分明,但在证据还未质证之前或者证据充分收集存在难度时很难对行为进行归责,是否移送案件给刑事检察部门②或者移回给行政执法部门完全由这两个机构自由裁量。加上很多违法行为是否够刑的证据收集需要依赖行政监管部门调查取证和确认,两个部门之间的双方移送应十分频繁。虽然实务部门对违法行为同时触犯刑事法律与行政法的情况十分普遍已达成共识,即两种制裁并列采用、同类制裁吸收、异类制裁并处的情形也不鲜见,但立法层面仍然未建构起刑事制裁与行政处罚并处的多种格局。比如实践中存在除了无罪不诉或者撤诉案需要继续单独追究行政责任而移送行政机关之外,还存在有罪且必须追究行政责任的,以及关联犯罪中需要追究行政责任的同时履职情形。

因此,首先需要明确刑事制裁与行政处罚除了"二选一"的吸收罚③之外,还存在三种衔接类型:补罚、(附条件)双罚、关联罚。"补罚"是指处罚法规定"刑事责任优先原则",因此发现违法行为,行政机关认为可能构成犯罪就应移送刑事司法部门,但刑事司法部门因犯罪情况轻微未被追究刑事责任时,行政机关再依据处罚法等有关规定须给予行政处罚的情形。"双罚"是指因同一违法行为既须追究刑事责任,又须给予行政处罚的情形。比如在安全生产领域,经常会在同时起诉企业涉嫌危险作业时,又依据安全生产法相关条款对涉案企业进行行政处罚。因为危险作业罪没有规定罚金,所以行政处罚科

---

① 无罪不诉的范围,学理上还可以进一步讨论。本文认为可以进一步扩大到之不起诉、撤诉、免于刑事处罚裁定、无罪判决、刑事自诉不予受理裁定、终止审理裁定等仍需要追究行政责任的情形等。

② 如2018年《刑事诉讼法》第177条第3款规定,人民检察院决定不起诉的案件,应当同时对侦查中查封、扣押、冻结的财物解除查封、扣押、冻结。对被不起诉人需要给予行政处罚、处分或者需要没收其违法所得的,人民检察院应当提出检察意见,移送有关主管机关处理。有关主管机关应当将处理结果及时通知人民检察院。

③ 吸收罚是指在收集初步证据之后,行政机关认为违法行为不够罪无须移送,而进行了行政处罚。但随着新证据的出现,在行政机关已经作出处罚之后,新证据证明违法行为已够罪,需移送刑事司法机关。在刑事司法机关定罪之后将之前的行政处罚中的罚款和拘留予以折抵。

以罚款或者没收违法所得并不违反一事不再罚原则。这些案件可以先刑事后行政，也可以先行政后刑事。但双罚通常限定在特定罪名或者有附加条件。比如检察机关起诉污染环境案时，发现公安机关对犯罪嫌疑人采取了刑事手段之后，环保局并未履行对已扣押的危废物品进行无害化处理的法定义务，即刑事司法与行政执法需要同步进行。根据《固体废物污染环境防治法》第85—87条的规定，处置危废物品的第一责任人应当为产生危险废弃物的单位。污染环境案中第一责任人为犯罪嫌疑人。但在发生或者有证据证明可能发生危险废弃物严重污染环境、威胁居民生命财产安全时，生态环境主管部门或者其他负有固体废物污染环境防治监督管理职责的部门应当立即向本级人民政府和上一级人民政府有关部门报告，由人民政府采取防止或者减轻危害的有效措施。第122条第2款规定，对于执法过程中查获的无法确定责任人或者无法退运的固体废弃物，由所在地县级以上地方人民政府组织处理。即在犯罪嫌疑人人身自由受到限制无法处置危废物品的前提下，刑事办案部门应该督查环保部门履行代处理的法定职责。这种附条件并科的情形，符合相关立法的初衷，也会增加检察建议的威慑力。而"关联罚"是指追究刑事责任之后或同时也会追究其他相关违法人员行政责任的情况。比如福清市人民检察院在办理多起不同类型的刑事犯罪案件中发现，这些案件都与福清市音西街道融西路的"涉黄"乱象息息相关。2019年4月11日福清市人民检察院向福清市公安局制发检察建议书，要求市公安局深挖彻查卖淫现象背后可能存在的黑恶势力犯罪，并在整治涉黄乱象的同时注重打财断血、打伞破网、打漏见底同步推进。福清市公安局随后查办了以张某某为首的黑社会性质组织犯罪团伙，一举抓获涉案人员60余人，其中36名人员涉及组织、领导黑社会性质组织罪、非法持有枪支罪、组织卖淫罪、行贿罪等十余项罪名，其余24个未构成犯罪的团伙成员也被公安机关给予行政处罚。但在实践中，检察机关办理大量刑事案件时并未注意以上列举的补罚、（附条件）双罚、关联罚的问题。

2. 在"行刑二选一"环节中落实制发社会治理类检察建议的责任

新时代的行政检察监督（包括检察公益诉讼）正是弥补刑事检察与行政检察之间缺乏联系与互动的空间而提出的。而行政公益诉讼诉前检察建议正是对行政执法行为进行检察监督的方式。虽然行政违法行为检察监督改革因监察改革而中止，但行政公益诉讼检察的兴起正好解决了检察权长期停留在刑事检察范围相对比较窄的困境。党和国家倡议应将检察机关的监督延展到行政违法行为，包括行政强制措施检察监督领域。有学者建议参照我国台湾地区的缓起诉处分的具体机制来解决刑事司法与行政执法二选一的情况。[①] 我国台湾地区规定检察机关决定缓起诉之后，检察机关继续行使行政监管职责。但我国大陆地区的检察机关则无力履行涉及 20 多个行政监管部门的职责，而且行政制裁的罚款力度还大于刑事罚金，需要严格遵循行政程序，把握好裁量幅度。若检察机关在决定无罪不起诉之后，又作出更重的行政处罚，显然不符合罪责均衡和正当程序原则。基于以上种种制度的特征，刑事检察部门在决定不起诉或者撤诉之后，除了将案件移送回行政监管部门之外，还可以将案件移交行政检察部门（包括公益诉讼检察部门）。由这些部门研究是否需要制发社会治理类检察建议。由于刑事责任和行政监管失职的构成都十分复杂且两者之间衔接点杂多，呈现出"你中有我我中有你"的复杂拓扑关系，如同莫比乌斯环和克莱因瓶展示的几何空间关系一般。所以建议由行政检察部门（包括公益诉讼检察部门）专门制发针对行政机关的社会治理类检察建议；而刑事检察部门针对不起诉或者诉讼监督发现的普遍违法情形，向个体工商户、法人等涉案主体提出刑事合规类社会治理类建议。

综上所述，检察建议的刚性并非只能通过课予检察建议强制力来实现，也可以通过检察建议的体系性、规范性和专业化水平不断提升来实现。

（原载于《中国法律评论》2021 年第 5 期）

[①] 参见袁雪石：《整体主义、放管结合、高效便民：〈行政处罚法〉修改的"新原则"》，载《华东政法大学学报》2020 年第 4 期。

论检察机关的"案-件比"改革

林喜芬*　周　晨

案件管理是对检察权运行实施全程同步监督的有效措施，其中，对案件质量进行评价是检察业务管理中的重要内容。[①] 案件质量评价制度不仅制约着检察机关各部门和具体个人的业务行为，而且对检察机关在刑事诉讼程序中的职能定位和检察权运行起着导向作用。因此，检察机关的案件质量评价制度是检察组织管理和检察权运行监督的重要基础。一方面，在检察办案责任制改革、"捕诉一体"办案模式改革接踵而至的时代背景下，检察机关内部权力结构、各部门间的职能配置等重要事项均产生了深刻变化，检察官办案权限有所扩大，办案相对独立性更加突出，实施案件质量评价不仅可实现对检察官办案质量的监督，也是确定司法责任的重要基础。[②] 特别是在检察机关的内设机构进行改革调整，刑事案件实行"捕诉一体"之后，基于诉讼阶段分离形成的部门间的制约逐渐被瓦解，检察机关内部横向监督正呈弱化趋势，办案检察官权责更加集中[③]，需要更加严格、细致的案件质量评价标准来强化检察机关的内部监督。因此，检察办案质量评价体系在规范检察权运行、提升办案质量，乃至保障各项检察改革落地落实等方面的重要价值日益凸显。另一方面，随着刑事案件数量连年递增，检察机关内部"案多人少"的矛盾也逐渐增加，而"假退查、真延期"等非规范办案模式虽能帮助检察官缓解一时的办案压力，却无法从根本上化解效率矛盾。[④] 这类办案习惯既不利于检察办案能力的培养，也不利于"检察为民"办案理念的形成，更会损伤当事人以及人民群众

---
*　上海交通大学凯原法学院教授、博士生导师，法学博士。
**　上海交通大学凯原法学院博士研究生。
[①] 参见向泽选：《检察管理与检察权的公正行使》，载《政法论坛》2015年第1期。
[②] 参见龙宗智：《检察官办案责任制相关研究》，载《中国法学》2015年第1期；David C. Brody, The Use of Judicial Performance Evaluation to Enhance Judicial Accountability, Judicial Independence and Public Trust, Denver University Law Review, Vol. 86：1, p. 2 - 4（2008）.
[③] 参见王敏远：《透视"捕诉一体"》，载《环球法律评论》2019年第5期。
[④] 参见蒋安杰：《司法改革："案-件比"——检察抓住了纲》，载《法治日报》2021年3月8日。

的司法获得感，因此，这类非规范办案模式应当通过新的案件质量评价制度及时引导纠正。为进一步适应办案责任制改革及内设机构改革等新要求，也为提升案件整体质效、破除不良办案习惯，最高人民检察院经过多次研讨与论证，于 2020 年印发了《检察机关案件质量主要评价指标》（以下简称《评价指标》），构建了以"案－件比"为核心的案件质量评价指标体系。

《评价指标》不仅在原有指标基础上对"四大检察"涵盖的主要案件类型、主要办案活动、主要诉讼流程的考核指标进行了体系化的分类整合，还创设了"案－件比"这一核心指标对以往绩效指标未能解决的实践问题进行了回应。然而，一方面，新的指标采用何种设计模式、相较于既往评价指标作出何种调整，理论上还需要厘清，以便打通案件质量评价制度与检察绩效考核制度间的关隘，作出系统性的比较与梳理；另一方面，《评价指标》在初步投入各层级检察机关运行的过程中产生了何种效果、存在何种问题，也亟待总结与分析。本文拟以既往案件质量评价指标在质量、效率和效果三个维度的评价模式和实践困境为逻辑起点，对《评价指标》的核心指标——"案－件比"进行对比分析，进而阐释"案－件比"指标对检察办案的正向影响，最后，对"案－件比"指标体系下如何优化案件质量管理进行探讨。

一、改革背景：既往案件质量评价体系的实践困境

以往检察绩效考核制度虽然构建了体系性、区别化的案件质量评价量化标准，但由于指标设计缺乏科学性，检察办案中存在不合理的行为倾向。

第一，结果导向的质量评价模式较忽视办案过程的质量把控。在检察绩效考核中，对办案质量的评价指标基本都是通过从结果反推的方式来设定的，即以后一程序决定来测量前一程序决定的"质量高低"，甚至"正确与否"[①]，例如，以捕后不诉率反映审查批捕质量，以撤回起诉率、无罪判决率反映审查起诉质量。通过结果反推纵然可以在一定程度上反映前一阶段决定的精准性，倒逼办案人员准确履职，但由于司法人员对事实认定和证据评价需要自由裁量以及案件本身的客观复杂性，使得从结果逆向推断程序质量的结论具有不确定性。更重要的是，案件质量评价指标过度关注程序结果的正确与否，而对办案过程的质量不加评价和约束，极易在实践中形成一种"唯结果论"的办案导向，办案人员为使办案结果符合质量要求，对办案程序的滥用行为存在放任态度。例如，办案人员对于正常期限内无法办结的案件，采取策略性的退回补充

---

① 参见郭松：《组织理性、程序理性与刑事司法绩效考评制度》，载《政法论坛》2013 年第 4 期。

侦查或延长审查起诉期限的措施规避办案期限压力。① 这一办案模式造成实践中退回补充侦查程序和延长审查起诉程序的泛滥,不仅大大降低了办案效率,也使案件当事人经历着额外的办案流程,造成了不必要的讼累。

第二,办案量控制的效率评价模式致使效率失真。长期以来,绩效考核制度一直未对个案办理效率设置精细化的测评指标,而是采用年度审结数、人均办案量等指标,以办案量的形式来概括反映检察机关和检察官个人的办案效率。尽管检察机关办案量指标便于统计,然而,以总量评价效率的方式不仅过于粗疏,而且并不符合检察业务规律。具体而言,其一,在理论层面,以办案总量的方式评估办案效率有一个预设前提,即司法资源分布均衡,且每个案件的难易程度和工作量基本相同,可以等额换算。② 然而,由于存在案件类型、案件难易程度不同等客观因素,不同个案之间工作量差异较大,办案总量的大小与实际工作量大小难以等同,并且案件总量的多少也非检察机关可自主控制,往往取决于侦查机关侦办和移送的情况,导致办案资源的分布调整具有滞后性。因此,司法实践情形与预设条件相去甚远,以案件总量评估办案效率容易简单化。其二,在实践层面,在业务流程呈"流水线"式的检察机关内部,一个案件可以衍生出多个程序或形成新的案件:一方面,检察案件涉及多个程序环节,且法律规范赋予了诉讼参与人对各程序决定提出异议的救济性权利,例如,对案件批捕决定提起申诉、复议、复核的权利,因此,原案件可能衍生出批捕申诉、批捕复议、批捕复核等多个案件;另一方面,一个案件可以按照诉讼流程正向流转,也可能因为证据不足进入倒流程序,例如,审查起诉时被退回补充侦查、移送起诉后被撤回起诉,但之后又再次进入检察机关,即成为新的案件。③ 从表面上看,因为案件程序衍生和倒流,办案量有所增加,但此类办案量的增加并不能反映检察官办案效率的提高,相反,案件衍生和倒流本身还在一定程度上反映出办案质量瑕疵和效率拖延等问题。综言之,以案件量大小评估检察办案效率并不能完全反映真实的办案效率,也难以对实践中程序大量衍生和倒流进行合理规制。

第三,单一内部视角的案件效果评价模式较轻视当事人的诉讼感受。从以往的指标体系上看,一方面,绩效考核的指标设置主要是以结果为导向,评价案件办理是否符合实体性和程序性规范,即侧重考察案件办理的法律效果,而

---

① 参见吴宏耀、范仲瑾:《检察机关补充侦查权的规范化运用》,载《人民检察》2018年第14期。
② 参见邓志伟:《主观与客观之间:司法效率评估的选择与优化》,载《法律适用》2011年第3期。
③ 参见万毅:《"案-件比":让隐形法律变良法之治》,载《检察日报》2020年5月20日。

对办案的社会效果和政治效果有所忽视①；另一方面，为确保案件考核的客观性，大多数指标都是依据检察机关办案情况"数率化"而形成的客观量化指标。换言之，绩效考核对案件办理效果的评价主要基于检察内部生成的案件管理数据，是一种单一化的内部评价方式，缺乏外部视角对办案效果的反馈。②另外，对案件办理法律效果的偏重导致一线办案检察官还普遍存在一种"底线思维"，即在办理案件过程中聚焦于公平与正义的"底线"标准：只考虑事实是否清楚，证据是否充分，定性是否准确，而轻忽诉讼参与人的实际感受，缺乏以释法说理方式化解矛盾的意识。这容易导致当事人对办案过程或结果的不认可、不信服，由此可能引发复议、复核、申诉等一系列救济性程序，不仅增加了检察机关办案负担，还为案件当事人带来诸多不必要的讼累。这一情形在缺乏外部评价制约的条件下更为明显，由于诉讼参与人正面或负面评价并不会对案件质量评价的结果产生影响，办案人员自然缺乏释法说理的意识和动力，不利于矛盾冲突的及时化解和诉讼参与人满意度的提升。

二、逻辑转换："案-件比"评价指标的新"三位一体"

新的案件质量评价指标体系是检察系统基于检察管理理论和实践经验而进行的最新探索，其中，"案-件比"作为核心指标，在案件评价模式上彰显了对案件质量、效率、效果三个层面的进一步重视。作为一个全新的概念，"案-件比"是指实际发生的"案"，与"案"进入司法程序后所经历的有关诉讼环节统计出来的"件"形成的一组对比关系。具体而言，"案"是指发生在人民群众身边的具体案件，在刑事检察中，最能反映一个时期刑事案件的是检察机关受理的审查逮捕和审查起诉案件，但二者有很大一部分相重合，因此，将"受理的审查逮捕案件数"与"扣除采取逮捕措施的审查起诉案件数"之和作为"案"的基准数；"件"是指这些具体的案进入司法程序后所经历的有关诉讼环节，并且是原本可以避免或者减少发生，但因前一个环节未将工作

---

① 法律效果是司法行为遵循法律、符合法律要求、达到法律适用产生的效果，社会效果侧重司法目的的实现，反映的是社会公众对司法行为的认同程度，法律效果往往是社会效果的前提。参见苗生明、王春风：《检察机关案件质量评价体系研究》，法律出版社2013年版，第76—78页。

② 参见万毅、师清正：《检察院绩效考核实证研究——以S市检察机关为样本的分析》，载《东方法学》2009年第1期。

做到极致而产生,同时引起当事人负面感受的诉讼环节。① 从评价重点来看,"案-件比"聚焦于非常态化程序(衍生或关联程序)的产生数量,"案-件比"中"件"数越高,说明案件经历的诉讼环节越多,办案时间越长,司法资源的投入也越多,案件的政治效果、社会效果、法律效果和当事人的感受可能就越差。② 换言之,"案-件比"指标以程序优化、诉讼便捷、效率提升、当事人满意作为评判标准,与既往的案件质量评价指标相比,以"案-件比"为核心的评价体系发生了以下逻辑转变:

(一)质量评价模式:从"结果导向"到"过程导向"

相较于以往"以结果为导向"的质量评价方式,"案-件比"指标更加关注办案过程的优化程度。从指标设计上看,"案-件比"指标对案件办理程序进行了必要与非必要的分类,并从非必要程序的产生本身推导出前一程序中的质量瑕疵。在指标体系中,"案-件比"将16项非必要诉讼程序纳入"件"的范畴,这16项程序大致可分为两类:第一类为检察机关外部诉讼参与人提起的救济类程序,例如批捕(不批捕)申诉、不捕复议、不捕复核、被告人上诉;第二类为检察机关内部自行启动的倒流和延期类程序,例如"三延两退"③、撤回起诉。根据检察实务经验,这两类程序的产生与否与前期办案质量存在很大程度的关联:一方面,外部提起的救济类程序表达了诉讼参与人对于程序决定的异议,这既可能是决定本身存在质量问题,也可能是由于检察官未对其进行及时的释法说理导致的认知偏误;另一方面,内部启动的倒流和延期类程序,可能反映了检察机关对前期侦查的引导不力,甚至可能是上下级司法机关、相关司法部门之间互相推诿责任的问题。"案-件比"指标通过对上述两类程序进行数量控制,实质上是对案件办理质量提出了更全面的要求:不仅要防范办案结果出现错误,而且要确保对办案过程进行精细控制。只有将每项必经程序都做到极致,才可能避免非必要程序的衍生。

---

① 在刑事检察中,正常批准逮捕(不批准逮捕)、提起公诉(不提起公诉)、一审判决三个程序属于常态化程序,因此不计入"件",而由之衍生或关联的批捕(不批捕)申诉、不捕复议、不捕复核、一次延长审查起诉期限、二次延长审查起诉期限、三次延长审查起诉期限、一次退回补充侦查、二次退回补充侦查、不起诉复议、不起诉复核、不起诉申诉、撤回起诉、法院退回、被告人上诉、检察机关建议延期审理、国家赔偿等16项诉讼程序并非常态化必经程序,因此计入"件"。参见最高人民检察院《检察机关案件质量主要评价指标》(2020年)。

② 参见张军:《关于检察工作的若干问题》,载《国家检察官学院学报》2019年第5期。

③ 具体指"一次延长审查起诉期限、二次延长审查起诉期限、三次延长审查起诉期限、一次退回补充侦查、二次退回补充侦查"程序。

（二）效率评价模式：从"办案量控制"到"非必要程序控制"

既往以办案量评价办案效率的模式，其缺陷在于，未对案件中的必要程序和非必要程序进行合理区分，也没有对办案资源投入非必要程序而导致的效率减损进行精确计量与评价。"案－件比"则转变了办案效率的评价思路：由于刑事诉讼法规范已对案件办理的各个流程设定了法定期限，这意味着单个程序的运行时间存在法定上限，此时，案件经过的程序数量便成为影响效率的主要因素。其中，案件办理的必经程序不可或缺，因此，挤压非必要程序的数量，即"案－件比"中的"件"的数量，就成为控制办案效率的关键。更重要的是，"案－件比"通过"案"与"件"形成比例关系，在评价技术上解决了单独比较"件"的数量时缺乏合理参照的问题①，使各层级检察机关的评价结果在案件数量等基本条件不同的情形下具有了可比性。此外，质量和效率是评价案件情况的两个重要维度，在指标设计时，一般需要划分质量与效率两类指标分别进行测评，长期以来，检察绩效考核制度将案件质量考核置于首要位置，在质量与效率之间难以做到同时兼顾。② 而"案－件比"通过一组比例关系将案件效率和质量相互捆绑：减少衍生程序以及避免不必要的倒流程序，一般就会缩短案件处理时间，提高办案效率；与此同时，只有前期将必要的环节质量做到极致，并且针对办案结果进行及时、充分的释法说理，才可能避免不必要的环节产生，即程序数量减少也在倒逼办案质量的提升。质言之，"案－件比"指标既实现了质量与效率二元目标的统一，也避免了评价中对质量和效率的"顾此失彼"。这一定程度上弥补了以往案件质量评价体系对办案质量监督与效率管理的短板。

（三）效果评价模式：从"单一内部视角"到"当事人视角"

长期以来，司法案件质量评估的功能限于内部监督与管理，具有极强的封

---

① 对此，组织社会学家波伊斯特指出，采用比例的方式表达绩效信息，可以将评估信息与一些显性或隐性的语境信息相关联，从而更准确地表现绩效水平。参见［美］西奥多·H. 波伊斯特：《公共与非营利组织绩效考评：方法与应用》，肖鸣政等译，中国人民大学出版社2005年版，第78—79页。

② 参见樊崇义、李思远：《由理念走向制度——评检察机关以"案－件比"为核心的案件质量评价指标体系》，载《人民检察》2020年第9期。

闭性，诉讼参与人尤其是案件当事人对司法活动的满意度未引入指标之中。①诉讼参与人是检察办案活动的亲历者和见证者，案件当事人也是实体结果的直接承受者，其评价理应作为检察办案质量评价的重要标准之一。② 然而，由于外部评价主体未经过专业化的法律训练，且评价方式与内容不受限制，很难避免其评价的主观性和随意性，易被滥用，从而影响检察体系内部科层式结构下的管理效果。③"案－件比"指标开拓了引入外部监督的思路，即以诉讼参与人是否启动异议程序作为外部评价的标准。一方面，批捕复议、复核、不起诉复议等程序的启动与外部参与人对办案质量的异议和负面评价有直接的关联，当此类程序产生时，表示检察机关可能存在实体决定不当或释法说理不充分的问题；另一方面，诉讼参与人提起此类程序乃是表达异议或者寻求救济的合法途径，相较于直接询问诉讼参与人的评价，以外部主体是否提起异议程序作为外部评价意见可以避免评价的恣意性，也增加了引入外部评价的可控性。事实上，将当事人视角引入案件质量评价是对案件办理社会效果的合理反馈，有助于打破检察内部评价的封闭性，强化办案的外部监督。同时，也可引导办案人员实现"程序控制者"向"诉讼服务者"的立场转换，促使其在办案过程中并非一味地追求过程迅速和结果正确，而是充分关注诉讼当事人对案件处理过程和结果的态度与评价，并及时进行释法说理等工作，从根源处消解当事人的异议与不满。

三、"案－件比"评价指标对刑事检察业务的正向效应

"案－件比"指标在质量、效率、效果维度都进行了评价模式的改良，据"案－件比"评价指标施行之初的调研数据显示，退回补充侦查、延长审查起诉期限两项程序占总"件"数的比重最高，分别占总件数的28.9%和47.4%，其中，部分案件存在为"借期限"而退补和延期的情况。④ 这说明，"案－件比"指标已针对既往考评指标"重结果，轻过程"导向下的程序滥用问题进

---

① 无论是审判体系还是检察体系，案件质量的评估和考核都面临"重内部，轻外部"的问题。对此，有代表性的讨论，参见龙宗智：《审判管理：功效、局限及界限把握》，载《法学研究》2011年第4期；重庆市高级人民法院课题组：《审判管理制度转型研究》，载《中国法学》2014年第4期；林喜芬、周晨：《论检察绩效考核的制度语境与转型逻辑》，载《北京理工大学学报》（社会科学版）2021年第2期。

② See Stepphanos Bibas, Rewarding Prosecutors for Performance, Ohio State Journal of Criminal Law, Vol. 6, pp. 441（2009）.

③ 参见［美］米尔伊安·达马斯卡：《司法和国家权力的多种面孔》，郑戈译，中国政法大学出版社2015年版，第24—33页。

④ 参见刘伟：《"案－件比"：提升正义运送方式程序价值》，载《检察日报》2020年5月31日。

行了充分反映。总体上,"案-件比"指标对于刑事检察实践的正向影响主要体现在以下两方面:

(一) 有助于提升退补、延期程序的规范性

为了准确惩罚犯罪并防止滥诉,刑事诉讼法针对特定情形规定了必要的程序倒流和程序延期等非常态化诉讼程序,如退回补充侦查、延长审查起诉期限、撤回起诉等。以退回补充侦查为例,从立法目的上讲,审查起诉阶段退回补充侦查乃是原有侦查工作的继续,旨在弥补第一次侦查的质量瑕疵。当然,它并非刑事案件必经的司法流程。① 然而,从退回补充侦查的整体质量看,该程序似乎并没有完全发挥出法定的"瑕疵补救"功能,却因具有延长期限的效果而沦为办案人员规避期限压力的"潜规则"。② 其中原因在于,退回补充侦查程序运用的规范性不足:一方面,由于检察机关内部对于退案启动程序把控不严,办案人员为规避审结期限压力,存在借助退回补充侦查"借期限"的策略性操作,导致大量实际不存在退回事由的案件进入了倒流程序;另一方面,对于真正需要补充侦查的案件,退补提纲却未详细列明侦查方向和公诉证据要求,且检察机关对侦查活动缺乏监督与制约机制,导致一次退回补充侦查效果不佳,不得不二次退回。③ 检察机关退回补充侦查程序的运用失范不仅影响了诉讼效率,还间接助长了办案人员"消极懈怠"的工作态度,折损常态化程序的办案质量。

以"案-件比"为核心的评价体系聚焦于非常态化程序的比值,有助于检察机关提高退补、延期程序适用的规范性。第一,该指标可引导检察机关强化对退案启动程序的审查。依据最高检、公安部共同制定的《关于加强和规范补充侦查工作的指导意见》(以下简称《指导意见》)第9条,办案人员须严格审查退回的必要性,不仅要分析案件已查清的事实是否足以定罪量刑、待查的证据是否会影响定罪量刑,还要判断待查证的事项是否具有客观可查性,对于不影响定罪量刑或客观上不能查证的事项不必退回,以此降低办案人员退回补充侦查的随意性,避免"借期限"且无退查必要的案件被退回。另外,依据《指导意见》第10条,办案人员应充分衡量补充侦查难易程度、所需时间长短和侦查效果等情况,对补证难度不大且在审查起诉期间内能完成的有关

---

① 参见陈光中:《刑事诉讼法》,北京大学出版社、高等教育出版社2017年版,第317页;汪海燕:《论刑事程序倒流》,载《法学研究》2008年第5期。
② 参见陈瑞华:《刑事程序失灵问题的初步研究》,载《中国法学》2007年第6期。
③ 参见陈卫东:《"以审判为中心"视角下检察工作的挑战与应对》,载《学习与探索》2017年第1期;齐钦等:《审查起诉阶段退回补充侦查制度运行情况报告》,载《检察调研与指导》2017年第6期。

事项，例如，补充前科劣迹、释放证明等相关材料，补正诉讼文书中的瑕疵，订正证据书写不规范的瑕疵，可由检察机关发出《调取证据材料通知书》，直接通知公安机关补充相关证据并移送，而不必将案件材料全部退回。第二，该指标可敦促办案人员制定规范、详细的退回补充侦查提纲，并对补充侦查情况进行跟踪监督。补充侦查是审查起诉阶段检察引导侦查的重要表现形式，一方面，退回补充侦查提纲的完备性本身就是补充侦查必要性的证明，通过提高对退补提纲的制作要求并强化对退补提纲的审查，可以过滤掉一些本无必要退回的案件；另一方面，强化补充侦查的说理化改造，阐明补充侦查的事项、理由、侦查方向、需要收集的证据及其证明作用等①，可对二次侦查进行具体的、可操作的指引，防止因提纲内容过于笼统而导致补充侦查方向不明、取证目的不清，影响补充侦查效果。② 此外，为防止案件"退而不查"，检察办案人员在案件退回补充侦查后应及时跟踪监督二次侦查的进度及效果，针对公安侦查人员存在异议的问题，检察机关还须及时作出说理与引导，就取证方向、落实补证要求等达成一致意见③，以此保障退补侦查提纲发挥出侦查指引的作用，提高二次侦查的效率，避免案件再次被退回。

（二）有助于提高检察机关引导侦查的主动性

"退回补充侦查""延长审查起诉期限"等"件"的大量产生，表层原因在于检察机关内部退回程序不规范，而更深层次的问题在于，部分检察官尚未树立起办案的整体意识和全局观念，对办案的理解局限于审查批捕和审查起诉决定本身，对前端侦查程序缺乏引导的动力，导致案件在侦查阶段即存在的质量问题被遗留至审查起诉阶段。④ 此时，承办检察官不得不启动倒流或延期程序进行补救，既影响案件整体质量，也降低了办案效率。以"案－件比"为核心的评价体系对倒流和延期程序作出负面评价，要求检察官办案时尽量减少审查起诉阶段的退补、延期程序，实际上也是倒逼检察机关重视审查起诉前端环节的侦查引导工作，树立办案的整体意识和全局观念，充分利用侦查终结前的阶段主动引导侦查取证和案件定性。

第一，"案－件比"评价指标可推动检察机关提高提前介入侦查的主动性。针对疑难、复杂、重大案件，提前介入侦查有助于检察办案人员围绕证据

---

① 参见《人民检察院刑事诉讼规则》第257条、《关于加强和规范补充侦查工作的指导意见》第7条。
② 参见周新：《检察引导侦查的双重检视与改革进路》，载《法律科学》2020年第2期。
③ 参见《关于加强和规范补充侦查工作的指导意见》第8条。
④ 参见卞建林、谢澍：《刑事检察制度改革实证研究》，载《中国刑事法杂志》2018年第6期。

收集、法律适用、侦查活动合法性三方面提前对案件进行全局性的质量把关①，保障侦查活动应当完成的事实查明和取证任务在侦查阶段完满解决，对证据不充足或程序瑕疵等问题在侦查阶段进行纠正后再行移送，降低审查起诉阶段因事实不清、证据不足而被退回补充侦查的概率。目前，随着"案－件比"指标的常态化运行，部分地区检察机关不仅提高了提前介入的主动性，还灵活调整了提前介入的适用范围，对扫黑除恶案件、涉疫、涉众型经济犯罪及未成年人性侵等案件，实现了全覆盖式的介入。② 此外，在提前介入过程中，检察系统近期亦强调要充分发挥"捕诉一体"的办案优势，用公诉证据标准引导侦查机关取证，③ 提升侦查人员的证据观念及对侦查阶段证明标准的要求，降低侦诉双方对于逮捕、起诉标准的认知差异，化解因捕诉分离导致的办案程序和证据标准的脱节问题，从结构上提高提前介入、引导侦查的有效性。

第二，"案－件比"指标可促进检察机关捕后引导侦查和自行补充侦查的主动性。根据《人民检察院刑事诉讼规则》第298条规定，捕诉部门对于批准或者决定逮捕的案件，可以对捕后的侦查工作提出收集证据、适用法律的意见。实际上，引导捕后继续侦查取证是检察机关可采取的另一项高效的侦查指引措施。一方面，与审查起诉阶段相比，审查逮捕阶段距离案发时间更近，证据灭失可能性更小，如果检察机关此时作出适当引导，可以帮助侦查机关有针对性地开展侦查活动，使取证质量更加契合公诉标准；另一方面，若检察机关在审查逮捕阶段提出继续侦查取证建议，可以充分运用侦查终结前阶段解决案件证据问题，从而避免审查起诉阶段的退回补充侦查。除此以外，检察机关自行补充侦查也是确保案件质量的重要措施，只是在以往实践中，检察官通常更倾向将案件退回侦查机关，这导致检察机关自行补充侦查率一直偏低。④ 根据统计数据，2020年检察机关自行补充侦查（主要在审查起诉阶段）数同比增长了23.5倍，⑤ 这意味着，为减少审查起诉阶段的倒流和延期程序，当检察办案人员审查发现案件需要补充个别书证、询问证人等情形时，会更有动力选择自行补充侦查，而这一举措既避免了退回补充侦查"一往一返"的办案拖

---

① 参见孙谦：《刑事侦查与法律监督》，载《国家检察官学院学报》2019年第4期。
② 参见董桂文等：《关于"案－件比"评价指标运用情况的调研报告》，载《检察日报》2020年9月24日。
③ 参见高翼飞：《完善捕诉一体办案机制优化检察资源配置》，载《检察日报》2020年1月21日。
④ 参见罗欣等：《检察机关补充侦查权的运行与完善》，载《人民检察》2018年第21期。
⑤ 蒋安杰：《司法改革："案－件比"——检察抓住了纲》，载《法治日报》2021年3月8日。

延，也能促进刑事检察官改变书面审查的单一工作方式，实现"侦查、审查、指控"等多面技能的拓展。综言之，基于"案－件比"管理改革的联动效应，检察机关引导捕后继续侦查取证和自行补充侦查的积极性将不断提高，在保障办案质量的前提下，办案效率也会显著提升。

四、进一步优化"案－件比"指标体系的路径探索

以"案－件比"为核心的指标体系较既往评价指标在科学性上有很大改善，在检察官办案中发挥的正向引导作用也较为突出。然而，由于指标体系的运行仍在初期阶段，部分地区检察机关在实践中可能存在某些误区。为避免"案－件比"指标体系在运行过程中出现异化，在推动指标体系的落实过程中，需要厘清与平衡以下四个层面的关系。

（一）平衡单个指标与指标体系的关系，发挥"案－件比"指标的协同作用

《评价指标》曾强调，"案－件比"并非孤立指标，需与其他指标组合运用，但由于目前"案－件比"指标应当如何与其他指标科学组合、配比运用尚不明确，加上"案－件比"在评价体系中的核心地位，部分地区检察机关可能过度关注该单项指标，孤立地运用"案－件比"进行案件质量评价。一方面，孤立化地运用"案－件比"不利于反映检察工作全貌。"案－件比"作为一项极简的量化指标，根据最高检的规定，现阶段采用同时段概算法进行计算，即用一个时间段内办理的案件数与有关业务活动统计成的件数之和相比较。这是一种基于宏观视角的趋势性判断。① 然而，通过同时段概算法得出的"案－件比"也只能反映某一机关或部门案件质量情况，难以对特定检察官或特定程序环节有针对性的评估。另一方面，孤立追求单项指标的优化可能导致检察工作的片面化。以"案－件比"为核心的评价指标体系包含51组87项评价指标，对检察各项业务的各个环节均作出了指标设定，目的在于使检察机关以指标体系为"指挥棒"，引导检察各项业务均衡、向好发展。然而，如果实践中未处理好单项指标与指标体系的辩证关系，孤立地追求某一项指标，必然会使其他指标所对应的业务被弱化。例如，在"案－件比"指标的引导下，检察办案人员会尽可能压低退案和延期的"件"数以提高审查起诉效率，然而，审查起诉阶段还存在其他考核指标需要重视，如排除非法证据率、促进当

---

① 参见《案件质量：检察司法办案的生命线——最高人民检察院案件管理办公室主任董桂文就建立检察机关案件质量评价指标体系答记者问》，载最高人民检察院网站，https://www.spp.gov.cn/spp/xwfbh/wsfbt/202004/t20200426_459753.shtml#2，2020年8月23日访问。

事人双方和解率和开展追赃挽损工作率。① 因此，若片面追求"案-件比"的降低而忽略上述指标的共同作用，实际上不利于检察机关保障被追诉人权利、修复社会关系等工作的发展。

为此，各地检察机关应当厘清"案-件比"这一核心指标与指标体系之间的协同关系，探索"案-件比"与其他评价指标的组合运用，充分发挥指标间相互牵制、相互平衡的功能，共同反映办案活动的数量、质量和效率等效果。例如，在刑事检察的评价指标中，二次退回补充侦查的产生会导致"案-件比"的升高。若以"案-件比"为单一考核指标，为了降低"案-件比"，办案人员容易将一些本应退回的案件"带病"起诉，损害公诉质量。但当"案-件比"指标与撤回起诉的情况、判决无罪的情况、被告人上诉情况等指标一同运用时②，"带病"起诉引发的后续质量隐患也一并纳入评价范围，前后程序相互牵制与平衡，就可以避免办案人员片面追求某一特定指标的功利性操作，从而实现办案人员对各诉讼流程的通盘考量，树立办案的整体意识。

（二）平衡指标统一化与标准差异化的关系，确立差异化的评价基准

"案-件比"首次为不同类型的案件提供了统一的评价指标，使不同层级的检察机关之间、不同类型的业务之间有了"统一标尺"。然而，囿于现有检察业务数据的统计手段，"案-件比"指标只针对质量、效率、效果等案件办理问题进行评价，不易区分不同案件类型对"案-件比"的影响，各地在通报"案-件比"指标数据时，基本上都是以所有刑事案件来测算。③ 实践中，各地检察机关办案类型差异较大，而案件类型及难易程度本身恰恰是影响"案-件比"的重要因素。已有调研显示，在危险驾驶、交通肇事、盗窃等普通案件中，客观事实易于查清，证据充分，或犯罪嫌疑人主动认罪，不再提起救济程序，检察机关可以实现快速批捕、起诉或做出不起诉决定，而在重大疑难复杂案件中，客观技术障碍导致取证困难、犯罪嫌疑人不认罪或前后供述矛盾等情况时而出现，检察机关为查明真相，往往不得不退回补充侦查或延长期限，导致"案-件比"的数值升高。④ 由此可见，案件类型对于"案-件比"的结果有关键性影响。以危险驾驶罪为例，其案件量越大，比重越高，对应的"件"数却不一定会增加，当这一类案件与其他案件统一计算时，最后的

---

① 参见最高人民检察院《检察案件质量主要评价指标体系》（2020年）。
② 参见《案件质量：检察司法办案的生命线——最高人民检察院案件管理办公室主任董桂文就建立检察机关案件质量评价指标体系答记者问》，载最高人民检察院网站，https：//www.spp.gov.cn/spp/xwfbh/wsfbt/202004/t20200426_459753.shtml#2，2020年8月23日访问。
③ 参见崔国红：《"案-件比"指标运用的实践与思考》，载《中国检察官》2020年第19期。
④ 参见范仲瑾：《"案-件比"：衡量司法质效的标尺》，载《检察日报》2020年4月28日。

"案-件比"数据可能会被拉低,但其他案件反映的办案问题可能被掩盖。目前,部分地区检察机关已注意到,如果不对案件类型和案件难易程度不同的案件进行分类考核,一方面,不利于检察机关内部对各类案件办理情况进行分类管理以及对各类案件制定区别化的办案指引;另一方面,容易走入"一刀切"的考核误区,对所有案件提出统一的、格式化的办案要求,进而导致部分疑难复杂案件的办理过程受到过度制约,也使承办检察官承担不必要的办案压力。

为此,各地检察机关需要充分平衡指标的统一性与考核要求差异性的关系。在运用统一的"案-件比"指标基础上,根据案件类型、难易程度等客观因素确立差异化的评价基准。针对这一问题,最高检在2020年8月27日的全国检察机关电视电话会议中就曾提出,在深化落实"案-件比"质效评价标准的同时,要坚持实事求是的基本原则,区分不同的案件类型,体现不同地区和部门的差异,一些疑难复杂的涉众型经济犯罪案件是否退查、延审,绝不能搞"一刀切"。[①] 一般而言,重大、疑难案件的办理过程和结果往往会受到舆论关注,办案人员除考虑办案质量与效率外,还需充分衡量其社会效果、政治效果。因此,"求极致,过得硬"[②] 的办案标准在难易程度不同的案件中是存在客观差别的。2019年,最高检开始按照"普通犯罪""重大刑事案件""职务犯罪""新型犯罪"设置第一至第四检察厅[③],随后,各地检察机关均在进行"业务专业化"向"案件专业化"的内设机构调整[④]。结合这一改革趋势,上级检察机关考察下级院时,可分别计算各院各部门的指标数据,进行分类考核与评比,检察机关内部使用"案-件比"进行质效评价时,亦可针对不同部门设置区别化的评价基准,这既可以避免"一刀切"效应,也可以通过对类案进行综合性的指标分析,更清晰地发现此类案件的规律、趋势和办案问题,从而引导检察人员在办案中汲取经验,对以往的办案方式做出相应的优化与完善。

---

① 参见邱春艳:《以业绩考评为抓手 落细落实"六稳""六保"和司法改革任务》,载《检察日报》2020年8月28日。

② 参见张军检察长2019年9月23日在国家检察官学院的专题报告《优化检务管理 推动新时代检察工作创新发展》,载最高人民检察院网站,https://www.spp.gov.cn/spp/tt/201909/t20190923_432651.shtml,2020年10月18日访问。

③ 参见《最高人民检察院职能配置和内设机构设置》,载最高人民检察院网站,https://www.spp.gov.cn/zdgz/201901/t20190104_404292.shtml,2020年10月22日访问。

④ 参见张建伟:《逻辑的转换:检察机关内设机构调整和捕诉一体》,载《国家检察官学院学报》2019年第2期。

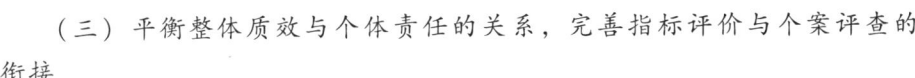

（三）平衡整体质效与个体责任的关系，完善指标评价与个案评查的衔接

当前指标体系可以对检察机关办案综合情况进行较准确的评估，但在实践中，鉴于司法办案具有多样性和复杂性的特点，仅根据量化指标的数值既不能确定个案程序是否正确，也无法对办案责任进行准确追究。① 换言之，单纯依靠量化指标管理不仅容易导致个案质量评价"失灵"，还会使案件责任落实不畅。以退回补充侦查为例，产生此项程序，可能是检察官为规避期限压力而进行的策略性操作，也可能是侦查人员怠于侦查或疏忽取证，确实无法达到起诉标准，还可能是因案件涉及黑恶、金融犯罪而存在情节复杂等客观原因所致。在缺乏个案评查机制的条件下，实践中容易将指标情况与案件质效和检察官办案能力简单等同，对个案责任不进行主客观原因的区分，直接依据指标产生与否对案件质量或检察官个人能力进行积极或消极评价。这种指标管理和评价方式过于简单机械，容易使案件评价结果有失客观公允。

为此，检察机关需要平衡整体质效与个体责任的关系，充分运用案件质量评查机制分析指标异常的案件，做好整体质量评价与个体责任的衔接。案件质量评查机制作为检察机关内部评价、监督、管理、控制执法办案行为的重要方式，与案件质量评价体系在评价对象和制度目标上具有高度一致性。在运用"案-件比"指标体系进行案件质量整体评价时，可充分发挥案件质量评查机制检查纠错、个案评价及导向引领的价值作用，实现宏观与微观的评价视角相结合，做到个案评查与指标数据相互印证、补充。② 案件质量评查包含常规抽查、专项评查和重点评查三种评价形式，其中，重点评查机制主要针对出现"捕后不诉""撤回起诉""判决无罪"等异常指标的个案进行责任评鉴。在"案-件比"指标体系实施后，评查机制可将多次出现"退回补充侦查""延长审查起诉期限"等非必要程序的案件纳入重点评查范围，由本院或上级院案管部门对该类指标异常的案件进行跟进，针对案件中的证据采信、事实认定、法律适用、办案程序、文书制作和使用、释法说理、办案效果等实体和程序问题进行详细审查，逐一分析指标异常的可能原因，借助定性分析确定案件是否存在质量问题，并对办案能力或态度等主观原因与案件的客观原因进行区分，明确案件责任类型和承担方式。

---

① 参见熊秋红：《"案-件比"质量评价体系的学理观察》，载《人民检察》2020年第9期。
② 参见王体功：《检察机关案件质量评查机制的完善与发展》，载《人民检察》2019年第12期。

(四)平衡指标数据与办案实效的关系,实现数据管理到实质管理的进阶

"重指标数据,轻办案实效"一直是司法绩效考核制度的隐忧。[①] 在2020年案件质量评价指标体系运行之初,不少地方的检察院直接将"案-件比"等指标情况纳入检察绩效考评的范畴,不仅实现了指标结果与检察官绩效、晋升机会的紧密衔接,部分地区甚至建立了约谈机制,对于排名靠后的检察院主要领导进行约谈。[②] 在检察一体的逻辑下,"绩效化"的举措客观上推进了"案-件比"等指标的层层落实,但功利性导向和指标压力可能会诱导基层检察机关和个人片面追求"案-件比"的"极致数据"而滋生以下问题:

其一,为降低退案、延期程序的数量,建立退案、延期程序的审批机制,限制承办检察官自主启动退查和延期程序。为矫正检察机关内部通过退案、延期程序"借期限"的不规范操作,部分基层检察院针对这两类程序进行了部门负责人或副检察长审批制的调整,重新将检察官的程序决定权上移。[③] 这一"控权式"办案决策权调整显然与"放权式"的办案责任制改革目标有所出入,且会给检察工作带来一系列负向影响:一方面,针对需要退回补充侦查的案件,增加审批程序后将导致不必要的时间消耗,甚至可能贻误二次取证的时机;另一方面,针对需要延长起诉期限的案件,"审批制"会导致承办检察官刻意压缩个案审查起诉时间,进而迫使审查起诉工作不得不"抓大放小",即保证案件定性和量刑建议无重大错误,但案件细节或部分情节可能有疏漏,办案效果可能也难以保障。例如,在非法吸收公众存款、诈骗等金融犯罪案件中,受害人(投资人)人数众多,矛盾牵涉面广,若尽快对犯罪嫌疑人进行起诉可能不利于追赃挽损,刻意限制起诉期限的延长也容易激化矛盾,使受害人将矛头指向检察机关。

其二,为降低复议、复核及申诉类衍生程序的数量,办案人员可能会压制诉讼当事人的程序性权利。在刑事检察业务中,"批捕(不批捕)的申诉""不捕的复议和复核""不起诉复议、复核和申诉"等,均属于当事人的法定诉讼权利。根据刑事诉讼法规定,在检察机关作出错误批捕或不起诉决定时,当事人可通过启动该程序寻求救济。即便检察机关作出的批捕(不批捕)或

[①] 参见王晨:《审判管理体制机制创新研究》,知识产权出版社2013年版,第38页。
[②] 董桂文等:《关于"案-件比"评价指标运用情况的调研报告》,载《检察日报》2020年9月24日。
[③] 参见杨银如、李长胜:《降低"案-件比":适时提前介入强化管理考评》,载《检察日报》2020年1月23日。

六、检察改革扎实稳步发展

不起诉决定符合规范,当事人仍可行使该权利提出异议,通过此类程序可以形成释放矛盾的良性缓冲,避免矛盾的加剧和外扩。① 当然,在此期间,检察机关也可以通过开展释法说理工作,化解当事人的认知偏差和不满情绪,促进"案结事了"。实务中,如果过度追求降低"案-件比"数值而限制或剥夺当事人的上述程序权利,反倒会降低当事人的程序体验和司法评价。

由此可见,即便"案-件比"指标体系的设计已体现案件管理的科学性与全面性,但追求"指标极致"的功利化倾向仍会制约指标本身对办案的引导功能,甚至可能诱使办案人员为追求指标优化而忽视案件实效,并且对"难以数据化、不易被上级识别"的业务研判工作有所忽略。② 因此,在"案-件比"质量评价指标体系的实践运行中,尤其需要辩证地看待指标数据与办案实效的关系,警惕过度追求"指标极致"的实践做法,不仅要关注指标数据优化与否,更要重视办案实际质效改进与否,实现"数据管理"到"实质管理"的进阶。

为实现"实质管理"的目标,质量评价机制须遵循"案件—数据—案件"的运行逻辑:首先,运用以"案-件比"为核心的评价指标完成对各个办案环节的量化评估,以量化数据客观反映检察办案综合情况,实现"案件到数据"的过程;而后,通过对指标数据进行充分的分析研判,梳理出评价阶段内检察业务的重要规律、趋势和问题,并以此为参考引导检察办案进行有针对性的改革与完善,实现"从数据到案件"的过程。业务分析机制可以帮助指标结果实现由"数据"到"问题"的转化,是案件质量评价体系发挥办案引导功能的重要基础。③ 在机制建构上,检察系统充分发挥出了检察一体的结构性优势,建立了常态化的业务态势分析机制,目前,业务数据分析研判已是检察机关案管部门的中心工作,也是统领案管部门其他各项工作的总抓手。④ 在"案-件比"指标体系施行后,检察机关可将案件质量评价工作与业务研判工作进行有机衔接,一方面,应当要求各级检察机关进行定期的业务研判报送,不仅统计到业务类型,而且精确到每位员额检察官,重点分析某类案件或某些办案检察官退补率、延期率、上诉率等指标过高的原因,由上级院的各业务部

---

① 参见万毅:《"案-件比":让隐形法律变良法之治》,载《检察日报》2020年5月20日。
② 参见郭松:《审判管理进一步改革的制度资源与制度推进——基于既往实践与运行场域的分析》,载《法制与社会发展》2016年第6期。
③ 苗生明、王春风:《检察机关案件质量评价体系研究》,法律出版社2013年版,第96—101页。
④ 李保军、王磊:《"案-件比"评价指标下刑事案件管理精细化路径初探》,载《中国检察官》2020年第19期。

门对本条线的业务数据进行通报和点评,并综合分析各院所呈现的办案问题,及时进行预警提示并提出对策;另一方面,最高检可在了解掌握各地区案件质量评估结果的基础上,进行统筹性的梳理与研判,尤其是对高发类案件或质效数据突破合理区间的某类案件,可针对类案的特征、趋势、办案要旨等内容形成具体化的类案指引,供各级检察院做决策参考。

(原载于《国家检察官学院学报》2021 年第 3 期)